आधुनिकता, उत्तर-आधुनिकता एवं नव-समाजशास्त्रीय सिद्धान्त

(Modernity, Post-Modernity and Neo-Sociological Theories)

आधुनिकता, उत्तर-आधुनिकता
एवं
नव-समाजशास्त्रीय सिद्धान्त

(Modernity, Post-Modernity and Neo-Sociological Theories)

एस. एल. दोषी

रावत पब्लिकेशन्स

जयपुर • नई दिल्ली • गुवाहाटी • कोलकाता

ISBN 978-81-7033-743-0 (Hardback)

Reprinted, 2025

Published by
Prem Rawat for **Rawat Publications**
Satyam Apts., Sector 3, Jawahar Nagar, Jaipur - 302 004 (India)
Phones: 0141 265 1748 / 265 7006
E-mail : info@rawatbooks.com
Website: rawatbooks.com

New Delhi Office
4858/24, Ansari Road, Daryaganj, New Delhi 110 002
Phone: 011-23263290

Printed at Nice Printing Press, New Delhi

प्रो. योगेन्द्र सिंह

'पाई तुम्हीं से वस्तु जो, कैसे तुम्हें अर्पित करूं।
पर क्या परीक्षा रूप में, मुस्तर न यह आगे धरूं॥'

विषय सूची
(Contents)

दो शब्द ix

परम्परा और आधुनिकता
(Tradition and Modernity)

1 आधुनिकता क्या है 3
(What is Modernity)

2 आधुनिकता के सिद्धान्त 30
(Theories of Modernity)

3 भारतीय परम्पराओं का आधुनिकीकरण 75
(Modernization of Indian Tradition)

उत्तर-बहुल्यता एवं उत्तर-आधुनिकता
(Post-Pluralism and Post-Modernity)

4 उद्योगवाद से उत्तर-उद्योगवाद तक और उसके पार 131
(From Industrialism to Post-Industrialism and Beyond)

5 उत्तर-आधुनिकता दशा 150
(The Post-Modern Condition)

6 भारतीय समाज में उत्तर-आधुनिक स्थितियाँ 196
(Post-Modern Situations in Indian Society)

उत्तर-आधुनिक विचारक एवं सिद्धान्त
(Post-modern Thinkers and Theories)

7 ज्यां बोड्रिलार्ड: आधुनिक समाज में उग्र टूटन 215
(Jean Baudrillard : Radical Rupture in Modern Society)

8 मिशेल फूको : शक्ति और ज्ञान का विमर्श 245
(Michel Foucault : Discourse of Power and Knowledge)

9 जाँ-फ्रेकोज़ ल्योटार्ड : महान वृतान्त की मृत्यु 272
(Jean-Francois Lyotard : Death of Metanarratives)

10 जॉक् दरिदा : विखण्डन 290
(Jacques Derrida : Deconstruction)

नव-समाजशास्त्रीय सिद्धान्त
(Neo-Sociological Theories)

11 फेड्रिक जेमेसन : पूंजीवाद का नया सांस्कृतिक तर्क 305
(Fredric Jameson : New Cultural Logic of Capitalism)

12 वैश्वीकरण: वैश्वीय समाज की ओर 313
(Globalization: Towards a Global Society)

13 संरचनावाद और उत्तर-संरचनावाद : सामाजिक सिद्धान्त का आविर्भाव 364
(Structuralism and Poststructuralism: Emergence of Social Theory)

14 नव-प्रकार्यवाद : प्रकार्यात्मक समाजशास्त्र की खोज और पुनर्निर्माण 389
(Neo-Functionalism : A Discovery and Reconstruction of Functional Sociology)

15 संरचनाकरण का सिद्धान्त : एन्थोनी गिडेन्स 403
(The Structuration Theory : Anthony Giddens)

16 फ्रेंकफर्ट स्कूल: समाज का आलोचनात्मक सिद्धान्त 423
(Frankfurt School: Critical Theory of Society)

17 नव-मार्क्सवादी सिद्धान्त : हेबरमॉ और अल्थ्यूज़र 436
(Neo-Marxian Theories : Habermas and Althusser)

दो शब्द

सूफी कवि कबीर अपने हाल में फक्कड़ थे। उनका एक दोहा है: कबीरा खड़े बाजार में, लिये लकुटी हाथ। जो घर जाके आपनो चले हमारे साथ॥ कबीर कहते हैं कि वे जो खुले बाजार में खड़े हैं, उनके साथ जो आना चाहते हैं, अपना घर फूंक कर, साथ हो लेवें। लेकिन कबीर इन सबको कहां ले जायेंगे, शायद उन्हें भी नहीं मालूम है। बात यहां कबीर की नहीं है, बात आधुनिकता की है। किसी समय यह बयान बर्बर था। धर्म के नाम पर आदमी की बलि चढ़ा देता था। राज्यधर्म और परम्परा गडमड थे। और फिर ज्ञानोदय आया। परम्परा बीमार हो गई, एक तरह से लजिया गई। और तब आधुनिकवाद आया। यह कोई 18वीं-19वीं शताब्दी की बात है। इसी अत्याधुनिकता के साथ औद्योगिता, और पूंजीवाद आये। सामंतवाद की सांस फूल गई और उदार प्रजातंत्र का आविर्भाव हुआ। इस आधुनिक समाजने सामाजिक सम्बन्धों को राष्ट्रीय-अन्तर्राष्ट्रीय धरातल दिया। उपभोक्तावाद का विकास हुआ और बाजार अन्तर्राष्ट्रीय बन गये। जीवन-शैली में अन्तर आगया और शक्ति की राजनीति व्यापक हो गई। साम्राज्यवाद और आर्थिक प्रतियोगिता का सम्बन्ध चौली-दामन का सम्बन्ध हो गया।

और, तब आधुनिक समाज ने एक और करवट ली। इसने उत्तर-आधुनिकता की ओर मुंह मोड़ा। आज सम्पूर्ण यूरोप और अमेरिका का आधुनिक समाज अगर-आधुनिक बन रहा है। यह होते हुए भी हेबरनां जैसे कई विचारक हैं जो यह मानते हैं कि अभी आधुनिकता पूरी तरह आई नहीं है—केवल आधी-अधूरी है। विकासशील देशों में तो आधुनिकता को आने अभी हाल की बात ही है यद्यपि विचारक मानते हैं कि यहां भी उत्तर-आधुनिकता चौखट पर दस्तक दे रही है।

उत्तर-आधुनिकता आज जिस स्थिति में दुनिया में है, वह विवादास्पद स्थिति है। अभी इसके बारे में कोई निश्चित तस्वीर नहीं है। सम्पूर्ण अवधारणा धुंध और कोहरे से ढकी है। उत्तर-आधुनिकता समाजशास्त्रीय सिद्धान्तों के महान वृतान्तों को समुद्र की गहराई में फेंकने को उद्यत है। उसके लिये प्रकार्यवाद यानी दरखाईम, मेक्स वेबर, पारसंस और मर्टन, दूसरे वाक्यों में, महान वृतान्त आज अप्रासंगिक हैं। इन भव्य सिद्धान्तों ने पिछले सौ

वर्षों में आदमी को खुशहाली देने के बजाय दुख ही दिया है। ऐसे सिद्धान्त किस काम के। उत्तर-आधुनिकता बड़ी निर्ममता के साथ इन सब सिद्धान्तों का विखण्डन करती है। यह समाज आधुनिकता की मौलिक अवधारणाओं को ही खारिज करता है। इसे यह स्वीकार नहीं है कि इतिहास सदैव तरक्की की ओर ही ले जाता है। अब आने वाले समाज में समाजवाद के आने की कोई सम्भावना नहीं है। पूंजीवाद और प्रजातंत्र की इस समाज की नियति हैं। फ्रांसिस फूकूयामा के विचार में अब इतिहास का अवसान हो गया है। हमें पूंजीवाद, मिडिया, सिम्यूलेशन, अति-यथार्थता और प्रजातंत्र के साथ ही जीना और मरना है। यही इतिहास का अवसान है।

उत्तर-आधुनिकता अपने दार्शनिक लहजे में ज्ञान की मीमांसा करता है। इसे किसी प्रकार की व्यवस्था में विश्वास नहीं है। दूसरी सम्पूर्ण प्रकृति बहुलवादी है। यह अनेकता का समाज है। यहां मीडिया हमें अतीत से खींच कर वर्तमान में ले आता है। हमारे सामने अनेक मूल्य हैं जिनका हमारे स्थानीय समाज में कोई सरोकार नहीं है। प्रत्येक वस्तु प्रवाह और बहाव में है, कहीं कोई निश्चितता नहीं। प्रतिदिन यह दुनिया नई दुनिया बन रही है। इसकी लगाम वैश्वीकरण के हाथ में है। हमारी सम्पूर्ण अतीत की परिभाषाएँ बदल रही हैं। कुछ उत्तर-आधुनिकतावादी विचारकों का कहना है कि यह उत्तर-आधुनिकता वस्तुतः एक खतरे से भरा समाज है जो कभी भी हमें रसातल में धकेल सकता है। यह एक अन्धी गली है जिसका कोई ओर-छोर नहीं। उत्तर-आधुनिकता के कुछ सिद्धान्त हैं जिनके प्रणेता फूको, दरिदा, बोड्रीलार्ड, ल्योतार तथा जेमेसन हैं। ये सभी लेखक पुराने सिद्धान्तों को अस्वीकार करते हैं।

इधर जब उत्तर-आधुनिकता ने लोकप्रियता प्राप्त करने का प्रयास किया तो कतिपय क्लासिकल और आधुनिक सिद्धान्तों ने भी अपने आपको संशोधन और रूपान्तरण के हवाले कर दिया। अब नव-प्रकार्यवाद आया; नव-मार्क्सवाद आया और उत्तर-संरचनावाद आया। पुराने सिद्धान्त नई बोतल में आये हैं। इन पर भी उत्तर-आधुनिकता का प्रभाव है। इस पुस्तक में हमने आधुनिकता, उत्तर-आधुनिकता और उत्तर-आधुनिक विचारकों का विस्तार से विवरण दिया है। साथ ही नव-समाजशास्त्रीय में पहली पुस्तक है। भारतीय लेखकों द्वारा लिखी गई आधुनिकता पर अंग्रेजी में भी कोई पुस्तक नहीं है। हमारी यह कोशिश इस संदर्भ में **पायनिर** अर्थात् अग्रगामी है।

मैंने इस पुस्तक के लेखन के बारे में जब अपने अकादमिक सहयोगियों से चर्चा की तब इसे संदेह की दृष्टि से देखा गया। पूछा गया कि उदयपुर में रहकर उत्तर-आधुनिकता पर लिखना कहां तक सम्भव होगा। मेरे सहयोगी सही थे। इस शहर में कहने को तीन विश्वविद्यालय हैं लेकिन इनके पुस्तकालय का अवलोकन किसी भी लेखक को निराशा के गर्त में डाल देता। जहां तक आधुनिकता और उत्तर-आधुनिकता की पुस्तकों का प्रश्न है, विश्वविद्यालय के पुस्तकालय दरिद्रता के छोर पर हैं। ऐसे में, मैंने यह पुस्तक लिखने का भगीरथ कार्य कैसे पूरा किया?

यह सब मेरे मित्रों और सहयोगियों की सहायता तथा मार्गदर्शन के कारण ही है कि मैं इस कार्य को पूरा कर पाया। प्रो. योगेन्द्र सिंह ने इस प्रकार की रूपरेखा तैयार करने में मुझे भरपूर सहायता की है। इस पुस्तक का समर्पण भी मैंने उन्हीं के नाम किया है। उनके मुझ पर कई आभार हैं। प्रो. के. एल. शर्मा (जवाहर लाल नेहरु विश्वविद्यालय, नई दिल्ली) मेरे अनन्य मित्र हैं। उनके सहयोग के बिना मेरा यह उत्तर-आधुनिकता का प्रयास सम्भव ही नहीं था। उनका ऋणी हूं। महर्षी दयानन्द विश्वविद्यालय, रोहतक के मेरे स्नेही और सहयोगी बी.के. नागला और मधु नागला का मुझे सदैव सहयोग मिला है। मैं उनका भी आभारी हूं। इधर स्थानीय स्तर पर प्रो. नरेश भार्गव और उनका विशाल पुस्तक घर मेरी धरोहर रहे हैं। नरेश की टिप्पणियां पैनी होती हैं। उनको कैसे धन्यवाद दूं? मेरे विद्यार्थी और सहयोगी डा. पी.सी. जैन (राजस्थान विद्यापीठ, उदयपुर) की सहायता मेरे लिये हमेशा मूल्यवान रही है। उनका भी आभार।

किसी भी पुस्तक का लेखन केवल व्यक्तिगत नहीं होता। प्रस्तुत पुस्तक के लेखन में, मैं कई कठिनाइयों से गुजरा हूं। इस संकट में मुझे सभी ओर से सहयोग मिला है। फिर भी मैं अपने पाठकों की प्रतिक्रिया जानने को बड़ा उत्सुक हूं। उनके द्वारा दिया गया सुझाव मेरे लिये पुस्तक के संशोधन में सहायक होगा।

शम्भू लाल दोषी

I

परम्परा और आधुनिकता

(Tradition and Modernity)

1

आधुनिकता क्या है

(What is Modernity)

आम आदमी की आधुनिकता के बारे में समझ बहुत अजीब है। सफेद कागज पर स्याही का धब्बा जिसका आकार है भी सही और नहीं भी या वह केवल निराकार है, आधुनिकता है। आधुनिकता का मतलब एकदम मनमाना है। स्वयं चित्रकार को समझाना पड़ता है कि उसने अपने चित्र में क्या प्रदर्शित किया है। चित्र स्वयं कुछ नहीं बोलता। चित्रकार बार-बार कहता है कि यह मॉडर्न आर्ट, तुम्हारी समझ में नहीं आयेगा। आधुनिकता का सामान्य अर्थ जो आम आदमी निकालता है वह यह है कि जो समझ में न आये, वह मॉडर्न है। आधुनिकता केवल चित्रकारी में हो, ऐसा नहीं है। यह अवधारणा बहुत व्यापक है। कला, संगीत, साहित्य और यहाँ तक कि आदमी की जीवन-शैली में भी आधुनिकता होती है।

> हमारे यहां हिन्दी साहित्य में तो बहुत लम्बे समय से आधुनिकता आ गई है। वर्षों पहले महाकवि निराला ने अपनी कविताओं में इसका प्रयोग किया था। उनकी एक मशहूर कविता है : वह तोड़ती पत्थर, मैंने उसे देखा इलाहाबाद के पथ पर। कविता की इस आधुनिकता में एक पंक्ति : दो या तीन शब्दों की और दूसरी बित्ते भर की। देखा जाये तो आधुनिकता का प्रयोग साहित्य में सबसे ज्यादा हुआ है, यह साहित्य चाहे हिन्दी का हो, मराठी का या अंग्रेजी का। आज जिसे अगर आधुनिकता कहते हैं, इसका भी बहुत बड़ा चलन साहित्य में ही है।

समाजशास्त्र में आधुनिकता की अवधारणा बहुत पुरानी है। इसके अर्थ को समझने के लिये, इसकी ऐतिहासिक पृष्ठ भागों को समझना आवश्यक है।

ऐतिहासिक पृष्ठपट (Historical Backdrop)

हाल में उत्तर-आधुनिकता की चर्चा एक लोकप्रिय घटना है। कहना चाहिये यह एक फैशनेबल मुहावरा है। इसी सन्दर्भ में आधुनिकता का प्रयोग पुनः आग्रह के साथ होने लगा है। वास्तव में समाजशास्त्र के संस्थापक विचारकों—दुरखाईम, मार्क्स, और वेबर ने इस अवधारणा का खुलासा बहुत पहले कर दिया था। उनकी चर्चा हम आगे चल कर करेंगे।

हाल में हम इस अवधारणा के ऐतिहासिक क्रम को देखना चाहते हैं। सच में देखा जाये तो आधुनिकता का प्रारम्भ अठारहवीं शताब्दी से है। इस काल में यूरोप में औद्योगिक क्रान्ति हुई। लेकिन इससे भी पहले यूरोप में **ज्ञानोदय (Enligtenment)** आ गया था। इसने विज्ञान के क्षेत्र में क्रान्ति ला दी। इधर समाज विज्ञानों में उदार विचारधारा का सूत्रपात हुआ। अब धर्म को लोग संदेह की दृष्टि से देखने लगे। विश्वास का स्थान तर्क ने ले लिया। लोक, रूसो और होब्ज ने सामाजिक व्यवस्था की व्याख्या नये सिरे से की। देखा जाये तो पूरी अठारह शताब्दी में वैज्ञानिक क्रांति ने यूरोप के लोगों को सोचने के तरीके को ही बदल दिया। इस वैज्ञानिक क्रांति को ही आधुनिकता का जनक समझा जाता है।

औद्योगीकरण के परिणामस्वरूप जहां एक ओर यूरोप में सामंतवाद का पतन हुआ, वहीं दूसरी ओर पूंजीवाद का विकास प्रारम्भ हुआ। उद्योगों के कारण शहरीकरण ने गति पकड़ी—गाँव शहर बनने लगे, शहर कस्बों में परिवर्तित हुए और धीरे-धीरे महानगर—अपने विशाल स्वरूप में उभर कर सामने आये। यह सब आधुनिकता का प्रभाव था। बीसवीं शताब्दी में पहुंच कर आधुनिकता का परिवेश अधिक व्यापक हो गया। हाल में आधुनिकता की प्रक्रियाओं की वृद्धि के कुछ प्रमुख कारक रहे हैं। इनका हम यहाँ उल्लेख करेंगे।

आधुनिकता की प्रक्रियाओं में तीव्रता
(Intensification of the Processes of Modernity)

आधुनिकता का प्रारम्भ जैसा कि हमने ऊपर कहा है, अठारहवीं शताब्दी से है। हाल में इस प्रक्रिया को तीव्र गति देने वाले निम्न कारक हैं :

1. मुनाफाखोरी की विचारधारा का प्राधान्य
(Hegemony of the Ideology of Profiteering)

सामन्तवाद के अवसान के बाद, पूंजीवाद ने मुनाफाखोरी की विचारधारा को ताकतवर बनाया। दुनिया भर के देश अब एक ऐसी लम्बी दौड़ में शामिल हो गये जिसका एक मात्र उद्देश्य अधिक से अधिक लाभ कमाना था। इस दौड़ ने दुनिया को दो भागों में बाँट दिया—गरीबों की दुनिया यानी पिछड़े हुए देश और अमीरों की दुनिया अर्थात् समृद्ध देश। अधिक से अधिक लाभ कमाने की दौड़ ने नये बाजारों की खोज प्रारम्भ कर दी। ब्रिटेन ने अफ्रीका और दक्षिण एशिया में अपने व्यवसाय चलाये। और इसके नतीजे में साम्राज्यवाद का विकास हुआ। पूंजीवाद और साम्राज्यवाद आधुनिकता के बाहर भी बने। अंग्रेजों ने भारत में कल-कारखाने चलाये, भाप से चलने वाले उद्योग स्थापित किये और इस उद्योग, पूंजीवाद और बाजार ने आधुनिकता की प्रक्रियाओं को नई धार दी, गति प्रदान की।

2. **राजनीतिक क्रांतियाँ** *(Political Revolutions)*

उन्नीसवीं और बीसवीं शताब्दी के प्रारम्भ ने कई राजनीतिक क्रांतियों को जन्म दिया। फ्रांस की क्रान्ति ने आधुनिक नागरिक अधिकारों के दस्तावेज को जन्म दिया। अब स्वतन्त्रता, समानता और सामाजिक न्याय आम आदमी के जीवन के मुहावरे बन गये। अमेरिका की राज्य क्रान्ति भी ऐसे ही एक नये संदेश को लेकर आयी। इंग्लैण्ड की रक्तहीन राज्य क्रान्ति भी प्रजातांत्रिक मूल्यों का एक नया एजेण्डा था। इन सब क्रांतियों ने जिस आधुनिकता को विकसित किया उसके मूल्य **प्रजातंत्र और पूंजीवाद** थे। इन मूल्यों ने न केवल राजनीतिक परिवर्तन को बढ़ावा दिया, इनके कारण सामाजिक-सांस्कृतिक और आर्थिक आधुनिकता भी आई। जहां कहीं यह पूंजीवादी व्यवस्था पहुंची, उसका स्थानीय परम्पराओं के साथ मुठभेड़ हुई। परिणामस्वरूप स्थानीय परम्पराओं का भी आधुनिकीकरण प्रारम्भ हो गया।

3. **पूंजीवादी संस्कृति की जवाबी संस्कृति—समाजवाद का जन्म**
(Birth of Counter-culture of Socialism to Capitalism)

बौमेन (Z. Bauman) का कहना है कि जहां पश्चिमी यूरोप में पूंजीवादी व्यवस्था के आधुनिकता को तेज धार दी वहीं पूर्वी यूरोप में एक **जवाबी संस्कृति** (Counter-culture) का जन्म हुआ। यह संस्कृति **समाजवाद** (Socialism) की थी। इसने इस विचारधारा को जन्म दिया कि आम आदमी का भला समाजवादी व्यवस्था में है। समाजवाद जो पूर्वी यूरोप में प्रचलित हुआ, उसने जिस सभ्यता को जन्म दिया, उसके परिणामस्वरूप आधुनिकता का एक अवतार सामने आया। कहना चाहिए कि पूंजीवाद और समाजवाद दोनों ने अपने अपने ढंग से आधुनिकता की प्रक्रिया को तीव्रता प्रदान की। इन प्रक्रियाओं ने परस्पर, तथा **पूर्व-पूंजीवादी** (Pre-Capitalist) समाज को एक बारगी पीछे धकेल दिया।

4. **उदारवादी विचारधारा की विजय** *(The Triumph of Liberalism)*

उदारवाद अपने मूल में, प्रजातांत्रिक व्यवस्था का हामी है। इसकी जड़ें ज्ञानोदय में हैं। यह राजाशाही का विरोधी है, सामंतवाद का दुश्मन है। इस उदारवादी विचारधारा ने आधुनिकता के विस्तार में बहुत बड़ा योगदान दिया है। जब वियतनाम युद्ध में अमेरिका को मुंह की खानी पड़ी, जब जापान की अभूतपूर्व प्रौद्योगिकी ने अमेरिका की अर्थ व्यवस्था को करारा झटका दिया, तब ऐसा लगा कि दुनिया में एक ही विचारधारा बलवती है और वह विचारधारा उदारवाद की है।

इन्हीं दिनों एक और अकादमिक घटना घटी। 1980 के दशक में कुछ ऐसी पुस्तकें आईं जिन्होंने यह स्थापित किया कि प्रजातंत्र और उदारवाद के माध्यम से ही आधुनिकता को एक प्रमुख विचारधारा की तरह स्थापित किया जा सकता है। **रोबर्ट कोहेने** (Robert

Keohane) और **पॉल केनेड़ी** (Paul Kennedy) ने अपने पुस्तकों के माध्यम से यह स्थापित किया कि अब दुनिया की बड़ी शक्तियों की दादागिरी और चौधराहट के दिन लद गये। इस विचारधारा का बहुत बड़ा प्रभाव आधुनिकता के विकास पर पड़ा।

उदारवादी विचारों को अकादमिक लेखन ने जहां बहुत अधिक प्रभावित किया, वहीं एक और महत्वपूर्ण प्रकाशन ने अमेरिका और सम्पूर्ण यूरोप में सन्नाटा पैदा कर दिया। अमेरिका के विचारक **फ्रांसिस फूकोयामा** (Francis Fukuyama) का एक लेख 'दि एन्ड ऑफ हिस्ट्री' (The End of History) ई. 1989 में **दि नेशनल इन्टरेस्ट** (The National Interest) में प्रकाशित हुआ। अपने इस लेख में फूकोयामा ने तर्क दिया कि अमेरिका की चौधराहट में जो कमी आई है, वह कोई महत्वपूर्ण घटना नहीं है। वास्तव में यह तो उदारवाद और आधुनिकता विषय है।

फूकोयामा ने अपनी पुस्तक में यह स्थापित किया कि अब संसार के इतिहास पर विराम लग गया है, उसका अवसान हो गया है। **मतलब हुआ कि विचारधारा का जो उद्‌विकास प्रारम्भ हुआ था, वह पूरा हो गया है। अब सम्पूर्ण संसार में पश्चिमी उदार प्रजातांत्रिक व्यवस्था स्थापित हो गई है और इससे आगे और कुछ नहीं होना है। आगे का इतिहास कोरा होगा। इसीलिये यह इसका अन्त है।**

फूको की इस विचारधारा ने 1950 ई. और 1960 की बहस को पुनर्जीवित कर दिया। उन दिनों **डी. हेल्ड** (Held D., 1989) ने यह थीसिस रखा था कि यूरोप की प्रजातांत्रिक व्यवस्था का समर्थन कभी भी समाजवादी देशों से नहीं मिलेगा। श्रमिक संगठन और वामपंथी दल इसका बराबर विरोध करेंगे। हेल्ड की इस थीसिस पर बौद्धिकों में बराबर बहस हुई। फिर यह शान्त हो गई। हेल्ड का 'दि एन्ड ऑफ आईडियोलोजी' (The End of Idology) लेख यूरोप और अमेरिका में ठंडे बस्ते की गिरफ्त में आ गया। लेकिन फूकोयामा ने जो थीसिस रखा था, वह दार्शनिक और राजनैतिक रूप से हेल्ड के थीसिस से बहुत आगे था। फूकोयामा ने बहुत कुछ हिगेल से उधार लिया। उसने तर्क दिया कि अब इतिहास अपनी यात्रा के उस छोर तक आ गया है जहां से आगे बढ़ने के लिये उसके पास कोई रास्ता नहीं। जीत या विजय की एक ही मंजिल है—उदारवाद यानी आधुनिकता और प्रजातांत्रिक व्यवस्था। यह मंजिल दुनिया को प्राप्त हो गई है। और इसलिये अब संसार के इतिहास की समाप्ति है। फूको अपने निबन्ध की आखिरी टिप्पणी में लिखते हैं : "आज सम्पूर्ण संसार इस तथ्य से लगभग सहमत है कि आधुनिकता और प्रजातंत्र ही हमारे लिये **वैध** (Legitimate) जीवन-प्रणालियां हैं।"

फूको ने अपनी थीसिस के समर्थन में कई प्रमाण दिये हैं। वे कहते हैं कि समाजवादी विचारधारा की जड़ें उखड़ गई हैं, आज की धार्मिक चुनौतियों की सांस फूल गई है और वैश्वीकरण की चुनौतियों के सामने **राष्ट्र-राज्य** (Nation-states) सिकुड़ गये हैं। ये सब प्रमाण इस तथ्य को बताने में पर्याप्त हैं कि अब संसार का इतिहास आगे नहीं बढ़ सकता और न ही वह पीछे मुड़ सकता है। आज के इतिहास का मुहावरा ही है :

इतिहास का अन्त, उसका अवसान। और आधुनिकता का मुहावरा है : उदारवाद का राजनीतिक दर्शन।

*6. **सब कुछ है ई.** 1989-90 (1989-90 and all that)*

दुनिया में आधुनिकता कोई रातों-रात आ गई हो, ऐसा नहीं है। इसका एक लम्बा-चौड़ा इतिहास है—उद्विकास की कड़ियां हैं। औद्योगिक क्रान्ति से चलकर आधुनिकता सामंतवाद के पतन तथा पूंजीवाद के उदय के पड़ाव पर पहुंची है। कई प्रक्रियाओं ने इसे झकझोरा है। हाल में दो-एक ऐसी घटनाएं हुई हैं जिन्होंने इस प्रक्रिया को अत्यधिक तीव्रता प्रदान की है। इन घटनाओं का बहुत थोड़े में हम यहां उल्लेख मात्र करेंगे।

ई. 1980-1990 के दशक में यूरोप तथा अमेरिका में बड़े, क्रातिकारी परिवर्तन आये। सोवियत रूस में अगस्त 18, और 21, 1991 के दौरान ऐसे परिवर्तन आये जिन्होंने सम्पूर्ण समाजवादी देशों के हूलिये को ही बदल दिया। इन देशों का विघटन हो गया। देखा जाये तो 1989-90 की अवधि में पोलैंड, हंगरी, पूर्वी जर्मनी, बुल्गारिया, चेकोस्लावेकिया और रूमानिया में ऐसे राजनीतिक परिवर्तन आये जिन्होंने सम्पूर्ण संसार को चौंका दिया। **ए. केलिनिकस** (A. Callinicos, 1991) ने इस परिवर्तन की व्याख्या में लिखा है कि पूर्वी यूरोप में ऐसी उठा-पटक हुई जिसकी कोई सपने में भी कल्पना नहीं कर सकता था। बर्लिन वाल (Berlin Wall) ढहा दी गई। और देखते ही देखते सभी समाजवादी देश ताश के पत्तों की तरह बिखर गये। अब दुनिया दो भागों में बंटी थी—प्रजातांत्रिक पूंजीवादी दुनिया और समाजवादी दुनिया—नहीं रही। अब तो केवल एक दुनिया ही शेष रही : प्रजातांत्रिक पूंजीवादी दुनिया।

आधुनिकता के पड़ावों में 1989-90 में कुछ हुआ उसने यह स्थापित कर दिया कि आधुनिकता यानी पूंजीवाद ही इस दुनिया की नियति है। लेकिन आधुनिकता का यह कोई अन्तिम पड़ाव ही हो ऐसा नहीं लगता। अब यह समझा जाने लगा है कि औद्योगिक क्रान्ति के दौर से निकली और पूंजीवाद से पनपी यह आधुनिकता अपने अगले पड़ाव पर पहुंच रही है। और यह पड़ाव है **उत्तर-आधुनिकता** (Post modernity) का। इसका उल्लेख हम अगले अध्यायों में करेंगे।

आधुनिकता का अर्थ और इसकी परिभाषा
(Meaning of modernity & its definitions)

बोलचाल की भाषा में आधुनिकता का अर्थ जो मन में आये सो लगा लो। लेकिन समाजशास्त्र में यह पद एक निश्चित अवधारणा है और इसलिये इसका अर्थ भी तकनीकी है। सामान्यतया यह अवधारणा इतिहास के एक निश्चित **काल** (Epoch) से जुड़ी हुई है। कहते हैं जब एक काल समाप्त हो जाता है तब दूसरा काल आता है। हिन्दू मान्यता के अनुसार **सत् युग** के चले जाने के बाद **द्वापर** युग आया और द्वापर के बाद **कलयुग** आया।

कुछ इसी तरह आधुनिकता का सम्बन्ध भी युग या काल के साथ है। इतिहासकार भारतीय इतिहास को तीन कालों में बांटते हैं : प्राचीन काल, मध्यकाल, और आधुनिक काल। आधुनिकता का अर्थ केवल काल से जोड़ना सही नहीं होगा। समाजशास्त्री जार्ज रिट्ज़र (George Ritzer) आधुनिकता का सम्बन्ध कतिपय मूल्यों और विचारधारा के साथ जोड़ते हैं। वे कहते हैं कि पहिले समाज पवित्रता के साथ जुड़ा था, फिर यह समाज धर्मनिरपेक्ष यानी सिक्यूलर बना। यह काल परिवर्तन **पवित्र** (Sacred) से **धर्मनिरपेक्ष** (Secular) कहलाता है। या दूसरे शब्दों में समाज **परम्परागत** अवस्था से आधुनिकता या औद्योगिक अवस्था में आया तब इसे आधुनिक कहते हैं। आधुनिकता का यह अर्थ मूल्य या विचारधारा प्रधान है।

देखा जाये तो आधुनिकता का सम्बन्ध एक खास तरह के अनुभव, एक विशेष प्रकार की संस्कृति से है। इसमें आर्थिक, सामाजिक और राजनीतिक गठबन्धन होता है, जो इसे एक पृथक् पहचान देता है। आधुनिकता में **सांस्कृतिक एकाधिकता** (Cultural Pluralism) होती है, अनेक जातियां, भाषाएं और संस्कृति क्षेत्र (Culture Areas) होते हैं। आधुनिकता में लचीलापन होता है और यह हमेशा नये आविष्कारों में जुटी रहती है। इस काल का **सौन्दर्य बोध** (Aesthetic) बड़ा परिष्कृत होता है। इसकी **पोप कल्चर** (Popular culture) जादुई होती है—इसे खान-पान, रहन-सहन सभी में देखा जा सकता है। आधुनिकता एक प्रकार से औद्योगिक अर्थ व्यवस्था का दर्पण होता है। यही आधुनिकता जब अत्यधिक विकसित हो जाती है, तब इसे उत्तर-आधुनिकता कहते हैं।

परिभाषा (Definition)

समाजशास्त्रियों ने आधुनिक की परिभाषा विभिन्न सन्दर्भों (Perspectives) में की है। **रिट्ज़र** तो कहते हैं कि यह एक ऐसा बे-लगाम घोड़ा है जिसे किसी भी तरह नियन्त्रण में रखना बड़ा कठिन है। यह चाहे तो सरपट दौड़ कर हवा से बातें कर सकता है और चाहे तो किसी अंधेरे कुए में धकेल सकता है। उनकी दृष्टि में आधुनिकता एक भगोड़े की तरह है। इसी लक्षण के कारण ये इसे **जगर्नाट** (Juggernaut) यानी जगन्नाथ कहते हैं जो प्रायः दिशाहीन होता है। यहां हम कतिपय समाजशास्त्रियों द्वारा दी गई आधुनिकता की परिभाषाओं का उल्लेख करेंगे।

आधुनिकता एक तरह का जगर्नाट है : एन्थनी गिडिन्स (Modernity is a Juggernaut : Anthony Giddens)

गिडिन्स ब्रिटिश समाजशास्त्री है। सिद्धान्तों पर उनका लेखन अधिकृत लेखन समझा जाता है। इन्हें **संरचनाकरण** (Structuration) सिद्धान्त का प्रणेता समझा जाता है। इन्होंने संरचना को दरखाईम की भांति बाह्यता या दबाव मात्र के रूप में ही नहीं देखा है। इसे

एक प्रक्रिया के रूप में देखते हैं। उन्होंने आधुनिक समाज की व्याख्या की है। वे इस समाज के चरित्र को जगर्नाट की अवधारणा द्वारा परिभाषित करते हैं :

> आधुनिकता एक ऐसे भगोड़े लेकिन बहुत शक्तिशाली भारी भरकम इंजन की तरह है जिसे हम एक सीमा तक तो चला सकते हैं लेकिन हमें यह बेलगाम होकर भागने की धमकी भी बराबर देता रहता है। इस दौड़ में यह भी सम्भव है कि यह अपने आपको भी तोड़-फोड़ दे। यह जगर्नाट उन सबको मटियामेट कर देता है, जो इसका विरोध करते हैं। कभी तो लगता है कि आधुनिकता का जगर्नाट का बड़ा जमकर और संयत गति से चल रहा है कभी ऐसा अवसर भी आता है जबकि हम इसकी दिशा को नहीं समझ सकते। यह नहीं कि आधुनिकता के इस इंजन की सवारी हमेशा कष्टदायक होती है या हानिकारक होती है। इसमें बैठने में बड़ा मजा आता है और कभी-कभी लगता है कि इसका अगला पड़ाव बड़ा रुचिकर होगा। यह होते हुए भी निश्चित रूप से आधुनिकता को कभी भी अपने नियन्त्रण में रखना सम्भव नहीं है, और न इसकी मंजिल को तय करना।

एन्थोनी गिडिन्स की उपरोक्त परिभाषा कुछ कविता जैसी लगती है। इसमें आधुनिकता के तर्कों का कोई ब्यौरा नहीं है। लेकिन अन्य स्थान पर गिडिन्स इसे सैद्धान्तिक परिवेश में बांधते हैं। आखिर वे एक सिद्धान्तवेत्ता है। उनका कहना है कि आधुनिकता अनिवार्य रूप में **बहु-आयामी** (Multi-dimensional) है। इसमें परिवर्तन और गत्यात्मकता अन्तर्निहित है। **गिडिन्स आधुनिकता को उदारवाद के साथ नहीं जोड़ते, न ही वे इसे पूंजीवाद से जोड़ते हैं।** गिडिन्स के अकादमिक स्रोत मार्क्स हैं। इसी कारण जिन समाजशास्त्रियों ने आधुनिकता की व्याख्या की है, उनमें गिडिन्स का संदर्भ एकदम अलग है।

गिडिन्स आधुनिकता की परिभाषा चार बुनियादी संस्थाओं के सन्दर्भ में करते हैं। इनमें पहली संस्था पूंजीवाद है। इसके अन्तर्गत **माल का उत्पादन** (Commodity production), **निजीकरण** (Privatisation), दिहाड़ी करने वाले मजदूर आदि आते हैं। आधुनिकता की दूसरी संस्था उद्योगवाद (Industrialism) है। इसमें प्रकृति की वस्तुओं से ऊर्जा प्राप्त की जाती है। इसके अन्तर्गत आवागमन के साधन, संचार व्यवस्था तथा घरेलू जीवन आ जाते हैं। गिडिन्स द्वारा दी गई आधुनिकता की तीसरी संस्था **निगरानी रखने की क्षमता** (Surveillance capacities) है। इसमें राज्य नागरिकों पर अपनी आंख रखती है। उन पर निगरानी रखती है और इसका सरोकार सैनिक शक्ति से होता है। राज्य हिंसा के साधनों पर भी अपना नियन्त्रण रखता है और गिडिन्स की चौथी संस्था राष्ट्र-राज्य (Nation-state) है। वे समाज को अपना केन्द्र न मानकर राष्ट्र को आधुनिकता का केन्द्र मानते हैं। इस भांति गिडिन्स के अनुसार निम्न चार संस्थाओं का गठबन्धन ही आधुनिकता है :

1. पूंजीवाद
2. उद्योगवाद
3. निगरानी रखने की क्षमता
4. राष्ट्र-राज्य

एन्थोनी गिडिन्स ने आधुनिकता की चर्चा अपनी पुस्तक **दि कोन्सीक्वेन्सेज़ आफ माडरनिटी** (The Consequences of Modernity, 1990) में विस्तारपूर्वक करते हैं। वे आधुनिक समाज को एक प्रकार का प्रतिबिम्ब (Reflex) समाज समझते हैं। इस समाज में समय व स्थान (Time & Space) सिकुड़ गये हैं। समय की सिकुड़न तो इतनी अधिक है कि बिजली की गति से लोग एक दूसरे से सम्बन्ध रखते हैं। देखते ही देखते लोग संचार साधनों से सम्पर्क कर लेते हैं, व्यापार-सौदे हो जाते हैं, साक्षात्कार कर लिये जाते हैं। यही स्थिति स्थान की है। पिता अपना काम-काज मुम्बई में चलाते हैं, पुत्र चेन्नई में अध्ययन करता है और परिवार गांव में रहता है। अब वह समय नहीं रहा कि एक ही छत के नीचे रहकर और एक चूल्हे से भोजन करके लोग बतियाते हुए जीवन निकाल लेते थे। स्थान अब बहुत छोटा हो गया है। दूर रहकर भी पल-पल पर एक दूसरे से जुड़े हुए हैं। यह आधुनिकता है।

गिडिन्स कहते हैं कि इस आधुनिकता की बहुत बड़ी खासियत इसका **प्रतिबिम्ब** (Reflex) स्वरूप है। उन्होंने इसका एक दृष्टान्त दिया है जिसे हम यहां रखेंगे। चिन देश की एक लड़की विवाह करती है। वह अपने जीवन साथी का स्वयं वरण करती है। अब वह सोचती है कि यदि पति ने उसके साथ बराबरी का सलूक नहीं किया तो वह विवाह-विच्छेद भी कर सकती है। दुनियां के कई देशों में पत्नियां ऐसा ही करती हैं, तो वह क्यों नहीं कर सकती। कहने का तात्पर्य यह है कि दुनिया का प्रतिबिम्ब छोटे से छोटे समाज पर भी देखने को मिलता है। यह **प्रतिबिम्ब समाज (Reflexive Society)** का दृष्टान्त है। इसी प्रकार का प्रतिबिम्ब जीवन के अन्य क्षेत्रों में भी देखने को मिलता है।

गिडिन्स ने आधुनिकता का विश्लेषण एक और कारक द्वारा भी किया है। यह कारक **समय-स्थान** के साथ जुड़ा हुआ है। इसे वे **असन्निहित कारक** (Disembeded Factor) कहते हैं। उनका कहना है कि परम्परागत समाज में लोग अपने समुदाय से जुड़े रहते थे। सभी लोग होली पर रंग छिड़कते हैं या त्यौहार में मिठाइयां खाते हैं, तब समुदाय की इस परम्परा के अनुसार वह भी यह सब कुछ करता है, लेकिन आधुनिक समाज में यह सब कुछ नहीं होता। लोग समुदाय से हटकर जीवन को बिताते हैं। यह **असन्निहितता** (Disembedment) है। समुदाय की जो जीवन-पद्धति होती है, वह आधुनिकता में पहुंचकर निजी जीवन का रुख लेलेती है।

जब हम आधुनिकता को परिभाषित करते हैं तब हमें इसके कतिपय लक्षणों पर अवश्य ध्यान देना चाहिये। केवल परिभाषा की कुछ पंक्तियां ही पर्याप्त नहीं होतीं। इस

संदर्भ में एन्थनी गिडिन्स द्वारा दिये गये आधुनिकता के लक्षण जिनका हमने ऊपर उल्लेख किया है, बहुत महत्वपूर्ण है। गिडिन्स आधुनिकता की कोई छः विशेषताएं बताते हैं। ये विशेषताएं ही, उनके अनुसार, आधुनिक समाज को बनाती हैं। हम इन विशेषताओं को पुनः दोहरायेंगे :

1. पूंजीवाद
2. उद्योगवाद
3. प्रशासनिक शक्ति (निगरानी)
4. राष्ट्र-राज्य
5. प्रतिबिम्ब समाज
6. असन्निहितता

आधुनिकता और क्लासिकल सामाजिक सिद्धान्त वेत्ता (Modernity and Classical Social Theorists)

समाजशास्त्र के क्लासिकल सिद्धान्त वेत्ताओं—दरखाईम, मेक्स वेबर, कार्ल मार्क्स और सिमेल—ने अपने आपको आधुनिकता के रूबरू किया था। उनके सामने औद्योगिक क्रान्ति आई थी, विज्ञान का चमत्कार हुआ था, और उन्हीं ने पूंजीवाद के विस्तार को देखा था। यद्यपि उन्होंने कहीं भी आधुनिकता की परिभाषा एक अवधारणा के रूप में नहीं की, लेकिन वे इससे अभिभूत अवश्य थे। उनके लेखन को यदि सावधानी से खंगाला जाये तो हमें इसमें आधुनिकता की व्याख्या मिल जायेगी। ये तीनों विचारक आधुनिकता से होने वाले लाभ से प्रसन्न थे। लेकिन इनकी समस्या आधुनिकता के परिणामों में थी। यहां हम इनके विचारों को प्रस्तुत करेंगे।

दरखाईम ने आधुनिकता को **सावयवी** (Organic) सुदृढ़ता के सन्दर्भ में देखा है। वे उद्विकासवादी थे। उनका कहना था कि यांत्रिक समाज (Mechanical Society) धीरे-धीरे बदल कर **सावयवी समाज** (Organic Society) का रूप ले लेता है। यांत्रिक समाज की **सामूहिक चेतना** (Collective Conscience) बदलकर **संविदा** (contract) समाज का रूप ले लेती है। और इस प्रकार आधुनिक समाज उभर कर सामने आता है। **होना यह कि यांत्रिक समाज का स्तरीकरण बहुत सामान्य होता है।** लोग एक दूसरे को व्यक्तिगत रूप से जानते हैं। उत्पादन बाजार के लिये नहीं होता। **मतलब हुआ, समाज जितना अधिक यांत्रिक होगा, स्तरीकरण उतना ही कम होगा।** और इसके **ठीक विपरीत समाज जितना अधिक सावयवी होगा, स्तरीकरण उसमें उतना ही अधिक होगा।** सूत्र है : **परम्परागत समाज में न्यूनतम स्तरीकरण और आधुनिक समाज में अधिकतम स्तरीकरण। अतः दरखाईम के अनुसार आधुनिकता वह है जिसमें अधिकतम स्तरीकरण हो।**

मार्क्स ने आधुनिकता की व्याख्या पूंजीवाद अर्थव्यवस्था (Capitalist

Economy) के माध्यम से की है। उन्होंने यह स्वीकार किया है कि पूंजीवादी विकास ने पुराने समाजों में परिवर्तन लादिया है। और देखा जाये तो मार्क्स ने अपनी कृतियों में इसी पूंजीवादी व्यवस्था की आलोचना की है। इनका कहना है कि यह अर्थव्यवस्था शोषण की व्यवस्था। बुर्जुआ वर्ग उत्पादन साधनों का मालिक है। उत्पादन शक्तियां उसीके हाथों में हैं और वही उत्पादन सम्बन्धों पर नियन्त्रण रखता है। ऐतिहासिक भौतिकवाद की अवधारणा द्वारा मार्क्स दुनियाभर के समाजों का विश्लेषण करते हैं। इस अर्थव्यवस्था के कारण ही मजदूरों में उत्पादन के प्रति **अलगाव** (Alienation) आता है। मार्क्स की केन्द्रीय विचारधारा यह है कि पूंजीवाद का मुख्य उद्देश्य अधिक से अधिक उत्पादन करना है। पूंजीपति प्रत्येक वस्तु को **पण्य** (Commodity) समझता है। उसके लिये साहित्य, कला, दर्शन, राजनीति, व्यवसाय और सभी कुल माल हैं, पण्य हैं। उनका थीसिस है कि आधुनिकता और कुछ न होकर केवल **पण्यीकरण** (Commodification) **है। दूसरे शब्दों में, अपने आर्थिक निर्धारणवाद** (Economic Determinism) **के आधार पर मार्क्स आधुनिकता को पण्यीकरण की अवधारणा द्वारा परिभाषित करते हैं। अधिक से अधिक उत्पादन करना ही आधुनिकता है। अतः जहां दरखाईम आधुनिकता को स्तरीकरण के सन्दर्भ में देखते हैं, वहां मार्क्स इसे पण्यीकरण के रूप में।**

मेक्स वेबर का संदर्भ दूसरा है। वे आधुनिकता की व्याख्या **बुद्धिसंगत** (Rationality) दृष्टि से करते हैं। आधुनिकता के आविर्भाव से पहले लोग एक तरह से लोहे के पिंजड़े में बन्द थे। वे सम्पूर्ण संसार को ईश्वर के भरोसे छोड़कर चलते थे। ईश्वर ने ही मनुष्य को बनाया था, और उसने ही जांत-पांत को भी बनाया। मनुष्य इस पिंजड़े से बाहर आधुनिकता के आने के बाद आया। वेबर के सामने पूंजीवादी व्यवस्था विकसित हो रही थी। वैसे उनकी रुचि न तो धर्म में थी, और न राजनीति में। वे तो यह जानना चाहते थे कि आखिर इस पूंजीवाद के जन्म और विकास का क्या कारण है। जब वेबर ने काल्विनवाद का अध्ययन किया तब उन्हें लगा कि ईसाई धर्म के काल्विन सम्प्रदाय में कुछ ऐसे **आचार** (Ethics) थे, जिन्होंने पूंजीवाद को विकसित किया। यह आचार बुद्धिसंगत था। इसी बुद्धिसंगत आचार ने प्रभुत्व की प्रस्थिति चमत्कारिक नेतृत्व, परम्परागत नेतृत्व तथा विधि सम्बन्धी नेतृत्व को प्रदान किया। मुख्य बात **युक्तिमूलकता या विवेकपूर्णता** (Ratonality) की है। जिसमें समझदारी है, विवेक है, वही धन कमाता है, पूंजीपति बनता है। **अतः मेक्स वेबर के अनुसार यदि आधुनिकता को परिभाषित किया जाये तो कहना पड़ेगा कि इस अवधारणा का केन्द्रीय आधार विवेक या युक्तिमूलकता है।** इस तरह जहां **दरखाईम आधुनिकता को स्तरीकरण के सन्दर्भ में परिभाषित करते हैं, वहां मार्क्स इसे पण्यीकरण कहते हैं और वेबर के अनुसार यह युक्तिमूलक है।**

अब हम सिमेल द्वारा दी गई आधुनिकता की परिभाषा को देखेंगे। **जार्ज सिमेल** (George Simmel) एक विवादास्पदे सिद्धान्तवेत्ता हैं। विवादास्पद इसलिये कि हाल में कुछ सिद्धान्तवेत्ताओं जिनमें **फ्रिसबी** (Frisby) मुख्य हैं, ने सिमेल को आधुनिकतावादी

और उत्तर-आधुनिकतावादी दोनों कहा है। वे कहते हैं आधुनिकता और उत्तर-आधुनिकता की अवधारणाएं शहर और मुद्रा अर्थव्यवस्था में फंसी पड़ी हैं। **शहर ऐसा स्थान है जहां आधुनिकता केन्द्रित होती है, निवास करती है और मुद्रा अर्थव्यवस्था इस आधुनिकता को छितराती और विकीर्ण करती हैं। यानी आधुनिकता का विस्तार शहर से होता है।**

जब हम जार्ज सिमेल को एक आधुनिकतावादी कहते हैं तो इससे हमारा तात्पर्य यह है कि **वे शहर और मुद्रा अर्थव्यवस्था को आधुनिकता का केन्द्र मानते हैं**। दरखाईम, मार्क्स, वेबर और सिमेल ने जिस समाजशास्त्र का सृजन किया है, वह निश्चित रूप से **आधुनिकता का समाजशास्त्र** (Sociology of Modernity) हैं। आज ये चारों समाजशास्त्री जीवित नहीं हैं, इनका देहान्त ई. 1920 के पहले हो गया था। कोई आठ दशक बाद की इस दुनिया को हम देखते हैं तो लगता है इन सिद्धान्तवेत्ताओं की दुनिया से यह एकदम भिन्न है। शायद इसी कारण सिद्धान्तवेत्ताओं का एक समूह इस दुनिया को उत्तर-आधुनिक दुनिया कहता है।

आधुनिकता और आधुनिक समाजशास्त्रीय सिद्धान्तवेत्ता (Modernity and Modern Sociological Theoretists)

सन् 1960 के बाद के दशकों में अन्तर्राष्ट्रीय स्तर पर एक बहुत बड़ा बदलाव आया। जब समाजवादी देशों ने त्वरित विकास के कार्यक्रम बनाये तब इसका प्रभाव अमेरिका तथा पश्चिमी यूरोप पर भी पड़ा। मार्क्सवादी विकास योजनाओं के विकल्प रूप में अमेरिका में विशेषज्ञों का एक नया दल पैदा हो गया। इस दल ने आधुनिकता को दूसरे देशों में फैलाने का बीड़ा उठाया। सैद्धान्तिक स्तर पर टेलकट पारसंस ने स्थापित किया कि **आधुनिकता तो मूल्यों की एक गठरी है**। और इस संदर्भ में समाज में जितना अधिक संरचनात्मक विभेदीकरण (Structural Differentiation) **होगा, समाज उतना ही अधिक आधुनिक होगा**। आधुनिकता की इसी परिभाषा के अन्तर्गत पारसंस ने **पेटर्न वेरायबल** (Pattern Variable) के आदर्श प्रारूप को रखा। उनका कहना है कि किसी भी व्यवहार को करने से पहिले दुविधा या **असमंजस** (Dilemma) में होता है। क्रिया करने से पहिले व्यक्ति अपने मूल्यों के अभिस्थापन (Orientation) के अनुसार निर्णय करता है कि उसे कौन सी क्रिया करनी चाहिये। ये पेटर्न वेरायबल ही समाज को परम्परागत और आधुनिक बना देते हैं। **इस तरह आधुनिक समाज वह है जिसें भावात्मक तटस्थता** (Affective neutrality), **विशिष्टता** (Specificity), **सर्वव्यापकता** (Universality), **उपलब्धि** (Achievement) और **सामूहिकता (Collectivity) के मूल्य होते हैं। पारसंस इन्हीं मूल्यों के आधार पर आधुनिकता को परिभाषित करते हैं।**

उल्रीच बैक (Ulrich Beck) का आधुनिकता को देखने और परिभाषित करने का संदर्भ कुछ नया है। वे कहते हैं कि **आधुनिकता की संस्कृति खतरे की संस्कृति** (Risk Culture) है। कुछ ऐसी ही बात गिडिन्स ने भी कही थी। इस संस्कृति के विशेषज्ञ

समाज को कुछ इस भांति बनाते हैं कि इसमें मनुष्य के लिये खतरा हमेशा बना रहता है। उल्रीच बैक कहते हैं कि क्लासिकल युग में जो आधुनिकता थी, वह औद्योगिक थी, आज की आधुनिकता खतरे की आधुनिकता है। उनका तर्क है कि आज जो आधुनिकता हमें देखने को मिलती है, वह उन्नीसवीं शताब्दी की आधुनिकता से भिन्न है। **इस आधुनिकता में व्यक्तिकरण** (Individualization) **बहुत अधिक है**। यह व्यक्ति ऐसा है जिस पर कोई लगाम नहीं, किसी का दबाव नहीं। इन व्यक्तियों के क्रियाकलाप न तो उनके वर्ग से प्रभावित हैं, न जाति-बिरादरी से। ऐसे व्यक्तियों से समाज को जो बहुत बड़ा खतरा है वह उनके संचित धन से है। जिन कारखानों और उद्योगों को ये व्यक्ति चलाते हैं, उनका समाज के स्वास्थ्य पर क्या असर पड़ता है, इसे वे कतई नहीं देखते। वे आये दिन एक ऐसे खतरे के समाज का निर्माण कर रहे हैं जो आने वाली पीढ़ियों को भी निगल जायेगा। उल्रीच बैक का बहुत बड़ा थीसिस यह है कि **आज जिस आधुनिकता में हम जी रहे हैं वह और कुछ न होकर प्रकृति का राजनीतिकरण** (Politicization of nature) है। **कारखानों और प्रदूषण का जो भद्दा चेहरा हमारे सामने है, वह किसी भी जानलेवा खतरे से कम नहीं है। इस अर्थ में आधुनिकता केवल मात्र खतरे की घंटी है।**

जार्ज रिट्ज़र ने आधुनिकता की व्याख्या मेक्स वेबर की बुद्धिसंगत (Rationality) अवधारणा से की है। वेबर ने बुद्धिसंगत अवधारणा को अपने धर्म और प्रभुत्व के अध्ययन से विकसित किया है। आधुनिकता को अनिवार्य रूप से बुद्धिसंगत मानते हैं। उन्होंने बुद्धिसंगत यानी विवेक को संरचनात्मक स्तर पर परखा है। नौकरशाही एक संरचना है, इसमें वे विवेक की खोज करते हैं। इसी तरह धर्म की संरचना में भी उन्हें विवेक मिलता है। इस तरह वेबर के अनुसार विवेक का बहुत प्रकार **औपचारिक** अर्थात् संरचनात्मक (Formal) होता है। इसी अवधारणा को रिट्ज़र आगे बढ़ाते हैं।

विवेक कई स्वरूपों में मिलता है। वेबर का विवेक अब इस दुनिया में और आगे बढ़ गया है। इसे हम **फास्ट-फूड रेस्टोरेंट** (Fast Food Restaurant) और **क्रेडिट कार्ड** (Credit Card) की व्यवस्था देख सकते हैं। रिट्ज़र अपनी अवधारणा को अधिक स्पष्ट करने के लिये **मेक्डोनल्ड** (McDonald) रेस्टोरेंट की चर्चा करते हैं। यह रेस्टोरेंट विवेक की अवधारणा पर संचालित होता है और इसके पीछे एक ठोस आर्थिक तर्क है। यह रेस्टोरेंट खाने-पीने की सुविधा तो देता ही है, आधुनिकता का एक अच्छा दृष्टान्त भी है। क्रेडिट कार्ड और **अमेरिकरण** (Americanization) भी इसी विवेक की अवधारणा के अन्तर्गत आ जाते हैं। **कुल मिलाकर, रिट्ज़र की दृष्टि में आधुनिकता विकसित विवेक है।** यह विवेक वेबर के विवेक से अधिक विस्तृत और विषद् है। अमेरिकरण भी आधुनिकता में निहित विवेक को आगे बढ़ाता है।

आधुनिकता की एक और वीभत्स विशेषता **झिगमून्ट बॉमैन** (Zygmunt Bauman) ने रखी है। वे कहते है कि नाजिमों ने दूसरे विश्व युद्ध में हजारों यहूदियों को जर्मनी के गैस चेम्बर में हमेशा के लिये सुला दिया। यह एक नौकरशाही का तर्क था,

विवेक था। इसलिये कभी-कभी संरचनात्मक-औपचारिक विवेक समाज को विध्वंस के कगार पर भी धकेल देता है। बॉमैन ने बाकायदा **आधुनिकता के एक विध्वंस पेराडिम यानी मॉडेल** (Holocaust Paradgm of Modernity) को बनाया है। यद्यपि यह पेराडिम नियमित नहीं है, यदाकदा ही देखने को मिलता है, फिर भी इस बात को नकारा नहीं जा सकता कि आधुनिकता अपने एक स्वरूप में विध्वंसक भी है।

यह कहा जा सकता है कि आधुनिकता का विध्वंस से क्या सरोकार हो सकता है। लेकिन 11 सितम्बर 2001 को अमेरिका के न्यूयार्क और वाशिंगटन पर जो आतंककारी आक्रमण हुआ, क्या उसमें कोई तर्क या विवेक नहीं था। यह निश्चित है कि विध्वंसात्मक गतिविधियों में भी उतने ही तर्क या विवेक की आवश्यकता होती है जितनी निर्माण कार्य में। जब नाजियों ने यहूदियों को गैस के चैम्बर में रखा था, तब उनका बड़ा स्पष्ट तर्क था : "किसी तरह यहूदियों से छुट्टी पानी चाहिये।" इस तर्क, विवेक या बुद्धिसंगत विचार ने उन्हें विध्वंस करने के लिये प्रेरित किया।

बॉमेन इस बात से सहमत नहीं हैं कि नौकरशाही तटस्थ (neutral) होती है। नौकरशाही तो बारूद से भरी हुई बन्दूक की तरह है। इसे जिधर चाहो, चला दो। सरकार यह नहीं देखती कि गोली चलाने पर जनहानि हो जाती है, वह तो अपने राजनीतिक उद्देश्य की पूर्ति चाहती है। बॉमेन अपनी विध्वंस की अवधारणा को मेक्डूगल की अवधारणा से जोड़ते हैं और **निष्कर्ष में लिखते हैं कि दोनों के पीछे ठोस विवेक की उपस्थिति होती है।**

आधुनिकता की व्याख्या का यह विवेचन बड़ा रोचक है। मेक्स वेबर ने इसकी परिभाषा को बुद्धिसंगत या विवेक के साथ जोड़ा था, तो दरखाईम ने इसे स्तरीकरण से बांधा और मार्क्स ने इसका सम्बन्ध पण्यीकरण के साथ स्थापित किया। फिर इसके बाद आधुनिकता प्रजातंत्र, पूँजीवाद, औद्योगीकरण के साथ जुड़ी। अब तो इसकी व्याख्या फास्ट-फूड, रेस्टोरेंट, क्रेडिट कार्ड तथा विध्वंस के संदर्भ में की जाने लगी है। व्याख्या कहां से चलकर कहाँ तक पहुँच गयी है।

आधुनिकता के लक्षण (Characteristics of Modernity)

आधुनिकता का सम्बन्ध काल परिवर्तन या युगान्तर से है। यूरोप में यह युगान्तर 16वीं शताब्दी के लगभग प्रारम्भ हुआ। वहां का समाज परम्परागत था। सम्पूर्ण यूरोप में सामन्तवादी व्यवस्था थी। उस काल के बौद्धिकों और खनिशास्त्रियों ने इस व्यवस्था का विरोध किया। इधर औद्योगिक क्रांति हुई और इसके साथ ही विज्ञान में भी क्रान्ति आई। इस सबके परिणाम यूरोप और अमेरिका में आधुनिकता का प्रवेश हुआ। सामन्तवाद का स्थान पूंजीवाद ने ले लिया और राजाशाही के अन्त ने प्रजातंत्र को विकसित किया। आज अब पूरे आग्रह के साथ कहा जा रहा है कि हम यानी यूरोप और अमेरिका उत्तर-आधुनिकता के द्वार पर खड़े हैं। आधुनिकता की दिशा उत्तर-आधुनिकता की ओर है।

ऐसा नहीं है कि यह आधुनिकता केवल यूरोप-अमेरिका तक ही सिमट गई हो। आधुनिकता में साम्राज्यवाद भी अन्तर्निहित है। यूरोप की महान शक्तियां अपने व्यापार के विकास और नये बाजार की खोज में एशिया, अफ्रीका और लेटिन अमेरिका भी गये। इस साम्राज्यवाद ने इन पिछड़े हुए देशों में आधुनिकता की भावना को पैदा किया। प्रजातांत्रिक व्यवस्था के प्रति विश्वास भी जागृत किया। और इस तरह 17वीं शताब्दी में इन विकासशील देशों में आधुनिकता का प्रवेश हो गया। भारत में आई आधुनिकता का विवरण अगले अध्यायों में करेंगे। यहां तो केवल यह कहना है कि आज दुनिया में आधुनिकता का जो स्वरूप उपलब्ध है उसके कुछ विशिष्ट लक्षण .हैं। आधुनिकता की विभिन्न परिभाषाओं का ब्यौरा हमने पिछले पृष्ठों में दिया है। इस सामंजस्य के होते हुए भी, निश्चित रूप से सभी विचारक आधुनिकता के कतिपय लक्षणों से सहमत हैं। यहां हम आधुनिकता के कतिपय सामान्य लक्षणों या तत्वों का उल्लेख करेंगे :

*1. **आधुनिकता व्यापक है** (Modernity is Comprehensive)*

आधुनिकता एक प्रक्रिया है और इसलिये इसमें गतिशीलता है। इसका अस्तित्व केवल समाजशास्त्र या राजनीतिशास्त्र में ही हो, ऐसा नहीं है। यह मानव जीवन के विभिन्न क्षेत्रों में देखने को मिलती है। वास्तव में, आधुनिकता का प्रभाव सबसे पहिले साहित्य और कला में आया। इसी कारण इस प्रक्रिया को व्यापक कहा जाता है। यह व्यापकता इसका बहुत बड़ा लक्षण है।

*2. **आधुनिक समाज का आविर्भाव 15 वीं शताब्दी से है***
(Emergence of Modern Society is from 15th Century)

यद्यपि यह निश्चित रूप से नहीं कहा जा सकता कि आधुनिक समाज का उदय कब से हुआ फिर भी लगभग सभी यह स्वीकार करते हैं कि इस समाज का प्रारम्भ 15वीं-16वीं शताब्दी से है। आज जिसे हम आधुनिक समाज कहते हैं, जिस अर्थ में इसे समझते हैं, वास्तव में इसका आविर्भाव तो **पुनर्जागरण** या **ज्ञानोदय** (Enlightement) से है। इसके बाद औद्योगिक क्रान्ति, फ्रांस की राज्य क्रान्ति, आये। क्रान्ति के कतिपय लक्षण आधुनिक समाज में अन्तर्निहित हैं। दूसरे शब्दों में, आधुनिक समाज कई क्रान्तियों की उपज है।

*3. **आधुनिकता उद्‌विकास का परिणाम है।***
(Modernity is the Result of Evolution)

क्रांतियों ने आधुनिकता को जन्म दिया और फिर आधुनिकता का उद्‌विकास प्रारम्भ हो गया। कुछ ऐसी ऐतिहासिक जटिल प्रक्रियाएं आई जिन्होंने आधुनिकता के विकास को एक वैश्वीय स्वरूप प्रदान किया। **धर्मनिरपेक्ष राज्य** (Secular State), **वैश्वीय पूंजीवादी अर्थव्यवस्था, सामाजिक विरचन** (Social Formation) यथा **वर्ग और विकसित श्रम**

विभाजन ऐसी प्रक्रियाएं रही हैं जिन्होंने आधुनिकता के उद्‌विकास को नई धार प्रदान की है।

4. आधुनिकता का विकास राष्ट्रीय और अन्तर्राष्ट्रीय प्रक्रियाओं के कारण हुआ है।

(Modernity has Developed Due to the Intersection of National and international processes)

पश्चिमी देशों तथा अमेरिका में आधुनिकता का विकास राष्ट्रीय तथा अन्तर्राष्ट्रीय अन्तःक्रियाओं के कारण हुआ है। इन देशों का दूसरे देशों के साथ आर्थिक तथा सांस्कृतिक सम्बन्ध हुआ और इस तरह आधुनिक समाज की उपस्थिति सारी दुनिया में हो गई।

5. आधुनिकता पूंजीवाद, औद्योगीकरण और धर्मनिरपेक्षता है।

(Modernity is Capitalism, Industrialism and Secularism)

आधुनिकतावादी लेखक एक दूसरे से असहमति रखते हैं। कोई किसी एक तथ्य पर जोर देता है और दूसरा किसी और पर। उदाहरण के लिये गिडिन्स पूंजीवाद, उद्योग, प्रशासनिक शक्ति, सैनिक शक्ति आदि पर जोर तो देते हैं, पर वे यह बराबर कहते हैं कि आधुनिकता इन सब प्रक्रियाओं का गठबन्धन है। अपने आप में कोई भी एक प्रक्रिया अधूरी है। यह तो इन सब संस्थाओं का पारस्परिक आदान-प्रदान है जो आधुनिकता साकार करता है। **आधुनिकतावादियों की इस पारस्परिक असहमति के होते हुए भी, निश्चित रूप से प्रजातांत्रिक व्यवस्था, पूंजीवाद, औद्योगीकरण और धर्म-निरपेक्षता आधुनिकता के वैश्वीय लक्षण हैं।**

6. आधुनिकता में उपभोक्ता वस्तुओं की प्रचुरता है और विभिन्न जीवन शैलियां हैं।

(Modernity has Proliferation of Consumer Goods and a Variety of Lifestyles)

आधुनिक समाज में वस्तुओं की कोई कमी नहीं है। सारी दुनिया ही बाजार है। देखते ही देखते एक भाग की वस्तुएं दूसरे भाग में पहुंच जाती हैं। इन वस्तुओं में जहां समानता है, वहीं विभिन्नता भी। इस भांति जीवनशैली भी व्यापक हो गई है। आदमी बराबर इस कोशिश में रहता है कि उसकी पहचान बनी रहे। अब व्यक्तिगत जीवन पर कम दबाव दिया जाने लगा है तथा निजी और सार्वजनिक जीवन में जो अन्तर रहता है, वह कमजोर हो गया है। एक तरफ तो आधुनिक समाज में सांस्कृतिक एकाधिकता है, व्यक्तिवाद है, और दूसरी तरफ शिक्षण संस्थाएं तथा सार्वजनिक उपक्रम इस जीवन में समानता लाने का प्रयास कर रहे हैं। वास्तव में, आधुनिक समाज अपनी संरचना में जटिल हो गया है।

*7. **सभी सामाजिक सम्बन्धों और संघर्षों का संघटक शक्ति है।***
(Power is the Constitutive Dimension of all Social Relations and Struggles)

आधुनिक समाज में राज्य एक ऐसी शक्तिशाली संस्था है जो नागरिक के सम्पूर्ण जीवन पर अपना नियंत्रण रखती है। राज्य की नीतियां व्यापक हैं और इसका दखल समाज की गतिविधियों पर होता है। कहना चाहिये कि राज्य **शक्ति** (power) का साक्षात स्वरूप है। सभी औद्योगिक समाजों यानी आधुनिक समाजों में प्रजातांत्रिक व्यवस्था एक व्यापक व्यवस्था है। इस व्यवस्था का एक विकल्प समाजवादी सरकार का था। लेकिन सोवियत रूस के पतन के बाद यह विकल्प अभी खो गया है। यदि प्रजातांत्रिक और पूंजीवादी व्यवस्था में कोई संघर्ष है तो यह **सत्ता का संघर्ष** (Power Politics) है। यह सत्ता ही सामाजिक न्याय के नाम पर बाजार और सामाजिक संगठनों पर काबिज है।

*8. **वैश्वीकरण और उसके आर्थिक, राजनैतिक और सांस्कृतिक पहलू आधुनिकता के चेहरे-मोहरे को संवारते हैं।***
(Aspects of Globalisation – Economic, Political and Cultural skope the face of Modernity)

आधुनिकता का सम्बन्ध वैश्वीकरण से है। देखा जाये तो प्रारम्भिक अवस्था में वैश्वीकरण ने ही आधुनिकता को पाला-पोसा था। आज वैश्वीकरण का फैलाव और इसका प्रसार बहुत अधिक हो गया है। अब कई नई राष्ट्रीय और अन्तर्राष्ट्रीय संस्थाओं का आर्विभाव हुआ है जिसने सम्पूर्ण समाज को अपने आगोश में ले लिया है। अब इस नये संदर्भ में आधुनिकता बहुआयामी हो गई है। इसने कई तरह के अऐतिहासिक संघर्ष पैदा कर दिये हैं। सबसे बड़ा संघर्ष तो परम्परा और आधुनिकता का है। आज दुनिया के सामने यक्ष प्रश्न है : बढ़ती हुई आधुनिकता के सामने क्या स्थानीय अर्थ-व्यवस्था और संस्कृति जीवित रह पायेगी ? दूसरा प्रश्न है : क्या सम्पूर्ण संसार की आधुनिकता एक समान हो जायेगी ? दुनिया के विभिन्न समाज क्या **सजातीय** (Homogeneous) हो जायेंगे ? कुल मिलाकर हमें आधुनिकता को वैश्वीकरण की प्रक्रिया के साथ में देखना होगा। यह इसलिये कि आधुनिकता और वैश्वीकरण का चोली-दामन का साथ है। दूसरा, आधुनिकता का बहुत बड़ा लक्षण वैश्वीकरण भी है।

*9. **आधुनिकता या तकनीकी तंत्र** (Modernity or Technology)*

कुछ समाजशास्त्री आधुनिक समाज को तकनीकी तंत्र का समाज कहते हैं। इनके अनुसार आधुनिकता का बहुत बड़ा लक्षण **तकनीकी तंत्र** (Technology) है। **जेक्यूज़ ईल्लल** (Jacques Ellul) ने कुछ समय पहिले अपनी पुस्तक **दि टेक्नोलोजिकल सोसायटी**

(The Technological Society) में तकनीकी तंत्र की व्यवाख्या की है। वे तो आधुनिक समाज और तकनीकी तंत्र समाज को पर्यायवाची मानते हैं। वास्तव में तकनीकी तंत्र का समाजशास्त्र में बड़ा ढीला-ढाला प्रयोग करते हैं। सामान्यतया इसका मतलब **यन्त्रीकरण** (Mechanisation) और विशेष करके उत्पादन में काम में ली जाने वाली मशीनों से लिया जाता है। यह पहली बार है कि **जेक गूडी** (Jack Goody) ने तकनीकी तंत्र की ऐतिहासिक और सांस्कृतिक दृष्टि से व्याख्या अपनी पुस्तक **प्रोडक्शन एण्ड रिप्रोडक्शन** (Production and Reproduction) में की है। वे अपने निष्कर्ष में लिखते हैं कि आधुनिक समाज की बहुत बड़ी उपलब्धि तकनीकी तंत्र की है। उनका यह भी कहना है कि यह तकनीकी तंत्र अभिजात वर्ग के भले के लिये है। वैसे देखा जाये तो यह आधुनिक समाज वस्तुतः पूंजीपतियों और अभिजात वर्ग के हितों की सबसे पहले सुरक्षा करता है। इस तकनीकी तंत्र ने एक नये प्रकार के आन्दोलन को भी जन्म दिया है। **जहां आधुनिक समाज है, वहीं औद्योगिक और तकनीकी-तंत्र समाज भी हैं। और वहीं ऐसे आन्दोलन भी हैं जो प्रदूषण और पर्यावरण अपकर्ष** (Environmental Degradation) के आन्दोलन भी हैं।

10. आधुनिकता नवीनतम भी है। (Modernity is also latest)

समाजशास्त्रियों का एक समूह आधुनिकता को काल या समय के साथ भी जोड़ता है। इसके अनुसार जिसके पास नवीनतम वस्तुएं हैं, वह आधुनिक है। जिसके पास जितनी अधिक नवीनतम वस्तुएं होती हैं, वह उतना ही अधिक नवीनतम होता है। मोटरकार तो कई परिवारों में होती है लेकिन जिसके पास नवीनतम मोटरकार होती है, वह उतना ही अधिक आधुनिक होता है। बिल्कुल आज तक की नवीनतम मोटर कार वाला व्यक्ति आधुनिक ही नहीं आधुनिकतम है। मतलब हुआ इस विचारधारा के अनुसार समय या काल ही आधुनिकता को मापने वाला फीता या पट्टी है।

11. आधुनिकता एकाकीपन, प्रतियोगिता और उत्तेजित असंतोष है। (Modernity is Lonliness, Competition and Secthing Dissatisfaction)

आधुनिकता एक विशेष प्रकार की जीवनशैली है। इसमें सम्पूर्ण समाज का चरित्र बौखलाया हुआ सा लगता है। हर आदमी दौड़ता दिखाई देता है। भीड़ में भी वह एकदम अकेला महसूस करता है। अकेलापन उसकी नियति हो जाती है। दूसरा, वह जीवन के प्रत्येक क्षेत्र में प्रतियोगिता करता दिखाई देता है। रात और दिन भाग-दौड़ करते हुए भी कहीं उसे संतोष नहीं मिलता। उसका यह असंतोष तो कभी-कभी उत्तेजित हो जाता है। **आधुनिकता के ये लक्षण—एकाकीपन, प्रतियोगिता और असंतोष—मनुष्य की मनःस्थिति को दर्शाते हैं।**

12. वैश्वीकरण, उदारीकरण और निजीकरण, आधुनिकता के भाईबन्ध हैं।
(Globalisation, Liberalisation and Privatisation are Associates of Modernity)

कुछ समाजशास्त्रियों का विचार है कि आधुनिकता की व्यापकता उसमें निहित वैश्वीकरण, उदारीकरण, और निजीकरण में है। पहले आधुनिकता थी। इसमें औद्योगीकरण था। पर आज इसमें कई नये मूल्यों का समावेश हो गया है। वैश्वीकरण अपने आप में बहुत बड़ा मूल्य है। यह वैश्वीकरण ही उदारीकरण और निजीकरण को प्रोत्साहित करता है। इसीलिये इन सब मूल्यों को हम आधुनिकता के भाईबन्ध कहते हैं।

आधुनिकता अपने परिवेश में बहुत व्यापक है। कुछ तो विचार है कि संसार में कोई एक आधुनिकता हो, ऐसा नहीं है। यहां **बहु-आधुनिकता** (Multi-modernities) है। कुछ और लोगों का कहना है कि आधुनिकता तो एक ही है, पर इसके पहलू अनेक हैं। यह विवादास्पद है। इसका हम अन्यत्र विवेचन करेंगे। यहां यही कहना चाहते हैं कि **आधुनिकता का कोई भी स्वरूप हम देखें, इसमें हमें पूंजीवाद, औद्योगीकरण, प्रजातंत्र और विवेक या बुद्धिसंगतता केन्द्रीय लक्षणों के रूप में दिखाई देते हैं।** डेहरनडोर्फ का तो यहां तक कहना है कि आधुनिकता के ढेरों लक्षणों के होते हुए भी विवेक इसका प्राणवायु है। इसके बिना आधुनिकता खाली-खाली है।

II
भारत में आधुनिकता की व्याख्या
(Analysis of Modernity in India)

भारत एक सभ्यता का समाज है। परम्पराओं ने इसे सैंकड़ों वर्षों तक गढ़ा है। इसकी अपने एक विशिष्ट पहचान है। इसका एक अपना इतिहास है। इसमें कई भाषाएं हैं, बोलियां हैं और सांस्कृतिक क्षेत्र हैं। यहां जब आधुनिकता आई तब इसका स्वरूप यहां की परम्परा के अनुसार ढल गया। कहीं ऐसा हुआ कि परम्परा आधुनिकता में बदल गई और कहीं आधुनिकता नई परम्परा में आ गई। अतः आधुनिकता के जिन लक्षणों को हम यूरोप और अमेरिका में पाते हैं, वे यहां नहीं हैं। परम्परा के प्रभाव में आकर यहां आधुनिकता का रूप ही बदल गया है। दूसरे शब्दों में, यूरोप-अमेरिका की आधुनिकता यहां आकर बदले हुए भेष में देखने को मिलती है। इसी कारण हम इस अध्याय के अन्तिम में आधुनिकता के भारतीय स्वरूप और प्रकृति को देखना चाहते हैं। यहां के इतिहास, यहां की परम्परा, यहां की सामाजिक संरचना ने आधुनिकता को अपने विशिष्ट रूप में देखा है।

भारतीय समाजशास्त्रियों ने भारत में विकसित हुई आधुनिकता का विश्लेषण किया है। **एम. एन. श्रीनिवास** (M. N. Srinivas) ने पश्चिमीकरण और आधुनिकीकरण की व्याख्या सैद्धान्तिक स्तर पर की है। वे कहते हैं कि भारत में आधुनिकता की उपस्थिति

ब्रिटिश काल से समझी जा सकती है। यह सही है कि अंग्रेज इस देश में व्यापारी की तरह आये, पर बाद में जब उन्होंने यहां की सत्ता को अपनाया तब उन्होंने यहां अपनी जड़ें मजबूत करने के लिये, प्रभावी प्रशासन चलाने के लिये, एक विशेष प्रकार की आधुनिकता को जन्म दिया। मुद्रण के लिये वे प्रिंटिंग प्रेस लाये, आवागमन के लिये रेलगाड़ियां चलाई, संचार साधन जुटाये और इस प्रकार ब्रिटेन की आधुनिकता को यहां आरोपित किया। मेकाले द्वारा प्रस्तावित अंग्रेजी भाषा को शिक्षा का माध्यम बनाया। अंग्रेजी शिक्षा ने उदार विचारधारा को इस देश में जन्म दिया। कुछ इसी तरह श्रीनिवास भारत में आधुनिकता के प्रवेश की व्याख्या करते हैं। उपनिवेशवादी शासन के होते हुए भी इस काल में हमारे यहां उदारवाद का जन्म हुआ। ये सब ऐतिहासिक घटनाएं 17वीं तथा 18वीं शताब्दी की हैं। इसके बाद आधुनिकता की प्रक्रियाओं ने तीव्रता ग्रहण कर ली।

आधुनिकता की धार को प्रखर करने में आजादी की लड़ाई का योगदान बहुत बड़ा है। इस लड़ाई ने हमें समझ दी कि जाति व्यवस्था हमारे लिये घातक है। हमें इससे मुक्ति पानी होगी। इसी लड़ाई ने हमें राष्ट्रीयता की चेतना दी, इसी लड़ाई ने विभिन्न **रियासतों** (States) में बंटे, विभिन्न धर्मों में बिखरे-लोगों को एक सूत्र में बांधने का प्रयास किया। प्रजातंत्र और समानता के मूल्यों से लोग अवगत हुए। पहली बार स्वतंत्रता एक बहुत बड़े मूल्य की तरह हमारे सामने आयी। ये सब लक्षण आधुनिकता के थे और इन्हें लाने में आजादी की लड़ाई द्वारा विरचित प्रक्रियाएं बहुत ताकतवर थीं। ये प्रक्रियाएं अऐतिहासिक भी थीं। इस देश में पहले कभी ऐसा हुआ नहीं था। यह पहली बार था कि आधुनिक शक्तियों ने परम्परागत शक्तियों को ललकारा था। पहली बार था कि संयुक्त परिवार चुनौतियों के रूबरू था। यह पहली बार ही था कि अस्पृश्यता को किसी ने चुनौती दी थी। उपनिवेशवादी ताकतों ने औद्योगीकरण और नगरीकरण को जन्म दिया, विकसित किया।

भारत के संविधान बनने के बाद हमने घोषित किया कि हम एक आधुनिक राष्ट्र बनेंगे। **गून्नार मिरडल** (Gunnar Myrdal) अपने **एशियन ड्रामा** (Asian Drama) की जिल्दों में स्थापित किया कि एशिया के सभी राष्ट्र अपने आपको आधुनिक राष्ट्र बनाना चाहते हैं। इसका मतलब हुआ—ये राष्ट्र औद्योगिक, प्रजातान्त्रिक और पूंजीवादी राष्ट्र बनना अपना लक्ष्य समझते हैं।

श्रीनिवास की कृतियों में पाश्चात्यकरण एक प्रभावी प्रक्रिया रही है। इसके द्वारा अंग्रेजों ने अपने लगभग डेढ़ सौ वर्षों के राज में विभिन्न स्तरों पर आधुनिकता लाने का प्रयास किया। यह आधुनिकता तकनीकी तंत्र, विचारधारा और मूल्यों के क्षेत्र में थी। श्रीनिवास इस तथ्य पर बहुत जोर देते हैं कि ब्रिटिश काल में हमारे देश में जो आधुनिकता आई उसमें विवेक यानी बुद्धिसंगतता तथा **मानवतावाद** (Humanitarianism) पर्याप्त **मात्रा** में थे। यह पाश्चात्यकरण के परिणामस्वरूप ही है कि यहां विज्ञान, तकनीकी तंत्र और **शिक्षण** संस्थाओं का उदय हुआ। बाद में चलकर श्रीनिवास ने सामाजिक प्रक्रिया का

विश्लेषण आधुनिकीकरण के संदर्भ में किया।

बहुत थोड़े में भारत में आधुनिकीकरण के विकास का सिलसिला ब्रिटिश काल से प्रारम्भ होता है। स्वतन्त्रता प्राप्ति के बाद इस विकास ने नये आयाम पाये। भारतीय समाजशास्त्रियों ने हमारे यहां के राष्ट्रीय तथा स्थानीय संदर्भों में आधुनिकता के अर्थ को स्पष्ट किया है। उनके विचारों को हम यहां प्रस्तुत करेंगे।

आधुनिकता और योगेन्द्र सिंह

प्रो. योगेन्द्रसिंह की पुस्तक **मोडर्नाइजेशन आफ इण्डियन ट्रेडिशन** (Modernization of Indian Tradition, 1972) आधुनिकता के क्षेत्र में एक क्लासिकल ग्रन्थ हैं। इसमें उन्होंने आधुनिकता का भारतीय परम्पराओं पर क्या प्रभाव पड़ता है, इसका सैद्धान्तिक विश्लेषण किया है। वे यह मानकर चलते हैं कि आधुनिकीकरण एक **सार्वभौमिक सांस्कृतिक प्रघटना** (Universal Cuttural Phenomena) है। यह प्रघटना केवल भारत की हो, ऐसा नहीं । आज की सम्पूर्ण दुनिया एक आधुनिक समाज है।आधुनिकता का यह प्रतिमान एक सम्पूर्ण संसार का आदर्श प्रतिमान है। जब इसके लक्षण (Attributes) दुनिया के विभिन्न भागों में **फैलते** (Diffuse) हैं तब ये विभिन्न भाग अपने इतिहास और सामाजिक संदर्भ के आधार पर इसका प्रत्युत्तर देते हैं। और स्थानीय स्तर पर पहुंचकर यह आधुनिकता परम्पराओं के साथ घुल-मिल जाती है। महत्वपूर्ण बात यह है कि आधुनिकता का जो सार्वभौमिक आदर्श प्रारूप है, इसका राष्ट्रीय और स्थानीय उत्तर क्या है। योगेन्द्र सिंह का कहना है कि आधुनिकता के जो भी लक्षण हैं, वे बुनियादी रूप से **सार्वभौमिक** (Universalistic) और **उद्विकासीय** (Evolutionary) हैं। इनकी प्रकृति सम्पूर्ण मानवता को अपने अन्दर समेट लेती है। अपने मूल में आधुनिकता कोई वैचारिकी नहीं है। इस दृष्टि से आधुनिकता एक **सांस्कृतिक-सार्वभौमिकता** (Cultural-Universal) है। योगेन्द्र सिंह ने आधुनिकता का जो सार्वभौमिक स्वरूप रखा है, इसके निम्न लक्षण हैं :

1. आधुनिकता समस्याओं के प्रति **बुद्धिसंगत या विवेकपूर्ण** (Rational) दृष्टिकोण रखती है। वह समस्याओं का मूल्यांकन सार्वभौमिक संदर्भ में करती है। ऐसा करने में व्यक्तिगत दृष्टिकोण या जातिगत हितों को ध्यान में नहीं रखा जाता है। समस्या का हल विशाल समूह के हितों को ध्यान में रखकर किया जाता है। स्पष्ट है कि आधुनिकता का केन्द्रीय संदर्भ तर्क और विवेक होते हैं। इसमें संवेगों और भावुकता को कोई स्थान नहीं होता।
2. आधुनिकता विज्ञान केन्द्रित होती है। विज्ञान में विसरण की प्रकृति होती है और इसलिये इस विचारधारा में तकनीकी तंत्र की भूमिका महत्वपूर्ण समझी जाती है। इस तरह के समाज में बराबर यह देखा जाता है कि तकनीकी तंत्र को खोजने और इसे विकसित करने के कौन से स्रोत हैं।

3. शायद आधुनिकता की बहुत बड़ी विशेषता इसमें निहित मानवता है। यह सही है कि आधुनिकता तकनीकी तंत्र को बढ़ावा देती है लेकिन जब तक यह मानव-केन्द्रित नहीं होती, इसके अस्तित्व का कोई मतलब नहीं है। एक व्यक्ति बहुत बड़ा वैज्ञानिक हो सकता है, उसकी खोजें अव्वल दर्जे की हो सकती हैं लेकिन मानव समाज के बुनियादी हित के लिये जिन भावनाओं और अनुभूतियों की उसमें आवश्यकता है, उसका अभाव है, तब वह पूर्णरूप से असफल वैज्ञानिक है। इसे कभी भी एक सफल वैज्ञानिक नहीं कहा जा सकता।

4. आधुनिक मूल्यों और परम्परागत मूल्यों में बड़ा अन्तर है। परम्परागत मूल्य स्थानीय समाज की धरोहर होते हैं। वे इस समाज की विशेषता होते हैं। पुरुषार्थ भारतीय समाज की परम्परागत विशेषता है। जातियों की सोपानिकता भी स्थानीय विशेषता है। **आधुनिक मूल्य परम्परा के मूल्यों से भिन्न होते हैं।** प्रजातंत्र, समानता, धर्मनिरपेक्षता आदि आधुनिक मूल्य हैं। **जब किसी समाज में आधुनिक मूल्यों का प्रवेश होता है, तब हम इसे आधुनिकीकरण कहते हैं।** और जब स्थानीय परम्पराओं में परिवर्तन आता है, तब इसे स्थानीय परिवर्तन कहते हैं। आधुनिकीकरण का बुनियादी तत्व सार्वभौमिक-सांस्कृतिक (Universal-Cultural) है जबकि परम्पराओं का परिवर्तन स्थानीय है।

योगेन्द्र सिंह का आधुनिकीकरण का थीसिस या सामान्य शब्दों में इसका अर्थ बहुत स्पष्ट है। **यह वस्तुओं या समस्याओं को देखने की विवेकपूर्ण अभिवृत्ति है।** इसमें किसी वर्ग, जाति, समुदाय या नातेदारी से कोई विशेष लगाव नहीं होता। यह लगाव-मुक्त सार्वभौमिक-सांस्कृतिक अवधारणा है। इसके लक्षण विज्ञान तथा तकनीकी तंत्र होते हैं।

योगेन्द्र सिंह द्वारा दी गई आधुनिकता की व्याख्या में **मूल्य और संस्कृति प्रधान है। मूल्यों में वे विवेक, तकनीक तंत्र और वैज्ञानिक संदर्भ को अपनी व्याख्या का केन्द्र बनाते हैं।** ऐसा करने में वे यूरोप तथा अमेरिका में आधुनिकता का जो अर्थ लिया जाता है, उससे अलग हो जाते हैं। वहां इस तथ्य से सभी सहमत हैं कि आधुनिकता में प्रजातंत्र, औद्योगिकरण आर्थिक व्यवस्था यानी पूंजीवाद तथा प्रशासनिक शक्ति होते हैं। अपनी व्याख्या में योगेन्द्र सिंह इन आर्थिक तत्वों को पूरी उपेक्षा से देखते हैं। उनके लिये आधुनिकता एक **सार्वभौमिक-सांस्कृतिक प्रघटना** (Universal-Cultural Phenomena) है। दूसरा, जहां यूरोप-अमेरिका के आधुनिकतावादी समाजशास्त्री परम्परा का कहीं उल्लेख नहीं करते, वहां योगेन्द्र सिंह परम्परा और आधुनिकता के मुठभेड़ की बात बराबर उठाते हैं। ऐसा लगता है कि आधुनिकता की व्याख्या करने में योगेन्द्र सिंह का संदर्भ मुख्यतया भारतीय समाज है।

यूरोप में परम्पराओं की प्रभुता थी। यह प्रभुता सामन्तवाद के अवसान के बाद समाप्त हो गई। पूंजीवाद ने प्रजातंत्र को एक नई राह दी और आधुनिकता आ गई। हमारे

यहां प्रजातंत्र और आधुनिकता अभी नये ही हैं। और ऐसी अवस्था में इनकी टक्कर परम्परा से है। हमारे यहां आज बहस का बहुत बड़ा मुद्दा परम्परा बनाम आधुनिकता है। विदेशों में आज यह बहस नहीं है। वहां यह विगत की बात हो गई। **इस तरह सार्वभौमिक सन्दर्भ में जहां आधुनिकता का अर्थ—यूरोप-अमेरिका में—प्रजातंत्र, पूंजीवाद तथा विवेक से लिया जाता है, वहां भारत में योगेन्द्र सिंह इसका मतलब, विवेक तथा सांस्कृतिक मूल्यों से लेते हैं।**

भारत की भ्रमित आधुनिकता : दिपांकर गुप्ता
(India's Mistaken Modernity : Dipankar Gupta)

हाल में दिपांकर गुप्ता की पुस्तक—**मिस्टेकन मॉडर्निटी** (Mistaken Modernity, 2000) प्रकाशित हुई है। इस पुस्तक में आधुनिकता से जुड़े हुए कई भ्रमपूर्ण विचारों का खण्डन किया गया है। दिपांकर का कहना है कि आज भारत कई दुनियाओं के बीच में है। लेखक का स्पष्ट इशारा वैश्वीकरण की ओर है। हमारे यहां जो भी आधुनिकता आई है, वह स्पष्ट रूप से विदेशों और विशेषकर के पश्चिमी देशों से आई है। यहां के लोगों में इस आधुनिकता के अर्थ और प्रयोजन को लेकर कई गलतफहमियाँ हैं। दिपांकर ने अपनी इस पुस्तक को आम आदमी या कहिये गैर-समाजशास्त्रियों के लिये लिखा है। यह एक प्रकार का **पॉप समाजशास्त्र** (Pop Sociology) यानी लोकप्रिय समाजशास्त्र से है। अपने तर्क को लेखक ने कहीं भी समाजशास्त्रीय सिद्धान्त में नहीं बांधा है। इस अभाव के होते हुए भी दिपांकर ने अपनी बात को पूरी ताकत और प्रमाण से प्रस्तुत किया है औ यही इस पुस्तक की विशेषता है।

दिपांकर गुप्ता आधुनिकता की परिभाषा देने से पहिले दो बड़े प्रश्न रखते हैं : आधुनिकता से हमारा क्या तात्पर्य है ? क्या तकनीकी तंत्र को अधिकाधिक प्राप्त करना, मंहगी जीवन पद्धति को अपनाना या तड़क-भड़क वाली बस्तियों में रहना आधुनिकता है? या दूसरे लोगों के प्रति हमारी कैसी अभिवृत्तियां हैं, यह आधुनिकता को निश्चित करता है? दिपांकर गुप्ता का कहना है कि अधिकांश मसलों पर आधुनिकता को लेकर हममें गलतफहमियां हैं। यहां हम आधुनिकता के सम्बन्ध में हमारी जो गलतफहमियां हैं, उनका वर्णन करेंगे।

आधुनिकता से जुड़ी हमारी भ्रमित धारणाएं
(Our mistaken notions about Modernity)

दिपांकर गुप्ता ने आधुनिकता को परिभाषित करने से पहिले उससे जुड़े हुए भ्रमित विचारों का सिलसिले से उल्लेखित किया है। आज कुछ ऐसा हो गया है कि प्रत्येक व्यक्ति अपने आपको मॉडर्न बताने का प्रयास करता है। वह व्यक्ति जो न समय पर अपने दफ्तर में पहुंचता है, और वह व्यक्ति जो न कॉलेज की कक्षा में पढ़ाता है, पूरी तरह से कामचोर है,

अपने आपको मॉडर्न बताता है, उसकी आधुनिकता इसी में है कि वह अपने हिस्से का कोई काम नहीं करता और पूरी पगार लेता है। आधुनिकता के बारे में हमारी कई भ्रमित धारणाएं हैं, इन्हें निम्न बिन्दुओं में रखेंगे :

1. जो समकालीन है, वह अनिवार्य रूप से आधुनिक नहीं है।

(Which is contemporary is not necessarily modern)

दिपांकर गुप्ता का कहना है कि कई लोग उन सभी विचारों, प्रथाओं, फैशन आदि को आधुनिक समझते हैं जो वर्तमान समय में प्रचलित हैं। यदि हम समकालीन को आधुनिकता समझ लेवें तो बहुत बड़ा भ्रम हो जायेगा। एक दृष्टान्त है। **रूढ़िवाद** (fundamentalism) और वैश्वीकरण दोनों ही समकालीन हैं। तो क्या दोनों ही आधुनिकता है ? क्या इसी तरह जाति युद्ध और उदारीकरण दोनों ही आधुनिकता हैं? निश्चित है, परस्पर विरोधी ये दोनों ही प्रघटनाएं, आधुनिकता नहीं हो सकते।

2. आधुनिकता ही आधुनिकता है, यह बहुआयामी नहीं हो सकती

(Modernity is modernity, it cannot be multiple modernity)

लोगों की धारणा है कि आधुनिकता बहुआयामी है। इसके कई पहलू हैं। आधुनिकता की यह धारणा भ्रामक है। अगर इस बहुआयामी तथ्य को स्वीकार करलें, तो प्रत्येक व्यक्ति अपने अपने ढंग से आधुनिक है और इस तरह संसार में अनेकानेक आधुनिकताएं हो जायेंगी। यह सम्भव है कि आधुनिकता के कई स्वरूप हों, कई पहलू हों। **पर अपने मूल** में आधुनिकता बहु-आधुनिकता तो नहीं हो सकती।

3. क्या तकनीकी तंत्र ही आधुनिकता है ?

(Is technology the only modernity)

आम लोगों की यह भी एक धारणा है कि तकनीकी तंत्र की उपस्थिति ही आधुनिकता है। नये-नये यंत्र, खेती में सुधार, तीव्र गति से चलने वाले आवागमन के साधन और विकसित शल्य क्रिया के प्रयोग और ऐसे ही प्रौद्योगिकी आविष्कार किसी भी समाज को आधुनिक बनाने वाले कारक हैं। दिपांकर गुप्ता का कहना है कि केवल नये तकनीकी तंत्र को ही आधुनिक कहना एक भ्रमित धारणा है। तकनीकी तंत्र के साथ में मानव मूल्यों का एक बड़ा शामियाना होता है, जो इस तंत्र को दिखा देता है।

4. केवल उपभोक्तावाद आधुनिकता नहीं है।

(Only consumerism is not modernity)

दिपांकर गुप्ता ने भ्रमित आधुनिकरण की व्याख्या भारतीय संदर्भ में की है। और यही

उनकी बहुत बड़ी ताकत है। वे मानते हैं कि सार्वभौमिक स्तर पर आधुनिकता का एक बड़ा लक्षण उपभोक्तावाद है। आधुनिकरण पूंजीवाद की बुनियाद पर खड़ा होता है। पूंजीवाद उपभोक्ता संस्कृति को पनपाता है। पूंजीवाद और उपभोक्तावाद कदम-दर-कदम चलते हैं। इसका अर्थ हुआ भारत जैसे देश में बढ़ते हुए उपभोक्तावाद ने गरीब को अधिक गरीब बना दिया है। गैर-बराबरी अधिक विषम बन गयी है। ऐसी अवस्था में बढ़ती हुई उपभोक्तावादी संस्कृति को आधुनिकता समझाना भ्रमपूर्ण ही है।

5. बढ़ते हुए हिसंक व्यवहार को आधुनिकता समझना भूल है।
(It is wrong to accept violent behaviour as modernity)

आज समाज का एक ऐसा उच्च वर्ग पैदा हो गया है जो हिंसा को करना अपनी शान समझता है। होटलों, सिनेमाघरों या शराबखानों में देखते ही देखते गोली चला देना, इस वर्ग के सदस्यों के लिये मामूली बात है। बार-बार यह प्रदर्शित करना कि उनकी बहुत बड़ी ताकत है, वे जो चाहें कर सकते हैं, कानून उनकी जेब में है, वे जिस रफ्तार से चाहें, अपनी गाड़ी चला सकते हैं, राहगीरों को स्वयं अपनी जान बचाने की चिन्ता करनी होगी। इस तरह के सभी लोग अपने आपको आधुनिक समझते हैं। आधुनिकता की ऐसी परिभाषा वाहियात है। आधुनिकता का तात्विक अर्थ चाहे जो हो, हमारे देश में तो आक्रोशपूर्ण हिंसात्मक व्यवहार करना ही आधुनिकता है।

6. आधुनिकता भारत में परम्परागत नेतृत्व तथा राजनीतिज्ञों की गिरफ्त में है।

तथाकथित आधुनिकता भारत में आज परम्परागत नेतृत्व तथा राजनीतिज्ञों की पकड़ में है। अब तक अभिजन तथा उच्च जातयों ने सत्ता को अपने हिस्से में कर रखा है। कहीं-कहीं जहां नया नेतृत्व आया है, उसने आधुनिक दृष्टिकोण को न तो स्वयं अपनाया है, और न आम जन जीवन तक इसे पहुंचाया है। औद्योगीकरण में हमारे यहां विकास हुआ है, नया सूचना युग (New Informatiou Age) आ गया है। यह सब होते हुए भी, आधुनिकीकरण के सही अर्थ को हमने समझने का कोई प्रयास नहीं किया है। हमारी वही भ्रमित धारणाएं अभिजात और मध्यम वर्ग में फैली हुई हैं।

दिपांकर गुप्ता ने आधुनिकता से जुड़ी हुई कई भ्रमित धारणाओं का उल्लेख किया है। महत्वपूर्ण बात यह है कि हमने अर्थात् इस देश के बौद्धिकों और आम आदमी ने तात्विक रूप से आधुनिकता को नहीं अपनाया है। संविधान हमारे व्यवहार, राज्य तथा संस्थाओं के क्रियाकलापों का एक बहुत बड़ा दस्तावेज है। यह सब होते हुए भी समानता का व्यवहार हमारे लिये केवल एक किताबी जुमला मात्र है। इन सब गलतफहमियों को दूर करने के लिये, आज यह बहुत आवश्यक हो गया है कि हम आधुनिक के सही अर्थों को समझें।

दिपांकर गुप्ता के अनुसार भारतीय संदर्भ में आधुनिकता के अर्थ
(Meaning of Modernity according to Dipankar Gupta in Indian Context)

आधुनिकता की अवधारणा बहुत व्यापक और जटिल है। इसका सम्बन्ध केवल तकनीकी तंत्र, औद्योगीकरण और पूंजीवाद से ही नहीं है। इसका केन्द्रीय मुहावरा **व्यवहारों** (attitudes) से जुड़ा हुआ है। केवल पश्चिमी देशों की संस्कृति अपनाने से ही कोई आधुनिक नहीं हो सकता। आज के भारतीय समाज पर पश्चिमी रहन-सहन, खान-पान और जीवन-पद्धति का ऐसा जहर चढ़ गया है कि वह परम्पराओं को उपेक्षा की दृष्टि से देखता और प्रत्येक विदेशी वस्तु को स्वीकार कर लेता है। इस प्रवृत्ति को दिपांकर गुप्ता पश्चिम का **विषैलाकरण** (Westoxication) कहते हैं। देश का अधिकतया युवा वर्ग इस बैले की गिरफ्त में है।

दिपांकर गुप्ता के अनुसार आधुनिकता के निम्न लक्षण हैं :

1. व्यक्ति की मान-मर्यादा
   (Dignity of the individual)
2. सार्वभौमिक मानकों का पालन
   (Adherence to Universalistic Norms)
3. विशेषाधिकारों या जन्म की हीनता की अपेक्षा व्यक्ति की उपलब्धि को ऊंचा मानना
   (Elevation of Individual achievement over privileges or disprivileges of birth)
4. सार्वजनिक जीवन में जिम्मेवारी
   (Accountability in Public Life)

आधुनिकता के उपरोक्त लक्षण यदि भारतीय समाज में आ जाते हैं तो समझ लीजिये यहाँ आधुनिकता आ गई है—चाहे यहाँ तकनीकी तंत्र आये या न आये। सवाल उच्च स्तर की प्रौद्योगिकी, उपभोक्तावाद और उच्च संचार व्यवस्था का नहीं है। मुख्य बात तो यह है कि हमारा देश के अन्य नागरिकों के साथ व्यवहार कैसा है, सम्बन्ध कैसा है? दिपांकर गुप्ता आधुनिकता को परिभाषित करते हुए कहते हैं :

> विकसित आधुनिकता वह है जिसमें समानता का व्यवहार होता है और दूसरों के लिये आदर भाव होता है। इसका यह अर्थ नहीं है कि आधुनिक समाज में सभी लोग समान होते हैं। उनमें कई तरह की गैर-बराबरी होती है लेकिन फिर भी एक ऐसी आधारभूत बराबरी होती है जिस कारण लोग अपनी मान-मर्यादा के साथ रह सकते हैं और वास्तव में अपनी जीवित रहने की दशाओं को बढ़िया बनाने के अवसरों का लाभ ले सकते हैं।

दिपांकर गुप्ता ने आधुनिकता के एक और लक्षण को अपनी परिभाषा में सम्मिलित किया है। इसे वे **अन्तर्आत्मपरकता** (Inter-subjectivity) या व्यक्तियों के बीच में होने वाली व्यक्तिनिष्ठता कहते हैं। उनका तात्पर्य यह है कि आधुनिकता की दशा वह होती है जहां लोग आपस में समानता और भाईचारे के व्यवहार से बंधे होते हैं। तथा **अन्तर्आत्मपरकता** के कारण एक व्यक्ति दूसरे व्यक्ति के जीवन में भागीदारी रखता है, दूसरे व्यक्ति के भाग्य में—खुशी और गम में साझेदारी करता है। इस प्रकार का व्यवहार **परानुभूति** या **समानुभूति** (Empathy) से प्रेरित होता है। वास्तव में आधुनिकता लोगों में यह प्रेरणा जागृत करती है कि वे अन्य लोगों के जीवन में भागीदारी कर सकें। ऐसी आधुनिकता नागरिकों में एक **समृद्ध जीवन** (Substantive) प्राप्त करने में सहायक होगी।

लेकिन जब हम भारत में इस तरह के व्यवहार में आधुनिकता की खोज करते हैं, तब हमें बड़ी निराशा होती है। ऐसे उपक्रम जो आम आदमी के भले के लिये हों, अपवाद ही हैं।

भारत की आधुनिकता में प्रजातांत्रिक व्यवस्था को तो स्थान है, पर यह व्यवस्था कमजोर है। देखा गया है कि भारतीय प्रजातंत्र और पूंजीवाद जो आधुनिकता की अभिव्यक्ति है, सामान्यतया अमीरों के हक में है। आम आदमी का यह सोचना है कि यहां प्रत्येक वस्तु धन के आधार पर खरीदी जा सकती है, व्यक्ति की स्वयं की उपलब्धि कोई अर्थ नहीं रखती। अर्थपूर्ण है परिवारों के **बीच के सरोकार** (Family connections), जाति-बिरादरी के सम्बन्ध और राजनीतिक सांठ-गांठ। निश्चित रूप से इन सबको आधुनिकता नहीं कहा जा सकता।

उपसंहार (Conclusion)

आधुनिकता एक विवादास्पद अवधारणा है। सामान्यतया यह समझा जाता है कि इसका आविर्भाव 17वीं शताब्दी में हुआ, पर इस प्रक्रिया में गति 19वीं शताब्दी के अन्त और द्वितीय विश्व युद्ध के बाद आई। आधुनिकता की आज जब कभी चर्चा होती है, इसके साथ उत्तर-आधुनिकता की बात भी अवश्य आती है। ये दोनों अवधारणाएं फेशनेबल अवधारणाएं हैं। आधुनिकता की व्याख्या समाजशास्त्रीय संस्थापक विचारकों से लेकर आज तक के समाजशास्त्रियों ने की है। दरखाईम के अनुसार **आधुनिकता बढ़ता हुआ स्तरीकरण** है, वेबर आधुनिकता का सम्बन्ध **विवेक या बुद्धिसंगतता** (Rationality) के साथ जोड़ते हैं। कार्ल मार्क्स की परिभाषा एक दम जुदा है। उनके अनुसार आधुनिकता केवल मात्र वस्तुओं या **पण्यीकरण** (Commodification) है। टेलकट पारसंस दरखाईम की तर्ज में आधुनिकता को **संरचनात्मक विभाजीकरण** (Structural Differentiation) के साथ जोड़ते हैं।

हाल में कुछ समाजशास्त्रियों ने आधुनिकता को **व्यवहार** (Attitude) के साथ रखा है। इसका प्रारम्भ एलेक्स इंकेल्स से है। भारत में दिपांकर गुप्ता भी आधुनिकता को व्यवहार के सन्दर्भ में ही देखते हैं। योगेन्द्र सिंह तो कहते हैं कि आधुनिकता मूल्यों की

एक ऐसी गठरी है जो सम्पूर्ण मानवीय व्यवहार को निर्धारित करती है। यह एक प्रक्रिया है जिसका मुकाबला परम्पराओं के साथ होता है। या तो परम्पराओं का आधुनिकीकरण हो जाता है या वे आधुनिकता के प्रभुत्व में आकर ओझल हो जाती हैं।

अमेरिका तथा यूरोप में आधुनिकता की परिभाषा कुछ और सन्दर्भ में की गई है। वहां सामंतवाद के बाद पूंजीवाद और औद्योगीकीकरण आये। इसके साथ ही विवेकपूर्ण व्यवहार आया। अमेरिका के फूकोयामा ने आधुनिकता का केन्द्रीय लक्षण राजनीतिक यानी उदारवादी विचारधारा की विजय बताया है। उनका कहना है कि आधुनिक समाज का जो परिवेश या उसकी जो भी संरचना हमें देखने को मिलती है, उसका हुलिया **उदार सिद्धान्तों** (Liberal principles) ने बनाया है। दूसरी ओर **केलिनिकोज** (callinicos) आधुनिकता को केवल मात्र **पूंजीवादी आधुनिकता** (Capitalist modernity) के नाम से पुकारते हैं। इधर एन्थोनी गिडिन्स उन विचारकों का विरोध करते हैं जो आधुनिकता का सम्बन्ध उदारता के सिद्धान्तों के साथ जोड़ते हैं। वे आधुनिकता को पूंजीवादी विचारधारा के साथ भी नहीं देखते। उनकी अकादमिक प्रेरणा मार्क्स से है। वे आग्रहपूर्वक कहते हैं कि आधुनिकता बहुआयामी है। यह तो सामाजिक संस्थाओं का एक गठबंधन है जो आधुनिकता को बनाता है। इसमें (1) पूंजीवाद अर्थात् माल का उत्पादन, बाजार तथा मजदूरों की पगार, (2) उद्योग यानी उत्पादन शक्तियां, (3) प्रशासनिक शक्ति का समन्वयन (Coordination) तथा **सैनिक शक्ति** (Military Power) सम्मिलित हैं। स्पष्ट है कि गिडिन्स ने आधुनिकता की व्याख्या मार्क्सवादी दृष्टिकोण से की है।

इस अध्याय के अन्त में हम आधुनिकता की परिभाषा गिडिन्स के अर्थ में करते हुए कहेंगे कि यह अवधारणा बहुआयामी है। इसके अन्तर्गत वैश्वीकरण, औद्योगीकरण, राज्य की **निगरानी** (Surveillance), तकनीकी युद्ध प्रणाली और जन संचार आ जाते हैं। भारत में आधुनिकता की प्रक्रिया आज परम्परा के रूबरू है। देखना है—कौन कितना बदलता है।

सन्दर्भ ग्रन्थ

Gupta, Dipankar, **Mistaken Modernity**, Harper Collins Publishers, New Delhi, 2000.

McGuigan Jim, **Modernity and Postmodern Culture**, Open University Press, Philadelphia, 1999.

Stuart Hall, David Held and Tony McGrew, (eds), **Modernity and its Futures,** Blackwell Publishers, Oxford, 1992.

Singh, Yogendra, **Modernisation of Indian Tradition,** Rawat Publications, Jaipur, 1994.

2

आधुनिकता के सिद्धान्त
(Theories of Modernity)

आज समाजशास्त्र में एक बहस चल रही है। कुछ सिद्धान्तवेत्ताओं का कहना है कि समकालीनसमाज आधुनिक समाज है। इसमें पूँजीवाद है, औद्योगीकरण है, और बुद्धिसंगतता है। दूसरी विचारधारा इसके विपरीत है। इसका कहना है कि आधुनिक समाज समाप्त हो गया है, इसका अंत हो गया है और इसने उत्तर-आधुनिकता के दौर में प्रवेश कर लिया है। आज के दौर में इस उत्तर-आधुनिक समाज में आमूलचूल परिवर्तन हो गया है। अब बुद्धिसंगतता अपनी तीव्र अवस्था में है, औद्योगीकरण अपनी सीमा के बाहर पहुँच गया है और समाज विज्ञानों में देखने के संदर्भ एक दम बदल गये। जहाँ आधुनिकतावादी समाजशास्त्री अपने सिद्धान्तों को प्रस्तुत करते हैं, वहीं उत्तर-आधुनिकतावादी भी अपने सिद्धांतों को रखते हैं। इस अध्याय में आधुनिकता से जुड़े हुए कतिपय क्लासिकल तथा समकालीन सिद्धान्तों को रखेंगे।

आधुनिकता के क्लासिकल सिद्धान्त (Classical Theories of Modernity)

1. आधुनिकता का ज्ञानोदय सिद्धान्त (Enlightenment Theory of Modernity)

आधुनिकता की समुचित व्याख्या ज्ञानोदय सिद्धान्त द्वारा की जा सकती है ज्ञानोदय एक ऐतिहासिक घटना है। इसने एक आधुनिक समाज की शुरुआत की। हुआ यूँ कि सन् 1636 में **ईसाक न्यूटन** (Issac Newton) की पुस्तक प्रन्सीपला मेथेमैटिक्स (Principala Mathematics) प्रकाशित हुई। इस पुस्तक ने यूरोप के परम्परागत समाज में तूफान पैदा कर दिया। न्यूटन ने धर्म के प्रति संदेह की आँख से देखा। उन्होंने कहा कि सत्य को जानने का एक ही तरीका विज्ञान का है। वस्तुनिष्ठतावाद ही ज्ञान का स्रोत है। न्यूटन की विचारधारा ने लोगों के मन में परम्परागत सत्व के प्रति अविश्वास पैदा कर दिया। ज्ञानोदय काल वस्तुतः विज्ञान की क्रान्ति का काल था।

न्यूटन ने समकालीन विचारक **जॉन लोक** (John Locke) थे। उनकी पुस्तक सन् 1689 में प्रकाशित हुई। लोक ने समाज को देखने के लिये **मानवीय समझ** (Human understanding) को बढ़ावा दिया। इसी काल में ब्रिटेन और फ्रांस में रूसो, मॉनटेस्क्यू,

वाल्टेयर तथा डेविड ह्यूम ने अपने सिद्धान्तों को रखा। इधर अर्थशास्त्र में एडम स्मिथ की पुस्तक **दि वेल्थ ऑफ नेशन्स** (The wealth of Nations) प्रकाशित हुई। स्मिथ ने स्थापित किया कि बाजार में आदमी का व्यवहार विवेकपूर्ण या तार्किक (Rational) होता है। वह किसी वस्तु को खरीदने से पहिले उसके अधिकतम लाभ या उपयोग की बात सोचता है। स्मिथ ने यह भी कहा कि **श्रम विभाजन जितना अधिक होता है, उत्पादन उतना ही बढ़ता है**।

ज्ञानोदय सिद्धान्त का केन्द्रीय दर्शन **तर्क** (Reason) था। यह तर्क जीवन के प्रत्येक क्षेत्र में देखने को मिलता था। जहाँ विज्ञान और समाज विज्ञानों में समाज को देखने का तरीका बदल गया था, वहीं दर्शनशास्त्र में भी एक नई चहल-पहल आ गई। इस युग का तर्क था कि हमें **सत्य** (Truth) की खोज करनी चाहिये। जर्मनी के दर्शन शास्त्री **ईमेन्यूअल कांत** (Immanuel Kant) का कहना था कि **स्थान** (Space) और **समय** (Time) अपने आप में कुछ नहीं। मनुष्य उन्हें जो भी अर्थ दे देवे, वही सही है। देखा जाये तो समय और स्थान दोनों ही **व्यक्तिनिष्ठ** (Subjective) हैं। वस्तुएँ जैसी दिखाई देती हैं वैसे नहीं है। वस्तुएँ जैसी हैं उन्हें जानना ही विज्ञान का काम है। यही **सत्य** है। ज्ञानोदय काल ने आधुनिकता को जन्म इस कारण दिया कि पहली बार मनुष्य ने यह सोचा कि ज्ञान की उत्पत्ति कहाँ से है। ज्ञान के सिद्धान्त का दर्शन ज्ञानोदय काल का महत्वपूर्ण मुद्दा था। **मुख्य बात यह है कि हम वस्तुओं को कैसे जानते हैं और उनके बारे में क्या जानते हैं**। यह सम्पूर्ण क्षेत्र दर्शन का था। एक ओर **तर्क या विवेक** (Rationality) था और दूसरी ओर **आनुभाविका** (Empiricism)। इन दोनों परम्पराओं के समर्थक और विरोधी थे। इस बहस ने आधुनिकता को जन्म दिया। **अतः ज्ञानोदय सिद्धान्तवेत्ताओं का कहना है कि आधुनिकता का आधार तर्क, ज्ञान, आनुभाविकता और विज्ञान है**।

भारतीय दर्शन में भी तर्क और आनुभाविकता की यह बहस लम्बे समय तक रही है। यहां दर्शनशास्त्रियों के एक सम्प्रदाय का कहना है कि तर्क से ही वस्तुओं के सत्य का ज्ञान हो सकता है—वादे वादे जायते तत्व बोध। केवल तर्क करते ही तत्व की यथार्थता का ज्ञान हो जाता है। दूसरा सम्प्रदाय आनुभविकतावादी है। उसका कहना है कि वस्तुओं के बारे में सत्य का ज्ञान आनुभविकता से ही हो सकता है। दर्शनशास्त्र में प्रश्न उठाया जाता है : क्या पात्र में घी है या पात्र घी में है : घृता धारं पात्रम् : वा पात्राः धारम घृतम्। अर्थात् आनुभविकता द्वारा ही सत्य का पता लगाया जा सकता है।

ज्ञानोदय के कई प्रकार हैं, स्वरूप हैं। इस विविधता के होते हुए भी **ज्ञानोदय की केन्द्रीय भावना मनुष्य का भौतिक स्वरूप जानना है। यह निश्चित रूप से समाज के प्रति भौतिक संदर्भ है। ज्ञानोदय आशावादी है और इस विश्वास को लेकर चलता है** कि वैज्ञानिक ज्ञान द्वारा शिक्षा और विकास के ऊंचे पायदान प्राप्त किये जा सकते हैं।

पीटर हेमिल्टन (Peter Hamilton) ने यह स्थापित किया है कि आधुनिकता की सही परिभाषा ज्ञानोदय काल में हुई वैज्ञानिक और वैचारिक क्रांति द्वारा दी जा सकती है।

दूसरे शब्दों में ज्ञानोदय आधुनिकता के विश्लेषण का सही सिद्धान्त है। इस सिद्धान्त की निम्न विशेषताओं का उल्लेख पीटर हेमिल्टन ने किया है :

1. **तर्क** (Reason) – दर्शनशास्त्र का प्राथमिक जोर यह है कि ज्ञान को व्यवस्थित करने का एक मात्र आधार **तर्क** (Reason) है। यह तर्क अनुभवजन्य होना चाहिये। इस मान्यता के अनुसार वस्तुओं की यथार्थता का पता **बुद्धिसंगत या विवेकपूर्ण** (Rational) व्यवहार द्वारा ही हो सकता है। इसके अनुसार ज्ञानोदय का मुख्य मुहावरा **तर्क** (Reason) और **बुद्धिसंगत** (Rationality) है। मतलब हुआः **आधुनिकता ज्ञानोदय सिद्धान्त के संदर्भ में विवेकपूर्ण व्यवहार है।**
2. **आनुभविकता** (Empiricism) – आधुनिकता का मतलब हैः **अनुभव** (Experience)। ज्ञानोदयवादियों का मानना था कि, प्राकृतिक तथा सामाजिक दुनिया के बारे में हमारी जो कुछ समझ है, उसका आधार हमारा अनुभव या आनुभविकता है। ये **आनुभविक तथ्य** (Empirical Facts) ऐसे हैं जिन्हें इन्द्रियों द्वारा परखा जा सकता है।
3. **विज्ञान** (Science) – वैज्ञानिक विधि द्वारा विकसित ज्ञान की हमारी जो धारणा है जिसे 17वीं शताब्दी की वैज्ञानिक क्रान्ति ने पैदा किया था, प्रमाणित है। सभी प्रकार के मानवीय ज्ञान के विकास में, उसकी वृद्धि में वैज्ञानिक ज्ञान ही एक मात्र कुंजी है। इसका मतलब हुआ हमारे विकास के **रास्ते प्रत्यक्षवाद** (Positivism) के माध्यम से ही सम्भव हैं।
4. **सार्वभौमिकतावाद** (Universalism) – जब हम इस विचारधारा को स्वीकार कर लेते हैं कि **मुनष्य समाज को समझने का तरीका तर्क और विज्ञान है** तब यह बहुत स्पष्ट है कि तर्क और विज्ञान सभी समय पर एक समान होते हैं। विज्ञान ऐसे सामान्य नियमों को बनाता है जो सम्पूर्ण दुनिया पर एक समान लागू होते हैं। इस कारण सारी दुनिया को बिना किसी अपवाद के इन सामान्य नियमों के द्वारा समझा जा सकता है।
5. **प्रगति** (Progress) – ज्ञानोदय की ताकतवर धारणा यह रही है कि मनुष्य की प्राकृतिक और सामाजिक दशाओं में सुधार विज्ञान तथा तर्क द्वारा किया जा सकता है। ऐसी अवस्था में, इस धारणा के अनुसार, मनुष्य की खुशहाली और समृद्धि बराबर बढ़ती रहेगी।
6. **व्यक्तिवाद** (Individualism) – सभी प्रकार के ज्ञान और क्रिया का प्रारम्भ व्यक्ति से ही होता है। इस कारण व्यक्ति के तर्क से बढ़कर और कोई तर्क नहीं हो सकता। व्यक्ति ही सर्वोपरि है। **इस दृष्टि से समाज जो कुछ है, वह व्यक्ति की क्रियाओं और तर्क का जोड़ है।**
7. **उदारता** (Tolerance) – मनुष्य मात्र-दुनिया भर में एक समान हैं न कोई बड़ा है और न कोई छोटा। कोई किसी भी धर्म का अनुयायी हो, विचारधारा का हो,

अनिवार्य रूप से वह दूसरे मनुष्यों के बराबर है। यह एक उदार भावना है जो सभी लोगों को एक ही धरातल पर खड़ा कर देती है। इसी कारण मनुष्य की प्रजाति के कारण, न कोई ऊँचा है, और न कोई नीचा। धर्म, जाति, प्रजाति के अन्तर ज्ञानोदय के अनुसार बेमतलब हैं। दुनिया भर के लोग समान हैं। समानता ही ज्ञानोदय की कुंजी है।

8. **स्वतन्त्रता** (Freedom) – ज्ञानोदय ने अपनी पूरी ताकत से सामन्तवाद और परम्पराओं का विरोध किया। इन परम्पराओं का मनुष्य के विश्वास, व्यापार, संचार तथा अन्तर्क्रियाओं पर बड़ा अंकुश था। ज्ञानोदय ने इसका विरोध किया। लेकिन इस युग के दार्शनिक स्त्रियों की समानता तथा हाशिये के लोगों की निम्न स्थिति के बारे में मौन हैं।

9. **मनुष्य की प्रकृति में एकरूपता** (Uniformity in human nature) – इस युग की वैज्ञानिक और बुद्धिसंगत क्रान्ति ने एक और तथ्य को उजागर किया। अब सिद्धान्त रूप में यह समझा जाने लगा कि दुनिया भर के लोगों की प्रकृति में एकरूपता है। सभी सुन्दरता को चाहते हैं। सभी में सौन्दर्यबोध है, सभी उदार हैं, और सभी जीवित रहना चाहते हैं। कहीं भी और कभी भी लोगों की प्रकृति में एकरूपता होती है।

10. **धर्मनिरपेक्षता** (Secularism) – इस काल के दार्शिनिकों ने रुढ़िवादी नेतृत्व का विरोध किया। धर्म के जो परम्परागत ठेकेदार हैं, पुरोहित हैं, इनको ज्ञानोदय ने उपेक्षा की दृष्टि से देखा। उन्होंने धर्मनिरपेक्ष ज्ञान की जो पूर्ण रूप से धार्मिक रूढ़िवाद से परे हो, पैरवी की। **यह युग धर्मनिरपेक्षता का युग था और आग्रहपूर्वक धर्म को राज्य से पृथक् करके देखता था।**

ज्ञानोदय के इन लक्षणों में पारस्परिक विरोध है। उदाहरण के लिये जब व्यक्ति सार्वभौमिक मूल्यों और मानकों को अपनाता है तो उसके सामने स्थानीय मूल्यों का प्रश्न उठता है। क्या वह स्थानीयता की उपेक्षा करके सार्वभौमिकता को अपना सकता है ? इन लक्षणों के साथ एक और कठिनाई है। यह कठिनाई समानता की है। ज्ञानोदय युग में जैसा कि हेमिल्टन कहते हैं, स्त्रियों की दशा बहुत खराब थी। रुचिकर बात यह है कि स्वयं उस युग के दार्शनिकों के स्त्रियों के साथ बड़े भ्रष्ट व्यवहार थे। लगभग उनमें पर-स्त्री गमन की परम्परा थी। यह बहुत बाद में चलकर है कि कुछ दार्शनिकों ने स्त्रियों की स्थिति को सुधारने के बारे में लिखा। उन्हें समानता देने के प्रश्न को उठाया। ज्ञानोदय में समाजवाद की चर्चा भी की गई है। लेकिन यह चर्चा केवल कागजी चर्चा थी, व्यवहार में इसे कहीं नहीं देखा जा सका। ये दार्शनिक समाजवाद की बड़ी-बड़ी डींगें हांकते थे, क्रान्ति की बात करते थे लेकिन स्वयं कट्टर रूढ़िवादी थे। उदाहरण के लिये **थोमस ज़ेफरसन** (Thomas Jefferson) अपने लेखन में पूरे क्रान्तिकारी लगते हैं, लेकिन वे स्वयं कई **गुलामों** (Slaves) के मालिक थे।

16वीं शताब्दी का यह ज्ञानोदय 18वीं शताब्दी तक पहुंचकर बहुत बड़ी आलोचना का पात्र बन गया। **कांत** (Kant) ने अपने एक लेख में कहा था कि ज्ञानोदय ने मनुष्य को उसके स्वयं के द्वारा निर्मित जंजीरों से मुक्त कर दिया है। ये सब बातें बाद में चलकर झूठी सिद्ध हुई। उत्तर-आधुनिकतावादी समाजशास्त्रियों ने इस ज्ञानोदय के आधुनिकता के सिद्धान्त की बहुत बड़ी आलोचना की है। लगभग सभी विचारक यह स्वीकार करते हैं कि सिद्धान्त रूप में तो **ज्ञानोदय तर्क, विज्ञान, स्वतंत्रता, समानता तथा प्रत्यक्षवाद का प्रणेता था**, पर यह केवल इसका आदर्श रूप ही था। इसी कारण बाद में चलकर आधुनिकता के इस सिद्धान्त की कड़ी आलोचना हुई। इस आलोचना के कतिपय पक्षों का हम यहां उल्लेख करेंगे।

आधुनिकता के ज्ञानोदय सिद्धान्त की आलोचना
(Criticism of Enlightenment Theory of Modernity)

उत्तर-आधुनिकतावादी **जाँ फ्रेंकोज़ ल्योटार्ड** (Jean-Francos Lyotard) एक फ्रांसीसी समाजशास्त्री हैं। उत्तर-आधुनिकतावादी विचारकों में ये अग्रणी है। इन्होंने ज्ञानोदय सिद्धान्त की आधुनिकता को अस्वीकार किया है। वे कहते हैं कि ज्ञानोदय में कई असंगतियां हैं। देखा जाये तो इस सिद्धान्त में कुछ ऐसे गुप्त तत्व हैं—कुछ ऐसी तार्किकता हैं जो उच्च वर्गों को निम्न वर्गों के शोषण का अवसर देती हैं। **आडोर्नो थिओडोर विसेन्गान्ड** (Adorno Theodor Wiesengrund) तथा **मेक्स होर्खाइमर** (Max Horkheimer) ने बलपूर्वक कहा है कि ज्ञानोदय में **द्वन्द्वात्मकता** (Dialectics) में बहुत अधिक है। इन दोनों लेखकों ने आधुनिकता के उदारवादी पूंजीवाद की जमकर आलोचना की है। इन्होंने बताया कि ज्ञानोदय की द्वन्द्वात्मकता और तर्क का पतन हो गया है। मार्क्सवाद पर आधारित प्रगति का ज्ञानोदय का विचार भ्रामक है क्योंकि जन समाज (Mass Society) का निर्माण हो चुका है जिसमें पूर्व वैचारिक विभाजनों का कोई महत्व नहीं है तथा व्यक्ति की स्वतन्त्रता वस्तुपरक सामाजिक सम्बन्धों के विरुद्ध है।

स्टुअर्ट हाल (Stuart Hall) का कहना है कि ऐतिहासिक दृष्टि से आधुनिकता का ज्ञानोदय सिद्धान्त एक सफल सिद्धान्त था। यह पहली बार था कि इस युग के दार्शनिकों ने ईश्वर से पिंड छुड़ाया। उन्होंने दृढ़तापूर्वक बताया कि ईश्वर ने इस सृष्टि को बनाया, उसका सृजन किया लेकिन समाज को मनुष्य ने बनाया है। इसमें ईश्वर का कोई योगदान नहीं । तर्क ही सत्य को खोजने का एक मात्र विकल्प है। यह सब ठीक है लेकिन स्टुअर्ट हाल ज्ञानोदय की आधुनिकता की बहुत बड़ी आलोचना करते है कि दुनिया भर के समाजों में कभी भी **सजातीयता** (Homogeneity) नहीं आ सकती। बहुत बड़ा मामला तो सांस्कृतिक विषमता का है। ऐसा लगता है कि जब तक **सांस्कृतिक सापेक्षवाद** (Cultural Relativism) का मामला बना रहता है, ज्ञानोदय की समानता स्थापित नहीं हो सकती। आज भी ज्ञानोदय सिद्धान्त के समर्थक कहते हैं कि समाज में जो सांस्कृतिक सापेक्षता

देखने को मिलती है वह किसी भी अर्थ में **संज्ञानात्मक सापेक्षता** (Cognitive Relativism) नहीं है। विविधता तो केवल ऊपरी है। वास्तव में तो संस्कृति संज्ञानात्मक रूप से समान ही है।

हेबरमॉ (Jurgen Habermas) जो जर्मनी के शीर्षस्थ चिन्तक हैं, ज्ञानोदय सिद्धान्त का समर्थन करते हैं। कहते हैं कि समाज में जो भी सत्य है, कल्याणकारी है, उसके विकास समाज की प्रगति के लिये किया जा सकता है। यहाँ सापेक्षता कहीं आड़े नहीं आती। यह भी सम्भव है कि हम व्याख्या और विवेचना द्वारा किसी स्तर पर पहुँचकर सत्य और भले बुरे की पहचान कर सकें। इस अर्थ में ज्ञानोदय द्वारा आधुनिकता का जो स्वरूप हमें मिलता है वह आज भी प्रासंगिक है।

सत्य में देखा जाये तो उत्तर-आधुनिकतावादियों ने ज्ञानोदय तथा आधुनिकता की जो कड़वी आलोचना की है, उसका जवाब हेबरमॉ ने दिया है। हेबरमॉ कहते हैं कि ज्ञानोदय की बहुत बड़ी उपलब्धि विवेक या तर्कसंगतता है। आज विज्ञान का बहुत बड़ा आधार विवेक ही है। हम भले ही यह कहें जैसा कि ल्योटार्ड कहते हैं कि ज्ञानोदय सम्पूर्ण रूप से एक दकियानूसी विचारधारा है। पर **ज्ञानोदय ने ही सबसे पहली बार यह कहा था कि आधुनिकता में सार्वभौमिकता और समानता है।** हेबरमॉ को आशा है कि निकट भविष्य में आधुनिकता अपने इस उद्देश्य की पूर्ति में कामयाब होगा। इसमें अभी थोड़े संशोधन की आवश्यकता है। स्वंय हेबरमॉ ने ज्ञानोदय सिद्धान्त में सुधार किया है। वे कहते हैं कि **संचारात्मक तर्क** (Communicative Reason) द्वारा समानता और सार्वभौमिकता के लक्ष्यों को प्राप्त किया जा सकता है। यदि अर्थपूर्ण अन्तःक्रियाएँ की जा सकती हैं तो मनुष्य के सम्बन्ध स्वतन्त्रता दे सकते हैं।

ल्योटोर्ड ज्ञानोदय को इसलिये भी स्वीकार नहीं करते कि इसके द्वारा पैदा की गई आधुनिकता कभी भी समाजवादी समाज की संरचना करने में सफल नहीं होगी। इस आलोचना का उत्तर भी हेबरमॉ देते हैं—वे कहते हैं कि **निश्चित रूप से ज्ञानोदय समाजवाद देने में असफल रहा है**, लेकिन यह आधुनिकता का एक आदर्श रूप ही प्रस्तुत करता है। इस आदर्श को लागू करने में अभी समय लगेगा। हेबरमॉ ने ज्ञानोदय द्वारा जनित आधुनिकता के बारे में एक बड़ी सटीक बात कही है। वे कहते हैं कि **आधुनिकता की परियोजना या प्रजोक्ट अभी अधूरा है।** यह कार्य सिद्धान्तवेत्ताओं की कुशलता पर छोड़ दिया जाना चाहिये।

किसी भी सिद्धान्त की तरह ज्ञानोदय का आधुनिकता का सिद्धान्त भी सभी दृष्टिकोणों से पूर्ण नहीं है। इसमें भी अभाव हैं, विरोध और असंगतियां हैं। फिर भी निश्चित रूप से ज्ञानोदय ने **तर्क** (Reason) की अवधारणा सशक्त रूप से रखा है। यह ज्ञानोदय ही था जिसने तत्व मीमांसा को अस्वीकार करके आधुनिकता को प्रस्तावित किया। डेकार्टे, ह्यूम, डेविस, लोक आदि दार्शनिकों ने ब्रह्माण्ड के केन्द्र से ईश्वर के स्थान को उठा दिया—उसे अलविदा कर दिया। यह पहली बार था कि ज्ञानोदय ने एक **विवेकपूर्ण व्यक्ति**

(Rational Individual) को स्थापित किया। यह पहली बार था कि **मस्तिष्क** (Mind) और **भौतिक वस्तु** (Matter) को पृथक् किया गया और इसी तरह यह पहली बार था कि ज्ञानोदय ने व्यक्ति को प्रभुसत्ता-सम्पन्न प्रस्थिति प्रदान की। अब सामाजिक प्रक्रियाओं में ईश्वर और आध्यात्मिकता के स्थान पर व्यक्ति आ गया। यह ज्ञानोदय काल से ही है कि परम्परागत समाज आधुनिक स्वरूप में आया।

2. *परम्परा-आधुनिकता नैरन्तर्य का सिद्धान्त*
(Theory of Tradition – Modernity Continuum)

आधुनिकता में पूंजीवाद, औद्योगीकरण और प्रजातांत्रिक व्यवस्था होते हैं। इसके आविर्भाव और विकास के सिद्धान्तों में ज्ञानोदय के अतिरिक्त दूसरा सिद्धान्त परम्परा-आधुनिकता नैरन्तर्य का है। वास्तव में 19वीं शताब्दी के अन्त में कुछ समाजशास्त्रियों ने आधुनिकता का सम्बन्ध परम्परा के साथ जोड़ा। उनका कहना है कि सामन्तवाद के अवसान के बाद यूरोप के समाज में परम्पराएँ महत्वपूर्ण हो गई थीं। इस काल में राज्य और धर्म का अटूट सम्बन्ध था। चर्च के आदेश पर ही राज्य व्यवस्था चलती थी। धीरे-धीरे जब विज्ञान प्रभावी हुआ तब धर्म का प्रभुत्व घटने लगा। अब लोगों की सोच तार्किक और प्रत्यक्षवादी हो गई। इसी काल में भाप व इंजिन के आविष्कार ने औद्योगीकरण को तेजी दी। सम्पूर्ण यूरोप और अमेरिका में उद्योग धँधे ऐसे फैल गये कि कुटीर व्यवसाय समाप्ति के कगार पर पहुँच गये। इधर प्रथम विश्वयुद्ध प्रारम्भ हो गया। इस सबका प्रभाव ग्रामीण और शहरी **समुदायों** पर पड़ा। हुआ यह कि बहुत बड़ी तादाद में गाँव के लोगों का पलायन रोजगार के लिये शहर की ओर होने लगा। यह ऐतिहासिक स्थानान्तरण था। इस **स्थानान्तरण** ने जहां एक ओर परम्पराओं को करारा झटका दिया, वहीं आधुनिकता के विकास को सुनहरा अवसर मिला। परिवर्तन की इस प्रक्रिया को कुछ समाजशास्त्रियों ने **नैरन्तर्य** (Continuum) के रूप में रखा है। इन समाजशास्त्रियों में फरडिनेन्ड टॉनीज, दरखाईम, मेक्स वेबर, कार्ल मार्क्स आदि हैं। इन समाज वैज्ञानिकों का कहना है कि आधुनिकता को गति देने वाली मुख्य प्रक्रिया औद्योगीकरण और विज्ञान की है। इसी प्रक्रिया ने सामाजिक सम्बन्धों और सामुदायिक एकता को एक नई दिशा दी। अब समाज को एक सूत्र में बाँधने का काम परम्परा न रहकर आधुनिकता रह गई। यहां हम आधुनिकता के कतिपय नैरन्तर्य पर आधारित सिद्धान्तों का उल्लेख करेंगे।

गैमिनशाफ्ट—गैसेलशाफ्ट नैरन्तर्य सिद्धान्त
(Gemeinschaft – Gesellschaft Continuum Theory)

गैमिनशाफ्ट, गैसेलशाफ्ट पदों का सम्बन्ध जर्मनी के विद्वान फरडिनेड टॉनीज से है। टॉनीज जर्मन समाजशास्त्रीय परिषद के संस्थापक थे। इनका बहुत बड़ा योगदान इन दो अवधारणाओं के **माध्यम से यह सथापित करना था कि औद्योगीकरण तथा शहरीकरण ने**

समुदायों को परम्परा से आगे बढ़ाकर आधुनिकता के स्तर पर रखना था। औद्योगीकरण के आने के कारण परम्पराओं की साँस फूलने लगी और आधुनिकता प्रभावी होने लगी। **गैमिनशाफ्ट से टॉनीज का तात्पर्य ऐसे समाज से था जिसमें सामाजिक सम्बन्ध बहुत निकट और औपचारिक होते हैं।** गैमिनशाफ्ट समुदाय में जनसंख्या अधिकांशतः गतिहीन और प्रस्थिति जन्मजात होती है। ऐसे समाजों में आस्थाओं, भावनाओं और सहयोगी सम्बन्धों के विकास में परिवार, और धार्मिक समूहों (चर्च) की भूमिका अत्यन्त महत्वपूर्ण होती है। इस तरह के समुदाय के बढ़िया दृष्टान्त गाँव हैं। लेकिन जैसे-जैसे गांवों या गैमिनशाफ्ट समुदायों में श्रम-विभाजन जटिल हो जाता है, सामाजिक सम्बन्ध सहज और सरल न रहकर **अनुबंधात्मक** (Contractual) और **अवैयक्तिक** (Impersonal) हो जाते हैं। अब समुदाय गैमिनशाफ्ट की अवस्था से उठकर गैशलशाफ्ट की स्थिति में आ जाते हैं।

टॉनीज ने गैमिनशाफ्ट अवधारणा का मोटा अर्थ **समुदाय** (Community) से लिया है जबकि गैसेलशाफ्ट का **समिति** (Association) से। वास्तव में ये अवधारणाएं परम्परा और आधुनिकता से जुड़ी हैं। व्यावहारिक रूप से देखें तो एक अवधारणा के लक्षण दूसरी अवधारणा में मिलते हैं। और दूसरी के पहली में। उदाहरण के लिये गैसेलशाफ्ट में सम्बन्ध अवैयक्तिक होते हैं लेकिन वहां भी परिवार, नातेदारी और जाति में वैयक्तिक सम्बन्ध देखने को मिलते हैं।

टॉनीज के अनुसार गैमिनशाफ्ट यानी परम्परा में निम्न लक्षण पाये जाते हैं :

1. यह समुदाय आकार में लघु होता है।
2. इस समुदाय की जनसंख्या सुस्थिर यानी स्थानान्तरण नहीं करती।
3. यहाँ आदमी की प्रस्थिति जन्म द्वारा निर्धारित होती है।
4. इस समुदाय में परिवार, नातेदारी और धर्म की भूमिका महत्वपूर्ण होती है।
5. गैमिनशाफ्ट समुदाय परम्परागत मूल्यों पर चलता है। लोगों के निश्चित विश्वास होते हैं और पारस्परिक सम्बन्धों का आधार भावना और अभिवृत्तियाँ होती हैं।
6. गाँव तथा आदिवासी समूहों में गैमिनशाफ्ट अवधारणा के सभी लक्षण पाये जाते हैं।

वास्तव में टॉनीज जिसे गैमिनशाफ्ट कहते हैं, वह परम्परा है। यह परम्परा यूरोप में औद्योगिक क्रान्ति के आने से पहले की है। ये समुदाय वस्तुतः **पूर्व औद्योगिक समाज** (Pre-industrial Society) में पाये जाते थे। इसके बाद इन समुदायों में औद्योगीकरण, शहरीकरण, धर्मनिरपेक्ष समाज की प्रक्रियाओं ने काम किया और परिणामस्वरूप आधुनिकता आई। आधुनिक समाज को टॉनीज गैसेलशाफ्ट समाज कहते हैं। इस समाज के यानी आधुनिक समाज के निम्न लक्षण हैं :

1. गैसेलशाफ्ट समाज में श्रम विभाजन अधिक विकसित और जटिल होता है। अधिक आधुनिकता का मतलब अधिक श्रम विभाजन से होता है।

2. इस समाज में प्रतियोगिता की प्रधानता होती है।
3. यहाँ विशालकाय सामाजिक संगठन होते हैं। वर्ग, अभिजात समूह आदि इसके दृष्टान्त हैं।
4. आधुनिक समाज यानी गैसेलशाफ्ट में लोगों के सम्बन्ध अनौपचारिक तथा अवैयक्तिक होते हैं।

टॉनीज ने आधुनिकता के सिद्धान्त निर्माण में बहुत स्पष्ट रणनीति अपनाई है। वे कहते हैं कि जब किसी समाज में तकनीकी तंत्र, विज्ञान, प्रौद्योगिकी और शहरीकरण आते हैं, तब इस समाज की परम्पराएँ कमजोर होने लगती हैं और समाज आधुनिक बनने लगता है। यह सम्पूर्ण प्रक्रिया नैरन्तर्य की होती है। इसमें ऐसा नहीं होता कि आधी रात को परम्पराएँ मर जाती हैं। और आने वाले सुबह आधुनिकता आ जाती है। बात यह है कि परम्पराएँ धीरे-धीरे आधुनिकता को स्थान देती हैं। प्रक्रियाओं की यह **निरन्तरता** (Continuum) है जो कभी समाप्त नहीं होती और इस तरह आधुनिकता आती है और आधुनिकता के बाद उत्तर-आधुनिकता।

टॉनिज का आधुनिकता का सिद्धान्त नैरन्तर्य का सिद्धान्त है। इसमें आधुनिक समाज में परम्परागत समाज के लक्षण भी पाये जाते हैं। और उत्तर-आधुनिक समाज में आधुनिक समाज के लक्षण रहते हैं। टॉनीज के अनुसार आधुनिकता और कुछ न होकर सामाजिक प्रक्रियाओं का जाल मात्र हैं। कुछ टॉनीज की तर्ज पर ही दरखाइम ने भी आधुनिकता की व्याख्या यांत्रिक और सावयवी समाजों के आधार पर की है।

3. यांत्रिक और सावयवी यानी आधुनिक समाज
(Mechanical and Organic, that is, Modern Society)

यद्यपि दरखाईम ने किसी सिद्धान्तों के रूप में यांत्रिक और सावयवी अवधारणाओं को नहीं रखा है, पर एक उद्विकासवादी सिद्धान्तवेत्ता के रूप में वे कहते हैं कि समाज अपने विकास की पहली अवस्था में यांत्रिक होता है और धीरे-धीरे श्रम विभाजन और स्तरीकरण की जटिलता के परिणामस्वरूप आधुनिक अर्थात् सावयवी समाज बन जाता है। पहिले अध्याय में आधुनिकता के अर्थ को स्पष्ट करते हुए हमने दरखाईम की आधुनिक समाज की व्याख्या को रखा है। यहां इसका निरूपण थोड़े विस्तार से करेंगे।

दरखाईम ही नहीं, 19वीं शताब्दी के अधिकांश समाजशास्त्री उद्विकासवादी थे। सरल से जटिल बनना उद्विकास की विशेषता है। दरखाईम के युग की और इसी तरह टॉनीज के काल की यूरोप की बहुत बड़ी चुनौती औद्योगिक क्रान्ति थी। वस्तुनिष्ठावाद और पूंजीवाद ने परम्परागत समाज को घेर लिया था। यांत्रिक समाज को एक सूत्र में बांधे रखने वाली परम्पराएँ—अर्थात् सामूहिक चेतना, दमनात्मक कानून ढीले पड़ने लगे। दरखाईम के सामने विकट प्रश्न था : इस समाज को परम्पराओं के कमजोर पड़ने पर कौन बांधे रखेगा ? आधुनिकता तो आ जायेगी, स्तरीकरण बढ़ जायेगा फिर समाज का क्या

होगा ? क्या स्तरीकरण समाज को विभिन्न खण्डों में नहीं बाँट देगा? इन प्रश्नों के उत्तर में दरखाईम ने सामाजिक **सुदृढ़ता** (Solidarity) के सिद्धान्त को रखा। टॉनीज और दरखाईम समकालीन थे। दोनों की समस्याएं एक समान थी। टॉनीज ने इन समस्याओं की व्याख्या गैमिनशाफ्ट तथा गैसेलशाफ्ट की अवधारणाओं के माध्यम से की। दरखाईम की व्याख्या उद्‌विकासीय सिद्धान्त के सन्दर्भ में है। विभिन्नता होते हुए भी दोनों विचारक इस तथ्य से सहमत हैं कि आधुनिक समाज का उदय कतिपय प्रक्रियाओं के परिणामस्वरूप है। ये प्रक्रियाएँ उस काल की चुनौतियों से पैदा हुई थीं। दोनों के सामने प्रश्न था : जब समाज औद्योगीकरण और तकनीकी तंत्र की चपेट में आ जायेगा तब इसकी **सम्बद्धता** (Cohesiveness) को कौन बाँधे रखेगा ? टॉनीज ने कहा कि ये प्रक्रियाएँ समाज को विखण्डित नहीं होने देंगी। कुछ नहीं—यह समाज परम्परा समाज से उठकर आधुनिक समाज बन जायेगा। इसकी सम्बद्धता के नये सूत्र पैदा हो जायेंगे। अब हम दरखाईम के आधुनिकता के सिद्धान्त को देखेंगे।

यांत्रिक और सावयवी समाज (Mechanical and Organic Society)

दरखाईम की पहली पुस्तक **दि डिविजन आफ लेबर इन सोसायटी** (The Division of Labour in Society, 1947) है। इसी पुस्तक पर उन्हें डाक्टरेट मिला है। इस पुस्तक में उन्होंने व्यक्ति तथा समाज के सम्बन्धों की विषद् व्याख्या की है। समस्या कुछ इस तरह है : अगणित लोग जो भाँति-भाँति और जात-जात के हैं एक समाज को कैसे बना सकते हैं? इन लोगों में सर्वसम्मति कैसे आ सकती है ? इस समस्या को स्पष्ट है, औद्योगिक तथा वैज्ञानिक क्रान्ति ने उपस्थित किया। इसका सैद्धान्तिक निराकरण दरखाईम ने किया है। वे कहते हैं कि समाज की सुदृढ़ता के दो प्रकार हैं : **यांत्रिक सुदृढ़ता** (Mechanical Solidarity) और **सावयवी सुदृढ़ता** (Organic Solidarity)।

यांत्रिक सुदृढ़ता वस्तुतः समानता की सुदृढ़ता है। इस सुदृढ़ता में लोगों में कम से कम अन्तर होता है। **इसका कारण यह है कि लोग अपने आपको सामूहिकता** (Collectivity) **के साथ जोड़ते हैं। लोगों की भावनाएं और उनके संवेग, एक दूसरे से जुदा नहीं होते। उनके मूल्यों में अगाध साझेदारी होती है और एक ही वस्तु को सभी पवित्र समझते है ? इस समाज में सम्बद्धता होती है क्योंकि इसमें स्तरीकरण का अभाव होता है। दरखाईम इस समाज को पूर्व-औद्योगिक समाज या परम्परागत समाज** (Traditional Society) समझते हैं। उनकी भाषा में यह समाज यांत्रिक समाज है।

यांत्रिक समाज की सुदृढ़ता के कारक
(Factors of the Solidarity of Mechanical Society)

वैसे यांत्रिक समाज की सुदृढ़ता के कई कारकों का उल्लेख दरखाईम ने किया है। लेकिन हमारे इस विश्लेषण में इस समाज की सम्बद्धता का कारण (1) **सामूहिक चेतना**

(Collective Conscience), (2) **दमनकारी कानून** (Repressive Law) तथा (3) **आचार संहिता** (Ethical Code) है। इन कारकों के माध्यम से यांत्रिक समाज की सुदृढ़ता बनी रहती है। हमारे देश में आदिवासी समाज वस्तुतः यांत्रिक समाज हैं यद्यपि इनमें भी तीव्रता से परिवर्तन आ रहा है। यह समाज आधुनिक समाज के आने के पहले का समाज है। इस समाज की सुदृढ़ता के कारक मुख्यतया परम्परागत हैं। जैसे एक यंत्र के पुर्जे अपनी प्रक्रियाओं या पारस्परिक निर्भरता के कारण एक दूसरे से जुड़े होते हैं वैसे ही इस समाज के लोग भी एक दूसरे से सम्बद्ध होते हैं।

सावयवी अर्थात् आधुनिक समाज की सुदृढ़ता के कारक
(Factors of Organica, that is, Modern Society's Solidarity)

दरखाईम ने सावयवी समाज की सुदृढ़ता के कतिपय कारकों का उल्लेख किया है। वे कहते हैं कि औद्योगिकीकरण और तकनीकी तंत्र के आने से समाज की सुदृढ़ता घटने के बजाय बढ़ती है। जिस तरह शरीर के विभिन्न अंग अपनी पृथक् पहचान रखते हुए भी अपने कार्यों द्वारा इस शरीर की संरचना को बनाये रखते हैं, वैसे ही औद्योगिक और नगरीय आधुनिक समाज अपनी सम्बद्धता को बनाये रखता है। आधुनिक समाज को बांधे रखने का कार्य निम्न कारक करते हैं :

1. संविदा व्यवस्था।
2. विकसित श्रम विभाजन अर्थात् स्तरीकरण।
3. जनसंख्या के नैतिक घनत्व में वृद्धि।

दरखाईम का कहना है कि उद्‌विकास के प्रथम चरण में समाज का श्रम विभाजन बहुत सामान्य होता है। इस अवस्था में आवश्यकताएँ बहुत सीमित होती हैं। इन आवश्यकताओं की पूर्ति सामान्य श्रम विभाजन द्वारा हो जाती है। लेकिन जब समाज की आवश्यकताएँ बढ़ीं तब समाज का विभाजीकरण भी बढ़ा। बढ़ते हुए विभाजीकरण के कारण श्रम विभाजन भी विकसित हुआ और इसके साथ जटिलताएँ भी आयीं। बढ़ते हुए विभाजीकरण ने श्रम विभाजन को और बढ़ाया और इसके परिणामस्वरूप सावयवी समाज यानी आधुनिक समाज का उद्‌विकास हुआ। इस समाज ने स्तरीकरण को बढ़ावा दिया। अब विभिन्न कार्यों को करने के लिये विभिन्न **विशेषज्ञ** (Experts) आये। तकनीकी तंत्र, नौकरशाही आदि स्तरीकरण के दृष्टान्त हैं। औद्योगीकरण ने वर्ग व्यवस्था को अधिक जटिल बनाया। अब श्रम संगठन तथा वर्ग संघर्ष उभर कर सामने आये। **ऐसे समाज में वैयक्तिक सम्बन्धों** का स्थान अवैयक्तिक सम्बन्धों ने ले लिया। पहले जो कार्य परम्पराओं के माध्यम से होते थे, अब वे लिखा-पढ़ी यानी संविदा द्वारा होने लगे। कोई किसी से धन उधार लेता था, उसकी लिखापढ़ी होने लगी, हर कार्य के लिये संविदा का सहारा लिया जाने लगा। अब सभी सम्बन्ध औपचारिक हो गये।

आधुनिक यानी सावयवी समाज की एक और विशेषता इसकी जनसंख्या का घनत्व

है। समाज जितना आधुनिक होगा, जनसंख्या का घनत्व भी उतना ही ज्यादा होगा। हमारे देश में आधुनिक समाज के दृष्टान्त मुंबई, चेन्नई, कोलकाता और दिल्ली हैं। इन महानगरों की आधुनिकता पूंजीवाद, तकनीकी तंत्र और विशद् स्तरीकरण से अत्यधिक प्रभावित होती है।

दरखाईम के यांत्रिक तथा सावयवी समाज के विश्लेषण में नैतिकता की चर्चा बहुत अधिक पायी जाती है। वे कहते हैं आधुनिक समाज में जहाँ जनसंख्या का घनत्व अधिक होता है, नैतिक घनत्व की आवश्यकता भी बराबर बनी रहती है। नैतिकता का मूल्य बहुत महत्वपूर्ण है। और कोई भी समाज इसके अभाव में चल नहीं सकता। यांत्रिक समाज में जो महत्व सामूहिक चेतना का होता है, वही महत्व सावयवी समाज में नैतिकता का होता है। समाज की सम्बद्धता में इसकी भूमिका अधिक होती है। देखा जाये तो स्वयं दरखाईम के जीवन में नैतिकता को बहुत बड़ा स्थान था। फ्रांस में पहले विश्वयुद्ध के दौरान स्वयं दरखाईम नैतिक अधिकारी के रूप में काम कर चुके थे। नैतिक मूल्य पर वे अपने जीवन में कोई समझौता नहीं करना चाहते थे।

दरखाईम का आधुनिक समाज का सिद्धान्त अपने मूल में उद्‌विकासवादी था। उनका कहना है कि परम्परा समाज में होने वाला परिवर्तन नैरन्तर्य के कारण धीरे-धीरे परिवर्तित होकर आधुनिक समाज बनता है। इस समाज में औद्योगीकरण, स्तरीकरण, विशिष्टीकरण और कानून होता है। जहां यांत्रिक समाज की एकता और सम्बद्धता सामूहिक चेतना द्वारा बनी रहती है। सावयवी समाज की यह एकता, संविदा, और नैतिक घनत्व के कारण बनी रहती है। बढ़ता हुआ स्तरीकरण समाज को विखण्डित नहीं करता, इसे जोड़ता है। और यह जोड़ना प्रकार्यात्मक होता है।

नैरन्तर्य की अवधारणा को आधुनिक समाज के विश्लेषण में कुछ अन्य समाजशास्त्रियों ने भी काम में लिया है। इन समाजशास्त्रियों का भी यही तर्क है कि आधुनिक समाज का अस्तित्व उद्‌विकासीय नैरन्तर्य के कारण है। अमेरिकी मानवशास्त्री **रॉबर्ट रेडफील्ड** (Robert Redfield) ने मेक्सीको के टेपोजलॉन गाँव के अध्ययन के आधार पर **लोक-समाज** (Folk Society), **लोक-ग्रामीण नैरन्तर्य** (Folk urban continuum) और कृषक समाज तथा अन्य अवधारणाओं द्वारा यह स्थापित किया है कि नैरन्तर्य की प्रक्रिया के कारण लघु समाज आधुनिक समाज का रूप लेते हैं। रेडफील्ड के अनुसार लोक समाज आकार में छोटे, दूर-दूर छितरे हुए, अनपढ़ तथा सामाजिक रूप में समरस समाज होते हैं। इनकी साझा संस्कृति की जड़ें परम्परा और धर्म में गड़ी होती हैं। इन समाजों में अवैयक्तिक और कानून सम्मत की अपेक्षा वैयक्तिक और स्वतः स्फूर्त व्यवहार होता है। यही नहीं, इन समाजों में बौद्धिक जीवन (प्रयोग-परीक्षण और चिन्तन की प्रवृत्ति) न के बराबर ही होता है। ऐसे समाज स्वतः विकसित होते हैं। इनकी प्रकृति मौलिक, प्रारम्भिक एवं निश्चितता लिये होती है।

लोक समाज का प्रतिरूप नगर समाज या आधुनिक समाज होता है। रेडफील्ड कहते

हैं कि इन समाजों के लक्षण लोक समाज के विपरीत होते हैं। आधुनिक समाज में पृथक्करण का अभाव होता है, अपनापन नहीं होता। वास्तव में रेडफील्ड का आधुनिक समाज नगर समाज होता है। लोक समाज और नगर समाज नैरन्तर्य के दो छोर हैं। यह सिद्धान्त वस्तुतः आधुनिकीकरण का एक **आदर्श-प्रारूप** (Ideal Type) है। रेडफील्ड के नैरन्तर्य के इस सिद्धान्त ने ग्रामीण समाजशास्त्र को आधुनिकीकरण के विश्लेषण में बहुत सहायता दी है। सन् 1951 में टेपोजलॉन गाँव का पुनः अध्ययन ऑस्कर ल्युइस द्वारा किया गया जिन्हें रेड़फील्ड ने छोड़ दिया था। आधुनिकीकरण के अध्ययनों में कम से कम भारत में तो नैरन्तर्य के सिद्धान्त ने सामाजिक परिवर्तन के क्षेत्र में बहुत कुछ दिया है। यह सिद्धान्त अनिर्वायतः उद्विकासीय सिद्धान्त है।

उद्विकसित नैरन्तर्य सिद्धान्तों की एक बड़ी विशेषता है। टॉनिज से लेकर रेडफील्ड तक इस बात पर बराबर जोर देते हैं कि समाज का उद्विकास आदिम समुदाय से लेकर आधुनिक समाज तक होता रहा है लेकिन वे परिवर्तन के इस दौर में यह नहीं बताते कि आधुनिक समाज की विशेषताएँ क्या हैं। न तो वे प्रजातांत्रिक व्यवस्था की चर्चा करते हैं और न विज्ञान की। वे तो बस यही कहते हैं कि समाज सरल से जटिल बन जाता है, गाँव से शहर हो जाता है और अधिक से अधिक उसका आकार बढ़ जाता है। ये सिद्धान्तवेत्ता कहीं भी यह नहीं बताते कि नैरन्तर्य की प्रक्रिया में अर्थव्यवस्था भी अपना चरित्र बदल देती है। इस अभाव के पीछे शायद ये सिद्धान्तवेत्ता इस धारणा को लेकर चलते हैं कि शहर में अपने आप आधुनिकता विद्यमान होती है। उनके अनुसार शहर वस्तुतः आधुनिकता का ही प्रतीक है। इन विचारकों की दृष्टि में आधुनिकता और शहर पर्यायवाची हैं और आधुनिकता में औद्योगीकरण, विज्ञान, पूंजीवादी विचारधारा और प्रजातंत्र अनिवार्य रूप से पाये जाते हैं। इन सिद्धान्तों में एक और अभाव है। टॉनिज, दरखाईम और अन्य नैरन्तर्य सिद्धान्तवेत्ता यह मानकर चलते हैं कि सावयवी या लोक समाज में कोई द्वन्द्व नहीं होता, संघर्ष नहीं होता और न ही प्रतियोगिता होती है। ऑस्कर ल्यूइस ने जब रेडफील्ड के टेपोजलॉन गाँव का पुनः अध्ययन किया तब उन्हें पता लगा कि रेडफील्ड ने अपने अध्ययन में लोक समाजों में व्याप्त संघर्ष, तनाव, गरीबी, विघटन जैसे तत्वों को नजरअंदाज कर दिया और उन्होंने आदिम समाजों का एक खासा आदर्शात्मक चित्र ही प्रस्तुत किया था। आधुनिक समाजों पर बाद में जो अध्ययन किये गये उनसे पता लगा कि आधुनिक समाज में भी ऐसे लक्षण पाये जाते हैं और लोक समाज की विशेषता होती है।

4. वेबर का बुद्धिसंगत समाज (Weber's Rational Society)

मेक्स वेबर एक जर्मन समाजशास्त्री थे। आधुनिक समाजशास्त्र को वेबर की बहुत बड़ी देन समझा जाता है। समाजशास्त्र में वेबर का विश्लेषण प्रभुत्व, आदर्श प्रारूप, काल्विनवाद तथा पूंजीवादी भावना और क्रिया सिद्धान्त के लिये किया जाता है। उन्हें सामाजिक परिवर्तन के प्रणेता के रूप में नहीं देखा जाता। वास्तविकता यह है कि वेबर ने आधुनिक

समाज के आदर्श प्रारूप का निर्माण किया है। वे एक ऐसे समाज की कल्पना करते हैं जो **अधिकारीतंत्र तथा बुद्धिसंगत** (Bureaucratioc and Rational) होगा। उनका विचार है कि ज्यों-ज्यों बुद्धिसंगतता का विकास होगा, आदमी परम्पराओं के चंगुल से मुक्त होगा। वेबर ने आधुनिकता के कतिपय लक्षणों का उल्लेख भी किया है। इन लक्षणों में **वैज्ञानिक प्रत्यक्षवाद** (Scientific Positivism), पूंजीवाद, बाजार, वर्ग, बुद्धिसंगतता तथा राजनीतिक वैचारिकी सम्मिलित हैं। वेबर ने अपने आधुनिकता में परिवर्तन सिद्धान्त में यह स्थापित किया है कि आधुनिकता की व्यापकता के साथ समाज में **प्रस्थिति समूह** (Status Groups) पैदा होते हैं और इस तरह स्तरीकरण बराबर बढ़ता जाता है। इस सबके बीच में बुद्धिसंगतता का स्थान केन्द्रीय होता है।

अपने लेखन में वेबर दर्शनशास्त्र के **नव-कांतवादी** (Neo-Kantism) सम्प्रदाय के थे। उनके विचारों का केन्द्र **स्वतंत्रता** (Freedom) थी। वे कहते हैं कि आदमी को परम्पराओं से मुक्त करने के लिये बुद्धिसंगतता अर्थात् विवेक और तर्क देना आवश्यक है। यह सब आधुनिकता में सम्भव है। वेबर का युग औद्योगीकरण का युग था। पूंजीवाद आ गया था। इसकी व्याख्या के लिये उन्होंने धर्म को अपना अध्ययन क्षेत्र चुना। यह एकदम **अऐतिहासिक** (Un-historical) था जब **वेबर ने कहा कि ईसाई धर्म के काल्विनवाद में ऐसे आचार हैं जो पूंजीवाद को जन्म देते हैं।** वेबर का आग्रह था कि धर्म को बुद्धिसंगत रूप से लागू करना चाहिये। यदि ऐसा किया जाये तो धर्म जो आध्यात्यवादी है, पूंजीवाद को लाने में सफल हो सकता है। यहां वेबर आधुनिकता का लक्षण पूंजीवाद और बुद्धिसंगतता या विवेक के साथ परिभाषित करते हैं। बुद्धिसंगतता एक ऐसा लक्षण है जो मनुष्य को **मूल्य-मुक्त** (Value Free) कर सकता है। जब एक बार मनुष्य को तर्क या बुद्धिसंगतता का हथियार मिल जाता है तब वह अपने मूल्यों से मुक्त हो जाता है।

वेबर के आधुनिकता के परिवर्तन के सिद्धान्त को कार्ल मार्क्स के संदर्भ बिना नहीं समझा जा सकता। मार्क्स ने भी आधुनिक समाज की व्याख्या पूंजीवाद के परिप्रेक्ष्य में की है। दोनों ही विचारक पूंजीवाद विश्लेषक हैं। मगर उनके उपागम में अन्तर है। मार्क्स ने वर्ग की व्याख्या उत्पादन साधनों के सन्दर्भ में की है। बुर्जुआ वर्ग उत्पादन साधनों का स्वामी है, उत्पादन शक्तियां भी उसी के हाथ में हैं। सर्वहारा वर्ग अपने श्रम को बेचता है। इस सम्पूर्ण व्याख्या का केन्द्र बिन्दु उत्पादन सम्बन्ध है। इधर वेबर भी आधुनिकता की व्याख्या पूंजीवाद के माध्यम से करते हैं। वेबर ने पूंजीवाद की जो पिछली व्याख्याएँ उपलब्ध थीं और जिन्हें **सोमबर्ट** (Werner Sombart) तथा **जार्ज सीमेल** (George Simmel) ने रखा था, उसे विकसित किया। इस परिप्रेक्ष्य में वे वर्ग की व्याख्या उत्पादन सम्बन्धों से हटकर करते हैं और ऐसा करके वे मार्क्स की व्याख्या का विकल्प रखते हैं। वेबर कहते हैं कि आधुनिक समाज का पूंजीवाद बाजार से जुड़ा है। पूंजीवाद मनुष्य को जीवन में **बाजार के माध्यम से अवसर** प्रदान करता है (Life Chances)। इन अवसरों

पर गरीब और अमीर यानी सभी लोगों की समान साझेदारी होती है। वर्ग का एक अन्य प्रकार बाजार से भिन्न होता है। इस वर्ग में वे लोग होते हैं जिनके पास कुशलता और योग्यता होती है। इस वर्ग के लोग आय समूह में रखे जाते हैं। इस भांति मार्क्स और वेबर दोनों की पूंजीवाद की व्याख्या जुदा-जुदा है। यद्यपि दोनों ही इस बात से सहमत हैं कि पूंजीवाद **मुनाफाखोरी** (Profiteering) है। यह मुनाफाखोरी **प्रस्थिति** समूहों (Status Groups) को निर्माण करती है। वेबर प्रस्तावित करते हैं कि प्रस्थिति समूहों के कारण ही समाज में स्तरीकरण आता है।

यह रुचिकर तथ्य है कि मार्क्स और वेबर दोनों ही आधुनिकता की व्याख्या पूंजीवादी अर्थव्यवस्था के सन्दर्भ में करते हैं। मार्क्स इस बात को स्वीकार करते हैं कि वर्तमान समाज का परिवर्तन विगत के आदिम समाजों से हुआ है। उनके लेखन में विशेषता यह है कि वे वर्तमान पूंजीवाद की बहुत कड़वी व्याख्या करते हैं। यह पूंजीवाद के कारण है कि समाज में आर्थिक शोषण और **अलगाव** (Alienation) आये हैं। लेकिन निश्चित रूप से आधुनिक समाज एक पूंजीवाद समाज है। मतलब हुआ पूंजीवाद आधुनिकता का बहुत बड़ा लक्षण है। इस पूंजीवाद के साथ उद्योग और बाजार भी जुड़े हुए हैं। वेबर की आधुनिकता की व्याख्या मार्क्स से जुदा है। वेबर कहते हैं कि आधुनिक समाज का मुक्तिदाता विवेक या बुद्धिसंगत विचारधारा है। यह विचारधारा ही आधुनिक अधिकारीतंत्र जैसे संगठन को देती है।

पिछले पृष्ठों में हमने टॉनिज और रेडफील्ड का उल्लेख नैरन्तर्य सिद्धान्त के सिलसिले में किया है। एक तरह से मार्क्स और वेबर भी आदिम अर्थव्यवस्था से चलकर पूंजीवादी या औद्योगिक अर्थव्यवस्था तक आते हैं। ये सभी विचारक मोटे रूप से शहर की अर्थव्यवस्था से अपने आपको जोड़ते हैं। इस खण्ड को पूरा करने से पहिले हमें **सीमेल** (Georg Simmel) की थोड़ी चर्चा अवश्य करनी चाहिये। यह इसलिये कि सीमेल ने आधुनिक समाज को शहर (City) और मुद्रा **अर्थव्यवस्था** (Money Economy) के अर्थ में रखा है। सीमेल के आधुनिकता के सिद्धान्त में शहर वह स्थान है जहाँ मुद्रा का अत्यधिक केन्द्रीयकरण है। यहाँ पर अधिकांश पूंजीपति रहते हैं, यहाँ पर कल कारखाने होते हैं और यहां आधुनिकीकरण की विचारधारा का विसरण होता है।

आधुनिकता के इस सिद्धान्त को सीमेल ने अपनी पुस्तक **फिलासफी आफ मनी** (Philosophy of Money) में रखा है। सीमेल आधुनिकता को मुद्रा के साथ तीन तरह से जोड़ते हैं। पहला तो उनका कहना है कि जैसे ही मनुष्य को मुद्रा प्राप्त होती है इससे उसे बड़े लाभ होते हैं। उसकी प्रच्छन्न इच्छाएँ जिनकी अभिव्यक्ति वह पहली कभी नहीं कर पाया था, अब मुद्रा मिलने पर उनकी पूर्ति हो जाती है। अब वह खूब खाता-पीता है, मौज-मजा करता है। जहाँ कहीं भी मनुष्य को मुद्रा मिलती है, उसका जीवन सुखमय बन जाता है। आधुनिकता से जुड़े मुद्रा का यह सम्बन्ध यह भी है कि इससे मनुष्य के पास **शक्ति** (Power) आ जाती है। मुद्रा के इस पहले स्वरूप को सीमेल **प्रभु प्रकाश** (Epiphany) कहते हैं। धन पाकर मनुष्य को ऐसा लगता है जैसे किसी ने उसे छप्पर

फाड़कर मालामाल कर दिया। मुद्रा की यह शक्ति रूप में अभिव्यक्ति है।

सीमेल का मुद्रा से जुड़ा दूसरा विश्लेषण यह है कि इसका सम्पूर्ण समाज पर पड़ता है। सामंतवादी समाज एकाएक पूंजीवादी समाज बन जाता है। लोगों में खुशहाली आ जाती है, शक्ति के नये स्रोत उभर कर सामने आ जाते हैं। लेकिन मुद्रा से जुड़ी एक और समस्या भी समाज को झेलनी पड़ती है। यह समस्या **अलगाव** (Alienation) की होती है। इस समाज का सदस्य होकर भी पूंजीवादी व्यवस्था में मनुष्य अपने आपको मुख्यधारा से कटा हुआ समझता है। यहाँ पहुँच कर सीमेल कहते हैं कि समाज में दो संस्कृतियाँ पैदा हो जाती हैं। एक संस्कृति तो उन व्यक्तियों की होती है जो पूंजीवादी समाज में रहकर भी अपने आपको अलग-थलग समझते हैं। ये अलगाव वाले व्यक्ति होते हैं। इनकी संस्कृति को सीमेल **त्रासदी की संस्कृति** (Tragedy of Culture) कहते हैं। दूसरी संस्कृति **वस्तुनिष्ठा संस्कृति** (Objective Culture) है। इस संस्कृति में समाज मुट्ठी भर लोग सुखमय जीवन बिताते हैं। उन पर प्रभु प्रकाश होता है। कुल मिलाकर सीमेल ने सबसे पहली बार आधुनिकता की व्याख्या शहर और मुद्रा के सन्दर्भ में की है। सीमेल का आधुनिकता का यह सिद्धान्त क्लासिकल सिद्धान्तों की श्रृंखला में अपने आप एक नये संदर्भ को प्रस्तुत करता है। टॉनीज, वेबर, मार्क्स आदि ने अब तक आधुनिकता को एक सामाजिक प्रक्रिया के रूप में ही देखा था। सीमेल ने इसके सम्बन्ध को शहर और मुद्रा के साथ जोड़ा है। यह सिद्धान्त इस बात को रखता है कि औद्योगीकरण की बहुत बड़ी मुद्रा शहर में होती है। कल-कारखाने, कम्पनियां आदि शहर-शहर में होते हैं और इस शहर से मुद्रा का विसरण होता है। यानी आधुनिकता शहरों से या विकसित देशों से पिछड़े हुए क्षेत्रों की ओर विसरित होती है। **फ्रिशी** (Frishy) ने सीमेल के आधुनिकता, शहर और मुद्रा के सिद्धान्त की आलोचना की है। वे कहते हैं कि सीमेल का यह सिद्धान्त आधुनिकता के साथ हमारा जो **अनुभव** (Experience) हुआ है, उसी पर निर्भर है। यह अनुभव क्या है ? फ्रिशी इसकी व्याख्या करते हैं। जब हम आधुनिकता को देखते हैं तो इसमें शहर और मुद्रा केन्द्रीय स्थान ग्रहण करते हैं। इस केन्द्रीयता का अनुभव हमें **समय** (Time), **स्थान** (Space) और इससे जुड़े हुए **कारण-कार्य सम्बन्ध** (Causality) आ जाते हैं। जिसे वेबर बुद्धिसंगतता कहते हैं। उसे सीमेल मोटेरूप में अनुभव यानी समय, स्थान और कारण-कार्य सम्बन्ध रूप में रखते हैं। शहर और मुद्रा का यह विसरण समुदायों के विभिन्न प्रकारों में देखने को मिलता है।

रिट्जर अपने आधुनिकता के सिद्धान्त में सीमेल को उत्तर-आधुनिकतावादी सिद्धान्तवेत्ता भी मानते हैं। यह अवश्य है कि अपने मूल में सीमेल एक क्लासिकल सिद्धान्तवेत्ता हैं, उन्हें टॉनीज, वेबर और मार्क्स के सोपान पर ही रखा जा सकता है लेकिन उनके सिद्धान्त में कुछ ऐसे तत्व भी हैं, जो उन्हें उत्तर-आधुनिकता के निकट ले आते हैं। और यह भी निश्चित है कि जब सीमेल शहर और मुद्रा के संदर्भ में आधुनिकता की व्याख्या करते हैं तो यह व्याख्या उन्हें आधुनिकतावादी ही बना देती है लेकिन जब अनुभव

की चर्चा करते हैं, समय, स्थान और कार्य-कारण सम्बन्धों के साथ इनको जोड़ते हैं तब वे उत्तर-आधुनिकतावादी बन जाते हैं। सीमेल के पहचान का यह विवाद है।

क्लासिकल सिद्धान्तवेत्ता के सभी प्रमुख प्रणेता—दरखाईम, वेबर, मार्क्स और सीमेल आज ई. 2001 में मर चुके हैं। उन्होंने जिस दुनिया को जिया वह ई. 1920 की दुनिया थी। अब सब कुछ गुजर चुका है। अब कोई भी पुरानी तारीखों को याद नहीं करता। ई. 1920 वापस नहीं लौट सकती। इस अवस्था में प्रश्न है : क्या आधुनिकता की अतीत की प्रक्रियाएँ अब भी समाज में दिखाई देती हैं या क्या इन प्रक्रियाओं में कोई बहुत बड़ा फेर-फार आया है? इस अध्याय के इस शेष भाग में हम कतिपय समकालीन सिद्धान्तवेत्ताओं के आधुनिकता के सिद्धान्तों का वर्णन करेंगे। पिछले भाग में हमने अपने विश्लेषण को केवल क्लासिकल सिद्धान्तों तक ही सीमित रखा है।

आधुनिकता के समकालीन सिद्धान्त (Contemporary Theories of Modernity)

18वीं शताब्दी में यूरोप और अमेरिका का जो समाज था, वह आज बदल गया है। नई अर्थव्यवस्था आगई है। अब वैश्वीकरण एक नई शक्ति के रूप में उभर कर आया है। समय और स्थान आशातीत सिकुड़ गये हैं। इस अवस्था ने आधुनिकता के जो क्लासिकल सिद्धान्त थे, उनके सामने अस्तित्व की लड़ाई प्रारम्भ हो गई है। वेबर, मार्क्स, दरखाईम और सीमल के सिद्धान्तों पर प्रश्नचिन्ह लग गये हैं। उत्तर-आधुनिकता की चुनौती ने तो आधुनिकता के वजूद को ही संकट में डाल दिया है। सिद्धान्तों के इस संकट का मुकाबला अब भी कुछ समकालीन सिद्धान्त कर रहे हैं। अब भी रिट्जर का कहना है कि आधुनिकता बदलते हुए समय के साथ बराबर बदल रही है। उन्होंने अपने सिद्धान्त को पुनः वेबर के संदर्भ में संशोधित करके बुद्धिसंगतता पर जोर दिया है। गिडिन्स ने आधुनिकता के सिद्धान्त को संचार के तर्क से बांधा है। ब्लेक का कहना है कि आधुनिक समाज वस्तुतः एक खतरे भरा समाज है। बॉमेन इस समाज को विध्वंसात्मक समाज कहते हैं तथा हेबरमॉस के अनुसार, आधुनिकता की व्याख्या आज भी अधूरी है। यह एक अपूर्ण उपक्रम है जिसे पूरा करना चाहिये।

यहाँ हम आधुनिकता के कतिपय समकालीन सिद्धान्तों का उल्लेख करेंगे।

I. आधुनिकता का कुंजी लक्षण बुद्धिसंगतता या विवेक है : जॉर्ज रिट्जर (Rationality as the Key Characteristics of Modernity : George Ritzer)

जार्ज रिट्जर आधुनिकता के समकालीन सिद्धान्तवेत्ताओं में एक महत्वपूर्ण हस्ताक्षर हैं। रिट्जर आधुनिकतावादी हैं। वे वेबर की विवेक की अवधारणा को एक नये दबाव के साथ प्रस्तुत करते हैं। उनका कहना है कि जिसे हम बुद्धिसंगतता या विवेक कहते हैं इसके कई स्वरूप या प्रकार हैं। जिसे समकालीन समाज में **अमेरिकीकरण** (Americanization), **मेक्डोनल्डाइजेशन** (McDonaldization) और **फास्टफूट फैशन** कहते हैं, वह और कुछ

न होकर बुद्धिसंगतता का एक रूप ही है। बुद्धिसंगतता को विस्तृत रूप में रिट्ज़र इस भांति रखते हैं। यह उनका आधुनिकता का समकालीन सिद्धान्त है। इस सिद्धान्त में बुद्धिसंगतता अपने **अति रूप** (Hyper) में देखने को मिलती है। रिट्ज़र ने आधुनिकता के मुद्दे को तीन तरीकों से रखा है: (1) **अति बुद्धिसंगतता** (Hyperrationality), (2) **मेक्डोनल्डाईजेशन** (McDonaldization), (3) और **अमेरिकीकरण** (Americanization)।

1. अति बुद्धिसंगतता

बुद्धिसंगतता आधुनिक समाज की सबसे बड़ी विशेषता है। वेबर ने इसके चार प्रकार बताये हैं : (1) औपचारिक बुद्धिसंगतता, (2) वास्तविक बुद्धिसंगतता, (3) सैद्धान्तिक बुद्धिसंगतता, और (4) व्यवहारिक बुद्धिसंगतता। **औपचारिक** (Formal) बुद्धिसंगतता का तात्पर्य **संरचनाओं** (Structures) से होता है। इसमें अधिकारीतंत्र, नेतृत्व, क्रिया आदि आते हैं। इन संरचनाओं में व्यक्ति पर यह दबाव होता है कि वह अपनी क्रियाओं को विवेक से करे। इसमें उसको यह देखना चाहिये कि किन **साधनों** (Means) द्वारा वह अपने **साध्यों** (Ends) को पूरा कर सकता है। साधन-साध्यों का यह वरण तार्किक होता है, विवेकपूर्ण होता है। **वास्तविक** (substantive) बुद्धिसंगतता में मानक और मूल्यों की प्रभुता होती है। व्यक्ति साधन-साध्य की पसन्दगी इन्हीं मूल्यों के आधार पर करते हैं। जब हमारे देश में गांधीजी साधन-साध्य की पवित्रता की चर्चा करते हैं तब इसमें मूल्यों का आरोप होता है। उनके हिसाब से हमें मानव कल्याण के मूल्य को साध्य मानकर चलना चाहिये और इसी के अनुरूप साधन भी अपनाने चाहिये। **सैद्धान्तिक** बुद्धिसंगतता (Theoretical) में व्यक्ति विवेकपूर्ण **संज्ञानात्मक** (cognitive) प्रक्रियाओं को काम में लाता है। और बुद्धिसंगतता का चौथा प्रकार व्यवहारिक (Practical) होता है। इसमें साधन-साध्य की पसंदगी का आधार दिन प्रतिदिन के कार्यों को पूरा करना होता है। बुद्धिसंगतता के इन चार प्रकारों में वेबर औपचारिक प्रकार को आधुनिकता की कुंजी मानते हैं। आधुनिक समाज वस्तुतः औपचारिक संरचनाओं का समाज है। इसमें जिस साधन-साध्य को व्यक्ति अपनाता है, उसका आधार तर्क होता है। बुद्धिसंगत समाज का बहुत अच्छा दृष्टान्त अधिकारीतंत्र है। इस तंत्र में कुछ वस्तुनिष्ठ नियम - उपनियम होते हैं। इन्हीं के अनुसार कार्य किया जाता है। रिट्ज़र ने जापान के समाज की बुद्धिसंगतता का दृष्टान्त दिया है। इस समाज में औद्यगीकरण की समस्त प्रक्रियाएं बुद्धिसंगतता आधारित साधन-साध्य होते हैं। रिट्ज़र आज की आधुनिकता में **अतिबुद्धिसंगतता** (Hyperrationality) पर जोर देते हैं। पहले बुद्धिसंगतता सामान्य होती थी। आज की आधुनिकता में यह बुद्धिसंगतता अपनी **अति** (Hyper) अवस्था में पहुँच गई है। इस भांति रिट्ज़र के आधुनिकता सिद्धान्त का पहला तत्व अतिबुद्धिसंगतता है।

यह अतिबुद्धिसंगतता अपने आप में एक व्यवस्था का रूप ले लेती है। इस

व्यवस्था में वेबर द्वारा दिये गये बुद्धिसंगतता के चारों प्रकार—औपचारिक, वास्तविक, सैद्धान्तिक और व्यावहारिक आ जाते हैं। इस तरह की बुद्धिसंगतता वेबर की बुद्धिसंगतता से अधिक ताकतवर हो जाती है। वेबर तो केवल औपचारिक बुद्धिसंगतता की बात करते हैं। इसी कारण वे बार-बार अधिकारी क्षेत्र की बुद्धिसंगतता का उल्लेख करते हैं। रिट्ज़र इससे एक कदम आगे बढ़ते हैं। **वे बुद्धिसंगतता को एक व्यवस्था का रूप देते हैं। और इसके अन्तर्गत चारों प्रकार की बुद्धिसंगतता को सम्मिलित करते हैं। इन चारों प्रकार की बुद्धिसंगतता के कारण यह बुद्धिसंगतता रिट्ज़र के लिये अतिबुद्धिसंगतता बन जाती है।** रिट्ज़र जापान के ऑटोमोबाइल उद्योग का दृष्टान्त देते हैं। पहिले जापान में केवल उद्योग में औपचारिक बुद्धिसंगतता ही थी। उत्पादन को बढ़ाने के लिये वहाँ साधन-साध्य में तर्क पर जोर दिया जाता था। अब वहां अति-बुद्धिसंगतता का प्रवेश हो गया। इसके कारण वहां व्यवहारिक, वास्तविक, तथा सैद्धान्तिक बुद्धिसंगतता को भी लागू कर दिया गया। यानी जापान के ऑटोमोबाइल उद्योग में अतिबुद्धिसंगतता आ गई। परिणाम यह हुआ कि जापान का यह उद्योग अपने उत्पादन में अमेरिका से भी आगे बढ़ गया। मूल्यों के क्षेत्र में जापान ने उत्पादन के सामने व्यक्ति को गौण बना दिया। अब जापानी श्रमिक अपने उद्योग के विकास के सामने व्यक्ति को छोटा समझने लगे। यह बुद्धिसंगतता का दूसरा प्रकार था। आज की आधुनिकता के प्रत्येक क्षेत्र में रिट्ज़र कहते हैं, जापान ही नहीं (जापान तो एक दृष्टान्त) है, कई विकसित देशों में अति-बुद्धिसंगतता एक सामान्य लक्षण बन गया है। यहां यह ध्यान में रखना चाहिये कि जहां वेबर औपचारिक बुद्धिसंगतता की ही बात करते हैं, वहाँ रिट्ज़र अतिबुद्धिसंगतता व्यवस्था की बात करते हैं। इस अर्थ में रिट्ज़र का आधुनिकता का सिद्धान्त वेबर से भिन्न हो जाता है।

2. मेक्डोनल्डाइजेशन (McDonaldization)

रिट्ज़र वस्तुतः वेबर की बुद्धिसंगतता के सिद्धान्त को आगे बढ़ाना चाहते हैं। वेबर ने बुद्धिसंगतता की अवधारणा को औपचारिक संरचनाओं तक सीमित रखा था। यहां साध्य-साधन का तर्क व्यक्ति संरचना के साध्य को पूरा करने में लगता है। रिट्ज़र इस औपचारिक संरचना को जलपान गृह अर्थात् **मेक्डोनल्ड** पर लगाते । मेक्डोनल्ड तो और कुछ न होकर अमेरिका का एक रेस्टोरेंट यानी जलपान गृह है। यह जलपान गृह अन्य देशों में भी अपनी शाखाएँ चलाता है। भारत के भी कतिपय बड़े महानगरों और नगरों में इसकी शाखाएँ हैं। इनमें खाने की वस्तुएँ तुरत-फुरत परोसी जाती हैं। ये जलपान गृह वस्तुतः संरचना है। रिट्ज़र कहते कि इनमें फास्ट-फूड देने के पीछे बुद्धिसंगतता है। इस आधुनिक समाज में प्रत्येक व्यक्ति घर, दफ्तर, और बाजार की दौड़ भाग में दिनभर घूमता रहता है। वह फटाफट कुछ खा लेने के चक्कर में रहता है। इस आवश्यकता की पूर्ति यह जलपान-गृह करता है। ऐसी ही कुछ बुद्धिसंगतता इस जलपान गृह को चलाती है। और परिणामस्वरूप सभी विकसित समाजों में आधुनिकता का यह संरचनात्मक स्वरूप देखने

को मिलता है। इस अर्थ में मेक्डोनल्ड केवल अतिबुद्धिसंगतता का एक दृष्टान्त मात्र है। अर्थ हुआ फास्ट फूड आधुनिकता का एक लक्षण है।

गिडिन्स ने एक स्थान पर यह कहा कि वैश्वीकरण के आर्थिक आभास के रूप में देखें जो मेक्डोनल्ड जलपान गृह ही व्यवस्था का उदारीकरण का परिणाम है। देखा जाए तो मेक्डोनल्डीकरण प्राथमिक रूप से एक आर्थिक, सांस्कृतिक या राजनीतिक प्रक्रिया का प्रकार है। इसी संदर्भ में जब हम अतिबुद्धिसंगतता के रूप में देखते हैं तो **क्रेडिट कार्ड** (Credit Card) भी इसी का एक दृष्टान्त है। रिट्ज़र इस कार्ड की व्याख्या कई संदर्भों में करते हैं। वे कहते हैं कि जब मेक्डोनल्ड में बिल का भुगतान, क्रेडिट कार्ड से होता है तब बैंक इस कार्य को बिना किसी कठिनाई के पूरा कर देता है। कुछ इसी तरह मेक्डोनल्ड में निवेशित धन की व्यवस्था भी क्रेडित कार्ड से हो जाती है। देखा जाये तो मेक्डोनल्ड तथा क्रेडिट कार्ड की प्रणाली वस्तुतः हर दृष्टिकोण से आर्थिक प्रक्रिया बन जाती है। इसके गूढ़ में अति बुद्धिसंगतता है। आप की जेब में नकद पैसा न हो तब भी आप मेक्डोनल्ड में छककर भोजन कर सकते हैं और किसी भी दुकान पर खरीदारी कर सकते हैं। ऐसी अवस्था में लोग देखते हैं कि उनके पास कुल कितने क्रेडित कार्ड हैं और इन सबकी कुल साख कितने धन की है।

रिट्ज़र अपने आधुनिकता के सिद्धान्त को जापान के ऑटोमोबाइल उद्योग, मेक्डोनल्ड, फास्टफूड तथा क्रेडिट कार्ड के साथ जोड़ते हैं। ये सब दृष्टान्त इस बात को बताते हैं कि समकालीन आधुनिक समाज में बुद्धिसंगतता सबसे बड़ी महत्वपूर्ण बात है। इस पर अपनी उपसंहारात्मक टिप्पणी करते हुए रिट्ज़र लिखते हैं :

> एक निश्चित विश्वास के साथ हम कह सकते हैं कि समकालीन दुनिया में बुद्धिसंगतता जीवित है और इसका मतलब है आधुनिकता जीवित है। इस निष्कर्ष का आधार उपरोक्त तीन दृष्टान्त हैं। आधुनिकता के कई और दृष्टान्त भी दिये जा सकते हैं।

रिट्ज़र ने आधुनिक समाज के विश्लेषण के लिये जो सिद्धान्त रखा है, वह समकालीन सिद्धान्त है। क्लासिकल सिद्धान्त से यह सिद्धान्त इस अर्थ में जुदा है कि जहां वेबर समाप्त करते हैं वहां रिट्ज़र प्रारम्भ करते हैं। वेबर ने केवल आधुनिकता को बुद्धिसंगतता के साथ जोड़ा है। और बुद्धिसंगतता का यह स्वरूप केवल औपचारिक ही है। यानी अधिकारी तंत्र, धर्म और प्रभुत्व जैसी संरचनाओं की बुद्धिसंगतता ही है। जिसमें इसके तीन और स्वरूप भी सम्मिलित हैं। ये स्वरूप वास्तविकता, सैद्धान्तिकता तथा व्यवहारिकता के हैं। **इस अर्थ में रिट्ज़र के अनुसार अतिबुद्धिसंगतता पूरी एक व्यवस्था है।**

3. अमेरिकीकरण (Americanization)

जब रिट्ज़र मेक्डोनल्ड, फास्ट-फूड, क्रेडिट कार्ड आदि की चर्चा करते हैं तब उनका कार्य

आधुनिकता का विश्लेषण करने से होता है। यह अतिबुद्धिसंगतता है। इसी के अन्तर्गत वे अमेरिकीकरण की बात भी करते हैं। वास्तव में देखा जाये तो अमेरिकीकरण का सम्बन्ध मेक्डोनल्ड, फास्ट फूड, क्रेडिट कार्ड और आधुनिकता से है। देखा जाये तो, क्रेडिट कार्ड की परम्परा अमेरिका से ही है। यहीं से इसका प्रसार दुनिया भर में हुआ है। क्रेडिट कार्ड के अन्य प्रकार जैसे कि विसा, मास्टर कार्ड और अमेरिकन एक्सप्रेस का उद्‌गम भी अमेरिका से ही है। रिट्ज़र का तर्क है कि आज दुनिया में क्रेडिट कार्ड का जो चलन है वह बुद्धिसंगतता का ही प्रतीक है।

अमेरिका की संस्कृति, उसका साहित्य, उसका संगीत और नृत्य आज की दुनिया भर के देशों के लिये अनुकरण का पात्र है। यह सब शायद उसकी प्रभुसत्ता और आर्थिक शक्ति के कारण है। एक तरह से विकासशील देशों के लिये अमेरिकीकरण एक सशक्त प्रक्रिया है और वस्तुतः यह प्रक्रिया आधुनिकीकरण की प्रक्रिया है।

II आधुनिकता एक अधूरा प्रोजेक्ट है : युरगेन हेबरमॉ
(Modernity is an Unfinished Project : Jurgen Habermas)

जर्मनी के समाजशास्त्री युरगेन हेबरमॉ का सम्बन्ध फ्रेंकफर्ट स्कूल की विचारधारा से है। इस विचारधारा के लेखक मार्क्स के सिद्धान्त से प्रभावित थे। इनका तर्क मार्क्स के सिद्धान्तों में संशोधन करना था। इनका कहना था कि मार्क्स ने अपने आपको आर्थिक निर्धारणवाद के साथ इतना खफा दिया था कि उन्होंने सांस्कृतिक कारकों की बराबर उपेक्षा की। इसी कारण फ्रेंकफर्ट सम्प्रदाय के समाजशास्त्रियों ने संस्कृति पर खूब लिखा—एक तरह से उन्होंने संस्कृति पर लिखने का एक उद्योग ही चला दिया। इन लेखकों ने सिनेमा, टेलिविजन, रेडियो, समाचार पत्र आदि में संस्कृति पर बहुत बड़ी लेखन सामग्री तैयार कर दी। हेबरमॉ ने संस्कृति से जुड़े हुए इन कतिपय मुद्दों पर लिखा है। उनका यह लेखन ही उन्हें आधुनिकता का सिद्धान्तवेत्ता बना देता है।

हेबरमॉ मार्क्सवादी होते हुए भी पूंजीवाद के समर्थक थे। उनका मानना था कि आज दुनिया में पूंजीवाद का कोई विकल्प नहीं है। मतलब हुआ, आधुनिकता का कोई विकल्प नहीं है। मार्क्स ने पूंजीवाद में बहुत बड़ा दुर्गुण यह बताया था कि इसमें कभी-कभार मंदी आ जाती है और शोषण तथा अलगाव तो इसमें अन्तर्निहित होते हैं। मार्क्स के इस विश्लेषण में हेबरमॉ ने थोड़ा संशोधन किया। उन्होंने **सार्वजनिक क्षेत्र** (Public sphere) की अवधारणा को रखा। देखा जाये तो सार्वजनिक क्षेत्र की अवधारणा बुनियादी रूप से प्रजातंत्र की अवधारणा का ही एक अंग है। उनका तर्क है कि रूढ़िवादी प्रजातांत्रिक प्रकृति आज के आधुनिक समाज में कामयाब और कारगर नहीं हो सकती। अब हमें अपने छोटे-मोटे फैसले प्रजातांत्रिक संगठनों के अतिरिक्त सार्वजनिक क्षेत्रों के माध्यम से भी करने होंगे। हमें इन सार्वजनिक क्षेत्रों को सुधारना होगा। स्थानीयता के स्तर से लेकर राष्ट्रीय स्तर तक सार्वजनिक क्षेत्रों में सुधार लाना पड़ेगा। हेबरमॉ का तर्क

है कि आज के आधुनिक समाज में संचार के अगणित साधन हैं। पर इन सब साधनों पर वाणिज्य का बहुत बड़ा प्रभाव है। टेलिविजन और समाचार पत्रों का विश्लेषण करें तो एकदम स्पष्ट हो जायेगा कि ये सब साधन उद्योग के विज्ञापनों से भरपूर हैं। ऐसी अवस्था में अभी आधुनिकता समाज में लाने के लिये हमें बहुत कुछ करना होगा। आज समय उत्तर-आधुनिकता लाने का नहीं है। आज तो समय इस बात के लिये है कि हम अधूरी आधुनिकता को पूरी करें। हेबरमॉ लिखते हैं :

> आधुनिकता एक अधूरा प्रोजेक्ट है। इसका अर्थ है, इसे लाने के लिये अभी हमें दुनिया में बहुत कुछ करना पड़ेगा। हम उत्तर-आधुनिक समाज के बारे में सोचने से पहिले इस प्रोजेक्ट को ही पूरा करलें तो यह बहुत बड़ी बात होगी।

जब हेबरमॉ आधुनिकता के प्रोजेक्ट को पूरा करना चाहते हैं तो इससे उनका क्या तात्पर्य है। उनके अनुसार आधुनिक समाज की कौन सी विशेषताएं हैं? हेबरमॉ की कृतियों का विश्लेषण करने से हमें ज्ञान हो जायेगा कि वे दकियानूस प्रजातंत्र के विरोधी हैं। लेकिन मार्क्सवादी होकर भी पूंजीवाद का कोई अन्य विकल्प स्वीकार नहीं करते। **उनके अनुसार आधुनिक समाज में संशोधित प्रजातंत्र के अतिरिक्त, सार्वजनिक क्षेत्र का भी पर्याप्त विकास होना चाहिये। प्रजातंत्र, पूंजीवाद और सार्वजनिक क्षेत्र के अतिरिक्त हेबरमॉ एक और तत्व पर जोर देते हैं, और वह तत्व है बुद्धिसंगतता का।** हेबरमॉ के आधुनिकता के सिद्धान्त की व्याख्या करते हुए रिट्ज़र लिखते हैं :

> हेबरमॉ के आधुनिकता के अधूरे प्रोजेक्ट का अंतिम रूप एक बुद्धिसंगत समाज होगा जिसमें मनुष्य जीवन और उसकी जीवन्तता पर्याप्त अभिव्यक्ति कर पायेंगे। इस समाज में जीवन्तता को बुद्धिसंगतता कोई आघात नहीं पहुंचायेगी।

हेबरमॉ कहते हैं कि आज दुनिया का बहुत बड़ा भाग लाचारी और त्रासदी में जी रहा है। ऐसे समाज में कोई बुद्धिसंगतता बेमाने है। इसे दूर करने के लिये आर्थिक तथा प्रशासनिक ढाँचे को नष्ट करने से कुछ नहीं होगा। आवश्यकता इस बात की है कि विपन्न लोगों को जीवित रहने के लिये जो साधन चाहिये उन्हें उपलब्ध कराना चाहिये। इस उपलब्धि के बाद ही बुद्धिसंगतता किसी काम की होगी।

हेबरमॉ आधुनिक समाज के हिमायती हैं। वे पूंजीवाद भी चाहते हैं, प्रजातंत्र भी स्वीकार करते हैं। लेकिन उनकी कठिनाई यह है कि आज दुनिया के कई देशों की समस्या **जीवन-संसार** (Life-world) से जुड़ी हुई है। उनके पास जीवित रहने के लिये जो भौतिक साधन चाहिये, वे नहीं हैं। इन समस्याओं का सुधार **व्यवस्था** (system) स्तर पर होना चाहिये। व्यवस्था में **उप व्यवस्था** (sub-system) बना देने से जीवन-संसार की समस्याओं का कोई निदान नहीं निकलता। होना यह चाहिये कि आधुनिक समाज की समस्याओं की हमें समाज की व्यवस्था के साथ जोड़ना चाहिये। वास्तव में हेबरमॉ ने अपने आधुनिकता

के सिद्धान्त में ऐसे सुझाव भी दिये हैं, जिनके माध्यम से आधुनिक समाज के प्रोजेक्ट को पूरा किया जा सके। उनका मानना है कि अमेरिका का समाज इस आधुनिक समाज ने अभाव को पूरा नहीं कर सकता। इस समाज ने एक ऐसी दिशा पकड़ ली है जो हमेशा अमीरों की वकालत करती है। यह अवश्य है कि हेबरमॉ को यूरोप से बड़ी आशाएँ हैं। यूरोप की परम्परा कुछ ऐसी रही है कि यहाँ शताब्दियों तक बुद्धिसंगतता ने समाज को प्रभावित किया है। यह ऐतिहासिकता शायद आने वाले समय में यूरोप को एक आधुनिक समाज की अवस्था तक पहुँचाने में सफल होगा।

हेबरमॉ के आधुनिकता के सिद्धान्त पर उपसंहार में यह अवश्य कहना चाहिये कि वे उत्तर-आधुनिकता के घनघोर विरोधी हैं। उत्तर-आधुनिकतावादी सिद्धान्तवेत्ता आदर्शों की बात तो बड़े जोर-शोर से करते हैं लेकिन आदम के जिन्दा रहने की, उसे न्यूनतम सुविधाएं देने की कोई चर्चा नहीं करते। हेबरमॉ ऐसे आधुनिकतावादी लेखक हैं जो पूर्ण रूप से जमीन से जुड़े हुए हैं, कहना चाहिये कि जमीनी समाजशास्त्री हैं।

III. उल्रीच बैक का जोखिमभरा आधुनिक समाज
(Ulrich Beck's Modern Risk Society)

समकालीन आधुनिकतावादी सिद्धान्तवेत्ताओं ने स्पष्ट रूप से समाज को पूंजीवादी और बुद्धिसंगतता के सन्दर्भ में देखा है। सभी का यह कहना है कि आधुनिक समाज में तकनीकी तंत्र होता है, औद्योगीकरण की प्रक्रिया इस समाज को एक सूत्र में बांधे रखती है और इस सूत्र का आधार विवेक या बुद्धिसंगतता होता है। समकालीन सिद्धान्तवादियों में रिट्ज़र और हेबरमॉ ने इसी उपागम को आधुनिकता के विश्लेषण में लागू किया है। उल्रीच बैक का सिद्धान्त थोड़ा लीक से हटकर है। उनका कहना है कि जहां आधुनिकता में बुद्धिसंगतता और पूंजीवादी खुशहाली होती है, वहाँ इस समाज में जोखिम भी होती है। यह जोखिम बहुआयामी होती है, यदि कुछ लोग समृद्ध जीवन बिताते हैं, तो अधिक लोग त्रास्दी के जीवन में दिन बिताते हैं। जहां पूंजीवाद और विषद् उद्योगों में पण्यीकरण होता है, वहाँ गन्दी बस्तियों, झोंपड़-पट्टियां और प्रदूषण होते हैं। इसी आधुनिक समाज में जानलेवा बीमारियां भी होती हैं। यह आधुनिक समाज, उल्रीच बैक के सिद्धान्तानुसार एक आपत्तिजनक समाज होता है। आधुनिक समाज की इस तरह की व्याख्या समकालीन व्याख्याओं में एकदम नवीन है। इसे हम थोड़ा विस्तार से देखेंगे।

उल्रीच बैक के बारे में सबसे महत्वपूर्ण बात यह है कि ये इस तथ्य को **स्वीकार नहीं करते कि हम आज उत्तर-आधुनिक समाज की अवस्था में पहुँच गये हैं। दूसरे शब्दों में, उल्रीच बैक उत्तर-आधुनिकता के विरोधी हैं**। इस विरोध को करते हुए भी उल्रीच यह अवश्य मानते हैं कि आज आधुनिकता अपने परिवर्तन के दौर में **द्वितीय आधुनिकता** (The Second Modernity) की अवस्था में अवश्य पहुँच गई है। उसके विकास की यह दूसरी **अवस्था** (Phase) है। इस अवस्था में पहुँच कर आधुनिकता की पिछली

संस्थाएँ अब सार्वभौमिक हो गई हैं, अब इन संस्थाओं पर परम्परा और रीति-रिवाज की पकड़ ढीली पड़ गई है। **अब पुराना औद्योगिक समाज बोथरा हो गया है, इसका स्थान जोखिमभरा** (Risk) **तथा दूसरी अवस्था को पहुंच गया है। औद्योगिक समाज ले रहा है।** इस समाज में पग-पग पर खतरे हैं, और अनिश्चितताएँ तो ढेर सारी हैं। आज के आधुनिक समाज की सबसे बड़ी आवश्यकता इन जोखिमों की व्यवस्था करना है। परम्परागत समाज में कोई जोखिम न होती हो, ऐसा नहीं था लेकिन आज की जोखिमें अधिक खतरनाक हैं, इनकी गति तीव्रतम है।

जोखिम भरे समाज की अवधारणा जर्मन समाजशास्त्री उल्रीच बैक की है। बैक ने जोखिम और वैश्वीकरण पर बहुत लिखा है। वे कहते हैं कि समाज में जितना अधिक तकनीकी तंत्र बढ़ेगा, उसमें जोखिम भी उतनी ही बढ़ेगी। यह जोखिम केवल पर्यावरण की ही नहीं होगी, जीवन के अन्य क्षेत्रों से भी इसे देखा जा सकता है। रोजगार की अनिश्चितता बढ़ जायेगी। व्यक्ति की पहचान परम्पराओं और रिवाज के कमजोर होने से घट जायेगी। बैक का अन्दाज है कि आधुनिकता के विस्तार के साथ जोखिम का भी विस्तार होगा। एक समय था कि प्रत्येक व्यक्ति के लिये विवाह करना आवश्यक था। इस आधुनिकता के दौर में आकर विवाह एक खौफजनक व्यवस्था बन गई है। विवाह विच्छेद बढ़ गया है और कई लोग विवाह करना आवश्यक भी नहीं मानते। उल्रीच बैक द्वारा दी गई आधुनिक समाज की जोखिम कुछ इस तरह है :

> जोखिम समाज का एक बहुत बड़ा खतरा यह है कि यह जोखिम सभी समाजों और सभी स्थानों पर देखने मिलती है। आज की जोखम सभी देशों और वर्गों को प्रभावित करती हैं। इनका असर वैश्वीय होता है।

उल्रीच बैक ने आधुनिकता के जोखिम के सिद्धान्त को ई. 1992 में अपनी पुस्तक **रिस्क सोसायटी** (Risk society) में रखा था। आधुनिक समाज के कतिपय जोखिम बैक के अनुसार इस भांति हैं :

1. **निर्माणी जोखम** (Manufactured risk) – पिछले समय में जो जोखम होते थे, उनकी प्रकृति प्राकृतिक थी। अकाल, बाढ़, भूकम्प, ज्वालामुखी आदि जोखिम प्रकृति की देन थे। इस तरह की जोखिम के सामने मनुष्य घुटने टेकर बैठ जाता था। आज की जोखिम निर्माण है। हमने तकनीकी तंत्र को पैदा किया है। भीमकाय कल कारखाने खड़े किये हैं। यह हमारे द्वारा बनाये गये तकनीकी तंत्र के कारण ही हैं, कि हमारा पर्यावरण प्रदूषण हमें विध्वंस के कगार पर ले आया है। हमारा ही ज्ञान हमारा दुश्मन हो गया है।
2. **स्वास्थ्य को खतरा** (Health risk) – तकनीकी तंत्र तथा औद्योगिक विकास के कारण कुछ बीमारियाँ **महामारी** (Epidemic) की तरह समाज को निकल रही है। इन बीमारियों में केंसर, एड्स और हृदय रोग सम्मिलित हैं। रासायनिक खाद के

प्रयोग तथा कीटनाशकों ने जहां कृषि उत्पादन में वृद्धि की है वहाँ पशु तथा मनुष्यों के लिये कई नये जोखिम पैदा कर दिये हैं।

3. **गैर-बराबरी** (Inequality) – जहाँ आधुनिक समाज में भौतिक जोखिमें आई हैं, वहीं कुछ जोखिमें सामाजिक और सांस्कृतिक हैं। आधुनिकता का बहुत बड़ा धरातल पूंजीवाद का है। जब पूंजीवाद व्यापक हो जाता है तब इसका प्रभाव गैर-बराबरी के क्षेत्र में देखने को मिलता है। एक बहुत सामान्य समझ यह है कि आधुनिक समाज जितना अधिक विशुद्ध और व्यापक बनेगा, उतनी ही अधिक उसकी जोखिम भी बढ़ेगी।

बैक ने जहाँ एक ओर अपने सिद्धान्त में आधुनिक समाज के खतरों का संकेत दिया है, वहीं वे उत्तर-आधुनिक समाज को और भी खतरों और जोखिमों से परिपूर्ण मानते हैं। **उन्हें लगता है कि आज औद्योगिक समाज मौत की शैय्या पर पड़ा है और आज की आधुनिकता अपनी दूसरी अवस्था में पहुँच गई है।** उलरीच बैक लिखते हैं :

> जिस तरह 19वीं शताब्दी में आधुनिकीकरण ने सामंती समाज को समाप्त कर दिया और इसके स्थान पर औद्योगिक समाज का निर्माण किया, उसी तरह यही आधुनिकीकरण आज औद्योगिक समाज को समाप्त कर रहा है और दूसरा आधुनिकीकरण अपने अस्तित्व में आ रहा है। इस पुस्तक का थीसिस है : हम आज आधुनिकता के अन्त के गवाह नहीं हैं, इसके प्रारम्भ के गवाह हैं। आज जो आधुनिकता है वह क्लासिकल आधुनिकता के परे है।

जब बैक आज आधुनिकता के प्रारम्भ की बात करते हैं, तो उनकी दृष्टि में इस आधुनिकता के विशिष्ट लक्षण कौन से हैं ? वे जिस समाज की कल्पना करते हैं इसे आत्मवाचक या **रिफेलेक्सिव समाज** (Reflexive) के नाम से पुकारते हैं। यूरोप में जो नई परम्परा चली है इसके अनुसार व्यक्ति समाज की परम्पराओं से अपने आपको अपेक्षित रूप से मुक्त समझता है। अब व्यक्ति का **व्यक्तिकरण** (Individualization) होने लगा है। इस नई प्रक्रिया में व्यक्ति स्वयं अपने निर्णय लेता है, और यह समाज का दबाव ढीला पड़ जाता है। पहले व्यक्ति जिस समाज का सदस्य होता है वह समाज उसकी गतिविधियों का निर्धारण करता था। वह क्या खायेगा, कैसे रहेगा, इस सबका निर्धारण उसका परिवार, उसकी नातेदारी और वर्ग करता था। व्यक्तिकरण की प्रक्रिया में यह सब कमजोर गया। अब तो व्यक्ति की पहचान वह स्वयं हो गया, उसका वर्ग नहीं। व्यक्तिकरण की इस प्रक्रिया को बैक **आत्मवाचकता** (Reflexivity) कहते हैं। अब समाज में किन लोगों के साथ व्यवहार रखना है, किसकी अपेक्षा करनी है और किनकी उपेक्षा करनी है, इन सबका निर्णय व्यक्ति स्वयं करता है, समाज नहीं। और दूसरी तरफ समाज में जो भी परम्पराएं हैं, उनका निर्माण भी व्यक्ति द्वारा ही होता है। बैक का तर्क है कि आधुनिकता के लक्षण स्वयं व्यक्ति द्वारा प्रतिपादित होते हैं।

अपने सिद्धान्त को बैक व्यक्ति की गतिविधियों में बाँटते हैं। **व्यक्तिवाद** (Individualism) उनके **आत्मवाचक समाज** (Reflexive Society) का केन्द्र बिन्दु है। यहां से बैक अपने सिद्धान्त को आगे बढ़ाते हैं। अब प्रश्न उठता है : इस आत्म वाचक समाज में जोखिम कहाँ से आ जाती हैं? इसका उत्तर बैक ने दिया है। वे व्यक्तिवाद के साथ कुछ धारणाएँ रखते हैं। वे कहते हैं कि आधुनिक समाज की नींव कुछ ऐसे लक्षणों पर स्थापित है जिसमें जोखिम अन्तर्निहित है और यह जोखिम समय तथा स्थान से ऊपर होती है। प्रदूषण कहीं भी हो सकता है जहाँ औद्योगीकरण होता है। इन धारणाओं के साथ बैक एक प्राक्कल्पना रखते हैं कि **जोखिम का सम्बन्ध वर्ग के साथ नहीं होता**। उन्होंने अपने इस प्रस्ताव को निम्न शब्दों में रखा है :

> आज तक का जोखिम वितरण का जो इतिहास है, वह बताता है कि धन की तरह जोखिम का सम्बन्ध भी वर्ग के साथ होता है। लेकिन यह सम्बन्ध उल्टा यानी औंधा होता है। देखा यह गया है कि धन समाज के उच्च स्तर पर केन्द्रित होता है और जोखिम निम्न स्तर पर। इस दृष्टि से ऐसा लगता है कि जोखिम वर्ग समाज को समाप्त करने की अपेक्षा उसे मजबूत करता है। परिणामस्वरूप गरीबों में जोखिम पर्याप्त मात्रा में होती है। और इसके विपरीत वह वर्ग जिसके पास धन ज्यादा होता है, **शक्ति** (Power) ज्यादा है और शिक्षा ज्यादा होती है। जोखिम को खरीद लेता है। बदले में उसे जोखिम से मुक्ति मिल जाती है।

जो बात वर्गों पर लागू होती हे, वह राष्ट्रों पर भी लागू होती है। मतलब हुआ, वे राष्ट्र जो गरीब हैं, विपिन्न हैं, उनकी जोखिमें ज्यादा होती हैं। और सम्पन्न तथा धनाढ्य राष्ट्र इन जोखिमों से छुटकारा पा लेते हैं। समृद्ध राष्ट्र अपने तकनीकी तंत्र को गरीब राष्ट्रों को बेच देते हैं। मतलब हुआ, तकनीकी तंत्र में जो खतरे या जोखिम अन्तर्निहित होती हैं, वे गरीब राष्ट्रों को भुगतने पड़ते हैं। लेकिन इसका यह अर्थ भी नहीं लगाना चाहिये कि इन जोखिमों से धनवान व्यक्ति या राष्ट्र बिल्कुल मुक्त हो जाते हैं। यहां बैक विवेचना करते हुए लिखते हैं कि तकनीकी तंत्र का **बूमरेंज प्रभाव** (Boomrang Effect) भी पड़ता है। जिन कारखानों में तकनीकी तंत्र बनता है, पैदा होता है, वहां भी कोई शांति रहती हो, ऐसा नहीं है। इन कारखानों में आये दिन श्रमिकों की मांगें चलती रहती हैं। दिनप्रतिदिन दुर्घटनायें होती रहती हैं और कारखानों का प्रदूषण उनके फेफड़ों में पहुंचता रहता है। अर्थ हुआ : तकनीकी तंत्र का निर्माण स्थल भी जोखिम से पूर्णतया मुक्त हो जाता हो, ऐसा नहीं है। कहीं जोखिम कम होती है और कहीं ज्यादा।

जब बैक **आत्मवाचक** (Reflexive) समाज की चर्चा करते हैं तब कहते हैं कि **क्लासिकल औद्योगिक समाज** (Classical Industrial Society) में **प्रकृति** (nature) और समाज एक दूसरे में भिन्न थे। ठीक इसके विपरीत **उच्च औद्योगिक समाज** (Advanced Industrial Society) में प्रकृति तथा समाज एक दूसरे से पृथक् न रहकर,

एक दूसरे के काम में दखलन्दाजी करते हैं। दूसरे शब्दों में, जब समाज में परिवर्तन आता है तो प्रायः इसका प्रभाव पर्यावरण पर भी पड़ता है। परिणामस्वरूप समाज में भी अन्तर आ जाता है। इस अर्थ में बैक के अनुसार :

> प्रकृति समाज है और समाज भी प्रकृति है। इसका मतलब हुआ प्रकृति का राजनीतिकरण कर दिया गया है और इस तरह प्राकृतिक वैज्ञानिकों का भी राजनीतिकरण हो गया है। राजनीति का जो परम्परागत क्षेत्र था वह अब ढीला पड़ गया है। सरकार की शक्ति कमजोर हो गई है।

बैक जोखिम भरे समाज की व्याख्या विस्तारपूर्वक करते हुए कहते हैं कि समाज के जोखिम औद्योगिकीय ही नहीं होते हैं, ये जोखिम आधुनिक समाज के के अन्य क्षेत्रों में भी प्रवेश करते हैं। आधुनिक समाज का केन्द्र प्रजातंत्र भी होता है। जोखिम का जो व्यापक स्वरूप हमें औद्योगिकी में देखने को मिलता है, वह प्रजातंत्र में भी पाया जाता है। बैक कहते हैं कि प्रजातंत्र में एक नयी दिशा **उप-राजनीति** (Sub-Politics) की भी पैदा हो गई है। यह उप-राजनीति की जोखिम बहु राष्ट्रीय कम्पनियों और प्रयोगशालाओं में देखने को मिलती है। अब इस उप-राजनीति के दौर में ज्ञान का विकास राज्य से हटकर, संसद से हटकर इन बड़े कारखानों, कम्पनियों, और प्रयोगशालाओं में आ गया है। ये महान् संस्थाएँ संसद और सरकार को बेमतलब समझते हैं। वास्तविक ज्ञान का स्रोत तो ये उप-राजनीति के केन्द्र समझे जाते हैं। आधुनिकता अब केन्द्रीय शक्ति के गिरफ्त के बाहर निकल आई है। इस तरह की स्थिति किसी भी जोखिम से कम नहीं है। इधर व्यक्तिवाद तथा उप-राजनीतिवाद ने एक ऐसा **आत्मवाचक** (Reflexive) स्वरूप ग्रहण कर लिया है जिसने आधुनिकता के पहियों में हवा ही निकाल दी है। बैक ने आधुनिक जोखिम भरे समाज की अंतिम टिप्पणी में लिखा है :

> इस तरह तार्किक दृष्टि से उच्च आधुनिकता ने ऐसी अऐतिहासिक जोखिमें और आत्मवाचक क्षमताएं पैदा की हैं जिनका मुकाबला वह स्वयं ही कर सकती है।

IV. आधुनिकता और विध्वंस : ज़ीगमूंट बौमेन
(Modernity and Holocaust : Zygmunt Bauman)

रिट्ज़र ने आधुनिकता के सिद्धान्त को अतिबुद्धिसंगतता या विवेक की अवधारणा में रखा है। यूरगेन हेबरमॉ आधुनिकता को एक अधूरा प्रोजेक्ट मानते हैं, कहते हैं अभी इसे पूरा करने में काफी समय लगेगा। उलीच बैक आधुनिकता की व्याख्या परम्परा से हटकर करते हैं। वे कहते हैं कि यह समाज आज एक जोखिम भरा समाज है। इसमें अनिश्चयता पग-पग पर है और इसकी चपेट में समाज का गरीब तबका आ गया है जबकि अमीर लोगों ने जोखिम को बेचकर समृद्धि प्राप्त कर ली है। वास्तव में आधुनिक समाज है

क्या? यह हमें कहाँ ले जायेगा? इन प्रश्नों का उत्तर समाजशास्त्रियों ने अपने अपने सैद्धान्तिक संदर्भों में दिया है। झीगमूंट बौमेन का आधुनिकता का सिद्धान्त बैक के बहुत निकट है। **जहां बैक कहते है कि आधुनिक समाज** जोखिम वाला समाज है वहां बौमेन का कहना है कि यह समाज विनाश या विध्वंस का समाज है। इन दोनों विचारकों को आधुनिक समाज की दिशा से संतोष नहीं है। अब थोड़ा विस्तार से देखें कि बौमेन के सिद्धान्त के तर्क क्या हैं ? रिट्ज़र की तरह बौमेन के सिद्धान्त में भी बेतुकापन है। किसी भी आदमी को आश्चर्य होता है जब रिट्ज़र **फास्ट-फूड** में बुद्धिसंगतता देखते हैं। कुछ इसी लहजे में बौमेन विध्वंस में **अधिकारी तंत्र की बुद्धिसंगतता** (Modern Bureaucratic Rationality) देखते हैं। लेकिन सिद्धान्त का यह बेतुकापन वैसे ही नहीं है। इसके पीछे बहुत बड़ा तर्क है। वास्तविकता यह है कि रिट्ज़र, बौमेन और बैक जो कुछ अपने सिद्धान्त के निरूपण में कहते हैं कि वह एक बहुत स्पष्ट समाजशास्त्रीय सोच है और इसके पीछे आधुनिक बुद्धिसंगतता छिपी पड़ी है।

यद्यपि बौमेन ने अपने आधुनिकता के सिद्धान्त में विध्वंस या सत्यानाश की विवेचना की है, उनकी वास्तविक रुचि बुद्धिसंगतता में है। वे बुद्धिसंगतता की अवधारणा मेक्स वेबर से लेते हैं। वेबर इस अवधारणा का प्रयोग अधिकारीतंत्र के विश्लेषण में करते हैं। कुछ इसी तरह बौमेन इस अवधारणा को विध्वंस के विश्लेषण में काम में लेते हैं। अन्तर यही है कि वेबर अधिकारीतंत्र को अपना विषय बनाते हैं और बौमेन विध्वंस को। बौमेन के लिये विध्वंस भी अधिकारीतंत्र की तरह औपचारिक बुद्धिसंगतता का एक माध्यम है। विध्वंस किसी भी अर्थ में एक अनहोनी या असाधारण घटना नहीं है। बौमेन के लिये यह एक **साधारण** (Normal) घटना है। यह सामान्य बुद्धिसंगतता है। इसकी परिभाषा करते हुए बौमेन लिखते हैं :

> सच्चाई यह है कि विध्वंस का प्रत्येक अवयव जिसके कारण विध्वंस सम्भव है, सामान्य है। सामान्य से मतलब परिचित से नहीं है। जिस सभ्यता से हमारा वास्ता है, उसमें हमेशा यानी सामान्य रूप से विध्वंस को काम में लिया गया है।

बौमन विध्वंस को इतिहास में खोजते हैं। **उनका निष्कर्ष है कि विध्वंस हर स्थिति में आधुनिकता की उपज है। विध्वंस कभी भी आधुनिकता के टूटने पर नहीं होता।** यदि हम वेबर के सिद्धान्त के संदर्भ में इसकी व्याख्या करें तो कहना होगा कि आधुनिकता और विध्वंस का **चयनात्मक रिश्ता** (Elective affinity) है। इसका अर्थ हुआ—आधुनिक समाज ने जब कभी नरसंहार किया है, तो इसके पीछे सोच समझ कर अपनाई गई बुद्धिसंगतता थी। एथानिक (Ethnic) दंगों में दुनिया भर में कई लोग मौत के घाट उतार दिये हैं। विध्वंस कोई संवेग नहीं है, न कोई मनोभाव है, यह सोची-समझी नर हत्या है। रिट्ज़र ने आधुनिकता के सिद्धान्तों के विश्लेषण में एक स्थान पर बौमेन के विध्वंस की टिप्पणी में लिखा है :

विध्वंस में औद्योगीकरण के सामान्य सिद्धान्तों को लागू किया जाता है और विशेष करके फैक्ट्री व्यवस्था के सिद्धान्तों का।

बौमेन द्वितीय विश्वयुद्ध के विध्वंस का दृष्टान्त देते हैं। वहां नाज़ियों ने हजारों यहूदियों का गैस चेम्बर में डालकर मौत के घाट उतार दिया। नाज़ी (Nazi) सरकार ने यह विध्वंस क्यों किया ? ऐसा करना उनके लिये सम्भव इसलिये था कि उनकी उद्योग में उपलब्धियां बहुत विशेष थीं। उनके यहां का अधिकारीतंत्र भी पूर्णतया बुद्धिसंगत था। इसने अधिक लोगों को सारी दुनिया के सामने गैस चेम्बर के हवाले कर देना, कोई खुलजा सिमसिम जैसा जादू नहीं था। यह बहुत सोच समझ कर किया गया कार्य था। इसमें पूरी बुद्धिसंगतता थी। वे यहूदियों का जर्मनी से सफाया करना चाहते थे। इसके पीछे राजनैतिक और आर्थिक कारक थे और इन कारकों में एथनिककारक सबसे अधिक शक्तिशाली था। इस विध्वंस पर टिप्पणी करते हुए, बौमेन लिखते हैं :

> नाजियों द्वारा किया गया यह विध्वंस किसी अविवेक या अबुद्धिसंगतता का परिणाम नहीं था। न ही यह किसी **पूर्व आधुनिक समाज** (Pre-modern Society) की बर्बरता थी। इस विध्वंस का जिम्मेवार आधुनिक और बुद्धिसंगत अधिकारी तंत्र था। यह विध्वंस किसी विक्षिप्त मस्तिष्क की कारगुजारी न होकर अत्यधिक बुद्धिसंगत और सामान्य लोगों की करतूत थी।

बौमेन का तर्क यह है कि यहूदियों का विध्वंस किसी भी अर्थ में संवेगात्मक नहीं था। इस विध्वंस में अगणित लोगों की हत्या बड़े ही सुनियोजित ढंग से की गई थी। यदि किसी भावना में आकर यह विध्वंस किया गया होता तो बौमेन कहते हैं कि विध्वंस पूरा ही नहीं होता। क्रोध और निर्दयता यदि किसी आदिम जाति समुदाय में आती तो समाप्त होने से पहिले ही यह टूट जाती। नाजी लोगों ने इस विध्वंस के पीछे यह उद्देश्य रखा था कि वे जर्मनी को यहूदियों को नष्ट करने के बाद नये सिरे से बनायेंगे। हिटलर का राज्य के सम्पूर्ण साधनों पर एकाधिकार था। अधिकारीतंत्र उसके इशारे पर जमीन आसमान एक कर सकता था। बौमेन ने हिटलर की जर्मनी, द्वितीय विश्व युद्ध और अधिकारीतंत्र की विध्वंस में जो भूमिका थी, उसका विस्तृत वर्णन करके इस तथ्य को स्थापित किया कि नाज़ियों द्वारा यहूदियों का यह विध्वंस कोई अपवाद नहीं था। **इस जन हत्या के पीछे तर्क था, बुद्धिसंगतता थी और सुनियोजन था। दूसरा, यह हत्या किसी बर्बर समाज द्वारा नहीं की गई थी। इसे एक आधुनिक समाज ने किया था। इस पर उन्होंने निष्कर्ष निकाला कि आधुनिकता का एक बहुत बड़ा लक्षण विध्वंस है। तीसरा, उन्होंने यह भी कहा कि विध्वंस की यह घटना केवल जर्मनी में ही हुई हो, ऐसा नहीं है। कोई भी इतिहासकार इसके अगणित दृष्टान्त दे सकता है। दुनिया भर में विध्वंस होते रहते हैं।**

बौमेन आधुनिक समाज के एक और लक्षण का उल्लेख करते हैं। वे पुनः विध्वंस की चर्चा पर आते हैं। इस विध्वंस में नैतिकता को कोई स्थान नहीं था। हिटलर ने जर्मनी

में कभी यह नहीं सोचा कि एक पूरी की पूरी कौम को नष्ट कर देना नैतिक दृष्टि से कहां तक ठीक है। वहां तो अधिकारीतंत्र की प्रभुता थी और अधिकारी एक अंधे व्यक्ति की तरह होता है। वह तो बस इतना ही चाहता है कि दफ्तर के नियमों को आंख बन्द करके सभी पर समान रूप से लागू कर दिया जाये। इस तंत्र के पास चुटकी भर भी निर्दयता नहीं होती। **इसी कारण बौमेन कहते हैं कि आधुनिकता का एक बहुत बड़ा लक्षण नैतिकता का अभाव है।**

बौमेन और रिट्ज़र के सिद्धान्तों को यदि हम तार्किक दृष्टि से देखें तो लगेगा कि दोनों में पर्याप्त बुद्धिसंगतता है। मेक्डोनल्ड का **फास्ट फूड**, मुद्रा संचालन का एक बुद्धिसंगत प्रयास है। इसी तरह यहूदियों का विध्वंस भी एक बुद्धिसंगत प्रयास है। मेक्डानल्ड और विध्वंस को आधुनिकता के लक्षण के घेरे से बाहर नहीं किया जा सकता। दोनों ही घटनाओं में बुद्धिसंगतता की अबुद्धिसंगतता है। दोनों में ही **अमानवीयकरण** (Dehumanization) है। यह बौमेन का कहना है कि अधिकारी तंत्र के जिन लोगों ने यह विध्वंस किया उनका यहूदियों के साथ कोई सामाजिक सम्बन्ध नहीं था। इस सम्बन्ध में वैयक्तिकता का पूरा अभाव था। अपने विध्वंस का विश्लेषण बौमेन इन शब्दों में रखते हैं :

> जर्मनी के अधिकारीतंत्र ने अबुद्धिसंगतता के लक्ष्य की पूर्ति में बुद्धिसंगत सेवाएँ अर्पित कर दीं। अधिकारीतंत्र को जर्मनी ने हत्या का औजार बना दिया।

रिट्ज़र और बौमेन के सिद्धान्त एक तत्व को निश्चित रूप से हमारे सामने रखते हैं। वह तत्व यह है कि दुनिया भर की आधुनिकता यह अहंकार करती है कि वह सभ्य है। उसकी सभ्यता के आयाम बेमिसाल हैं। लेकिन यदि वास्तव में आधुनिकता सभ्यता का दूसरा नाम है तो जर्मनी के विध्वंस की घटना और ऐसी ही कई अन्य घटनाएं दुनिया में नहीं घटतीं। उनका संदेश है कि आज की आधुनिकता में जो अगणित अभाव हैं, उन्हें दूर कर दिया जाना चाहिये। आधुनिक समाज में एक ठोस नैतिकता की आवश्यकता है। इसके साथ ही इस समाज में एकाधिक संस्कृतियों के समझने की उदारता भी होनी चाहिये।

आधुनिक समाज के प्रति समकालीन समाजशास्त्रियों के विचारों और सिद्धान्तों का हम पिछले पृष्ठों में उल्लेख किया है। ये सिद्धान्त उन लक्षणों का उल्लेख करते हैं जो आधुनिक समाज को बनाते हैं, उनका विरचन करते हैं। अब हम समकालीन सिद्धान्तवेत्ताओं के अग्रणी **एन्थोनी गिडिन्स** (Anthony Giddens) के आधुनिकता के सिद्धान्त का विश्लेषण करेंगे। एन्थोनी आधुनिकता के एक मूर्धन्य प्रणेता हैं।

V. आधुनिक समाज एक भगोड़ा समाज है : एन्थोनी गिडिन्स
(Modern Society is a runaway society : Anthony Giddens)

आज जिस बदलती दुनिया में हम रह रहे हैं, एन्थोनी गिडिन्स कहते हैं, एक **भगोड़ी**

(Runaway) दुनिया है। यहाँ किसी चीज का कोई ठिकाना नहीं। एक अदने से आदमी की छोटी से मुट्ठी में सारी दुनिया समाई हुई है। इसी आधुनिक दुनिया अर्थात् समाज की सैद्धान्तिक व्याख्या गिडिन्स ने की है। ऐसा समझा जाता है कि समकालीन सैद्धान्तिकों में गिडिन्स एक बहुत बड़े हस्ताक्षर हैं। उन्हें उनके दो सिद्धान्तों के लिये याद किया जाता है। उनका एक सिद्धान्त तो आधुनिकता का है और दूसरा **संरचनाकरण** (Structuration) का। उनकी मान्यता में आधुनिक समाज भगोड़ा इसलिये है कि यह जैसे कि बैक कहते हैं जोखिम से भरा है। पूंजीवाद ने अपनी सभी जोखिमें गरीब वर्ग को बेच दी हैं, और वह मस्ती का जीवन बिता रहा है। इस समाज में किसी को किसी का भरोसा नहीं रहा। लगता है जैसे भगोड़ों के बीच में पड़ाव हो। अपने संरचनाकरण के सिद्धान्त में गिडिन्स ने **सूक्ष्म** (Micro) और **विशाल** (Macro) सिद्धान्त का एकीकरण करने का प्रयास किया है। इसमें वे **सामाजिक व्यवहार** (Social Practice) की अवधारणा के माध्यम से संरचनाकरण के सिद्धान्त को रखते हैं। यहां हम उनके आधुनिकता के सिद्धान्त की थोड़े विस्तार के साथ व्याख्या करेंगे।

गिडिन्स का जन्म लन्दन के एडमोन्टन उपनगर में ई. 1938 में हुआ था। अ[illegible]ना अध्यापन जीवन उन्होंने ई. 1970 में प्रारम्भ किया। उनकी कई पुस्तकें हैं। उन्हें [illegible]यादी रूप से सैद्धान्तिक समाजशास्त्री समझा जाता है। उनके लेखन के विषय अर्गा[illegible] हैं। वे पूंजीवाद और आधुनिक सामाजिक सिद्धान्त की व्याख्या अपनी पुस्तक **केपि[illegible]लिज्म एण्ड मोडर्न सोश्यल थ्योरी** (Capitalism and Modern Social Theory, 1973) में मिलता है। शायद उनकी कृतियों में सबसे दिलचस्प कृति **आधुनिकता के परिणामों** (The Consequences of Modernity, 1990) पर है।

1. गिडिन्स का आधुनिकता के प्रति अभिस्थापन (Gidden's Orientation to Modernity)

वैचारिकता की दृष्टि में गिडिन्स क्या थे? आधुनिकतावादी या उत्तर-आधुनिकतावादी? उत्तर सरल है। वे आधुनिकतावादी थे। पर **उनका आधुनिकतावाद अपने किस्म का एक पृथक् आधुनिकतावाद ही था**। वे आधुनिकता को **उदारवाद के साथ नहीं जोड़ते। नहीं वे इसकी समानता पूंजीवाद के साथ करते हैं**। गिडिन्स का बौद्धिक स्रोत कार्ल मार्क्स है। वे आधुनिकता के सिद्धान्त निर्माण में मार्क्स से बहुत कुछ उधार लेते हैं। उनके विचारों में आधुनिकता **बहु-आयामी** (Multi-dimensional) है।

गिडिन्स ने आधुनिकता के सिद्धान्त को रखने से पहले यह स्पष्ट किया है कि आज दुनिया इतनी बदल गई है कि इसमें क्लासिकल सिद्धान्त अप्रासंगिक हो गये। ऐसी स्थिति में यह बहुत आवश्यक है कि समकालीन सिद्धान्तों को इन नई चुनौतियों का मुकाबला करना चाहिये। **देखा जाये तो उनके अनुसार समाजशास्त्र और समाजशास्त्रीय सिद्धान्तों का बहुत बड़ा उद्देश्य मनुष्य की क्रियाओं और सामाजिक संस्थाओं को समझने का है**। इस

लक्ष्य की प्राप्ति तब तक नहीं हो सकती जब तक हम क्लासिक सिद्धान्तों में क्रांतिकारी परिवर्तन नहीं करते। समाजशास्त्र का आविर्भाव ही 1800 के अन्त और ई. 1900 के प्रारम्भ में हुआ। पहली पीढ़ी के समाजशास्त्रियों काम्ट, मार्क्स, दरखाईम और वेबर—ने जिन परिप्रेक्ष्य में अपने सिद्धान्त बनाये थे, वह परिप्रेक्ष्य आज नहीं रहा। उनका अनुभव दूसरा था, आज का अनुभव दूसरा है। ऐसी स्थिति में हमें क्लासिकल सिद्धान्तों की **बुनियाद** (Foundation) से विदा लेनी चाहिये।

एक बात और है : गिडिन्स का आधुनिकता का सिद्धान्त उनके संरचनाकरण से जुड़ा हुआ है। मनुष्य की कोई भी प्रक्रिया हो, समाज की कोई भी संरचना हो, सभी में परिवर्तन अनिवार्य रूप से होता है। संरचना एक ऐसी अवधारणा है। यह जड़ नहीं है। **सामाजिक व्यवहार** (Social Practise) के माध्यम से यह संरचना बराबर गतिशील रहती है। गिडिन्स ने संरचनाकरण की इस गतिशीलता को एक सिद्धान्त के रूप में रखा है। इसका हम अन्यत्र एक पृथक् सिद्धान्त के रूप में विवेचन करेंगे। यहां तो हमें केवल यही कहना है कि यह संरचनाकरण आधुनिकता में भी लागू होता है। गिडिन्स कहते हैं कि **विशाल** (Macro) को **सूक्ष्म** (Micro) से पृथक् करके नहीं रखा जा सकता। सूक्ष्म और विशाल दोनों ही सामाजिक संरचना के अनिवार्य तत्व हैं।

2. गिडिन्स का आधुनिकता का सिद्धान्त (Gidden's Theory of Modernity)

परम्परागत सामाजिक व्यवस्था किस भांति आधुनिक सामाजिक व्यवस्था से भिन्न है? गिडिन्स इस सामान्य प्रश्न के उत्तर में कहते हैं कि निश्चित रूप से आज की सामाजिक व्यवस्था परम्परागत व्यवस्था से भिन्न है। इसका अर्थ हुआ **आधुनिकता में गतिशीलता** है। दूसरी बात आधुनिकता की यह है कि इसकी गति पिछली व्यवस्था की तुलना में बहुत तेज है। पलक झपकते दुनिया बदल जाती है। कम्प्यूटर के आविष्कार ने दुनिया की सम्पूर्ण संस्थागत विशेषता को बदल दिया। तीसरा, आधुनिकता ने नई संस्थाओं को जन्म दिया है। अब नये राष्ट्र-राज्य (Nation-State) उभर कर आये हैं। नई राजनीतिक व्यवस्था आई है। अति यंत्रीकृत तकनीकी तंत्र का समाज में प्रवेश हो गया है। और इससे आगे आज समाज की प्रत्येक वस्तु एक **पण्य वस्तु** (Commodity) बन गई है। आखिर, गिडिन्स पूछते हैं कि वे कौन से तत्व हैं जो आधुनिक सामाजिक व्यवस्था को गति प्रदान करते हैं। इस प्रश्न का उत्तर ही गिडिन्स के आधुनिकता के सिद्धान्त को बनाता है।

1. **समय और स्थान की पृथक्ता**
   (Separation of Time and Space)
2. **सामाजिक व्यवस्था की असन्निहिता**
   (Disembedding of Social System)
3. **आधुनिक समाज की परावर्तकता**
   (The Reflexivity of Modern Society)

4. **आधुनिकता के संस्थागत आयाम**
   (Institutional Dimension of Modernity)
5. **आधुनिकता का वैश्वीकरण**
   (Globalisation of Modernity)
6. **उत्तर-परम्परागत समाज**
   (Post-Traditional Society)

1. समय और स्थान की पृथक्ता (Separation of Time and Space)

आधुनिक समाज में हमारी व्यक्तियों के साथ जो अन्तर्क्रियाएँ होती हैं, उनमें **समय** और **स्थान** दोनों ही पृथक् हो गये हैं। परम्परागत समाज में घर और गाँव ही स्थान थे और परिवार तथा जाति के लोग अपने इसी स्थान के कारण जाने जाते थे। आज एक ही **स्थान** के लोग बिखर गये हैं। अब परिवार के सदस्यों का इस आधुनिकता के दौर में एक ही स्थान नहीं रहा। गिडिन्स के दृष्टान्त का हम थोड़ा देशीकरण करके कहेंगे कि परिवार का एक सदस्य अपने गाँव से दूर मुम्बई में नौकरी करता है, दूसरा सदस्य दिल्ली के सदर बाजार में किराने की दुकान चलाता है, और तीसरा सदस्य अमेरिका के किसी कॉलेज में पढ़ता है। मतलब हुआ, एक ही स्थान यानी गांव के लोग विभिन्न स्थानों पर रहते और काम करते हैं। आधुनिकता ने स्थान को बदल दिया जो पहिले परिवार के सभी सदस्यों के लिए एक था। **स्पष्ट है कि आधुनिकता में स्थान अप्रासंगिक है**। यह इसलिये कि मुम्बई रहकर भी या दिल्ली में कारोबार चलाकर भी, सभी लोग टेलिफोन के माध्यम से अपना सम्पर्क बनाये रखते हैं। कहाँ क्या हो रहा है, गाँव में बारिश नहीं हुई या शहर में धन्धा ठीक-ठाक नहीं है, यह परिवार के अलग अलग स्थानों में रहने वाले सदस्य संचार के माध्यम से जानते हैं। आधुनिकता **स्थान** (space) से परे है।

आधुनिकता का कुछ ऐसा ही पृथक्ता का सम्बल **समय** (time) से है। इसमें समय की अवधारणा भी बहुत कुछ बदल गई है। पहिले एक ही गांव में रहकर जब चाहे, बातचीत हो जाती थी। अब समय की एक निश्चित परिभाषा हो गई है। दुनिया के लोग समय को स्टेण्डर्ड के रूप में समझ गये हैं। जब यह निश्चित हो जाता है कि विवाह गोधुली समय पर होगा, तब सभी स्थानों के सदस्य इस निश्चित समय पर विवाह स्थल पर पहुँच जाते हैं। गिडिन्स का कहना है कि **परम्परागत समाजों में स्थान और समय समाज से जुड़े हुए हैं, समाज के अविभिन्न भाग अंग थे**। आधुनिक समाज में ये दोनों समाज से पृथक् हैं। इनका स्थान तेजी से काम करने वाली आवागमन की सुविधाओं और संचार साधनों ने ले लिया है। इसका **अर्थ हुआ आधुनिक समाज में स्थान और समय** दोनों ही समाज से पृथक् हो गये हैं। अब इन दोनों की परिभाषा बदल गई है। दोनों का **मानकीकरण** (Standardization) हो गया है। और रुचिकर बात यह है कि सभी लोगों ने आधुनिकीकरण के कारण इस मानकीकरण को स्वीकार कर लिया है।

2. **सामाजिक व्यवस्था की असन्निहितता (Disembedding of Social System)**

आधुनिक समाज के प्रादुर्भाव से पहिले परम्परागत समाज अपने स्थानीय रीति-रिवाजों और जनरीतियों के अनुसार काम करते थे। भारतीय सन्दर्भ में होली दिवाली पर प्रत्येक गाँव अपनी स्थानीय परम्परा के अनुसार इन त्यौहारों को मनाता था। ये परम्पराएँ गाँव की सामाजिक संरचना में सन्निहित यानी भरी होती हैं। हिन्दी के कथाकार **अपनी पंच परमेश्वर** कहानी में बताते हैं कि जुम्मन शेख की खाला जुम्मन के व्यवहार से ख़फा होकर पंचायत बुलाती है। यह पंचायत बुलाना गाँव की परम्परा है और पंचायत का निर्णय एक प्रकार से परमेश्वर का निर्णय समझा जाता है। यहाँ कोई पर्वाग्रह काम नहीं करते। इस अर्थ में गाँव की पंचायत गाँव की एक परम्परा है और इस परम्परा को वैधता है। गिडिन्स कहते हैं कि जैसे ही परम्परा का स्थान आधुनिकता ले लेती है, समय और स्थान पृथक् हो जाते हैं और अब सन्निहितता समाप्त हो जाती है। ऐसी अवस्था में स्थानीय समाज कुछ ऐसी **क्रिया विधियाँ** (Mechanism) अपनाती जिसके माध्यम से स्थानीय सामाजिक सम्बन्ध गाँव के बाहर निकलकर विस्तृत क्षेत्र में आ जाती हैं। उदाहरण के लिये परम्परागत समाज के सम्बन्ध स्थानीयता से बँधे होते हैं। आदमी अपनी ही जाति, रिश्तेदारी और अपने ही गाँव के लोगों से सम्पर्क रख कर अपने दिनप्रतिदिन के जीवन को बिता देता था। लेकिन आधुनिकता के साथ अब गाँव से बाहर सम्बन्ध रखने के लिये उसके पास कई विधियाँ मौजूद हैं। उसका गाँव से बाहर सम्बन्ध हो गया है। वह मुम्बई के लोगों को जानता है, उसके कुछ मित्र गाँव से बाहर काम करते हैं। उसके पास समाचार पत्र आता है और **इस तरह परम्परा और सामाजिक सम्बन्ध स्थानीयता से बाहर निकल विस्तृत दुनिया में आजाते हैं। इसे गिडिन्स असन्निहितता** (disembedding) **यानी स्थानीय सामाजिक सम्बन्धों से बाहर निकल कर आना कहते हैं। ऐसा होना आधुनिकता के कारण सम्भव होता है।**

यह असन्निहितता गिडिन्स के अनुसार दो प्रकार की क्रिया-विधियों द्वारा होती है : **प्रतीकात्मक असन्निहितता** (Symbolic Token), और **निपुण व्यवस्था** (Expert System)। गाँव का आदमी अपने स्थानीय **माप** (Measurement) द्वारा वस्तुओं का विनिमय करता है। अब गाँव में नकद **मुद्रा** (Money) आ जाती है। यह मुद्रा सारे देश में प्रचलित है। **मुद्रा धन की प्रतीक है।** ऐसी अवस्था में गाँव में जो **वस्तु विनिमय** (Barter) होता था, अब वह नकद मुद्रा में होने लगा। गाँव की जजमानी व्यवस्था समाप्त हो गई। इसे समाप्त करने का कार्य नई क्रिया विधि यानी मुद्रा के प्रतीक ने किया। अब स्थानीय लोग वास्तविक मूल्य के स्थान पर मुद्रा जो एक प्रतीक है, उससे विनिमय करने लगे। जब प्रतीक समाज की क्रिया-विधि बन जाती है तब परम्परा स्थान को समाप्त कर देती है। इस तरह आधुनिकता में **प्रतीकात्मक असन्निहितता** (Symbolic Disembedding) होती है। स्थानीय यानी परम्परागत समाज अब आधुनिक समाज में प्रतीकों के माध्यम से काम करता है।

असन्निहितता की **दूसरी कार्य-विधि** (Mechanism) निपुण व्यवस्था है। बैंक

इसका दृष्टान्त है। गिडिन्स स्वयं के दृष्टान्त को यहां प्रस्तुत करते हैं। वे कहते हैं कि आधुनिक समाज की किसी भी व्यवस्था को देखें। इसके निर्माण में विशेषताओं का हाथ होता है। जिस बस में बैठकर हम यात्रा करते हैं, इसके पीछे कई निपुण यानी **एक्सपर्ट** लोगों का हाथ होता है। बस में लगा जो इंजन है, इसकी एक इंजीनियरिंग है। भौतिकशास्त्र के निपुण व्यक्तियों ने इसे बनाया है, जाँचा, परखा है। और फिर इससे आगे बस के ढांचे को बनाने वाले भी अपने काम में निपुण हैं। बस की टिकिट व्यवस्था, टिकिट का दर और ऐसे ही कितने ही मसले हैं जिन्हें विशेषज्ञों ने देखा है। इस दृष्टि से आधुनिक समाज असन्निहिता में कई प्रकार की निपुण व्यवस्थाएं काम करती हैं। बस में सवार होने वाला व्यक्ति इस सबसे बेखबर होता है और इसकी जानकारी रखने की उसे कोई आवश्यकता नहीं। उसे तो बस अपने गन्तव्य स्थान तक पहुँचना है।

हमने कहा है कि असन्निहितता की कार्यविधि का बढ़िया दृष्टान्त जो गिडिन्स ने दिया है, वह बैंक का है। बैंक में काम करने वाले लोग साख और विनिमय में निपुण होते हैं। वे बैंक के माध्यम से स्थानीयता को देश और विदेश के साथ जोड़ देते हैं। अब गाँव का आदमी इंग्लैण्ड में बैठे हुए व्यक्ति को अपने खरीदे हुए माल का भुगतान करता है। आपने देखा, आधुनिक समाज की नई **कार्यविधि** (Mechanism) ने स्थानीय लोगों के आर्थिक विनिमय के क्षेत्र में दुनिया भर के आधुनिक समाज के साथ जोड़ दिया। यहाँ भी बैंक समय और स्थान को परम्परा से पृथक् कर देता है। पहिले माल का भुगतान आमने-सामने होता था, रुपये गिने जाते थे। अब केवल बैंक को **चैक** देना होता है। न रुपयों का गिनना और न परखना। स्थान और समय परम्परागत समाज के लिये बेमतलब हो गये हैं। **अतः आधुनिक समाज का एक और लक्षण गिडिन्स के अनुसार यह है कि स्थानीयता प्रतीकों और विशेषज्ञों के माध्यम से परम्परा से बाहर निकल आती है और विशाल दुनिया के साथ जुड़ जाती है।**

3. आधुनिक समाज की परावर्तकता (The Reflexivity of Modern Society)

गिडिन्स के आधुनिक समाज का तीसरा लक्षण **परावर्तकता** (Reflexivity) है। परावर्तकता का मतलब प्रतिबिम्ब है। समाज और व्यक्ति का सम्बन्ध क्या है ? यह इसकी विषय सामग्री है। हिन्दी के साहित्यकार भगवतीचरण वर्मा का एक उपन्यास है, **चित्रलेखा**। इस पर फिल्म भी बनी है। इसमें चित्रलेखा एक विधवा है। वह चोटी की नर्तकी है। उसके नृत्य से प्रभावित बीजगुप्त जो एक सामन्त है, चित्रलेखा से व्यक्तिगत रूप में मिलना चाहता है। चित्रलेखा अपने उत्तर में कहती है कि वह व्यक्ति से नहीं मिलती, समाज से मिलती है। बीजगुप्त का तर्क है : समाज व्यक्तियों से बनता है। **वस्तुतः समस्या व्यक्ति और समाज के सम्बन्धों की है। हेरोल्ड गार्फिन्कल** (Harold Garfincal) ने अपने सिद्धान्त में व्यक्ति और समाज की इस समस्या को उठाया है। वे व्यक्तियों की अन्तःक्रियाओं की व्याख्या करते हैं। **एथनोमेथोड़ालॉजी** (Ethnomethodology) में

प्रतिबिम्बित (Reflexive) अन्तःक्रियाओं का वर्णन करते हैं। गिडिन्स ने गाडफिन्कल के इस सिद्धान्त को पुनः परिभाषित किया है। **वे कहते हैं कि सामाजिक संस्थाओं के साथ बराबर** अन्तःक्रिया होती है। **व्यक्ति और संस्थाओं की यह अन्तःक्रिया एक दूसरे के व्यवहारों को भी प्रभावित करती है।** इसमें जहाँ व्यक्ति संस्था अर्थात् समाज को प्रभावित करता है, वहां समाज भी व्यक्ति को प्रभावित करता है। यह परावर्तकता है।

व्यक्ति-समाज की अन्तःक्रियाएं आपस में ज्ञान का आदान-प्रदान करने में सहायक होती हैं। इस आदान-प्रदान को **मास संचार व्यवस्था** (Mass Communication System) ने आज कई गुना बढ़ा दिया है। सिनेमा, टेलिविजन, लिखित साहित्य, आदि संचार के ऐसे साधन हैं जो व्यक्ति-समाज के सम्बन्धों को केवल व्यापक ही नहीं बनाते, उन्हें जटिल भी कर देते हैं। यह समझना भूल होगी कि बढ़ती हुई **रिफ्लेक्सीविटी** यानी परावर्तकता अनिवार्य रूप से हमारे ज्ञान में वृद्धि करती ही है। ये अन्तःक्रियाएं हमें पुनः परम्परा की ओर धकेल भी देती हैं। जिस **रुढ़िवाद** (Fundamentalism) का भयंकर रूप हमें एशिया या दक्षिणी अफ्रीका में देखने को मिलता है वह इसी परावर्तकता का परिणाम है। आये दिन टी. वी. सीरियल नये नये देवी-देवताओं और भगवानों को प्रस्तुत करते हैं। इसे किस प्रकार का ज्ञान कहेंगे। गिडिन्स परावर्तकता के इस दुष्परिणाम से भी अवगत है। ज्ञान का रूप कैसा भी हो उसका परिणाम कुछ भी निकले, यह निश्चित है कि आधुनिकता का एक बड़ा लक्षण परावर्तकता भी है।

4. आधुनिकता के संस्थागत आयाम (Institutional Dimensions of Modernity)

गिडिन्स आधुनिकता की व्याख्या संस्थागत ढाँचे से करते हैं। देखा जाये तो आज के समाज में अगणित संस्थाएँ काम करती हैं। समाज इन संस्थाओं का एक व्यापक और विषद् जाल है। आर्थिक, राजनीतिक, धार्मिक, पारिवारिक, व्यावसायिक, साहित्यिक आदि कई संस्थाएँ समाज में काम करती हैं। आधुनिकता का कोई भी अध्ययन इन संस्थाओं के बिना नहीं हो सकता। लेकिन ये सामाजिक संस्थाएँ पूर्व-आधुनिक समाज में थीं। तब भी व्यावसायिक संगठन थे, बाकायदा गिल्ड थे। फिर आधुनिक संस्थाओं में ऐसी क्या विशेषता है जो पहले नहीं थे और यहीं पर गिडिन्स प्रासंगिक होते हैं। **उनका कहना है कि इन संस्थाओं में संगठनात्मक सिद्धान्त होते हैं और ये सिद्धान्त ही समाज को बनाते हैं।** कभी भी इन संस्थाओं को इनके एकाकी रूप में समझने से लाभ नहीं होता। ये संगठनात्मक सिद्धान्त ही इन संस्थाओं को एक सूत्र में बांधते हैं। क्लासिकल सिद्धान्तवेत्ताओं ने इन संस्थाओं के विश्लेषण में भूल की थी। गिडिन्स इस भूल को दूर करना चाहते हैं। **उदाहरण के लिये मार्क्स ने केवल पूंजीवाद की संस्था द्वारा समाज की सम्पूर्ण व्याख्या कर दी।** इसी तरह एक ही संस्था **उद्योग** (Industry) के अध्ययन से दरखाईम में समाज की सुदृढ़ता पक्की कर दी। वेबर ने बुद्धिसंगतता के आधार पर सम्पूर्ण समाज का मूल्यांकन रख दिया। निश्चित रूप से गिडिन्स क्लासिकल सिद्धान्तों की

आलोचना करते हैं। लेकिन वे यह भी बराबर आग्रह करते हैं कि इन विचारकों ने इस समाज के विश्लेषण के लिये विधियां तो अवश्य दी हैं। आज हमें मार्क्स के पण्यीकरण, दरखाईम के स्तरीकरण और वेबर की बुद्धिसंगतता को नई परिस्थितियों के सन्दर्भ में पुनः परिभाषित करना पड़ेगा। जब हम इन संस्थाओं का अध्ययन करते हैं तब तो हमारी समस्या कठिन हो जाती है—संस्थाएं बहुत हैं—सैकड़ों—हजारों। इसका एक रास्ता गिडिन्स ने निकाला है। वे कहते हैं कि आधुनिक समाज की चाहे जितनी संस्थाएं हों, उनके चार आयाम (Dimensions) महत्वपूर्ण हैं :

1. पूंजीवाद (Capitalism)
2. उद्योगवाद (Industrialism)
3. प्रशासनात्मक शक्ति (Administrative Power)
4. सैनिक शक्ति (Military Power)

गिडिन्स कहते हैं कि इन चारों आयामों में सम्बन्ध होते हैं। ये आपस में अपने कार्यों द्वारा जुड़े होते हैं। इन संस्थाओं का पहला आयाम पूंजीवाद है। **पूंजीवाद का सम्बन्ध वस्तुओं की उत्पादन** (Commodity Production) **व्यवस्था से होता है।** इस उत्पादन में एक तरफ वे लोग हैं जो पूंजी के स्वामी हैं, और दूसरी तरफ वे जो **पूंजीहीन** (Property less) हैं और दिहाड़ी पर अपना जीवनयापन करते हैं। पूंजीवाद में प्रतियोगिता निहित है, और इस प्रतियोगिता का स्थान **बाजार** (Market) होता है। इसका मतलब बाजार में जीवित रहने के लिये बराबर नये आविष्कार करने होते हैं। नया तकनीकी तंत्र विकसित करना पड़ता है और नित नये बाजारों की खोज करनी पड़ती है।

आधुनिकता का दूसरा आयाम उद्योगवाद का है। इसके अन्तर्गत यह कोशिश होती है कि **जड़ या निर्जीव** (Inanimate) वस्तुओं से ऊर्जा (Power) प्राप्त की जाये जिससे वस्तुओं के उत्पादन में वृद्धि हो सके। आधुनिक समाज में इस प्रक्रिया के कारण उत्पादन यन्त्रीकृत हो जाता है और कारखानों में माल बड़ी तादाद में बाजार में आने लगता है। **उद्योगवाद श्रम और कारखाने, दोनों में परिवर्तन ले आता है।** और इसके परिणामस्वरूप यातायात और संचार सुविधाओं में जो परिवर्तन आता है, वह समस्त घरेलू जीवन को प्रभावित करता है।

आधुनिकता की संस्थाओं का तीसरा आयाम प्रशासन के क्षेत्र में देखने को मिलता है। पूंजीवाद और उद्योग में जो परिवर्तन आता है, उसकी वृद्धि के लिये यह आवश्यक है कि राज्य इन संस्थाओं और इनके आयामों पर बराबर अपनी निगरानी रखे। निगरानी का मतलब है, प्रशासनिक नियन्त्रण। कोई भी राज्य पूंजीवाद और उद्योग के विकास को निजी हाथों के भरोसे नहीं छोड़ सकता। अतः राज्य की भूमिका भी संस्थागत ढांचे की महत्वपूर्ण इकाई बन जाती है।

सामाजिक संस्थाओं का आधुनिक समाज का चौथा आयाम सैनिक शक्ति है।

सैनिक शक्ति वस्तुतः राज्य की **निगरानी** (Surveillaence) का एक भाग है। राज्य का **हिंसा** (violence) पर एकाधिकार होता है। राज्य के अतिरिक्त और कोई संस्था निगरानी नहीं रख सकती। यह राज्य ही है जो दूसरे राज्य पर युद्ध की घोषणा कर सकती है। किसी भी आधुनिक समाज की बहुत बड़ी शक्ति उसका राज्य होता है। इसे हम चित्र में इस भांति रखेंगे :

संस्थागत आयाम (Institutional Dimension)

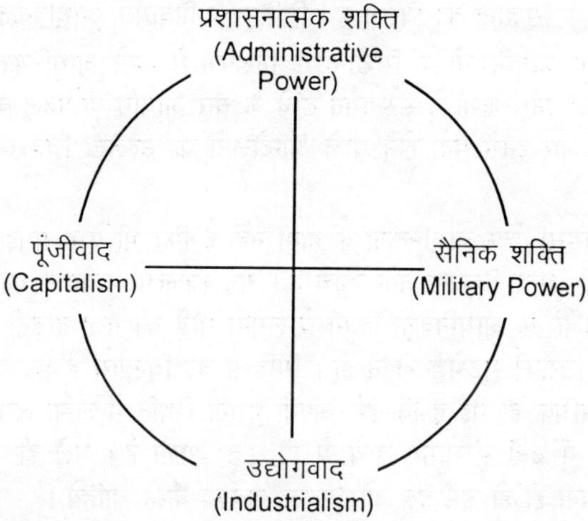

गिडिन्स ऐतिहासिक विधि से यह देखने का प्रयास करते हैं कि आधुनिकता उस तोड़ का पर्यायवाची है जब ई. 1600 के लगभग यूरोप में परम्पराएं कमजोर हो गई और विभिन्न संस्थाओं के इन चार आयामों ने समाज की संरचना नये तरीके से की। ये संस्थागत आयाम एक दूसरे को प्रभावित करते हैं और परिणामस्वरूप समाज का हूलिया बदल जाता है। अपने विश्लेषण में गिडिन्स आधुनिकता के चारों आयामों या पहलुओं के सम्बन्ध की पड़ताल करते हैं। उनका कहना है कि इन चारों संस्थागत ढांचों के कारण समाज में आन्दोलन का जन्म होता है। उदाहरण के लिये जब कारखानों में अधिक उत्पादन होता है तो इससे श्रमिक आन्दोलन बढ़ जाते हैं। कारखानों से उत्पन्न प्रदूषण से पर्यावरण का आन्दोलन शुरू हो जाता है। वे आग्रहपूर्वक यह स्थापित करते हैं कि आधुनिकता के संस्थागत ढांचे के कारण औद्योगिक समाज में आन्दोलनों की बहुलता हो जाती है। दूसरे शब्दों में, जब पूंजीवाद, उद्योगवाद, प्रशासनिक शक्ति और सैनिक शक्ति एक दूसरे को प्रभावित करते हैं तो समाज में एक न एक प्रकार के आन्दोलन अवश्य उत्पन्न हो जाते हैं। संस्थागत ढाँचों तथा उनसे उत्पन्न होने वाले आन्दोलनों के परिणाम समाज की व्यवस्था में परिवर्तन आजाता है। सम्भव है कि इस परिवर्तन के कारण उत्तर-आधुनिकता (Post Modernity) का जन्म होवे या समाज की संरचना में कोई भारी फेर बदल आ जाये।

इस तरह के आधुनिकता में आने वाले सम्भावित परिवर्तन को हम **स्वप्नदर्शी यथार्थता** (Utopian Realism) कह सकते हैं। गिडिन्स ऐसे सम्भावित परिवर्तनों को **उत्तर-आधुनिक व्यवस्था** (Post Modern Order) भी कहते हैं। लेकिन उनका यह आग्रह है कि इस तरह की उत्तर-आधुनिकता प्राप्त करना लगभग असम्भव है। अगर कहीं कुछ हो भी जाता है यानी उत्तर-आधुनिक समाज बन भी जाता है, तो निश्चित रूप से ऐसे समाज में इन चार संस्थागत ढाँचों का स्थान महत्वपूर्ण रहेगा। यहाँ यह भी बहुत स्पष्ट शब्दों में कहना चाहिये कि गिडिन्स आधुनिकता का सिद्धान्त दृढ़ता के साथ उत्तर-आधुनिकता के सिद्धान्त का विरोध है। गिडिन्स अनिवार्यतः आधुनिकतावादी हैं।

गिडिन्स के आधुनिकता के सिद्धान्त के निरूपण में हमने आधुनिकता के कतिपय लक्षण को रखा है। इन लक्षणों में संस्थागत ढांचे के चार आयाम या पहलू बहुत महत्वपूर्ण हैं। इन आयामों और इनसे पैदा होने वाले आन्दोलनों का उल्लेख चित्र रूप में हम इस भांति रखेंगे :

यद्यपि गिडिन्स उत्तर-आधुनिकता के हामी नहीं हैं फिर भी ऐसा समझते हैं कि कहीं आधुनिकता किसी अन्य विकल्प तक पहुंचेगी। यह विकल्प पूंजीवाद का होगा। ऐसा कभी नहीं हो सकता कि आधुनिकता किसी बे-लगाम घोड़े की तरह दौड़ती ही जाये और किसी विकल्प से उसकी मुठभेड़ ही न हो। गिडिन्स का विश्वास है कि आज पर्यावरण की क्षति इतनी अधिक हो गई है कि इसे अपनी पुरानी स्थिति में लाना लगभग असम्भव है। इस अवस्था में उन्हें संस्थागत ढांचे से ही कुछ आशा है। भले ही हमारा भविष्य समाज कोरी कल्पना ही हो, हमें इस ओर प्रयत्न अवश्य करने चाहिये।

5. आधुनिकता का वैश्वीकरण
(Globalization of Modernity)

आधुनिकता का मतलब है समय और स्थान की व्यापकता। सामाजिक सम्बन्ध जो पहिले गाँव या अधिक से अधिक अपने अंचल तक सीमित थे, अब दुनिया भर के साथ जुड़ गये। इस बदलती हुई दुनिया में समय और स्थान अप्रासंगिक हो गये हैं। देखते ही देखते सात समुद्र पार करके आदमी न्यूयार्क पहुंच जाता है। दुनिया के किसी भी कोने के साथ वह बातचीत कर सकता है। **वैश्वीकरण को गिडिन्स दुनिया भर के लोगों के साथ सम्बन्ध का तीव्रीकरण कहते हैं**। स्थानीय सम्बन्धों में भी हजारों मील दूर रहने वाले लोगों के सम्बन्धों का प्रभाव पड़ता है। वैश्वीकरण इस दृष्टि से आधुनिकता का भाई-बन्ध है। आधुनिकता का फैलाव वैश्वीकरण के कारण होता है। इसकी व्याख्या गिडिन्स ने इन शब्दों में की है :

> दुनिया भर के लोगों, क्षेत्रों और देशों के बीच में सामाजिक और आर्थिक सम्बन्धों की जो **अन्योन्याश्रितता** (Interdependence) है, वही वैश्वीकरण है।

आधुनिकता का संस्थागत ढांचा, उससे पैदा होने वाले आन्दोलन, तथा आधुनिकता से परे का समाज
(Institutional Complex, Movements arising out of at and Society beyond Modernity)

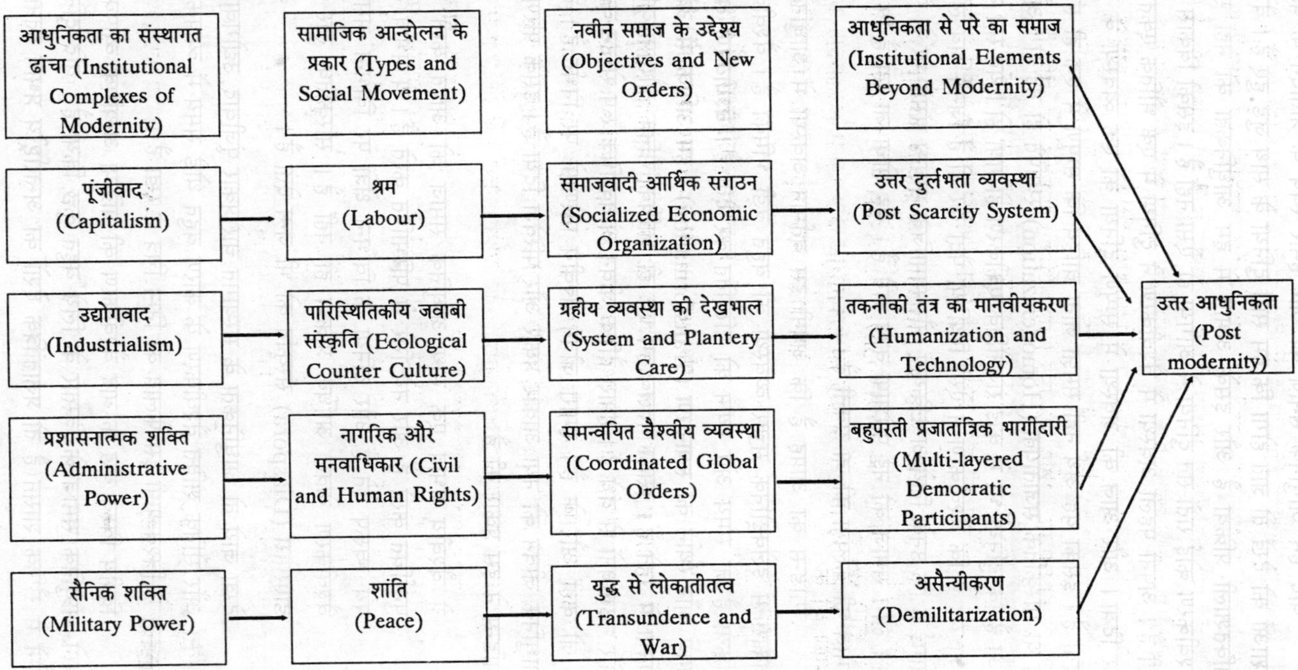

यदि हम आधुनिक समाज को और हमारे स्वयं के प्रतिदिन के काम करने की दशाओं को देखें तो ज्ञात होगा कि हम सारी दुनिया के साथ जुड़े हुए हैं। वैश्वीकरण एक शक्तिशाली प्रक्रिया है और इसके अभाव में हम आधुनिकता को नहीं समझ सकते। वैश्वीकरण कोई रातों-रात दुनिया में आगया हो, ऐसा नहीं है। इसकी विकास की अवस्थाएं रहीं हैं। अपनी पहली अवस्था में वैश्वीकरण ने दुनिया में एक भौतिक एकता को स्थापित कर दिया। और आज की अवस्था में सम्पूर्ण दुनिया को एक व्यवस्था के रूप में बदल दिया है। इसका यह अर्थ नहीं समझा जाना चाहिये कि सम्पूर्ण में एक ही संस्कृति हो गई हो या सांस्कृतिक **सजातीयता** (Homogenization) स्थापित हो गई हो। और न ही ऐसा हुआ है कि दुनिया भर में कोई राजनीतिक एकीकरण हो गया हो। यह सब नहीं हुआ है। हुआ यह है कि वैश्वीकरण ने ऐसी स्थितियां पैदा कर दी हैं जिनमें अब लोगों में चेतना आगई है कि उनके लिये अन्तःक्रियाएं और सामाजिक सम्बन्ध संसार भर के साथ खुले हैं। अब लोग समाज की नई परिभाषा करने लगे हैं। यह सोचा जा रहा है कि एक वैश्वीय समाज की कल्पना की जा सकती है।

गिडिन्स का आग्रह है कि अपनी इस वर्तमान अवस्था में आधुनिक समाज के विकास में इलेक्ट्रोनिक संचार व्यवस्था की बहुत बड़ी भूमिका है। वैश्वीकरण की वह प्रक्रिया है जो समय और स्थान को परिवर्तित कर देती है। **वैश्वीकरण सामान्य ही है,** समय और स्थान का **रूपान्तरण** (Transformation)। **हम अधिक से अधिक एक ही दुनिया में रहते हैं।** इसका मतलब हम एक ही आर्थिक, सैनिक और सांस्कृतिक सम्बन्धों और गठबन्धनों से बंधे हैं। हमारा दैनिक जीवन अधिकाधिक रूप से उन कारकों से जुड़ा है जो कहीं और के हैं। हमारा जीवन वैश्वीय परिणामों पर निर्भर है। वैश्वीकरण ने आधुनिक जीवन को नया आकार, प्रकार और परिवेश दिया है। इसके परिणामों की चर्चा गिडिन्स ने इस प्रकार की है :

> ये वैश्वीय प्रभाव एक साथ आधुनिक समाज को आहत करते हैं, जोड़ते हैं, पुनर्रचित करते हैं और नये सिरे से परिभाषित करते हैं। ये प्रभाव स्तरीकरण को नये स्वरूप देते हैं और दुनिया के विभिन्न क्षेत्रों पर विभिन्न असर छोड़ते हैं। वैश्वीकरण केवल आर्थिक प्रक्रिया ही नहीं है। सांस्कृतिक स्तर पर यह एक **डाएस्पोरा** (Diaspora) संस्कृति को भी जन्म देता है।

देखा जाये तो आधुनिकता के संस्थागत चार प्रकार पूंजीवाद, उद्योगवाद, प्रशासनिक शक्ति, और सैनिक शक्ति वैश्वीकरण के कारण बहुत थोड़े समय में व्यापक हो जाते हैं। गिडिन्स ने विश्वव्यापी इस फैलाव को निम्न चित्र में रखा है :

द्वितीय विश्व युद्ध के बाद वैश्वीकरण की प्रक्रिया अत्यधिक व्यापक हो गई है। इसने आधुनिक समाज के विस्तार के लिये बहुत कुछ किया है। यदि दुनिया के किसी कोने में सैनिक शासन है तो प्रजातांत्रिक देशों का अन्तर्राष्ट्रीय प्रभाव इतना अधिक बढ़

जाता है कि वहां प्रजातंत्र की बहाली करना आवश्यक हो जाता है। इसी उद्योगवाद का प्रभाव भी भारी पड़ता है। आधुनिक समाज की संरचना में गिडिन्स कहते हैं, वैश्वीकरण एक शक्तिशाली प्रक्रिया है।

6. उत्तर-परम्परागत समाज (Post-traditional Society)

आज भी **उत्तर-परम्परागत समाज** (Post-traditional Society) आधुनिक समाज का एक अंग है। आधुनिकता के आमूल-चूल परिवर्तन ने समाज की परम्पराओं का रूपान्तरण कर दिया है, फिर भी यह समाज परम्पराओं से आगे नहीं बढ़ पाया है। वस्तुतः जिसे हम आधुनिक समाज कहते हैं, वह उत्तर-परम्परा समाज है। इसका मतलब है, यह समाज परम्पराओं को छोड़कर तो आगया है, पर अब भी परम्पराओं ने इसका पिंड नहीं छोड़ा है। आधुनिक समाज में परम्पराओं की उपस्थिति इसलिये है कि इनका एक निश्चित कार्य है। गिडिन्स ने परम्परा के निम्न पांच लक्षण बताये हैं :

1. **समाज की जो सामूहिक याददाश्त होती है, वही परम्परा है। किसी की व्यक्तिगत याददाश्त कभी भी परम्परा नहीं होती, न ही किसी की निजी भाषा होती है।** परम्परा में निरन्तरता होती है और इसलिये समाज की कोई परम्परा अतीत को वर्तमान के साथ जोड़ती है। इसी कारण सामूहिकता के कारण परम्परा समाज को जोड़ती है।
2. परम्परा में **धर्म विधियाँ** (Rituals) होती हैं। परम्पराओं को जीवित रखने का काम ये विधियाँ करती हैं। इसलिये धर्म विधि वस्तुतः परम्परा की अभिव्यक्ति है। धर्म विधियां बराबर बदलती रहती हैं। इसी प्रकार परम्पराएं अतीत और वर्तमान को हमेशा जोड़ती रहती हैं।
3. परम्परा में किसी न किसी प्रकार का कोई सैद्धान्तिक सत्य है और इसी कारण लोग परम्परा को वैधता या मान्यता देते हैं। परम्परा से जुड़ी हुई धर्म विधि को नकारना बहुत कठिन है। इसी कारण परम्परा का विरोध सामान्यतया नहीं हो पाता।
4. परम्परा के रक्षक होते हैं। हिन्दू समाज की कई परम्पराएं होती हैं—जन्म लेने से लेकर मृत्यु तक। पुरोहित या शास्त्रकार इन परम्पराओं की वैधता को बनाये रखने का पूरा प्रयत्न करते हैं।
5. परम्परा में नैतिकता होती है। परम्परा केवल यही नहीं बताती कि हम समाज में इसे कैसे व्यवहार में लाते हैं। परम्परा यह भी बताती है कि हमें इसे किस तरह व्यवहार में लाना चाहिये।

यह कहा जाता है कि परम्परा को बदलना बड़ा कठिन काम है। गिडिन्स इसे स्वीकार नहीं करते। वे कहते हैं कि परम्परा का बराबर निर्वचन करता है और इस कारण इसमें बराबर परिवर्तन आता है। हमारे देश का दृष्टान्त लेवें। यहाँ हिन्दू परम्परा अस्पृश्यता को मानती रही थी, बहुविवाह एक सामान्य प्रथा थी। आज यह परम्परा बदल गई है, कर्ता,

वैश्वीकरण के आयाम (Dimensions of Globalisation)

समाज और राज्य प्रयत्नों के कारण। केवल क्रियाशील और कर्मठ व्यक्तियों के निर्वचन के कारण ही धर्म विधियों में बदलाव आता है और वर्तमान भविष्य के साथ जुड़ जाता है।

ज्ञानोदय काल में परम्पराओं का खण्डन हुआ। आधुनिकता ने इसे झकझोर दिया फिर भी कोई दो सौ वर्षों तक परम्परा आधुनिकता के साथ अपना अस्तित्व बनाये रखने में सफल हुई। आधुनिकता ने अपने उद्‌विकास के युग में कई स्थापित परम्पराओं का खण्डन किया। आगस्ट कान्ट ने कहा कि धर्म का स्थान विज्ञान को लेलेना चाहिये और धीरे-धीरे विज्ञान एक नई परम्परा बन गई। परम्परा के ऐसे कई दृष्टान्त हैं। उदाहरण के लिये आधुनिकता ने जनता, राष्ट्र, शिक्षा, पिछड़ी जातियां आदि परम्परा या कहिये सारी परिभाषा को ही बदल दिया। अब जनता ऐसी प्रजा नही है, गूंगी और जिधर हाँक दो चल देने वाली। उसके पास राजनीतिक शक्ति है। इसी तरह आज देश साम्राज्य नहीं रहे, राष्ट्र हैं, राज्य हैं। गिडिन्स का कहना है कि परम्पराएं पत्थर की लकीरें नहीं होतीं। उनकी बराबर व्याख्या होती है, परिभाषा और नवीन परिभाषा होती है, और अपने इसी लक्षण के कारण परम्पराएँ आधुनिक समाज में भी जीवित रही हैं। अर्थ यह हुआ कि परम्परा का भी **अपरम्पराकरण** (Detraditionalization) होता है। लेकिन इसका यह अर्थ नहीं कि आधुनिक समाज में समाज में परम्परा अपना सम्पूर्ण अस्तित्व खो देती हैं और इसका दृष्टान्त हमें आधुनिक समाज में मिलता है। हमारे धर्म, वर्ग और जाति की ऐसी परम्पराएँ हैं जो आधुनिकता के कारण अधिक शक्तिशाली बनी हैं। हमारे देश में जहाँ ई. 1931 की जनगणना में कोई तीन हजार जातियाँ थीं वे आज **पिपल आफ इण्डिया** (People of

India) की रिपोर्ट के अनुसार चार हजार से ऊपर हो गई है। जातियों का राजनीति में आज जो महत्व है, वह पहले कभी नहीं था। अतः यह सोचना भूल होगी कि आधुनिकता अनिवार्य रूप से परम्परा को समाप्त कर देती है। वह उसे सशक्त भी करती है।

आज के आधुनिक समाज की जटिलता कुछ अजीब तरह की है। आज के इस वैश्वीकरण समाज की आधुनिकता को एक नई तीव्रता मिल गई है। यहां एक और अपरम्पराकरण हो रहा है और दूसरी ओर संस्थागत ढाँचा अधिक से अधिक जटिल हो रहा है। इसमें रहने वाले लोग बड़े चालाक और चालू किस्म के हैं, यह आवश्यक नहीं कि वे बुद्धिमान हैं लेकिन परम्परागत समाज की तुलना में इनके पास ढेर सारी सूचनाएं हैं। इस तरह की जानकारी रखने वाले लोगों के पास विकल्पों का कोई अभाव नहीं है। इन अगणित विकल्पों के सन्दर्भ में वे जैसा चाहे वैसा निर्णय ले सकते हैं। इसका अर्थ हुआ कि आधुनिक समाज का व्यक्ति अब पूरी तरह से स्वतन्त्र है। इसका यह भी मतलब नहीं है कि अब व्यक्तिकरण की प्रक्रिया प्रारम्भ हो गई है। **गिडिन्स का जो दावा है कि आज का व्यक्ति अधिक स्वयं के हित में लगा है। वह अहंकारी है** और आत्ममोही है। ऐसे व्यक्ति को विश्वास के साथ काम करना पड़ेगा। उसे सामाजिक **परावर्तकता** (Reflexicvity) की ओर मुड़ना होगा। उसे परम्पराओं की प्रासंगिकता पर प्रश्न पूछने होंगे। और तब कहीं जाकर उसमें आधुनिकता के प्रति **विश्वास** (Trust) पैदा होगा।

उपसंहार

क्लासिकल सिद्धान्तवेत्ताओं ने आधुनिकता की व्याख्या अपने ढंग से की है। दरखाईम, मेक्स वेबर और कार्ल मार्क्स ने आधुनिकता को बढ़ते हुए स्तरीकरण, बुद्धिसंगतता और पण्यीकरण के संदर्भ में परिभाषित किया । लेकिन आब इन क्लासिकल सिद्धान्तवेत्ताओं को मरे हुए कोई सत्तर-अस्सी वर्ष हो गये हैं। इस अवधि में समाज में बड़े क्रांतिकारी परिवर्तन हुए हैं। इंग्लैण्ड में रक्तहीन राज्य क्रांति हो गई, फ्रांस में एक और क्रांति घट गई और औद्योगिक तथा विज्ञान क्रांतियाँ यूरोप तथा अमेरिका को हिला गई। यह सब हो गया। और इस अवधि में समाज की सूई कहीं अटक गई हो, ऐसा नहीं है। उसमें भी आधुनिकता आ गई। और यह आधुनिकता कोई दबे पैर आई हो ऐसा नहीं है। फटाफट आई है। परिवर्तन के इस संदर्भ में क्लासिकल सिद्धान्तवेत्ता, आधुनिकता के विश्लेषण में सटीक नहीं बैठते। यह अवश्य है कि हमारे समाजशास्त्रीय नींव आधार पर क्लासिकल विचार हैं, फिर भी हमें विश्लेषणात्मक रूप से इनकी सहायता लेनी चाहिये।

हमारे समकालीन विचार भी आधुनिकता के विश्लेषण में एक मत हों, ऐसा नहीं है। उदाहरण के लिये एक आधुनिक समाज को पूरा जोखिम भरा समाज मानते हैं। मेक्डानल्डीकरण, फास्ट फूड, क्रेडिट कार्ड, विसा आदि इस बुद्धिसंगत समाज के प्रतीक हैं। बौमेन का विचार है कि आधुनिकता में विध्वंस विवेक है और कोई भी सिरफिरी सरकार इसे सर्वनाश की ओर ढकेल सकती है। गिडिन्स आधुनिकता का एक विस्तृत ढाँचा

अपनाते हैं और कहते हैं कि हमें आधुनिकता में **परावर्तन** (Reflexivity) को लाना होगा। ऐसा आधुनिक समाज लाभ तो ढेरों देगा लेकिन उसकी झोली में शाप भी कोई कम हों, ऐसा नहीं है। हैबरमॉ के संदर्भ में आधुनिक समाज का यह प्रोजेक्ट अभी अधूरा है। वे भी आधुनिकता को बुद्धिसंगतता के साथ जोड़ते हैं। वे उत्तर-आधुनिकता के विरोधी हैं और मार्क्सवादी विचारधारा के समर्थक हैं। उनका कहना है कि आधुनिक समाज में **व्यवस्थाजनक बुद्धिसंगतता** (System Rationality) आनी चाहिये।

सन्दर्भ ग्रन्थ

Beck, Ulrich, **Risk Society : Towards a New Modernity**, London, Sage, 1992.

George Ritzer : **The McDonaldization of Society: An Investigation into the Changing Character of Contemporary Social Life**, 1996.

Giddens, Anthony : **The Constitution of Society**, 1984.

Habermas, Jurgen; **The Structural Transformation in Public Sphere: An Enquiry into a Category of Bourgeois Society, 1989. "The Theory of Communicative Action,** 1986.

Hall, Stuart, et al, **Marxism Today**, 1988.

3

भारतीय परम्पराओं का आधुनिकीकरण

(Modernization of Indian Tradition)

परम्पराएँ एक पीढ़ी से दूसरी पीढ़ी को हस्तान्तरित की जाती हैं। ये समूह की आदतें हैं। व्यक्ति विशेष की कोई परम्परा नहीं होती। उसके संसार से विदा लेने के बाद इसकी आदतें भी संसार से विदा ले लेती हैं। लेकिन समूह या समाज बराबर चलते रहते हैं और इसलिये परम्पराएँ भी चलती रहती हैं। पुरानी परम्पराएँ नई परम्पराओं को स्थान देती हैं। आधुनिकता परम्परा नहीं है। इसकी गतिशीलता तीव्र होती है। उसमें व्यापकता और एक प्रकार सार्वभौमिकता होती है। पूंजीवाद आधुनिकता है, इसी तरह उद्योगवाद भी है। आज का पूंजीवाद कल के या कहिये मार्क्स के पूंजीवाद से भिन्न है। आधुनिकता का रूपान्तरण तीव्रता से होता है। परम्परा समूह विशिष्ट होती है। एक प्रकार से प्रत्येक सांस्कृतिक या स्थानिक समूह की परम्परा दूसरे समूह या समूहों से जुदा होती है।

पिछले अध्याय में हमने एक सिद्धान्त के रूप में आधुनिकता की व्याख्या की है। आधुनिकता का उद्‌विकास या उसका चरित्र परम्पराएँ निर्धारित करती हैं। जिस प्रकार की आधुनिकता यूरोप या अमेरिका में है, वैसी एशिया या श्रीलंका में नहीं है। यह इसलिये कि इन देशों की परम्पराएँ अमेरिका-यूरोप से भिन्न हैं। भारत में आधुनिकता का यानी पूंजीवाद, उद्योगवाद और धर्मनिरपेक्षता का जो स्वरूप है वह यहाँ की विशिष्टता है। आधुनिकता की संरचना में परम्परा की भूमिका को कभी भी नजर अंदाज नहीं किया जा सकता। इस अध्याय में हम आधुनिकता की व्याख्या, इसकी संरचना और अर्थ तथा सिद्धान्तों को भारतीय समाज के सन्दर्भ में रखेंगे। हमारा तर्क है कि भारतीय समाज में आज जो भी आधुनिकता है, उसका बहुत बड़ा निर्धारण यहाँ की परम्पराओं ने किया है। परम्पराओं के साथ में स्थानीय, आँचलिक और विषद् इतिहास भी जुड़ा होता है।

यूरोप और अमेरिका की आधुनिकता का निर्माण ढेर सारी क्रांतियों ने किया है। वहाँ राजनीतिक क्रांतियाँ हुई, वैज्ञानक और औद्योगिक क्रांतियाँ हुई और दो बड़े विश्व युद्ध हुए। वियतनाम युद्ध ने अमेरिका की कमर कमजोर कर दी। ये सब परम्पराएँ थीं और इन्होंने आधुनिकता के भविष्य को तय कर दिया। हमारे देश में परम्पराएँ अलग थीं। यह पहले देशी राजा, महाराजा थे, इसके बाद विदेशी आक्रमण हुए और फिर उपनिवेशवाद के

रूप में साम्राज्यवाद आया। इन सब राजनीतिक और औद्योगिक कारकों ने जिस आधुनिकता को जन्म दिया, वह यहाँ की विशिष्टता के अनुरूप है। यहाँ का सामंतवाद यूरोप के सामंतवाद से भिन्न था। यहाँ का पूंजीवाद विदेशी पूंजीवाद से भिन्न है। इस अध्याय में हम आधुनिकता इसी विशिष्टता की व्याख्या, यहाँ की परम्पराओं के सन्दर्भ में करेंगे। बहुत थोड़े में, भारतीय समाज अपनी विशिष्टता रखता है, इसका खुशी गम का इतिहास विशिष्ट है। इसकी परम्पराओं की पहचान अपनी अलग पहचान है। भारतीय परम्पराओं के सन्दर्भ में यहाँ एक और बुनियादी प्रश्न भी उठता है ? क्या भारतीय आधुनिकता का जो पेराडिम यहां विकसित हो रहा है, क्या उसमें सार्वभौमिकता नहीं होगी। या, आधुनिकता की जो सार्वभौमिकता है, वह हमें भारत में नहीं मिलेगी ? प्रश्न महत्वपूर्ण है और इसकी व्याख्या हम इस अध्याय में करेंगे।

भारतीय समाज की विशिष्टता (Specificity of Indian Society)

हमारा तर्क यह है कि भारतीय समाज में पर्याप्त विविधता है। इसका मतलब हुआ कि यहां पर्याप्त परम्पराएँ हैं और इससे आगे, हमारी विविधता में एक निश्चित एकता है और इसी कारण यह समाज एक सभ्यता का समाज है। एक और तर्क है : इस विविधता में आधुनिकता का यहाँ विकास हुआ है। यह आधुनिकता भी अपनी एक विशेष पहचान रखती है।

भारत के लोग (People of India) प्रोजेक्ट में के. एस. सिंह जहां भारतीय समाज की विविधता को प्रदर्शित करते हैं वहीं वे यहाँ की परम्पराओं की विविधता भी बताते हैं। इस देश में कुल 91 **सांस्कृतिक क्षेत्र** (Cultural Areas) हैं। और रुचिकर बात यह है कि पिछले कुछ वर्षों में क्षेत्रीयता का विकास दृढ़ता के साथ हुआ है। प्रत्येक क्षेत्र अपनी क्षेत्रीयता का उत्सव मनाता है, उसकी गौरव-गाथा को गाता है। इसका अर्थ हुआ क्षेत्रीय परम्पराएँ आज लोगों की पसन्दगी है, प्रजातंत्र में वे क्षेत्रीयता के नाम पर अधिक से अधिक विकास के लाभ लेना चाहते हैं। चुनाव क्षेत्रीय विभिन्नता के नाम पर लड़े जाते हैं। एक ही क्षेत्र में अगणित जातियाँ धार्मिक सम्प्रदाय और **डासपोरा** (Diaspora) पाये जाते हैं। ये सब विविधताएं विविध परम्पराओं को विकसित करती हैं।

इधर विविधता का एक और आलम है। यहाँ कोई 4635 समुदाय हैं। संविधान द्वारा मान्यता प्राप्त 18 भाषाएँ हैं और कोई 1500 बोलियाँ हैं। इस देश में 80 प्रतिशत लोग मांसाहारी हैं और इस प्रकार की जानकारी ढेर सारी जानकारियां **भारत के लोग** प्रोजेक्ट रिपोर्ट से मिलती है। इस रिपोर्ट का हवाला हम यहां केवल यह कहने के लिये देते हैं कि इस समाज की परम्पराएँ अगणित हैं। बहुत हैं, ये सब परम्पराएँ अपने-अपने संदर्भ में आधुनिकता को प्रभावित करती हैं। इस प्रभाव के होते हुए भी ऐसा लगता है कि आधुनिकता, पूंजीवाद और राज्य की शक्ति का जो सार्वभौमिक स्वरूप है, वह थोड़े बहुत अन्तर के साथ सारे देश में विद्यमान है। फिर भी परम्पराओं की इस विविधता को थोड़ा

विस्तार से देखना पड़ेगा।

परम्पराएँ सामूहिक याददाशत की अभिव्यक्ति है। ये केवल धर्म और धर्म विधियों में ही उपलब्ध नहीं होती। इन्हें तिथि-त्यौहार, मेले, खान-पान, वस्त्राभूषण आदि में देखा जा सकता है। जन्म से लेकर मृत्यु तक व्यक्ति किसी न किसी परम्परा से बंधा हुआ पाया जाता है। पंजाब में गेहूँ मुख्य खाना है। दक्षिण के राज्यों में मुख्य खाने के रूप में धान खाया जाता है। सभी तटीय राज्य मांसाहारी हैं। पोशाक, त्यौहार और रीति-रिवाजों में परम्पराओं की विभिन्नता देखते ही बनती है। ऐसी कुछ धर्मों की है। आदिवासियों का धर्म अपनी पृथक् पहचान रखता है। यद्यपि बहुसंख्यक आदिवासियों ने हिन्दू धर्म की धर्म विधियों को अपना लिया है, फिर भी उनका रुझान अभी भी आदिवासी धर्म के प्रति है। ये परम्पराएँ बदली हैं। जाति और धर्म से बाहर विवाह होने लगे हैं, पर यह सामान्य प्रवृत्ति नहीं है। परम्पराओं की इस विविधता में आधुनिकता यानी प्रजातंत्र और पूंजीवाद की विकास यहां किस तरह हुआ है, यह जानना बहुत रुचिकर होगा।

आधुनिकता और परम्परा के मुठभेड़ की यह प्रक्रिया कोई भारतीय समाज की ही हो, ऐसा नहीं है। स्वयं यूरोप और अमेरिका को ऐसी मुठभेड़ 16वीं व 17वीं शताब्दी में करनी पड़ी थी। वहां चर्च और राज्य पृथक् नहीं थे। राज्य का धर्म ईसाई धर्म था और **राजतन्त्र** (Monarchy) सम्पूर्ण यूरोप में व्यापक व्यवस्था थी। सामन्तवाद वहां के जीवन का प्रभावी मुहावरा था। इस तरह की परम्परा, निश्चित है, धर्मनिरपेक्ष नहीं थी। उसमें कहीं बुद्धिसंगतता नहीं थी। इसी में वहां प्रजातंत्र, पूंजीवाद और उद्योगवाद आये।

हमारे यहां परम्पराओं की स्थिति व्यावहारिक रूप से तो आज 16वीं-17वीं शताब्दी के समान है। इस तथ्य को ऐतिहासिक प्रमाणों के आधार पर स्वीकार नहीं किया जा सकता। यहां कभी भी **एक ही लोग** (One people) यानी आर्य, एक ही भाषा अर्थात् संस्कृत और एक ही संस्कृति यानी हिन्दुत्व रहे हों, यह स्वीकार नहीं किया जा सकता। यह निश्चित है कि यहां के मूल निवासी आदिवासी जिन्हें हम संविधान की भाषा में अनुसूचित जनजातियां कहते हैं, रहे हैं। इनके बाद द्रविड़ और फिर आर्य। आर्यों और द्रविड़ों ने अपनी कुछ परम्पराएं बनाई और यह सिलसिला चला ही था कि सिकन्दर का आक्रमण हुआ। हूण आये, कुशाण आये और मुगल आये। इतिहास भी प्राचीन काल से चलकर मुगल काल या मध्यकाल के पड़ाव तक आ गया। इस लम्बी अवधि में यहां कई विदेशी आक्रमण हुए, कई प्रकार के धर्म परिवर्तन हुए और कई विदेशी बस गये। इस सबका परिणाम परम्पराओं पर पड़ा। कुछ मौलिक परम्पराएं बदल गई, कुछ नई परम्पराएं आ गई और धीरे-धीरे लेकिन निश्चित रूप से इस देश में कुछ मिली-जुली यानी मिश्रित परम्पराएं उभर कर सामने आई। आज देश में परम्पराओं की जो संरचना है वह बहुआयामी है।

जब कभी आधुनिकता की चर्चा हमारे यहां समाजशास्त्री करते हैं तब वे इसकी शुरूआत ब्रिटिश काल से करते हैं। एम. एन. श्रीनिवास आधुनिकता का प्रारम्भ अंग्रेजों के आगमन से मानते हैं। उनके लिये मशीनीकरण, रेलगाड़ी, छपाई की मशीन आदि

आधुनिकता के प्रमाण हैं। प्रजातंत्र और पूंजीवाद को वे आधुनिकता का अंग नहीं मानते। उद्योगवाद भी उनकी आधुनिकता की कोटि में नहीं आता। और यहां हम श्रीनिवास की आधुनिकता की परिभाषा को भी छोड़ दें, फिर भी यह निश्चित है कि उपनिवेशवादी काल में भारतीय परम्पराओं की कोई जबरदस्त मुठभेड़ आधुनिकता के साथ नहीं हुई। अंग्रेज स्वयं भी यह चाहते थे कि लोगों के सामाजिक जीवन में कम से कम हस्तक्षेप किया जाये। उनकी रणनीति बहुत स्पष्ट थी। वे किसी तरह अपने शासन को सुदृढ़ करना चाहते थे। अपवाद रूप में जैसे कि सती प्रथा पर पाबन्दी को छोड़कर उन्होंने कहीं भी परम्पराओं को हाथ नहीं लगाया। इसका मतलब हुआ उपनिवेशकाल में आंशिक रूप से आधुनिकता तो आई लेकिन परम्पराओं में कोई खास परिवर्तन नहीं आया।

स्वतंत्रता प्राप्ति के बाद भी भारतीय समाजशास्त्रियों ने परम्परा और आधुनिकता की मुठभेड़ का कोई गंभीर अध्ययन किया हो, ऐसा नहीं है। अधिकांश समाजशास्त्री जाति, गांव और नातेदारी के अध्ययन में उलझे रहे। आधुनिकता को उन्होंने कभी अपने अध्ययन का मुद्दा नहीं समझा। परम्परा और आधुनिकता के अध्ययन का अपवाद तीन समाजशास्त्रियों की कृतियों में है। ये समाजशास्त्री डी. पी. मुकर्जी, एम. एन. श्रीनिवास और योगेन्द्र सिंह हैं। योगेन्द्र सिंह ने तो इस मुद्दे पर विस्तृत रूप से अपने विचार **मोडर्नाइजेशन आफ इंडियन ट्रेडिशन** (Modernization of Indian Tradition) में रखे हैं। हम इस अध्याय में आगे चलकर परम्परा और आधुनिकता की अन्तःक्रियाओं का अध्ययन करेंगे। यहां यह भी कहना चाहिये कि आंशिक रूप से दिपांकर गुप्ता ने आधुनिकता की चर्चा अपनी हाल में प्रकाशित पुस्तक **मिस्टेकन मोडर्निटी** (Mistaken Modernity) में की है। इस पुस्तक में पत्रकारिता अधिक है और समाज विज्ञान कम। आधुनिकता पर यह एक लोकप्रिय लेखन मात्र से अधिक नहीं। यह समझना मुश्किल है कि आधुनिकता की कोई सार्थक चर्चा परम्पराओं के उल्लेख के बिना हो भी सकती है। एक रुचिकर बात यह है कि दिपांकर गुप्ता की इस पुस्तक की निर्देशिका में परम्परा शब्द ही नहीं है।

हम इस अध्याय में परम्परा और आधुनिकता की चर्चा भारतीय सन्दर्भ में कर रहे हैं। हमारा तर्क यह है कि यूरोप और अमेरिका में आधुनिकता का जो अर्थ लिया जाता है वह भारतीय परम्पराओं के सन्दर्भ में आकर बदल जाता है या उसमें परिवर्तन आ जाता है। इसका कारण यह है कि यहां प्रत्येक परम्परा अपने सन्दर्भ और ऐतिहासिक भूमिका में आधुनिकता की व्याख्या करती है। एक सर्वेक्षण के अनुसार जब यहां दलितों से पूछा गया कि वे आधुनिकता का क्या अर्थ निकालते हैं तो उनका कहना है, **आधुनिकता का मतलब समानता का अधिकार, स्वतंत्रता, आत्म सम्मान और सामाजिक मान्यता से है।** इसकी व्याख्या करते हुए गोपाल गुरु (Dalits in Pursuit of Modernity) लिखते हैं :

> इस तरह, दलित आधुनिकता की खोज में अपने लिये समानता और आत्म-सम्मान की भावना को प्राप्त करते हैं।

दलितों की आधुनिकता की यह पहचान या परिभाषा उनकी परम्पराओं के अनुरूप है। जब किसी समाज में आधुनिकता का सूत्रपात होता है, तो यह सूत्रपात शून्य में नहीं है। समाज की परम्पराओं में होता है। भारतीय समाज में बहु-समूह हैं। प्रत्येक समूह की अपनी-अपनी परम्पराएं हैं और ये परम्पराएं अपनी संरचना और ऐतिहासिक संदर्भ में अपना प्रत्युत्तर देती हैं। योगेन्द्र सिंह ने भारतीय समाज की व्यापकता का उल्लेख किया है। यहां हिन्दुओं की परम्पराएं हैं, मुसलमानों की परम्पराएं हैं, ईसाइयों की परम्पराएं हैं और आदिवासियां की परम्पराएं हैं। देखा जाये तो देश में कई ऐसे अल्पसंख्यक समूह हैं जिनकी अपनी अलग-अलग परम्पराएं हैं। इन सभी परम्पराओं का आधुनिकीकरण होता है, ये सभी परम्पराएं अपने-अपने ढंग से आधुनिकता की व्याख्या करते हैं, उसे परिभाषित करते हैं।

इस देश में कई परम्पराएं हैं। इन परम्पराओं में हिन्दू, मुसलमान और आदिवासी परम्पराएं मुख्य हैं। हिन्दू परम्पराएं भी कई हिन्दू सम्प्रदायों में बंटी हुई हैं। वैष्णव, शैव और शाक्त सम्प्रदाय अपने जुदा-जुदा परम्पराओं के इतिहास में बंधे हैं। हिन्दुओं में कई जातियां और उप-जातियां हैं। सभी की अपनी परम्पराएं हैं। इन सभी परम्पराओं के मेल से भारतीय समाज बनता है। योगेन्द्र सिंह ने भारतीय समाज के चार बड़े लक्षण बताये हैः (1) **सोपानिकता** (Hierarchy), (2) **एकीकृतता** (Holism), (3) **निरन्तरता** (Continuity) और (4) **अनुभवातीतता** (Transcendence)। ये लक्षण बताते हैं कि भारतीय समाज श्रेणीबद्ध है। इसमें जातियां, उप-जातियां, आदि हैं। जीवन क्रम भी श्रेणियों में बंधा है, यहां आश्रम हैं, और यहां मनुष्य की प्रकृति सत्, रज और तम में बंटी है। दूसरा, भारतीय समाज में **संघ** ही व्यक्ति की पहचान है, व्यक्ति स्वयं कुछ नहीं। इसी लक्षण को **होलीजम** (Holism) यानी एकीकृत लक्षण कहते हैं। समाज की एकीकृत प्रकृति ही इसे निरन्तरता देती है। हमारा यह समाज सभ्यता का समाज कहलाता है। और अन्त में यह समाज अनुभवातीत है। इसका यह तात्पर्य है कि यहां की परम्पराएं वस्तुतः मूल्यों पर आधारित हैं। इस सम्पूर्ण संरचना में मूल्यों को सबसे ऊंचा स्थान प्राप्त है। इन मूल्यों की सामाजिक **वैधता** (Legitimacy) है। इनका व्यक्तिशः कोई अनुभव नहीं कर सकता। इन्हें तर्क और बहस की कसौटी पर कसा नहीं जा सकता। परम्पराएं, हिन्दुओं में इस कारण एक ऐसी अवधारणाएं हैं जिनके औचित्य पर कभी प्रश्न नहीं खड़ा किया जा सकता।

परम्पराओं का संगठन हिन्दुओं में पुनर्जन्म (Transmigration of soul) के सिद्धान्त पर आधारित है। आत्मा कभी मरती नहीं है, इसे कोई नष्ट नहीं कर सकता, न शस्त्र, न अग्नि और न और कुछ। मोक्ष की तलाश में यह आत्मा पुनर्जन्म के चक्र में घूमती है। किसी जन्म में पुण्य कर्म करने से ही उसका मोक्ष होता है। यदि पुनर्जन्म का सिद्धान्त हिन्दू धर्म का केन्द्रीय सिद्धान्त है, तो कर्म इसकी आत्मा।

यहां हम हिन्दू धर्म की कोई व्याख्या नहीं करना चाहते और न ऐसा करने के लिए हम सक्षम हैं। हमारा केवल यही आग्रह है कि भारतीय समाज में कई परम्पराएं हैं और

इनमें हिन्दू परम्परा की अपनी एक निश्चित पहचान है। जब आधुनिकीकरण की अन्तःक्रिया हिन्दू परम्परा के साथ होती है, तब आधुनिकता और परम्परा दोनों में अन्तर आता है।

मुसलमानों की परम्परा हिन्दू समाज से भिन्न है। जब इस परम्परा की मुठभेड़ आधुनिकता के साथ होती है, तब इसके परिणाम जुदा होते हैं। मुसलमान इस्लाम के अनुयायी हैं। इस धर्म की परम्पराएं इसकी महान परम्पराओं की अंग हैं और इस्लाम की महान परम्परा इस जीवन दृष्टिकोण को अपनाती है कि इसके अनुयायियों में न कोई बड़ा है और न कोई छोटा। इसमें सोपानिकता को कोई स्थान नहीं। इसकी प्रकृति **समतावादी** (Egalilarian) है। यह धर्म विशुद्ध रूप से **मसीही-ऐतिहासिक** (Messanic Historical) है। हिन्दू धर्म की परम्परा की तुलना में यह धर्म ऐतिहासिकता पर अधिक आधारित है। इसकी सांस्कृतिक पृष्ठभूमि इसे, अन्य धर्मों से पृथक् बना देती है। विभिन्न धर्मों में ऐतिहासिकता की भूमिका पर टिप्पणी करते हुए **विल्फ्रेड केन्टवेल** (Wilfred Cantwell) लिखते हैं :

> हिन्दुओं के लिये अन्ततोगत्वा इतिहास महत्वपूर्ण नहीं है, इस्लाम के लिये यह महत्वपूर्ण है लेकिन निर्णायक नहीं, मार्क्सवादियों के लिये यह सब कुछ है।

इस्लाम की परम्पराएं श्रुति हैं, एक तरह की **रहस्योद्घाटन** (Revelation) हैं। और इसी कारण यह धर्म इतिहास में हमेशा क्रियाशील रहा है। इस धर्म में पुजारी को कोई स्थान नहीं है। उलेमा किसी भी तरह हिन्दुओं के पुजारियों की तरह नहीं हैं। **यह धर्म भाई-चारे का धर्म है**। इसका **एकीकरण** (Holism) **उम्माँ** यानी मुस्लिम जनता का एकीकरण है। इस्लाम के अनुयायी कुरान और सुन्ना की परम्पराओं पर चलते हैं। कुरान पर आधारित **हादीस** इनकी विभिन्न परम्पराएं हैं। ये ही इनका कानून हैं। किसी भी क्षेत्र विशेष के अर्थ में इस्लाम का कोई राष्ट्र नहीं। वे तो इस्लाम के मानने वालों का ही एक राष्ट्र मानते हैं। इस्लाम की ये परम्पराएं वस्तुतः **कुरान, सुन्ना, हदीत** और **शरिया** से जुड़ी हुई हैं। बहुत स्पष्ट शब्दों में इस्लाम की परम्पराएं हिन्दू परम्पराओं से भिन्न हैं। जब इन परम्पराओं से आधुनिकता की अन्तःक्रिया होती है, तब निश्चित है कि इसके परिणाम हिन्दू परम्पराओं से जुदा होते हैं। मुस्लिम परम्परा की आधुनिकता की परिभाषा हमारे देश में कुछ दूसरी तरह की ही होगी।

भारतीय समाज का एक और महत्वपूर्ण भाग अनुसूचित जनजातियों का है। यह समूह कुल जनसंख्या का लगभग आठ प्रतिशत है। इन्हें आदिवासी भी कहते हैं। वर्षों तक ये आदिवासी देश की मुख्य धारा से पृथक्—जंगलों और पहाड़ों में रहते आये हैं। इनका जातियों और अन्य समुदायों से सम्पर्क हाल में यानी कोई सौ वर्ष पहले हुआ है। पृथक् रहने के कारण इनकी भाषा, खान-पान और रहन-सहन भी अन्य वर्गों से भिन्न रहे हैं। इनका पिछड़ापन और इनकी गरीबी बहुत ज्यादा है। इस भयावह पिछड़ेपन के कारण ही संविधान ने इन्हें कुछ सुरक्षाएं और सुविधाएं दी हैं। **भारत के लोग** रिपोर्ट में आदिवासी

समूहों की कुल संख्या 461 बताई गई है। **इसी रिपोर्ट के अनुसार ये आदिवासी वर्ण व्यवस्था में नहीं आते।** इनमें हिन्दुओं की तरह जातियां भी नहीं हैं। इनकी भाषा भी आंचलिक भाषा से भिन्न होती है। इनमें बहुपति तथा बहुपत्नी विवाह का प्रचलन है। इनका कानून सामान्यतया **प्रथागत कानून** (Customary law) है। यद्यपि इन समूहों ने हिन्दू, ईसाई धर्मों को अपनाया है, फिर भी इनका रुझान मुख्यतया अपने **आदिवासी धर्म** (Tribal Religion) की ओर है। इनके स्थानीय देवी-देवता तथा परिवार के पूर्वज ही इनके धार्मिक जीवन को संचालित करते हैं। **इन आदिवासी समूहों की परम्पराएं, हिन्दू परम्पराओं से जुदा हैं।** इनके खान-पान और रहन-सहन के तौर-तरीके इन्हें स्पष्ट रूप से देश के अन्य समूहों से भिन्न करते हैं। जिन आदिवासियों ने पीढ़ी-दर-पीढ़ी अपनी जीवन पद्धति को आदिवासी पंचायत के कानून से चलाया हो, जब उनका सम्पर्क आधुनिकता के साथ होता है, तब उनकी क्या प्रतिक्रिया होगी, यह एक महत्वपूर्ण बात है। **ऐसा लगता है कि आदिवासियों की आधुनिकता** अन्य समूहों की आधुनिकता से भिन्न है। कम से कम आदिवासी जिस अर्थ में आधुनिकता को समझते हैं वह पढ़े-लिखे और अभिजन लोगों की आधुनिकता से तो अलग ही है। इन समूहों की आधुनिकता के प्रति जो भी प्रतिक्रिया होती है, वह अपनी एक खास विशेषता रखती है।

हमने यह प्रस्ताव रखा कि आधुनिकता की व्याख्या जब परम्पराओं और इतिहास के सन्दर्भ में की जाती है, तो उसका अर्थ, चरित्र और अन्तर्वस्तु बदल जाते हैं। यूरोप और अमेरिका के इतिहास ने—वहां की परम्पराओं ने और इसी तरह वहां के इतिहास ने, जिस तरह की आधुनिकता को जन्म दिया, वह यहां नहीं है। प्रत्येक परम्परा अपने विशेष सन्दर्भ में आधुनिकता परिभाषित करती है। उसे पहचान देती है। अपने इस तर्क के आधार पर हमने हिन्दू, मुसलमान तथा आदिवासी समूहों की केन्द्रीय परम्पराओं का उल्लेख किया है। यहां एक और महत्वपूण तत्व है। एक ही सांस्कृतिक समूह में हमें कई वर्ग मिल जाते हैं। उदाहरण के लिये हिन्दुओं में या कहिये ब्राह्मणों में गरीब ब्राह्मण हैं, बनियों में भी इसी भांति वर्ग हैं। यद्यपि ब्राह्मण या दलित स्तरीकरण के सांस्कृतिक प्रकार हैं, पर ये आर्थिक प्रकार भी हैं, यानि वर्ग भी हैं। अब होता यह है कि एक ही जाति में उच्च, मध्यम तथा निम्न वर्ग होते हैं और इस कारण प्रत्येक वर्ग की अलग-अलग परम्परायें होती हैं। उदाहरण के लिये मध्यम वर्ग को लीजिये। इस वर्ग में सभी जातियां आ जाती हैं। मध्यम वर्ग दलितों में भी होता है, और आदिवासियों में भी। एक वर्ग की परम्पराएं अन्य वर्ग से भिन्न होती हैं। इस भांति आधुनिकता की व्याख्या वर्ग स्तर पर आकर भी बदल जाती है।

सब मिलाकर हमारा आग्रह यह है कि कुछ सार्वभौमिक अवधारणाएं, सिद्धान्त और परिभाषाएं राष्ट्रीय और स्थानीय स्तर पर आकर बदल जाती हैं। यहां सार्वभौमिकता का स्थानीयकरण हो जाता है। इसी तर्क के आधार पर हमारा कहना है कि भारत तथा दक्षिण एशिया के देशों में आधुनिकता का जो अर्थ लिया जाता है, वह अपनी सार्वभौमिक परिभाषा को कुछ अर्थों में बदल देता है। इसी तर्क के आधार पर हमारा यह भी कहना है

कि दुनियां के इस भू-भाग में आधुनिकता की कोई भी व्याख्या बेमतलब है जब तक हम इसे परम्पराओं के सन्दर्भ में नहीं देखते। जब हेबरमॉ, गिडिन्स, रिट्ज़र यूरोप की आधुनिकता की व्याख्या करते हैं तब वे परम्पराओं का नाम भी नहीं लेते। फिर भी यह क्या बात है कि भारत में आधुनिकता की चर्चा करते हुए हम बार-बार यहां की परम्पराओं का उल्लेख करते हैं। इस तरह का सोचना सही है। लेकिन यूरोप और एशिया के अनुभव एक जैसे नहीं हैं। न इतिहास एक है और न उपनिवेशवादी त्रासदी एक है। इस तर्क से प्रेरित होकर हम भारतीय आधुनिकता की व्याख्या यहां की परम्पराओं के सन्दर्भ में करेंगे। पर आधुनिक व्याख्या करने से पहले हम परम्परा के अर्थ और परिभाषा को समझेंगे।

परम्परा किसे कहते हैं? भारतीय सन्दर्भ
(What is Tradition? The Indian Context)

परम्परा और आधुनिकता—दोनों ही द्विध्रुवी अवधारणाएं हैं। ई. 1950 के दशक के बाद इन अवधारणाओं पर हमारे देश में बड़ी बहसें हुई हैं। देश के बाहर विदेशों में भी जब आधुनिकीकरण आया तब वहां भी इन दोनों परस्पर विरोधी अवधारणाओं पर काफी चर्चा हुई। योगेन्द्रसिंह कहते हैं कि भारत में परम्परा और आधुनिकता को ब्रिटिश उपनिवेशवाद के सन्दर्भ में देखना चाहिये। अंग्रेजी हुकूमत यह चाहती थी कि आम भारतीय जनता में कम से कम सतही रूप से तो यही स्थापित करना चाहिये कि यहां परम्पराएं समाज की बहुत महत्वपूर्ण कड़ी हैं। ये कड़ियां समाज को एक सूत्र में बांधे रखती हैं। परम्पराओं के प्रति उपनिवेशवादी सरकार का ऐसा उदार दृष्टिकोण जहां एक ओर उन्हें लोकप्रिय बनाता था, वहीं दूसरी ओर परम्पराओं को सुदृढ़ बनाता था। प्राच्यवादी समाज वैज्ञानिकों ने भी भारतीय क्लासिकल साहित्य पर बड़ा जोर दिया। उनका पूरा ध्यान प्राचीन साहित्य पर अटका रहा। ब्रिटिश मानवशास्त्री और भारतीय समाजशास्त्री जिनमें इतिहासकार भी सम्मिलित हैं, कभी भी इस काल की ऐतिहासिक सामाजिक यथार्थता को नहीं पहचान पाये। परिणाम यह हुआ कि हमने परम्पराओं को हमेशा आधुनिकता के विरोध में देखा। स्वतंत्रता प्राप्ति के बाद जब हमने निर्णय लिया कि हम भारत को एक आधुनिक राष्ट्र बनायेंगे, तब पहली बार परम्परा और आधुनिकता का विवाद स्पष्ट रूप से हमारे सामने आया। इस विवाद की शुरूआत डी. पी. मुकर्जी ने की। उन्होंने भारतीय परम्परा की जो व्याख्या की है, उससे हम परम्परा के अर्थ को स्पष्ट करेंगे।

डी. पी. मुकर्जी की परम्परा की व्याख्या
(D.P. Mukerji's Analysis of Tradition)

डी. पी. मुकर्जी का पूरा नाम धुर्जति प्रसाद मुकर्जी था। इनका जीवनकाल 1894-1961 है। समाज विज्ञान में इन्हें प्यार से सभी डी. पी. कहते हैं। डी. पी. अर्थशास्त्र और इतिहास के विशेषज्ञ थे। उन दिनों में अकादमिक क्षेत्रों में समाजशास्त्र एक तुलनात्मक समाज विज्ञान

समझा जाता था। लखनऊ में समाजशास्त्र के पाठ्यक्रम में अर्थशास्त्र तथा समाजशास्त्र में मेलज़ोल था, और मुम्बई में समाजशास्त्र का मेलजोल राजनीतिशास्त्र से था। इस भांति डी.पी. की परम्परा की व्याख्याओं में तीन विषयों का गठबन्धन था : इतिहास, अर्थशास्त्र और समाजशास्त्र।

डी. पी. परम्परा की व्याख्या करते हुए इस **सामान्य धारणा को लेकर चलते हैं कि परम्परा एक सामाजिक व्यवहार** (Social Practice) है। **यह व्यक्तियों के व्यवहार को मानक और मूल्य प्रदान करता है। इसका तात्पर्य अतीत के काल्पनिक या वास्तविक व्यवहार को निरन्तरता देना होता है। इसके अन्तर्गत धर्म विधियां और प्रतीकात्मक व्यवहार सम्मिलित हैं।**

डी. पी. आधुनिकता को एक खोटी या अभिनयपूर्ण अवधारणा कहते हैं। उन्होंने परम्परा की व्याख्या आधुनिकता के सन्दर्भ में की है। इस सिलसिले में उनकी दो पुस्तकें **पर्सनालिटी एण्ड सोश्यल साइंसेज** (Personality and Social Sciences, 1924) तथा **बेसिक कन्सेप्ट्स आफ सोश्योलोजी** (Basic Concepts of Sociology, 1932) महत्वपूर्ण कृतियां हैं। इनमें उन्होंने परम्परा की व्याख्या की है। **वे कहते हैं कि भारतीय परम्पराओं के स्रोत बौद्ध धर्म, इस्लाम और पश्चिमी संस्कृति में हैं। इन धार्मिक ग्रन्थों में जो कुछ है तथा हिन्दुओं के वेदान्त में जो परम्पराओं और धर्म विधियों में निहित है, वही परम्परा है।** दूसरे शब्दों में, **डी. पी. के अनुसार, धर्म, धर्म विधियों और पश्चिमी संस्कृति ही भारतीय परम्परा को बनाती हैं। इस अवधारणा में डी. पी. भारतीय और विदेशी दोनों परम्पराओं को जोड़ते हैं। इस दृष्टि से भारतीय परम्परा एक प्रकार का ऐसा संश्लेषण** (Synthetic) है जिसमें भारतीय तथा विदेशी संस्कृतियों या मान्यताओं का गठबन्धन है।

डी. पी. ने भारतीय परम्पराओं का वर्गीकरण भी किया है। उनका यह वर्गीकरण **फ्रेन्कलिन गिडिन्स** (Franklin Giddings) की तर्ज पर है। इसके अनुसार परम्पराएं तीन प्रकार की हैं : (1) प्राथमिक, (2) द्वैतीयक, और तृतीयक हैं। प्राथमिक परम्पराओं का परिपालन प्रत्येक हिन्दू के लिये अनिवार्य है। इससे किसी को मुक्ति नहीं है। मृत्यु के बाद शरीर को अग्नि संस्कार द्वारा पंचभूतों में विलीन करना प्राथमिक संस्कार। द्वितीय और तृतीयक परम्पराएं वैकल्पिक होती हैं और इसलिये इसमें व्यक्ति को थोड़ी छूट मिल जाती है। डी. पी. की परम्परा की व्याख्या में **तर्क** (Reason) को केन्द्रीय स्थान प्राप्त है। यह तर्क व्यावहारिक और **निराधार कल्पना** (Speculative) मात्र भी हो सकता है। लेकिन डी. पी. परम्परा में तर्क की भूमिका को आग्रहपूर्वक रखते हैं। वे उद्‌विकास को स्वीकार नहीं करते। उद्‌विकास प्रायः दिशाहीन होता है। प्रगति के लिये उद्देश्य (Purpose) होना चाहिये और इस उद्देश्य का आधार तर्क होता है।

डी. पी. परम्परा के हिमायती रहे हैं। उनके अनुसार भारतीय समाज में परम्परा धर्म, वेदान्त और पश्चिमी संस्कृति से आती है और इसमें अनिवार्य रूप से तर्क होता है। यहां यह भी कहना चाहिये कि सैद्धान्तिक दृष्टि से डी. पी. मार्क्सवादी थे। वे **द्वन्द्व**

(Dialectics) की धारणा से अत्यधिक प्रभावित थे। उन्हें परम्परा और आधुनिकता दोनों में द्वन्द्व दिखाई देता है। भारतीय समाज में जो भी परम्पराएं हैं वे सामाजिक तथा ऐतिहासिक प्रक्रियाओं का परिणाम है। और यह इतिहास, डी.पी. की दृष्टि में निश्चित रूप से द्वन्द्वात्मक है। अपने निष्कर्ष में वे लिखते हैं :

> भारत की बौद्धिक और कलात्मक उपलब्धियां किसी भी तरह से पश्चिम की तुलना में कमजोर नहीं हैं। **इन परम्पराओं में वेदान्त, पश्चिमी उदारवाद और मार्क्सवाद का संश्लेषण है।**

डी. एन. मजूमदार और परम्परा (D.N. Majumdar and Traditions)

धिरेन्द्रनाथ मजुमदार (1903-1960) ने अपने जीवन को एक मानवशास्त्री की तरह प्रारम्भ किया। प्रारम्भ में उन्होंने कोलकाता विश्वविद्यालय में कार्य किया। इसके बाद वे लखनऊ आ गये। इन पर **रिवर्स** (Clark Wissler, W. H. R. Rivers) जो ब्रिटिश मानवशास्त्री थे, का बड़ा प्रभाव था। मजुमदार के मुख्य कार्य संस्कृति के क्षेत्र में था और यह संस्कृति उनके लिये आदिवासियों की संस्कृति थी। उन पर **टाइलर** (Tylor) की संस्कृति की अवधारणा का असर बहुत बड़ा था। इसी को उन्होंने आदिवासियों की संस्कृति के अध्ययन में लागू किया। संस्कृति की व्याख्या उन्होंने दो स्तरों पर की है। सबसे पहले वे **संस्कृति तत्वों** (Culture Traits) की पहचान करते हैं और उनके इतिहास को बनाते हैं। **यहीं पर वे परम्पराओं का उल्लेख करते हैं।** परम्पराओं के महत्व को अंकित करते हुए वे लिखते हैं :

> हमें अतीत (परम्पराओं) को वर्तमान के सन्दर्भ में समझना चाहिये, और वर्तमान को अतीत के सन्दर्भ में। कभी स्वर्ण युग नहीं था, और न भविष्य में यह कभी होगा। जीवन तो समंजन की एक प्रक्रिया है और यह बराबर प्रकट या उघड़ती रहती है। वे लोग जो इस समंजन को नहीं पाते, समाज उन्हें फेंक देता है और जो नई व्यवस्था के साथ अपना जोड़ बैठा लेते हैं, आगे निकल जाते हैं।

मजुमदार परम्परा और आधुनिकता को जोड़ते हैं। परम्पराएं अतीत की हैं। इनकी समाज में वैधता है लेकिन ये परम्पराएं जड़ नहीं हैं। इन्हें आधुनिकता के साथ समझौता करना पड़ता है। तभी ये जीवित रह सकती हैं। लेकिन इन परम्पराओं की **अन्तर्वस्तु** (Content) क्या है ? मजुमदार के अनुसार किसी भी परम्परा में संस्कृति तत्व उसकी अन्तर्वस्तु होते हैं। दूसरे शब्दों में, समूह की **नृजातीयता** या **एथनिसिटी** (Ethnicity) ही उसकी परम्परा है। मजुमदार सही शब्दों में एक **क्षेत्र कार्यकर्ता** (Field Worker) थे। उनका बहुत कम वास्ता मानवशास्त्रीय सिद्धान्तों से था। उन्होंने यह स्थापित किया कि **किसी भी संस्कृति की ताकत उसकी परम्पराएं होती हैं।** और परम्पराएं, इस अर्थ में ऐतिहासिक होती हैं। मजुमदार ने परम्पराओं की जो व्याख्या या परिभाषा की है, उसमें

निम्न तत्व महत्वपूर्ण हैं :

1. परम्पराएँ अतीत को वर्तमान से जोड़ती हैं। वर्तमान की कोई भी व्याख्या अधूरी है। जब तक वह परम्पराओं को अपना केन्द्र नहीं मानती।
2. परम्परा को वर्तमान के साथ समायोजन करना पड़ता है। परम्परा में परिवर्तन निहित है।
3. परम्परा यदि जड़ हो जाती हैं तो इसका अस्तित्व समाप्त हो जाता है।
4. परम्परा वस्तुतः नृजातीयता यानी एथनिसिटी हैं।
5. परम्पराएँ हमारे सांस्कृतिक इतिहास की कड़ियां हैं, अवयव हैं।

डी. एन. मजूमदार की एक मानवशास्त्री की तरह भारतीय समाज की व्याख्या बहुत बड़ी उपलब्धि है। उन्होंने वस्तुतः **संस्कृति के ऐतिहासिक विकास** (Historical Development of Culture) की धारणा को सशक्त किया है और रुचिकर बात यह है कि इस विकास को उन्होंने जमीन से जोड़ा है। वे इसके विकास का प्रारम्भ आदिवासियों की संस्कृति से करते हैं। आगे चलकर वे परम्पराओं की व्याख्या आधुनिकीकरण के सन्दर्भ में करते हैं। उनके विचार में समाजशास्त्र में परम्परा कोई बहस का मुद्दा नहीं है। वे बहुत स्पष्ट हैं कि हमारी संस्कृति के इतिहास में **परम्पराएं हमेशा आधुनिकता के साथ अनुकूलन** (Acculturation) करती आई हैं।

एम. एन. श्रीनिवास की परम्परा की अवधारणा (M.N. Srinivas' Concept of Tradition)

एम. एन. श्रीनिवास भारतीय समाजशास्त्र में एक मूर्धन्य हस्ताक्षर हैं। **ये पहले व्यक्ति थे जिन्होंने भारतीय समाज और सभ्यता को एक छोटी दुनिया** (Microcosm) **के रूप में समझने का प्रयास किया।** बीसवीं शताब्दी के मध्य में श्रीनिवास के अनुसंधान का प्रचुर प्रभाव भारत और विदेशों में देखने को मिला। उस युग में एक तरफ तो वे समाजशास्त्री थे जो भारतीय परम्पराओं को यहां के क्लासिकल ग्रन्थों के माध्यम से समझते थे, और दूसरी ओर वे समाजशास्त्री जो परम्पराओं का विश्लेषण क्षेत्रीय कार्य की उपलब्धि से करते थे। श्रीनिवास दूसरी श्रेणी के समाजशास्त्रियों में आते हैं। जब सन् 1970 में **मेन्डेलबॉम** (Mandelbaum) की पुस्तक **सोसायटी इन इण्डिया** (Socety in India, 2 Vols) प्रकाशित हुई तब ऐसा लगा कि भारतीय समाज की कोई भी व्याख्या परम्पराओं के अभाव में नहीं की जा सकती। इस पुस्तक के दो खण्डों के लगभग 700 पृष्ठों में श्रीनिवास का संदर्भ कई बार आया है। इस दृष्टि से परम्पराओं के विश्लेषण में श्रीनिवास का योगदान अत्यन्त महत्वपूर्ण है। यह इसलिये कि श्रीनिवास परम्पराओं का महत्व क्षेत्रीय तत्वों के आधार पर (1) गांव से जुड़ते हैं और इसका (2) केन्द्र धर्म तथा **धर्म विधियां** (Rituals) मानते हैं।

श्रीनिवास की परम्परा की व्याख्या थोड़े खुलासे के साथ देखनी पड़ेगी। श्रीनिवास और इरावती कर्वे दोनों ही मानवशास्त्री थे। दोनों ही समाजशास्त्र और मानवशास्त्र के **शीर्ष** (Doyen) समाज वैज्ञानिक थे। इस समानता के होते हुए भी दोनों में विधि को लेकर अन्तर था। इरावती कर्वे नातेदारी के अपने क्लासिकल अध्ययन में **प्राच्य विद्या** (Indology) विधि को अपनाती हैं। वे पीछे मुड़कर वेदान्त, पुराण और महाकाव्यों को अपने प्रमाण जुटाने के लिये देखती हैं, और साथ ही साथ क्षेत्रीय तथ्य भी जुटाती हैं। इस भांति कर्वे की विधि में प्राच्य विद्या और मानवशास्त्रीय क्षेत्रीय कार्य दोनों सम्मिलित हैं। श्रीनिवास एक विशुद्ध मानवशास्त्री की तरह क्षेत्र को ही देखते हैं। इस कारण उनकी परम्पराओं की व्याख्या जमीन से जुड़ी हुई अधिक है। यदि श्रीनिवास की सम्पूर्ण कृतियों की व्याख्या की जाए तो स्पष्ट हो जायेगा कि उन्होंने अपने लेखन काल में गांव, जाति और धर्म को अपनी अध्ययन सामग्री बनाया है। कर्नाटक के रामपुरा गांव का अध्ययन आज समाजशास्त्र में एक क्लासिकल अध्ययन समझा जाता है। इस गांव के ढेर सारे तथ्य उनकी पुस्तक **दि रिमेम्बर्ड विलेज** (The Remembered Village, 1976) में है। उनका दूसरा महत्वपूर्ण अध्ययन जिसका बहुत बड़ा सरोकार परम्पराओं से है, कूर्ग का है। यह पुस्तक **रिलिजन एण्ड सोसायटी एमन्ग दि कूर्ग्ज आफ साउथ इण्डिया** (Religion and Society among the Coorgs of South India) ई. 1952 में प्रकाशित हुई। रामपुरा और कूर्ग के अध्ययन में श्रीनिवास **पितृवंशीय** (Patrilineage) परिवारों (**ओक्का**, Okka) की परम्पराओं का विस्तृत उल्लेख करते हैं। परम्परा और धर्म विधियां किस भांति एक दूसरे से जुड़ी हुई हैं। इसे कूर्ग के ओक्का में देखा जा सकता है। रामपुरा में भी वे इसी प्रकार ब्यौरा देते हैं। लगभग ई. 1956 के बाद श्रीनिवास ने परिवार और धर्म से जुड़ी हुई परम्पराओं के बारे में लिखना बन्द कर दिया। इसके बाद वे परम्पराओं को जाति में देखते हैं। यहां वे परम्परा का उल्लेख आधुनिकता तथा पश्चिमीकरण के सन्दर्भ में करते हैं। **कास्ट इन मोडर्न इण्डिया एण्ड अदर एसेज़** (Caste in Modern India and Other Essays, 1962) में वे परम्पराओं का उल्लेख केवल नाम के लिये करते हैं क्योंकि यहां उनकी समस्या पश्चिमीकरण और आधुनिकीकरण की व्याख्या करना होता है। अपनी इस पुस्तक में श्रीनिवास ने परम्पराओं के मूल को जाति व्यवस्था में खोजा है।

भारतीय समाज का विश्लेषण समाजशास्त्रियों ने अलग-अलग संदर्भ से किया है। धुरिये उन समाजशास्त्रियों में से हैं जो सम्पूर्ण भारतीय समाज की व्याख्या हिन्दू परम्पराओं और हिन्दू मूल्यों के माध्यम से करते हैं। अब हम उनकी दृष्टि में परम्पराएं क्या हैं, इसका उल्लेख करेंगे।

घुरिये और भारतीय परम्परा
(Ghurye and Indian Traditions)

घुरिये ने स्पष्ट रूप से कहीं भी भारतीय परम्पराओं का एक अध्ययन सामग्री के रूप में

विश्लेषण नहीं किया है। उनकी कृतियों में आधुनिकीकरण और सामाजिक परिवर्तन को भी कोई विशेष स्थान नहीं है। स्वभाव और लेखन से घुरिये कट्टरवादी लेखक थे। उनकी कृतियों में उनका हिन्दुत्व का सम्मान जहां-तहां बराबर दीखने को मिला है। घुरिये ही नहीं लगभग सभी प्राच्य विद्या विधि के प्रणेता यथास्थिति बनाये रखने में पूरा विश्वास रखते हैं। सामाजिक परिवर्तन यदि होता है, तो हो जाये, लेकिन ये समाजशास्त्री प्रकार्यवाद को छोड़ते नहीं हैं। **विदेशों में सामान्यतया प्रकार्यवादी इतिहास विरोधी होते हैं।** लेकिन हमारे देश में प्रकार्यवादी इतिहास प्रेमी हैं। उनका विश्वास है कि जब परम्पराओं को इतिहास के माध्यम से रखा जाता है, तब उनकी सामाजिक वैधता बढ़ जाती है। इसी कारण प्राच्य विद्यावादी, प्राचीन इतिहास में रुचि रखने वाले प्रकार्यवादी जिनमें श्रीनिवास, धुरिये, एस. सी. दुबे आदि हैं, बराबर परम्पराओं का उल्लेख करते हैं। इन लेखकों की दृष्टि में परम्पराएं सामान्यतया रुढ़िवादी, दकियानूसी और अपरिवर्तनकारी हैं। अब हम धुरिये की परम्परा की व्याख्या को लेवें।

घुरिये भारतीय समाज को परम्पराओं से भरा हुआ एक ऐसा केप्स्यूल समझते हैं जिसके माध्यम से समाज के सम्पूर्ण क्षेत्रों का विवेचन किया जा सकता है। **धुरिये के लिये हिन्दू परम्पराएं चाहे वे जातियों की हों, धर्म की, साधुओं की या जनजातियों की, सभी का मापदण्ड हिन्दू परम्पराएं ही हैं। जिन समूहों में हिन्दू परम्परा का फीता सही नहीं बैठता, वे समूह हाशिये के समूह हैं, अर्थात् देश की मुख्य धारा से अलग-थलग हैं। शायद यह कहना अतिश्योक्ति नहीं होगा कि धुरिये के लिये परम्परा एक प्रक्रिया न होकर स्वतः शोध** (Heuristic) **विधि है।**

घुरिये ने परम्परा की व्याख्या आधुनिकता के संदर्भ में नहीं की है। वे हिन्दू सभ्यता का निर्माण करना चाहते थे। अपने इस प्रयास में उन्होंने प्राच्य विद्याशास्त्र के स्रोतों का प्रयोग किया है। उदाहरण के लिये **धार्मिक चेतना** (1965) तथा **दो ब्राह्मणवादी संस्थाओं के रूप में गौत्र एवं चरण** (1972) नामक अध्ययनों में उन्होंने भारतीय परम्पराओं के स्रोत की खोज की है। यह निश्चित है कि घुरिये को प्राच्य विद्याशास्त्रों से बड़ा मोह था। उनकी रुचि परिवार, जाति और नातेदारी विषयों में बहुत अधिक थी। आदिवासियों के एकीकरण पर जो कुछ उन्होंने लिखा है, वह स्पष्ट रूप से बताता है कि उनकी दृष्टि में भारतीय परम्पराएं वे हैं जो प्राच्य विद्या में विद्यमान हैं। वे जब इन परम्पराओं को आदिवासियों में पाते हैं, तब कहते हैं कि आदिवासी और कुछ न होकर **पिछड़ी जातियां** (Backward castes) हैं और **राजगोंड जैसे आदिवासी तो ऐसे हैं जिनका पूर्णरूप से सात्मीकरण** (Assimilatism) **हिन्दू जातियों में हो गया है।** वे जातियों को व्यावसायिक समूह मानते हैं। धुरिये का कहना है कि हिन्दू परम्पराएं अपने में सशक्त हैं और कोली (महाराष्ट्र) अपना पूर्ण सात्मीकरण हिन्दू जातियों से कर लेंगे तब उनका पिछड़ापन समाप्त हो जायेगा।

घुरिये की दृष्टि में, परम्पराएं क्या हैं ? इनकी अन्तर्वस्तु क्या है ? इन प्रश्नों का उत्तर उन्होंने जहां-तहां अपनी कृतियों में दिया है। **धार्मिक विश्वास, कर्मकाण्ड, संस्कार**

आदि वे तत्व हैं जो हिन्दू परम्पराओं को बनाते हैं जो हिन्दू परम्पराएं हैं, वे उनकी दृष्टि में भारतीय परम्पराएं हैं। उनके अनुसार परम्परा पवित्र हैं, उनकी निरन्तरता पर समय की मोहर लगी है। ये परम्पराएं इतिहास तथा धार्मिक ग्रन्थों से मिलती हैं लेकिन इनकी व्यापकता लोक जीवन में भी देखने को मिलती है। परम्परा पर इतना अधिक लिखने के बाद भी घुरिये कहीं भी इन्हें आधुनिकता के साथ नहीं जोड़ते। वे अनिवार्य रूप से यह स्वीकार करते हैं कि भारतीय समाज की एकता उसकी परम्पराओं के कारण है। धर्म सम्पूर्ण देश को बांधे रखता है और देश ही क्यों, मिश्र, बेबिलोनिया, श्रीलंका, आदि पड़ौसी देशों में भी ये भारतीय परम्पराएं थोड़ा बहुत अन्तर के साथ पाई जाती हैं।

परम्पराएं : ए. आर. देसाई के अनुसार
(Traditions according to A.R. Desai)

ए. आर. देसाई यानी अक्षय रमण लाल देसाई मार्क्सवादी समाजशास्त्री थे। उनका मार्क्सवाद **डोक्टीनेयर** (Doctrinaire) यानी मतवादी मार्क्सवाद था। सैद्धान्तिक रूप से देसाई कभी भूलकर भी परम्पराओं की व्याख्या प्राच्य विद्या या धार्मिक ग्रन्थों में नहीं खोजते। वे परम्पराओं को सामाजिक संस्थाओं जैसे—गांव और परिवार में ढूंढते हैं। समाजशास्त्रीय समस्याओं का विश्लेषण देसाई ने पश्चिमी समाज में नहीं खोजा। उनकी विधि जैसा कि मार्क्सवादियों के साथ होता है, इतिहास था। यह इतिहास भी मार्क्सवादी रहा है जो उत्पादन सम्बन्धों, उत्पादन शक्तियों और ऐतिहासिक द्वन्द्व के इर्द-गिर्द घूमता है। **सोश्यल बेकग्राउन्ड आफ इण्डियन नेशनेलिज्म** (Social Background of Indian Nationalism, 1948) उनका एक क्लासिकल ग्रन्थ है जिसमें वे मार्क्सवादी परिप्रेक्ष्य में भारतीय राष्ट्रीयता के इतिहास की व्याख्या करते हैं। उनकी इस व्याख्या में भारतीय धार्मिक परम्पराओं, कर्मकाण्डों और संस्कारों को कोई स्थान नहीं है। **उनके अनुसार परम्पराएं वे हैं जिनका लोक जीवन के साथ धर्मनिरपेक्ष सम्बन्ध है।** गांव की अपनी परम्पराएं रही हैं। गांव की एकता इतिहास प्रसिद्ध रही है। गांव में साम्प्रदायिक समूहों की एकता भी जो किसी भी भेद-भाव को नही करती, गांव को यान्त्रिक बना देती है, इसका उल्लेख देसाई ने किया है। कुल मिलाकर देसाई ने परम्पराओं को जिस भांति परिभाषित किया है, इससे स्पष्ट है कि परम्पराएं अपनी प्रकृति में सांस्कृतिक, आर्थिक और सामाजिक तत्वों से जुड़ी हैं। हर तरह से धर्म और धार्मिक ग्रन्थों से उनका कोई सम्बन्ध नहीं।

सोश्यल बेकग्राउण्ड पुस्तक में देसाई का कहना है कि यहां इस देश में कुछ परम्पराएं रही हैं। **भूमि का मालिकाना अधिकार हमेशा रैयत का रहा है। और भूमि परम्परा से समुदाय की सम्पत्ति रही है।** इस परम्परा को सबसे पहली बार कार्नवलिस (Lord Cornwallis) ने ई. 1793 में तोड़ा जब उसने बंगाल, बिहार और उड़ीसा में **स्थायी भूमि व्यवस्था** (Permanent Land Settelement) लागू की। किसी भी आर्थिक परम्परा का इस तरह टूटना एक बहुत बड़ी घटना है। एक और परम्परा इसी युग

में टूटी। अब तक कृषि भूमि पर कृषक का अधिकार था। पर वह उसे केवल जोत ही सकता था। जोतने का यह अधिकार परम्परागत था। अब ब्रिटिश सरकार ने भूमि के मालिकाना अधिकार स्वयं कृषक को दे दिये। अब परम्परा टूटी और भूमि कृषक की व्यक्तिगत सम्पत्ति बन गई। इसी युग में उपनिवेशवादी नीति ने गांवों में जातियों के परम्परागत धंधों को समाप्त कर दिया। अब कारीगर, शिल्पकार अपने परम्परा के व्यवसायों को छोड़कर शहर की तरफ मुड़े।

परम्पराओं की परिभाषा और व्याख्या में देसाई ने एक **जलविभाजक** (Watershed) का कार्य किया है। वे परम्पराओं को अनिवार्य रूप से धर्मनिरपेक्ष मानते हैं। इनकी प्रकृति, उनके अनुसार आर्थिक है और इन्हें सामाजिक तथा ग्रामीण संस्थाओं में देखा जा सकता है। देसाई का यह भी कहना है कि जब हम परम्पराओं का उद्‌गम, और उनकी प्रकृति धर्म, धर्म विधियों में देखते हैं तब स्पष्ट रूप से लगता है कि ये परम्पराएं सड़क के आम आदमी के शोषण के लिये हैं। कुल मिलाकर देसाई का परम्पराओं के प्रति संदर्भ मार्क्सवादी है।

परम्परा का अर्थ : संरचनावादी–प्रघटनावादी उपागम
(Meaning of Tradition: Structuralist–Ethnomethodological Approach)

प्राच्य विद्यावादियों ने परम्परा की व्याख्या क्लासिकल ग्रन्थों, वेदान्त, पुराणों और महाकाव्यों के आधार पर की है। वे सामाजिक यथार्थता की व्याख्या **किताबी दृष्टिकोण** (Book Views) से करते हैं। इसमें इतिहास का प्रभाव भी होता है। ए. आर. देसाई ने इतिहास को मार्क्सवादी संदर्भ में देखा है। सन् 1970 में जाकर परम्परा के विश्लेषण में एक बहुत बड़ा अन्तर। इस वर्ष **लुई ड्यूमो** (Louis Dumont) की पुस्तक **होमो हेयारकिकस** (Homo Hierarchicus) प्रकाशित हुई। इस पुस्तक में ड्यूमो ने यह स्थापित किया है कि भारत एक ऐसा धार्मिक समाज है जो जाति व्यवस्था की शुद्ध स्तरीकरण व्यवस्था से परिचालित है। ड्यूमो **संरचनावादी** (Structuralist) समाजशास्त्र थे। **इन्होंने परम्परा की परिभाषा** अपरम्परागत विधि से की है। वे कहते हैं कि भारतीय समाज को **वैचारिकी** (Ideology) की दृष्टि से समझना चाहिये। ड्यूमो से पहिले **बर्जर** (Berger) तथा **लक्मेन** (Luckman) ने यह स्थापित किया था कि किसी भी **समाज की व्याख्या भाषा, प्रतीक और वैचारिकी** द्वारा सरलता से की जा सकती है। भारतीय सामाजिक संरचना में भी हमें वैचारिकी तथा संरचना में अन्तःक्रियाएं बराबर देखने को मिलती हैं। सन् 1970 तथा 1980 के दशकों में जब ड्यूमो की पुस्तक ने विवाद पैदा कर दिया था, हमारे यहां इस पर गंभीरता से विचार होने लगा कि हमें भारतीय समाज की परम्पराओं को भारतीय समाज को समझने के लिये काम में लेना चाहिये। इन दशकों में एक नया चलन समाजशास्त्र में प्रारम्भ हो गया। अब विभिन्न उपागमों के माध्यम से परम्परा का अध्ययन होने लगा।

संरचनावादी, प्रघटनावादी, मार्क्सवादी और इतिहासकार परम्परा को अपने विषय के सन्दर्भ में देखने लगे।

डयूमो का उल्लेख यहां विशेष रूप से करना आवश्यक है। उन्होंने कहा कि भारतीय वैचारिकी दुनियां की वैचारिकी से जुदा है। **भारत में एकीकरण या संघ** (Holism) **की भावना प्रधान है** जब कि विदेशों में व्यक्तिवाद प्रमुख है। यह दोहरा विरोध है। इस अन्तर के अलावा जहां भारत में **सोपानिकता** सम्पूर्ण समाज का मुहावरा है, वहां विदेश में समानता। लगभग बीस वर्षों तक यानी 1970 से 1980 तक ड्यूमो और उसकी विचारधारा वाले समाजशास्त्रियों ने परम्परा की व्याख्या संरचनावादी और प्रघटनावादी दृष्टिकोण से की। **इस प्रकार की व्याख्या वैचारिकी प्रधान थी।** इस विचारिकी उपागम ने परम्परा को एक नया आभास दिया जिसके माध्यम से भारतीय समाज को समझा जा सकता था।

परम्परा के विश्लेषण में नया मोड़ : इतिहास और सामाजिक दशाएं
(New Turn in the Analysis of Tradition: History and Social Conditioning)

परम्परा का एक अवधारणा के रूप में प्रयोग ई. 1970 और 1980 के दशकों में सामाजिक और राजनैतिक दशाओं के रूप में भी हुआ है। इस अवधि में देश में आधुनिकता आ गई। अब प्रश्न उठा कि क्या आधुनिकता की इस नई दशा में भारतीय परम्पराएं बदल जायेंगी ? क्या वे नई संस्थाओं जैसे कि स्वतंत्रता, स्वाधीनता, व्यक्तिवाद, आर्थिक विकास, नई उदारवादी वैचारिकी के साथ अपने अस्तित्व को बनाये रख सकेंगी ? ये आधुनिकता की संस्थाएं पश्चिम से आई थीं। इनके साथ परम्पराओं का ताल-मेल हो सकेगा ? मतलब हुआ, जब देश की **सामाजिक दशाओं** (Conditioning) में परिवर्तन आजाता है तब परम्पराओं के क्या गुजरती है ? इन प्रश्नों का उत्तर समाजशास्त्रयों ने देने का प्रयास किया।

मिल्टन सिंगर (When a Great Tradition Modernizes: An Anthropology Approach to Indian Civilization, 1972) ने दक्षिणी भारत में औधोगिकता और सामाजिक संस्थाओं पर किये गये अपने एक अनुसंधान के आधार पर **निष्कर्ष निकाला कि भारतीय परम्पराएं आधुनिकीकरण के मूल्यों और प्रक्रियाओं के साथ अपना अनुकूलन कर लेती हैं।** नयी अर्थ व्यवस्था के परिणामस्वरूप जो बदलाव आते हैं, उनके अनुसार परम्पराएं तथा सामाजिक संरचना दोनों ही बदल जाते हैं। इसका अर्थ हुआ कि बदली हुई दशाओं में परम्पराओं की **भूमिका** (Roles), **सम्बन्ध** (Relations) और इनकी **अन्तःक्रियाएं** (Interactions) तीनों ही बदल जाती हैं। जो विचारक परम्पराओं को हिन्दू और भारतीय परम्पराओं के संदर्भ में देखते थे, अब वह स्थिति नहीं थी। परम्पराओं का जो क्लासिकल विश्लेषण था वह यथार्थ की परम्पराओं से मेल नहीं खाता था। सिंगर

ने अपने अध्ययन के आधार पर मेक्स वेबर के थीसिस को अस्वीकार किया। उन्होंने कहा कि भारतीय परम्पराओं में ऐसे लक्षण हैं जो आधुनिकता के साथ भी अनुकूलन कर लेते हैं। सिंगर लिखते हैं :

> अब भारत की परम्पराएं वे नहीं रहीं जिनका उल्लेख वेबर ने किया था। आज स्थिति यह है कि यहां के धर्मनिरपेक्ष विचारधारा वाले लोग परम्परा के अंकुश से मुक्त हो गये हैं और अपनी अर्थव्यवस्था तथा समाज को आधुनिक बनाने की ओर अग्रसर हो रहे हैं।

योगेन्द्र सिंह का तर्क भी सिंगर के निष्कर्षों से मेल खाता है। वे कहते हैं कि समाज की दशाओं के अनुसार परम्परा की परिभाषा और अर्थ में भी परिवर्तन आ जाता है। ई. 1980 के दशक में आधुनिकता भारत में आई। ढेर सारे विकास के कार्यक्रम चले, पंचायती राज व्यवस्था व्यापक बनाई गई और इन सब कार्यक्रमों ने आधुनिकता को परम्परा के रूबरू कर दिया। अब परम्परा की भाषा बदल गई। इस पर टिप्पणी करते हुए योगेन्द्र सिंह कहते हैं :

> अब हमारी परम्परा तथा सामाजिक संरचना की जो धारणाएं थीं, उनकी जड़ें ही बदल गई। परम्पराओं का जो आदर्श प्रारूप था उससे व्यावहारिक क्रियाएं एकदम बदल गई।

सिंगर के अध्ययन के अतिरिक्त और कई अध्ययन भी हैं जो यह स्पष्ट रूप से बताते हैं कि इतिहास की दशाएं परम्पराओं को परिभाषित करने में हमारी बड़ी सहायता करती हैं। जब आधुनिकीकरण आता है तब परम्पराएं अपने ऐतिहासिक संदर्भ में इसका प्रत्युत्तर देती हैं। होता यह है कि आधुनिकीकरण की प्रक्रिया में परम्पराओं में अनुकूलन आता है और इस तरह उनमें बदलाव आ जाता है। कभी-कभी यह बदलाव पुरानी और नई परम्पराओं में द्वन्द्व भी पैदा कर देता है। यह भी सम्भव है कि परम्परा के एक स्तर पर परिवर्तन आ जाता है और दूसरा स्तर बदलता नहीं है। आधुनिकता के दौर में सामाजिक संरचना की परम्पराएं जैसे कि जाति, वर्ग और व्यवसाय में नई श्रेणियां आ जाती हैं और इन अवधारणाओं की परिभाषा ही बदल जाती है।

योगेन्द्र सिंह कहते हैं कि 1970 और 1980 में भारतीय संरचनाओं का परम्परा के संदर्भ में जो विश्लेषण हुआ, उसकी तीन सैद्धान्तिक तथा विधि सम्बन्धी दिशाएं थीं : (1) संरचनावाद (Structuralism), (2) **सांस्कृतिक** (Cultural), और (3) **संरचनात्मक-ऐतिहासिक** (Structural-Historical)। संरचनावाद वह दिशा है जिसमें परम्परा का अर्थ वैचारिकी से लिया गया। प्रतीक इसके मुख्य आधार थे। सांस्कृतिक दिशा में परम्परा का मतलब संस्कृत साहित्य के मूल पाठों यथा—वेदान्त, पुराण और महाकाव्यों से लिया गया और तीसरी दिशा में परम्परा का विश्लेषण परिवर्तन और रूपान्तरण की प्रक्रियाओं

द्वारा किया गया। यह दिशा स्पष्ट है, आधुनिकीकरण के कारण परम्पराओं में जो बदलाव आया, उस पर अपने आपको केन्द्रीय करती है। इस परम्परा के नये आयामों की चर्चा उठायें **इससे पहले यह दोहराना चाहेंगे कि अब तक भारतीय सामाजिक संरचना को समझने के लिये हमने परम्परा की व्याख्या वैचारिकी, संस्कृत के मूल पाठ और आधुनिकीकरण द्वारा लाये गये परिवर्तन के माध्यम से की है। अर्थ हुआ परम्परा वैचारिकी है, मूल पाठ है यानी किताबी हैं और आधुनिकीकरण सापेक्षिक है।**

आयामी उपागम में परम्परा हाशिये पर
(Dimensional Approach and the Marginalisation of Tradition)

हाल में कुछ ऐसे अध्ययन हुए हैं जिनमें भारतीय सामाजिक संरचना का अध्ययन परम्परा को एक **नियामक फ्रेमवर्क** (Normative Frame Work) मान कर नहीं किया गया है। इसके बजाय इन समाजशास्त्रियों ने **बहु-आयामी संदर्भ** (Multi-dimensional Perspective) को अपने विश्लेषण का आधार बनाया है। उदाहरण के लिये **आन्द्रे बैतई** (Andre Beteille) ने ग्रामीण समाज की संरचना में 'जाति', 'वर्ग', और 'शक्ति' को सामाजिक परिवर्तन के विश्लेषण का केन्द्र बनाया है। यह **आयामी** (Dimensional) उपागम है। कुछ समाजशास्त्रियों ने सामाजिक संरचना का विश्लेषण समाज के **खण्डों** (Sector) के आधार पर किया है। खण्डों में वे कृषक, औद्योगिक तथा श्रमिक वर्ग लेते हैं। इस तरह का आयामी उपागम **खण्डीय उपागम** (Sectorial Approach) कहा जा सकता है।

आयामी उपागम सामाजिक संरचना का अध्ययन मेक्स वेबर की श्रेणियों के आधार पर करता है। मेक्स वेबर ने सामाजिक संरचना को **प्रस्थिति** (Status), **धन** (Wealth) और **शक्ति** (Power) के आधार पर किया था। यही उपागम भारतीय संरचना के अध्ययन में भी 1980 के बाद में लागू किया गया है। लेकिन एक बात निश्चित है : इस आयामी उपागम में **आनुभविकता** (Empiricism) को केन्द्रीय स्थान दिया गया। सामाजिक संरचना का बहुआयामी अध्ययन बिना आनुभविकता के नहीं हो सकता।

यहां आकर एक महत्वपूर्ण तथ्य हमारे सामने आता है। इस तरह के बहुआयामी उपागम में परम्पराओं की उपेक्षा बराबर हुई है। कुछ बहुआयामी उपागम को अपनाने वाले समाजशास्त्रियों का कहना है कि सभी सामाजिक संरचनाओं में अनिवार्य रूप से परम्पराओं का होना आवश्यक नहीं है। उदाहरण के लिये मदन कहते हैं कि भारतीय संरचना की जाति व्यवस्था का अध्ययन परम्पराओं के संदर्भ के बिना भी किया जा सकता है। ईम्तीयाज़ अहमद कहते हैं कि जाति मुसलमानों में भी पाई जाती है। वहां जाति में ऐसी कोई परम्पराएं नहीं होतीं। ये अध्ययन बताते हैं कि आजकल सामाजिक संरचना के विश्लेषण में परम्पराओं की भूमिका हाशिये पर आ गई है।

मार्क्सवाद में परम्परा की भूमिका

(Role of Traditions in Marxism)

इन पृष्ठों में हम यह देखने का प्रयास कर रहे हैं कि भारतीय समाज की व्याख्या में परम्पराओं की क्या भूमिका है। यह निश्चित है कि समाजशास्त्र में परम्पराओं को विभिन्न संदर्भों में देखा गया है। प्राच्य विद्यावादी परम्पराओं का उद्‌गम धर्म और धार्मिक ग्रन्थों में देखते हैं। संरचनावादी परम्परा का अर्थ वैचारिकी के संदर्भ में रखते हैं, और कतिपय समाजशास्त्री इसकी व्याख्या बहु आयामी अर्थ में करते हैं। परम्पराओं के विश्लेषण का एक और संदर्भ भी है और यह संदर्भ मार्क्सवादी है। अब हम यह देखेंगे कि मार्क्सवाद परम्परा का क्या अर्थ निकालता है। मार्क्सवादियों के अनुसार भारतीय समाज की व्याख्या परम्परा के अर्थ में किस तरह की जाती है।

मार्क्सवादी विश्लेषण में परम्परा का स्थान

(Place of Tradition in Marxian Analysis)

भारत में मार्क्सवादी चिन्तन का प्रारम्भ स्वतंत्रता की लड़ाई से होता है। समाज विज्ञानों में अर्थशास्त्र और इतिहास के बाद समाजशास्त्र में यह चिन्तन आया। इससे पूर्व जो लोग भारतीय समाज की व्याख्या मार्क्सवादी संदर्भ में करते थे वे या तो सामान्य लोग या बौद्धिक थे। ये लोग समाज को मार्क्सवादी ढांचे में एक अटकलबाजी के रूप में रखते थे। खास करके ऐसे लोग मार्क्सवाद का विश्लेषण राजनीतिक्र दृष्टिकोण से करते थे। आनुभविक परिप्रेक्ष्य में मार्क्सवाद की पड़ताल अभी हाल की है। देखा जाये तो मार्क्सवादी ढांचे में भारतीय समाज को समझने का प्रयास ई. 1960 और 1970 के दशक में जोर पर आया। इस विश्लेषण ने पक्का किया कि भारतीय समाज को समझने के लिये परम्परा की क्या भूमिका होगी।

भारत में और बाहर भी मार्क्सवाद कोई एकीकृत पेराडिम प्रस्तुत नहीं करता। भारतीय मार्क्सवादी कई श्रेणियों में बंटे हैं। राजनीतिक दलों में यह बंटवारा बहुत स्पष्ट दिखाई देता है। मार्क्सवाद के सैद्धान्तिक संदर्भ में भी कोई सर्वसम्मति हो, ऐसा नहीं है। उदाहरण के लिये डी. पी. मुकर्जी मार्क्सवाद की एक अध्ययन विधि मानते हैं। वे इसे एक राजनीतिक वैचारिकी नहीं समझते। उनके लिये भारतीय समाज के विश्लेषण में परम्परा और इतिहास का महत्व बहुत बड़ा है। ए. आर. देसाई जिनकी व्याख्या हमने पिछले पृष्ठों में की है, परम्परा को भारतीय समाज के विश्लेषण में कोई स्थान नहीं देते। उनके विश्लेषण का मुख्य उपागम तो मार्क्सवादी विधि **ऐतिहासिक-द्वन्द्वात्मक भौतिकवाद** (Historical Dialectical Materialism) है। चाहे वे गन्दी बस्तियों का अध्ययन करे, सामुदायिक विकास कार्यक्रमों का या राज्य तथा समाज के सम्बन्धों का, उनकी विधि यही मार्क्सवादी रहती है। परम्परा किसी भी तरह देसाई के मार्क्सवाद में स्थान नहीं रखती। योगेन्द्रि सिंह ने मार्क्सवाद और परम्परा के सम्बन्धों पर टिप्पणी करते हुए अपनी पुस्तक

इण्डियन सोश्योलोजी (Indian Sociology, 1986) में लिखा है :

> भारतीय सामाजिक संरचना एक व्यवस्था है, यह द्वन्द्वात्मक है, यह स्तरीकरण एक ऐतिहासिक परिणाम मानती है। उत्पादन विधि में यह संरचना ऐतिहासिक शक्तियों को स्थान देती है। यह ऐसी ऐतिहासिक दशाओं को पैदा करती है जिसके कारण वर्गों मे विरोध पैदा होता है। इस संरचना में उद्‌विकास होता है। **मार्क्सवादी** सामाजिक स्तरीकरण का केन्द्रीय आधार उत्पादन विधि (Mode of Production) है।

अगर हम मार्क्सवादी समाजशास्त्रियों ने भारतीय समाज की जो व्याख्या की है, उसे विश्लेषणात्मक रूप मे देखें तब ज्ञात होगा कि इन्होंने कहीं भी परम्परा को कोई भूमिका प्रदान की है। इन विचारकों ने सामान्यतया अपने आपको उसकी विधि तक सीमित रखा है और इनकी लोकप्रिय विषय सामग्री कृषि रही है। कृषि की व्याख्या वे **मुद्राकरण** (monetization), दिहाड़ी, यंत्रीकरण के संदर्भ में देखते हैं।

इतिहासकार जिन्होंने मार्क्सवादी उपागम को अपनाया है, वे उत्पादन विधियों का सम्बन्ध उपनिवेशवाद के साथ जोड़ते हैं। विपनचन्द्रा ने भारतीय अर्थव्यवस्था के इतिहास को उपनिवेशवाद तथा आधुनिकीकरण के सन्दर्भ में देखा है। **केथलीन गफ** (Kathleen) ने तमिलनाडु के थन्जावूर जिले के अध्ययन को इसी उत्पादन विधि के माध्यम से देखा है। अपने इस अध्ययन में गफ यह बताती हैं कि कृषि उत्पादन की परम्परागत रीतियों का स्थान यंत्रीकरण तथा आधुनिकीकरण ने ले लिया है और इस उपलब्धि के साथ वे कहती हैं कि जाति तथा परिवार की परम्पराओं में भारी परिवर्तन आ गया है। यदि हम केथलीन गफ की विषयवस्तु को देखें तो स्पष्ट है कि वे भी परम्पराओं को मार्क्सवादी संदर्भ कृषि में ही देखती हैं। लेकिन इस उपागम का सबसे बड़ा लाभ यह हुआ कि जाति और वर्ग के जिस अन्तर को हम परम्पराओं की दृष्टि से देखते थे, वह अब बदल गया। मार्क्सवादी परम्परा में **जोन मेन्चेर** (Joan Mencher) ने दक्षिण भारत के किसानों का अध्ययन मार्क्सवादी संदर्भ में किया है। वे किसानों का वर्गीकरण वर्ग के आधार पर करती हैं।

गैल ओम्वेट (Gail Omvedt) भी किसानों का अध्ययन उत्पादन सम्बन्धों के संदर्भ में प्रस्तुत करती हैं। वे महाराष्ट्र के दलितों, बिहार के झारखण्ड आंदोलन तथा पिछड़े वर्गों का मार्क्सवादी परम्परा में विश्लेषण करती हैं। वर्ग और जाति को वे इसी मार्क्सवादी फ्रेमवर्क में रखती हैं। उनका कहना है कि वर्ग की पहचान भी जाति व्यवस्था में ही होती है। **मजेदार बात यह है कि मार्क्सवादी संदर्भ में जो भी अध्ययन हुए है उनका संदर्भ किसान हैं और इसी संदर्भ में जाति और वर्ग को देखा गया है। लेकिन इस सम्पूर्ण विश्लेषण में परम्परा का कोई उल्लेख नही है।** इसके कई कारण हैं। मुख्य रूप से वे परम्परा को धर्म और धर्म विधियों के साथ जोड़ते हैं और मार्क्सवादियों की रुचि अर्थव्यवस्था तथा सम्पत्ति सम्बन्धों में होती है। इन अध्ययनों में अधिकांश अध्ययन ऐसे

भी हैं जो जाति का भी कोई उल्लेख नहीं करते। मार्क्सवादी चिंतन में परम्परा की तरह जाति का उल्लेख भी उपेक्षित है। इस स्थिति पर टिप्पणी करते हुए योगेन्द्र सिंह लिखते हैं:

> इन अध्ययनों में विशिष्ट बात यह है कि सामाजिक संरचना के विश्लेषण में परम्परा की धारणा लगभग गैर-मौजूद है। ...इन अध्ययनों में लेखकों ने जाति को कहीं भी सामाजिक संरचना को निर्देशक नहीं माना है। यह अवश्य है कि कुछ समाजशास्त्रियों और मानवशास्त्रियों ने जैसे कि केथलीन गफ, मेन्चेर और ओमवेट ने जाति को उत्पादन विधि का द्योतक माना है लेकिन वे कहीं भी परम्परा को कोई संवेदनशील स्थान नहीं देते।

मार्क्सवादियों के उपरोक्त दृष्टिकोण को योगेन्द्र सिंह बहुत स्पष्ट शब्दों में रखते हैं। उनके कहने का तात्पर्य यह है कि मार्क्सवाद ने अपने पूरे इतिहास में यानी 1960 के बाद परम्परा का प्रयोग भारतीय समाज के विश्लेषण नहीं किया है। लेकिन इस महत्वपूर्ण निष्कर्ष के बाद भी योगेन्द्र सिंह यह अवश्य कहते हैं कि गैल ओमवेट जैसे कतिपय मानवशास्त्रियों ने यह अवश्य बताया है कि कहीं-कहीं निम्न जातियां ब्राह्मणों को अपनी **प्रभुत्व जाति** (Dominant Caste) अवश्य स्वीकार करती हैं।

मार्क्सवाद जैसा कि उपरोक्त अध्ययन बताते हैं, परम्परा को भारतीय समाज के विश्लेषण में कोई अर्थपूर्ण स्थान नहीं देता। फिर भी डी. पी. मुकर्जी जैसे मूधर्न्य समाजशास्त्री ने परम्परा के महत्व को भारतीय समाज के विश्लेषण में वरीयता का स्थान दिया है। वे कहते हैं :

> आर्थिक शक्तियों के सम्बन्ध में हमारा परम्परा से कोई छुटकारा नहीं है। यहां की कृषि में पूंजीवादी उत्पादन की विधियां यथार्थ की अपेक्षा केवल एक मिथक मात्र हैं। उत्पादन विधि एक जटिल मसला है और यह कतई जड़ नहीं है। एक विधि दूसरी विधि का स्थान सरलता से नहीं ले सकती।

ऊपर हमने भारतीय संरचना के विश्लेषण में परम्परा का जो स्थान है, उसका विवरण दिया है। परम्परा के प्रति कतिपय समाजशास्त्रियों के संदर्श को भी रखा है। यदि परम्परा के विश्लेषण के इन उपागमों का मिला-जुला लेखा-जोखा करें तो स्पष्ट होगा कि समाजशास्त्र में भारतीय समाज को समझने के लिये परम्परा का विश्लेषण संरचनात्मक, सांस्कृतिक (स्थानिक), संरचनात्मक-ऐतिहासिक, बहु-आयामी तथा मार्क्सवादी विधियों द्वारा किया गया है। यद्यपि ये विधियां अपने-अपने संदर्श में एक दूसरे से भिन्न हैं फिर भी यह बात सामान्यतया उभरकर आती है कि **सामाजिक दशाएं** (Social conditioning) अर्थात् देशकाल की स्थिति परम्परा के महत्व को घटाती-बढ़ाती हैं। ई. 1960 के बाद जब देश में आधुनिकीकरण की बात चली तब सामाजिक दशाएं बदल गई और एकाएक समाजशास्त्री

परम्परा के मतलब को समझने का प्रयास करने लगे। कुछ ने कहा कि देश में आधुनिकता लाने के रास्ते में परम्पराएं बहुत बड़ा रोड़ा हैं, कुछ अन्य ने कहा कि भारतीय समाज में उदारता है, बरदाश्त करने की क्षमता है इसलिये यहां की परम्पराएं आधुनिकता के साथ अनुकूल कर लेंगी।

आज परम्परा और आधुनिकता के बीच सम्बन्ध तनावग्रस्त नहीं कहे जा सकते। यह इसलिये कि जब सामाजिक संरचना का विश्लेषण ऐतिहासिक विधि से किया जायेगा तब इसमें परम्परा का स्थान अपने आप निश्चित हो जाता है। भारतीय सभ्यता के मौलिक तत्व इसकी **लोक संस्कृति** (Folk Culture) तथा इसके **मूल-पाठों** (Texts) में निहित हैं और इसी स्थानीय संस्कृति का सम्बन्ध महानगर संस्कृति से जुड़ा हुआ है। इस दृष्टि से जब हम आधुनिकता और उत्तर-आधुनिकता को देखते हैं तो परम्पराओं का पेराडिम हमारे लिये अत्यन्त महत्वपूर्ण हो जाता है। आज भी भारत के एक धर्मनिरपेक्ष, प्रजातांत्रिक और समाजवादी समाज के राष्ट्र निर्माण के उद्देश्य के सामने जाति व्यवस्था और इसके साथ जुड़ी हुई परम्पराएं जीवित हैं और इसी कारण यहां की सांस्कृतिक परम्पराएं अपनी पकड़ स्थानीय और क्षेत्रीय स्तर पर बनाये हुए हैं।

प्रस्तुत अध्याय के इस उपसंहार में हम यही कहना चाहेंगे कि भारत में आधुनिकता का मुकाबला परम्पराओं के साथ है। और इस तरह का मुकाबला कोई हमारे देश में ही नहीं हुआ है, ऐसा नहीं है। एक स्तर पर परम्परागत पश्चिमी देशों में भी ज्ञानोदय काल के बाद वहां की परम्परा के साथ आधुनिकता को जूझना पड़ा था। पश्चिम और भारत में पाई जाने वाली परम्परा की संरचना में अन्तर था। इसलिये कि प्रत्येक देश का इतिहास भिन्न होता है, लोग भिन्न होते है, और उनका बोध भी भिन्न होता है। परम्परा की परिभाषा इस अर्थ में देश की सामाजिक दशाओं से जुड़ी होती है।

भारत की सामाजिक दशाओं का सृजन यहां के इतिहास ने किया है। हमारी परम्पराओं की सबसे बड़ी चुनौती देश के बाहर से आने वाले लोग और आक्रमणकारियों की रही है। यहां शक आये, हूण आये, मुसलमान आये और अंग्रेज आये। ये सभी अपनी परम्पराओं के लेकर आये। स्थानीय परम्पराओं के सामने यह पहली चुनौती थी, अनुकूलन और उदारता की। इसके बाद उद्योगवाद और पूंजीवाद आये। उपनिवेदशवाद ने स्थानीय परम्पराओं को एक और चुनौती दी और इस तरह आजादी की लड़ाई तथा स्वतंत्रता की प्राप्ति ने परम्परा की परिभाषा को बराबर संशोधित किया।

योगेन्द्र सिंह ने भारतीय परम्पराओं की परिभाषा इन्हीं सामाजिक दशाओं और इतिहास के उलट-फेर के सन्दर्भ में की है। उनके लिये परम्पराएं मूल्य से बंधी हुई हैं और ये मूल्य हैं : गैर बराबरी यानी स्तरीकरण संघ (Holism), निरन्तरता और अनुभवातीतता (Transcendence) के। भारतीय समाज के इन मूल्यों को जाति व्यवस्था, पवित्र-अपवित्र की धारणा, धर्म, धार्मिक क्रियाओं और तिथि-त्यौहारों में देखा जा सकता है। आधुनिकता के प्रवेश ने परम्परा और इससे जुड़े हुए मूल्यों को एक चुनौती दी है। इस अध्याय के

अगले भाग में हम आधुनिकता की व्याख्या भारतीय संदर्भ में करेंगे।

भारत में आधुनिकता (Modernity in India)

यूरोप में आधुनिकता का सूत्रपात ज्ञानोदय से माना जाता है। इसका विकास 19वीं शताब्दी के अन्त में और उत्तर-आधुनिकतावादियों का तो कहना है कि द्वितीय विश्व युद्ध के बाद यूरोप में उत्तर-आधुनिकता आ गई। हमारे देश में आधुनिकता का इतिहास कुछ दूसरा है। यहां इसका प्रारम्भ अंग्रेजी उपनिवेश के साथ जोड़ा जाता है। यूरोप में आधुनिकता ने विज्ञान और उद्योग की प्रगति के साथ अपने कदम बढ़ाये। वहां सामन्तवाद ने पूंजीवाद को जन्म दिया। यहां कुछ ऐसा नहीं हुआ। विज्ञान और पूंजीवाद की प्रगति हमारे यहां बहुत दूर से हुई। वास्तविकता यह है कि आधुनिकता की परिभाषा प्रत्येक देश अपनी सामाजिक और राजनीतिक दशाओं के अनुसार करता है। जब हमने परम्परा की व्याख्या की तब भी हमारा यही थीसिस था कि समाज की संरचना के अनुसार परम्परा परिभाषित होती है। आधुनिकता के सम्बन्ध में भी हम इसी थीसिस को दोहराते हैं। यूरोप-अमेरिका में जैसा कि गिडिन्स और हेबरमॉ कहते हैं, आधुनिकता के चार मुख्य आयाम हैं : पूंजीवाद, उद्योगवाद, राज्य की शक्ति और सैनिक शक्ति। भारत में आधुनिकता की व्याख्या कुछ इस तरह नहीं हुई। यहां प्रत्येक एथनिक समूह अपने-अपने संदर्श या परिप्रेक्ष्य में आधुनिकता की व्याख्या करता है। अगले पृष्ठों में हम भारतीय आधुनिकता की व्याख्या यहां के इतिहास और सामाजिक संदर्भ में करेंगे।

ई. 1968 में **गुन्नार मिरडल** (Gunnar Myrdal) की पुस्तक एशियन ड्रामा के तीन खण्ड प्रकाशित हुए। इस प्रकाशन ने एशिया में आधुनिकता की चर्चा को एक नई हवा दी। मिरडल ने अपनी पुस्तक के उपसंहार में लिखा कि एशिया के लगभग सभी देश राष्ट्र निर्माण में आधुनिकता को अपना लक्ष्य समझते थे। इसका मतलब इन देशों में प्रजातंत्र की स्थापना करना, उद्योग को बढ़ावा देना तथा पूंजीवादी पद्धति से विकास करना राष्ट्रीय नेताओं की नीति बन गये। इन्हीं वर्षों में कुछ अध्ययन प्रकाशित हुए जिनमें आधुनिकता से जुड़े हुए तथ्यों को उजागर किया गया। **डेनियल लरनर** (Daniel Lerner) की पुस्तक (1962) ने मध्य पूर्व एशिया के देशों यथा मिश्र, इरान, जोर्डन, लेबनान, सीरिया तथा टर्की के आधुनिकता के लक्ष्यों को प्राप्त करने के अनुभवों को विश्लेषणात्मक रूप से रखा। इनका निष्कर्ष था कि जहां-जहां आधुनिकता पहुंची, वहां परम्पराएं समाप्त हो गई या बहुत कमजोर हो गई। लरनर ने आधुनिकता का अर्थ शहरीकरण, संचार व्यवस्था, उपभोग तथा संचार से उत्पन्न होने वाली कलात्मक वस्तुओं जैसे कि फिल्म, अखबार, शिक्षा से लिया है। उनकी दृष्टि में ये सब कारक ही आधुनिकता के सूचकांक हैं।

गुन्नार मिरडल के समकालीन लेखन में डी. पी. मुकर्जी, और मिल्टन सिंगर (Milton Singer) आते हैं। इन लेखकों के अनुसार आधुनिकता की प्रक्रिया बड़ी

व्यापक है और इसमें औद्योगीकरण, अधिकारीतंत्र, प्रजातंत्रीकरण आदि सम्मिलित किये जाते हैं। आधुनिकीकरण का उपागम यूरोप के उपागम से मिलता-जुलता था। लेकिन 1960-70 के दशक में डी. पी. ने आधुनिकीकरण को संदेह की दृष्टि से देखा। उन्होंने इस अवधारणा में द्वन्द्व को पाया। वे कहते थे कि आधुनिकीकरण विशुद्ध रूप से पश्चिमीकरण है और इसलिये यह यह कभी भी स्थानीय परम्पराओं को रास नहीं आता। विशुद्ध आधुनिकीकरण इसलिये एक **फर्जी** (Spurious) अवधारणा है। भारत में यदि आधुनिकीकरण को आना है तो इसे भारतीय मूल्यों के साथ जुड़ना होगा। डी. पी. कहते हैं :

> भारत की बौद्धिक और कलात्मक उपलब्धियां किसी भी तरह से पश्चिमी देशों से निम्न नहीं है **और इसलिये हमारा आग्रह यह है कि भारत में आधुनिकीकरण का संश्लेषण वेदान्त, पश्चिमी उदारवाद और मार्क्सवाद से होना चाहिये।**

डी. पी. मुकर्जी का थीसिस समझ में आता है। अच्छा भी लगता है पर आनुभविक स्तर पर डी. पी. ने कहीं भी यह नहीं बताया कि आधुनिकता के वे कौन से तत्व हैं, वेदान्त के कौन से लक्षण हैं और मार्क्सवाद के कौन से तत्व हैं जिन्हें इस संश्लेषण में सम्मिलित किया जाना चाहिये। स्वयं डी. पी. ने कहीं भी वेदान्त तथा महाकाव्यों के मूल पाठ को नहीं रखा। इधर मिल्टन सिंगर दक्षिण भारत के अपने अध्ययन के आंकड़ों को केवल आनुभविकता के आधार पर ही रखते हैं। वे केवल मूल्यों को आधुनिकता की सूची में सम्मिलित करते हैं।

पिछले तीन-चार दशकों में हमारे यहां सामाजिक परिवर्तन पर तो ढेरों अध्ययन हुए हैं। हमने जाति, परिवार, और गांव में विकास कार्यों के कारण जो परिवर्तन आये हैं उनका खुलकर विश्लेषण किया है, लेकिन आधुनिकीकरण और परम्परा की अन्तःक्रिया के परिणामस्वरूप समाज में जो नई संरचना आई है और तनाव तथा संघर्ष आये हैं, उनका कोई विशिष्ट वैज्ञानिक ब्यौरा हमारे पास नहीं है। योगेन्द्र सिंह की तीन पुस्तकें इस सन्दर्भ में सैद्धान्तिक स्तर पर उल्लेखनीय प्रकाशन हैं। पहली बार उन्होंने अपनी पुस्तक **इण्डियन सोश्योलाजी** (Indian Sociology, 1986) में परम्परा तथा आधुनिकता से जुड़े हुए जो अध्ययन 1970-1985 में इस देश में हुए हैं, उनका सैद्धान्तिक स्तर पर मूल्यांकन किया है। इस पुस्तक में उन्होंने स्थापित किया है कि सन् 70 और 80 का दशक हमारे लिये विकास का दशक था। यह इसी अवधि में है कि यहां परम्परा और आधुनिकता में डटकर मुकाबला हुआ।

योगेन्द्र सिंह की दूसरी पुस्तक **मोडरनाईजेशन आफ इण्डियन ट्रेडिशन** (Modernization of Indian Tradition) है। इस पुस्तक को आधुनिकीकरण तथा परम्परा के विश्लेषण में क्लासिकल अध्ययन समझा जाता है। यह ग्रन्थ विशुद्ध रूप से आधुनिकीकरण का सैद्धान्तिक विश्लेषण है। इसमें लेखक ने परम्परा तथा आधुनिकता के लक्षणों और तत्वों को आनुभविक स्त्रोतों से लिया है, और फिर इन्हें अवधारणा तथा

सिद्धान्त के परिवेश में प्रस्तुत किया। योगेन्द्र सिंह की तीसरी पुस्तक जिसका आधुनिकता तथा वैश्वीकरण से सरोकार है, हाल में प्रकाशित हुई है। यह पुस्तक **कल्चर चेंज इन इंडिया** (Culture Change in India, 2000) आधुनिकता को उसके व्यापक स्वरूप वैश्वीकरण के रूप में रखती है। आधुनिकता जिस तीव्रता से दक्षिणी एशिया में आ रही है, इसने क्षेत्रीय तथा स्थानीय परम्पराओं के अस्तित्व या वजूद की पहचान को संकट में डाल दिया है। जहां योगेन्द्र सिंह **मोडरनाईजेशन** में कहते थे कि हमारी परम्पराओं ने अपना आधुनिकीकरण कर लिया है, अनुकूलन कर लिया है, वहां वे **कल्चर चेंज** (ई. 2000) में एक संकट प्रस्तुत करते हैं। उनका कहना है कि वैश्वीकरण आधुनिकीकरण की तुलना में बहुत अधिक शक्तिशाली प्रक्रिया है और इसका प्रभाव भारतीय परम्पराओं पर जानलेवा पड़ रहा है। इस नये दौर में तो परम्पराओं का संकट अपनी पहचान बनाये रखने का है। तभी वे इस पुस्तक में यह सवाल रखते हैं कि क्या परम्पराएं अपने अस्तित्व को बनाये रखेंगी। यहां हम फिर कहेंगे कि योगेन्द्र सिंह ने परम्परा और आधुनिकीकरण का जो निष्कर्ष रखा है, वह सैद्धान्तिक मात्र है। उन्होंने उपलब्ध आनुभविक अध्ययनों और उनके सामान्यीकरणों का सैद्धान्तिकरण किया है। अतः सिद्धान्त के स्तर पर परम्परा और आधुनिकता पर हमारे पास अच्छी सामग्री है।

दिपांकर गुप्ता ने **मिस्टेकन मोडरनिटी** (Mistaken Modernity) में आधुनिकता का सैद्धान्तिक निर्वचन किया है। लेकिन उनका उपागम भी योगेन्द्र सिंह की तरह आनुभविक नहीं है। आधुनिकता पर योगेन्द्र सिंह तथा दिपांकर गुप्ता के अतिरिक्त हमारे पास जो कुछ उपलब्ध हैं, वह ढेर सारे सामाजिक परिवर्तन के अध्ययन हैं। ये अध्ययन पुस्तक रूप में हैं, या फुटकर निबन्धों के रूप में। इन अध्ययनों की बहुत बड़ी कमी यह है कि ये आधुनिकता और परम्परा को अपना केन्द्र या धुरी मानकर सामाजिक परिवर्तन की व्याख्या नहीं करते। वे इस लक्ष्य का विश्लेषण नहीं करते कि किस तरह इस देश में आधुनिकता ने स्थानीय तथा क्षेत्रीय परम्पराओं के सामने जीवन-मरण का प्रश्न पैदा कर दिया है। ऐसा विश्लेषण तो हमें **पोप्यूलर समाजशास्त्र** (Popular Sociology) में गैर-समाजशास्त्रियों के माध्यम से उपलब्ध होता है। दैनिक और मासिक अखबार, गैर-समाजशास्त्रियों द्वारा लिखी गई पर्याप्त सामग्री अपने पाठकों को जुटाते हैं।

जो कुछ उपलब्ध स्रोतों से हमें आधुनिकता की संरचना और अन्तर्वस्तु पर सामग्री प्राप्त है, उसे हम यहां संक्षेप में रखेंगे। इससे हम भारत में आधुनिकता का जो अर्थ लिया जाता है, उसे समझ पायेंगे।

आधुनिकता के लक्षण : भारतीय परिप्रेक्ष्य
(Characteristics of Modernity : Indian Context)

यह बात बराबर दोहरानी चाहिये कि आधुनिकता के जिन लक्षणों का उल्लेख यूरोप-अमेरिका के संदर्भ में किया गया है, वह परस्पर विरोधी नहीं हो, ऐसा नहीं है।

फूकोयामा का यह कथन कि **अब इतिहास का अंत हो गया है**, सभी को स्वीकार हो, यह सच्चाई नहीं है। हेबरमॉ तो कहते हैं कि आधुनिकता का इतिहास अधूरा है। कुछ विचारक कहते हैं कि आधुनिकता का सम्बन्ध उदार राजनैतिक अर्थ-व्यवस्था से और कुछ कहते हैं कि आधुनिकता मुख्य रूप से प्रजातांत्रिक और पूंजीवादी प्रक्रिया है। आधुनिकता के इन लोकप्रिय लक्षणों के अतिरिक्त कुछ ऐसे लक्षण भी बताये गये हैं जो चौंकाने वाले हैं। उदाहरण के लिये रिट्ज़र आधुनिकता का सम्बन्ध मैक्डाल्डीकरण, फास्टफूड, और क्रेडिट कार्ड के साथ जोड़ते हैं, बोमैन इसे विध्वंस के रूप में देखते हैं और बैक के अनुसार आधुनिक समाज एक प्रकार का जोखिम भरा समाज है। आधुनिकता के ये सब लक्षण परस्पर विरोधी बयानों को रखते हैं। इसका मतलब है यूरोप-अमेरिका में आधुनिकता की जो परिभाषा दी जाती है, वह कोई सर्वसम्मत परिभाषा नहीं है। इसके अर्थ के कई विकल्प हैं।

लक्षणों का यह परस्पर विरोध विदेशों में ही हो, ऐसा नहीं है। हमारे देश मे भी आधुनिकता की परिभाषा और इसके लक्षणों के विषय में बड़ा मतभेद है। इसका बहुत अच्छा उदाहरण डी. पी. मुकर्जी का है। एक स्थान पर तो वे यह कहते हैं कि आधुनिकता अपने अर्थ में एक फर्जी अवधारणा है। इसमें खोट के अतिरिक्त और कुछ नहीं है। वहीं दूसरी और श्रीनिवास इस अवधारणा को विकास का एक सशक्त साधन मानते हैं और इससे आगे दिपांकर आधुनिकता की सामान्य धारणा को **भ्रमित** (Mistaken) धारणा कहते हैं। अर्थ हुआ आधुनिकीकरण की अवधारणा **समाज सापेक्षिक** (Relative to Society) है। और इससे आगे एक ही समाज में इसे विभिन्न अर्थों में लिया जाता है। इस सम्बन्ध में यह भी कहना चाहिये कि आधुनिकता का अर्थ **समूह सापेक्षिक** भी है। भारत के आदिवासियों के लिये आधुनिकता का मतलब संवैधानिक सुविधाओं और आरक्षण से है। राजनीतिज्ञों और अधिकारीतंत्र के लोगों के लिये शायद मध्यम और उच्च वर्ग की सुविधाएं प्राप्त करने का अच्छा अवसर है। कुल मिलाकर हमारे देश में आधुनिकता जाति, वर्ग और एथनिक समूहों की सापेक्षिक है।

आधुनिकता के लक्षण निर्विवाद नहीं हैं। इस कठिनाई से हम परिचित हैं। इसकी परिभाषा आज उस परिपक्व अवस्था में नहीं पहुंच पाई है कि हम इसके कतिपय सर्व सम्मत लक्षणों को प्रस्तुत कर सकें। फिर भी हम आधुनिकता के लक्षणों को निम्न बिन्दुओं में रखेंगे :

*1. **वैश्वीकरण** (Globalisation)*

अभी कोई एक दशक पहले वैश्वीकरण की कोई चर्चा हमारे देश में नहीं थी। आज अर्थव्यवस्था, राजनीति, व्यापार और संचार में वैश्वीकरण सबकी जुबान पर है। अब अधिक से अधिक लोग इस सोच के हैं कि वे 'एक दुनिया' में रह रहे हैं। अब व्यक्ति तथा समूह अन्तर्निर्भरता की ऐसा जाल में है जिससे कोई बच नहीं सकता। वैश्वीकरण

वस्तुतः विभिन्न लोगों, क्षेत्रों और देशों की अन्तर्निर्भरता है जिसकी व्यापकता सारी दुनियां में है। इस वैश्वीकरण ने आधुनिकता की वैचारकी, तकनीकी तंत्र, पूंजीवाद और प्रजातांत्रिक व्यवस्था को अधिकतम तीव्रता दी है। इसी कारण वैश्वीकरण को आधुनिकता का एक बहुत बड़ा लक्षण समझा जाने लगा है। पिछले कुछ वर्षों में इस लक्षण या प्रक्रिया ने एक सिद्धान्त का रूप ले लिया है। जब हम इस पुस्तक में नव समाजशास्त्रीय सिद्धान्तों का विश्लेषण करेंगे, हम वैश्वीकरण पर थोड़ा और विस्तार से लिखेंगे। यहां तो हम इस प्रक्रिया को आधुनिकता के सम्बन्ध में क्या समझते हैं, उसका वर्णन देंगे।

हमारे देश में आधुनिकता के विकास में वैश्वीकरण की प्रासंगिकता हाल के कुछ वर्षों में बहुत अधिक बढ़ गई है। अब यह स्वीकार किया जाने लगा है कि जब हम इस देश को एक **राष्ट्र राज्य** (Nation State) बनाना चाहते हैं तब हमें ठेट स्थानीयता से चलना पड़ेगा। स्थानीयता ही हमारे राष्ट्र राज्य की नींव का पत्थर है। इसे मजबूत करना आवश्यक है। हाल में ऐसे अध्ययन हुए हैं जो स्थापित करते हैं कि आधुनिकता के विकास में स्थानीय लोगों की भागीदारी सबसे अधिक महत्वपूर्ण है। **लूडन** (Ludden D.) अपने दक्षिण भारत के किसानों के अध्ययन (Peasant History in South India, 1985) में इस निष्कर्ष पर पहुंचते हैं कि ग्रामीण अर्थ-व्यवस्था को लागू करने में स्थानीय समुदायों की **स्वायत्तता** (Autonomy) बहुत महत्वपूर्ण है। मार्क्सवादी और प्रकार्यवादी विचारक भी इसी नतीजे पर आते हैं कि स्थानीय जाति, परिवार और किसान समुदाय क्षेत्रीय आंचलिक संरचना के निर्माण में निर्णायक भूमिका रखते हैं। ऊमन (Oommen) भी अपने अनुसंधान में इस तथ्य पर जोर देते हैं कि भारतीय समाज की यथार्थता को समझने के लिये हमें भारतीय संस्कृति की एकाधिकता को मान्यता देनी पड़ेगी। ऐसी अवस्था में जहां इस देश में कई संस्कृतियां हैं, कई स्थानियताएं हैं, आधुनिकता के विकास के लिए वैश्वीकरण को व्यापकता देने के अतिरिक्त और कोई विकल्प नहीं है।

भारत के लोग (People of India, POI) प्रोजेक्ट भी इसी थीसिस को ताकतवर शब्दों में रखता है कि पिछले कुछ दशकों में यहां क्षेत्रीयता और स्थानीयता सुदृढ़ हो गये हैं। इन्हें राष्ट्र-राज्य के साथ जोड़ने में वैश्वीकरण एक बहुत बड़ी कड़ी है। हमारी स्थानीय, आंचलिक और क्षेत्रीय संस्कृतियां बहुत व्यापक हैं और इन्हें वैश्वीकरण के माध्यम से ही जोड़ा जा सकता है। भारत में आधुनिकता आज जिस दौर में है, इसमें वैश्वीकरण का महत्व बहुत अधिक बढ़ गया।

2. उच्च उपभोग (High Consumption)

उपभोग के जो प्रतिमान आज हमारे देश के लोगों में उभरते दिखाई देते हैं, वे स्पष्ट रूप से यह बताते हैं जहां एक ओर हम अपनी परम्पराओं में पूरा लचीलापन लाने को तैयार हैं, वहीं हम बड़ी उदारता से आधुनिक उपभोग की वस्तुओं को अपना रहे हैं। उपभोग करने का लालच हममें इतना बेकाबू है कि हम हर किस्म की वस्तु को अपनाने के लिये तैयार

हैं। ऐसा समझा जाने लगा है और विशेष कर के मध्यम वर्गों कि जो जितना अधिक उपभोग करता है, वह उतना ही अधिक अभिजन या समृद्ध वर्ग है।

बढ़ते हुए उपभोग के पीछे आधुनिकता के कारक हैं। औद्योगीकरण और कृषि विकास ने लोगों के उपभोग करने के सम्पूर्ण प्रतिमान को ही बदल दिया है। हरित क्रांति ने कृषि उत्पादन में इजाफा किया है और इसके कारण 1970 के दशक के बाद ग्रामीणों के उपभोग में अप्रत्याशित वृद्धि हुई है। गांवों में विद्युतीकरण ने लोगों के दैनिक जीवन में बदलाव लादिया है। अब रासायनिक खाद किसानों के लिये सामान्य बात हो गई है। लोग मिट्टी के तेल का प्रयोग बहुतायत से करते हैं। आवागमन की सुविधाओं तथा संचार साधनों की वृद्धि ने आम आदमी के उपभोग की वस्तुओं, पसन्दगी और स्वाद में सजातीयता लादी है। अब चाय, कॉफी, अण्डा, मांस, मछली आदि का प्रयोग उपभोग का सामान्य प्रकार बन गया है। वस्तुओं के इस प्रकार के उपभोग पहले नहीं थे।

आदमी, औरत और बच्चों के पोशाक के उपभोग भी बदल गये हैं। इनमें आधुनिकता के कारण सजातीयता आने लगी है। स्त्रियों की पोशाक में तो यह सजातीयता बहुत बढ़ गई है। सलवार-कमीज जो पहिले केवल पंजाबी स्त्रियों की पोशाक थी, सारे देश की स्त्रियों की पोशाक हो गई है। पिछले दिनो में **कांतिवर्द्धक** (Cosmetic) सामग्री की व्यापकता इतनी बढ़ी है कि अब गांवों में ब्यूटी पार्लर खुल गये हैं और नहाने के साबुन तथ रंग-रोगन का उपभोग सामान्य जन तक होने लगा है। मध्यम वर्ग के लोग अधिकाधिक रूप से डिजाइनर पोशाकों को पहनने लगे हैं, सुगन्धित साबुन का प्रयोग करने लगे हैं, नित नई वस्तुओं के प्रयोग में रुचि रखने लगे हैं।

आखिर देश के लोगों के उपभोग की वस्तुओं में ऐसी बेलादाद वृद्धि क्यों हुई है, यह क्या वज़ह है कि आये दिन नये टूथपेस्ट, नये केश तेल, और नये रि-फिल पेन लोगों को प्रस्तुत किये जा रहे हैं ? स्पष्ट है **बाजार** की बहुत बड़ी रुचि वस्तुओं की बिक्री में है। और यही आधुनिकता का लक्षण है। अब व्यवसाय का जाति के साथ कोई परम्परागत सम्बन्ध नहीं है। जहां एक समुदाय में लोग 5.3% जाति का व्यवसाय करते थे, वहां इसका प्रतिशत घटकर अब केवल 1.3 प्रतिशत रह गया है। उपभोक्तावाद के विकास में बाजार की भूमिका सबसे अधिक है। एक स्थानीय बाजार में जो दूर-दराज के किसी गांव में है, दुनियां भर के आईटम मिल जाते हैं। इस सामान्य और सहज उपलब्धता ने उपभोग को तीव्रता प्रदान की है और इसी कारण बढ़ते हुए उपभोग को आधुनिकता का विशिष्ट लक्षण माना जाता है।

दिपाकर गुप्ता भारत में और विशेष करके इसके मध्यम वर्ग में बढ़ती हुई खपत पर कुछ और प्रकार की टिप्पणी करते हैं। वे कहते हैं कि यहां के मध्यम वर्ग पर पश्चिमी देशों का एक पागलपन चढ़ा हुआ है। इस पागलपन में उसने उपभोग को ही अपनी **जीवन शैली** (Life Style) बना ली है। मोटरकार से उसे कोई उत्पादन लाभ नहीं है, फिर भी वह उसे खरीदता है और उसके पास उपभोग की कई ऐसी वस्तुएं होती हैं जिन्हें वह केवल

आधुनिकता की जीवन-शैली समझकर अपना लेता है। दिपांकर गुप्ता की दृष्टि में इस प्रकार का उपभोगतावाद और कुछ न होकर केवल भ्रांतिपूर्ण आधुनिकता है। पांच सितारा होटलों में भोजन करना, रॉक-डांस का आनन्द लेना और बढ़िया से बढ़िया या महंगी से महंगी मोटरकार में सैर-सपाटे करना, किसी अर्थ में आधुनिकता नहीं है।

3. *उच्च वृद्धि दर (High Growth Rate)*

आधुनिकता का एक लक्षण उच्च वृद्धि दर भी है। कुछ अर्थशास्त्रियों का कहना है कि समाज में जब वृद्धि दर बढ़ जाती है तब अपने आप उसमें विकास आजाता है। औद्योगीकरण तथा शहरीकरण ने पूंजीवाद के विकास मे वृद्धि की है। इससे आम आदमी की आमदनी में बढ़ावा हुआ है। सूत्र बहुत सामान्य है : अधिक आय तो अधिक आधुनिकता। शहरों में गगनचुम्बी मकान, आलीशान सभागृह आदि उच्च आय के द्योतक हैं।

दिपांकर गुप्ता बढ़ी हुई वृद्धि दर को भी आधुनिकता की पहचान नहीं मानते। देखा जाये तो प्रत्येक देश या समाज का आधुनिकता का अपना एक विशेष रास्ता होता है। आधुनिकता एक नहीं, अनेक होती है। दृष्टान्त के लिए जापान को लीजिये। वहां अत्यधिक वृद्धि दर है। इस देश का उद्योग और इसका उत्पादन अमेरिका को चुनौती देता है। इसका तकनीकी तंत्र दुनिया में सर्वोत्तम है। लेकिन सामाजिक तशा सांस्कृतिक दृष्टि से जापान स्त्रियों की स्वतंत्रता तथा समानता में बहुत पीछे है। अब भी तकनीकी तंत्र की दृष्टि से यह उच्च राष्ट्र सामाजिक या सांस्कृतिक दृष्टि से परम्परागत तथा दकियानूस है। अर्थ हुआ : उच्च वृद्धि दर में भी जेन्डर सम्बन्ध गैर-बराबर होते हैं, यानी आधुनिकता की पहचान में प्रजातंत्र धुंधला जाता है।

दिपांकर गुप्ता का तो कहना है कि आधुनिकता की पहचान उच्च वृद्धि दर भी एक भरोसे की पहचान नहीं है, यह भ्रांतिपूर्ण है।

4. *प्रगतिजनक (Progressive)*

अर्थशास्त्री ढेर सारे तथ्यों के आधार पर यह स्थापित करते हैं कि आधुनिकता ने यानी औद्योगीकरण, तकनीकीकरण तथा बुद्धिसंगतता ने समाज को प्रगति प्रदान की है। विकासशील देश विकसित देश हो रहे हैं। इसमें कोई सन्देह नहीं कि पूंजीवादी व्यवस्थ ने लोगों के जीवन में सुधार लादिया है। लेकिन इस मसले पर संदेह किया जाता है समाज वैज्ञानिकों का एक ऐसा तबका है जो आधुनिकता तथा प्रगति के सम्बन्धों के इस थीसिस से सहमत नहीं है। उदाहरण के लिये **अरुन्धन्ती राय** (Arundhati Roy) की पुस्तक **दि ग्रेटर कोमन गुड** (The Greater Common Good, 1999) को लीजिये। वे कहती हैं कि बड़े बांध खाद्यान्नों के उत्पादक सहायक होते हैं। और इन बांधों से हरित क्रांति जैसी उत्पादन क्रांतियां भी हुई हैं। इनकी नहरों पर कविताएं भी रची और गाई गई

हैं। सब ठीक-ठाक रहा है। नेहरू जी ने भी कहा है कि ये बांध आधुनिक भारत के पवित्र मंदिर हैं। लेकिन आधुनिकता की प्रगतिजनक यह परिभाषा क्या सामान्य हित के हिसाब से सही है। यहां आधुनिकता से जुड़ी हुई प्रगति पर प्रश्न उठाये जाते हैं। अरुन्धती राय तो कहती हैं कि प्रगति की परिभाषा कोई एक नहीं है जो एक समूह के लिये प्रगति है, वह दूसरे के लिये विध्वंस भी है। यह माना कि सरदार सरोवर बांध के बन जाने से गुजरात, मध्य प्रदेश और महाराष्ट्र के बड़े किसानों के खेतों के उत्पादन बढ़ जायेगा लेकिन बांध के कारण जो लाखों किसान विस्थापित हो जायेंगे, बेघर हो जायेंगे, जिनके ऐतिहासिक मनोभाव दफन हो जायेंगे, उनके लिये बांध की यह आधुनिकता किस अर्थ में आधुनिकता या प्रगति होगी। अरुन्धती राय जैसे पर्यावरणवादी किसी भी अर्थ में आधुनिकता को प्रगति के साथ जोड़ने को तैयार नहीं हैं। प्रगति भी आधुनिकता की तरह समूह की **सापेक्षिक** (Relative) है। और सही वही है जो आम आदमी के हित में हो।

5. समग्रता या होलिजम (Holism)

यदि आधुनिकता किसी समाज में है तो इसे समग्रह समाज होना चाहिये। ऐसा न हो कि कुछ लोगों को अधिकार सम्पूर्ण सम्पत्ति पर हो और शेष लोग हाशिये पर आ जायें। इस बात से सभी आधुनिकतावादी सहमत हैं, कि समाज में आधुनिकता को पूरी तरह से व्यापक होना चाहिए। जब आधुनिकतावादी इस समग्रता को भारतीय समाज पर लागू करते हैं तब लगता है कि संविधान द्वारा प्रदत्त सभी अधिकार लोगों में समान रूप से पाये जाते हैं। मत देने का अधिकार सभी को है—पुरुष हो या स्त्री। कानून के सामने सभी समान हैं। अनुसूचित जातियों, जनजातियों और अन्य पिछड़े वर्गों को सम्पूर्ण देश में सुरक्षाएं प्राप्त हैं। व्यापार-धंधे करने की सभी को सुविधाएं हैं। ये सब कारक बताते है कि भारतीय समाज में प्रजातांत्रिक अधिकार सभी नागरिकों को मिले हुए हैं। अतः आधुनिकता की समग्रता हमारे देश में एक सर्वमान्य लक्षण है।

इस समग्रता के क्षेत्र में कुछ समाजशास्त्री कहते हैं, विवाद है। उदाहरण के लिये दिपांकर गुप्ता का कहना है कि भारत में आधुनिकता का लाभ कोई मुट्ठीभर लोग ही लेते हैं। अभिजन का यह एक अन्तःक्षेत्र यानी **एन्क्लेव** (Enclave) है जो आधुनिकता के सभी लाभ लेता है और आम आदमी तो दिन-रात गरीबी की चक्की में पिसता रहता है। मुम्बई या दिल्ली में धनवान तब तक नहीं बना रहा जा सकता जब तक शहर के गरीबों का शोषण नहीं किया जाता। तो क्या इसका यह मतलब निकलता है कि अमीरों की आधुनिकता गरीबों की आधुनिकता से जुदा है ? **यह सही है कि आधुनिकीकरण के भिन्न-भिन्न रास्ते हो सकते हैं लेकिन कभी भी भिन्न-भिन्न आधुनिकताएं नहीं हो सकती हैं**। सैद्धान्तिक रूप में आधुनिकता का अर्थ, निश्चित रूप से एक ऐसी समग्रता से है जिसे ग़ैर-बराबर नहीं किया जा सकता। **आईजनस्टेट** (Eisenstadt) का यह कहना बिल्कुल सही है कि किसी भी समाज में **बहुल आधुनिकताएं** (Multiple Modernities) नहीं हो सकतीं। और यदि

कोई ऐसे सोच को लेकर आधुनिकता की व्याख्या करता है तो व्याख्या का यह तरीका निश्चित रूप से बहुत सरल और भोंथरा है। भारत में प्रजातांत्रिक व्यवस्था को अपनाया तो सही तरीके से लेकिन हाल के वर्षों में यह व्यवस्था राजनीतिक अभिजन, जाति-नेतृत्व तथा अपराधियों के गिरफ्त में आ गई है। अतः इसमें **समग्रता** (Holism) का अभाव है।

6. ***नई जजमानी व्यवस्था*** *(New Jajmani System)*

परम्परागत भारत में जजमानी व्यवस्था थी। इस व्यवस्था में राजा या जागीरदार अपने जजमानों को आश्रय देते थे, उन्हें संरक्षण देते थे। यह परम्परागत अर्थव्यवस्था **बंधी हुई** (Closed) व्यवस्था थी। इस व्यवस्था का स्थान मुद्रा व्यवस्था अर्थात् खुली व्यवस्था ने लिया। लेकिन स्वतन्त्रता प्राप्ति के बाद इस परम्परा ने अपना फैलाव आर्थिक क्षेत्रों के बाहर राजनीतिक और सामाजिक क्षेत्रों में कर लिया। योगेन्द्र सिंह कहते हैं कि हमारे देश में परम्पराओं ने आधुनिकता के साथ अनुकूलन कर लिया है और यहां परम्पराओं का आधुनिकीकरण हो गया है। उनका यह थीसिस कुछ अर्थों में सही है। लेकिन कहीं-कहीं आधुनिकीकरण ने परम्पराओं को एक भोंडा स्वरूप भी दिया है। पुरानी परम्परा ने आज आश्रय देने की एक नई राजनीतिक परम्परा पैदा की है। यह परम्परा आधुनिकता को ताक में रख देती है। यहां पर आकर हम कहते हैं कि समाज का इतिहास, उसकी दशाएं और परम्पराएं आधुनिकता का एक रास्ता चुन लेती हैं। **संरक्षण और परम्परा** (Patronage and Tradition) की इस उभरती हुई व्यवस्था को हम थोड़े खुलासे से रखेंगे।

डेविड हार्डीमेन (David Hardiman) ने गुजरात के किसानों और **सूदखोरों** (Usurers) के संरक्षण की चर्चा अपनी पुस्तक **फिडिंग दि बनिया** (Feeding the Baniya, 1996) में की है। उनका यह विश्लेषण गुजरात के बनियों ओर आदिवासी किसानों का है। हार्डीमेन कहते हैं कि बनिया किसानों को अकाल-दुकाल और आकस्मिक आपात में आश्रय देता है, उन्हें कर्ज देता है, उन्हें जिन्दा रखता है ताकि वह बनिये को ब्याज देता रहे, जीवन भर खिलाता रहे। बनिये और किसान के आश्रय की यह परम्परा गुजरात में सहकारी आन्दोलन भी समाप्त नहीं कर पाया। यहां देखिये परम्परा ने आधुनिकता के साथ नई सांठ-गांठ करली।

यह नई जजमानी व्यवस्था राजनीति और अधिकारीतंत्र में बहुत स्पष्ट से उभर कर देखने को मिलती है। प्रजातंत्र ने हमारे समाज अब नये जजमान और कामीन (Clients) दिये हैं। इस प्रजातांत्रिक व्यवस्था में अब भी सामंती **माईन्ड-सेट** (Mind-set) काम करता है। गांव का गरीब आदमी या हाशिये पर रहने वाला वर्ग राजनेता या सरकारी अधिकारी के आश्रय में जीवनयापन करता है। आश्रय देने वाला यह वर्ग तथाकथित अभिजन वर्ग है। ऐसी अवस्था में यह समझना हमारी भूल होगी कि यह अभिजन वर्ग कभी इस देश में गरीब-गुरबों के लिये आधुनिकता लाने भी देगा या नहीं। जैसे ही समाज के इस पद-दलित वर्ग के हिस्से थोड़ी-बहुत आधुनिकता आ जायेगी, जजमान का अस्तित्व खतरे

में पड़ जायेगा। **ऐसी अवस्था में इस देश में जब हम चुनाव द्वारा अपने प्रतिनिधियों को चुनते है, तब वास्तव में हम अपने जजमान या आश्रयदाता को चुनते हैं।** हम यह देखते हैं कि जिस प्रतिनिधि को हमने चुना है, वह हमारे लिये क्या कर सकता है। दूसरे शब्दो में, वह हमारे लिये कितना लाभदायक हो सकता है। **यहां प्रश्न वैचारिकी का नहीं, जजमान-कमीन की व्यवस्था को नई शोषण जजमानी व्यवस्था में ढालने का है। इस विश्लेषण से ज्ञात होता है कि कहीं कहीं परम्पराओं का आधुनिकीकरण नहीं हुआ** और इन परम्पराओं ने आधुनिकता को ही बदल दिया।

*7. **मूल्यों का विकल्प** (Value Alternatives)*

टेल्कट पारसंस समाजशास्त्र के एक मूर्धन्य सिद्धान्तवेत्ता रहे हैं। उन्होंने **पेटर्न वेरायबल** (Pattern Variable) का एक आदर्श प्रारूप दिया है। इसके अनुसार आधुनिकता का सीधा सम्बन्ध वैचारिकी के साथ है। इसका अर्थ हुआ : आधुनिकता और परम्परा में अन्तर मूल्यों के आधार पर किया जा सकता है। किसी भी समाज के मूल्यों को अपनाने में व्यक्ति या समुदाय दुविधा या **असमंजस** (Dilemma) में पड़ जाता है। ये मूल्य परस्पर विरोधी होते हैं। इन्हें **ध्रुवीय द्विभागीकरण** (Polar Dichotomies) कहा जाता है। **वे समाज जो आधुनिक होते हैं, उनसे अपेक्षा की जाती है कि वे भावात्मक तटस्थता** (Affective Neutrality), **विशिष्टता** (Specificity), **सार्वभौमिकता** (Universalistic), **उपलब्धि** (Achievement) और **सामूहिकता** (Collectivity) के मूल्यों को अपने व्यवहार में लायेंगे।

पारसंस का यह आदर्श प्रारूप भारत की आधुनिकता के लक्षणों को स्पष्ट करने मे बहुत सहयोगी है। हम देखेंगे कि हमारे समाज में ये लक्षण कम मात्रा में देखने को मिलते हैं। कहने को तो ये मूल्य किसी भी आधुनिकता को परिभाषित करने के लिये पर्याप्त हैं। लेकिन आनुभविक स्तर पर हमें जो कुछ दिखाई देता है, उसे कतई संतोषजनक नहीं कहा जा सकता। वास्तविकता यह है कि जब कभी आधुनिकता के मूल्यों को क्रियान्वित किया जाता है तो परम्पराएं विकल्पों के अपनाने में आड़े आ जाती हैं। कहीं जाति रास्ते में आती है, कहीं धर्म और कहीं भाषा। इस सबका परिणाम यह होता है कि आधुनिकता के मूल्य कुछ तथाकथित आधुनिक वर्गो या जातियों तक सीमित रह जाते हैं। यदि आधुनिकता के दायरे में व्यक्तियों में होने वाले सांस्कृतिक सम्बन्धों के नये मूल्य विकल्पों को अपनायें तब आधुनिकता धरती से जुड़ सकती है। इस सम्बन्ध में टिप्पणी करते हुए दिपांकर लिखते हैं :

> यदि किसी समाज में स्वतन्त्रता कुछ मुट्ठी भर हाथों में जागीर बनकर रह जाती है, तो इस समाज को कभी भी स्वतन्त्रता या आधुनिक समाज नहीं कहा जा सकता। इसी तरह, यदि उपभोग के कुछ आईटम सीमित हाथों में ही सिमट जाते हैं, तो जिस समाज में वे रहते हैं, वह आधुनिक नहीं बन जाता। इसी कारण समाजशास्त्री यह

स्वीकार करते हैं कि आधुनिकता कुछ भी होने से पहिले एक सांस्कृतिक प्रघटना है : सांस्कृतिक इस तरह कि लोग अपने आपको समाज के अन्य लोगों के साथ कैसे जोड़ते हैं। इसके बाद दूसरी बातें उपभोग और भौतिक वस्तुओं की है।

8. सामाजिक आन्दोलन और आधुनिकता (Social Movements and Modernity)

आइजनस्टेट ने एक स्थान पर कहा है कि आधुनिकता का बहुत बड़ा लक्षण सामाजिक आन्दोलन को जन्म देना है। हमारे यहां उपनिवेशकाल में, अंग्रेजी हुकूमत ने स्थानीय लोगों का शोषण किया। साम्राज्यवाद ने लोगों की कमर तोड़ दी। यह सब हमने कहा है, सहा है, और लिखा है। लेकिन यह भी सही है कि उपनिवेशवाद ने हमें उदारवादी और प्रजातांत्रिक मूल्यों को भी दिया है। हमारी आजादी की लड़ाई में इन मूल्यों ने हमें अत्यधिक प्रोत्साहित किया है। वास्तव में इस युग में हमारे देश में कई समाज सुधारक कार्य हुए। यह एक ऐसी क्रांति थी जब हमने अस्पृश्यता का विरोध किया, पर्दे में रहने वाली स्त्रियों को आजादी की लड़ाई का भागीदार बना दिया। स्वदेशी उत्पादन को शीर्ष स्थान दिया और गांवों में रचनात्मक काम की एक नयी परम्परा स्थापित कर दी। ये सब आन्दोलन सच में देखा जाए तो एक प्रकार क्रांति ही थे। इस सन्दर्भ में कहा जाना चाहिये कि आधुनिकता का एक अनिवार्य लक्षण आन्दोलन है और कभी-कभी ये आन्दोलन क्रांति का रूप भी ले सकते हैं। हम खेत का उत्पादन बढ़ाना चाहते थे। और हमने **उच्च पैदावार करने वाली किस्मों** (High Yielding Varieties) को काम में लिया—यानी कृषि का आधुनिकीकरण किया और परिणामस्वरूप हमने हरित क्रांति देखी। इसी तरह दुग्ध उत्पादन के प्रयास में **सफेद क्रांति** (White Revolution) आदि। हमारे देश का अनुभव बताता है कि राष्ट्रीय जीवन के कई क्षेत्रों में आधुनिकता ने हमें आन्दोलन और क्रांति के रूबरू किया है।

9. आधुनिकता तथा सामाजिक, आर्थिक और सांस्कृतिक रूपान्तरण (Modernity and Social, Economic and Cultural Transformation)

जब आधुनिकता आती है तब इसके साथ प्रौद्योगिकी, पूंजीवाद और प्रजातंत्र भी आते हैं। ये प्रक्रियाएं बहुत शक्तिशाली होती हैं, परिणामस्वरूप समाज में कई परिवर्तन आते हैं। कभी-कभी परम्परा और आधुनिकता के अनुकूलन में विलम्ब हो जाते हैं, समाज में एक प्रकार की **रुकावट** (Breakdown) आ जाती है जैसे पुरानी चीज छोड़ नहीं पाते और नई चीज गले नहीं उतरती। लेकिन इस तरह का **ब्रेक-डाऊन** लम्बे समय तक नहीं चलता और परम्परा तथा आधुनिकता में अनुकूलन हो जाता है। इस तरह अनुकूलन और तालमेल की कठिनाइयों के होते हुए भी आधुनिकीकरण में अनुकूलन की सहवर्धी क्षमता होती है। समाज के रथ पहिये आगे बढ़ते रहते हैं। योगेन्द्र सिंह तो आधुनिकता में निहित परिवर्तन के मूल्यों से भली प्रकार सहमत हैं। वे कहते हैं कि हमारे यहां परिवर्तन की प्रक्रिया के

चलते हुए स्वयं परम्पराओं का आधुनिकीकरण हो जाता है। वे लिखते हैं :

> हमारी परम्परागत संस्थाओं, भूमिकाओं, संरचनाओं और मूल्यों में ऐसी क्षमता है कि वे आधुनिकता के लक्षणों को अपना लेंगे। अभी तक के हमारे जो भी आनुभविक अध्ययन हैं, वे इसी तथ्य को बताते हैं।

10. आधुनिकता के कानूनी पहलू (Legal Aspects of Modernization)

भारत के आधुनिकीकरण में कानून व्यवस्था बहुत बड़ा स्रोत है। यहाँ आधुनिकता के लाने में कानून एक सशक्त हथियार है। देखा जाये तो ब्रिटिश काल में कानूनी आधुनिकीकरण की प्रक्रिया हमारे देश में प्रारम्भ हुई। इसीके परिणामस्वरूप यहां वैचारिकी का उद्‌विकास हुआ और **भारतीय दण्ड संहिता** (Indian Legal Code) का निर्माण हुआ। हमारे प्रथागत कानून ने धीरे-धीरे अखिल भारतीय कानून का रूप ले लिया। **इस प्रक्रिया ने प्रथाओं यानी परम्पराओं को आधुनिक कानून के रूप में परिवर्तित कर दिया।** अब कानून सार्वभौमिक रूप लेने लगा। इसका केन्द्र समूह या संघ न रहकर व्यक्ति बन गया। यह पहली बार था कि आधुनिकता के केन्द्रीय लक्षण **व्यक्तिवाद** (Individualism) को कानून में स्थान दिया गया।

उपेन्द्र बक्षी जो विधि व्यवसाय के प्रणेता हैं, कहते हैं कि जब ब्रिटिश काल में कानून बनाया गया तब हिन्दू शास्त्रकारों तथा मौलवियों की सलाह लेकर परम्परागत प्रथाओं को आधुनिक कानून के रूप डाला गया। वीनादास तथा के. एल. शर्मा ने भी आधुनिक कानून की व्याख्या परम्पराओं के सन्दर्भ में की है। **ऐसे कई कानून व्यवसाय के समाजशास्त्रीय अध्ययन हैं** जो पर्याप्त रूप से यह स्थापित करते हैं कि आधुनिकता को समाज की संरचना का अंग बनाने में कानून की भूमिका बहुत बड़ी है। इसी कारण सभी इस तथ्य को स्वीकार करते हैं कि आधुनिकता का बहुत बड़ा लक्षण कानून है। कभी-कभी कानून परम्परा की अवहेलना करके अपना अस्तित्व तो स्थापित कर लेता है, पर इस स्थिति में परम्परा भारी पड़ती है और कानून केवल किताबी बन कर रह जाता है विवाह का कानून लीजिये। शारदा कानून ने बाल विवाह की परम्परा को तोड़ने के लिये एक लम्बी कवायद की, फिर भी आज बाल विवाह की परम्परा टूट नहीं पाई है। इस भांति कुछ विशिष्ट परिस्थितियों में कानूनी आधुनिकता परम्परा के पर नहीं काट पाती। ऐसा कुछ होते हुए भी आज यह माना जाता है कि आधुनिकता का बहुत बड़ा लक्षण कानून है, कानून के माध्यम से आधुनिकता समाज में आती है। और आज तो हमोर देश की स्थिति ऐसी है जिसमें प्रशासनात्मक फैसले भी कानून के माध्यम से होने लगे हैं।

11. आधुनिकता : व्यवसाय और व्यावसायिकता
(Modernity : Profession and Professionalization)

भारत में आधुनिकता के प्रवेश से पूर्व कोई व्यवसाय नहीं हो, ऐसा नहीं था। व्यवसाय तो

ढेर सारे थे। जितने काम, उतने व्यवसाय। लेकिन ये सब व्यवसाय परम्परागत थे। व्यवसाय के हुन्नर को बेटा अपने बाप और पूर्वजों से सीखता था। दर्जी कपड़े सीने का काम किसी प्रशिक्षण संस्था से प्राप्त नहीं करता था और न कुम्हार मिट्टी के बर्तन बनाने का काम किसी पोलोटेक्नीक संस्था से प्राप्त करता था। ये सब व्यवसाय परम्परा से हासिल किये जाते थे। समाज के अधिकांश व्यवसाय जातिगत व्यवसाय थे। इनमें परम्परा की भूमिका महत्वपूर्ण थी।

अब व्यवसाय में आधुनिकता आ गई। जैसे कानून में आधुनिकता ने प्रवेश किया, वैसे ही कई नये धंधे, व्यवसाय समाज में आ गये जिनका आधार आधुनिकता थी। अब व्यवसाय को विज्ञान के आधार पर समझा जाने लगा। कई नये आविष्कार हुए, तकनीकी तंत्र आया, और इसके साथ भौतिक, रसायनिक तथा जैविकी विज्ञान आये। सभी ने व्यवसायों का आधुनिकीकरण कर दिया। अकादमिक व्यवसाय, चिकित्सा व्यवसाय, विज्ञान व्यवसाय, तकनीकी तंत्र व्यवसाय और ऐसे ही ढेरों व्यवसाय समाज के विभिन्न क्षेत्रों में आ गये हैं। आज समाज में व्यावसायिकता एक विशिष्ट लक्षण है। जितनी अधिक समाज में व्यावसायिकता होगी, समाज उतना ही अधिक आधुनिक होगा। व्यावसायिकता का अर्थ **विशिष्टीकरण** (Specialization) से है और इसी कारण गांवों की अपेक्षा शहरों में अधिक विशिष्टीकरण या व्यावसायिकता होती है। ऐसी अवस्था में आधुनिकता का मुख्य लक्षण विभिन्न व्यवसाय और व्यावसायिकता है।

12. विकास और पुनर्निमाण (Development and Reconstruction)

आधुनिकता की अपनी एक दिशा होती है। यह इसलिये कि आधुनिकता अपने आप में एक प्रक्रिया है। इसीलिये इसे आधुनिकीकरण कहते हैं। हमने ऊपर आधुनिकता के जिन लक्षणों का उल्लेख किया है—सामाजिक आन्दोलन, क्रांति, दण्ड संहिता, व्यावसायिकता—ये सब वस्तुतः प्रक्रियाएं हैं। इन्हीं प्रक्रियाओं में विकास भी एक बहुत बड़ी प्रक्रिया है। आजादी की लड़ाई के दौरान हमने यह तय कर दिया था कि जब हम आजाद हो जायेंगे, अपने राष्ट्र को एक स्वतंत्र, धर्मनिरपेक्ष और समाजवादी राष्ट्र बनायेंगे। हमने वादा किया था कि हम राष्ट्र में जाति प्रथा को वर्जित कर देंगे, मद्यपान पर पाबन्दी लगा देंगे, सभी के लिये शिक्षा अनिवार्य कर देंगे और हमारे लाखों गांवों को पंचायत राज दे देंगे। ये सब दृष्टान्त आधुनिकता की दिशा को बताते हैं। गांधी जी ने कहा था कि स्वतंत्रता का उपयोग करने के लिये **रचनात्मक कार्य** (Constructive Work) करेंगे। यह सब एजेण्डा वस्तुतः विकास का कार्यक्रम था। संविधान हमारे देश के विकास कार्यक्रमों का एक दस्तावेज है। औद्योगीकरण, समाजवाद, तथा स्त्रियों की समानता आदि हमारे विकास एजेण्डा के अंग रहे हैं। ई. 1970 तथा 1980 में स्त्रियों की स्थिति का लेखा-जोखा समाजशास्त्रीय अध्ययनों में बहुतायत रूप से हुआ है। ई. 1955 से 1965 में विकास के मुद्दे पर ग्रामीण अध्ययनों की यहां एक बाढ़ सी आ गई है। गांवों में होने वाले परिवर्तन

को आधुनिकता के संदर्भ में देखा गया और भी कई क्षेत्र हैं जिनका अध्ययन आधुनिकता को केन्द्र मानकर किया गया। **इससे स्पष्ट है कि शहर ही नहीं गांवों में** भी आधुनिकता का प्रवेश 20वीं शताब्दी के अन्तिम भाग में पहुंच गया। अब वहां भी कृषि तथा परम्परागत रोजगार में प्रौद्योगिकी तथा तकनीकी तंत्र ने अपना प्रभाव डालना प्रारम्भ कर दिया था।

13. कमजोर वर्गों की आधुनिकता (Modernity of Weaker Sections)

आदिवासी, दलित, स्त्रियां तथा अन्य पिछड़े वर्ग समाज की कमजोर कड़ियां हैं। इन कमजोर कड़ियों की आधुनिकता के विषय में धारणा अभिजन तथा समृद्ध जन की धारणा से भिन्न होती है। गोपाल गुरु ने **रोमिला थापर** (Romila Thaper) द्वारा सम्पादित पुस्तक **इंडिया : एनेदर मिलेनियम** (India: Another Millennium, 2000) में सम्मिलित एक निबन्ध में दलित वर्गों का आधुनिकता के प्रति जो बोध है, उसका विश्लेषण किया है। वे कहते हैं कि अब दलित उच्च जातियों द्वारा उन्हें दिये गये माई-बाप के आश्रय स्वीकार नहीं हैं। सदियों तक उन्होंने इन वर्गों द्वारा फेंकी हुई जूठी रोटी को खाया है, इन वर्गों के उतरे हुए कपड़े पहिने हैं, इन वर्गो द्वारा दिये गये अपमान के घूंटों को अपने गले उतारा है, अब इस आधुनिकता युग में वे यह सब नहीं करेंगे। पश्चिमी सभ्यता और भारत की आधुनिकता ने उन्हें जिस मुक्ति का संदेश दिया है जिसमें वे अपनी कुशलता, प्रतिभा और योग्यता के आधार पर समान अवसर के हकदार मानते हैं। गोपाल गुरु का कहना है कि भारत के दलित आज एक नवीन आधुनिकता की खोज में हैं। इस खोज को स्पष्ट करते हुए वे लिखते हैं :

> अब आधुनिकता ने दलितों के सामने एक ऐसी गतिशील दुनिया का वादा किया है जिसमें वे हिन्दुओं के अतिरिक्त विशाल जन समाज के साथ अपना सम्पर्क रख सकते हैं ....। हमारे देश में आधुनिकता का जो विकास हुआ है उसने पिछड़े हुए वर्गों को पूंजीवादी विकास के तार्किक समाज में उचित स्थान देने का भरोसा दिया है।

भारत के आधुनिकता के एजेण्डा ने इन पिछड़े वर्गों को आरक्षण के माध्यम से विकास और सुरक्षा के कई कार्यक्रम दिये हैं। **सुरक्षात्मक भेदभाव** (Protective Discrimination) की नीति ने दलितों को ऐसे कई अवसर दिये हैं जिनके माध्यम से वे देश की राजनीतिक, आर्थिक और शैक्षणिक गतिविधियों में भाग ले सकते हैं। इन सब बयानों के माध्यम से हम केवल यह स्थापित करना चाहते हैं कि भारत में आधुनिकता का लक्षण केवल पूंजीवाद, उद्योगवाद, राज्य शक्ति और प्रजातंत्र ही नहीं हैं, यहां इसके लक्षण भारतीय समाज की विशिष्टता से है। इस समाज की अपनी कुछ एथनिक-सांस्कृतिक और ऐतिहासिक खासियतें हैं और आधुनिकता को इनके साथ जूझना होगा। इस देश के

राष्ट्र-राज्य के कुछ लक्ष्य हैं और इसलिये यहां की आधुनिकता को इन्हें पूरा करना होगा।

परम्परा बनाम आधुनिकता : भारत की ऐतिहासिक बहस (Tradition VS. Modernity : India's Historical Debate)

पश्चिमी देशों में आधुनिकता के प्रारम्भ ने कोई खास विवाद खड़ा नहीं किया। वहां की परम्पराओं यानी सामंतवाद को झटका ज्ञानोदय तथा कतिपय क्रांतियों ने दिया। वहां मुख्य मसला राज्य और धर्म अर्थात् चर्च के बीच में था। वैज्ञानिक क्रांति—न्यूटन, गेलिलियो, वोल्टेयर, होब्स, रूसो आदि ने परम्पराओं को तर्क की कसौटी पर रख दिया और इधर औद्योगिक तथा तकनीकी तंत्र ने परम्परा को झटका दे दिया। हमारे देश में आधुनिकता के साथ ऐसा कुछ नहीं हुआ। इसका आवागमन ब्रिटिश उपनिवेशवाद के साथ जोड़ा जाता है। भारतीय इतिहास के मध्यकाल में यहां राजतंत्र की व्यवस्था थी। मुगल साम्राज्य अपनी जड़ें यहां जमाने के लिये संघर्ष कर रहा था और स्थानीय देशी राज्य अपने अस्तित्व की लड़ाई में लगे हुए थे। ऐसी सामाजिक-राजनीतिक अवस्था में ब्रिटिश राज यहां आया। इनके आने के साथ ही आधुनिकता का भी आगमन हुआ।

उपनिवेशवादी हुकूमत थे यहां इस धारणा को स्थापित करने का प्रयास किया कि भारतीय समाज अपने मूल्य में एक परम्परागत समाज है। इसमें सभ्यता की जड़ें बहुत गहरी हैं और इसके परम्परागत वजूद में कोई अन्तर नहीं आ सकता और ऐसी अवस्था में इस समाज को अपने अतीत के गौरव के साथ प्रसन्न रहना चाहिये। विदेशी प्रशासन की इस धारणा को प्राच्य विद्यावादियों ने अधिक ताकत के साथ रखा। उन्होंने यह स्थापित किया कि भारतीय क्लासिकल संस्कृत ग्रन्थों में जो परम्पराएं निहित हैं, वे अनन्त हैं। उनका कोई मुकाबला नहीं। ऐसी धारणा बनाये रखने वाले उपनिवेशवादी और प्राच्यविद्यावादी विचारक यह भूल गये कि भारतीय सामाजिक यथार्थता में अपने आप एक आन्तरिक गतिशीलता है।

देखा जाये तो तत्कालीन ब्रिटिश और यूरोप के लेखन में जिन अवधारणात्मक कोटियों को काम में लिया गया है वे सभी यूरोप केन्द्रित हैं और भारत की यथार्थता से उनका कोई सरोकार नहीं है। इसी कारण इन विचारकों ने भारतीय इतिहास को अपनी इच्छानुसार तोड़ा-मरोड़ा है। इन्होंने हमारी भारतीय परम्परा से जुड़ी हुई अवधारणाओं की परिभाषा बड़े ही सीमित अर्थ में की है। 'जाति', 'आदिवासी', 'गांव', 'समुदाय', 'परिवार', और नातेदारी जैसी अवधारणाओं की व्याख्या खण्डात्मक इकाइयों के रूप में की गई है। यह बताया गया है कि ये सब इकाइयां अपने आप में स्वायत्त हैं और इनका समग्रता से कोई ताल्लुक नहीं है। कुल मिलाकर यूरोप के इन लेखकों ने भारतीय समाज की **पृथकता** (Discreteness) पर जोर दिया है और समाज की **सावयवी** (Organic) एकता की उपेक्षा की है। इस पर टिप्पणी करते हुए योगेन्द्रसिंह कहते हैं :

ब्रिटिश और यूरोप के लेखकों ने पृथकतावादीतत्वों पर अत्यधिक जोर दिया लेकिन इन तत्वों को जो कड़ियां जोड़ने वाली थीं—सामाजिक और आर्थिक—उनका कोई उल्लेख नहीं किया। इस तरह का पूर्वाग्रह जो उपनिवेशवादी वैचारिकी और ब्रिटिश सामाजिक मानवशास्त्रियों में था, उसने 'जाति' और 'जनजाति' की अवधारण को एक पृथक् संरचनात्मक और सांस्कृतिक विरचना के रूप में प्रस्तुत किया।

कतिपय भारतीय समाजशास्त्रियों ने इस तरह की विचारधारा का खण्डन किया और यह स्थापित करने का प्रयास किया कि भारतीय समाज में ऐसी कई परम्पराएं हैं, समाज की इन कड़ियों को जोड़ने वाली कड़ियां मानते हैं। यह तो बाद के लेखक थे जिन्होंने इस धारणा को रखा कि भारतीय समाज की समग्रता का कारण यहां की परम्पराएं हैं। **इस धारणा को समाज विज्ञान में ताकतवर रूप से रखने का कार्य डी. पी. मुकर्जी ने किया। मुकर्जी ने कहा कि यहां की परम्परा व्यक्ति केन्द्रित नहीं है**। इस समाज में **संघ** की अवधारणा एक महत्वपूर्ण अवधारणा है। इसमें व्यक्ति का कोई वजूद या उसकी कोई पहिचान नहीं है। मुकर्जी के इस थीसिस को बाद में चलकर ड्यूमो ने विकसित किया। उन्होंने **होमोहेरारकिकस** (1970) में बड़े तार्किक रूप में रखा कि भारतीय समाज की परम्पराओं में 'व्यक्ति' की धारणा कोई स्थान नहीं रखती और जाति, आदिवासी, ग्रामीण समुदाय और परिवार की व्यवस्थाओं को जोड़ने का काम ये परम्पराएं ही करती हैं।

पूरे ब्रिटिश काल में जिस तरह का साहित्य सामाजिक मानवशास्त्र, इतिहास और समाजशास्त्र में आया **इसका निष्कर्ष यही है कि भारतीय समाज वस्तुतः एक परम्परा का समाज है। इसका आधुनिकता से कोई सम्बन्ध नहीं**। बहस का यह एक पहलू है। और स्पष्ट शब्दों में कहें तो भारतीय समाज को परम्परा समाज कहने वालों का विचार है कि यह समाज एक **जड़** (Static) समाज है, यह **समयहीन** (Timeless) और **गतिहीन** (Spaceless) समाज है। बरनाई कोहन (Bernard Cohn) ने तीन ऐसे उपागमों का उल्लेख किया है जो भारतीय समाज को वस्तुतः एक परम्परा समाज मानते हैं। इस धारणा का पहला उपागम **प्राच्य विद्यावादियों** (Orientalist) का है। इनका कहना है कि सम्पूर्ण भारतीय समाज में कोई विविधता नहीं। सभी भागों में **महान परम्परा** (Great Tradition) पाई जाती है और यह महान परम्परा ही देश को परम्परा समाज बनाती है। देश के लोगों के व्यवहार को यह परम्परा ही नियन्त्रित करती है।

समाज को देखने का दूसरा उपागम **मिशनरी** (Missionary) है। यह उपागम वस्तुतः ईसाई मिशनरियों का था। उनके विचार में भारतीय समाज की विकृति का कारण हिन्दू धर्म था। इस धर्म ने ही परम्पराओं को भ्रष्ट और खोटा बना दिया था। इनके अनुसार समाज का सुधार धर्म परिवर्तन द्वारा ही सम्भव था। भारतीय परम्पराओं के बारे में तीसरी विचारधारा प्रशासनिकों की। इसके पीछे एक सोची-समझी वैचारिकी थी। अंग्रेज प्रशासन चाहता था कि यहां के लोग कर्मकाण्ड और रुढ़िवाद में उलझे रहें और इससे उनके काम-काज में किसी का दखल नहीं होगा। यदि हम ब्रिटिश काल के परम्परागत भारतीय

समाज को देखें तो दो परस्पर विरोधी विचारधाराएं हमारे सामने आती हैं। एक ओर यह समझा जाता था कि परम्पराएं समाज को निरन्तरता देती हैं, और सभ्यता को बनाये रखती हैं, दूसरी ओर यह भी सोचा जाता था कि इस समाज में सुधार होना चाहिये। लेकिन समाज में होना चाहिये न कि समाज का।

जब हम परम्परा और आधुनिकता की बहस को देखते हैं तब एक परिवर्तन बीसवीं शताब्दी के प्रारम्भ में देखने को मिलता है। 17वीं शताब्दी से लेकर 20वीं शताब्दी के प्रारम्भ तक देश के कुछ भागों में जहां अंग्रेजों ने आधुनिक विचारधारा को विकसित किया था, वहां एक आधुनिकीकरण की **उप-संस्कृति** (Sub - Culture) का विकास हो गया था। बंगाल, मद्रास, और मुम्बई में कुछ ऐसे वर्ग विकसित हो गये थे जो परम्पराओं के आलोचक थे और आधुनिकता के फैलाव में विश्वास रखते थे। इन आधुनिकतावादियों का कहना था कि भारत को आधुनिकता के साथ अपना **सात्मीकरण** (Assimilation) कर लेना चाहिये। इस विचारधारा ने कुछ नये सुधारवादी सम्प्रदायों को जन्म दिया। इन सम्प्रदायों में ब्रह्म समाज, प्रार्थना समाज आदि सम्मिलित हैं। ये नये संगठन कुछ अर्थों में आमूल-चूल परिवर्तन करने के हामी थे। इनका विचार था कि भारतीय समाज एक कट्टर समाज है, इसकी तासीर रुढ़िवादी है और इसलिये इसे अपनी सड़ी-गली परम्पराओं को छोड़कर आधुनिकता को अपना लेना चाहिये। अब आधुनिकता ने एक महान परम्परा का रूप लेना शुरू किया। अपने स्वरूप या अवतार में आधुनिकता के अन्तर्गत शिक्षा, शहरीकरण सार्वभौमिक दण्ड व्यवस्था, संचार के साधनों का विस्तार, आवागमन और समाज सुधार सम्मिलित हैं। 19वीं शताब्दी के अन्त में अब परम्परा के साथ-साथ संरचनात्मक आधुनिकीकरण भी देश में आने लगा। उदाहरण के लिये ब्रिटिश भारत में संरचनात्मक आधुनिकीकरण के रूप में अधिकारीतंत्र विकसित हुआ। न्यायपालिका व्यवस्थित हुई और औद्योगिक अधिकारीतंत्र व्यापक हुआ। ये सब परिणाम परम्पराओं के लिये एक चुनौती थे।

यह निश्चित है कि ब्रिटिश काल में जब आधुनिकता आई तो इसका झुकाव अधिकारीतंत्र के निर्माण की ओर था। दूसरा, इस व्यवस्था ने उद्योग और पूंजीवाद को बढ़ावा दिया। इससे स्थानीय बाजार भी विकसित हुए। **इस काल में** जो भी आधुनिकता फैली उसकी एक विशेषता थी। **यह आधुनिकता खण्डीय** (Segmental) थी। **इसका अर्थ हुआ इसका विकास केवल कुछ क्षेत्रों तक ही सीमित रहा। गांवों तक यह आधुनिकता नहीं पहुंच पाई, परिवार, जाति, और आदिम समुदाय इसके प्रभाव से अछूते थे।** अंग्रेजों ने इन आन्तरिक क्षेत्रों में कम से कम हस्तक्षेप किया। बाद में चलकर 20वीं शताब्दी के प्रारम्भ में जब आजादी के लड़ाई थोड़ी तेज हुई तब आधुनिकता की व्यापकता में भी तेजी आई। अब एक नये प्रकार का राजनीतिक आधुनिकीकरण उभर कर सामने आया। स्वतंत्रता, मानव अधिकार, समान न्याय आदि की चर्चा जोर पकड़ने लगी।

20वीं शताब्दी के मध्य तक पहुंचते हुए, परम्परा और आधुनिकता की बहस ने जोर

पकड़ लिया। इस अवधि में आधुनिकता ने परम्पराओं के सामने कोई गंभीर चुनौतियां नहीं रखीं थीं। अधिक से अधिक समाज सुधार के कुछ आन्दोलन चले थे। अस्पृश्यता का विरोध हो रहा था, बाल विवाह और वैधव्य पर चर्चाएं चल रही थीं और अधिक से अधिक चौकसी स्वतन्त्रता प्राप्त करने की थी।

बौद्धिक स्तर पर परम्परा बनाम आधुनिकता की बहस ने एक निश्चित दिशा लेना प्रारम्भ कर दिया था। इस बहस में विदेशी समाजशास्त्रियों की भागीदारी बहुत अधिक थी। कुछ समाजशास्त्री जहां शास्त्रीय ग्रन्थों का प्रमाण जुटाते थे, वहां दूसरे आधुनिकता से प्रेरित विकास की चर्चा करते थे। उदाहरण के लिए **बर्नार्ड कोहन** (Bernard Cohn) ग्रामीण स्तर पर आधुनिकता छोटी जातियों में प्रवेश कर रही है। वे कहते हैं कि भारतीय दंड संहिता ने छोटी जातियों को यह चेतना अवश्य दे दी है कि कम से कम कानून के सामने वे ऊंची जातियों के बराबर तो हैं ही, यह बात अलग है कि अपनी कानूनी लड़ाई के लिये उनके पास धन नहीं है। अपने माधोपुर (उत्तरप्रदेश) के अध्ययन में वे कहते हैं कि चमार जाति ने अपने अधिकारों के लिये ठाकुरों से झगड़ा ले लिया। और अन्त में विजय इन छोटी जातियों के ही हिस्से में आई। सिंगर (Singer) ने भी आधुनिकता की व्यापकता के आनुभविक प्रमाण दिये हैं। ऐसा लगता है कि परम्परा बनाम आधुनिकता की बहस ने 20 वीं शताब्दी के छठे दशक में आकर जोर पकड़ गई। अब देश में विकास कार्यक्रमों ने (ई. 1950 के बाद) जोर पकड़ लिया था। अधिकांश समाजशास्त्रियों का विचार था कि परम्पराओं को उनके विशुद्ध रूप में अपनाये रखना अब बहुत कठिन था।

डी. पी. मुकर्जी ने परम्परा और आधुनिकता की बहस को एक नई दिशा प्रदान की। वे तथाकथित आधुनिकता के विरोधी थे। उनका मार्क्सवाद कहता था कि समाज की प्रत्येक वस्तु में द्वन्द्व होता है। परम्परा और आधुनिकता में भी यही द्वन्द्व है। उनका सुझाव था कि अपने आप में न तो आधुनिकता सही है और न परम्परा। **जिसे हम आधुनिकता कहते हैं वह यूरोप केन्द्रित है** और इसलिये भारतीय समाज को रास नहीं आ सकती। इधर परम्परा भी कोई दूध से धुली हो, ऐसा नहीं है। वह भी दलित विरोधी है। **इसलिये इस बहस में डी. पी. कहते हैं कि हमें भारत में नई परम्परा बनानी चाहिये जिसमें मार्क्सवाद हो, वेदान्त हो और प्रजातंत्र हो।**

मिल्टन सिंगर ने भी अपनी पुस्तक **ट्रेडिशनल इंडिया : स्ट्रक्चर एण्ड चेंज** (Traditional India : Structure and Change) में परम्परा और आधुनिकता की बहस को उठाया है। उन्होंने जो तथ्य सामग्री एकत्र की है उसके आधार पर वे इस नतीजे पर पहुंचे हैं कि आधुनिकता का प्रभाव परम्पराओं पर पड़ता है लेकिन इससे वे पूरी तरह बदल जाती हों, ऐसा नहीं है। सिंगर लिखते हैं :

> अभी जो प्रमाण उपलब्ध हैं, वे इतने वजनी हैं कि उनके आधार पर यह कहा जा सकता है कि आधुनिकीकरण के प्रभाव इतने अधिक हैं कि निश्चित रूप से

भारतीय समाज की संस्कृति के कई पहलू बदल गये हैं लेकिन इन्होंने संस्कृति की बुनियादी संरचना और प्रतिमान को नष्ट नहीं किया है। आधुनिकता के प्रभावों ने भारत को नये विकल्प दिये हैं और वरण के अवसर दिये हैं, फिर भी इस समाज के लचीलेपन के कारण आधुनिकता के पहलुओं को अपना लिया गया है और इससे भारतीयता में कोई खास कमी आई हो, ऐसा नहीं है, दूसरे शब्दों में, परम्पराओं ने जहां अपनी पहचान बना रखी है, वहीं नूतनता को भी स्वीकार किया है।

मेकिम मेरियट (Makim Marriatt) एक और अमेरिका मानवशास्त्री हैं जिन्होंने परम्परा बनाम आधुनिकता की बहस में भागीदारी की है। मेरियट का अध्ययन किशनगढ़ी (अलीगढ़) गांव का है। इस अध्ययन के आधार पर वे सार्वभौमिकरण तथा तथरा स्थानीकरण की अवधारणाओं की चर्चा करते हैं। **वे कहते हैं कि गांवों की अपनी एक छोटी परम्परा होती है, तीज-त्यौहार होते हैं, धर्म-विधियां और देवी-देवता होते हैं। इन सबको मेरियट लघु परम्परा** (Little Tradition) कहते हैं। यह लघु परम्परा ऊपर को जाती है। और **महान परम्परा** (Great Tradition) को प्रभावित करती है। इन दोनों परम्पराओं में अन्तःक्रिया होती है और इसके कारण दोनों में परिवर्तन आता है। **मेरियट यह स्थापित करते हैं कि यह आवश्यक नहीं है कि आधुनिकता केवल परम्परा को ही प्रभावित करती हो, परम्परा भी आधुनिकता को प्रभावित करती है। उसमें परिवर्तन आते हैं। मेरियट के अनुसार परम्परा और आधुनिकता को अन्तःक्रिया के माध्यम से समझा जाना चाहिये। दोनों एक दूसरे को पूरी तरह से प्रभावित करते हैं।** इस अन्तःक्रिया में कुछ पहलुओं में आधुनिकता परम्परा को प्रभावित करती है और किन्हीं में परम्परा आधुनिकता को प्रभावित करती है।

परम्परा बनाम आधुनिकता की यह बहस समाजशास्त्र में 1960-1980 के दशकों में बड़ी गर्मा-गर्मी से चली। इस बहस में योगेन्द्र सिंह भी भागीदार हैं। **उनका कहना है कि यह आवश्यक नहीं है कि आधुनिकता अनिवार्य रूप से परम्परा को कमजोर ही करती है। यह भी देखा गया है कि कई बार आधुनिकता के हाथों परम्परा अधिक शक्तिशाली भी हो जाती है।** उदाहरण के लिये, जाति व्यवस्था को लीजिये। इस व्यवस्था को आधुनिकता या प्रजातांत्रिक व्यवस्था ने कानूनी तौर से निषेध कर दिया। संविधान ने इसके अस्तित्व को समाप्त कर दिया। यह होते हुए भी आज भारतीय समाज में इस व्यवस्था की भूमिका बड़ी कारगर है। कोई चुनाव जाति की भूमिका के बिना नहीं लड़े जा सकते। कहीं-कहीं तो हमें जाति युद्ध दिखाई देता है। और दूसरी ओर अगड़ी और पिछड़ी जातियों की लड़ाई बिहार जैसे राज्यों में तो बड़ी व्यापक है। इसका अर्थ यह हुआ कि जाति की परम्परा आधुनिकता के हाथों कमजोर होने की अपेक्षा अधिक ताकतवर हो गई है। अब रचनात्मक कामों में भी—छात्रालय, छात्रवृत्ति, प्रतिभा खोज आदि—जाति एक केन्द्रीय संस्था बन गई है।

परम्परा और आधुनिकता का केन्द्रीय आधार मूल्य है। इन मूल्यों के बल पर ही संरचनाएं यथा जाति, परिवार, धर्म, शिक्षा आदि बनती हैं। इनकी प्रासंगिकता पर समाजशास्त्र में बड़ी लम्बी बहसें रही हैं। ये बहसें पिछले तीन दशकों में जोर इसलिये पकड़ गई कि इस लम्बी अवधि में देश में विकास कार्यक्रम बड़ी ताकत से चले। इन वर्षों में कृषि उत्पादन बढ़ा, बड़े-बड़े बांध बने, कल कारखाने आये और शहरीकरण हुआ। ये सब परिवर्तन विकास की छोटी-मोटी क्रांतियां थीं और इसी परम्परा के अस्तित्व और आधुनिकता के प्रभाव तथा इसकी व्यापकता को लेकर विवाद हुए।

परम्परा के समर्थकों का कहना है कि भारतीय समाज बुनियादी तौर पर एक **देशी** (Indigeneous) समाज है। इसकी एक बहुत पुरानी सभ्यता रही है। इस सभ्यता के जीवित रहने या इसकी निरन्तरता का कारण इसकी उदारता, बर्दाश्त करने की क्षमता और लचीलापन है। इसी कारण आधुनिकता इसे मार नहीं सकती। इसकी महान परम्परा, इसके शास्त्रीय ग्रन्थ और धर्म इस परम्परा को वैधता देते हैं और सबसे रुचिकर बात यह है कि यह परम्परा बराबर लघु परम्परा के सम्पर्क में है। महान परम्परा लघु परम्परा की ओर बढ़ती है तथा अपनी वैधता पाती है, दूसरी ओर लघु परम्परा जिसका स्थानीय समाज है, जमीन से जुड़े हुए लोग हैं, ऊपर की ओर पहुंचती है, ऐसा परम्परा आधुनिकता के हाथों कभी नहीं मर सकती।

कुछ समाजशास्त्री गांवों से उपलब्ध आनुभाविक सामग्री के आधार पर इस निष्कर्ष पर पहुंचते हैं कि **आधुनिकता आज के समय में प्रभावशाली तो है लेकिन फिर भी भारतीय समाज का जो देशी आधार है उसे बदल नहीं पाई**। इस विधारधारा के समर्थकों में मिल्टन सिंगर और बरनार्ड कोहन हैं। दूसरी विचारधारा में मेकिम मेरियट जैसे मानवशास्त्रियों की है जिनका कहना है कि आधुनिकता का परम्परा के साथ मुकाबला दो स्तरों पर है : महान परम्परा यानी अखिल भारतीय स्तर और स्थानीय परम्परा अर्थात् लघु परम्परा। इन दोनों परम्पराओं पर आधुनिकता का प्रभाव पड़ता है। एक तीसरी विचारधारा योगेन्द्र सिंह की है। वे कहते हैं कि आधुनिकीकरण की प्रक्रिया भारत में एक प्रभावशाली प्रक्रिया है। वैश्वीकरण ने इस प्रक्रिया को और अधिक ताकतवर बना दिया है। ऐसी स्थिति में परम्पराओं के सामने केवल दो विकल्प हैं। एक विकल्प तो यह कि परम्परा कमजोर हो जाए, उसकी साँस फूल जाये और लम्बी अवधि में चलकर अपना दम तोड़ दे। दूसरा विकल्प यह है कि वह अपने आपको आधुनिकीकरण के मूल्यों में बांध दे। संघ का स्थान व्यक्तिवाद ने ले लिया है। प्रदत्त प्रस्थिति का स्थान अर्जित प्रस्थिति ले रही है और इस प्रकार परम्पराओं का आधुनिकीकरण हो पायेगा। परम्परा और आधुनिकीकरण की इस लेन-देन में संरचना के कई स्तरों पर संघर्ष भी आ जायेगा। कहीं परम्परा को आधुनिकता के साथ समझौता करना पड़ेगा और कहीं आधुनिकता को परम्परा के साथ। आर-पार की लड़ाई दोनों में नहीं हो सकती। समझौता दोनों को करना पड़ेगा। ऐसा कुछ योगेन्द्र सिंह सोचते हैं।

II
आधुनिकीकरण का सामाजिक परिवर्तन का सिद्धान्त
(Modernization Theory of Social Change)

सामाजिक परिवर्तन किसी भी समाज की एक सहज प्रकृति है। आज भारतीय समाज में जो परिवर्तन हमें दिखाई देता है, वह कोई नया नहीं । यह अवश्य है कि किसी समय यह परिवर्तन धीमा होता है और किसी समय तीव्र। भारत में स्वतन्त्रता प्राप्ति के बाद परिवर्तन की गति तेज हो गई। पिछले दशकों में यह परिवर्तन धीमा इसलिये था कि तब सामाजिक और सांस्कृतिक प्रक्रियाएं राजनीति पर निर्भर नहीं थीं। वे स्वयं थीं। कहते हैं कि एक जमाने में जब मुगलों के आक्रमण हमारे देश के कई भागों में होते थे, हमारा किसान कन्धे पर हल रखकर अपने खेत की मेड़ पर तुलसी की चौपाइयों को गाता हुआ जाता था। जैसे उसे युद्ध से कोई वास्ता नहीं था। इस कथन में बहुत बड़ी सत्यता है। राज्य से कोई वास्ता न रखकर हमारी सांस्कृतिक परम्पराएं बराबर चलती रहती थी। इस कारण अतीत में सामाजिक परिवर्तन धीमा था।

आज सामाजिक परिवर्तन का जिम्मा स्वयं राज्य ने लिया है और इसके अतिरिक्त आन्तरिक तथा बाह्य प्रक्रियायें जैसे कि वैश्वीकरण इसकी गति में बराबर तेजी लाती रहती है। जब हम भारतीय संदर्भ में सामाजिक परिवर्तन का विश्लेषण करते हैं तब ऐसे विश्लेषण के दो स्तर हो जाते हैं। हमें सामाजिक परिवर्तन और आधुनिकता से लाये गये सामाजिक परिवर्तन का अन्तर करना होगा। **अंग्रेजी राज के आने से पहिले इस देश में जो सामाजिक परिवर्तन था, वह सामान्य सामाजिक परिवर्तन था।** इस समय देश में आधुनिकता नहीं आई थी। यह सामाजिक परिवर्तन के विश्लेषण का पहला सार है। दूसरे स्तर पर जो परिवर्तन आया उसमें आधुनिक प्रक्रियाओं की भूमिका महत्वपूर्ण थी। इस भांति इसमें सामाजिक परिवर्तन को दो तरह से देखा जा सकता है : पहला वह जिसमें आधुनिकता की कोई भूमिका नहीं थी, यह परम्परागत समाज दूसरे परम्परागत समाज की ओर बढ़ता था । परिवर्तन का दूसरा प्रकार आधुनिकता के कारकों के कारण होता है। उद्‌विकासय दृष्टि से यह परम्परागत समाज से जुदा होता है। इस अध्याय में हमारे विवेचना का केन्द्र आधुनिकता है और इसलिये हमारा उद्देश्य उन सिद्धान्तों के विवेचन का होगा जो आधुनिकता के संदर्भ में सामाजिक परिवर्तन को देखते हैं। आधुनिकता से होने वाले परिवर्तन को समझने के लिये सामान्य परिवर्तन की थोड़ी चर्चा करेंगे।

परम्परागत भारत में सामाजिक परिवर्तन (Social Change in Tradition India)

परम्परागत भारतीय समाज (Tradition Indian Society)

भारत में आधुनिकता के आने से पहिले समाज की जो तस्वीर थी, उसमें सपाट मैदान जैसा खुलॉपन था। न भाग-दौड़ और न उतार-चढ़ाव। जीवन निश्चित ढर्रे पर चलता था। इसमें

सोपानिक व्यवस्था थी। जन्मजात धंधे थे। ये सब सोपान परम्परागत थे, इन पर संदेह नहीं किया जा सकता था। इसलिये इसमें **समग्रता** (Holism) थी। समग्रता का मतलब है व्यक्ति अपने सामाजिक और नैतिक जीवन में समूह यानी संघ के अधीन था। उसकी कोई व्यक्तिगत पहचान नहीं थी। वह किसी परिवार का था, मोहल्ले या गांव का, जाति या नातेदारी का। यह समग्रता यानी **होलिज़्म** सम्पर्ण समाज को एक सूत्र में बांधे रखता था। सोपान और समग्रता के अतिरिक्त परम्परागत भारतीय समाज की तीसरी विशेषता उसकी **निरन्तरता** (Continuity) थी। पीढ़ी-दर-पीढ़ी यह समाज अपनी परम्पराओं को आगे ढकेलता था और इसकी अन्तिम विशेषता अनुभवातीतता (Trancendence) थी। इसका अर्थ है कि इन विशेषताओं को व्यक्ति अपने अनुभव से नहीं जान सकता था। व्यक्ति का जन्म ब्राह्मण परिवार में क्यों हुआ, उसका धंधा पुरोहिती ही क्यों हुआ, उसे समाज में ऊंचा स्थान क्यों मिला? इन प्रश्नों का उत्तर वह अपने अनुभव से नहीं पा सकता था। **इसीलिये समाज की यह परम्परागत व्यवस्था अनुभवातीत है**। यह उसके अनुभव से बाहर है।

देखा जाए तो परम्परागत भारतीय समाज की व्यवस्था कतिपय मूल्यों से बंधी रही है। ये मूल्य धर्म, अर्थ, काम और मोक्ष हैं। इन मूल्यों को सम्पूर्ण समाज वैधता देता था। भारतीय समाज की ही आधुनिकता के आने से पहले ऐसी स्थिति रही हो, ऐसा नहीं है। पश्चिमी समाज भी कुछ ऐसा ही था। यह तो ऐतिहासिक उतार-चढ़ाव के परिणामस्वरूप है कि वहां का समाज आधुनिक समाज बना। भारतीय समाज के लम्बे समय तक परम्परागत बने रहने का कारण यहां की मूल्य व्यवस्था है। **पुनर्जन्म** (Rebirth) और **कर्म** ने इस समाज को लम्बी अवधि तक उद्‌विकास की एक ऐसी सड़क पर छोड़ दिया जहां सामाजिक परिवर्तन की गुंजाइश बहुत थोड़ी थी।

भारतीय समाज में सामाजिक परिवर्तन का एक और ऐतिहासिक मोड़ आया था जब मुसलमान इस्लाम धर्म को लेकर इस देश में आये। यह मध्यकाल था। इस्लाम हिन्दू धर्म से भिन्न है। दोनों ही व्यवस्थाएं अलग-अलग हैं। इस्लाम का उद्‌गम अरब देशों से है। **इसका शाब्दिक अर्थ है अल्लाह की इच्छा पर अपने आपको सौंप दो**। इस धर्म की कोई सोपान व्यवस्था नहीं है—सब अल्लाह के बंदे हैं, समान हैं। यह धर्म केवल अल्लाह को ही मानता है और मोहम्मद इसका पैगम्बर है। इस अर्थ में स्पष्ट रूप से इस्लाम **एकेश्वरवादी** (Monotheistic) है। इस्लाम की इस धार्मिक-सामाजिक व्यवस्था ने हिन्दू धार्मिक व्यवस्था से भिन्न होकर भी कोई तनाव पैदा नहीं किया। हुआ यह कि परम्परागत हिन्दू समाज ने इस्लाम के साथ अपना जोड़-तोड़ कर लिया। एक प्रकार का सामाजिक आदान-प्रदान हो गया और सामाजिक परिवर्तन की प्रक्रिया यथावत चलती रही। राजनीतिक जीवन में इस्लाम में राजतंत्र की कोई व्यवस्था नहीं है। फिर भी भारत में आये हुये मुसलमानों ने राजतंत्र को अपना लिया। यह सामन्ती व्यवस्था कबिलाई जीवन में बदलाव ले आई। दूसरा, भारतीय मुसलमानों में भी सोपानिक व्यवस्था आ गई। इस्लामी कानून के अनुसार मुसलमानों का समाज समतावादी समाज है। पर भारत के मुसलमानों में

दो जातियाँ तो स्पष्ट रूप से बन गई : एक जाति तो उन मुसलमानों की जो मूल रूप से अरब देशों के थे, और दूसरी उन निम्न हिन्दू जातियों की जिन्होंने इस्लाम को अपने धर्म की तरह अपना लिया। हिन्दु-इस्लाम धर्मों की यह अन्तःक्रिया अनुकूलन के क्षेत्र में कोई तनाव नहीं लाई और परम्परागत हिन्दू समाज ने अपनी उदारता और अपने लचीलेपन के कारण—थोड़े बहुत अन्तर के साथ परम्परावादी संरचना को आगे धकेल दिया। दूसरा अर्थ यह हुआ कि इस्लाम के आने पर भी परम्परागत भारतीय समाज में सामाजिक परिवर्तन सामान्य और सहज रूप में चलता रहा। दोनों धार्मिक व्यवस्थाओं ने **संश्लेषण** (Synthesis) की नीति को अपनाया। इसके कारण टूटने की अपेक्षा परम्परागत भारतीय व्यवस्था अधिक ताकतवर बनी। इन दोनों व्यवस्थाओं में से किसी ने भी टूटे बिना अपनी पहचान को बनाये रखा। इस पर टिप्पणी करते हुए योगेन्द्र सिंह लिखते हैं :

> हिन्दू और मुस्लिम सम्पर्कों के परिणामस्वरूप दोनों व्यवस्थाओं के संस्थात्मक सांस्कृतिक जीवन में एक **समन्वयवाद** (Syncretism) आया और इस तरह टूटन का एक हादसा टल गया। यदि आधुनिकता की दृष्टि से देखें तो इस्लाम का सम्पर्क परम्पराओं को अधिक सुदृढ़ करने वाला था।

परम्परागत समाज के संरचनात्मक परिवर्तन
(Structural Changes in Traditional Society)

उपनिवेशवादी हुकूमत के आने से पहिले जो परम्परागत भारतीय समाज था उसमें दो बड़ी परम्परागत व्यवस्थाएँ थीं—हिन्दू सामाजिक व्यवस्था तथा मुस्लिम सामाजिक व्यवस्था। इन दोनों में आदान-प्रदान था। इधर मुगल बादशाहों ने दीन-इलाही धर्म की स्थापना की, अकबर के दरबार में मुसलमानों के साथ हिन्दू भी थे और राजपूत तथा हिन्दुओं में थोड़े बहुत विवाह सम्बन्ध भी थे। भवन-निर्माण और वास्तुकला संश्लेषण था। एक प्रकार की **संयुक्त संस्कृति** (Compositive Culture) का विकास इन दोनों व्यवस्थाओं की अन्तःक्रिया के परिणामस्वरूप हो रहा था। अभी आधुनिकता दूर थी। इस काल में जो भारतीय सामाजिक व्यवस्था थी वह अनिवार्य रूप से परम्परागत सामाजिक व्यवस्था थी। और इसमें हिन्दू और मुस्लिम परम्पराएँ मुख्य थीं। अब जब हम इस काल के सामाजिक परिवर्तन की चर्चा करते हैं तब हमारा तात्पर्य इन दो परम्पराओं में होने सामाजिक परिवर्तन से है। यहाँ हम पहिले हिन्दू सामाजिक परम्परा में होने वाले परिवर्तन देखेंगे और बाद में मुस्लिम परम्परा के।

(1) हिन्दू सामाजिक परम्परा में परिवर्तन : संस्कृतिकरण
(Change in Hindu Social Tradition: Sanskritization)

भारतीय समाज की जो भी यथार्थता या सच्चाई है वह सामाजिक संरचना और परम्पराओं में बंधी हुई है। जातीय सामाजिक संरचना की परम्पराएँ वे ही हैं जो जातियों से जुड़ी हुई

हैं। यह परिवर्तन जब **अन्तर्जात** (Endogeneous) कारकों द्वारा होता है तो इसको **संस्कृतिकरण** (Sanskritization) कहते हैं। आधुनिकता के आने से पहिले जो परिवर्तन आया इसके दो स्वरूप हैं। **पहला स्वरूप तो वह जिसमें किसी ऐतिहासिक प्रतिक्रिया द्वारा निम्न जातियों को उच्च जातियाँ ऊंचा स्थान दे देती हैं। ऊंचे स्थान देने के कोई ऐतिहासिक कारण या घटनाएं होती हैं।** कुछ निम्न जातियाँ जब किसी हादसे में कोई बहादुरी का काम करती हैं, किसी विशेष आर्थिक उपलब्धि को प्राप्त कर लेती हैं या सत्ता प्राप्त कर लेती हैं, तो उन्हें उच्च स्थान दे दिया जाता है। सम्पूर्ण समाज इन निम्न जातियों को आदर की दृष्टि से देखता है और इस तरह सामाजिक स्तरीकरण में निम्न जातियों का स्थान ऊंचा हो जाता है। यह संस्कृतिकरण है। इस प्रकार के संस्कृतिकरण को समाज की वैधता प्राप्त होती है। यह संस्कृतिकरण एक ऐतिहासिक प्रक्रिया है। निम्न जातियों का हिन्दू सोपानिक व्यवस्था में उच्च स्थान सामान्य तथा स्थानीय होता है पर इसका विषद् होता है।

संस्कृतिकरण का दूसरा स्वरूप वह होता है जिसमें निम्न जातियाँ अपने स्वयं के प्रयासों में ही—सुधार, शिक्षा—द्वारा आगे बढ़ जाती हैं और अन्य लोग इन्हें आदर की दृष्टि से देखते हैं। संस्कृतिकरण के इस स्वरूप में जैसा कि एम. एन. श्रीनिवास कहते हैं छोटी या निम्न जातियाँ अपने से ऊंची जातियों की परम्पराओं, धर्म विधियों, विश्वासों का अनुकरण कर लेती हैं और इस सामाजिक सोपान में आगे बढ़ जाती हैं। सामाजिक परिवर्तन के इस दूसरे स्वरूप में उच्च जातियाँ वैधता देने में स्वसम्पन्न नहीं होती हैं जबकि हादसे या ऐतिहासिक घटना में दी गई उच्चता को सर्वसम्मत वैधता होती है।

संस्कृतिकरण में जो गतिशीलता आती है, वह सामाजिक परिवर्तन है। इस परिवर्तन की दो विशेषताएँ हैं, पहली तो यह कि ऐसा परिवर्तन बहुत धीमी गति से आता है और दूसरी यह कि यह परिवर्तन जातियों की सोपानिक व्यवस्था में ही दिखाई देता है, विशाल सामाजिक व्यवस्था में नहीं। ऐसा सामाजिक परिवर्तन **अन्तर्जात** परिवर्तन है। इसमें परिवर्तन के कारक व्यवस्था के बाहर से नहीं होते। योगेन्द्रसिंह ने संस्कृतिकरण से होने वाले सामाजिक परिवर्तन की विशेषता यह बताई है कि यह परिवर्तन जाति के लक्षणों में होता है। अगर कोई निम्नजाति, उदाहरण के लिये, धोबी या नाई, मांस खाना छोड़ देती है, शराब पर प्रतिबन्ध लगा देती है, दूसरे शब्दों में, वह पवित्र और अपवित्र लक्षणों की फिर से परिभाषा देती है तो यह जाति के **लक्षणों** (Attributes) में परिवर्तन है। लेकिन लक्षणों का यह परिवर्तन **संरचनात्मक** (Structural) परिवर्तन नहीं लाता। यह ठीक है कि निम्न जाति पवित्र-अपवित्र वस्तुओं से व्याख्या ऊंची जातियों के सन्दर्भ में करती हैं लेकिन सम्पूर्ण जाति व्यवस्था के सोपान में उन्हें कोई ऊंचा स्थान नहीं मिलता। इस तरह निम्न जातियों का लक्षणें में तो ऊंचा स्थान आ जाता है लेकिन जातियों की सोपानिक रचना में कोई ऊंचा स्थान नहीं मिलता। धोबी और नाई शराब तथा मांस छोड़कर जाति सोपान में ब्राह्मण नहीं बन जाते हैं।

संस्कृतिकरण की प्रक्रिया परम्परागत भारतीय समाज में आने वाले सामाजिक

परिवर्तन की व्याख्या में सहायक है। यह परिवर्तन केवल हिन्दू परम्पराओं में आने वाले परिवर्तन को ही बताती है। लेकिन जैसा कि ऊपर कहा गया है कि मध्यकाल के अंत तक परम्परागत भारतीय समाज में दो व्यवस्थायें मुख्य थीं : हिन्दू जातीय व्यवस्था और मुस्लिम सामाजिक व्यवस्था। आधुनिकता के आने से पहले हिन्दू जातीय व्यवस्था में जो परिवर्तन आया वह संस्कृतिकरण की प्रक्रिया के द्वारा हुआ था। ये कारक अन्तर्जात यानि जातियों से उत्पन्न थे। अब हम इसी युग में अर्थात् आधुनिक काल के पहिले आने वाले परिवर्तन को मुस्लिम परम्परागत समाज में देखेंगे। ये परिवर्तन भी अन्तर्जात थे।

(2) इस्लामीकरण : जातीय और इस्लामी परम्पराओं की मुठभेड़ (Islamization: An Encounter between Caste and Islamic Traditions)

भारतीय इतिहास के मध्यकाल में इस्लामी तथा भारतीय जातीय परम्पराओं की मुठभेड़ हुई। इस मुठभेड़ से एक निष्कर्ष बहुत स्पष्ट रूप से निकलता है वह यह कि इस्लाम भारतीय समाज पर आधुनिकता की कोई छाप नहीं छोड़ पाया। यद्यपि वह अरब देशों से आया था, पर उसकी परम्पराओं में आधुनिकता के कोई तत्व नहीं। इस परम्परा ने न तो भारतीय परिवार, नातेदारी, जाति और धर्म को प्रभावित किया और न ही ग्रामीण व्यवस्था को। इस्लाम की परम्परा बुनियादी रूप से सामंती थी और इसलिये यह भारतीय सामन्ती राज्य व्यवस्था को भी किसी तरह प्रभावित कर पाई। उनकी न्याय प्रणाली भी पितृ-प्रधान थी। अतः इसने भी यहाँ अपना कोई प्रभाव नहीं छोड़ा।

इस्लाम और भारतीय परम्परा की मुठभेड़ का एक बहुत बड़ा परिणाम धर्मान्तरण में अवश्य देखने को मिलता है। यहाँ की छोटी जातियों ने इस्लाम को अपने धर्म की तरह अपना लिया। इसके कारण इन हिन्दू जातियों ने नये स्तरीकरण को जन्म दिया। अब हिन्दू खटीक जाति मुसलमान खटीक जाति बन गई। हिन्दू जुलाहे मुसलमान जुलाहे बन गये। धर्म परिवर्तन के कारण आये इस स्तरीकरण ने हिन्दू जातियों और मुसलमानों में वैमनस्य पैदा कर दिया। मुसलमानों और हिन्दुओं में हुए इस तरह के सामाजिक परिवर्तन की एक बड़ी विशेषता है। हिन्दू जातियों के संस्कृतिकरण ने उच्च और निम्न जातियों में कोई तनाव पैदा नहीं होने दिया जबकि मुसलमानों की निम्न जातियों में आये सामाजिक परिवर्तन अर्थात् धर्मन्तरण ने दोनों परम्पराओं में वैमनस्य पैदा कर दिया।

इधर भारत के मुसलमानों में एक नये प्रकार का स्तरीकरण आ गया। यह स्तरीकरण उनके लिये अऐतिहासिक था। परम्परा से इस्लाम में कोई सोपानिक व्यवस्था नहीं है लेकिन जब निम्न हिन्दू जातियों ने भारत में इस्लाम को अपना तो लिया लेकिन उन्होंने अपने मौलिक रीति-रिवाजों, धर्म विधियों को पूरी तरह से नहीं छोड़ा। उनके साथ कुछ ऐसा हुआ जैसे आधा तीतर आधा बटेर। इस परिवर्तन ने मुसलमानों में एक नये किस्म क्री **लघु परम्परा** (Little Tradition) को जन्म दिया। मुसलमानों की **महान**

परम्परा (Great Tradition) तो कुरान और सुन्ना की थी, सो बनी रही। वे एकेश्वरवादी बने रहे लेकिन धर्म परिवर्तित निम्न जातियों ने स्थानीय स्तर पर लघु परम्परा को अवश्य विकसित किया। **मुसलमानों की इस लघु परम्परा** ने मुसलमान और हिन्दू सांस्कृतिक प्रतिमान में संश्लेषण अवश्य लादिया। अब कम से कम स्थानीय स्तर पर जातीय तथा इस्लामी लघु परम्परायें एक दूसरे के बहुत निकट आ गई। उनमें मेल-जोल हो गया। इस्लाम की लघु परम्पराएँ निम्न जातियों के संस्कृतिकरण के समानान्तर आ गई। जिस तरह धोबी और नाई जैसी निम्न हिन्दू जातियाँ उच्च जातियों की प्रास्थिति पाने का प्रयास करने लगीं वैसे ही निम्न मुसलमान जातियाँ भी अशरफ अर्थात् उच्च मुस्लिम जाति की प्रस्थिति पाने की हकदार होने लगीं। यह अवश्य है कि जैसे उच्च जातियाँ निम्न जातियों के संस्कृतिकरण को मान्यता नहीं देती वैसे ही उच्च मुस्लिम जातियाँ भी निम्न मुस्लिम जातियों के संस्कृतिकरण को वैधता नहीं देतीं।

सामाजिक परिवर्तन की प्रक्रिया ने हिन्दू और मुस्लिम परम्परागत व्यवस्थाओं में अपनी-अपनी लघु परम्पराएँ स्थापित कर दीं। यह सब एक भारतीय इतिहास के मध्य काल में हो गया। इसके बाद जब अंग्रेज इस देश में आये तब एक और परिवर्तन इस लघु परम्पराओं में देखने को मिला। हिन्दू और मुस्लिम परम्पराएँ धीरे-धीरे अब राजनीतिक होने लगीं, अर्थात् इन का राजनीतिकरण होने लगा। इधर हिन्दू संगठनों ने **पुनर्जागरण** (Revival) आन्दोलन चलाया। आर्य समाज ने मुसलमानों को हिन्दू बनाने की मूहिम शुरु की। मुसलमानों को ब्रिटिश नीति से असंतोष होने लगा। जब एक तरह स्वतंत्रता की लड़ाई चली तो मुसलमानों ने राष्ट्र के विभाजन का एक नया आन्दोलन शुरु कर दिया।

मुसलमानों में निम्न जाति के मुसलमानों ने अपनी लघु परम्परा को छोड़ना प्रारम्भ किया और इस प्रक्रिया में अपने आपकी पहचान मुस्लिम महान परम्परा के साथ शुरू की दी। मुसलमानों के तबलीग आन्दोलन का उद्देश्य ही सभी मुसलमानों को एक सार्वभौमिक लक्ष्य के साथ जोड़ना था। अब सभी मुसलमान उनका स्तरीकरण जैसा भी हो, एक होने का जुगाड़ करने लगे। आधुनिकता के भारत में आने से पहिले परम्परागत भारतीय समाज में जो परिवर्तन आये उन्हें हम सामाजिक परिवर्तन की श्रेणी में रखेगे। इसमें जहाँ हिन्दू परम्परागत समाज में संस्कृतीकरण आया यानि निम्न जातियाँ उच्च जातियों की प्रस्थिति को पाने में लगी वहीं धर्म परिवर्तित मुसलमान निम्न जातियाँ लघु परम्परा को विकसित करने में सफल हुई। बाद में चलकर, ब्रिटिश काल में लघु परम्पराओं ने अपने आपको राजनीति के क्षेत्र में डाल दिया और इधर हिन्दू परम्पराओं ने पुनर्जागरण के रास्ते को अपना लिया। **कुछ इस तरह ही हिन्दू और मुस्लिम परम्पराओं की मुठभेड़ के बीच में उपनिवेशवाद के प्रवेश के बाद यहाँ आधुनिकीकरण आया। इस आधुनिकीकरण ने भारतीय समाज का सामाजिक परिवर्तन किस तरह किया इसका वर्णन इस अध्याय के अंतिम भाग में देंगे।**

III
आधुनिकीकरण और सामाजिक परिवर्तन
(Modernization and Social Change)

(1) भूमिका

आजादी के बाद भारत में जो समाज में उभार आया है यदि इसे हम सतही रूप से देखें तो हमें बहुत आश्चर्य होगा। विशेष करके युवा वर्ग जिस संस्कृति को विकसित कर रहा है, वह हमें चौंकाने वाला है। किसी भी सांस्कृतिक परिवर्तन के पीछे कोई न कोई निश्चित विचारधारा अवश्य होती है। तो प्रश्न है : आज संस्कृति परिवर्तन का जो दौर हमें सम्पूर्ण देश में दिखाई दे रहा है, इसके पीछे कौन सी वैचारिकी है? जब वैचारिकी की चर्चा करते हैं तब दो अवधारणायें हमारे सामने आती हैं : पश्चिमीकरण और आधुनिकीकरण की। देखा जाये तो भारत के विविध आन्दोलन के पीछे ये अवधारणाएँ हमें निश्चित रूप से दिखाई देती हैं जब हम ब्रिटिश शासन के साथ जूझ रहे थे तब हमारे राष्ट्रीय नेताओं के सामने भी पाश्चात्यकरण और आधुनिकीकरण के मुद्दे आये थे। समय-समय पर गाँधी जी और नेहरू जी ने इन मामलों पर अपने विचार खुलकर रखे हैं।

नेहरूजी आधुनिक भारत के निर्माता कहे जाते हैं। वे बड़े-बड़े बाँधों के समर्थक थे। कल-कारखाने चलाने के पक्ष में थे। लेकिन नेहरूजी और गाँधीजी दोनों ही पश्चिमीकरण के विरोधी थे। उनका यह पक्का विचार था कि पश्चिमी परम्पराएँ हमारे देश को रास नहीं आ सकतीं। उत्तरी आधुनिकता हमें किसी निश्चित मुकाम पर नहीं ले जा सकती। आधुनिकीकरण को अपनाना चहिये लेकिन इसका यह अर्थ नहीं है कि हमारी परम्पराओं को पूरी तरह से अस्वीकार कर देना चाहिये। परम्पराएँ पूरी तरह से अप्रासंगिक नहीं हैं। केवल उन परम्पराओं को छोड़ देना चाहिये जो मानवता की विरोधी हैं। अस्पृश्यता को कभी भी एक मानवीय परम्परा नहीं कहा जा सकता। इसे छोड़ना होगा। ऐसी विचारधारा से गाँधीजी और नेहरू जी दोनों ही सहमत थे। दोनों नेताओं का यह भी विचार था कि वे परम्पराएँ जो केवल संस्कृत मूल पाठ में हैं उन्हें भी ज्यों का त्यों नहीं अपनाया जा सकता। ये मूल पाठ कई अर्थों में भ्रष्ट हैं। हमें इन्हें विदाई देनी होगी। देखिये, इन मूल पाठों का हमारे किसानों, आदिवासियों और अल्पसंख्यकों के बारे में क्या विचार है? ऐसे मूल पाठ जो हमारी परम्पराओं को बनाते हैं, उन्हें छोड़ना होगा। स्त्रियों की स्थिति भी इन मूल पाठों में दयनीय है। हमें ऐसी परम्पराओं को अपनाना होगा जिनमें सम्पूर्ण समाज की समग्रता हो। इन राष्ट्रीय नेताओं ने बराबर परम्पराओं, पश्चिमीकरण और आधुनिकीकरण की समस्याओं को उठाया है।

आज भी ये अवधारणाएँ हमारे सामने मुखर हैं। वैचारिकी के स्तर पर हमें तय करना पड़ेगा कि आखिर हम इस समाज को कौनसी संरचना देना चाहते हैं और इसके पीछे एक बड़ा सादा प्रश्न है : क्या एक सर्वसम्मत सामाजिक वैचारिकी के बिना हम इस समाज

को सही दिशा दे सकते हैं? आज जब हमने पाश्चात्य और आधुनिक जीवन पद्दति को अपने राष्ट्रीय जीवन का एक अंग बना लिया है, वैचारिकी की मीमांसा बहुत आवश्यक है। वैचारिकी के साथ एक और मसला भी हमें तय करना पड़ेगा। प्रश्न है : क्या पाश्चात्यकरण के बिना आधुनिकीकरण को अपनाना हमारे लिये सम्भव है? किस तरह से ये दोनों अवधारणाएँ एक दूसरे से भिन्न हैं? क्या हमारे लिये यह सम्भव है कि हम दोनों अवधारणाओं के **संकेतकों** (Indicators) को पहचान कर अलग करदें और साफ तौर पर यह कहदें कि ये तत्व आधुनिकता को बताते हैं और यह तत्व पश्चिमीकरण को। काम बहुत टेढ़ा है। **कुछ समाजशास्त्रियों ने इसे करने का प्रयास किया है। कभी-कभी पश्चिमीकरण और आधुनिकीकरण में अन्तर किया जाता है। कहते हैं, जिसे देखा जा सके, जिसका अवलोकन किया जा सके, वह पश्चिमीकरण है। यह देखना और अनुभव करना लोगों की जीवन पद्दति से हो सकता है। दूसरी ओर, आधुनिकीकरण वह है जिसमें केवल वैचारिकी होती है** जिसे देखा नहीं जा सकता। लेकिन जब आधुनिकीकरण को हम एक वैचारिकी मान लेते हैं तब प्रश्न उठता है : इसके लक्षण कौन से हैं जिनके आधार पर हम कह सकें कि यह आधुनिकीकरण है। **यह कहा जाता है कि आधुनिकीकरण बुद्धिसंगतता का एक स्वरूप है** जिसके माध्यम से समाज की सम्पूर्ण सामाजिक तथा सांस्कृतिक गतिविधियाँ चलती हैं। कुछ समाज वैज्ञानिकों ने आधुनिकीकरण के आनुभविक संकेतकों का निर्माण भी किया है। ये संकेतक भी बुद्धि संगतता के क्षेत्र में आते हैं। इन प्रयासों के होते हुए भी आज आधुनिकीकरण के कोई ऐसे निर्धारित संकेतक नहीं हैं जिन्हें सार्वभौमिक स्तर पर स्वीकृति या मान्यता प्राप्त हो। कुछ समाज वैज्ञानिकों का तो यहाँ तक कहना है कि अपनी इस संकेतक की कठिनाई के कारण अब दुनिया में आधुनिकता के आस्तित्व को ही चुनौती दी जाने लगी है। फिर भी भारतीय सन्दर्भ में हाल में यह कहा जा सकता है कि यहाँ आधुनिकता की कसौटी बुद्धिसंगतता है। यही बुद्धिसंगतता सामाजिक संरचना में देखी जा सकती है।

(2) भारत में आधुनिकता का संस्थाकरण (Institutionalization of Modernity)

ब्रिटिश काल से भारत में आधुनिकता का प्रवेश हुआ। यह आधुनिक संस्थाओं को प्रभावित करती है, उनकी संरचना को बदलती है। जब किसी समाज में सामाजिक परिवर्तन आधुनिकता के कारण आता है, तब यह परिवर्तन सामान्य परिवर्तन से भिन्न होता है। योगेन्द्र सिंह ने आधुनिकता के सामाजिक परिवर्तन की व्याख्या अपनी दो पुस्तकों में की है। उनकी कृतियों के अतिरिक्त हमें अन्यत्र भी सामाजिक परिवर्तन का विस्तृत ब्यौरा मिलता है। हमने पिछले पृष्ठों में कोहन, मिल्टन सिंगर, मेकिम मेरियट आदि का उल्लेख किया है। ये अध्ययन अपने आप में काफी संतोषजनक हैं लेकिन योगेन्द्र सिंह ने पहली बार आधुनिकता और सामाजिक परिवर्तन को सैद्धान्तिक परिप्रेक्ष्य में देखा है और इसलिये हम उन्हें आधार मान कर इस सिद्धान्त का यहाँ विस्तार से वर्णन करेंगे।

अपनी पहली पुस्तक **मोडर्नाइजेशन ऑफ इंडियन ट्रेडिशन** (Modernization of Indian Tradition) में योगेन्द्र सिंह ने आधुनिकीकरण के दो उपागमों का उल्लेख किया है। इन उपागमों को दो कोटियों में बाँटा जा सकता है। पहिले उपागम को वे **संरचनात्मक** (Structural) कहते हैं, और दूसरे को उद्‌विकासीय (Evolutionary)। संरचनात्मक आधुनिकीकरण के कारकों में वे कुछ **आदर्शात्मक** (Normative) कारक अपने विश्लेषण में लेते हैं। इन कारकों में सामाजिक गतिशीलता, संचार, प्रजातांत्रिक राजनीतिक संस्थाएँ, मानव मूल्य, तकनीकी तंत्र और अर्थव्यवस्था सम्मिलित हैं। ये सब तत्व आधुनिकता के तत्व हैं और सैद्धान्तिक स्तर पर आधुनिकता के इन तत्वों के द्वारा जब कोई सामाजिक परिवर्तन समाज में आता है, तब हम इसे आधुनिकता का संरचनात्मक परिवर्तन कहते हैं। यह पहला उपागम है।

आधुनिकता द्वारा लाये गये सामाजिक परिवर्तन की व्याख्या का दूसरा उपागम उद्‌विकासीय है। यह उपागम कतिपय सैद्धान्तिक धारणाओं पर निर्भर है। इसके अनुसार आधुनिकीकरण मनुष्य समाज के जीवन में उद्‌विकास की एक अवस्था है। जब उद्‌विकास होता है तब इसकी दिशाएँ एक नहीं होतीं। कहीं तो आधुनिकता एकदम नकार हो जाती है, कहीं इसका भ्रष्ट रूप सामने आता है और कहीं इसका अनुकूलन सफल हो जाता है, मतलब स्पष्ट है : आधुनिकीकरण के परिणामस्वरूप दिशा बदल जाती है, संरचना बदल जाती है और यह उद्‌विकासीय परिवर्तन के कारण होता है। आधुनिकता के इस उद्‌विकासीय उपागम को **संरचनात्मक प्रकार्यात्मक** (Structural functional) कहते हैं।

आधुनिकता के इस उद्‌विकासीय उपागम की एक और धारा है जिसे **द्वन्द्वात्मक उपागम** (Dialectical Approach) कहते हैं। यह दूसरा उपागम वस्तुतः मार्क्सवादी उपागम है। इसका **यह मानना है** कि जब आधुनिकतावादी परिवर्तन आता है तब परम्परा के साथ इसका द्वन्द्व होता है, यानि संघर्ष होता है। इस संघर्ष में परम्पराएँ टूट जाती हैं, कहीं तो पूरा परम्परागत समाज ही टूट जाता है। अब परम्परागत संस्थाओं का स्थान आधुनिकता ले लेती है। अब समाज नया बन जाता है।

योगेन्द्र सिंह ने सामाजिक परिवर्तन को अपनी दूसरी पुस्तक में आगे बढ़ाया है या कहिये अपनी पहली पुस्तक की विचारधारा को अधिक खुलासे और चिन्तन के बाद रखा है। वैसे ये दोनों पुस्तकें अपनी जगह पर अलग-अलग हैं। उनकी दूसरी पुस्तक **कल्चर चेंज इन इंडिया** (Culture Change in India, 2000) है।

वे विचारक जो आधुनिकीकरण को संरचनात्मक-प्रकार्यात्मक उद्‌विकासीय उपागम से देखते है। परम्परागत समाज उनके लिये सावयवी होता है। इसका अर्थ हुआ कि मनुष्य अपनी प्रारम्भिक अवस्था से सिलसिलेवार आज तक की अवस्था तक पहुंचा है। परम्पराओं में निरन्तरता होती है। इस दृष्टि से निरन्तरता की इस कड़ी में आधुनिकीकरण भी एक कड़ी मात्र है। समाज की इस निरन्तरता में व्यवधान या **टूटन** (Breakdown) तब आता है जब कोई आपात स्थिति आ जाती है और उद्‌विकास की गति पीछे की ओर मुड़

जाती है। लेकिन जैसा कि स्पष्ट है, मार्क्सवादी द्वन्द्वात्मक स्थिति में आधुनिकीकरण सम्पूर्ण परम्परागत व्यवस्था को ही उखाड़ फैंकता है।

उपरोक्त सैद्धान्तिक रणनीति के अनुसार आधुनिकता के सामाजिक परिवर्तन की व्याख्या योगेन्द्र सिंह करते हैं।

3. निरन्तरता, पहिचान और परिवर्तन (Continuity, Identity and Change)

विकासशील देशों में और विशेषकर दक्षिण एशिया में जहाँ कहीं आधुनिकीकरण का मुकाबला परम्परागत समाजों के साथ हुआ है वहाँ परम्पराओं ने बराबर अपनी निरन्तरता और पहिचान को बनाये रखने के लिये प्रयास किया है। परम्पराएँ सहजता से मरती नहीं है। किसी न किसी विकल्प द्वारा अपनी निरन्तरता को बरकरार रखती हैं। निरन्तरता में यह सम्भव है कि परम्परा का ऊपरी आवरण तो बदल जाये पर केन्द्रीय या मौलिक मूल्य बराबर बने रहे, इन केन्द्रीय मूल्यों को **आन्तरिक मूल्य** (Core Values) कहते हैं। पश्चिमीकरण और आधुनिकीकरण की प्रक्रियाओं को हमेशा इन आन्तरिक मूल्यों के साथ जूझना पड़ता है। नहीं तो, यह क्या बात है कि ढेर सारे कानून बन जाने के बाद भी आज स्त्रियों को पैतृक सम्पत्ति में उत्तराधिकार नहीं मिलता ? यह क्या बात है कि स्त्रियों के संवैधानिक सशक्तिकरण के बाद भी उन्हें यौन शोषण का शिकार बनना पड़ता है? यह क्या बात है कि पंच सितारों की जगमगाहट में भी, पंडित के आदेशों पर, विवाह में सात फेरे लेने पड़ते है ? उत्तर सही है। निष्कर्ष स्पष्ट है : परम्परा का बहुत बड़ा लक्षण उसकी **निरन्तरता और लचीलेपन** (Continunity and Resilience) की विशेषता है।

योगेन्द्र सिह परम्परा और आधुनिकता के मुठभेड़ के विश्लेषण में परम्परा का दूसरा लक्षण **पहचान** या शिनाख्त (Identity) बताते हैं। जब कोई परम्परा अपनी निरन्तरता को बनाये रखने के लिये संघर्ष करती है तब इसके साथ पहचान भी जुड़ी होती है। यह पहचान समाजीकरण की एजेन्सियों द्वारा बनाये रखी जाती है। व्यक्ति का **बुनियादी व्यक्तित्व** (Basic Personality) इसी पहचान का प्रमाण है। इस पहचान को नजर-अन्दाज करना बड़ा कठिन होता है। हम देखते हैं कि आधुनिकीकरण के तत्व परम्परागत समाज को ऊपर से तो बदल देते हैं लेकिन परम्परा के आन्तरिक मूल्य जरा भी नहीं बदलते। आधुनिकीकरण जिस तरह के सामाजिक परिवर्तन को लाना चाहता है उसका निकटतम सम्बन्ध **उत्पादन विधियों** (Production Modes) और **सूचना तकनीकी तन्त्र** (Information Technology) से होता है। परम्पराओं के परिवर्तन में सतही और आन्तरिक परिवर्तन महत्वूर्ण मसला है।

परम्पराएं हों या आधुनिकता, दोनों में आन्तरिक विशिष्टीकरण (Differentiation) अवश्य होता है। उदाहरण के लिये **पूर्व-औद्योगिक भारतीय समाज** (Pre-industrial Indian Society) में जहां सामन्तवादी व्यवस्था थी, उत्पादन विधि भिन्न थी, वहां भी परम्पराएं एक जैसी हों, ऐसा नहीं था। उस युग में **अभिजन संस्कृति** (Elite Culture) **लोक संस्कृति** (Folk Culture) से भिन्न थी। दोनों वर्गों की जीवन पद्धतियां

अलग-अलग प्रकार की थीं। किसान लोक संस्कृति के अंग थे, यह संस्कृति **मौखिक संस्कृति** (Oral Culture) थी। इस संस्कृति की निरन्तरता पीढ़ी-दर-पीढ़ी चलती रहती थी। यह संस्कृति में जब कोई नवीनीकरण आता था, तो इसे यह अपना लेती थी। उदाहरण के लिये अभिजन संस्कृति संस्कृत ग्रन्थों तथा कर्मकाण्ड पर आधारित थी और लोक संस्कृति इससे बहुत कुछ ग्रहण कर लेती थी। इन दोनों संस्कृतियों में बराबर अन्तःक्रिया होती रहती थी।

लेकिन आधुनिकीकरण के दौर में जब यह कृषक-सामन्ती अर्थव्यवस्था पूंजीवादी अर्थव्यवस्था में बदल गई, बाजारोन्मुख हो गई तब इसमें भी आधुनिकीकरण का प्रवेश हो गया और इस तरह सामान्य परिवर्तन की प्रक्रिया को आधुनिकता ने एक नई तीव्रता प्रदान की। योगेन्द्र सिह कहते हैं आधुनिकता ने परम्परागत समाज को एक नई **भूमिका-संरचना** (Role-Structure) प्रदान की है। उदाहरण के लिये परम्परागत जाति व्यवस्था ने आज कई ऐसी बुद्धिसंगत व्यवस्थाएं अपनाई हैं जो इसके लिये नई हैं। इसी कारण जाति व्यवस्था आधुनिकीकरण की प्रक्रियाओं के होते हुए भी, कानून के बन जाने पर भी, अपने अस्तित्व बनाये हुए है, और कोई भी आज विश्वासपूर्वक नहीं कह सकता कि भविष्य में यह समाप्त हो जायेगी।

आधुनिकीकरण के सामाजिक परिवर्तन की जो व्याख्या हमने ऊपर प्रस्तुत की है, उसे अधिक स्पष्ट रूप से निम्न बिन्दुओं में रखेंगे :

1. भारतीय समाज की बहुत बड़ी सच्चाई और यथार्थता इसकी सामाजिक संरचना और परम्परा है।
2. इसकी सामाजिक संरचना में दो व्यवस्थाएं प्रभावी हैं : हिन्दू व्यवस्था और इस्लामी व्यवस्था। हिन्दू व्यवस्था या हिन्दू परम्परा के चार मुख्य लक्षण हैं : (1) सोपान, समग्रता, निरन्तरता और अनुभवातीतता। इसका दर्शन कर्म तथा पुनर्जन्म पर आधारित है। धर्म, अर्थ, काम और मोक्ष इसके केन्द्रीय मूल्य हैं।

   इस्लाम की धार्मिक-सामाजिक परम्परा पर सोपान को स्वीकार नहीं करती। इसमें व्यापक भाई-चारा है। इसका दुनियाई दृष्टिकोण ऐतिहासिक-मसीही है। यह धर्म एकेश्वरवादी है और मोहम्मद इसका पैगम्बर है।

   इन दोनों समूहों की परम्परा में समग्रता समान है।
3. हिन्दू और मुस्लिम परम्पराओं में सामाजिक परिवर्तन हुआ है और इसके परिणामस्वरूप दोनों में संश्लेषण (Synthesis) हुआ है।
4. भारत में आधुनिकता का अर्थ उसके संरचनात्मक लक्षणों यथा सामाजिक गतिशीलता, संचार, संचार विस्फोट, प्रजातांत्रिक संस्थाओं, पूंजीवादी व्यवस्था तथा तकनीकी तंत्र से लिया जाता है।
5. आधुनिकीकरण के सामाजिक परिवर्तन की व्याख्या सामान्यतया संरचनात्मक तथा उद्‌विकासीय सिद्धान्तों से की जाती है। संरचनात्मक सिद्धान्त में आधुनिकीकरण के

सामान्य लक्षणों के आधार पर व्याख्या की जाती है। उद्विकासीय सिद्धान्त के दो प्रकार हैं : संरचनात्मक-प्रकार्यात्मक और द्वन्द्वात्मक।

6. आधुनिकीकरण का प्रभाव कभी भी एक समान नहीं पड़ता। यह प्रभाव हमेशा गैर-बराबर होता है : हिन्दू सामाजिक व्यवस्था पर अलग और मुस्लिम सामाजिक व्यवस्था पर अलग, गांवों में अलग और शहरों में अलग।
7. आधुनिकता के कारण हाल मे जो सामाजिक परिवर्तन आया है, **वह समग्रता से व्यक्तिवाद की ओर है, अनुभवातीतता से धर्मनिरपेक्षता की ओर है** और परम्परागत पंचायतों से प्रजातांत्रिक व्यवस्था की ओर है।
8. परम्परा से आधुनिकीकरण का यह सामाजिक परिवर्तन कोई स्निग्ध और मधुर नहीं रहा है। इसमें भी व्यवधान आये हैं। साम्प्रदायिकता, आतंकवाद, नक्सलवाद जैसी **रुकावटें** (Breakdown) भी बराबर इस परिवर्तन में रही हैं।
9. **सूक्ष्म संरचनाओं** (Micro-Structures) जैसे कि गांव, बिरादरी, जाति आदि की परम्पराओं ने आधुनिकता का अनुकूलन सबसे ज्यादा किया है। संयुक्त परिवार एकाकी बन रहे हैं, अधिक से अधिक तादाद मे लोग मतदान करते हैं, गांव की स्त्रियों ने पंचायती राज में सशक्तिकरण को भोगा है।

आधुनिकीकरण का एक विशेष मिज़ाज है, चरित्र है। इसके प्रभाव से जो प्रतिमान बनते हैं, वे कभी भी एक समान नहीं होते। **लेकिन इसका यह अर्थ नहीं निकालना चाहिये कि आधुनिकीकरण से संरचनात्मक और सांस्कृतिक समानता नहीं आयेगी।** योगेन्द्र सिंह यह आशा करते हैं कि ज्यों-ज्यों आधुनिकीकरण का प्रभाव समाज पर बढ़ेगा, वैश्वीकरण तीव्रतम होगा, संचार में विस्फोट होगा, त्यों-त्यों **भूमिका-संरचनाओं** (Role-Structures) में समानता आयेगी और इससे जुड़े हुए मूल्यों में भी वृद्धि होगी। थोड़े समय के बाद परम्पराओं में जो जड़ता है, वह भी क्षीण हो जायेगी और तब भारतीय समाज भी अन्य आधुनिक समाजों के स्तर में अपनी साझेदारी करेगा। ऐसा लगता है कि आज का भारतीय समाज **नव-आधुनिक समाज** (Neo-Modern Society) के स्तर के निकट आ गया है।

संदर्भ ग्रन्थ

Dipankar Gupta : **Mistaken Modernity**, Harper Collins, 2000, New Delhi.

Stuart Hall and Others : **Modernity and its Future.**

Yogendra Singh : **Modernization of Indian Tradition**, Rawat Publications, Jaipur 1994.

— : **Culture Change in India**, Rawat Publications, Jaipur, 2000.

II

उत्तर-बहुल्यता एवं उत्तर-आधुनिकता

(Post-Pluralism and Post-Modernity)

4

उद्योगवाद से उत्तर-उद्योगवाद तक और उसके पार

(From Industrialism to Post-industrialism and Beyond)

उत्तर-आधुनिकता कोई रातों-रात आगई हो, ऐसा नहीं है। आधुनिक समाज की कई विशेषताएं थीं—प्रजातंत्र, उद्योगवाद, सैनिक शक्ति और प्रशासन की शक्ति। इन सब विशेषताओं में उद्योगवाद एक केन्द्रीय शक्ति थी। 20वीं शताब्दी के मध्य तक यूरोप और अमेरिका में औद्योगीकरण अपने चरम उत्कर्ष में था और इसके बाद अर्थव्यवस्था में एक क्रांतिकारी परिवर्तन आया। इस आर्थिक परिवर्तन ने ही, ऐसी परिस्थितियां पैदा कर दीं जिसके क़ारण उत्तर-आधुनिकता का आविर्भाव हुआ। आधुनिकता में जो अर्थव्यवस्था थी, वह अनिवार्य से पूंजीवादी अर्थव्यवस्था थी। इस काल में बड़े-बड़े भीमकाय कारखाने सम्पूर्ण यूरोप में काम करते थे। इस अर्थव्यवस्था का एकमात्र उद्देश्य **बहु-मात्र उत्पादन** (Mass Production) करना था। जब कभी हम औद्योगिक समाज की कल्पना करते हैं तो एक बारगी कई तस्वीरें हमारे सामने खिंच जाती हैं : कारखानों से निकलता हुआ ढेर सारा धुआँ, मजदूर और उनके आन्दोलन, गरीब बस्तियां, जानलेवा प्रदूषण और दिन-ब-दिन क्षीण होता पर्यावरण।

अर्थव्यवस्था का संक्रमण (Economy in Transition)

उद्योग पर आधारित अर्थव्यवस्था ने आधुनिक काल में कई उतार-चढ़ाव देखे। बहुमात्र उत्पादन ने दो मुख्य समस्याएं पैदा कीं। पहली तो यह कि कारखाने जो माल का उत्पादन बड़ी मात्रा में करते हैं, उनकी बिक्री के लिये बाजार कहां थे? इतने सारे माल को किन ग्राहकों के हाथ बेचा जायेगा। बहुमात्र उत्पादन की दूसरी समस्या कच्चे माल की थी। अधिक उत्पादन के लिये अधिक कच्चा माल भी चाहिये। उद्योगवाद की इन दो बड़ी समस्याओं ने साम्राज्यवाद को जन्म दिया। अब उद्योग का रूपान्तरण कुछ इस तरह हुआ कि एशिया तथा यूरोप में उपनिवेशवाद ने प्रवेश किया और साम्राज्यवाद आया। इसने अर्थव्यवस्था को एक नया मोड़ दिया। **अब उत्पादन बहुमात्रात्मक न होकर विखण्डित होने लगा**। आवागमन ने और विखण्डन की भावना ने समाज को विकेन्द्रित कर दिया। वस्तुओं

की मांग अब विविध होने लगी। बाजार ऐसे बन गये जिनकी मांगें लचीले होने लगी। इस मांग ने आधुनिक अर्थव्यवस्था को एक नया रूपान्तरण दिया। बदलती औद्योगिक अर्थव्यवस्था पर टिप्पणी करते हुए **जोन एलेन** (John Allen) लिखते हैं :

> अब हमारे सामने एक नई प्रकार की अर्थव्यवस्था आ रही है। यह अर्थव्यवस्था पिछली अर्थव्यवस्था से एकदम जुदा है। अब बहुमात्र उत्पादन की अपेक्षा उत्पादन के लचीले स्वरूप आ रहे हैं। वास्तविकता यह है कि आम लोगों की आवश्यकताओं की पसन्दगी बदल गई है और इस पसन्दगी के बदलने से उत्पादन के रूप भी बदल गये हैं।

जब लोगों की वस्तुओं की मांग में अन्तर आगया तब इसके कारण उत्पादन की तकनीकी में भी बदलाव आ गया। अब यह समझा जाने लगा कि औद्योगिक समाज **उत्तर-औद्योगिक समाज** (Post-industrial Society) में बदल रहा है।

फोर्डवाद से उत्तर-फोर्डवाद तक (Fordism to Post-Fordism)

अमेरिका के उद्योग में एक और अवधारणा प्रचलित है। इसे **फोर्डवाद** (Fordism) कहते हैं। यह औद्योगीकरण की प्रक्रिया है। इसका तात्पर्य **बहुमात्र उत्पादन** (Mass Production) है। आखिर यह फोर्ड क्या है? इस फोर्डवाद का क्या मतलब है? और इस उत्तर-फोर्डवाद किस भांति उत्तर-औद्योगिक समाज को जन्म दिया? ये प्रश्न भारत के लोगों के लिये महत्वपूर्ण हैं। हम **फोर्ड** की अवधारणा से अपरिचित हैं। इसलिये इसका थोड़ा ब्यौरा देंगे।

फोर्डवाद क्या है ? (What is Fordism)

फोर्डवाद एक विशेष प्रकार की अर्थव्यवस्था है। इस अवधारणा का ताल्लुक उत्तर-उद्योगवाद व्यवस्था के एक विशेष संगठन से है जिसके द्वारा उच्च पूंजीवाद में बहुमात्र उत्पादन को व्यवस्थित किया जाता है। इस व्यवस्था के जनक अमेरिका के मोटर गाड़ी के उत्पादक **हेनरी फोर्ड** (Henry Ford) माने जाते हैं। इन्हीं के नाम पर यह अवधारणा औद्योगिक समाज में प्रचलित हो गई है। औद्योगिक समाज की सबसे बड़ी आवश्यकता बहुमात्र उत्पादन, बड़े बाजार और उद्योगपतियों की होती है। ये तीनों चीजें—बहुमात्र उत्पादन, उद्योगपति और बाजार—एक कड़ी की तरह जो औद्योगिक समाज की अर्थव्यवस्था को बदल देते हैं। अमेरिका के हेनरी फोर्ड पहिले ऐसे उद्योगपति थे जिन्होंने इस कड़ी को बनाया और विकसित किया। जब वस्तुओं का बड़ी मात्रा में उत्पादन होता है तो इसके पीछे वैज्ञानिक प्रबन्ध के सिद्धान्त काम करते हैं।

फोर्ड ने अपना पहला **ऑटो प्लान्ट** (Auto Plant) अमेरिका के मिचिगन राज्य में ई. 1908 में स्थापित किया। उनका पहला उत्पादन एक छकड़े जैसी मोटर कार थी जिसका

मेक उन्होंने **मॉडेल टी फोर्ड** (Model T. Ford) दिया। इसके लिये उन्होंने विशेष प्रकार के औजार बनाये। इस गाड़ी की गति को बढ़ाया और धीरे-धीरे उन्होंने मोटरकार के उत्पादन को उत्पादन के सिद्धान्तों पर रखा। अमेरिका में फोर्ड की इस उत्पादन पद्धति को बहुमात्र उत्पादन प्रक्रिया में महत्वपूर्ण समझा जाता है। फोर्ड की तरह अमेरिका में वृहद् उत्पादन से जुड़े हुए एक और व्यक्ति हैं जिन्हें **फ्रेडरिक विन्स्लो टेलर** (Frederick Windslow Taylor) के नाम से जाना जाता है। इन्होंने भी **वैज्ञानिक प्रबन्धन** (Scientific Management) के आधार पर कारखानों में उत्पादन को बढ़ाया। महत्वपूर्ण बात यह है कि आधुनिक काल में फोर्ड और टेलर जैसे उद्योगपतियों ने बड़ी तादाद में उत्पादन में वृद्धि करने के लिये प्रबन्ध व्यवस्था को वैज्ञानिक स्तर पर रखा और इसके परिणामस्वरूप औद्योगीकरण विकसित हुआ।

एन्टोनियो ग्रेमसी (Antonio Gramsci) ने फोर्डवाद को निम्न शब्दों में परिभाषित किया है—

> फोर्डवाद का सम्बन्ध उत्पादन संगठन से जुड़ा हुआ है। यह उत्पादन अपने एक खास प्रकार का होता है जो उन्नत पूंजीवाद में दिखाई देता है। इसका दृष्टान्त हेनरी फोर्ड की बहुमात्र उत्पादन व्यवस्था में देखने को मिलता है। यह उत्पादन वैज्ञानिक प्रबन्धन के सिद्धान्तों के आधार पर किया जाता है। इसे **टेलरवाद** (Taylorism) भी कहते हैं। इस उत्पादन में विस्तृत संगठन होता है और इसके अन्तर्गत **विपणन** (Marketing) को भी सम्मिलित कर लिया जाता है।

ग्रेमसी ने फोर्डवाद की अवधारणा को विशाल स्तर पर रखा है और वे कहते हैं कि प्रबन्धन की इस व्यवस्था के परिणामस्वरूप जहां बड़ी मात्रा में उत्पादन में वृद्धि होती है वहीं कामगारों के पगार में संतोषजनक वृद्धि होती है। फोर्डवाद की इस अवधारणा का व्यापक प्रयोग नव-मार्क्सवादियों ने किया है। इसके माध्यम से उन्होंने औद्योगिक रोजगार, उत्पादन, राज्य के कल्याणकारी कार्यक्रम, उपभोग में वृद्धि आदि का अध्ययन किया है। दूसरे विश्व युद्ध के बाद तो जब कभी यूरोप में विशाल उत्पादन की आवश्यकता समझी गई है, फोर्डवाद की अवधारणा का डटकर प्रयोग हुआ है।

जब 1970 और 1980 के दशकों में दुनिया की अर्थव्यवस्था संकट में आ गई और उत्पादन व्यवस्था में सामाजिक और तकनीकी व्यवधान आने लगे, फोर्डवाद संकट में आ गया और इधर उत्तर-आधुनिक समाज के आविर्भाव ने इस इस संकट को अधिक गहरा दिया। अब उत्तर-फोर्डवाद की चर्चा होने लगी। अगर संक्षेप में उत्तर-फोर्डवाद को परिभाषित करें तब कहेंगे कि यह नव-अवधारणा **लचीली उत्पादन व्यवस्था** (Flexible Production System) से जुड़ी है। अभी उत्तर-फोर्डवाद की अवधारणा औद्योगिक जगत में प्रस्थापित नही हुई है, और इसलिये इसके प्रयोग में तकनीकी दबाव कम है।

अर्थव्यवस्था में बदलाव (Shift in Economic System)

समाजशास्त्रियों का मत है कि आधुनिक काल में जो औद्योगीकीकरण था वह अर्थव्यवस्था में बदलाव आने के कारण बदल गया। इस औद्योगिक समाज का स्थान **उत्तर-औद्योगिक** (Post-industrial) समाज ने ले लिया है। यह उत्तर-औद्योगिक समाज धीरे-धीरे बदल कर उत्तर-आधुनिक समाज बन गया। उत्तर-आधुनिक समाज केवल उत्तर-औद्योगिक ही नहीं होता, इसमें और भी कई तत्व होते हैं जैसे नई संचार व्यवस्था तथा नई विचारधारा। हमारा यह तर्क है कि आधुनिक युग के औद्योगिकीकरण की अर्थव्यवस्था में एक बहुत बड़ा परिवर्तन आया और इस नई अर्थव्यवस्था ने उत्तर-आधुनिक समाज को जन्म दिया। मतलब हुआ, अति औद्योगीकीकरण यानी उत्तर-फोर्डवाद ने उत्तर-आधुनिक समाज के आविर्भाव को पैदा किया है।

अब हम देखें कि औद्योगीकीकरण के कारण अर्थव्यवस्था में क्या बदलाव आया? इस बदलाव को कई क्षेत्रों में देखा जा सकता है। महत्वपूर्ण बात यह है कि अर्थव्यवस्था द्वारा लाये गये इस बदलाव के परिणाम आपस में जुड़े हुए नहीं हैं। उदाहरण के लिये ब्रिटेन की अर्थव्यवस्था में परिवर्तन आया। इस परिवर्तन ने नौकरी के क्षेत्र में तो रोजगार के अवसर बढ़ा दिये लेकिन उत्पादन क्षेत्र में यह रोजगार सिकुड़ गया यानी कम हो गया। इधर उद्योग में नई तकनीकी के आने से पुरुषों की नौकरी के अवसर कम हो गये और स्त्रियों के अधिक। लोगों की उपभोग की आवश्यकताओं में भी बदलाव आ गया। ये सब आर्थिक परिवर्तन जो ब्रिटेन में दिखाई देते हैं स्पष्ट रूप से बताते हैं कि औद्योगिक उत्पादन में वृद्धि के परिणाम अर्थव्यवस्था में बहुत बड़ा **बदलाव** (Shift) आता है।

अर्थव्यवस्था में बदलाव के कारण यह देखने को मिलता है कि अब वस्तुओं के उत्पादन की अपेक्षा उनकी **सेवा** (Service) पर अधिक जोर दिया जाता है। बात यह है कि अब समाज में उत्पादन से जुड़े हुए **ज्ञान** (Knowledge) और **सूचना** (Information) में वृद्धि हो रही है। यह ज्ञान और वृद्धि ही सामाजिक परिवर्तन के निर्णायक कारक हैं। **मेन्यूएल केसेल्स** (Mannuel Castells) जैसे समाजशास्त्रियों का तो कहना है कि औद्योगिक समाज को बहुत बड़ा झटका **सूचना-प्रक्रिया तकनीकी** (Information Processing Technology) ने दिया है। अब सम्पूर्ण उत्पादन का आधार **बहुमात्र उत्पादन** (Mass Production) हो गया। इस प्रक्रिया ने उत्तर-आधुनिकता के आविर्भाव की सम्भावना को बदल दिया।

उत्तर-आधुनिक समाज की सम्भावना
(Possibilities of Post Industrial Society)

अगर हम यूरोप और अमेरिका के उद्योग के आँकड़ों को देखें तो हमें एक स्पष्ट **प्रवृत्ति** (Trend) दिखाई देती है। पहली बात तो यह है कि आर्थिक आधार रूप में अब कृषि

गौण हो गई है। इसका मतलब हुआ आधुनिक युग आगया। इस आधुनिक युग में उद्योग का विकास हुआ। हमने देखा कि औद्योगिक विकास में अर्थव्यवस्था में बहुत बड़ा बदलाव आ गया। स्वयं तकनीकी परिवर्तन ने सम्पूर्ण उद्योग में परिवर्तन खड़ा कर दिया। ऐसी तकनीकी आई जिसने एक ओर तो श्रम कम कर दिया और उत्पादन बढ़ा दिया। अब श्रमिक को दिन भर पसीना बहाने की आवश्यकता नहीं। ऐसी मशीनें आ गई जिसने श्रमिक के काम को बहुत सरल कर दिया। अब श्रमिक को तो केवल बैठे बैठे मशीन के काम को ही देखना था। उत्पादन का काम तो मशीन ही करती थी। महत्वपूर्ण बात तो यह है कि उद्योग के क्षेत्र में नई अर्थव्यवस्था आ गई जिसे **ज्ञान की अर्थव्यवस्था** (Knowledge Economy) कहते हैं।

ज्ञान की अर्थव्यवस्था (Knowledge Economy)

गिडिन्स ने अमेरिका और यूरोप के उद्योगों का एक सर्वेक्षण प्रस्तुत किये हैं। **इसके आँकड़े बताते हैं कि उद्योग के इस परिवर्तन ने एक नये समाज को जन्म दिया है जिसे किसी भी अर्थ में औद्योगिक समाज** (Industrial Society) **नहीं कहा जा सकता। विश्लेषकों का तर्क है कि यह समाज औद्योगिक समाज से परे है। इसे कभी भी औद्योगिक नहीं कहा जा सकता।** फिर भी यह समाज औद्योगिक समाज नहीं रहा, तब हम कौन से समाज में आ गये हैं, इस नये समाज का क्या नाम है ? औद्योगिक समाज के बाद जो यह नया समाज आया है, इसे कई नामों से पुकारा जाता है। कुछ इसे **उत्तर-औद्योगिक समाज** (Post-Industrial Society) कहते हैं, कुछ के अनुसार, यह नया समाज **सूचना युग** (Information Age) है और कुछ इसे **नई अर्थव्यवस्था** (New Economy) का समाज कहते हैं। इन सब नये नामों में बहुत लोकप्रिय नाम **ज्ञान की अर्थव्यवस्था** (Knowledge) है।

ज्ञान की अर्थव्यवस्था की कोई बहुत सरल और स्पष्ट परिभाषा देना कठिन है। **फिर भी यह कहा जा सकता है कि यह एक ऐसी अर्थव्यवस्था है जिसमें विचार, सूचना और ज्ञान के अन्य प्रकार आर्थिक वृद्धि में महत्वपूर्ण भूमिका अदा करते हैं। इस अर्थव्यवस्था में श्रमिक शक्ति को शारीरिक श्रम नहीं करना पड़ता,** वस्तुओं का वितरण नहीं करना पड़ता। उन्हें तो केवल वस्तुओं की डिजाइन बनानी पड़ती है। उनका विकास करना होता है, उनके अनुसार तकनीकी बनानी पड़ती है और इन वस्तुओं को कैसे बाजार में भेजा जाये, बेचा जाये, उनका रखरखाव कैसे किया जाये, आदि देखना पड़ता है। इस तरह की श्रम शक्ति को या ऐसे काम करने वाले श्रमिकों को इस युग में **नॉलेज वर्कर्स** (Knowledge Workers) कहा जाता है। अब उद्योग में काम करने वाले श्रमिक मेहनतकश मजदूर नहीं रहे। वे सूचना अर्थव्यवस्था में काम करने वाले ज्ञानी कामगार हो गये। इस अर्थव्यवस्था में रात और दिन कारखाने में खटने और खपने की बात नहीं होती। इस व्यवस्था में बराबर एक तकनीकी आती है, चली जाती है, नई तकनीकी आती है और यह विज्ञान और

नवीनीकरण (Innovation) का सिलसिला बराबर चलता रहता है। औद्योगिक युग कहां से चला और कहां आ गया। कहां भाप के इंजन थे, भाप की शक्ति थी और कहां आज तकनीकी में नया युग आ गया, नई **ज्ञान अर्थव्यवस्था** (Knowledge Economy) आ गई। छलांग वास्तव में बहुत लम्बी है : कृषि से उद्योग और उद्योग से ज्ञान की अर्थव्यवस्था। हल और बैल को हांकने वाला कृषक, कारखाने में पसीना बहाने वाला मजदूर अब नया ओहदा पागया। वह श्रमिक नहीं **ज्ञानी श्रमिक** है। इस सम्पूर्ण नई व्यवस्था का चित्रण **चार्ल्स लीड बीटर** (Charles Leadbeater) इन शब्दों में देते हैं:

> हममें से बहुत से लोग पतली हवा से धन कमाते हैं, हम ऐसी किसी वस्तु का उत्पादन नहीं करते जिसे तोला जा सके, जिसे हम स्पर्श कर सकें या जिसे मापा जा सके। हमारे उत्पादन का बन्दरगाहों पर भण्डारण नहीं करना पड़ता, न ही इन्हें गोडाउन में डालना पड़ता है और न ही इन्हें मालगाड़ी में लादना पड़ता है। हममें से कई लोग केवल सेवा देते हैं। सलाह देते हैं, सूचना देते हैं या विश्लेषण देते हैं, और इस तरह अपने खाने-पीने का शानदार जुगाड़ कर लेते हैं। हम वकील हैं, प्रोफेसर हैं, वैज्ञानिक हैं, सम्पत्ति के सलाहकार हैं, प्रयोगशाला में काम करते हैं या सरकारी दफ्तर में बैठते हैं। हमारे सभी व्यवसाय शानदार हैं, और हमें कहीं पसीना बहाने की आवश्यकता नहीं है।

काम का रूपान्तरण (Transformation of Work)

औद्योगिक समाज में जिस तरह के काम की अपेक्षा थी, वह अब नहीं रहा। अब लोग नई वस्तुओं की जिनकी क्वालिटी बहुत बढ़िया हो, मांग करने लगे। फोर्डवाद के दिन लद गये। तब बहुत बड़ी तादाद में वस्तुओं का उत्पादन होता था। ये वस्तुएं स्टेण्डर्ड किस्म की थीं। एक नाम जो बाजार में चल गया, वह सारी दुनिया में चल गया। अब बाजार कई हो गये—छोटे-छोटे, दूरदराज दोनों में। लोग नई वस्तुओं को पसन्द करने लगे। स्टेण्डर्ड चला गया। फोर्डवादी वस्तुएं इस नई अर्थव्यवस्था की पेट में आगई। एकही वस्तु के कई विकल्प बाजार में उपस्थित हो गये। अब कई उत्पादक अपने उत्पादन में रुढ़िवादी नहीं रहे। उनकी सम्पूर्ण उत्पादन प्रक्रिया लचीली हो गई। काम के इस रूपान्तरण में औद्योगिक समाज में उत्तर-औद्योगिक समाज के जो लक्षण आये उनका विश्लेषण करना उपयोगी होगा।

उत्तर-औद्योगिक समाज की ओर : कुछ लक्षण
(Towards Post-industrial Society : Some Characteristics)

यहां हम इस तथ्य पर बराबर जोर दे रहे हैं कि उत्तर-आधुनिक समाज का निर्माण कई प्रक्रियाओं में से गुजरा है। पहिले, समाज की संरचना कृषि प्रधान थी। इसके बाद उद्योग आये और उद्योग में प्रबन्धन तथा विशाल उत्पादन आये और फिर पूरी अर्थव्यवस्था में

बदलाव। सूचना युग का सूत्रपात हुआ, अर्थव्यवस्था ने सूचना का रूप ग्रहण कर लिया। इस सबका परिणाम यह हुआ कि यह औद्योगिक समाज उत्तर-औद्योगिक की ओर बढ़ने लगा। उत्तर-औद्योगिक समाज के कतिपय लक्षण जिनका गिडिन्स ने उल्लेख किया है, इस तरह है:

*1. **उत्तर-फोर्डवाद** (Post-Fordism)*

पिछले दो-तीन दशकों में फोर्डवाद कमजोर हो गया है। अब औद्योगिक क्षेत्रों में बहुमात्रा उत्पादन पर बल नहीं दिया जाता। इसके लिये बाजार भी नहीं हैं। इस फोर्डवाद ने उत्तर-फोर्डवाद का रूप ग्रहण कर लिया है। यूरोप-अमेरिका के कई देशों में वस्तुओं के उत्पादन में नई तकनीकी काम में ली जा रही है। प्रबन्धन की पद्धति बदल गई है, काम करने की दशाओं में बदलाव आ गया है। अब उत्पादन प्रक्रिया में कर्मचारियों की भागीदारी अधिक से अधिक बढ़ गई है। अब **समूह उत्पादन** (Group Production) होने लगा है। ऐसे छोटे संगठंन और समूह बनाये जाते हैं जो उत्पादन की समस्याओं को हल करते हैं। कुल मिलाकर उत्तर-फोर्डवाद में ऐसी रणनीतियों को उद्योग में प्रयोग में लाया जाता है जिससे क्वालिटी वस्तुओं का उत्पादन होने लगा है। उत्तर-फोर्डवाद के इस आगमन पर टिप्पणी करते हुए गिडिन्स लिखते हैं:

> औद्योगिक समाज में जो परिवर्तन आ रहे हैं, वे फोर्डवाद के सिद्धान्तों को पीछे छोड़ आये हैं। आज हम उत्पादन की जिस अवस्था में खड़े हुए हैं, इसे उत्तर-फोर्डवाद कहना चाहिये।

वास्तव में उत्तर-फोर्डवाद की अवधारणा को लोकप्रिय बनाने में **मिचेल पाइयोरे** (Michael Piore) तथा **चार्ल्स सेबेल** (Charles Sabel) के नाम उल्लेखनीय हैं। इन्होंने अपनी इस अवधारणा को अपनी पुस्तक **दिं सेकेण्ड इन्डस्ट्रीयल डिवाइड** (The Second Industrial Divide) में रखा है। ये लेखक उत्तर-फोर्डवाद की अवधारणा को निम्न शब्दों में स्पष्ट करते हैं :

> उत्तर-फोर्डवाद पूंजीवादी आर्थिक उत्पादन का एक नया युग है। यह युग पूंजीवादी आर्थिक उत्पादन का है जिसमें बाजार की विविध मांगों की पूर्ति के लिये लचीलेपन और नवीनीकरण का अधिकतम प्रयोग किया जाता है।

उत्तर-फोर्डवाद की यह अवधारणा उतनी सरल नहीं है जितनी दिखाई देती है। यह अवधारणा केवल उद्योग में ही नहीं जीवन के अन्य क्षेत्रों में भी लागू की जाती है। उदाहरण के लिये राजनीतिक दलों की गतिविधियों, कल्याण कार्य, नये उपयोग और विभिन्न जीवन-शैलियों में भी इसे देखा जा सकता है। वास्तव में, उत्तर-फोर्डवाद के पीछे लचीलापन और नवीनीकरण मुख्य तत्व हैं और इन तत्वों को जीवन के अन्य क्षेत्रों पर भी

लागू किया जाता है। इस अर्थ में देखें तो उत्तर-फोर्डवाद की कोई बंधी-बंधाई परिभाषा नहीं दी जा सकती। इस कठिनाई के होते हुए भी एक बात निश्चित रूप से कही जा सकती है। औद्योगिक समाज में अब पहलेवाला बाजार नहीं रहा, यह विखण्डित और विकेन्द्रित हो गया है। लोगों की मांग और आवश्यकता विविध होगई है। और इसी के अनुपात में अब उत्तर-फोर्डवाद वस्तुओं का उत्पादन करने लगा है और इसी ने समाज को उत्तर-औद्योगिक दिशा की ओर मोड़ दिया है।

*2. **ज्ञान और सूचना** (Knowlege and Information)*

यह सन् 1960 के इर्द-गिर्द है जब अमेरिका में ऐसा समझा जाने लगा कि वहां लोगों की समृद्धि में इजाफा हुआ है। उद्योग में अब **स्वचलन** (Automation) आ गया था और उत्पादन में अत्यधिक वृद्धि हो गई थी। लोगों में यह विश्वास लोकप्रिय हो गया था कि आर्थिक विकास अमेरिका में सामान्य मुहावरा बन गया था। विभिन्न राजनीतिक विचारधारा के लोग बराबर यह कह रहे थे कि अब अमेरिका उत्तर-औद्योगिक समाज के दरवाजे पर खड़ा हो गया है। इसी अवधि में **डेनियल बैल** (Daneal Bell) की पुस्तक **दि कमिंग आफ पोस्ट-इन्डस्ट्रियल सोसायटी** (The Coming of Post-industrial Society, 1973) प्रकाशित हुई। बैल ने नये उत्तर-औद्योगिक समाज की एक रूप रेखा प्रस्तुत की। उन्होंने आँकड़ों और तथ्यों के आधार पर कहा कि पश्चिमी अर्थव्यवस्था में जो निर्णायक परिवर्तन आ रहा है वह यह कि यह व्यवस्था निश्चित रूप से सर्विस अर्थव्यवस्था (Service Economy) की ओर मुड़ रही है। बैल कहते हैं कि अर्थव्यवस्था में कई क्षेत्रों में परिवर्तन आता है यद्यपि इसका केन्द्र कोई विशेष रूप से बदलता हो, ऐसा नहीं है। **देखा जाये तो किसी भी औद्योगिक समाज को गति देने का काम उसका उत्पादन और लाभ या मुनाफा करते हैं।** कारखाने का मालिक बुद्धिसंगत ढंग से अपनी ऊर्जा लगाकर अधिकतम लाभ लेना चाहता है। लेकिन इस तरह के लाभ और ऊर्जा का प्रयोग औद्योगिक समाज में होता था। **उत्तर-औद्योगिक समाज में अब सबसे महत्वपूर्ण तथ्य ज्ञान और सूचना** (Knowledge and Information) **का है। इसका अर्थ हुआ, अधिक से अधिक ज्ञान को पैदा कीजिये, सूचना का निचोड़ निकालिये और आर्थिक वृद्धि कीजिये।** ज्ञान और सूचना नवीनीकरण करने में सहायक होते हैं और इसी से ही अन्तिम उत्पादन होता है। यहां यह भी महत्वपूर्ण बात है कि ज्ञान और सूचना बराबर गतिमान होते हैं।

*3. **कार्य के प्रकार** (Kinds of Work)*

उत्तर-औद्योगिक समाज में लोग जो काम करते हैं, उसमें भी बदलाव आ जाता है। बदलाव इसलिये आता है कि अब ज्ञान और सूचना के कारण लोगों के शारीरिक श्रम की आवश्यकता नहीं है। कारखानों में शारीरिक काम करने वाले धंधे कम हो रहे हैं। दूसरी

ओर सर्विस करने वाले लोगों की संख्या में बराबर वृद्धि होती है। इन लोगों में एक सीमा तक सृजनात्मकता और रचनात्मकता आती है। इन्हें थकान कम लगती है क्योंकि इन्हें शारीरिक श्रम बहुत कम करना पड़ता है। अब लोग जिस तरह का काम करते हैं, इसमें सोचने की गुंजाइश ज्यादा होती है। इस तरह के कार्य को **सोच का कार्य** (Think work) कहते हैं। **मतलब हुआ पूर्व औद्योगिक समाज में जहां कार्य का प्रकार शारीरिक था, वहां इसका प्रकार सोच का कार्य** हो गया। इस सोच के कार्य में निश्चित रूप से सृजनात्मकता आती है। बैल ने अपने विश्लेषण का केन्द्र मध्य वर्ग के लोगों तक रखा है।

बैल के उत्तर-औद्योगिक समाज का एक और महत्वपूर्ण लक्षण है। बैल एक स्थान पर बड़ा चौंकाने वाला प्रश्न रखते हैं : माना कि उत्तर-औद्योगिक समाज का शक्ति का बड़ा स्रोत सूचना और ज्ञान है, तब प्रश्न उठता है, इस सूचना और ज्ञान पर नियन्त्रण किसका है, किसके हाथ में यह ज्ञान और सूचना रहते हैं ? बैल इस प्रश्न का उत्तर देते हैं। वे कहते हैं कि सूचना और ज्ञान उन लोगों के हाथ में होता है जो अभिजन हैं। इन अभिजन को बैल **ज्ञान के अभिजन** (Knowledge Elites) कहते हैं। हाल में जिन उद्यमियों का आविर्भाव हुआ है वे ज्ञान के इस अभिजन को समाज में कई क्षेत्रों में प्रोत्साहित करते हैं। ज्ञान के ये अभिजन सरकार में, व्यवसाय में, विश्वविद्यालय में, सभी जगह देखे जा सकते हैं। ये अभिजन अपने-अपने विशिष्ट क्षेत्र में तकनीकी ज्ञान रखते हैं। और इस तरह उत्तर-औद्योगिक समाज में ज्ञान के अभिजनों का एक नया सोपान ही उतर कर आया है।

बैल ने जिस प्रकार के उत्तर-औद्योगिक समाज की कल्पना अमेरिका के लिये की थी, वैसे ही समाज की झलक फ्रांस के विद्यार्थी आन्दोलन (1960) में देखने को मिली थी। बैल की तरह, ठीक उसी तर्ज पर **अलेन तोरेन** (Alain Touraine) ने अपनी पुस्तक **दि पोस्ट इन्डस्ट्रीयल सोसायटी** (The Post-Industrial Society, 1971) में कहा था कि हम एक प्रकार के समाज से अब दूसरे प्रकार के समाज की ओर जा रहे हैं। यद्यपि तोरेन ने इस आने वाले समाज के आर्थिक लक्षणों पर थोड़ा लिखा है लेकिन वे **आग्रहपूर्वक कहते हैं कि इस समाज का केन्द्र बिन्दु ज्ञान और सूचना का नियन्त्रण है। ऐसे समाज में तकनीकी ज्ञान का पलड़ा सबसे भारी रहता है।**

4. सूचना समाज (Information Society)

उत्तर-औद्योगिक समाज की अर्थव्यवस्था वस्तुतः एक उच्चतर अर्थव्यवस्था है। इस विकसित अर्थव्यवस्था के पीछे सबसे बड़ी ताकत सूचना की है। यह एक बहस है कि जो 1980 के दशक में यूरोप और अमेरिका में पूरी तरह से छायी रही। इसके प्रणेता भी डेनियल बैल ही रहे हैं। 1980 में उनका एक लेख **दि सोश्यल फ्रेमवर्क आफ दि इनफोरमेशन सोसायटी** (The Social Framework of the Information Society) प्रकाशित हुआ। इस लेख ने बहस प्रारम्भ कर दी। बैल का कहना था कि सूचना तंत्र के कुछ सामाजिक आधार होते हैं। उन्होंने सूचना की व्याख्या **मूल्य के ज्ञान के सिद्धानत**

(Knowledge Theory of Value) के आधार पर की है। इसमें **उनका निष्कर्ष है कि औद्योगिक समाज में वस्तुओं का मूल्य यानी कीमत श्रम के आधार पर निर्धारित की जाती थी। उत्पादन में जितना श्रम लगता था उसी के आधार पर वस्तु का मूल्य तय किया जाता था। अब उत्तर-आधुनिकता में यह पैमाना नहीं रहा। श्रम का स्थान अब सूचना** (knowledge) **ने ले लिया। अब श्रम स्त्रोत** (Resource) **नहीं रहा, अब सूचना स्त्रोत बन गई।** इसका परिणाम यह हुआ कि कारखानों में जो उत्पादन होता था या जो भी गतिविधि होती थी, उसका स्रोत सूचना थी। यही नहीं, उत्तर-आधुनिकता में स्वयं सूचना ही एक उत्पादन वस्तु बनगई। अब इस युग में किसी भी वस्तु की तरह सूचना भी बेची जाने लगी। इसकी बड़ी सटीक व्याख्या बैल इन शब्दों में करते हैं :

> सूचना को अब माल यानी पण्य वस्तु समझा जाता है जिसे बाजार में खरीदा जा सकता है, बेचा जा सकता है। उदाहरण के लिये, सूचना के पण्यीकरण ने आधुनिक अर्थव्यवस्था में नया वृत्त ही खोल दिया है जिसमें कबाड़े की वस्तुओं से लेकर दूरसंचार साधन तक उपलब्ध हैं।

उत्तर-औद्योगिक समाज का आज बहुत बड़ा लक्षण उसकी विकसित होती सूचना व्यवस्था है। इस व्यवस्था में गुणात्मक परिवर्तन दिखाई देता है। अब बाजार में श्रमिकों की भीड़-भाड़, रेल-पेल नहीं दिखाई देती। अब भीड़-भाड़ पेशेवर लोगों की देखने को मिलती है। जिसे देखिये, सूचना तंत्र में उस्ताद या माहिर है। सूचना के ये पेशेवर लोग सूचना का (वस्तु का नही) उत्पादन करते हैं, व्यवस्थित रूप से इसका वितरण करते हैं। इस पर टीका करते हुए बैल कहते हैं :

> ये सूचना से जुड़े हुए धंधे हैं जो आज उत्तर-औद्योगिक अर्थ व्यवस्था में सफलता के महत्वपूर्ण कारक समझे जाते हैं और सूचना तकनीकियों का आज जो बढ़ता हुआ वितरण है वह इस प्रवृत्ति को और बढ़ाता है।

बैल ने सूचना तकनीकी के जिस महत्व की चर्चा उत्तर-औद्योगिक युग में की है इसी पर जोर देकर बाद में ल्योतार ने उत्तर-आधुनिक समाज की व्याख्या की है। ल्योतार की तर्ज पर ही **केसेल्स** (Castells, 1989) ने अपनी पुस्तक **दि इन्फोरमेशन सिटी** (The Information City) में कहा है कि अमेरिका के शहरों की गतिविधि का केन्द्र सूचना तंत्र ही होता है। केसेल्स के साथ **तोरेन** (Touraine) भी हैं और इन दोनों विचारकों का कहना है कि सूचना समाज वास्तव में उत्तर-औद्योगिक समाज न होकर एक **उत्तर-कृषि समाज** (Post-Agrarian Society) है। मुख्य बात तो यह है कि बैल, केसेल्स और तोरेन, **तीनों ही इस बात पर बल देते हैं कि आज के इस उत्तर-औद्योगिक या उत्तर-कृषि समाज में ज्ञान की भूमिका** (Role of Knowledge) **और सूचना का उपयोग** (Use of Knowledge) **सबसे महत्वपूर्ण है।** यह ज्ञान और तकनीकी ही है जो उत्पादन को संगठित करते हैं और

ये दोनों ही नये ज्ञान और नई तकनीकी को बराबर जन्म देते रहते हैं और इस तरह उत्तर-औद्योगिक समाज सुदृढ़ होता जाता है।

*5. **विभाजित समाज** (Divided Society)*

कृषि समाज (यूरोप में) विदा हो गया। कुछ इसी तरह औद्योगिक समाज भी विदा हो गया और अब उत्तर-औद्योगिक समाज का आविर्भाव हुआ। इस समाज को **आन्द्रे गोर्ज** (Andre Gorz) विभाजित समाज कहते हैं। इस सिलसिले में उनकी पुस्तक **फेयरवेल टु दि वर्किंग क्लास** (Farewel to the Working Class, 1982) एक महत्वपूर्ण प्रकाशन है। इसमें गोर्ज यह तर्क देते हैं कि उत्तर-औद्योगिक अर्थव्यवस्था में काम की भूमिका बदल गई है। जो नई तकनीकी आई है उसने समाज में रोजगार की संरचना को बदल दिया है। इसके परिणामस्वरूप समाज में **विभाजन** (Division) हो गया है। यह विभाजन बड़े विचित्र प्रकार का है। एक तरफ तो अभिजन कामगार हैं और दूसरी ओर बेरोजगार लोग। अब उद्योग में इस प्रकार की तकनीकी आ गई है जिसमें शारीरिक श्रम नहीं करना पड़ता। केवल पेशावर कुशलता की आवश्यकता होती है। इन श्रमिकों को वेतन पेट भरकर मिलता है और इसलिये इन्हें **अभिजन कामगार** (Elite Workers) कहते हैं। तकनीकी के अधिकतम प्रयोग के कारण अधिक श्रमिकों की उद्योग में आवश्यकता नहीं रहती। इस कारण बाजार में बेरोजगारों की संख्या बराबर बढ़ती रहती है। इस तरह उत्तर-औद्योगिक समाज उन लोगों का होता है जिनकी कोई खास औद्योगिक पहचान नहीं होती। कारखानों में जब सारा काम स्वचालित यंत्रों द्वारा होता है तो उद्योग में ऐसे लोगों की बहुत वृद्धि हो जाती है जिन्हें कुछ भी काम नहीं करना होता। उन्हें सिर्फ तकनीकी गतिविधियों पर अपनी आँख रखनी पड़ती है, और सब काम हो जाता है। इस तरह का काम बिना काम का होता है। यह स्थिति सम्पूर्ण उत्तर-औद्योगिक समाज को बांट देती है—एक तरफ तो वे लोग जो केवल यंत्रों से जुड़े होते हैं और दूसरी तरफ वे लोग जो बेरोजगार होते हैं।

गोर्ज ने उत्तर-औद्योगिक समाज की जो तस्वीर रखी है वह एकदम अपरम्परागत है। स्वचालित तकनीकी के आने से ऐसा नहीं हुआ है कि समाज में अवकाश का समय बढ़ गया है। अभिजात कामगार बड़ा पगार पाते हैं और वे अपने घर के काम के लिये सस्ते दामों में नौकर रख लेते हैं। इसका परिणाम यह होता है कि सामान्य जनसंख्या का बड़ा भाग घर के कामों में लग जाता है। इस जनसंख्या के पास अवकाश का कोई समय नहीं रहता। वह तो अभिजात वर्ग के गृह कार्य में रात और दिन खटता रहता है। और इस तरह समाज का अभिजात वर्ग तो अवकाश का आनन्द लेता है, और बहुसंख्यक गरीब तबका कम वेतन में घर के काम में लग जाता है। इस सम्पूर्ण स्थिति को गोर्ज **विभाजित समाज** (Divided Society) कहते हैं। यह और कुछ न होकर **घर के काम का पण्यीकरण** (Commodification of Domestic Work) है।

यूरोप और अमेरिका में औद्योगिक समाज की संरचना को लेकर बड़ा विवाद है। यह तो सभी स्वीकार करते हैं कि देशों में उत्तर-औद्योगिक समाज विकसित हो रहा है, लेकिन इस समाज की खासियत क्या होगी, इस बारे में बहस है। **तोरेन** (Touraine) और **गोर्ज** (Gorz) ने अपने अनुसंधान को यूरोप पर केन्द्रित किया है। उनके निष्कर्ष यूरोप के देशों पर लागू होते हैं। **डेनियल बैल** (Daneal Bell) के अध्ययन का केन्द्र अमेरिका है। जहां तोरेन और गोर्ज उत्तर-औद्योगिक समाज की संरचना का बहुत थोड़ा सैद्धान्तिकरण करते हैं, वहां वह बैल का आग्रह है कि उत्तर-औद्योगिक समाज की व्याख्या सम्पूर्ण से सिद्धान्तों के ताने-बाने में बंधी हुई है।

*6. **लीचीला उत्पादन** (Flexible Production)*

अमेरिका के औद्योगिकीकरण में टाईलरवाद और फोर्डवाद का महत्वपूर्ण स्थान है। जैसाकि हमने कहा है कि इस उत्पादन प्रक्रिया ने **स्टेण्डर्ड** वस्तु के उत्पादन को वृहद तादाद में काम किया है। इसमें प्रबन्धन उच्च स्तर का होता है, और इसी तरह **विपणन** (Marketing) भी। इस उत्पादन में थोड़े लोगों के लिये माल नहीं बनाया जाता। हमेशा माल का आकार विशाल होता है। उत्तर-औद्योगिक युग में टाईलर और फोर्ड दोनों ही अप्रासंगित हो गये और इसी तरह ये दोनों अवधारणाएं भीं। अब कम्प्यूटर आधारित तकनीकी आ गई। डिजिटल प्रणाली आ गई और इसके कारण उत्पादन पद्धति **लचीली** (Flexible) हो गई। अब उत्पादन विशाल तादाद में न रहकर **विशिष्ट** (Specialised) उत्पादन हो गया। अत्यधिक कुशल कारीगरों के छोटे-छोटे समूह नवीनतम तकनीकी के माध्यम से छोटी-छोटी मांगों के लिये उत्पादन करने लगे। इस तरह से उत्पादित माल छोटी और एकदम व्यक्तिगत मांग की पूर्ति भी करने लगा। माल के उत्पादन में डिजाइन को बदलना अब बहुत सरल हो गया। उपभोग बाजार की जो भी आवश्यकताएं होती हैं, इन सबकी पूर्ति अब नवीन तकनीकी के माध्यम से होने लगी। उदाहरण के लिये यूरोप और अमेरिका में अब स्त्रियां मोटर कार चलाने में रुचि लेने लगी हैं। इसके परिणाम नई कारों में वे सब परिवर्तन किये जा रहे हैं जो विशेष करके स्त्रियों के अनुकूल होते हैं। इन कारों में स्त्रियों के लिये कुछ खास सुविधाएं दी जाने लगी हैं। ऐसी गाड़ियां बनाई जाने लगी हैं जिनमें कम खर्चे में अधिक दूरी तय की जा सके। ऐसे कारखाने भी हैं जो मोटरकार को पूर्ण रूप से पर्यावरण अनुकूल बनाने में लगे हैं। कार ही क्यों अन्य क्षेत्रों में भी वस्तुओं के उत्पादन उपभोक्ताओं की माँग के अनुसार होने लगा है। कान्तिवर्द्धक यानी **कोस्मेटिक** (Cosmetic) वस्तुओं के उत्पादन में अब अत्यधिक जोर जड़ी-बूटियों पर दिया जाने लगा है। यह सब उपभोक्ताओं की छोटी-बड़ी माँग पर किया जाने लगा है। इधर सब तरह लचीले उत्पादन पर जोर दिया जाता है और पुराने स्टेण्डर्ड और विशाल उत्पादन को भी छोड़ा नहीं जा रहा है। लचीला उत्पादन या जैसी माँग, जितनी मांग उसके अनुसार उत्पादन होना भी उत्तर-औद्योगीकीकरण का बहुत बड़ा लक्षण है।

7. ***समूह द्वारा किया गया उत्पादन*** *(Group Production)*

स्मिथ ने अपनी पुस्तक **वेल्थ आफ नेशन्स** में श्रम विभाजन की व्याख्या विशाल उत्पादन के सन्दर्भ में की है। उनका तर्क है कि अधिक उत्पादन में श्रम का विभाजन होना चाहिये। उत्तर-औद्योगिक समाज में यह बात नहीं रही। **अब ऐसा नहीं होता कि एक कामगार स्कूटर के बोल्ट ही बनाता है**, दूसरा शू-ब्रेक ही और तीसरा कारब्यूरेटर ही। इस युग का एक छोटा समूह मिलजुल कर काम करता है। किसी पुर्जे पर अनुसंधान करता है और पुराने को सुधरे हुए रूप में बनाता है। अब अधिक उत्पादन के लिये एक ही पुर्जे बनाया, इस बनावट में बोरियत झेलना उद्योगवाद का लक्षण नहीं रहा। उत्तर-उद्योगवाद में तो पांच-दस कामगार मिलकर किसी वस्तु का उत्पादन अपनी पूरी सूझ-बूझ के साथ करते हैं। अब यह समझा जाने लगा है कि कामगार की बहुत बड़ी पकड़ वस्तुओं के उत्पादन हैं।

समूह द्वारा उत्पादन क्रिया में **टीम वर्क** (Team Work) की भूमिका बहुत महत्वपूर्ण है। उत्तर-औद्योगीकीकरण में किसी तकनीकी काम को करने के लिये टीम वर्क का सहारा लिया जाता है। कारखाने में काम करने वाले लोग जो विशेष तकनीकी कार्य में कुशल होते हैं, मिलजुल कर समस्याओं का निदान करते हैं। इसमें ऊंचे स्तर का अधिकारी भी एक सामान्य कारीगर के साथ बैठकर तकनीकी समस्या को सुलझाता है। इस तरह की **टीम** अपनी संरचना में लचीली होती है। कभी-कभी तो यह छोटी **टीम** एक परिवार की तरह रात-दिन काम करती है। इंग्लैण्ड में इस तरह की कार्यकारी टीम को **पोड** (Pod) कहते हैं। **टीम वर्क** के महत्व पर प्रकाश डालती इंग्लैण्ड की एक मीडिया रिपोर्ट कहती है:

> रचनात्मक कार्य की बहुत बड़ी दुश्मन आदत होती है। आदत से जरा हटकर कार्य करने से अपने आप सृजनात्मकता आ जाती है। **टीम वर्क** में काम करना तो ऐसा लगता है जैसे किसी खेल-कूद में भाग ले रहे हों। इस काम के दौरान जो चार-छः सप्ताह का समय मिलता है, इसमें सब एक परिवार की तरह काम करते हैं। विभिन्न पृष्ठभूमि के कामगार जब एक **टीम** की तरह मिलकर काम करते हैं तो सभी के योगदान से कुशलता बढ़ जाती है और कार्य के क्षेत्र में एक निश्चितता उपलब्ध होती है।

8. ***बहुनिपुणता*** *(Multi-skilling)*

उत्तर-फोर्डवाद के दौरान उद्योग में बहुनिपुणता आई। इस अवधि में लोगों का विश्वास बढ़ गया कि यदि श्रमिकों या कामगारों को विभिन्न कार्य में लगाया जाता है तो इससे उनकी निपुणता में वृद्धि होती है। औद्योगीकरण के युग में एक कामगार कारखाने में एक खास किस्म के काम को करते हुए ही सेवानिवृत्त हो जाया करता था। अब काम करने का यह तरीका पुराना हो गया। लोगों को विश्वास हो गया कि एक ही कामगार को अलग-अलग काम पर लगाया जाता है तो वस्तु के उत्पादन में न केवल वृद्धि होती है, उसमें नवीनीकरण भी आता है।

यूरोप और अमेरिका में बहुनिपुणता पर कई अनुसंधान कार्य हुए हैं। उदाहरण के लिये जोसेफ रोनट्री फाउण्डेशन (Joseph Rowntree Foundation, 1966) ने इस बात का अध्ययन किया कि अब नियोजक किस तरह की कुशलता और निपुणता को चाहते हैं। इस फाउण्डेशन के निष्कर्ष बड़े रुचिकर हैं। इनसे पता लगा कि नियोजक ऐसे कामगारों को पसन्द करते हैं जिनमें अपनी **व्यक्तिगत निपुणता** (Personal Skills) होती है। वे ऐसे होने चाहिये जो दूसरों के साथ मिलकर काम कर सकें और साथ ही उनमें स्वतंत्र रूप से काम करने की क्षमता हो। ये कामगार इस बात में भी निपुण होने चाहिये कि व्यक्तिगत उपभोक्ताओं की आवश्यकताओं को पूरा करने में भी सक्षम हों। उत्तर-औद्योगिक युग का बड़ा लक्षण है कि इसका कामगार बहुनिपुणता वाला व्यक्ति होता है। वह नये-नये कामों में हाथ में लेने के लिये सदा तत्पर रहता है, वह **टीम** में भी काम कर सकता है और साथ ही स्वतन्त्र रूप से काम करके अपनी निपुणता बता सकता है। इसी कारण वह बहुनिपुणता वाला कामगार होता है।

9. उत्तर-औद्योगिकता का अर्थ एक नाम अनेक
(Post-industrial : One Meaning, Different Names)

आज की अर्थव्यवस्था कृषि अर्थव्यवस्था नहीं रही और न यह अर्थव्यवस्था औद्योगिक है। यह अर्थव्यवस्था **भारहीन अर्थव्यवस्था** (Weightless Economy) **है। इसका मतलब है इस अर्थव्यवस्था में वस्तुओं का आधार सूचना होती है।** उदाहरण के लिये सोफ्टवेयर, मीडिया और मनोरंजन के कार्यक्रम। इसके अन्तर्गत इन्टरनेट आधारित सेवाएं भी आती हैं। इस नवीन अर्थव्यवस्था को कई नाम दिये जाते हैं : **उत्तर-औद्योगिक समाज, सूचना युग और सूचना अर्थव्यवस्था।** सूचना अर्थव्यवस्था का सम्बन्ध विशाल उपभोक्ताओं के साथ जोड़ा जाता है जो तकनीकी रूप से जानकार होते हैं और बड़ी तत्परता के साथ कम्प्यूटर, मनोरंजन कार्यक्रम तथा संचार साधनों के साथ अनुकूलन कर लेते हैं। ऐसे उपभोक्ताओं का दैनिक जीवन इन भारहीन वस्तुओं के साथ ही अपना सरोकार रखता है।

10. वैश्वीकरण : एक नई ताकत (Globalization : A New Force)

वैश्वीकरण के कई सन्दर्भ आते हैं। इसके प्रयोग भी अनेक हैं। इसे प्रत्येक आधुनिक वस्तु के साथ जोड़ दिया जाता है। उत्तर-औद्योगीकीकरण और उत्तर-आधुनिकीकरण का कोई भी विमर्श एकदम अधूरा है जब तक वैश्वीकरण के साथ इसे जोड़ा नहीं जाता। हम इस अवधारणा की चर्चा विस्तारपूर्वक आगे चलकर एक स्वतन्त्र अध्याय के रूप में करेंगे। यहां केवल यही कहना चाहते हैं कि उत्तर-औद्योगीकीकरण के विवेचन में यह अवधारणा एक ताकतवर अवधारणा है। शायद हम निश्चित रूप से इसके अर्थ न जानते हों, फिर भी हम इसका प्रयोग बराबर करते हैं। आज इस अवधारणा का प्रयोग हम अत्यधिक व्यापक रूप में करते हैं। राजनीति, व्यापार और मीडिया में यह अवधारणा पिछले एक दशक से बराबर

प्रयोग में ली जा रही है। **वैश्वीकरण का सामान्य अर्थ यह है कि हम सब अधिकाधिक रूप से एक दुनिया** (One World) **में रह रहे हैं। इसका मतलब हुआ कि हम एक दूसरे पर निर्भर हैं—अन्योन्याश्रित** (Interdependent) **हैं।**

वैसे वैश्वीकरण का बहुत बड़ा अर्थ इसका आर्थिक पहलू से लिया जाता है। यद्यपि यह एक सामाजिक और सांस्कृतिक प्रघटना भी है। जब उत्तर-औद्योगीकीकरण की चर्चा करता है तब वैश्वीकरण को हम इसके आर्थिक अर्थ के रूप में लेते हैं। इसका सम्बन्ध हम अन्तर्राष्ट्रीय **कोरपोरेशन** के साथ जोड़ते हैं। ये **कोरपोरेशन** देश की सीमाओं को लांघकर एक अन्तर्राष्ट्रीय प्रक्रिया को जन्म देते हैं। इसमें श्रम का अन्तर्राष्ट्रीय वितरण होता है। दूसरी ओर वैश्वीकरण बाजार वित्तीय कारोबार द्वारा एकीकृत हो जाते हैं और इसके परिणामस्वरूप पूंजी का निवेश दुनिया भर के देशों में हो जाता है। अब विश्व व्यापार एक यथार्थता हो गई है। वस्तु सेवा का विस्तार पहिले कभी इतना व्यापक नहीं था।

हमने ऊपर कहा है कि यह सोचना गलत होगा कि वैश्वीकरण केवल एक आर्थिक प्रक्रिया ही है। इसका उद्‌गम राजनीतिक, सामाजिक, सांस्कृतिक और आर्थिक कारकों से है। इन सब कारकों से शायद सबसे अधिक महत्वपूर्ण कारक सूचना और तकनीकी संचार का है। मीडिया के इन साधनों ने दुनिया भर की दूरियों को पाट दिया है। अब अन्तःक्रिया बड़ी त्वरित और सुलभ हो गई है। सोचिये, उदाहरण के लिये, विश्व कप फुटबाल का मैच फ्रांस में खेला जा रहा है और सारी दुनिया के लोग इसे देख रहे हैं। अब दूरियां कहां रहीं? यह सब इसलिये सम्भव हो पा रहा है कि दूरसंचार की बुनियादी सुविधा में बहुत बड़ा विकास हुआ है।

उत्तर-औद्योगिक पलट : एक मूल्यांकन
(The Post-industrial Turn : An Overview)

समाजशास्त्रियों ने उत्तर-औद्योगीकीकरण पर खूब लिखा है, इस देश में नहीं, बाहर के देशों में भी। उनके निष्कर्ष एक समान नहीं हैं। **इस अन्तर के होते हुए भी ये सब लेखक एक बात से सहमत हैं : उत्तर औद्योगिक आर्थिक और सामाजिक दोनों क्षेत्रों में बहुत बड़ा अन्तर आया है। सभी स्वीकार करते हैं कि 18वीं शताब्दी की औद्योगिक क्रांति इस युग में आकर एकदम पलट गई है। बहुत स्पष्ट है कि उद्योग में उत्पादन का स्थान सर्विस** (Service) **ने लिया है।** इन समानताओं के साथ इन लेखकों के विचारों में अन्तर भी बहुत स्पष्ट से देखने को मिलता है। उदाहरण के लिये **डेनियल बैल का विचार है कि उत्तर-आधुनिक युग में सफेद-पोश धन्धों का अधिक विस्तार हुआ है। इस युग में वे कहते हैं कि ज्ञान का नया स्वरूप उत्पादन प्रक्रिया में देखने को मिलता है। अब समझा जाने लगा है कि उत्पादन का बहुत बड़ा कारक ज्ञान है।** गोर्ज की सोच कुछ दूसरी तरह की है। उनका तर्क है कि उत्तर-औद्योगीकीकरण ने एक अभिजात वर्ग को पेश किया है जो अपने तकनीकी ज्ञान के कारण बहुसंख्यक लोगों को बेरोजगारी के अंधे कुए मे धकेल देता

है। **इस युग में शारीरिक काम करने वाले लोगों का कोई भविष्य नहीं रहा। वे हाशिये पर आ गये हैं।** इस नये युग की एक और विशेषता यह है कि इसमें अब उद्योग से पैदा होने वाला वर्ग-संघर्ष समाप्त हो गया है। इस विचारधारा को तोरेन, केसेल्स और गोर्ज, तीनों ही लेखक प्रतिपादित करते हैं।

उत्तर-औद्योगिक समाज पर जो भी टीका-टिप्पणी हुई है, पक्ष और विपक्ष में जो कुछ कहा गया है, इसके होते हुए भी इस युग के बारे में एक बात निश्चित रूप से कही जा सकती है। इस युग में तकनीकी के क्षेत्र में जो भी **नवाचार** (Innovation) हुआ है उसका **ज्ञान और सूचना** (Knowledge and Information) के साथ गहरा सम्बन्ध है। नवाचार से उत्पन्न तकनीकी का प्रयास संचार माध्यम से ही होता है। इस उत्तर-औद्योगिक उपलब्धि को सटीक रूप से **जोन एलेन** (John Allen) ने इन शब्दों में रखा है :

> वे सभी लेखक जिन्होंने उत्तर-औद्योगिक समाज के विषय में लिखा है, विवाद किया है, इस बात से निश्चित रूप से सहमत हैं कि इस युग की नई तकनीकी के बारे में जो भी ज्ञान और सूचना है, वह सबके केन्द्रीय तत्व है। इस युग का सबसे बड़ा स्रोत **तकनीकी के बारे में ज्ञान और उसकी सूचना है।**

एलेन की उत्तर-औद्योगिक समाज के बारे में जो भी समझ है, वह यह है कि इस

उत्तर-उद्योगवाद : गतिशीलता और प्रवृत्तियां

(Post-industrialism : Dynamics and Trends)

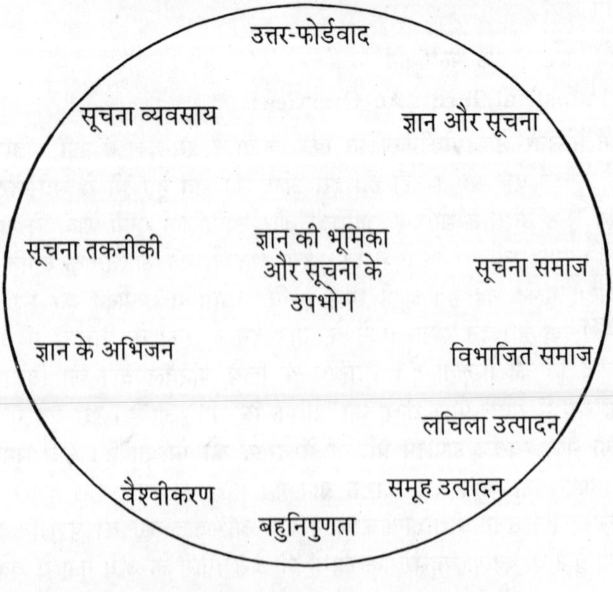

युग की जीवनधारा **सूचना तकनीकी** (Information Technology) है। आज दुनिया में उत्तर-उद्योगवाद में जो गतिशीलता और प्रवृत्ति दिखाई देती है, उसके कई लक्षण हैं। इन लक्षणों का ब्यौरा हम पिछले पृष्ठों में विस्तार से दिया है। इसे चित्र रूप में हमने पीछे दिया हैं।

उपसंहार : उत्तर-औद्योगिकवाद और फोर्डवाद

(Conclusion : Post Industrialism and Post-Fordism)

इस उपसंहार को हम थोड़ा विस्तार से लिखेंगे। समस्या यह है कि यूरोप और अमेरिका में एक लम्बे अर्से तक आधुनिक काल रहा। यह आधुनिक काल कई घटनाओं के कारण आया। 15वीं शताब्दी के बाद यूरोप में आधुनिक समाज का आविर्भाव हुआ। 18वीं शताब्दी में ज्ञानोदय हुआ और इसी के आस-पास औद्योगिक क्रांति आई। अब यूरोप के साथ आस्ट्रेलिया और जापान में भी आधुनिक समाज का स्वरूप दिखाई देने लगा। ये घटनाएं सामान्य नहीं थीं। लोगों का जीवन उद्विकासीय प्रक्रियाओं के कारण अधिक जटिल होने लगा। उपभोक्ता वस्तुएं बाजार में आई, स्तरीकरण पेचीदा हो गया। वर्ग संघर्ष बढ़ गये। प्रजातांत्रिक व्यवस्था और राज्य की शक्ति में विकास हो गया। कुल मिलाकर आधुनिकता के विकास के साथ औद्योगीकीकरण भी विकसित हुआ और इस तरह दुनिया के ये बड़े-बड़े प्रजातांत्रिक, और पूंजीवादी राष्ट्र बन गये।

और औद्योगीकरण के विकसित स्वरूप ने उत्तर-औद्योगीकरण को जन्म दिया। प्रक्रिया कुछ इस तरह रही : ज्ञानोदय, औद्योगिक क्रांति, आधुनिकता और उत्तर-औद्योगीकरण। इससे आगे जो नया समाज आया या आने वाला है वह उत्तर-औद्योगिक समाज है। उत्तर-औद्योगिकता की कोख से ही उत्तर-आधुनिक समाज आया है, कुछ इस तरह जैसे औद्योगीकरण से उत्तर-औद्योगीकरण। ई. 1960 से 1980 के दो दशक उत्तर-औद्योगीकरण के लिये मील के पत्थर रहे हैं। इन दो दशक में बहुत कुछ हो गया। वैज्ञानिक और तकनीकी नवाचार ने जो इस अवधि में हुए, सम्पूर्ण औद्योगिक और आर्थिक व्यवस्था को बदल दिया। यह जो उत्तर-औद्योगिकवाद का नया तकनीकी पेराडिम आया, उसकी दो मुख्य विशेषताएं रही हैं : (1) **सूचना तकनीकी** (Information Technology) और **प्रक्रियाओं का रूपान्तरण** (Transformation of Processes)।

तकनीकी पेराडिम की पहली विशेषता सूचना की है। एक बात बहुत साफ और निश्चित है। **वह यह कि जब कोई नई तकनीकी आती है तो उसमें सूचना और ज्ञान बड़े निर्णायक और आवश्यक तत्व होते हैं। यह इसलिये कि जब कोई भी तकनीकी आती है तब इसका यह उद्देश्य होता है कि वह काम में लाई जा सके और यदि कोई तकनीकी पहले से ही उपलब्ध है तब सुधार के बाद यह अधिक उपयोगी ढंग से काम में आ सके। ऐसी अवस्था में सूचना और ज्ञान** किसी भी तकनीकी के अनिवार्य तत्व होते हैं। हमारी संचार व्यवस्था क्या करती है ? यही न कि यह तकनीकी के बारे में सूचना देती है। यह

सूचना दूरियों को भेद देती है और आम आदमी के पास बहुत थोड़े खर्च में पहुंच जाती है।

तकनीकी पेराडिम की दूसरी विशेषता प्रक्रियाओं का रूपान्तरण है। सही है कि आये दिन नई तकनीकी का आविष्कार होता रहता है, या यह भी सामान्य बात है कि व्यवहार में आने वाली तकनीकी में सुधार होता रहता है। लेकिन इससे कुछ खास होता हो, ऐसा नहीं है। खास तो तब होता है, जब यह तकनीकी **रूपान्तरण प्रक्रिया** (Transformation of Process) द्वारा दूसरों तक पहुंचती है। यह प्रक्रिया वस्तुतः **सूचना प्रक्रिया** (Information Process) है। इस औद्योगीकरण का उत्तर-औद्योगीकरण तक पहुंचना इस तकनीकी पेराडिम यानी ज्ञान, सूचना और रूपान्तरण प्रक्रिया के माध्यम से होता है।

पिछले दो दशकों में दुनिया में जो आर्थिक परिवर्तन आया है, उसकी प्रकृति, दिशा और विस्तार पर कई बहसें हुई हैं। इन बहसों में कोई सर्वसम्मति हो, ऐसा भी नहीं है। फिर भी आज ऐसी कई अवधारणाएं आई हैं जो हमें उत्तर-औद्योगीकरण को समझने में सहायक है। फोर्डवाद, उत्तर-फोर्डवाद, नव-फोर्डवाद आदि अवधारणाएं इस नई अर्थव्यवस्था, उत्तर-औद्योगिकता और उत्तर-आधुनिकता की व्याख्या में महत्वपूर्ण स्थान रखती है। इस उपसंहार में हम उत्तर-औद्योगिकता के कुछ महत्वपूर्ण बिन्दुओं को सार रूप में इस प्रकार रखेंगे :

1. फोर्डवाद का तात्पर्य विशाल उत्पादन से है। इस उत्पादन में विपणन और प्रबन्धन की भूमिका महत्वपूर्ण होती है। इसमें बराबर नये बाजार की खोज होती है तथा स्टेण्डर्ड वस्तुओं का उत्पादन किया जाता है। नव-फोर्डवाद तथा उत्तर-फोर्डवाद उत्पादन की दिशा को बदल देते हैं। अब उत्पादन लचीला होता है और छोटे-छोटे उपभोक्ता समूहों की आवश्यकताओं को पूरा करता है। यह वह उत्पादन है जो विशाल स्तर पर न होकर लचीला होता है। इसमें नवाचार की भूमिका बहुत अधिक होती है।
2. उत्तर-औद्योगीकरण में ज्ञान तथा नई तकनीकी का स्थान केन्द्रीय होता है। उत्पादन प्रक्रिया में इसी ज्ञान और नवाचार की भूमिका महत्वपूर्ण हो जाती है। अब **माइक्रोसर्किट** (Microcircuit) आधारित मशीनें आ जाती हैं। इसी कारण एक नये आर्थिक युग का सूत्रपात होता है।
3. वैश्वीकरण ने उत्तर-औद्योगीकरण को गति प्रदान की है। दूर-दूर के लोग इस प्रक्रिया द्वारा आपस में जुड़ गये हैं। अब राष्ट्रीय अर्थव्यवस्था और अन्तराष्ट्रीय अर्थव्यवस्था पर समान रूप से समझा जाने लगा है।
4. उत्तर-औद्योगिक समाज में आधुनिक अर्थव्यवस्था में भारी परिवर्तन आया है। इस परिवर्तन के होते हुए भी अभी निश्चित रूप से यह नहीं कहा जा सकता कि इसकी

दिशा क्या है। इसमें कोई सर्वसम्मति नहीं है। इस अवस्था में आकर यदि कुछ कहा जा सकता है तो केवल यही कि **अभी यह परिवर्तन अधूरा है, ऊबड़-खाबड़ है, समतल नहीं। लेकिन निश्चित रूप से उत्तर-औद्योगिक समाज की अर्थव्यवस्था गतिशील है।**

5. उत्तर-औद्योगिक समाज में उपभोक्ताओं की मांगें विविध हैं और बाजार की आवश्यकताएं भी खण्डित और विकेन्द्रित हैं।
6. अब विकास या तरक्की की धारणा में बड़ा परिवर्तन आया है। **पहिले विशाल उत्पादन को विकास कहा जाता था, अब विकास वह है जिसमें प्राकृतिक दुनिया को अधिक से अधिक वास्तविक वस्तुओं में बदला जा सके।**

यूरोप, अमेरिका तथा दुनिया के अन्य देश उत्तर-उद्योगवाद के द्वार पर खड़े हैं। इस उत्तर-उद्योगवाद को अमेरिका में उत्तर-फोर्डवाद भी कहा जाता है।

यह उत्तर-उद्योगवाद ही है जो परिवर्तन की प्रक्रिया में उत्तर-आधुनिक समाज का निर्माण करता है। वैसे उत्तर-उद्योगवाद का मुख्य सरोकार आर्थिक व्यवस्था और उत्पादन से है, फिर भी इस प्रक्रिया में एक नये समाज का निर्माण भी होता है और यह नया समाज उत्तर-आधुनिक समाज है। जिस तरह औद्योगीकरण ने आधुनिक समाज को बनाया, वैसे ही उत्तर-औद्योगिक समाज उत्तर-आधुनिक समाज का निर्माण कर रहा है। अगले अध्याय में हम **उत्तर-आधुनिक समाज** (Post-Modern Society) का उल्लेख करेंगे।

सन्दर्भ ग्रन्थ

Bell, Daniel, **The Coming of Post-Industrial Society,** New York, Basic Books, 1973

Castells, M., **The Information City,** Oxford, Basil Blackwell, 1989

Giddens, A., **The Consequences of Modernity,** Cambridge, Polity Press, 1990

Gorz, A., **Farewell to the Working Class : An Essay on Post-Industrial Socialism**, London, Pluto Press, 1982

Tourine, A. **The Post-Industrial Society,** New York, Random House, 1971.

5

उत्तर-आधुनिकता दशा

(The Post-modern Condition)

भारतीय समाज में उत्तर-आधुनिकता एक फेशनेबल अवधारणा बन गई है। अकादमिक दुनिया में किसी भी घटना का विश्लेषण करना हो तो फूको, दरिदा और ल्योतार का उल्लेख कर दीजिये और आपकी बात, आपका तर्क प्रमाणित हो जायेगा। ज्यादा बोलने की आवश्यकता नहीं है, इन उत्तर आधुनिक लेखकों का नाम ही पर्याप्त है। दूसरी ओर, उत्तर-आधुनिकता को कोई भी गंभीरता से नहीं लेता। कहते हैं, यह तो हल्के दर्जे का दर्शनशास्त्र है। जमीन से इसका कोई जुड़ाव नहीं है। कुछ और लोगों के ख्याल में उत्तर-आधुनिकता और कुछ नहीं—मात्र लफड़ा ही है, एक प्रकार की रंगरेली है, जैसे चाहो, इसका प्रयोग करलो। इस अवधारणा के प्रति जो कुछ हो रहा है, उसे सही नहीं कहा जा सकता। समाजशास्त्र के लिये तो ऐसी धारणा, भ्रमपूर्ण ही है। आज इस बात की बहुत बड़ी आवश्यकता है, कम से कम हमारे देश में तो इस उत्तर-आधुनिकता और इसके विकास और उद्‌गम की दशाओं को देखें। इस अवधारणा और इस पर निर्मित सिद्धान्तों के बारे में अकादमिक क्षेत्र में कई भ्रमित धारणाएं हैं। इन्हीं धारणाओं के आधार पर कुछ समाजशास्त्री कहते हैं कि भारतीय समाज तो अभी उत्तर-आधुनिकता से कोसों दूर है। इस तरह बयानबाजी या ऐसा थीसिसीकरण उतावलापन है। आज हमारे देश में—अन्य देशों की तुलना में, उत्तर-आधुनिकता को अधिक गंभीर और प्राथमिकता से समझने की आवश्यकता है।

यूरोप-अमेरिका में उत्तर-आधुनिकता का प्रवेश कोई अधिक पुराना नहीं है। वास्तव में **अरनाल्ड टोयन्बी** (Arnold Toynbee) ने इस पद का प्रयोग सबसे पहिली बार किया था। उनका संदर्भ ब्रिटेन से था। इसके बाद ई. 1979 में **ल्योतार** (Jean–Franois Lyotard) ने अपनी पुस्तक **दि पोस्ट मोडर्न कन्डीशन** (The Post-modern Condition) में सबसे पहली बार इस अवधारणा को प्रयोग में लिया। उनका कहना था कि उत्तर-आधुनिकता वस्तुतः एक **जातीय** (generic) अवधारणा है और केवल सृजनात्मक पद्धति ही नहीं। **जब ल्योतार ने इस अवधारणा को रखा तब उन्होंने बड़ी बुलन्दी से कहा कि आधुनिकता ने दो बड़ी गलत धारणाएं समाज विज्ञान में चला रखी हैं। ये धारणाएं**

वास्तविकता पर आधारित न होकर, केवल मिथक हैं। पहली भ्रमपूर्ण या गलत धारणा तो महान वृतान्तों (Meta-narratives) की है। वेबर, मार्क्स और दरखाईम के सिद्धान्त ल्योतार की दृष्टि में सैद्धान्तिक मिथक हैं। इन मिथकों ने कोई दो सौ वर्षों से हमारी सामाजिक और वैज्ञानिक गतिविधियों को अपनी गिरफ्त में कर रखा है। अब इन पर कोई विश्वास नहीं करता क्योंकि ये विश्वसनीय नहीं हैं, इनकी पोल खुल गई है।

उत्तर-आधुनिकता की अवधारणा जिसे ल्योतार ने रखा है, उसका दूसरा उद्देश्य **उदारता के मिथक** (Myth of Liberation) को तोड़ना है। उदारता से जुड़ा हुआ एक और मिथक है, जिसे ल्योतार **सत्य का मिथक** (Myth of Truth) कहते हैं। आज इतिहासकार, और समाजशास्त्री समाज विज्ञान के इन दो मिथकों—महान वृतान्त और उदारता तथा सत्य को—स्वीकार करने और मजेदार बात यह है कि उत्तर-आधुनिकता की अवधारणाएं केवल इसी कारण अस्तित्व में आई कि समाजशास्त्र के सैद्धान्तिक क्षेत्र में इन मिथकों ने जो गलतफहमियां पैदा कर दी हैं, उन्हें दूर कर दिया जाये।

यह तो ल्योतार की बात कही। कई अन्य समाजशास्त्री उत्तर-आधुनिकता की अवधारणाओं को कुछ और संदेशों में देखते हैं। एक अजीब तरह की स्थिति पैदा होगई है। कुछ समझ में नहीं आता जैसे सभी उत्तर-आधुनिकता के अर्थ की एक ऐसी गली में पहुंच गये हें जहां कोई साफ उजाला दिखाई देता हो ऐसा नहीं है। अर्थ के इस ऊहापोह को केलनेर (Kellner) इस तरह व्यक्त करता है:

> उत्तर-आधुनिक क्षण आगया है और इसने बौद्धिकों, कलाकारों तथा संस्कृति उद्यमियों को ऐसी हैरत में डाल दिया है कि समझ में नहीं आता कि वे इसके साथ हो जायें, इसकी रंगरेलियों में भागीदार बन जायें या कहीं किनारे पर बैठ जायें जब तक कि यह सनक किसी फैशन के बुलबुले की तरह समाप्त न हो जाये।

उत्तर-आधुनिकता की अवधारणा और इसके सिद्धान्त की अस्पष्टता का कारण यह है कि विचारक किसी सर्वसम्मत अर्थ के लिये राजी नहीं हैं। जब अर्थ और परिभाषा के क्षेत्र में सहमति नहीं हो तब ऐसी भ्रामक स्थिति का बनना स्वाभाविक है। हमारे देश में ही उत्तर-आधुनिकता की अवस्था देखिये। वैसे उत्तर-आधुनिकता का बहुत बड़ा सरोकार कला, संस्कृति और पुरातत्व से है, पर शायद दूसरी अधिकतम घनिष्टता साहित्य से है। हमारे देश में, यह माना जाता है कि हिन्दी साहित्य में उत्तर-आधुनिकता बहुत पहिले आ गई है। इसके प्रमाण में हम और कहने की अपेक्षा सुधांश पचौरी का उल्लेख करेंगे। पचौरी हिन्दी के जाने माने आलोचक हैं। उनका उत्तर-आधुनिकता और उत्तर-संरचना की विधा के साथ गहरा ताल्लुक है। वे अपनी हाल में प्रकाशित पुस्तक : **आलोचना से आगे** (राधाकृष्ण, दिल्ली, 2000) में हिन्दी साहित्य में आज उत्तर-आधुनिकता की जो स्थिति है, उस पर लिखते हैं :

अरसे से हिन्दी में उत्तर-आधुनिकता की अनगूंजें सुनाई पड़ रही हैं। (मनोहर श्याम जोशी के 'कुरु कुरु स्वाहा' को उत्तर-आधुनिक उपन्यास कह कर विज्ञापित किया गया था) किसी उत्तर-आधुनिक स्थिति की वजह ही उसका कोई स्थिर रूप नहीं है।

सुधीश पचौरी बड़ी दृढ़ता के साथ कहते हैं कि हिन्दी साहित्य में उत्तर आधुनिकता का प्रवेश ही नहीं हुआ है, यह यहां स्थापित हो गई है। पचौरी एक कदम और आगे बढ़ते हैं और कहते हैं कि उत्तर-आधुनिकता हमारे जीवन में भी प्रवेश कर गई है। उनका कहना है कि :

> समाज उत्तर-आधुनिक स्थितियों में दाखिल हो चुका है। हमारे अनुभव उत्तर-आधुनिक बन रहे हैं। हमारी बहसों में अचेत रूप में हमारे बदलते हुए जगत के चित्र आने लगे हैं।

हिन्दी के समालोचक कहते हैं कि इससे साहित्य में उत्तर-आधुनिकता आ गई है और तब समाजशास्त्री क्या कहते हैं ? दिपांकर गुप्ता ने अपने अनुसंधान परक लेख में (Contributions to Indian Sociology, New Series) लिखा है कि यहां अभी पूरी तरह आधुनिकता भी नहीं आई है, ऐसी अवस्था में उत्तर-आधुनिकता के यहां होने की चर्चा भी अप्रासंगिक है, दुनिया भर के समाजशास्त्रियों का भाग्य लगता है एक जैसा है। यूरोप और अमेरिका में पिछले तीन-चार दशकों में उत्तर-आधुनिकता पर जो कुछ लिखा गया है, उसका बहुत बड़ा भाग गैर-समाजशास्त्रियों ने लिखा है। वे समाजशास्त्री जो अपने जीवन यापन का जुगाड़ समाजशास्त्र से करते हैं। कैसी विचित्र बात उत्तर-आधुनिकता जो सम्पूर्ण समाज को प्रभावित करती है, उसके प्रति उदासीन है। भारत में जहां तक हमें जानकारी है, उत्तर-आधुनिकता पर पुस्तक में ऐसी कोई सामग्री नही है।

उत्तर-आधुनिकता : अर्थ और परिभाषा
(Postmodernity : Meaning and Definition)

उत्तर-आधुनिकता की कोई सर्वसम्मत परिभाषा देना हाल की परिस्थितियों में बड़ा कठिन है। फिर भी एक ईमानदार कोशिश की जा सकती है। अगर हम उत्तर आधुनिकतावादी कतिपय गंभीर विचारकों की सूची बनाये तो घूम फिर कर हम दो-चार विचारकों तक सीमित हो जायेंगे। **ल्योतार** (Lyotrad, Jean Francois), **फूको** (Foucault Michel), **दरिदा** (Derrida, Jacques), **बोड्रिलार्ड** (Baudrillard Jean), और **जेमेसन** (Fredric Jameson) मुख्य उत्तर-आधुनिकतावादी विचारक लगभग सर्वसम्मत रूप से माने जाते हैं। और फिर इससे आगे कुछ उत्तर-आधुनिकतावादी महिलायें भी हैं जो **जेन्डर** के क्षेत्र में अपनी विशेष पहचान रखती हैं। इन महिलाओं में **नेन्सी फ्रेसर** (Nency Fraser) और **लिंडा निकोलसन** (Linda Nicholson) अग्रणी हैं। ये सभी विचारक उत्तर-आधुनिकता को अपने-अपने संदर्भ से देखते हैं। हम यहां कुछ मुख्य विचारकों की

परिभाषा को रखेंगे। ये परिभाषाएं हमें उत्तर-आधुनिकता के कुछ केन्द्रीय तत्वों को निकालने में सहायता देंगे। हमें इन परिभाषाओं में अर्थ की समानता और विभिन्नता दोनों ही मिलेंगी।

*1. **जिम मेक्गूगन** (Jim McGuigan)*

मेक्गूगन वास्तव में पाठ्य पुस्तक लेखक हैं लेकिन उत्तर-आधुनिकता को परिभाषित करने के लिये उन्होंने बड़ी कष्टसाध्य कवायद की है। वे कई परिभाषाओं की पड़ताल करते हैं और इसके बाद उत्तर-आधुनिकता के अर्थ को इस भांति रखते हैं :

> उत्तर-आधुनिकता एक सांस्कृतिक और ज्ञान-मीमांसा की दशा है जिसके परिणामस्वरूप आधुनिक सामाजिक संस्थाएं दब जाती हैं और भू-मण्डलीय समाज की दिशा की ओर ले जाने वाले एक युगान्तर आता है।

मेक्गूगन अपनी परिभाषा में उत्तर-आधुनिकता के निम्न तत्व बताते हैं :

1. यह ज्ञान और संस्कृति की एक **दशा** (Condition) है।
2. इससे आधुनिक सामाजिक संस्थाएं कमजोर हो जाती हैं।
3. यह एक **ग्लोबल** या भूमण्डलीय समाज का निर्माण करती है।

*2. **रिचार्ड गोट** (Richard Gott)*

गोट अमेरिकी समाजशास्त्री हैं। वे कहते हैं कि 20वीं शताब्दी का पहिला भाग आधुनिकता से प्रभावित था। इस अवधि में तकनीकी विकास हुआ और दुनिया को एक आधुनिक आकार मिला। शताब्दी का दूसरा भाग उत्तर-आधुनिकता का है। वस्तुतः यहां से उत्तर-आधुनिकता प्रारम्भ होती है। इसकी परिभाषा गोट निम्न शब्दों में रखते हैं :

> "उत्तर-आधुनिकता आधुनिकता से मुक्ति दिलाने वाला एक स्वरूप है। यह एक **विखण्डित** (Fragmented) आन्दोलन है जिसमें सैकड़ों फूल खिल सकते हैं। उत्तर-आधुनिक में बहु संस्कृतियों का निवास हो सकता है।"

रिचार्ड गोट ने उत्तर-आधुनिकता की जो परिभाषा दी है, इसके अनुसार इसमें निम्न तत्व महत्वपूर्ण हैं :

1. उत्तर-आधुनिकता समाज को आधुनिकता की गिरफ्त से मुक्ति देती है।
2. यह विखण्डितता का पक्षधर है। इसमें **समग्रता** (Holism) नहीं है।
3. इसमें **बहुसंस्कृतियां** (Pluraty of Cultures) होती हैं।

*3. **जोर्ज रिट्ज़र** (George Ritzer)*

रिट्जर ने अपनी पुस्तक मोडरनिटी एण्ड पोस्ट-मोडरनिटी (Modernity and

Post-modernity) में उत्तर-आधुनिकता की व्याख्या अवधारणात्मक स्तर पर की है। वे कहते हैं कि इस पद में वस्तुतः तीन अवधारणाएं हैं : **उत्तर-आधुनिकता** (Post-modernity), **उत्तर-आधुनिकतावाद** (Post-modernism) और **उत्तर-आधुनिक सामाजिक सिद्धान्त** (Post-modern Social Theory)। इन तीनों अवधारणाओं में हमें अन्तर करना चाहिये। **उत्तर-आधुनिकता का मतलब एक ऐतिहासिक काल से है। यह काल आधुनिकता के काल की समाप्ति के बाद प्रारम्भ होता है। इतिहास के एक काल ने करवट ली और दूसरा काल आगया। उत्तर-आधुनिकतावाद का संदर्भ सांस्कृतिक तत्वों से है। इसका मतलब कला, फिल्म, पुरातत्व और इसी तरह की सांस्कृतिक वस्तुओं से है। यह सम्पूर्ण अवधारणा सांस्कृतिक है और इसके बाद उत्तर-आधुनिक सामाजिक सिद्धान्त का तात्पर्य उस सिद्धान्त से है जो सामान्य समाजशास्त्रीय सिद्धान्त से भिन्न है।** इस तरह रिट्ज़र ने उत्तर-आधुनिकता (Post-Modernism) की अवधारणा की परिभाषा इसके दो अन्य पदों से पृथक् कर के इस तरह दी है :

> उत्तर-आधुनिकता वह विशाल अवधारणा है जिसमें **ऐतिहासिक काल, नवीन सांस्कृतिक तत्व** और **सामाजिक दुनिया के बारे में एक नई तरह का सैद्धान्तिकरण** सम्मिलित है।

रिट्ज़र ने उत्तर-आधुनिकता की इस परिभाषा में इस तथ्य पर जोर दिया है कि जिस समाज की व्यवस्था आधुनिकता करनी थी, वह समाज आज बदल गया है। जो कुछ इस समाज में हो रहा है वह एकदम नया है और इस नये को आधुनिक संदर्भ में नहीं समझा जा सकता। इसी कारण उत्तर-आधुनिकता की आवश्यकता है। रिट्ज़र का तर्क है कि अब आधुनिक काल समाप्त हो गया है। उसे दफना दिया गया है और उसका स्थान उत्तर-आधुनिकता ने ले लिया है। आधुनिकता के जो सिद्धान्त हैं, उनका आधार **महान वृतान्त** (Meta Narratives) हैं। वे वेबर और मार्क्स के समाजशास्त्रीय सिद्धान्त जिन्हें सार्वभौमिक, बुद्धिसंगत समझा जाता है, वस्तुतः उत्तर-आधुनिकतावादियों के लिये महान वृतान्त हैं। ये सिद्धान्त **नींव के सिद्धान्त** (Foundation Tuesies) समझे जाते हैं। इन सिद्धान्तवेत्ताओं को संस्थापक विचारक (Founding Thinkers) कहा जाता है। इस तरह का समाजशास्त्रीय सिद्धान्त का **आधारवाद** या **नींववाद** (Foundationalism) उत्तर-आधुनिकतावादियों को स्वीकार नहीं है। इन सिद्धान्तों को वे अंग्रेजी में विभिन्न नामों से पुकारते हैं। जैसे कि **मेटा नेरेटिव्ज, मेगा निरेटिव्ज और मेटा डिस्कोर्स**। अर्थ सब मिलाकर **महान वृतान्तों** से है। इन वृतान्तों को अस्वीकार करने वालों में केवल रिट्ज़र ही नहीं हैं। ल्योतार और अन्य उत्तर-आधुनिकतावादियों ने भी ऐसा ही किया है।

रिट्ज़र ने उत्तर-आधुनिकता की जो परिभाषा दी है, उसमें व्यापकता अधिक है। वे उत्तर-आधुनिकता से जुड़ी हुई अवधारणाओं का सिलसिले से खुलासा भी करते हैं। उनके द्वारा दिये गये मुख्य तत्वों को हम सार रूप में इन बिन्दुओं में रखेंगे :

1. उत्तर-आधुनिकता का तात्पर्य **ऐतिहासिक काल** (Epoch) से है, उत्तर-आधुनिकतावाद का सरोकार सांस्कृतिक तत्वों से है, और उत्तर-आधुनिक सिद्धान्त का मतलब उस समाजशास्त्रीय सिद्धान्त से है जिसमें महान वृतान्त हैं।
2. उत्तर-आधुनिकता एक ऐतिहासिक काल है, सांस्कृतिक तत्व है, और सिद्धान्त।
3. उत्तर-आधुनिकता नींववाद को स्वीकार नहीं करती।
4. यह महान वृतान्तों को भी अस्वीकार करता है।

*4. **ल्योतार** (Jean – Francois Lyotard)*

जा न्क्रैकोज़ ल्योतार उत्तर-आधुनिकता के प्रमुख हस्ताक्षर हैं। इन्होंने ही उत्तर-आधुनिकता के पद को गढ़ा है। वे कहते हैं कि सन् 1960 के प्रारम्भ से ही उन्नत समाज पूंजीवादी व्यवस्था में रहरहे हैं। ल्योतार फ्रांस के हैं। उन्होंने स्थापित समाजशास्त्रीय तथा कथित सिद्धान्तवेत्ताओं जैसे कि पारसन्स, मर्टन, हेबरमाँ की खुलकर खिंचाई की है। उन्होंने दर्शनशास्त्रियों पर भी प्रहार किया है। उनकी उत्तर-आधुनिकता की परिभाषा यह है:

> अत्यधिक सरल शब्दों में, उत्तर-आधुनिकता की परिभाषा महान वृतान्तों में अविश्वास करना है। हमें **सकलता** (Totality) के खिलाफ युद्ध छेड़ देना चाहिये, इसकी अपेक्षा हमारी सक्रियता **विशिष्टता** (Difference) के प्रति होनी चाहिये। वास्तव में उत्तर-आधुनिकता केवल अधिकृत व्यक्तियों का औजार ही नहीं है, इसका लक्ष्य विशिष्टता के प्रति हमें संवेदनशील करना है और वे वस्तुएं जो हमें अनुपयुक्त लगती हैं, उन्हें उदारता के साथ स्वीकार करने की योग्यता पैदा करना है।

ल्योतार की उपरोक्त परिभाषा थोड़ी भारी भरकम है। यह तो बहुत स्पष्ट है कि वे महान वृतान्तों को अस्वीकार करते हैं। महान वृतान्त इसलिये अस्वीकार्य हैं कि इनमें सकलता है। इस संसार में बड़ी विविधता है। एकाधिक संस्कृतियां हैं। भाषाएं हैं, संगीत और नृत्य हैं, अर्थ व्यवस्थाऐं हैं। इन सबको बांध कर कोई एक सिद्धान्त जैसा कि वेबर ने बनाया है, या पारसंस और मर्टन ने संरचित किया है, सारी दुनिया पर लागू नहीं किया जा सकता। यह **संकलता** (Totality) है। सारी दुनिया के लिये एक ही पैमाना है। ल्योतार को इसलिये यह महान वृतान्त अस्वीकार है। वास्तव में समाजशास्त्र को समाज में जो विभिन्नता है, उसको समझना चाहिये। हमें स्थानीयता पर केन्द्रित करना चाहिये। हमें स्थानीयता के वृतान्त बनाने चाहिये। ऐसी अवस्था में ल्योतार तो केवल एक ही मुहावरा देते हैं : महान वृतान्त नहीं, स्थानीय वृतान्त। ल्योतार ने एक और पते की बात महान वृतान्त के बारे में कही है। ये महान वृतान्त जो बातें हमें अनुपयुक्त लगती हैं, उन्हें छोड़ देते हैं। ल्योतार कहते हैं कि इन अनुपयुक्त बातों के प्रति भी हमें संवेदनशील होना चाहिये। **कुल मिलाकर ल्योतार विखण्डन** (Fragmentation) **अर्थात् स्थानीयता के**

पक्षधर हैं, वे विविधता के हामी हैं, और सकलता तथा महान वृतान्त के विरोधी हैं। ये तत्व हमें उत्तर-आधुनिकता को परिभाषित करने में सहायक हैं। हमारी खोज अन्ततोगत्वा अधिक **विशिष्ट संश्लेषण** (Specfic synthesis) की ओर है।

5. बाड्रिलार्ड (Jean Baudrillard)

बाड्रिलार्ड उत्तर-आधुनिकतावादी समाजशास्त्रियों में एक विवादास्पद विचारक हैं। उनके विचार बहुत कौतुहलपूर्ण तथा चौंकाने वाले हैं। उनका बहुत बड़ा योगदान है जन संचार साधनों का समाज पर पड़ने वाला प्रभाव है। बोड्रिलाई ने अपने लेखन काल के प्रांरम्भिक वर्षों में मार्क्स के पूंजीवाद की आलोचना की। उनकी आलोचना का मुख्य मुद्दा मार्क्स की उत्पादन की प्रक्रिया थी। उत्पादन पर लिखते हुए, मार्क्स ने कभी भी उपभोग पर नहीं लिखा। बड्रिलार्ड यह मार्क्स की बहुत बड़ी कमजोरी मानते हैं। इसी उपभोग को उन्होंने जनसंचार के माध्यम से देखा है।

बाड्रिलार्ड और आधुनिकता की परिभाषा अपने इन्हीं दोनों सन्दर्भों में करते हैं। सबसे पहली बात जो उनके बारे में कही जानी चाहिये वह यह कि ल्योतार की तरह यह भी महान् वृतान्तों के विरोधी हैं। जब कभी हम उत्तर-आधुनिकता की चर्चा करते हैं तब महान वृतान्त का संदर्भ अवश्य आता है। महान वृतान्त को अंग्रेजी में **मेटा नेरेटिव्ज** (Meta narratives) या **मेगा नेरेटिव्ज** (Mega narratives) कहते हैं। दोनों का अर्थ एक ही है। **महान् वृतान्त वे भव्य और विशाल सिद्धान्त हैं या विश्वास हैं जो समाज की गतिविधियों तथा समाज की प्रकृति और सामाजिक परिवर्तन की व्याख्या करते हैं। मार्क्सवाद और प्रकार्यवाद इसके दृष्टान्त हैं। सभी उत्तर-आधुनिकतावादी समाजशास्त्री इन महान वृतान्तों को अस्वीकार करते हैं।**

उपभोग, महान वृतान्त तथा जन संचार की अवधाराणाओं को केन्द्र बनाते हुए बोड्रिलार्ड उत्तर-आधुनिकता की व्याख्या इस तरह करते हैं:

> आज के युग में जहां जन संचार सभी जगह है, एक नये प्रकार की **अति यथार्थता** (hyper reality) पैदा की जाती है, बनाई जाती है जिसमें लोगों का व्यवहार और संचार मिल-जुल जाते हैं। **अति यथार्थता की दुनिया वस्तुतः प्रतिकृति या सेम्पूलेक्रम** (Simulacrum) की दुनिया है। इस दुनिया में आकृतियां दूसरी आकृतियों से अर्थ निकालती हैं।

बोड्रिलार्ड की उपरोक्त परिभाषा सरलता से समझ में नहीं आती। इसकी थोड़ी व्याख्या करनी पड़ेगी। जब यूरोप में आधुनिकता आई तब इसके साथ औद्योगीकरण और शहरीकरण भी आये। इस औद्योगिक समाज के संगठन का आधार तकनीकी, क्रान्ति था। इस समाज में नाटक थे, रंगमंच था। हमारे देश में आधुनिकता के इस युग में पारसी नाटक थे, गाँव-गाँव में कटपुतली के नाच होते थे। यहां यथार्थ वास्तव में यथार्थ था। इसके बाद

फोटोग्राफी आई, सिनेमा आया और टेलिविजन आया। संचार की इस तकनीकी ने यथार्थ की सभी वस्तुओं को **संकेत** (Sign), मॉडेल और छवि में बदल दिया। इस संचार प्रक्रिया में कोई भी वस्तु **मौलिक** (Original) नहीं है। यहां सभी वस्तुएं **प्रतिकृति** (Simulacrum) हैं। अफगानिस्तान के ओसामा बिन लादेन का चित्र टेलिविजन पर हर चेनल में बताया जाता है। यह प्रतिकृति यथार्थ नहीं। प्रतिकृति की प्रतिकृति है। इसलिये आज की जिस उत्तर-आधुनिक दुनिया में यूरोप और अमेरिका हैं वह **प्रतिकृति** (Simulacrum) यानी नकल और आभासी दुनिया हैं। इसमें यथार्थ अपने अति रूप में रखा गया है। इसी कारण बोड्रिलार्ड की परिभाषा में उत्तर-आधुनिकता वस्तुतः **अतियथार्थता** (Hyper Reality) है। वे लिखते हैं :

> हम जिस दुनिया में रहते हैं, वह दुनियां प्रतिकृति की है। इस प्रतिकृति के बाहर कोई यथार्थता नहीं है, कोई मौलिक नहीं है जिसकी हम नकल करते हों। अब यथार्थ और प्रतिकृति का कोई विवाद नहीं है। अब तो इस दुनिया में केवल प्रतिकृति ही है।

एक जमाने में यानी मार्क्स के समय में उत्पादन और उपभोग के नाना स्वरूप इस दुनिया में थे। अब उनका स्थान जन संचार ने ले लिया है। पहिले समय में लोगों की बड़ी-बड़ी महत्वाकांक्षाएं थीं, बेटा अपने बाप से लड़ता था। सबको अधिक से अधिक चाहिये था अब यह सब हट गया। आज के जन संचार के युग में लोग **पुनर्निवेशन** (Feredback), सांठ-गांठ और जोड़-तोड़ में भरोसा रखते हैं। और यह सब काम प्रतिकृति यानी मीडिया द्वारा हो जाता है। बाड्रिलार्ड की उत्तर-आधुनिकता पर हम अन्यत्र विस्तार से लिखेंगे, यहां केवल यही कहेंगे कि उनकी **परिभाषा के अनुसार उत्तर-आधुनिकता और कुछ न होकर अति यथार्थता** (Hyper Reality) **है। और यह अतियथार्थता प्रतिकृति द्वारा निर्मित होती है। प्रतिकृति का आधार जनसंचार है**। इस युग में लोगों के विनिमय का आधार प्रतीकात्मक (Symbolic Exchange) होता है।

*6. **जेमेसन** (Fredric Jameson)*

उत्तर-आधुनिकता की परिभाषाओं में बड़ी विविधता है। इन विविधताओं में जेमेसन इस सम्पूर्ण अवधारणा को मार्क्सवादी दृष्टि से देखने लगे हैं। उन्होंने ल्योतार और बाड्रिलार्ड की महान वृतान्तों की अस्वीकृति का खण्डन किया है। उनका मानना है कि उत्तर-आधुनिकता को संस्कृति के एक पैराडिम के रूप में रखना केवल एक पूंजीवादी पराक्रम है। संस्कृति के नाम पर सौन्दर्य बोध को बाजार की एक पण्य वस्तु बना दिया गया है। पूंजीवाद संस्कृति के कन्धों पर चढ़कर संसार का शोषण कर रहा है। जेमेसन की दृष्टि में संस्कृति एक ऐसी वाहियात वस्तु है जिसकी रग-रग में खून पीने की लालसा है और यह खून पीती गरीब गुरबों का। उत्तर आधुनिकतावादियों का दूसरा खण्डन जिसे

जेमेसन करते हैं, वह इतिहास से जुड़ा है। इनके अनुसार इतिहास के बिना कोई कारगर विश्लेषण नहीं हो सकता।

जेमेसन ने उत्तर-आधुनिकता की जिस तरह परिभाषा दी है, उसे हम निम्न शब्दों में रखते हैं :

> उत्तर-आधुनिकता की पहली विशेषता यह है कि इसमें उथलापन है और गहराई कतई नहीं। इसमें सांस्कृतिक तत्व केवल सतही बिम्बों को रखते हैं जिनका कोई अर्थ नहीं निकलता। दूसरा उत्तर-आधुनिकता में मनोभावों या संवेदों का अभाव होना है। तीसरा, इसमें इतिहास नहीं होता। हम इसके माध्यम से अतीत को नहीं जान सकते। अगर हम कुछ जान सकते हैं तो अतीत के ग्रन्थों के विषय में और ये ग्रन्थ सामान्यतया मौन साधते हैं। और चौथा, उत्तर-आधुनिकता में नई तकनीकी होती है। यह तकनीकी किसी भी ओटोमोबाइल तकनीकी की तरह उत्पादक नहीं होती।

जेमेसन ने उत्तर-आधुनिकता की जो परिभाषा दी है वह परम्परागत परिभाषा से भिन्न है। भिन्न इसलिये है कि उन्होंने पहली बार उत्तर-आधुनिकता का सम्बन्ध मार्क्सवाद के साथ जोड़ा है। वे कहते हैं कि पूंजीवाद का विकास कई चरणों में हुआ है। आज का पूंजीवाद **विलम्बित पूंजीवाद** (Late Capitalism) यानी देर से विकसित हुआ पूंजीवाद है। वे पूर्णतया इस पूंजीवाद को नकारते नहीं हैं। इसका सांस्कृतिक पक्ष भी हमें मार्क्स के पूंजीवादी दृष्टिकोण को समझने में सहायक है।

7. माइकल फूको (Michel Foucault)

माइकल फूको अपने स्वयं को उत्तर-आधुनिक समाजशास्त्री नहीं मानते। फिर भी उनके विचार, सिद्धान्त उत्तर-आधुनिकता विचारधारा के हैं। उनका सबसे बड़ा ताकतवर तर्क यह है कि आज हमारे विचारों में बहुत बड़ा **बदलाव** (Shift) आया है। विगत वर्षों में जो कुछ और जैसा कुछ हम सोचते थे, आज वह सब बदल गया है। उदाहरण के लिये मध्य युग में हमारा यह सोच था कि **पागलपन** (Madness) कोई अर्थ नहीं रखता, यह हानिरहित था, इससे समाज को कोई नुकसान नहीं था। लोग तो यहां तक समझते थे कि पागलों को दुनिया बोध या दुनिया के बारे में उनकी समझ बहुत सही थी। आधुनिक समाज में इस तरह की सोच ने पल्टा खाया है। अब पागलपन को चिकित्सक अलग दृष्टि से देखते हैं। उनके अनुसार इस बीमारी का इलाज होना चाहिये। इस तरह के सोच का आधार चिकित्साशास्त्र से जुड़ी हुई तर्क शक्ति यानि **डिस्कोर्स** (Discourse) है। इस डिस्कोर्स का विकास डाक्टर, एक्सपर्ट और विशिष्ट व्यक्ति करते हैं। फूको ने यह स्थापित किया कि आज के समय में **शक्ति** (Power) उनके पास होती है जिनके पास डिस्कोर्स यानी तार्किक ज्ञान होता है। दूसरे शब्दों में यह सब कुछ उत्तर-आधुनिकता है।

फूको ने उत्तर-आधुनिकता की परिभाषा इन शब्दों में की है :

हमें ऐसी क्रियाओं, विचारों और इच्छाओं की प्रचुरता रखनी चाहिये उनके सान्निध्य में होना चाहिये जो स्वीकारात्मक, बहुल और समानता की अपेक्षा विभिन्न हों। ये क्रियाएं एकता की ओर न बढ़कर अस्थायित्व की ओर जानी चाहिये।

फूको की उत्तर-आधुनिकता की परिभाषा **विकेन्द्रित** (Fragmented) है। यह **अन्तर** (Difference) में विश्वास रखती है और अनेकता को अपना मुहावरा समझती है। विकेन्द्रिता या विखण्डन, असंतता और बेतरत्तीब परिवर्तन इस विचारधारा के केन्द्र हैं। इस सम्पूर्ण विचारधारा के साथ फूको का यह सिद्धान्त भी जुड़ा हुआ है कि **शक्ति** (Power) और **ज्ञान** (Knowledge) आपस में मिले हुए हैं और इस अर्थ में ज्ञान में उत्पादन शक्ति है।

*8. **दरिदा** (Jacques Derrida)*

वैसे दरिदा को उत्तर-संरचनावादी समाजशास्त्री समझा जाता है, फिर भी वे एक प्रमुख उत्तर-आधुनिकतावादी लेखक हैं। अमेरिका के समाज-विज्ञान पर दरिदा का बड़ा प्रभाव है। उन्हें दर्शनशास्त्री भी समझा जाता है। उनकी कृतियों पर कांत, हीगल, मार्क्स, नीत्से और लाक्लू का प्रभाव है। समाजशास्त्र के क्षेत्र में दरिदा की चर्चा मुख्यतः उनकी दो अवधारणाओं के लिये की जाती है। पहला, उन्होंने **विखण्डनवाद** (Deconstruction) की अवधारणा रखी है। यह समझा जाता है कि दरिदा अपनी इसी अवधारणा के कारण उत्तर-संरचनावादी माने जाते हैं। दूसरा, उन्होंने प्रजातंत्र की बड़ी खुली व्याख्या की है। उन्होंने प्रजातांत्रिक व्यवस्था से बड़ी आशाएं हैं।

दरिदा ने उत्तर-आधुनिकता को विखण्डनवाद के साथ जोड़ा है। इस अवधारणा का प्रारम्भ साहित्य, कला, फिल्म, और समीक्षा के साथ हुआ है। इसका प्रारम्भिक स्वरूप दार्शनिक है, किन्तु बाद में इस दर्शन ने सामाजिक सिद्धान्त के क्षेत्र को प्रभावित किया। इसने समाजशास्त्र के कुछ पक्षों को भी प्रभावित किया है। विखण्डनवाद ने सर्वाधिक प्रहार विभिन्न क्षेत्र के पूर्व स्थापित एवं चिर-परिचित प्रारम्भिक ग्रन्थों पर किया है। समाजशास्त्र के भी समाज के विश्लेषण सम्बन्धी अपने ग्रन्थ हैं। विखण्डनवादी दर्शन के अनुसार, ये ग्रन्थ सामाजिक यथार्थ को प्रकट नहीं करते। इसमें वर्णित यथार्थ वास्तविक ही हों, यह आवश्यक नहीं है। विखण्डनवाद का तात्पर्य ही यही है कि इन ग्रन्थों में जो कुछ लिखा है और कहा गया है, वह समाज के छिपे हुए यथार्थ को प्रकट नहीं करता। अतः विखण्डनवाद इन ग्रन्थों में निहित अव्यक्त अर्थ को खोजने और विश्लेषण पर जोर देता है।

दरिदा की यह प्रारंभिक भूमिका बहुत स्पष्ट रूप से बताती है कि उनके संदर्भ में

उत्तर-आधुनिकता और उत्तर-संरचना एक दूसरे के पर्यायवाची हैं और इसलिये विखण्डनवाद को ही उत्तर-आधुनिकता स्वीकार करके चलते हैं। दरिदा ने उत्तर-आधुनिकता की परिभाषा विखण्डनवाद के अर्थ में निम्न प्रकार की है—

> विखण्डनवाद न तो कोई विधि है और न ही कोई सुविचारित एक निर्णय। यह तो 'अनिर्णित अशिष्ट अभिव्यक्ति या खुले नंगेपन की किसी गूढोकि का एक विशिष्ट नामकरण है जो सभी अन्य शब्दों की भांति अपनी महत्ता, सन्दर्भ से ग्रहण करता है। प्रघटनाओं के विश्लेषण में सभी अर्थ सापेक्षिक और अल्पकालिक होते हैं।

दरिदा का उत्तर-आधुनिकतावाद **फरडिनेन्ड सोसोरे** (Ferdinand Saussure) के भाषा सिद्धान्त से प्रभावित था। विखण्डन की अवधारणा में शब्दों के अर्थ को समझने का एक निश्चित उपागम है। इस शब्द को अन्य शब्दों के साथ जोड़कर अर्थ निकाला जाता है। इसमें शब्दों को उस घटना के साथ नहीं जोड़ा जाता जिसके बारे में हम यह सोचते हैं कि यह शब्द उस घटना या वस्तु जो परिलक्षित करता है। संकेतक या **सिग्नीफायर** (Signifier) के सदैव अनेक अर्थ होते हैं। तथा पूर्ण या सत्यभाषी अर्थ हमेशा **विरामित** (Deferred) अर्थ होता है। सत्य के विभिन्न अर्थ होते हैं जो व्यक्ति के समक्ष चयन के लिये अनेक विकल्प प्रस्तुत करते हैं। दरिदा ने इसे ही उत्तर-आधुनिकता या उत्तर-संरचनावाद का नाम दिया है। उनका मत है कि भाषा का अर्थ किसी मूर्त वास्तविकता या सत्य में नहीं खोजा जा सकता, अपितु यह अर्थ केवल स्वयं भाषा के सन्दर्भ में खोजा जा सकता है। विखण्डन विधि द्वारा यह बताया जा सकता है कि किस प्रकार भाषा का प्रयोग असमानता और उत्पीड़न को बढ़ाने हेतु किया जाता है। उत्तर-आधुनिकता के बारे में विचार व्यक्त करते हुए दरिदा कहते हैं कि पुरातन और नवीन का सम्बन्ध अरैखिक अथवा अनिरन्तर नहीं है। यह एक ऐसा सम्बन्ध है जिसमें पुरातन और नवीन दोनों के विचारों में ही परिवर्तन आजाता है। अनेकों का मत है कि वे मार्क्सवाद के पक्षधर नहीं हैं बल्कि उनका विखण्डनवादी विश्लेषण मार्क्सवाद को विस्थापित करता है। इस दृष्टि से उन्हें मार्क्सवाद विरोधी भी कहा जाता है। किन्तु, अभी हाल में दरिदा ने अपनी भारत की यात्रा (1997) के दौरान अपने एक साक्षात्कार में बताया कि वे मार्क्सवाद के प्रति काफी आशावादी हैं।

9. गिडिन्स (Anthony Giddens)

सिद्धान्तवेत्ताओं में गिडिन्स को आधुनिकतावादी लेखक समझा जाता है। किसी सन्दर्भ में उन्होंने उत्तर-आधुनिकता की व्याख्या की है। उनका आग्रह है कि अपने मूल में उत्तर-आधुनिकता **बहुलवादी** (Pluralistic) है। इसमें **विकेन्द्रीयता** (Decentralization) होती है। वे अपनी परिभाषा इन शब्दों में रखते हैं:

उत्तर-आधुनिकवाद का विश्वास है कि समाज का इतिहास या प्रगति द्वारा नियन्त्रित नहीं होता। उत्तर-आधुनिक समाज बहुत करके बहुलवादी और विविध होता है। इस समाज के विकास का मार्ग दर्शन महान वृतान्त नहीं करते हैं।

गिडिन्स बहुत स्पष्ट रूप से यह कहते हैं कि उत्तर-आधुनिक समाज आधुनिक समाज से भिन्न होता है। आधुनिक समाज का मुहावरा विकास होता है। यह समाज विकासशील होता है। दूसरा, इस समाज के मार्गदर्शक सिद्धान्त वेबर, मार्क्स, दरखाईम और मर्टन तथा पारसंस द्वारा बनाये गये सिद्धान्त होते हैं। उत्तर-आधुनिकता यह सब स्वीकार नहीं करती। कहना चाहिये कि इसके पाँव आधुनिकता के शव पर पड़े होते हैं।

उत्तर-आधुनिकता के लक्षण (Characteristics of Post-modernity)

उत्तर-आधुनिकतावाद की व्याख्या कई तरह से की जाती है। ऊपर दिये गये परिभाषाओं के उद्धरणों से स्पष्ट है कि इस अवधारणा की कोई सर्वसम्मत परिभाषा नहीं है। सभी के अपने सन्दर्भ हैं। सभी के समाज को देखने के अलग-अलग तरीके हैं। यह भी सही है कि आज के समाज में आधुनिकता के लक्षण हैं और इसी लहजे में यह भी सही है कि आधुनिक समाज बड़ी तीव्र गति से बदल गया है। इस बदले हुए समाज पर आधुनिक समाज का पैमाना लागू नहीं होता। समाज को समझने की स्थिति बड़ी नाजुक दौर में है। शायद समझने के इस ऊहापोह में उत्तर-आधुनिकता की अवधारणा में आज कोई कसाव नहीं आया है। यह अवधारणा एक दम लचीली है जैसे कोई रबड़ का तम्बू है जिसे जिधर चाहो उधर खींच कर घुस जाओ और अपनी जगह बनालो। अवधारणा में कसाव की कमी भी समझ में आती है। इसके उद्‌गम का इतिहास कोई बहुत पुराना नहीं है। व्यवस्थित रूप से इस अवधारणा पर काम कोई ई. 1980 से प्रारम्भ हुआ है।

उत्तर-आधुनिकता जैसा कि इसका नाम बताता है, आधुनिकता के बाद का समाज का विकास है। यह अवधारणा शीघ्रता के साथ आधुनिकता का स्थान ले रही है। आधुनिकतावाद की भी एक भव्यता रही है। यह भव्यता बीसवीं शताब्दी के मध्यतर रही। कला और संगीत में कई नये बिम्ब आये। साहित्य में कई प्रयोग आये। उच्च स्तर की प्रौद्योगिकी आई। मेक्स वेबर, दरखाईम, पेरेटो, मार्क्स और ऐसे कितने ही संस्थापक विचारक आये। इनकी सामान्य सोच ने जमाने की करवट बदल दी। इस सम्पूर्ण दशा को, समाज की दिशा को, उत्तर-आधुनिकता ने झकझोर दिया, आधुनिकता की चूलें हिला दीं। उत्तर-आधुनिकता ने सम्पूर्ण 20वीं शताब्दी की शान-शौकत के सामने कई ज्वलंत प्रश्न खड़े कर दिये। इस अवधारणा ने शहरों की गगनचुम्बी इमारतों को बुल्डोजर की नाक के सामने खड़ा कर दिया। **कोरपोरेट** पूंजीवाद को सांसत में डाल दिया। कला के जगमगाते बाजारों को ध्वस्त कर दिया। अब एक नई संस्कृति का अवतार उत्तर-आधुनिकता के रूप में हो रहा है। यह नई संस्कृति **लोकप्रिय** (Populist) संस्कृति है। लोकप्रिय संस्कृति संचार की

है। यह लोकप्रिय संस्कृति शुद्धता से मुक्त है, अभिजन से विमुख है और कला के स्वरूप (Form) से परे है। इसकी स्टाइल अधिक रोमांचक है, व्यंग्यात्मक है, और ग्रहणशील है।

डेविड हारवे (David Harvey) ने अपनी पुस्तक **कन्डीशन ऑफ पोस्टमोडर्निटी** (The Condition of Post-modernity, 1984) में उत्तर आधुनिकता के कतिपय मुद्दों को रखा है जो उसके लक्षणों को स्पष्ट करते हैं। यहां हम इन्हें प्रस्तुत करते हैं :

1. उत्तर आधुनिकतावाद की संस्कृति (Culture of Post-modernism)

कुल मिलाकर, कैसी भी परिभाषा देवें, उत्तर-आधुनिकतावाद एक सांस्कृतिक पैराडिम यानि मॉडल है। यह संस्कृति सामाजिक, आर्थिक और राजनीतिक प्रक्रियाओं से जुड़ी हुई है। इसकी अभिव्यक्ति जीवन की विभिन्न शैलियों में अर्थात्, कला, साहित्य, दर्शन आदि में देखने को मिलती है। इस संस्कृति को सामाजिक आयोजन और आर्थिक परिवर्तन में देखा जा सकता है। इसकी उपस्थिति प्रत्यक्षवाद, उत्तर-संरचनावाद और विखण्डन में भी पाई जाती है। **मुख्य रूप से उत्तर-आधुनिकता एक सांस्कृतिक अवधारणा है।**

2. उत्तर-आधुनिकता बहुआयामी है (Post-modernity is Plural)

आधुनिकता की बहुत बड़ी **विशेषता यह थी कि यह विविधता को समानता और एकता में बाँधती थी।** उत्तर-आधुनिक में ऐसा कुछ नहीं है। यह एक ऐसी संस्कृति है जिसमें **बहुलता** (Plurality) है। इस संस्कृति में स्थानीय और विखण्डन (Fragmentation) होता है। उदाहरण के लिये फूको कहते हैं कि **शक्ति** (power) का कोई एक स्वरूप नहीं होता, इसके बहुस्वरूप होते हैं। उत्तर-आधुनिक की शायद सबसे बड़ी विशेषता यह है कि यह महान वृतान्तों (Meta or Mega narratives) को अस्वीकार करती है। ऐसा करने में यह मार्क्स, फ्रायड, प्रकार्यात्मकता, ज्ञानोदय तथा सकलता (Totality) के सभी सिद्धान्तों को ताक में रख देती है। दूसरी ओर, इसकी खासियत यह है कि यह दूसरी दुनिया के लोगों पर या दूसरी संस्कृति पर ध्यान देती है। अब उत्तर-आधुनिकवाद के केन्द्र उपेक्षित महिला, अश्वेत लोग तथा हाशिये और तलघर में रहने वाला वर्ग माने जाते हैं। हमारे देश में जिन्हें इतिहासकारों का एक सम्प्रदाय **सब आल्टर्न** (Sub-altern) या पद दलित समुदाय कहता है, वह उत्तर-आधुनिकता का केन्द्रीय विषय है।

3. क्या उत्तर-आधुनिकर्तावादी प्रवृत्तियाँ हमारी बुनियादी सामाजिक, आर्थिक और राजनैतिक प्रक्रियाओं के साथ मेल खाती हैं—बहुलतावादी, उत्तर-औद्योगिक और उत्तर वर्ग समाज की हैं या जैसा कि फ्रेडरिक जेमेसन कहते हैं ये केवल विलम्बित पूंजीवादी संस्कृति का तर्क है

(Do Post-modernist cultural trends correspond to fundamental trends in social, economic, and political processes, which constitute a new

social epoch of post-moderity pluralistic, post industrial, post-class society of multiple life styles and also multiple power discourses ? Or do they merely follow the 'cultural logic of late capitalism, as Frederic Jameson proposes ?)

उत्तर-आधुनिक के इस मुद्दे को हमने थोड़े विस्तृत रूप में रखा है। इसे स्पष्ट करदें। कुछ उत्तर-आधुनिकतावादियों का विचार है कि यह विचारधारा एक युगान्तर है। मतलब हुआ, आधुनिककाल के जाने के बाद, उत्तर-आधुनिक काल आया है—या यूँ कहिये कि सतयुग के बाद द्वापर आया है। और इस नये काल ने अपने आपको समकालीन सामाजिक, आर्थिक तथा राजनैतिक, प्रक्रियाओं के साथ जोड़ा है। इस विचारधारा के विपरीत दूसरी विचारधारा का कहना है कि यह एक पूंजीवादी साजिश है, एक प्रकार का फरेब है जो संस्कृति के विकास का तर्क देकर (ऐसे जेमेसन कहते हैं) पूंजीवाद को बढ़ावा देते हैं। अन्य शब्दों में, ऐसी वैचारिकी मानती है कि उत्तर-आधुनिकतावाद वस्तुतः एक पूंजीवादी संस्कृति है। **इन दो विचारधाराओं के सन्दर्भ में देखें तो हमें उत्तर-आधुनिकतावाद के राजनैतिक परिणामों को देखना पड़ेगा।** यह भी समझना पड़ेगा कि क्या उत्तर-आधुनिकता जमे-जमाये आधुनिक प्रतिष्ठानों के खिलाफ कोई बगावत तो नहीं है ? इस अर्थ में उत्तर-आधुनिकता आधुनिकतावादी रूढ़िवाद के खिलाफ है।

4. उत्तर-आधुनिकता विखण्डन में दिखाई देती है
(Post-modernity is seen in fragmentation)

उत्तर-आधुनिकता की प्रकृति विखण्डन की है। **यह अनिरन्तरता है। यह समानता** (uniformity) की अपेक्षा **विविधता** (Difference) को स्वीकार करती है। इसका अर्थ हुआ कि उत्तर-आधुनिक समाज विविध होता है और इसमें किसी प्रकार की समानता नहीं होती।

5. स्थानीय कारकों की खोज (Looking for Local factors)

उत्तर-आधुनिकता प्रघटनाओं को स्थानीय स्तर पर देखती है। उनका विश्लेषण भी स्थानीय स्तर के कारकों द्वारा किया जाता है। इसके विश्लेषक, उदाहरण के लिये स्थानीय राजनीति के शक्ति सम्बन्धों, स्थानीय संदर्भ में ही देखते हैं।

6. उत्तर-आधुनिकता महान वृतान्त, महान भाषा और महान सिद्धान्त की विरोधी है
(Post-modernity is against meta, metalanguage, metatheory)

ल्योतार और फूको जैसे उत्तर-आधुनिकतावादी लेखक उन सभी विधाओं का विरोध करते हैं जो महान हैं चाहे वह भाषा हो, सिद्धान्त या वृतान्त।

7. राजनीतिक दृष्टि से उत्तर-आधुनिकता स्थानीय स्वायत्तता पर जोर देती है (Postmodernity Emphasises on Local autonomy)

उत्तर-आधुनिकता को राजनैतिक दृष्टि से भी देखा जाता है। इस विचारधारा का आग्रह है कि स्थानीय स्तर पर बहुआयामी कारकों के आधार पर राजनैतिक प्रक्रियाओं का विश्लेषण किया जाना चाहिये। महत्व तो स्थानीय राजनैतिक आन्दोलनों और संघर्षों का है। स्थानीय लोग आधुनिकता को अपने ऊपर थोपी गई एक संरचना मानते हैं। वे इसे भार समझते हैं। एक प्रकार बाहरी हमला मानते हैं, यह छोटे किस्म का उपनिवेशवाद है और इसलिये उत्तर-आधुनिकता स्थानीय स्तर पर इन सब बाहरी तत्वों को अस्वीकार करती है।

8. भाषा और संचार के प्रति पृथक् दृष्टिकोण (Difference perspective on Language and Communication)

उत्तर-आधुनिकता का केन्द्रीय मुहावरा विखण्डन है। भाषा के साथ में भी विखण्डन आ जाता है। जब उत्तर-आधुनिकता यह मानकर चलती है कि भाषा का सम्बन्ध व्यक्ति के साथ नहीं होता है, शब्द का शब्द-शब्द के साथ होता है तब इसका परिणाम विखण्डित व्यक्तित्व में देखने को मिलता है। इस तरह का व्यक्ति एक प्रकार का **शिजोफ्रेनिक** (Schizoprenic) व्यक्ति बन जाता है। जब संकेतक का अर्थ संकेतक के माध्यम से ही लिया जाता है तब इसका अर्थ खण्डित हो जाता है। ऐसा व्यक्तित्व अर्थ को अपने स्वयं की जीवनी से नहीं लेता और न ही वह अतीत या भविष्य के सन्दर्भ में अपने मनोवैज्ञानिक जीवन को समझ पाता है। कुल मिलाकर उत्तर-आधुनिकता ऐसे व्यक्तियों को तैयार करती है जो खण्डित होते हैं और जो न पीछे मुड़कर देखते हैं और न आगे की दृष्टि ही उनके पास होती है। बहुत सीधा सूत्र है : विखण्डित समाज और विखण्डित व्यक्तित्व।

9. उत्तर-आधुनिकता में गहराई नहीं होती (Post-modernity lacks depth)

यह विचारधारा किसी भी मुद्दे या हादसे को सिलसिलेवार नहीं विचारती। इसमें एक रेखीय उद्विकास को समझने की कोई गुंजाइश नहीं होती। इसका दृष्टिकोण स्पष्ट है : जो कुछ सामने है, उसे स्थायी रूप से हल कर दो। इसी कमी के कारण जेमेसन कहते हैं कि **उत्तर-आधुनिकतावादी संस्कृति में गहनता की कमी होती है। वस्तुतः यह संस्कृति सतही संस्कृति होती है।**

10. पोप कल्चर और उपभोक्तावाद का विकास (Development of Popular culture and Consumerism)

यूरोप और अमेरिका में आज जहां उत्तर-आधुनिकता व्यापक है, एक नई संस्कृति का विकास हो रहा है। यह नई संस्कृति लोक संस्कृति है। अब हाट बाजार में जो छुट्टी के

दिन लगता है, ग्राहकों की संख्या आशातीत बढ़ रही है। अभिजनों के स्वाद और व्यंजन बदल रहे हैं। फास्ट-फूड खाने वालों की संख्या बढ़ रही है। अब उत्तर-आधुनिकता में जिस स्तर की संस्कृति विकसित हो रही है वह पोप्यूलर और उपभोक्तावादी संस्कृति है।

11. उत्तर-आधुनिकता युवा उप-संस्कृति का निर्माण करती है
(Post-modernity creates a youth's sub-culture)

उत्तर-आधुनिकता की बहुत बड़ी विशेषता उसकी एक विशिष्ट संस्कृति है। इस विचारधारा ने युवाओं को बहुत अधिक प्रभावित किया है। ये युवा अपने आपको आधुनिकता के बन्धन से मुक्त समझने लगे हैं। इसके परिणामस्वरूप एक नई संस्कृति उभर कर आ रही है। इसे **प्रतिकूल संस्कृति** (Counter Culture) या **उप-संस्कृति** (Sub-culture) कह सकते हैं। युवाओं का एक तबका इस बात पर जोर देता है कि उत्तर-आधुनिकता को अपनी विशिष्ट संस्कृति की एक पृथक् पहचान बनानी चाहिये। यूरोप के कुछ भागों में युवक यह प्रयास कर रहे हैं कि सार्वजनिक जीवन में लोग उत्तर-आधुनिक संस्कृति को उसकी पहचान देवें। इस तरह का प्रयास वस्तुतः एक सकारात्मक प्रयास है जो जन जीवन में उत्तर-आधुनिकता की छवि को निखारेगा।

12. उत्तर-आधुनिकता अनिवार्यतः एक सांस्कृतिक तर्क है
(Post-modernity is necessarily a cultural logic)

जेमेसन ऐसे मार्क्सवादी उत्तर-आधुनिकवेत्ता हैं जिनका कहना है कि पूंजीवादी विकास का एक बहुत बड़ा चरण उत्तर-आधुनिकता की संस्कृति है। हुआ यह है कि उत्तर-आधुनिकतावाद में पूंजीवाद और संस्कृति दोनों ही गड्मड् हो गये हैं और संस्कृति के नाम पर यह बूढ़ा पूंजीवाद अपनी रोटियां सेंक रहा है। प्रयोजन कुछ भी हो, तथ्य यह है कि उत्तर-आधुनिकता में संस्कृति का निवेश बहुत अधिक है।

उपसंहार

पिछले पृष्ठों में हमने उत्तर-आधुनिकता के प्रमुख लक्षणों का उल्लेख किया है। ये लक्षण इस प्रक्रिया की परिभाषा और अर्थ से निकलता है। लक्षणों में परिभाषाओं की तरह समानता नहीं है। इसके होते हुए भी बहुत स्पष्ट है कि आधुनिकता के बाद में आने वाला काल उत्तर-आधुनिकता है। लगभग सभी उत्तर-आधुनिक लेखक यह स्वीकार करते हैं कि इस प्रक्रिया में विखण्डन की अवधारणा एक केन्द्रीय अवधारणा है। इससे सभी सहमत हैं। इसी से जुड़ा हुआ विचार महान वृतान्तों का है। ल्योतार, बोड्रिलार्ड और अन्य उत्तर-आधुनिकतावादी लेखक महान वृतान्तों में कतई विश्वास नहीं रखते। दूसरे शब्दों में, समाजशास्त्र के जितने भी तथाकथित संस्थापक विचारक और मठाधीश हैं, उत्तर-आधुनिक विचारकों को स्वीकार नहीं करते। इस तरह अस्वीकृति कोई चौंकाने वाली या

आश्चर्यजनक नहीं है। गूल्डनर ने पारसंस और मर्टन के सिद्धान्तों का ताकतवर विरोध किया था। लेकिन यह विरोध एक अकेले आदमी का था। अब पूरी की पूरी उत्तर-आधुनिकता इन महान वृतान्त के निर्माताओं के खिलाफ खड़ी है। यह किसी भी अर्थ में कोई मामूली बात नहीं।

उत्तर-आधुनिकता की एक और सर्वसम्मत विचारधारा संस्कृति विषयक है। सभी इस बात से सहमत हैं कि उत्तर-आधुनिकता संस्कृति प्रधान है। यह संस्कृति लोक संस्कृति है, लोक कला है, लोक साहित्य है और लोक संगीत या पोप संगीत है। इसी संस्कृति का अंग अति उपभोक्तावाद है। जेमेसन और हारवे जैसे लेखकों ने उत्तर-आधुनिकता का सम्बन्ध अर्थव्यवस्था के साथ जोड़ा है। वे कहते हैं कि यह विचारधारा **उत्तर फोर्डवाद** (Post-Fordism) से भी जुड़ी हुई है। और इन सब लगभग सर्वसम्मत लक्षणों के अतिरिक्त एक और महत्वपूर्ण विशेषता उत्तर-आधुनिकता में पाई जाती है, वह है **उत्तर-आधुनिक सिद्धान्त** (Post-modern Theory)। बिना सिद्धान्त के कोई भी विचारधारा बे-लगाम घोड़े की तरह होती है, चलती तो है लेकिन बिना दिशा के। जोर्ज रिट्ज़र ने यह आग्रहपूर्वक कहा है कि उत्तर-आधुनिकता के कतिपय सिद्धान्त हैं जिनकी अपनी निजी पहचान है। फ्रेड्रिक जेमेसन का उत्तर-आधुनिकता का मार्क्सवादी सांस्कृतिक सिद्धान्त, ल्योतार का अति उत्तर-आधुनिक सिद्धान्त और फूको का ज्ञान तथा शक्ति का सिद्धान्त, कुछ दृष्टान्त हैं जो बताते हैं कि उत्तर-आधुनिकता के अपने कुछ सिद्धान्त हैं जो इस सम्पूर्ण विचारधारा को समेटने का प्रयास करते हैं?

उत्तर-आधुनिकता क्यों ? (Why Post-modernity)

उत्तर-आधुनिकता एक विकल्प है आधुनिकता का। 16वीं शताब्दी का काल ज्ञानोदय काल था। इस काल में कई क्रान्तियां हुई। सामन्तवादी समाज का आमूल-चूल परिवर्तन हो गया और तब परम्परागत समाज आधुनिक समाज के रूप में बदल गया। यूरोप और अमेरिका ही नहीं, तीसरी दुनिया के देश भी अपने आपको एक आधुनिक समाज बनाने की होड़ में लग गये। उनके आधुनिक समाज को पूरी तरह आधुनिक नहीं कहा जा सकता। तीसरी दुनिया के देशों की बात छोड़ें, यूरोप और अमेरिका के देश भी अभी इस दौड़ को पूरी तरह दौड़ नहीं पाये हैं। हेबरमॉ इसी कारण कहते हैं कि अभी आधुनिकता का प्रोजेक्ट अधूरा है। इसे पूरा करने में समय लगेगा। ऐसी परिस्थितियों में यह क्या कारण है कि आज दुनिया के विकसित देशों में उत्तर-आधुनिकता के समाजशास्त्रीय सिद्धान्त इसकी व्याख्या नहीं कर पारहे हैं। कुछ जो कारण होंगे जिनकी वजह से आधुनिकता को दरकिनार किया जा रहा है। समस्या विकसित देशों तक ही सीमित नहीं है, अब तो यह भी पूछा जा रहा है कि क्या भारत और श्रीलंका और इस अर्थ में एशिया के अन्य देशों में भी उत्तर-आधुनिकता आगई है या आरही है।

इस प्रश्न के सिलसिले में यह अवश्य कहना चाहिये कि उत्तर-आधुनिकता किसी

भी देश के सम्पूर्ण जीवन में पूरी तरह आ गई हो, ऐसा नहीं है। आज भी अमेरिका या फ्रांस के कुछ भागों या सामाजिक क्षेत्रों में परम्परा है और काफी प्रभावशाली है और एशिया का जापान तो इसका सर्वश्रेष्ठ दृष्टान्त है। जापान में प्रौद्योगिकी अपनी उन्नत अवस्था में है लेकिन वहां परम्परा अब भी अपनी गहनता में है। हमारे देश में उत्तर-आधुनिकता बहुत पहिले हिन्दी साहित्य में आ गई है। मतलब हुआ, उत्तर-आधुनिकता कहीं भी अपनी समग्रता में नहीं आती। टुकड़ों में आती है। समाजशास्त्र में अभी हाल में ही या कहिये कल-परसों ही उत्तर-आधुनिकता ने सतही स्तर पर दस्तक दी है। विश्वविद्यालय पाठ्यक्रम में इसे कोई स्थान नहीं है। यह केवल गलियों में अपनी उपस्थिति देरही है।

जॉर्ज रिट्ज़र ने अपनी पुस्तक **पोस्टमोडर्न सोश्यल थ्योरी, सोश्योलोजी, एण्ड सोश्योलोजिकल थ्योरी** (Post-modern Social Theory, Sociology, and Sociological Theory) में यह महत्वपूर्ण सवाल उठाया है कि ऐसे कौन से कारण हैं जिन्होंने आधुनिकता और उस पर बने हुए सिद्धान्तों को ध्वस्त करके उत्तर-आधुनिक समाजशास्त्र को विकसित किया है। इस प्रश्न को थोड़ा और व्यवस्थित कर के देखें। ज्ञानोदय काल से आधुनिक समाज का सृजन और निर्माण हो रहा है। परम्पराओं के अवसान के बाद समाज एक मुक्त आकाश में सांस ले रहा है। समाजशास्त्रीय सिद्धान्तों ने इस समाज की समृद्धि के लिये कई थीसिस रखे हैं और फिर किसी भी समाज में युद्ध और हिंसा तो होते ही हैं। इस संसार में भी हुए हैं। फिर भी ऐसा क्या हो गया जिसके कारण आधुनिकता के स्थान को उत्तर-आधुनिकता ने ग्रहण कर लिया। यह एक ऐसा प्रश्न है जिसकी प्रासंगिकता पर संदेह नहीं किया जा सकता। **मेल्कम वाटर्स** (Malcom Waters, 1995) कहते हैं कि 1980 का दशक आधुनिकता का दशक था और एलेक्जेण्डर (Alexander, 1995) कहते हैं कि इसी अवधि में उत्तर-आधुनिकता के सिद्धान्त निर्माण की प्रक्रिया प्रारम्भ हो गई। सही है, समाजशास्त्र में उत्तर-आधुनिकता बहुत देर से आई। लेकिन एक बार इसका आना हो गया तो जैसे रातों रात इसका विकास हो गया। समाजशास्त्र में उत्तर-आधुनिकता के प्रवेश के निम्न कारण रिट्ज़र ने दिये हैं :

1. आधुनिक समाज में आमूल-चूल परिवर्तन हो गया है
(Modern Society has changed radically)

बोड्रिलार्ड उत्तर-आधुनिकता के शीर्षस्थ सिद्धान्तवेत्ता हैं। उन्होंने उत्तर-आधुनिकता की व्याख्या उसके चरम बिन्दु तक पहुंचा दी है। उनका मानना है कि आज के आधुनिक समाज की सम्पूर्ण संरचना बदल गई है। यह समाज आहत है। यह समाज लहूलुहान है। ऐसी अवस्था में क्लासिकल और समकालीन सिद्धान्त इसकी व्याख्या नहीं कर सकते। आधुनिक समाज की दशा को देखते हुए उत्तर-आधुनिकता समाज की उपस्थिति एक बड़ी अनिवार्यता है।

2. उत्तर-आधुनिकता केवल आधुनिकता की निरन्तरता है
(Post-modernity is nothing but the continuity of modernity)

कुछ विचारक उत्तर-आधुनिकता के प्रति उदार विचारधारा रखते हैं। उनका कहना है कि उत्तर-आधुनिकता कोई नवीन जीवनशैली नहीं है, और न ही कोई नवीन विचारधारा है। यह तो उद्विकासीय परम्परा है। आखिर आधुनिकता कोई जड़ वस्तु तो नहीं है। यह एक प्रक्रिया है। जब समाज थोड़ा जटिल हो गया, औद्योगीकरण उन्नत अवस्था में पहुंच गया, बुद्धिसंगतता अत्यधिक हो गई तब समाज को उत्तर-आधुनिक स्वरूप लेना आवश्यक हो गया।

इस विचारधारा के प्रणेता मार्क्सवादी विचारक, फ्रेडरिक जेमेसन और डेविड हारवे हैं। देखा जाये तो आधुनिकता और उत्तर-आधुनिकता के पारस्परिक सम्बन्ध बहुत लम्बे समय से चले आरहे हैं और यह एक सामान्य बात है कि उत्तर-आधुनिकता सदैव आधुनिकता के अभावों की ओर संकेत करती है। ऐसी परिस्थितियों में उत्तर-आधुनिकता का आना कोई नई बात नहीं है।

3. आधुनिकता की पर्यावरणवादी चुनौतियां
(Environmental challenges of modernity)

उत्तर-आधुनिकतावादियों की आधुनिक समाज से बहुत बड़ी शिकायत यह है कि इसने प्रदूषण और पर्यावरण विकृति का ऐसा राक्षस खड़ा कर दिया है जो सभी को निगल जाने के लिये खड़ा है। वस्तुतः अब पर्यावरण की जो भ्रष्ट स्थिति है इसका उत्तरदायित्व आधुनिक समाज ही है। ऐसा अनुमान है कि यूरोप अमेरिका में 1990 के दशक में प्रत्येक व्यक्ति चाहे वह राजनीतिज्ञ हो, समाज सेवक या बौद्धिक पर्यावरण विद् है। प्रत्येक उद्योग आंकड़ों का एक अम्बार खड़ा करके यह स्थापित करने का प्रयास करता है कि पर्यावरण सुधार के लिये बहुत कुछ कर रहा है। पर्यावरण के साथ में दो मुद्दे विशेष रूप से जुड़े हुए हैं : (1) पर्यावरण की चुनौतियां जिसका मुकाबला आधुनिक समाज को करना पड़ता है, और (2) पर्यावरण तथा आधुनिक समाज की सामाजिक तथा आर्थिक संरचनाएं।

पर्यावरण के इस भ्रष्ट रूप के लिये कौन उत्तरदायी है। **मेक्कीबेन** (Mekibben) का तो कहना है कि प्रदूषण ने मनुष्य को ऐसी अवस्था में पहुंचा दिया है, जहां से उसकी कोई मुक्ति नहीं। मेक्कीबेन अब पर्यावरण से इतना त्रस्त है कि **वह चाहता है कि आधुनिक समाज ने प्रकृति का ही अन्त कर दिया है।** (End of nature)। उत्तर-आधुनिकता विनाश की इस लीला से खुश नहीं है। वह चाहती है कि इस समाज में—इसकी सोच और विचारधारा में क्रान्तिकारी बदलाव लाना आवश्यक है। उत्तर-आधुनिकता के आविर्भाव का यह भी एक महत्वपूर्ण कारक है।

4. महान वृतान्त स्थानीयता की ओर मुड़कर भी नहीं देखते
(Grand narratives do not look at the local narratives)

समाजशास्त्रीय सिद्धान्तों की बहुत बड़ी धरोहर उसके महान वृतान्त हैं। ये महान और कुछ न होकर समाज की कार्य प्रणाली के मिथक हैं। इनका आधार **समग्रता** (Holism) है। ऐसी अवस्था में आधुनिकता के काल में इन वृतान्तों ने कभी भी **स्थानीय वृतान्तों** (Local narratives) की स्थिति के बारे में कोई जानकारी नहीं दी। स्थानीय लोगों का जमीन से जुड़ा हुआ इतिहास होता है, उनके सुख-दुख होते हैं, उनकी अपनी एक जाति संस्कृति होती है और इन सबके बारे मे महान वृतान्त मौन हैं। यह स्थिति उत्तर-आधुनिकता को स्वीकार नहीं है। इसी कारण यह समझा जाने लगा कि इन महान वृतान्तों को निरस्त करने में स्थानीय लोगों का हित है। अतः उत्तर-आधुनिकता के उभर कर आने का एक कारण महान वृतान्तों की असफलता है।

5. आधुनिक समाज ने आम आदमी के लिये समस्याओं का एक अम्बार खड़ा कर दिया है। (Modern Society has created lots of problems for the modern man)

उत्तर-आधुनिक विचारधारा के विकसित होने का एक कारण यह भी दिया जाता है कि ज्ञानोदय काल से लेकर आधुनिक काल तक आदमी की समस्याओं में वृद्धि हुई है। ऐसी आधुनिकता किस काम की जो आदमी के जीवन को नर्क बना देवे। आधुनिक सभ्यता ने शहरीकरण यानी गंदी बस्तियों और तलघरों के जीवन को जन्म दिया है। इसी आधुनिक समाज ने उच्च तकनीकी, राष्ट्र-राज्य, फटाफट जीवन पद्धति, **करियर** भावना (Career), अधिकारीतंत्र, उदार प्रजातंत्र और अवैयक्तिक जीवन को प्रदान किया। पर्यावरण और प्रदूषण को जीवन साथी बना दिया है। इस प्रकार का आधुनिक समाज का जीवन आम आदमी की सहनशक्ति के बाहर है। इस अवस्था ने भी उत्तर-आधुनिकता को विकसित किया है।

6. बंधी-बंधाई रुढ़िवादी सीमाओं का विरोध
(Opposition to regimented boundaries)

आधुनिक समाज कुछ इस प्रकार संगठित है कि यहां एक का **रेजिमेंटेशन** (Regimentation) आ गया है। जीवन की प्रत्येक वस्तु एक ऐसे अनुशासन में बंध गई है कि इसको कोई तोड़ नहीं सकता। कौन क्या खायेगा, क्या पहिनेगा, कैसे अभिवादन करेगा, यह सब आधुनिकता के मापदण्डों में बांध दिया गया है। अकादमिक अनुशासन, संस्कृति, उपन्यास, सिद्धान्त, नृत्य और ऐसे अगणित क्षेत्र हैं जिन्हें इनकी सीमाओं में बांध दिया गया है। आधुनिकता का ऐसा रुढ़िवादी **रेजिमेंटेशन** उत्तर-आधुनिकता को स्वीकार नहीं है। आधुनिकता की इन्हें सीमाओं को लांघने का प्रयास उत्तर-आधुनिकता करती है।

7. उत्तर-आधुनिकता आधुनिकता को चौंकाती है
(Postmodernity gives shocks to modernity)

आधुनिकता चाहे वह समाजशास्त्र में हो, इतिहास, साहित्य या कला में बड़े ही तार्किक और अनुशासित ढंग से काम करती है। आधुनिकता की प्रत्येक विधा में स्थापित मान्यताएं होती हैं। प्रत्येक विधा के मठाधीश होते हैं। इनका विरोध करना, अनुशासनहीनता समझी जाती है। यह किसी भी व्यक्ति के साहस के बाहर है कि वह वेबर, दरखाईम या इस अर्थ में मर्टन और पारसंस को अस्वीकार करे। ऐसा सब करना छोटे मुंह बड़ी बात है। यह गंगू तेली का राजा भोज की ओर अंगुली उठाना है।

हिन्दी साहित्य में हमें सुशीश पचौरी कहते हैं, उत्तर-आधुनिकता आगई है और सुधीश पचौरी को देखिये : वे उत्तर-आधुनिकता के आने से बड़े परेशान हैं। जब महान वृतान्त नहीं रहेंगे तब तुलसी और सूर का क्या होगा। पचौरी को तो लगता है कि उत्तर-आधुनिकता आधुनिकता का अन्तिम बिन्दु है। ऐसा लगता है कि जब आधुनिकता की छाती पर उत्तर-आधुनिकता आती है, तब बड़ी हाय-तोबा होती है। एक प्रकार की भागम-भाग होती है। रिट्ज़र कहते हैं कि उत्तर-आधुनिकतावादी लेखक अपने पाठकों को जीतने या विश्वास में लेने की अपेक्षा दहशत अधिक फैलाना चाहते हैं। यदि उत्तर-आधुनिकता कुंडली मार कर बैठ गई तब मठाधीशों का क्या होगा ?

8. उत्तर-आधुनिकता यानी गैर-समाजशास्त्रियों का समाजशास्त्रियां से विरोध
(Postmodernists opposition to Sociologists)

यह बड़ी विचित्र बात है कि उत्तर-आधुनिकतावादी अधिकांश लेखक जैसे कि ल्योतार, दरिदा, जेमेसन आदि गैर-समाजशास्त्री हैं। इन गैर-समाजशास्त्रियों का दावा है कि समाजशास्त्रियों ने समाज के वस्तुनिष्ठ अध्ययन में, इसकी वास्तविकता के समझने में ईमानदारी नहीं बरती है और इसलिये इनका खण्डन करना आवश्यक है। वस्तुतः उत्तर-आधुनिकता गैर-समाजशास्त्रियों और परम्परागत समाजशास्त्रियों के बीच के संघर्ष का परिणाम है। एक तरह से गैर-समाजशास्त्रियों का दावा है कि वे समाज को समाजशास्त्रियों की तुलना में अधिक विशिष्टता के साथ जानते हैं। और यह इसी कारण है कि उत्तर-आधुनिकता आधुनिकता का विरोध करती है।

9. आधुनिकता समाज को खुशहाली देने में असफल रही है
(Modernity has failed to give prosperity to societies)

ज्ञानोदय काल ने एक ऐसा सुखद वातावरण पैदा किया था कि वैज्ञानिक क्रान्ति मनुष्य समाज को सुख, शांति और समृद्धि देगी। हमारी सभी समस्याओं का निदान विज्ञान कर देगा। लेकिन यह सब भ्रम था। वैज्ञानिक समाजशास्त्र ने आदमी की कठिनाइयों को आज कई गुना बढ़ा दिया है। जिस सुनहरी सुबह का वादा वैज्ञानिक समाजशास्त्र ने किया था,

वह समाजशास्त्र हमें अंधेरी गलियों में ले आया है। अब यह समझा जाने लगा है कि जिनके पास सत्ता है वही शक्तिशाली है। जिनके पास ज्ञान है (फूको) वे शक्तिशाली हैं। इस ज्ञान और सत्ता में काबिज लोग अपनी स्थिति को सुदृढ़ बनाये हुये हैं। यह धारणा अब लोगों में चेतना लाई है और इसी से उत्तर-आधुनिकता सुदृढ़ होने लगी है। बात बहुत स्पष्ट हो गई है कि विज्ञान को जिस तरह काम करना चाहिये था और जिस तरह वह काम कर रहा है, उसमें एक बहुत बड़ा अन्तर है और यही अन्तर ही उत्तर-आधुनिकता के लिये स्थान बनाता है।

10. वैज्ञानिक समाजशास्त्र ने उत्तर-आधुनिकता को न्यौता दिया है
(Scientific Sociology has invited Post-modernity)

जबसे समाजशास्त्र का जन्म हुआ है, एक के बाद एक समाजशास्त्री ने यह स्थापित करने का प्रयास किया है कि समाजशास्त्र एक वैज्ञानिक ज्ञान की शाखा है और सभी समस्याओं का हल विज्ञान है। समाजशास्त्र का यह वैज्ञानिक बोध इतना ताकतवर रहा है कि इसका खुलकर किसी ने विरोध नहीं किया। सी. राईट मिल्स, पीटर बर्जर जैसे कुछ समाजशास्त्रियों ने समाज के वैज्ञानिक बोध के खिलाफ आवाज उठाई है लेकिन यह अब तक एक दबी आवाज ही रही है।

उत्तर-आधुनिकता वैज्ञानिक कहे जाने वाले समाजशास्त्र को स्वीकार नहीं करती। उसका कहना है कि पूरे आधुनिक काल में समस्याओं का अम्बार बढ़ता गया और विज्ञान यह सब देखता रहा है। विज्ञान ने समस्याओं का हल ढूँढ़ना तो दूर रहा, नई समस्याएं पैदा कर दीं। दूसरी ओर विज्ञान ने हमारी **तात्विक** (Metaphysical) और नैतिक समस्याओं को हाशिये पर रख दिया। अब यह समझा जाने लगा है कि विज्ञान हमारी समस्याओं का निदान नहीं ढूंढ सकता। उत्तर-आधुनिकता निदान ढूंढने का एक विकल्प है।

11. समाजशास्त्रीय सिद्धान्तों में पाठ में विरोधाभास
(There is contradiction in the text of Sociological Theories)

समाजशास्त्रीय सिद्धान्तों के **पाठ** (Text) में जगह-जगह विरोधाभास हैं। इसी कारण उत्तर-आधुनिकता **विखण्डन** (Deconstruction) के सिद्धान्त को बखूबी समाजशास्त्रीय सिद्धान्तों को लागू करती है। सिद्धान्त के मूल पाठ का विश्लेषण परम्पराओं की अवधारणाओं और सिद्धान्तों से किया जाता है और आज के इस बदलते हुए समाज में इन अवधारणाओं का कोई महत्व नहीं रहा। इसी कारण विखण्डन का सिद्धान्त पुराने सिद्धान्तों के मलबे और भग्नावशेष को समाप्त करता है। उत्तर-आधुनिकता का संवाद जब आधुनिकता के साथ होता है तब यह कहा जाता है कि किसी भी समस्या का कोई अन्तिम उत्तर नहीं होता। समस्या का कोई एक विश्लेषण नहीं होता, अनेक उत्तर होते हैं, अनेक विश्लेषण होते हैं। कोई भी 'सत्य' अन्तिम सत्य नहीं होता। सत्य और यथार्थता की

आधुनिक समाजशास्त्रीय खोल को उत्तर-आधुनिक नकारती है। इसका काम तो पाठ में निहित विरोधाभास को दूर करना है।

12. समाजशास्त्रीय सिद्धान्त केवल मूल सिद्धान्त है।
(Sociological Theory is only Foundational)

जो भी समाजशास्त्रीय सिद्धान्त हो, उनकी कतिपय बुनियादी मान्यताएं होती हैं। इन सिद्धान्तों का आधार ये बुनियादी अवधारणाएं हैं। ये आधार सम्पूर्ण समाजशास्त्र पर लागू होते हैं। उदाहरण के लिये 'समुदाय', 'समाज', 'संस्कृति' आदि समाजशास्त्र की **आधार** (Foundation) अवधारणाएं हैं। इनका कोई विरोध नहीं कर सकता है। उत्तर-आधुनिकता इस दृष्टि से **आधारवाद** का विरोधी है। आज तक समाजशास्त्रीय सिद्धान्तों पर कोई एक ऐसा आधार या कोई एक ऐसी बुनियाद नहीं मिली है जो सभी सिद्धान्तों में समान रूप से उपलब्ध हो। इस पर टिप्पणी करते हुए रिट्जर लिखते हैं :

> समाजशास्त्रीय सिद्धान्तवेत्ता यह दावा करते दिखाई देते हैं कि वे समाजशास्त्र की सम्पूर्ण विधा के लिये एक आधार प्रस्तुत करते हैं। इस दावे के होते हुए भी वे किसी एक आधार की भी खोज नहीं कर पाये जिसे सभी समाजशास्त्री स्वीकार करें।

13. समाजशास्त्रीय सिद्धान्त सकलता (Totality) का हामी है।
(Sociological Theory is totalizing)

उत्तर-आधुनिकता की समाजशास्त्र में उपस्थिति के कारकों में शायद बहुत बड़ा कारक उसकी **सकलता** (totalizing) की प्रकृति है। वह इतने बड़े संसार को अर्थात् विशाल सागर को समेट कर गागर में यानी एक बड़े सिद्धान्त में धर देना चाहता है। **यह सकलता का सिद्धान्त ऐसी अवधारणाओं से निर्मित होता है जो सर्वकालिक और सर्वस्थापित होते हैं।** ऐसे सिद्धान्त वस्तुतः महान वृतान्तों की श्रेणी में आते हैं। इन सिद्धान्तों में सफलता आ जाती है यानी प्रगति, औद्योगीकरण, आधुनिकीकरण, धर्म निरपेक्षता और प्रजातांत्रिकरण सभी सम्मिलित हो जाते हैं।

14. समाजशास्त्रीय सिद्धान्त संकीर्ण हैं
(Sociological Theories are insular)

उत्तर-आधुनिकता के अस्तित्व में आने का और कारण दिया जाता है। समाजशास्त्र में सिद्धान्तों की कमी नहीं है। प्रकार्यात्मक सिद्धान्तों की तालिका बनाई जाये तो इसमें ढेर सारे सिद्धान्त आ जायेंगे। यही बात **सूक्ष्म सिद्धान्तों** (Micro-theories) पर भी लागू होती है। लेकिन सिद्धान्तों के इस भीड़-भड़ाके में विशेष बात यह है कि ये सिद्धान्त अपनी व्यापकता में बहुत **संकीर्ण** (Insular) हैं। अगर दरखाईम का सामाजिक तथ्य है तो यह

इतना संकीर्ण है कि सामाजिक जीवन के कई पहलुओं को छोड़ देता है। सूक्ष्म सिद्धान्त वृहद् प्रक्रियाओं को नजर अन्दाज करते हैं, और प्रक्रियात्मक सिद्धान्त संघर्ष सिद्धान्त को। समाजशास्त्रीय सिद्धान्तों में कहीं भी व्यापकता नहीं देखने को मिलती। यहां तो केवल संकीर्णता ही है।

यह संकीर्णता उत्तर-आधुनिकता को स्वीकार नहीं है। इसमें जीवन के पददलित क्षेत्रों का पूरा समावेश है। उत्तर-आधुनिकता अपने विस्तार में व्यापक है। इसकी व्यापकता समाजशास्त्रीय सिद्धान्तों के बाहर भी जाती है और इसका एक बहुत बड़ा कारण भी है। जब समाजशास्त्री अपने सिद्धान्तों का निर्माण करते हैं तो जैसा कि उनकी विशेषता है वे समाजशास्त्र से बाहर एक कदम भी नहीं रखते और सच कहिये तो उन्हें अपनी विधा से बाहर जाने में—कदम रखने में डर भी लगता है। वे यह जानते हैं कि समाजशास्त्र से बाहर की दुनिया, उनकी दुनिया नहीं है। इधर गैर-समाजशास्त्री जो उत्तर-आधुनिकतावादी हैं, वस्तुतः हरफन मौला हैं। वे समाजशास्त्र के बाहर भी अपनी पकड़ रखते हैं। **इसका परिणाम यह होता है कि उत्तर-आधुनिकतावाद अपने विस्तार में व्यापक होता है।**

15. समाजशास्त्र केवल प्रभावशाली कहानियां ही सुनाता है।
(Sociology only tells impressive stories)

उत्तर-आधुनिकता का एक बड़ा गंभीर आरोप आधुनिकता पर यह है कि इसकी विषयवस्तु कभी जमीन से जुड़ी हुई समस्या को नहीं देखती। इसके सिद्धान्त बड़े प्रभावशाली होते हैं लेकिन तात्विक कतई नहीं। लगता है कोई कहानी कही जा रही है और कहानियां कभी भी सामाजिक समस्या की तह तक नहीं जा सकतीं। अगर हम उत्तर-आधुनिकता के माध्यम से अधिक से अधिक लोगों के संवाद स्थापित कर सकें तो इससे समाजशास्त्र की विधा प्रगति करेगी। हर हालत में जनता के साथ संवाद होना आवश्यक है और इस तरह उत्तर-आधुनिकता का जो सिद्धान्त बनेगा वह वस्तुतः **स्थानीय वृतान्त** (Local narrative) होगा और इसमें स्थानीय जातीयता होगी।

समाजशास्त्र का सरोकार, चाहे हम इसे कैसे ही परिभाषित करें, समाज में होती अन्तःक्रियाओं, संस्थाओं और प्रक्रियाओं से है। जब समाज की आधुनिकता में फेरबदल होता है, तब इससे जुड़े हुए सभी सिद्धान्त ताश के पत्तों की तरह बिखरने लगते हैं। आज जब आधुनिकता रास्ते के उस छोर से आगे बढ़ गई है, जिससे आगे कोई रास्ता नहीं है, तब उत्तर-आधुनिकता के आविर्भाव को रोका नहीं जा सकता। अब इस वैश्वीकरण की दुनिया को आलोचनात्मक ढंग से देखना पड़ेगा। ढर्रे या किसी लोक का उपागम इस समाज को समझने में सहायक नहीं होगा। अब उत्तर-आधुनिकता को समकालीन समाज के संवेदों और मनोभावों को समझना पड़ेगा। अब तक हमने केन्द्र में रहने वाले लोगों को समझा है, यह बहुत हो गया। अब हाशिये पर रहने वाले लागों को समझना पड़ेगा और इसी आवश्यकता को उत्तर-आधुनिकता एक नयी विधा की तरह उभर कर आई है।

II
सामाजिक बहुलवाद और उत्तर-आधुनिकता
(Social Plurality and Post-modernity)

उत्तर-आधुनिकता के कई लक्षण हैं, इसके कई सिद्धान्तवेत्ता हैं। इसकी समुचित व्याख्या करना कठिन कार्य है। शायद इसका कारण है यह काल अपने आपको एक विशिष्ट काल की तरह स्थापित नहीं कर पाता है या इसकी प्रवृत्तियां कुछ इतनी स्पष्ट नहीं हैं कि इन्हें एक सर्वसम्मत प्रक्रिया समझा जा सके। कई अर्थों में उत्तर-आधुनिकता में बहुआयामी विकास हुए हैं लेकिन इनको ज्ञानोदय तथा आधुनिकता के महान वृतान्तों के साथ जोड़ा नहीं जा सकता। महान वृतान्त तरक्की की बात करते हैं, बुद्धिसंगतता की चर्चा करते हैं और धर्मनिरपेक्षता की दुहाई देते हैं। समाजशास्त्रीय सिद्धान्त इन इन सब विषयों पर खुलकर लिखते हैं और इस निष्कर्ष पर आते हैं कि यह बराबर विकास के रास्ते पर बढ़ रहा है और इसमें वर्गों का ध्रुवीकरण बराबर हो रहा है, वर्ग चेतना बाकायदा विकसित हो रही है।

आधुनिक काल के इन सब लक्षणों के साथ उत्तर-आधुनिकता मेल नहीं खाती। इसमें ऐसे साहित्यिक, सांस्कृतिक और सौन्दर्यबोध के तत्व हैं जिन्हें जोड़कर किसी सिद्धान्त में नहीं रखा जा सकता। ये सब तत्व या लक्षण विकेन्द्रित हैं। जिस सांस्कृतिक वातावरण को उत्तर-आधुनिकता ने विकसित किया है वह केवल **पोप्यूलर** यानी लोकप्रिय मात्र है और इसमें कहीं भी व्यवस्था जैसा नहीं है। जिसके मन में जो आता है, वही संगीत है, जिसका जी जो करने को कहता है, वही कला है, संस्कृति है। यहां सब मुक्त हैं, किसी पर कोई बन्धन नहीं। इस सबका **झुकाव** (Tendency) संस्कृति को **पण्यीकरण** (Commodification) करने का है। सही है, उत्तर-आधुनिकता एक नई संस्कृति को जन्म दे रही है, पनपा रही है लेकिन यह संस्कृति वास्तव में बाजार में बिकने की **वस्तु** (commodity) बन गई है। पूंजीवाद ने अब अपने को पूर्णतया स्थापित कर दिया है और वह ऐसी स्थिति में है कि संस्कृति के **बहुलवाद** (Pluralism) को सरलता से बाजार में लाकर बेच सके। ऐसे कई सांस्कृतिक तत्व हैं जो पूंजीवाद के हाथों खरीदने और बेचने की वस्तु मात्र रह गये हैं। नृत्य, संगीत, नाटक सभी पूंजीवादी ठेकेदारों के हाथों बेचे जाते हैं। अब रात सांस्कृतिक रात होने लगी है।

उत्तर-आधुनिकता जिस तरह यूरोप-अमेरिका और कुछ अंशों में तीसरी दुनिया के देशों में विकसित हो रही है, उसके बाद में बहुत कुछ कहा जाता है, लिखा जाता है। छोटे-बड़े आन्दोलन उठते हैं और एक ऐसा वातावरण बन गया है जो हर तरह से उत्तर-आधुनिकता का विरोधी है। कहा जाता है कि उत्तर-आधुनिकता के पूंजीवादी ने बाजार में हमला बोल दिया है, सब कुछ यानी साहित्य, कला, संगीत और विज्ञान तथा समाज विज्ञान पूंजीवाद के लम्बे चौड़े जेबों में समा गये हैं। आप सुधीश पचौरी की

पुस्तक—**आलोचना से आगे** (राधाकृष्ण, 2000)–पढ़िये और चक्कर खा जायेंगे कि उत्तर-आधुनिकता ने समाज और साहित्य में तो सर्वनाश कर दिया है। जब हमारे महान वृतान्त ही कूड़ेदान के हवाले हो जायेंगे तब हमारी विरासत का क्या होगा। रोते बहुत हैं लेकिन हमने कभी उत्तर-आधुनिकता को उसके सकारात्मक रूप में देखने का प्रयास नहीं किया है। यह स्वीकार करना चाहिये कि जिस **विलम्बित पूंजीवादी** (Late Capitalism) के साथ हमारी मुठभेड़ हो रही है उसने सामाजिक तथा सांस्कृतिक किस्मों या प्रकारों की बहुलता को विकसित रूप में हमारे सामने रखा है। देखा जाये तो उत्तर-आधुनिकता को जो आज के युग की एक ताकतवर प्रवृत्ति है, कई तरह से देखा जाता है। कहा जाता है, यह समाज के लिये घातक है, यह एक ऐसा खूंख्वार पूंजीवादी शिकंजा है जो गरीब-गुरबों और उपेक्षितों को निगल जायेगा। यह भी समाज जानता है कि उत्तर-आधुनिकता एक संक्रमणकालीन अवस्था मात्र है और बहुत जल्दी सब ठीक-ठाक हो जायेगा। वास्तविकता यह है कि उत्तर-आधुनिकता अपने स्वरूप और कार्य में **बहुलवादी** (Plural) है। अध्याय के इस भाग में हम इसके इसी बहुलवादी स्वरूप को देखेंगे।

उत्तर-आधुनिकता का बहुलवादी स्वरूप
(Plural Aspects of Post-modernity)

सही है उत्तर-आधुनिकता विकास क्रम में आधुनिकता की कड़ी है। आधुनिकता के कई आयाम हैं—मुख्य रूप से आधुनिकता में पूंजीवाद, उद्योगवाद, प्रशासनात्मक शक्ति और सैनिक शक्ति—हैं। यह माना जाता है कि इन्हीं कारकों की वृद्धि या इन्हीं का सिलसिला, उत्तर-आधुनिकता में होता है। कुछ समय पहिले समाजशास्त्रियों ने कहा था कि **अति बुद्धिसंगतता** (Hyper Rationality), **अति स्तरीकरण** (Hyper stratification) और **अति पण्यीकरण** (Hyper Commodification) ही उत्तर-आधुनिकता है। इस तरह की व्याख्या आज लगभग अप्रासंगिक हो गई है। वास्तविकता तो यह है कि उत्तर-आधुनिकता वस्तुतः आधुनिकता के सभी आयामों को ध्वस्त करता है। यह एक ऐसी प्रक्रिया है जो **विखण्डीकरण** (Fragmentation) की हामी है। महान वृतान्तों को अस्वीकार करती है। शक्ति और ज्ञान को एक ही पलड़े में डालकर तोलती है और आम आदमी को केन्द्र में लाती है। इसका और आधुनिकता का तीन और छः का आंकड़ा है और सिद्धान्त रूप में भी उत्तर-आधुनिकता का आविर्भाव आधुनिकता की बुनियाद पर हुआ है।

उत्तर-आधुनिकता की प्रकृति **बहुलवादी** (Plural) है। इसके कई आयाम हैं। **केनेथ थोम्पसन** (Kenneth Thompson) ने इसकी बहुलता पर विस्तार से लिखा है। सामान्यतया इसके निम्न पहलू हैं (1) पूंजीवाद का सांस्कृतिक तत्व, (2) संस्कृति का राजनीतिक पहलू, (3) नये युग की गुहार, (4) उपभोग और दिखावापन का समाज और (5) रचनात्मक पहलू। इन आयामों को हम सिलसिले से वर्णन करेंगे।

1. उत्तर-आधुनिकता विलम्बित पूंजीवाद का सांस्कृतिक तर्क है
(Post-modernism is the cultural logic of late capitalism)

उत्तर-आधुनिकता का बहुत बड़ा मुहावरा उसकी संस्कृति-परकता या प्रधानता है। इसने एक ऐसी संस्कृति को पैदा किया है जो **जनता की संस्कृति** (Mass culture) है। इसे लोकप्रिय संस्कृति भी कहते हैं। उत्तर-आधुनिकता की एक बहुत बड़ी पहचान है। यह इसका सशक्त पहलू है। यहां तक तो सब ठीक है। मध्य युग या इससे पहिले ज्ञानोदय काल में भी संस्कृति की उपस्थिति कम या अधिक रूप में अवश्य थी। यही क्यों, आधुनिकता की भी एक विशेष संस्कृति रही है। फिर यह उत्तर-आधुनिकता की संस्कृति इतनी महत्वपूर्ण कैसे हो गई। जेमेसन ने उत्तर-आधुनिकता की सांस्कृतिक प्रधानता का विश्लेषण किया है।

जेमेसन (Jameson) मार्क्सवादी उत्तर-आधुनिकतावादी समाजशास्त्री हैं। इनका कहना है कि उत्तर-आधुनिकता में सांस्कृतिक बहुलता का कारण पूंजीवाद है। यह पूंजीवाद ही है जो संस्कृति के नाम पर मुनाफाखोरी कर रहा है। यह पूंजीवाद की साजिश है जो हाशिये के लोगों को सस्ती सांस्कृतिक भागीदारी करवाकर, उन्हें ठग रहा है। **दूसरे शब्दों में**, उत्तर-आधुनिकता और कुछ न होकर यह केवल **विलम्बित** (Late) पूंजीवाद का सांस्कृतिक तर्क है। इसे थोड़ा विस्तार से देखेंगे।

पूंजीवाद का विकास हो रहा है। उत्तर-आधुनिक संस्कृति पूंजीवाद के विकास में सहायक है। जेमेसन अपने इस थीसिस में डेनियल बैल (The Coming of Post-Industrial Society, 1973) की इस अवधारणा को अस्वीकार करते हैं कि हम आज एक उत्तर-औद्योगिक समाज के सदस्य हैं और इस बात को भी नहीं मानते कि इस समाज में वर्ग-संघर्ष समाज हो गया है। जेमेसन का तो तर्क है कि उत्तर-औद्योगीकरण में पूंजीवाद खत्म होने की अपेक्षा अधिक विकसित हो रहा है। जेमेसन ने मार्क्सवादी अर्थशास्त्री **एर्नेस्ट मेन्डेल** (Ernest Mandel) के हवाले से यह कहा है कि पूंजीवाद का विकास तीन अवस्थाओं में हुआ है। पहली अवस्था **बाजार पूंजीवाद** (Market Capitalism) की थी। इस पूंजीवाद में राष्ट्रीय बाजार में औद्योगिक पूंजीवाद का संचय हुआ। इस अवस्था में साम्राज्यवादी देशों ने उपनिवेश स्थापित किये, वहां के कच्चे माल को खरीदा और अपने कारखानों में बनाये गये माल को उपनिवेशों के बाजारों में बेचा। उपनिवेशों की सस्ती मजदूरी को भी खरीदा। इसके बाद यानी 1700 से 1850 के बाद पूंजीवाद की दूसरी अवस्था आई। इसे डेल **एकाधिकार पूंजीवाद** (Monopoly Capitalism) की अवस्था कहते हैं। यह अवस्था वस्तुतः साम्राज्यवाद की थी। एशिया और अफ्रीका में अंग्रेजों ने एकाधिकार पूंजीवाद को विकसित किया। इस अवस्था के बाद पूंजीवाद के विकास की तीसरी अवस्था **विलम्बित पूंजीवाद** (Late Capitalism) की है। इस अवस्था में **बहुराष्ट्रीय कोरपोरेशन** (Multi-national Corporations) आ गये। अब इनका बाजार **वैश्वीय बाजार** (Global Market) हो गया। जेमेसन कहते हैं कि **इस**

तीसरी अवस्था में विलम्बित पूंजीवाद ने संस्कृति को ही अपने बेचने की पण्य वस्तु (Commodity) बना दिया।

अगर हम जेमेसन की उत्तर-आधुनिकता की संस्कृति सम्बन्धी आलोचना को एक तरफ रखदें, तब भी यह निश्चित रूप से कहा जा सकता है कि इस प्रक्रिया में संस्कृति पर बहुत अधिक जोर दिया गया है। इसलिये इसका यह आभास काफी शक्तिशाली है। मात्र मीडिया द्वारा बिम्बों, प्रतीकों और शैलियों को दूर-दराज के लोगों तक पहुंचाया जाता है और यह संस्कृति अपनी कोई निजी पहचान नहीं रखती। यह तो आधुनिक आर्थिक जीवन का एक अंग बन जाती है। इस पर टिप्पणी करते हुए केनेथ थोम्सन लिखते हैं :

> उत्तर-आधुनिक अर्थव्यवस्था की महत्वपूर्ण बात यह है कि इसने संस्कृति को पण्य वस्तु को अन्तर्निहित भाग बना लिया है। पूंजीवाद की पहिली अवस्थाओं में ऐसा नहीं था। तब संस्कृति अलग थी और अर्थिक व्यवस्था अलग।

यहां यह समझना भूल होगी कि विलम्बित पूंजीवाद अपने अवसान की अवस्था में है। सुधीश पचौरी का कुछ ऐसा ही ख्याल है। वे विलम्बित पूंजीवाद को वृद्ध पूंजीवाद कहते हैं। स्थिति यह नहीं है। पूंजीवाद का विकास अवस्थाओं में हुआ है और अभी जो पूंजीवाद है वह बाद का पूंजीवाद यानी देर से आने वाला। पूंजीवाद है जिसमें बहुराष्ट्रीय कोरपोरेशन काम करते हैं। समाजवाद के पतन के बाद अब ऐसा लगने लगा है कि दुनिया के सामने पूंजीवाद का कोई अन्य विकल्प नहीं है। इस अवस्था में आकर हम चाहें न चाहें, पूंजीवाद अधिक जवान हो गया। अब पूंजीवाद इस उत्तर-आधुनिक काल में संस्कृति को अपना हथियार बनाकर समाज के सामने आता है।

*2. **संस्कृति का राजनीतिक पहलू** (Political Aspect of Culture)*

उत्तर-आधुनिकता का सांस्कृतिक पहलू केवल आर्थिक ही नहीं है। इसका राजनीतिक पक्ष भी है। यहां हमारे विश्लेषण का मुद्दा यह बतलाता है कि उत्तर-आधुनिकता बहुलवादी है, इसके कई पक्ष और पहलू हैं। केवल एक पहलू को लेकर ही इसकी व्याख्या हमें भ्रमपूर्ण नीतियों की ओर लेजाते हैं। इस भूल के प्रति हमें हमेशा सचेत रहना है। उत्तर-आधुनिकता के विषय में यह कहा जाता है कि जब यह पूरी तरह विकसित हो जायेगी तब वर्ग से जुड़ी हुई जो राजनीति है, उसका भी अंत हो जायेगा। अर्थ हुआ, उत्तर-आधुनिकता का ताल्लुक राजनीति से भी है। ऐसे समाज में वर्ग इसलिये समाप्त हो जायेंगे कि इनका स्थान जैसा कि आज हम यूरोप और अमेरिका में देखते हैं, कई सामाजिक समूह ले लेंगे। अब नागरिकों के कई अराजनीतिक समूह बनने लगे हैं जिनका वर्ग-राजनीतिक से कोई सरोकार नहीं होता। ऐसे समूहों में महिलाओं, अश्वेतों, पर्यावरणवादियों, स्वायत्तवादियों और यहां तक कि हिजड़ों के समूह भी सम्मिलित हैं। ये समूह आधुनिक समाज में अपेक्षित रूप से न्यूनतम थे। उत्तर-आधुनिकता ने इन्हें व्यापकता

प्रदान की है। ज्यों-ज्यों इन समूहों में वृद्धि होगी, वर्ग राजनीति अपने आप कमजोर हो जायेगी।

उत्तर-आधुनिकता की संस्कृति ने, देखा जाये तो, वर्गों के अस्तित्व को खतरे में डाल दिया है। अब जो नये समूह हैं चाहे वे पतितों, उपेक्षितों के हों, चाहे और कोई, किसी न किसी रूप से आन्दोलन को अपने अधिकार प्राप्त करने का सहारा बनाते हैं। **इसलिये उत्तर-आधुनिकता के बहुलवाद का नया पहलू आन्दोलन है। आधुनिक समाज में आन्दोलन का आधार वर्ग हुआ करते थे, अब वर्ग का स्थान अगणित अराजनीतिक समूहों ने ले लिया है। यह एक ओर महत्वपूर्ण बात कहनी चाहिये।** इस नये समूहों के आविर्भाव ने जिस राजनीति को जन्म दिया है, वह राजनीति स्थानीय राजनीति है। इसे **सूक्ष्म राजनीति** (Micro Politics) कहते हैं। सूक्ष्म राजनीति का यह बहुलवाद उत्तर-आधुनिकता की नई उपलब्धि है। इस नई उपलब्धि ने एक और परेशानी पैदा कर दी है। पहिले हम ऐसे **सत्ता वर्ग या शासक वर्ग** (Ruling Class) से परिचित थे जो हमारी सम्पूर्ण विचारधारा को प्रभावित करता था। यह वर्ग ही हमारे धर्म, ज्ञान और इतिहास को तय करता था। अब उत्तर-आधुनिकता में ऐसा कोई शासक वर्ग नहीं रहा। यहां तो कई अराजनीतिक समूह हैं। और इनकी ठीक से पहचान करना भी एक दूभर कार्य है। वास्तविकता यह है कि उत्तर-आधुनिकता ने जिस बहुलवाद को पैदा किया है इसमें समाज स्थानीयता के आधार पर खण्डित हो गया है। इस विखण्डन समाज में किसी भी महान वृतान्त को जीवित रहना बहुत कठिन है। हिन्दी साहित्य के लहजे में कहें तो अब गाँव-गाँव और मोहल्ले में सूर और तुलसी हो गये हैं या कहिये कस्बे-कस्बे और कॉलेज-कॉलेज में श्रीनिवास और दूबे हो गये हैं। इसमें कोई हंसी-मजाक नहीं है। प्रत्येक स्थानीयता की अपनी-अपनी पहचान होती है, अपने-अपने मसीहा होते हैं। उत्तर-आधुनिकता इन अपरिचित चेहरों को प्रकाश में लाती है और उसमें महान वृतान्तों को कोई एतराज नहीं होना चाहिये। सदियों तक ये वृतान्त भव्यता के नमूने बने रहे, अब उत्तर-आधुनिकता का यह स्थानीय वृतान्त अपनी कथा को रखेगा और समस्या का निवारण करेगा।

3. उत्तर-आधुनिकता की नये युग की गुहार
(Post-modernity's cry for New Times)

उत्तर-आधुनिकता उतनी बद नहीं है जितनी इसकी बदनामी है। आधुनिक समाज के कई समर्थक ऐसे हैं जो अपनी **यथास्थिति** (Status Quo) में किसी तरह का परिवर्तन नहीं चाहते। उन्हें डर है कि वे सातवीं मंजिल से तलघर में आ जायेंगे। लेकिन उत्तर आधुनिकता पर ऐसे समाज की कल्पना नहीं करती है कि उत्पादन व्यवस्था की पुरानी पद्धति बदल जायेगी। **फोर्डवाद** (Fordism) का स्थान **उत्तर-फोर्डवाद** (Post-Fordism) ले लेगा। अन्तर्राष्ट्रीय संगठन अपनी संख्या में बढ़ रहे हैं। अब **नागरिक समाज** (Civil Society) का विस्तार हो रहा है, उपभोक्ता मंच बन रहे हैं, और सड़क क़ा अदना आदमी

भी बहुलवादी जीवन पद्धति को अपना रहा है। ऐसा लगता है कि उत्तर-आधुनिकता ने सम्पूर्ण समकालीन जीवन बहुलवादी बना दिया है। वस्तुतः यह एक **नये युग** (New Times) का आह्वान है जिसे उत्तर-आधुनिकता ने आहूत किया है।

इस **नये युग** को उत्तर-आधुनिकता ने किस तरह बहुलवादी परिवेश दिया है, इसे थोड़ा विस्तार से देखना चाहिये।

इस युग में लोगों का सामाजिक जीवन बहुलवादी हो जाता। उन्हें अपने परिवार, सामाजिक तथा यौन जीवन में एक विशेष प्रकार की पहचान मिल गई जो आधुनिक समाज में उन्हें बिल्कुल प्राप्त नहीं थी। सभी लोग अपने-आपको वैश्वीय पूंजीवाद का अंग समझने लगे। **डिक हेबडिगे** (Dick Hebdige) ने 1980 के दशक में ब्रिटेन के लोगों में उत्तर-आधुनिकता के परिणामस्वरूप जो परिवर्तन आये उनका विश्लेषण किया है। ये लोग वे हैं जो **पोप्यूलर** संस्कृति तथा मीडिया को अपनाने वाले हैं। हेबडिगे बताते हैं कि वे लोग जो उत्तर-आधुनिकता के प्रभाव में हैं उनकी उपभोग तथा जीवन पद्धति के कारण एक विशेष पहचान बन गई है। इन्हें समाजशास्त्री महत्वाकांक्षी लोगों की श्रेणी में रख सकते हैं। इनमें एक नये प्रकार का स्तरीकरण प्रवेश कर गया है। इस तरह के उत्तर-आधुनिक समाज की बड़ी विशेषता यह है कि इसमें बराबर **बाजार अनुसंधान** (Market Research) होता रहता है। इस अनुसंधान से ज्ञात होता है कि खानपान तथा जीवन पद्धति के आधार पर इन लोगों के सम्बन्ध वर्ग तथा प्रजाति के आधार पर निर्धारित होते हैं। हेबडिगे ने ब्रिटेन के उत्तर-आधुनिकता से प्रभावित समूहों को नई सामाजिक प्रणालियों में बांटा है। ये श्रेणियां बड़ी अजीब हैं, कुछ लोग एक खास की **जीवन पद्धति** (Life Style) को अपनाने वालों की श्रेणी में आते हैं, कुछ लोग नवीनीकरण चाहने वालों की कोटि में रखे जा सकते हैं और कुछ लोगों को मद्यपान-प्रेमी तथा रेस्तरां में भोजन करने वालों की जमात में रखा जा सकता है। इस तरह की जानकारी बाजार अनुसंधान से प्राप्त होती है। समाज का यह नया स्तरीकरण आधुनिक समाज में कभी नहीं था। पहिले वर्ग थे, वर्गों की लड़ाई थी। **अब वर्ग का स्थान नये समूहों ने ले लिया और इस वर्गीकरण का आधार आय नहीं रही। अब आधार उपभोग और जीवनशैली** (Life style) बन गये। अपने निष्कर्षों को हेबडिगे इस तरह रखते हैं :

> जीवनशैली तथा उपभोग समूह जो उत्तर-आधुनिकता के परिणामस्वरूप आये हैं, सामाजिक प्रघटना है और इन्हें किसी भी तरह पिछले वर्ग समूह से कम नहीं कहा जा सकता। देखा जाये तो ये समूह वर्ग समूह की तुलना में अधिक जटिल, कारगर और महत्वपूर्ण हैं।

हेबडिगे कहते हैं कि उत्तर-आधुनिकता में जो ये नये समूह बने हैं वे वास्तव में ऐसे समूह हैं जो मीडिया का भरपूर प्रयोग अपनी पहचान बनाने के लिये करते हैं। ये लोकप्रिय संस्कृति के माध्यम से अपनी अलग पहचान बनाने में सफल होते हैं। ये नये समूह जो

उत्तर-आधुनिकता की उपज हैं, किसी भी अर्थ में **निष्क्रिय** (Passive) नहीं कहे जा सकते। ऐसा लगता है कि यह नया समूह अपने आपको एक विमुक्त समाज मानता है और इस अर्थ में इसके वृतान्त विमुक्ति वृतान्त (Emancipatory Narratives) हैं। पिछले दिनों में वे लोग जिन्होंने इतिहास को रचा था, राष्ट्र के साथ अपनी पहचान रखते थे, और दूसरा स्वयं को किसी न किसी वर्ग के साथ जोड़ते थे। अब राष्ट्र और वर्ग का यह जुड़ाव उत्तर-आधुनिकता में टूट गया है। इस विचारधारा को न केवल हेबडिगे रखते हैं, बोड्रिलार्ड भी मीडिया के सन्दर्भ में यही बात कहते हैं जो नया समाज उभर कर आ रहा है वह केवल **उपभोक्ता समाज** (Consumer Society) ही नहीं है, एक विशेष जीवनशैली का ही समाज नही है, इससे आगे यह समाज ऐसे संवेगों और मनोभावों से प्रेरित समाज है जो एक विशाल समुदाय को अपनी बांह में भर लेना चाहता है।

4. उपभोग और दिखाव-बनाव का समाज
(Society of Consumption and appearances)

उत्तर-आधुनिक समाज का बहुलवाद कई क्षेत्रों में देखने को मिलता है। हमने देखा—इसकी संस्कृति अपने आप में एक पण्य वस्तु है। इसे बाजार में बेचा जाता है। संस्कृति का सरोकार राजनीति से है। अब वर्ग संघर्ष नहीं रहा। वर्ग नहीं रहे। नये किस्म का सामाजिक स्तरीकरण जिसमें उपभोक्ता और विभिन्न जीवनशैली के लोग हैं, उभर कर आया है। यह इस काल का बहुलवाद है। इस पर बोड्रिलार्ड ने बड़े खुलासे से लिखा है।

बोड्रिलार्ड उत्तर-आधुनिकता के एक मूर्धन्य सिद्धान्तवेत्ता हैं। वे कहते हैं कि उत्तर-आधुनिकता काल दो बिन्दुओं पर ज्ञानोदय तथा आधुनिक काल से भिन्न है। ये दो बिन्दु हैं : (1) मास मीडिया और विशेषकर टेलिविजन के माध्यम से संचार की प्रचुरता, तथा (2) उपभोग समाज का आर्विभाव। मीडिया और उपभोग की वृद्धि का एक बहुत बड़ा परिणाम हमें उत्तर-आधुनिक समाज में देखने को मिलता है। इसे **बोड्रिलार्ड सेम्यूलेशन** (Simulation) या प्रतिकृति द्वारा समझाते हैं। वे कहते हैं कि अब संस्कृति पर प्रतिकृति का प्रभुत्व है। ऐसी वस्तुएं या विचार जिनकी कोई जानी पहचानी उत्पत्ति नहीं है, जिनकी कोई पुख्ता बुनियाद नहीं है, वे प्रतिकृति द्वारा समाज तक पहुंचाई जाती हैं। **इस संचार में संकेत** (sign) **ही सब कुछ है। संकेत का अर्थ संकेत के पारस्परिक सम्बन्ध से जाना जाता है। इसके अर्थ का समझने के लिये कोई स्वतंत्र यथार्थता या स्टेण्डर्ड नहीं होता।** यह प्रतिकृति है। किसकी प्रतिकृति ? स्पष्ट रूप से किसी यथार्थ की प्रतिकृति। पर इस यथार्थ को कोई नहीं जानता। सच्चाई तो यह है कि प्रतिकृति का कोई यथार्थ होता ही नहीं। यह तो प्रतिकृति है जिसे उपभोक्ता को परोसा जाता है।

प्रतिकृति के इस समाज को समझने के लिये भारत के टेलिविजन के विभिन्न चेनल पर प्रसारित होने वाले विज्ञापनों का दृष्टान्त देना चाहिये। पहिली बात तो यह है कि कोई भी एक विज्ञापन, उदाहरण के लिये, सिर के बालों के रूसी (Dandrof) हटाना, एक **संकेत**

(sign) है। **हेड एण्ड शोल्डर** संकेत करता है कि इसे लगाकर **रूसी धो डालो। हिमालय डेन्ड्रफ शेम्पू** संकेत करता है कि छः दिन में रूसी साफ। **क्लीनिक आल क्लीयर** का कहना है कि उठो, इसे लगाओ और काम पर चल पड़ो। रूसी हटाने वाले ये शेम्पू पारस्परिक रूप से जुड़े हुए हैं—इस तरह की सभी रूसी हटाने का दावा करते हैं—कोई तुरत और कोई कम समय में कोई अधिक दाम में और कोई कम। लेकिन कोई भी शेम्पू अपने आपको किसी स्टेण्डर्ड से नहीं जोड़ता। यह नहीं बताता कि रूसी रहित सिर के बाल का मान्यता प्राप्त स्टेण्डर्ड क्या है ? क्या कहीं सिर के बाल पूरी तरह से रूसी रहित होते हैं? समाज की इस बारे में क्या मान्यता है ? उपभोक्ता तो इन सभी संकेतों का उनकी पारस्परिक उपयोगिता के आधार पर अर्थ निकालता है। अपने आप में संकेत का कोई अर्थ नहीं।

बोड्रिलार्ड कहते हैं कि वस्तुओं का मूल्य उनके बनाव-दिखाव (appearance) पर निर्भर करता है। **बाहरी दिखावा** (Surface appearance) ही प्रभावपूर्ण होता है और यही उत्तर-आधुनिकता की विशेषता है। इसमें उपभोक्ता को दिखाव-बनाव द्वारा बहकाया जाता है। संकेत ही बाजार में विनिमय का आधार होता है। इन संकेतों ने एक नये उपभोग समाज का निर्माण किया है। जो कुछ बोड्रिलार्ड कहते हैं, इसके अनुसार समाज वस्तुतः संचार की प्रचुरता और उपभोक्ताओं का समाज है। इसमें बहकाव और प्रलोभन अधिक है। सैद्धान्तिक स्तर पर इस समाज के लक्षण मार्क्स द्वारा दिये गये समाज से भिन्न हैं। मार्क्स ने उत्पादन सम्बन्धों पर आधारित समाज की व्याख्या की थी। आज यह समाज नहीं रहा। समाज वस्तुतः एक उपभोक्ता समाज है। **इस अर्थ में इस समाज के स्तरीकरण का आधार उत्पादन न होकर, उपभोग होना चाहिये।**

बोड्रिलार्ड और उनकी विचारधारा के कतिपय अन्य उत्तर-आधुनिकतावादी इस समाज को उपभोक्ता संस्कृति का समाज कहते हैं। यह समाज उपभोक्ताओं को संकेतों द्वारा प्रलोभित करता है और इसका कोई यथार्थ आधार नहीं है। मतलब हुआ, समाज का एक ताकतवर बहुलवाद उसके संकेत यानी **सिम्यूलेशन** या प्रतिकृति होते हैं। इस प्रतिकृति की कोई मूल कृति नहीं होती। इसी कारण इस समाज में यथार्थता को प्रतिकृति द्वारा बढ़ा-चढ़ाकर रखा जाता है। यह इस कारण **अति यथार्थता** (hyperreality)। कभी भी कोई टूथपेस्ट चौबीसों घंटे कीटाणुओं से लड़ नहीं सकता। फिर यह लड़ना संकेतों द्वारा बताया जाता है। यह स्थिति अतियथार्थता की है। टेलिविजन के विज्ञापन झूठे इसलिये बताये जाते हैं कि ये यथार्थता को अतिरंजित रूप में प्रस्तुत करते हैं।

5. उत्तर-आधुनिकता का रचनात्मक पहलू
(Constructive Aspect of Post-modernism)

उत्तर-आधुनिकता के आविर्भाव का बहुत बड़ा कारण यह समझा जाता है कि यह आधुनिकता का विरोधी है। ज्ञानोदय के बाद जब यूरोप में आधुनिकता स्थापित हुई तब

उदविकास की प्रक्रिया में इसमें कुछ दोष आ गये। इन दोनों की आलोचना में ही उत्तर-आधुनिकता का जन्म हुआ। भौतिकवाद, धर्मनिरपेक्षता, व्यक्तिवाद, पर्यावरण के साथ मनमाना व्यवहार या इसके साथ बलात्कार कुछ ऐसे दोष हैं जिन्होंने इसे आलोचना का पात्र बनाया। इन दोनों की बात करना उचित है। लेकिन उत्तर-आधुनिकता सदैव दोषों के निकालने में ही निपुण हो, ऐसा नहीं है। इसके कुछ पहलू ऐसे हैं जो इसे रचनात्मक भूमिका भी प्रदान करते हैं। इस अर्थ में उत्तर-आधुनिकता रचनात्मक भी है। यह आधुनिकता के निषेधक तत्वों का विकल्प भी प्रस्तुत करता है।

उत्तर-आधुनिकता मनुष्य की भावनाओं, मनोभावों और आध्यात्मिकता पर भी जोर देता है। आधुनिकता ने पवित्र, करिश्मा, मानवीय एकता, रोमान्स सभी पर बड़े-बड़े प्रश्न चिन्ह खड़े कर दिये थे। उत्तर-आधुनिकता इन पर जोर देती है। समुदाय, प्रेम, स्त्रियों की कोमलता, स्नेह आदि इसके केन्द्रीय विषय रहे हैं। हमारे देश में हिन्दी साहित्य के रीतिकाल में प्रेम, श्रृंगार और रस की जो धारा बही थी, बिहारी जैसे रोमान्टिक कवि हुए थे, वे सब आधुनिक काल में बेमतलब हो गये। रीतिकाल चला गया और कभी लौट कर नहीं आया। यह कुछ यूरोप में हुआ।

उत्तर-आधुनिक काल ने धर्म को मनोविज्ञान, व्यापक और राजनीति के साथ जोड़ा। नये युग की यह विशेषता है। हमारे देश में उत्तर-आधुनिकता आ गई है, आने वाली है या अभी नहीं आई, यह बहस का मुद्दा है और इसका विवेचन हम आगे चलकर करेंगे, लेकिन यह अवश्य कहेंगे कि यहां धर्म के प्रति एक विशेष सैलाब आ गया है। जहां एक ओर धर्म का राजनीतिकरण हो रहा है वहीं दूसरी ओर सामान्य रूप से नित-नये देवी-देवताओं का आविर्भाव हो रहा है। देव-मानव उभर रहे हैं। आये दिन नये स्थानीय तीर्थ पैदा हो रहे हैं। तीर्थों में पहुंचने वाले तीर्थयात्रियों की संख्या बढ़ रही है। यह सब किस तथ्य की ओर संकेत करते हैं ? यह निश्चित है कि उत्तर-आधुनिकता ने आधुनिकता को कई रचनात्मक विकल्प दिये हैं।

उपसंहार

हम इस तथ्य पर चर्चा कर रहे हैं कि उत्तर-आधुनिकता का केवल एक ही आयाम या पहलू हो, ऐसा नहीं है। यह सम्पूर्ण अवधारणा बहुलवादी है। इसमें प्रजातंत्र है, अर्थ-व्यवस्था है, विखण्डन है, संस्कृति और राजनीति है, साहित्य, कला और धर्म हैं। इन सबसे आगे, भावनाएं हैं, मनोभाव हैं। कुल मिलाकर, उत्तर-आधुनिकता में सब कुछ है। इसका बोध समाजशास्त्रियों में एक समान नहीं है। समकालीन समाजशास्त्री जो महान वृतान्त यानी प्रकार्यवाद और मार्क्सवाद के प्रणेता हैं, इसे स्वीकार नहीं करते। उत्तर-आधुनिकता दरखाईम, वेबर, पेरेटो, मार्क्स, पारसंस, मर्टन सभी को अविश्वास से देखती है। इसके लिये तो आधुनिक समाजशास्त्र का जो भव्य मठ है, वह जैसे मटियामेट हो गया है।

मगर उत्तर-आधुनिकता को सभी ने स्वीकार कर लिया हो, ऐसा नहीं है। उदाहरण के लिये कट्टर मार्क्सवादी जो समाजवादी क्रान्ति के पक्षधर हैं अब भी मानते हैं कि यूरोप और अमेरिका के समाज में वर्ग की प्रधानता है और कोई भी इसे अस्वीकार नहीं कर सकता। उत्तर-आधुनिकवाद चाहे जितनी बहुलता ले आये, वर्ग के प्रभाव को नकार नहीं सकता। **केलिनिकोस** (Callinicos) ने अपनी पुस्तक **अगेन्स्ट पोस्ट-मोडरनिटी : ए मार्क्सीस्ट क्रिटिक** (Against Post-modernity : A Marxist Critique) में यह स्थापित किया है कि उत्तर-आधुनिकता और कुछ न होकर केवल यही बताती है कि समाज के कुछ सफेद-पोश लोग अत्यधिक उपभोग करते हैं और इस अर्थ में यह अवधारणा एक पूंजीवादी अवधारणा है। जेमेसन भी उत्तर-आधुनिकता की आलोचना मार्क्सवादी दृष्टिकोण से करते हैं।

कुल मिलाकर आज समाजशास्त्र अपने विकास के जिस पड़ाव पर है, उसमें उत्तर-आधुनिकता की कोई निर्णायक समीक्षा करना बहुत कठिन है। कई विभिन्न तत्वों को उत्तर-आधुनिकता में सम्मिलित किया गया है। इसका अर्थ यह है कि यह विधा अभी समाजशास्त्र में पूरी तरह स्थापित नहीं हुई है। अभी इसकी वैधता आधी-अधूरी है। यह सही है कि इसमें सांस्कृतिक तत्वों का समावेश अधिक है लेकिन ये सांस्कृतिक तत्व किसी मापदण्ड से बंधे हुए हों, ऐसा नहीं है। इनमें असंगतता बहुत अधिक है, विरोधाभास बहुत ज्यादा है। जिसके जो मन में आये, जीवन में उतार लेता है, और यही संस्कृति बन जाती है। और रुचिकर बात यह है कि इस सम्पूर्ण सांस्कृतिक जीवन शैली के पीछे पूंजीवाद के हित निहित हैं। **जेनेट फ्लेक्स** (Jenet Flex) जैसे उत्तर-आधुनिकतावादी लेखक इस विधा के बहुलवाद से कतई परेशान नहीं है। वे आशावादी हैं। उनका विचार है कि थोड़े समय बाद उत्तर-आधुनिकता में आज जो 'अव्यवस्था' हमें देखने मिलती है, समाप्त हो जायेगी उत्तर-आधुनिकता समाजशास्त्र तथा समाजशास्त्रीय सिद्धान्तों में अपनी जगह बना लेगी। यह संक्रमण काल का ऊहा-पोह अधिक समय नहीं है तथा आधुनिक समाज की जो भी चुनौतियां हैं, दूर हो जायेंगी। **रिचार्ड गोट** (Richard Gott) की उत्तर-आधुनिकता की आशावादी टिप्पणी, इस तरह है:

> उत्तर-आधुनिकता के समर्थकों को भरोसा है कि किस तरह आधुनिकता ने विज्ञान और विकास के नाम पर अपना बौद्धिक और राजनीतिक प्रभुत्व स्थापित किया है वैसे ही उत्तर-आधुनिकता मनुष्य की मुक्ति के रूप में जिसमें विखण्डन, संस्कृतियों की बहुलता और समूहों की विविधता है, अपने आपको स्थापित कर लेगी। इसमें सैकड़ों फूल खिलेंगे। यह इसके विकास में ही है कि अगणित अल्पसंख्यक समूह, उदाहरण के लिये, पिछड़े और कमजोर वर्ग, स्त्रियां, और नाना प्रकार के सम्प्रदाय, आगे आ पायेंगे।

III
उत्तर-आधुनिक सामाजिक सिद्धान्त और समाजशास्त्रीय सिद्धान्त
(Post-modern Social Theory and Sociological Theory)

उत्तर-आधुनिकता अपने आप में एक पृथक् अकादमिक विधा है। यह स्वायक्त है। यह समझना भूल होगी कि उत्तर-आधुनिकता ही समाजशास्त्र है। विधा को किसी भी ज्ञान शाखा में देखा जा सकता है। उत्तर-आधुनिकता हमें कला में दिखाई देती है, भवन निर्माण में दिखाई देती है, साहित्य में दिखाई देती है। वस्तुतः यह एक सोच है, विचारधारा है, और इसे किसी भी ज्ञान शाखा में देखा जा सकता है। किसी ज्ञानशास्त्र में इसका प्रवेश पहले हो गया, किसी में बाद में और किसी में अभी भी नहीं। समाजशास्त्र में उत्तर-आधुनिकता का प्रभाव, दूसरी विधाओं की अपेक्षा, देर से आया है—यही कोई दो दशक पहिले। ऐसी अवस्था में **हमारे सामने दो चीजें बहुत स्पष्ट हैं। एक तरफ तो उत्तर-आधुनिकता है और इसके साथ, इससे जुड़ा हुआ सामाजिक सिद्धान्त है, और दूसरी तरफ समाजशास्त्रीय सिद्धान्त हैं। ये दानों अलग-अलग हैं।** अब होता यह है कि उत्तर-आधुनिकता का सामाजिक सिद्धान्त समाजशास्त्रीय सिद्धान्तों के विश्लेषण में लागू किया जाता है यानी एक अन्तःक्रिया होती है, उत्तर-आधुनिक सामाजिक सिद्धान्त और समाजशासत्रीय सिद्धान्त के बीच में। इस अन्तःक्रिया के परिणामस्वरूप समाजशास्त्रीय सिद्धान्त प्रभावित होते हैं, कमजोर सिद्ध होते हैं, और ऐसा भी होता है कि उत्तर-आधुनिक सामाजिक सिद्धान्त भी कहीं-कहीं अपनी जमीन खोने लगता है। यह अन्तः क्रिया मोटे रूप में महान वृतान्तों और लघु वृतान्तों के बीच की है, यह अन्तःक्रिया केन्द्रीयता और विखण्डन के बीच की है, यह अन्तःक्रिया आधुनिकता के विज्ञान तथा इतिहास और उत्तर-आधुनिकता की प्रतिकृति या सिम्यूलेशन के बीच की है। उत्तर-आधुनिकता का सामाजिक सिद्धान्त और समाजशास्त्रीय सिद्धान्त : एक दम अलग-अलग और फिर इन दोनों अन्तःक्रियाओं का यहां हम उत्तर-आधुनिकता के सामाजिक सिद्धान्त का विवरण देंगे।

उत्तर-आधुनिक सामाजिक सिद्धान्त (Post-modern Social Theory)

सिद्धान्त किसे कहते हैं ? इसकी कई परिभाषाएं हैं। पारसंस सिद्धान्त को बड़े व्यापक रूप में लेते हैं। वे सम्पूर्ण मानव समाज के लिये एक **सामान्य सिद्धान्त** (General Theory of Society) की चर्चा करते हैं। यह सिद्धान्त सामान्य रूप से सम्पूर्ण मनुष्य समाज लागू होता है। मर्टन ऐसा नहीं सोचते। वे **मध्य-स्तरीय सिद्धान्त** (Middle Range Theory) की बात करते है। ये सिद्धान्त महान सिद्धान्त और प्राकल्पनाओं के मध्य होते है। **होमन्स** (Momans) का विचार है कि अभी समाजशास्त्र में कोई सिद्धान्त बने ही नहीं हैं जिन्हें सार्वभौमिक कहा जा सके। इस तरह के मतभेद सिद्धान्त की व्यापकता को लेकर है। लेकिन इस बात से सभी सहमत हैं कि **सिद्धान्त में दो या दो से अधिक अवधारणाएं होती हैं** और इनमें तार्किक सम्बन्ध होता है। इन दो पूर्वावश्यकताओं के अतिरिक्त सिद्धान्त की

तीसरी विशेषता इसकी **आनुभविकता** (Empiricism) होती है। आनुभविकता का तात्पर्य **अनुभव** (Experience) से होता है और यह अनुभव इन्द्रियों द्वारा प्राप्त होता है। **दो या दो से अधिक अवधारणाएं, उनके तार्किक सम्बन्ध और आनुभविकता सिद्धान्त के बुनियादी या आधारभूत तत्व हैं।**

सिद्धान्त निर्माण की इन आवश्यकताओं को सामान्यतया समाजशास्त्रीय सिद्धान्तवेत्ता स्वीकार करते हैं। ये नियम महान वृतान्तों के लिये हैं। उत्तर-आधुनिकता इन नियमों में अपने आपको नहीं बांधती। जोर्ज रिट्ज़र ने अपनी पुस्तक **पोस्ट-मोडर्न सोश्यल थ्योरी, सोश्योलोजी एण्ड सोश्योलोजिकल थ्योरी** (Post-modern Social Theory, Sociology, and Sociological Theory) में सिद्धान्त की परिभाषा लीक से हटकर की है। वे लिखते हैं :

> सिद्धान्त विचारों का एक समूह है जो केन्द्रीय रूप से महत्वपूर्ण मुद्दों पर विचार करता है, जिसे व्यापक स्तर पर लागू किया जा सकता है और जो समय की कसौटी पर सही आता है। समाजशास्त्र या किसी अन्य विधा में बनाये गये ऐसे सिद्धान्तों को हम काम में लाते हैं।

सिद्धान्त का निर्माण एक लम्बी प्रक्रिया है। समाजशास्त्र में आज जो भी सिद्धान्त हैं उन पर जहां समाजशास्त्रियों का प्रभाव है, वहीं गैर-समाजशास्त्रियों का प्रभाव भी है। उदाहरण के लिये कार्ल मार्क्स समाजशास्त्री नहीं थे फिर भी उनके उत्पादन सम्बन्धों, ऐतिहासिक भौतिकवाद, और अलगाव जैसे सिद्धान्तों का समाजशास्त्रीय सिद्धान्तों पर बड़ा प्रभाव पड़ा है। इसी तरह यद्यपि फ्रायड मनोचिकित्सक थे, उनके सिद्धान्तों का प्रभाव समाजशास्त्र पर पड़ा है। इसी संदर्भ में उत्तर-आधुनिकता के सिद्धान्तों के प्रभाव को समाजशास्त्र में देखना चाहेंगे। सिद्धान्त तो सिद्धान्त है, चाहे वह समाजशास्त्रियों ने बनाया हो, मनोवैज्ञानिकों ने या गैर-समाजशास्त्रियों ने। उत्तर-आधुनिक सिद्धान्तवेत्ता यह मानकर चलते हैं कि आधुनिक समाज जैसा भी आज यह है, पहिले से एकदम भिन्न हैं। इस समाज के साथ आधुनिकता ने बहुत बड़ी छेड़-छाड़ की है। इसके कारण इसकी संरचना बदल गई और काम-काज के नये तरीके आ गये हैं।

बोड्रिलार्ड का उत्तर-आधुनिकता का सामाजिक सिद्धान्त
(Baudrillard's Post-modern Social Theory)

उत्तर-आधुनिकता के सामाजिक सिद्धान्त की बहुत बड़ी मान्यता यह है कि उत्तर-आधुनिकता अपनी बुनियादी संरचना में आधुनिकता से एकदम भिन्न है। लेकिन कुछ विचारक इस तरह के निष्कर्ष से सहमत नहीं हैं। उनका कहना है कि आधुनिकता के बहुत से तत्व उत्तर-आधुनिकता में भी पाये जाते हैं। इसका अर्थ है कि उत्तर आधुनिकता और कुछ न होकर आधुनिकता की निरन्तरता मात्र हैं। आज जो कुछ उत्तर-आधुनिकता से जुड़ा हुआ

साहित्य उपलब्ध है, इसके आधार पर यह कहा जा सकता है कि कोई ऐसा सामाजिक सिद्धान्त अभी नहीं बना है जो उत्तर-आधुनिकता के फुटकर सिद्धान्तों को किसी एक सामान्य फ्रेमवर्क में बांध सके। वैसे उत्तर-आधुनिकतावादी कई सिद्धान्तवेत्ता हैं। कुछ की मान्यता है, कुछ की नहीं। इस मतभेद के होते हुए भी सामान्यतया बोड्रिलार्ड, जेमेसन और कुछ अन्य उत्तर-आधुनिक सिद्धान्तवेत्ताओं को सामान्य वैधता है। हाल में कोई ऐसे प्रयास भी नहीं हुए हैं जो उत्तर-आधुनिकता के सामान्य सिद्धान्त को रख सकें। यहां हम कतिपय मुख्य सामान्य सिद्धान्तों को केवल दृष्टान्त के लिये रखेंगे।

बोड्रिलार्ड उत्तर-आधुनिकता के शीर्ष सिद्धान्तवेत्ता माने जाते हैं। कई बार उन्होंने स्वयं यह भी कहा है कि वे उत्तर-आधुनिकतावादी लेखक नहीं हैं। लेकिन इससे कुछ नहीं होता। उन्होंने जो कुछ लिखा है, इसके आधार पर उन्हें निश्चित रूप से उत्तर-आधुनिक समाजशास्त्री की कोटि में रखा जा सकता है। यद्यपि उनकी शिक्षा-दीक्षा समाजशास्त्र में हुई है, उन्होंने इस विधा से बहुत जल्दी अपने आपको मुक्त कर लिया। बोड्रिलार्ड समाजशास्त्र की जो परम्परागत सीमाएं हैं, उन्हें स्वीकार नहीं करते। वे **सीमाओं** (Boundaries) को लांघ कर बेधड़क होकर अपनी बात कहते हैं। उनके उत्तर-आधुनिकतावादी सामाजिक सिद्धान्त की निम्न विशेषताएं हैं :

1. उत्तर-आधुनिक समाज उपभोग समाज है
(Post-modern Society is consumer society)

बोड्रिलार्ड का सामाजिक सिद्धान्त मार्क्स से बहुत अधिक प्रभावित है। वास्तव में अपने प्रारम्भिक जीवन में वे उत्पादन सम्बन्धों जो मार्क्स के सिद्धान्त का बुनियादी आधार मानते थे। मार्क्स ने वर्ग समाज की व्याख्या इन्हीं उत्पादन सम्बन्धों के आधार पर की है। बुर्जुआ और सर्वहारा वर्ग उत्पादन सम्बन्धों के आधार पर ही बने हैं। बोड्रिलार्ड ने मार्क्स को उपभोग के आधार पर लिया है। **उन्होंने स्थापित किया कि उत्तर-आधुनिक समाज की संरचना उपभोग पर बनी हुई है। अतः इस समाज का सामाजिक स्तरीकरण उपभोग पर निर्भर है।** मतलब हुआ, समाज के वे लोग जो अधिक खर्च करते हैं, ऊंचे हैं और जो कम खर्च करते हैं, निम्न हैं। सामाजिक स्तरीकरण का यह नया आधार मार्क्स से हटकर है, उत्पादन नहीं उपभोग है।

बोड्रिलार्ड जब उत्तर-आधुनिक समाज को उपभोग समाज कहते हैं तब इसका बहुत बड़ा दृष्टान्त उनके अनुसार अमेरिका है। इस नाम से उन्होंने एक पुस्तक भी लिखी है। उनका विचार है कि यूरोप भी धीरे-धीरे अमेरिका का अनुकरण करके उपभोग समाज बन जायेगा। **वे कहते हैं कि युगान्तर में चलकर उपभोग, उत्पादन को** भी नियंत्रित कर लेगा। देखा जाय तो किसी भी समाज में उत्पादन और उपभोग व्यवस्थित रखे जाते हैं। बोड्रिलार्ड लिखते हैं :

आवश्यकताएं और उपभोग वास्तव में और कुछ न होकर उत्पादन शक्तियों का विस्तार मात्र हैं।

यद्यपि बोड्रिलार्ड उत्पादन सम्बन्धों और उत्पादन शक्तियों की भूमिका को स्वीकार करते हैं, अपनी कृतियों में उन्होंने उपभोग पर बहुत अधिक जोर दिया है।

*2. **बढ़ता हुआ उपभोग क्यों** ? (Why increasing consumption)*

जब बोड्रिलार्ड कहते हैं कि समाज उपभोग समाज है तब स्वाभाविक रूप से प्रश्न उठता है कि इस समाज का उपभोग इतना अधिक क्यों बढ़ गया है। क्या कारण है कि लोग आये दिन बाजार से अधिक से अधिक वस्तुओं को खरीदते हैं ? क्या उनकी आवश्यकताएं बढ़ गई हैं ? **इन प्रश्नों का उत्तर बोड्रिलार्ड तीन बिन्दुओं में देते हैं** :

1. **उत्पादन में बेतहाशा वृद्धि**—अमेरिका और इसी तरह यूरोप में औद्योगीकरण के कारण उत्पादन में अत्यधिक वृद्धि हुई है। वह **उत्तर-फोर्डवाद** (Post Fordism) का आर्विभाव हुआ है। आये दिन नई तकनीकी का प्रयोग होने लगा है। उत्पादन प्रबन्धन एक विधा के रूप में आ गया है। इसने दूर-दूर के बाजारों को अपनी गिरफ्त में ले लिया है। जब उत्पादन बढ़ जाता है तब चाहे कृत्रिम तरीके से ही सही, माँग को भी प्रोत्साहित किया जाता है। मांग को नये तरीके से परिभाषित किया जाता है। अब लोगों में उपभोग की प्रवृत्ति आ जाती है।

2. **भिन्न दीखने की लालसा**—समाज में लोग अपनी जीवन पद्धति द्वारा अपनी प्रतिष्ठा को बढ़ाना चाहते हैं। वे बताना चाहते हैं कि उनकी जीवन पद्धति और लोगों की अपेक्षा भिन्न है। यह **भिन्नता** (Difference) है जो उन्हें अधिक से अधिक उपभोग करने के लिये प्रेरित करती है। मोटर कार तो कईयों के पास है। यह सामान्य बात है। पर मेरी मोटर कार **सेन्तरों** है जो इसकी मोटर से ज्यादा महंगी और बढ़िया है। मैं सप्ताह में एक बार मेक्डानेल्ड में परिवार सहित भोजन करने जाता हूँ और वह हमेशा घर की रोटियों से ही गुजारा करता है। मेरा सूट उससे कई दर्जा ऊंचा है। यह **अन्तर** ही, बोड्रिलार्ड कहते हैं उत्तर-आधुनिक समाज के उपभोग से प्रवृत्ति को बढ़ाता है। अब भोजन की वस्तुएं ही यानी उपभोग की वस्तुओं की किस्म ही आदमी को दूसरों से **भिन्न** कर देती है।

3. **वस्तुएं संकेत है**— बोड्रिलार्ड के सामाजिक सिद्धान्त का बहुत बड़ा थीसिस **प्रतीकात्मक विनिमय** (Symbolic Exchange) है। वैसे समाजशास्त्र में विनिमय में प्रतीक का प्रयोग सबसे पहली बार दरखाईम ने किया था। उन्होंने उपहारों की व्याख्या विनिमय के रूप में की थी। आज भी हम शादी-ब्याह के अवसर पर उपहार द्वारा विनिमय करते हैं। प्रतीकात्मक विनिमय का प्रयोग बोड्रिलार्ड ने उपभोग की पूर्ति में किया है। वे विनिमय को **संकेत** (sign) द्वारा समझाते हैं।

बोड्रिलार्ड मूल में उत्तर-आधुनिकता को संचार और मीडिया के माध्यम से देखते हैं। उनका तर्क है कि उपभोग की वस्तुएं एक प्रकार की **संकेत व्यवस्था** (Sign System) को बनाती हैं। अब वस्तुएं बाजार में आवश्यकताओं को पूरा करने वाली साधन बनकर नहीं आतीं। वे तो केवल संकेतक के रूप में आती हैं। ये संकेत उपभोग के लिये व्यक्ति को प्रेरित करते हैं। रसोई घर अमुक **इलेक्ट्रोनिक** आईटम के आने से गृहिणी अवकाश के अवसर पा जायेगी। उसका स्वास्थ्य बढ़िया रहेगा। उसके शरीर पर रौनक आ जायेगी। उसे आस-पड़ौस के साथ गप्प लगाने का सुन्दर अवसर मिल जायेगा। ये सब बातें टेलिविजन द्वारा बताई जाती हैं। सुन्दरता, लावण्य और रसोईघर के गेजइट (Gadget) को बढ़िया संकेतों द्वारा प्रदर्शित किया जाता है। **रेमण्ड** के सूट में एक बढ़िया से सम्पूर्ण (complete) आदमी के व्यक्तित्व को संकेत के रूप में खड़ा किया जाता है और रेड एण्ड व्हाइट सिगरेट के धूम्रपान करने वाले को इमारतें लांघते हुए बताया जाता है। ये सब मीडिया द्वारा दिये गये संकेत हैं। बोड्रिलार्ड का तर्क है कि ये संकेत ही हमें अधिक से अधिक उपभोग करने को प्रेरित करते हैं।

वस्तुतः हम वस्तुओं का उपभोग नहीं करते। हम संकेतों का उपभोग करते हैं। यह संकेतों के उपभोग के माध्यम से ही है कि हम इस उत्तर-आधुनिक समाज में अपना स्थान या प्रस्थिति पाते हैं। अगर वस्तुओं को बाजार में बिकना है, तब उन्हें सशक्त संकेत बनना ही पड़ेगा। यदि वस्तुओं ने ऐसा नहीं किया तब वे बाजार से उठ जायेंगी। **उपयोग** को **संकेत** से जोड़ते हुए बोड्रिलार्ड कहते हैं :

> जिस वस्तु का लोग उपभोग करते हैं वह वस्तु ही लोगों की पहचान है। दूसरे लोगों से वे वस्तु के उपभोग से ही भिन्न हो जाते हैं। इसलिये हम वस्तुओं का उपभोग नहीं करते, संकेतों का उपभोग करते हैं। **उपभोग संकेतों को चालाकी से रखने की एक ऐसी व्यवस्था है जिसमें लोग संकेतों को ही वस्तु समझ लेते हैं।**

बोड्रिलार्ड ने उपभोग समाज की सम्पूर्ण परिभाषा ही बदल दी है। वे कहते हैं वस्तुओं का उनकी उपयोगिता के आधार पर कोई मूल्य नहीं होता। **दूसरे शब्दों में, उनका इस्तेमाल मूल्य** (Use Value) **नहीं रहता और संकेत मूल्य** (sign value) **सब कुछ हो जाता है। किसी भी वस्तु की उसकी अभिव्यक्ति और शैली पर प्रतिष्ठा हो जाती है, और फिर वह बाजार में चल निकलती है। अमुक कम्पनी की कपड़े धोने की मशीन उसके संकेत के आधार पर प्रतिष्ठित हो जाती है। और लोग उसको खरीद लेते हैं, वह कितनी उपयोगी है, उसकी आवश्यकता है या नहीं, इस पर उपभोक्ता गंभीरता से कभी नहीं सोचता है। ऐसी स्थिति में, वस्तुतः हम कपड़े धोने की मशीन न खरीद कर, उसका संकेत** खरीदते हैं। यह संकेत ही हमें समाज के दूसरे व्यक्तियों से अलग (Different) कर देता है। संकेत ही समाज के लोगों को एक सूत्र में बांधता है।

2. उत्तर-आधुनिक समाज प्रतिकृति (Simulation) समाज है

बोड्रिलार्ड ने जिस उत्तर-आधुनिक समाज की कल्पना की है या जो समाज आज बन रहा है, **वह बुनियादी रूप से मीडिया** (Media) **यानी संचार माध्यमों का समाज है। इस समाज का प्रभावी मुहावरा ही संचार की दुनिया है। संचार और संकेत दोनों मिलकर इस समाज को उपभोग समाज बनाते हैं। यहां बोड्रिलार्ड एक और अवधारणा को काम में लाते हैं। यह अवधारणा आचरण संहिता** (Code) की है। अब थोड़ा इसे समझ लें।

आचरण संहिता अपने स्वरूप में अमूर्त है। वस्तुओं से जुड़े हुए संकेत लोगों को एक दूसरे के साथ जोड़ते हैं। उदाहरण के लिये मारुती मोटर के साथ संचार के कुछ संकेत बंधे हुए हैं—यह मध्यम वर्ग के लिये बहुत काम की गाड़ी है, इससे बहुत कम खर्च में सैर-सपाटा किया जा सकता है, यह ऊबड़-खाबड़ सड़क पर भी तेजी से दौड़ सकती है, यह महिलाओं की पहिली पसन्द है, आदि। ये संकेत मामूली मोटर कार चलाने वालों को आपस में जोड़ देते हैं। अब ये जो संकेत हैं वे प्रतिकृति हैं। यथार्थता से इन्हें कोई लेना-देना नहीं है। यदि देखा जाये तो ये प्रतिकृतियां यानी **सिम्यूलेशन** यथार्थ को भी बहुत बढ़ा-चढ़ा कर—अतिरंजित रूप में रखते हैं। **इस तरह की प्रतिकृतियों की अति यथार्थता** (Hypereality) होते भी लोग स्वीकार कर लेते हैं। मारुती गाड़ी, जितना कहा जाता, उतनी प्रतिष्ठा नहीं देती, इसकी तथाकथित उपयोगिता भी नहीं है, फिर भी लोग केवल संकेत मूल्य के आधार पर इसे खरीदते हैं। **लोगों की संकेतों के लिये जो मान्यता या वैधता है, उसे ही बोड्रिलार्ड कोड** (Code) **अर्थात् आचरण संहिता कहते हैं। संकेत शून्य में नहीं बिकते। उनकी वैधता होती है।** और यह वैधता समाज देता है। इस वैधता का यथार्थता से कोई सरोकार नहीं होता। केवल मीडिया इसे व्यापकता देता है और इसी से इसे यानी **कोड** (आचरण संहिता) को समाज की मान्यता जाती है।

संकेत (Sign), **प्रतिकृति** (Simulation) और **आचरण संहिता** (Code), बोड्रिलार्ड की उपभोग समाज की व्याख्या की एक मूलभूत अवधारणा है। इनके बिना आधुनिक समाज को समझा नहीं जा सकता। अब बोड्रिलार्ड अपनी इन अवधारणाओं को विचारों पर लागू करते हैं। उनका तर्क है कि उत्तर-आधुनिकता समाज की सम्पूर्ण संरचना मीडिया द्वारा संचालित होती है। यह मीडिया ही इस समाज की प्राण वायु है। **इनमें संकेतों का प्रयोग वस्तुओं के अतिरिक्त विचारों और विचारधारा पर भी किया जाता है। मध्यम वर्गीय परिवार की स्त्रियां नौकरी करती हैं, विवाह विच्छेद करती हैं और यह परिवार अनिवार्यतः एकाकी परिवार है। ये सब संकेत हैं, प्रतिकृति हैं और इनकी निश्चित आचरण-संहिता है। टेलिविजन के विभिन्न चैनलों में हाल में जो महिला-प्रधान कार्यक्रम दिये जाते है, इसके पीछे महिला आन्दोलन के संकेत और प्रतिकृतियां हैं। ये कार्यक्रम अपने ढंग से अति यथार्थता को प्रस्तुत करते हैं। ये चल भी इसलिये रहे हैं, कि आचरण-संहिता इन्हें वैधता देती है।**

उत्तर-आधुनिकता समाज की सैद्धान्तिक व्याख्या बोड्रिलार्ड ने की है। उनकी दृष्टि में यह समाज उपभोक्ता समाज है और इसका निर्माण प्रतिकृतियों, संकेतों और आचरण संहिता से बना है।

अगर उत्तर-आधुनिक को एक शब्द में परिभाषित करना हो तो हम कहेंगे कि यह समाज एक **अति यथार्थता** (Hyper reality) है। **इस अति यथार्थता को बनाने का श्रेय संकेतों, प्रतिकृतियों और आचरण संहिता को है। अब मीडिया को वास्तविकता या यथार्थता का आईना नहीं कहा जा सकता।** आज मीडिया जो कुछ बताता है वह यथार्थ नहीं है, यथार्थता से आगे है। अति यथार्थता है। टेलिविजन पर जो दृश्य बनाये जाते हैं, वे सब झूठ हैं। यथार्थता से परे हैं। कोई भी सिर के बालों की रूसी को जड़मूल से हटा देगा, यह अति यथार्थ है। बालों को घना और लम्बा बना देगा, अति यथार्थता है। बालों का चरित्र आनुवंशिकता पर निर्भर करता है। विज्ञापन की या वस्तु बेचने की इस चालाकी में वास्तविकता गौण हो जाती है। बोड्रिलार्ड अति वास्तविकता पर टिप्पणी करते हुए लिखते हैं :

> वास्तविक को जो दिखाया जाता है, उससे अलग करना असम्भव है। सच्चाई यह है कि वास्तविकता के जो लक्षण होते हैं वे दृश्य में आकर अति वास्तविक बन जाते हैं।

बोड्रिलार्ड अपनी इस अवधारणात्मक फ्रेमवर्क को समाज की संस्कृति पर लागू करते हैं और कहते हैं कि मीडिया के कारण इस संस्कृति में क्रान्तिकारी परिवर्तन आया है। परिणामस्वरूप जिसे हम जनता कहते हैं वह बराबर निष्क्रिय होती जा रही है। उसमें कहीं भी बगावत या क्रान्ति करने की भावना दिखाई नहीं देती। मार्क्स जहां जनता को क्रान्ति करने वाली समझते, वह जनता वह पूरी तरह से अति यथार्थता की गिरफ्त में आ गई है। मीडिया जो कुछ उसे परोसना है, जनता उसे पचा लेती है। वह यह कतई नहीं समझ पाती कि मीडिया के ये विज्ञापन उसे बड़ी चालाकी से ठग रहे हैं। बोड्रिलार्ड के सिद्धान्त का बहुत बड़ा संदेश यह है कि उत्तर-आधुनिकता समाज एक उपभोक्ता समाज है जिसका पोषण प्रतिकृतियों, संकेतों और आचरण संहिता द्वारा किया जाता है।

बोंड्रिलार्ड का उत्तर-आधुनिकतातावाद का सामाजिक सिद्धान्त, जोर्ज रिट्ज़र की दृष्टि से, अत्यधिक कठोर है। ऐसा लगता है कि समाज के बारे में उन्होंने अपनी आखिरी बात कह दी है। **केलनेर** (Kellner) का तो विचार है कि बोड्रिलार्ड का यह समाज मौत की सांस में जी रहा है। अपने सिद्धान्त निर्माण में कई जगह बोड्रिलार्ड बड़े बेगुए, षड़यंत्रकारी और मौत के सौदागर जैसे दिखाई देते हैं। बार-बार वे कहते हैं कि समाज त्वरित गति से और निश्चित रूप से श्मशान की ओर बढ़ रहा है। मौत के खतरे से आक्रान्त और तरह से एकान्तिक यह समाज उपभोग की संस्कृति में छलांग लगाये बैठा है, और किसी भी समय इसकी सांस छूट सकती है।

रिट्‌जर ने बोड्रिलार्ड के उत्तर-आधुनिकताता के सामाजिक सिद्धान्त की बड़ी कड़ी आलोचना की है—

> अन्त में, बोड्रिलार्ड समाज का एक घातक सिद्धान्त प्रस्तुत करते हैं। अपनी बाद की एक कृति—**अमेरिका**—में वे कहते हैं कि इस देश को देखने के बाद उनका विश्वास पक्का हो गया है कि यह देश आज पूर्ण रूप से भविष्य के महान विकट के कगार पर खड़ा है। इसमें कोई क्रान्तिकारी परिवर्तन होने की सम्भावना नहीं है। क्योंकि वहां अब कोई कार्ल मार्क्स नहीं हैं। ऐसा लगता है कि हम सब जिन्दगी की एक प्रतिकृतियों और अति यथार्थताओं से अभिशप्त हैं। अब इस समाज की मृत्यु का कोई विकल्प नहीं है।

जेमेसन का उत्तर-आधुनिकता का सामाजिक सिद्धान्त (Post-modern Social Theory of Fredric Jameson)

उत्तर-आधुनिकता के सामाजिक सिद्धान्तों में **फ्रेडरिक जेमेसन** (Frederic Jameson) का सिद्धान्त काफी **उदार** (Moderate) समझा जाता है। जेमेसन **नव-मार्क्सवादी उत्तर-आधुनिक** (Neo-Postmodern) समाजशास्त्री हैं जिनका सामाजिक सिद्धान्त एक उदार सिद्धान्त समझा जाता है। यह इसलिये कि यद्यपि उत्तर-आधुनिकता और आधुनिकता में अन्तर है फिर भी आधुनिकता की निरन्तरता उत्तर-आधुनिकता में पाई जाती है। इस अर्थ में ये दोनों अवधारणाएं अपनी परिभाषा में भिन्न होकर निरन्तरता बनाई हुई हैं। ई. 1984 में जेमेसन ने उत्तर-आधुनिकता पर एक लेख लिखा था : **पोस्ट मोडर्निज्म आर दि कल्चरल लॉजिक आफ लेट केपिटलिज्म** (Post-modernism, or the Cultural Logic of Late Capitalism, 1984)। यह लेख बौद्धिकों में लम्बे समय तक चर्चा का विषय बन गया था। जेमेसन का आग्रह है कि अब हमें ऐसे समाज विज्ञान की आवश्यकता नहीं है जिसके सिद्धान्त सार्वभौमिक हों। न ही अब हम संसार में घटने वाली प्रघटनाओं को किसी एक सार्वभौमिक सिद्धान्त द्वारा समझना चाहते हैं। हम कोई सार्वभौमिक सत्य को जानने में भी रुचि रखते हैं। कुल मिलाकर मार्क्सवादी होकर भी जेमेसन किसी एक **सकलता** (Totality) के सिद्धान्त के समर्थक हैं।

जेमेसन के उत्तर-आधुनिकता के सामाजिक सिद्धान्त का आधार या केन्द्र उत्तर-आधुनिक संस्कृति है। **वे इस बात से सहमत नहीं हैं कि मार्क्सवादी सिद्धान्त वस्तुतः एक महान वृतान्त है और इसीलिये इसे अस्वीकार करने की कोई आवश्यकता नहीं।** जेमेसन का तर्क दूसरा है। उनका विचार है कि उत्तर-आधुनिकता की सबसे बड़ी और ताकतवर व्याख्या मार्क्सवाद में ही है। सभी मार्क्सवादियों ने उनके इस दृष्टिकोण के कारण इनकी प्रशंसा की है। जेमेसन का तर्क है कि आज उत्तर-आधुनिकता में संस्कृति की जो बहुतायत है वह वास्तव में संस्कृति नहीं अपितु एक आर्थिक आग्रह है जो पूंजीवाद को

बढ़ावा देता है। उत्तर-आधुनिकता ने संस्कृति को एक पुण्य वस्तु बना दिया है और इसके माध्यम से पूंजीवाद व्यापक हो रहा है। यहां कार्ल मार्क्स सही उतरते हैं। आखिर मार्क्स का यही तो कहना है कि इस समाज की बुनियाद आर्थिक है और उत्तर-आधुनिकता में जो संस्कृति है इसका आधार भी आर्थिक ही है। **जेमेसन, कुल मिलाकर, उत्तर-आधुनिकता की संस्कृति की व्याख्या आर्थिक संदर्भ में करते हैं। जेमेसन के उत्तर-आधुनिक समाज के सामाजिक सिद्धान्त की निम्न विशेषताएं हैं :**

1. **उत्तर-आधुनिक समाज सतही है**—इस समाज में गहराई नहीं है। यह जमीन से जुड़ा हुआ एक समाज नहीं है। इसे यदि कोई खुली आँख से देखना चाहे तो यह महानगरों, बड़े-बड़े हाटों और पंच मिनारा होटलों में ही देखा जा सकता है। इसका बहुत अच्छा दृष्टान्त **सिम्यूलेशन** यानी प्रतिकृति है। इसका अर्थ है इस समाज में सब नकल ही नकल है, कार्बन कापी ही है, और मूल प्रति का कहीं अता-पता नहीं।
2. **घटते हुए संवेग और मनोभाव**—उत्तर-आधुनिक समाज जेमेसन के अनुसार, एक संज्ञाहीन समाज है। इसके चेहरे पर कोई भाव नहीं, न यह कभी रोता है, और न कभी हँसता। यह समाज मनोभावों और संवेगों के बिना जीवित रहता है। मार्क्स ने जिस अलगाव की व्याख्या औद्योगिक समाज में की है, वह अलगाव उत्तर-आधुनिक समाज में **विखण्डित** (Fragmented) रूप में देखने को मिलता है। यह समाज किसी दिशाहीन वस्तु की तरह केवल तैरता दिखाई देता है—कहाँ जायेगा, कुछ पता नहीं। इस समाज में अवैयक्तिकता इतनी अधिक है कि कोई किसी को पहचानता नहीं। कोई किसी का अपना नहीं।
3. **कोई ऐतिहासिकता नहीं**—उत्तर-आधुनिकता का इतिहास में कोई भरोसा नहीं। इसके लिये व्यक्ति और समाज दोनों ही विखण्डित हैं। इसका न अतीत है, न वर्तमान और न कोई भविष्य। पिछली जो भी जीवन पद्धतियां हैं, उन सबको यह उत्तर-आधुनिक समाज निरस्त करता है। इसी कारण इसमें जो भी विचार हैं, वे टुकड़ों में हैं और अतीत के साथ उनका कोई ताल-मेल नहीं है। कहीं से और कभी भी जब पिछले वृतान्त दिये जाते हैं तब वे परस्पर विरोधी और भ्रामक होते हैं। यह स्थिति साहित्य और कला जगत में सबसे ज्यादा है। यूरोप और अमेरिका में हाल में ऐसे उपन्यास प्रकाशित हुए हैं जो अतीत के बारे में एकदम शून्य हैं। उत्तर-आधुनिकता की आज जो स्थिति है वह एक मनोरोगी की है जो न अपना इतिहास जानता है और न जिसे अपने स्वयं के भविष्य के बारे में कुछ पता है।
4. **नई तकनीकी**—तकनीकी विकास तो आधुनिक काल में भी हुआ था। बड़े कल-कारखाने चले थे। पर इन कारखानों का उद्देश्य नित-नया उत्पादन करना था। जो भी तकनीकी आती थी, वह वस्तुतः उत्पादन करने वाली थी। रेलगाड़ी, बिजली से चलने वाला करघा, अनाज पीसने की चक्की, उदाहरण के लिये किसी भी तकनीकी को लेवें, इसका उद्देश्य उत्पादन को गति देना था।

आज जिस तरह की तकनीकी आ रही है, उसका उद्देश्य उत्पादन करना नहीं है। टेलिविजन और ऐसे कई इलेक्ट्रोनिक उपकरण हैं जो अधिक से अधिक तादाद में बनाये जा रहे हैं लेकिन जिनका उद्देश्य उत्पादन बढ़ाना नहीं है, केवल संस्कृति को व्यापक बनाना है। टेलिविजन संचार के माध्यम से यह सब करता है।

जेमेसन ने उत्तर-आधुनिक समाज का जो सामाजिक सिद्धान्त बताया है उससे **यह बात स्पष्ट उभर कर आती है कि वे इस समाज को संस्कृति प्रधान समाज मानते हैं। दूसरा, यह समाज उनकी दृष्टि में बहुराष्ट्रीय पूंजीवादी समाज** (Multinational Capitalist Society) **है। पूंजीवाद के उद्विकास में यह विलम्बित पूंजीवाद** (Late Capitalism) **है। बहुत सरल शब्दों में, उत्तर-आधुनिकता की परिभाषा देवें तो कहेंगे कि यह समाज विलम्बित पूंजीवाद का समाज है। जेमेसन की परिभाषा में विलम्बित पूंजीवाद और उत्तर-आधुनिकता एक दूसरे के पर्यायवाची हैं।** सूत्र कुछ इस तरह बना : **उत्तर-आधुनिकता = विलम्बित पूंजीवाद।**

यहां तक तो जेमेसन ने उत्तर-आधुनिकता की आलोचना की है। अब प्रश्न है: उनका स्वयं का क्या सामाजिक सिद्धान्त है ? उनके सिद्धान्त के मुख्य बिन्दु यहां प्रस्तुत किये जाते हैं :

1. **महान वृतान्त उपयोगी है**—जेमेसन समाजशास्त्रियों ने महान वृतान्तों के बारे में मौन हैं। वे वेबर, दरखाईम, पारसंस और मर्टन के महान वृतान्तों के बारे में कुछ नहीं बोलते। लेकिन आग्रहपूर्वक यह स्थापित करते हैं कि मार्क्स का सिद्धान्त महान वृतान्त होते हुए भी बहुत उपयोगी है। इसकी उपेक्षा नहीं की जा सकती। वे तो मार्क्स के महान वृतान्त की पैरवी करते हैं।
2. **संज्ञानात्मक नक्शे की आवश्यकता**—जेमेसन एक ऐसे संज्ञानात्मक नक्शे (Cognitive map) का निर्माण करना चाहते हैं जो सम्पूर्ण दुनिया के ज्ञान को समेट सके। यह नक्शा कम से कम ज्ञान के क्षेत्र में तो सम्पूर्ण विश्व को एक बना सके। ऐसे नक्शे में वर्ग-चेतना का होना आवश्यक है। यह चेतना के बिना दुनिया भर के लोग एक मंच पर नहीं आ पायेंगे। इस संज्ञान की व्यापकता में **व्यक्ति** (Individual) और **सामूहिकता** (Collectivity) दोनों ही आ जाने चाहिये। इसका परिणाम यह होगा कि कम से कम ज्ञान के स्तर पर तो दुनिया भर के लोग एक हो सकेंगे।
3. **इस नक्शे को बनाने का काम सिद्धान्तवेत्ता करेंगे**—इस तरह का संज्ञानात्मक नक्शा कौन बनायेगा। जेमेसन इसका उत्तरदायित्व सिद्धान्तवेत्ताओं, उपन्यासकारों, कथाकारों और बौद्धिकों पर छोड़ते हैं। जब इस तरह नक्शा बन जायेगा, तब इसके आधार पर यह सम्भव होगा कि राजनीति गतिविधियां हो सकेंगी।
4. **उत्तर-आधुनिकता के सामाजिक सिद्धान्त का आधार सकलना** (Totalization) है। **जेमेसन के बारे में महत्वपूर्ण बात यह है कि वे उत्तर-आधुनिकता सिद्धान्त के**

विपरीत सकलता (Totalization) के पक्ष में हैं। इसी कारण उन्होंने मार्क्सवादी महान वृतान्त का समर्थन किया है। इसी कारण वे वैश्वीय संज्ञानात्मक नक्शे को बनाने की सलाह देते हैं। **कुल मिलाकर जेमेसन, सकलता, महान वृतान्त और वैश्वीयता के पक्षधर हैं।**

5. **जेमेसन के सिद्धान्त में मार्क्सवादी सिद्धान्त और उत्तर-आधुनिकता के सामाजिक सिद्धान्त का संश्लेषण** (Synthesis) है।

जेमेसन की बड़ी विचित्र स्थिति है। मार्क्सवादी उससे खुश हैं कि उसने मार्क्स के महान वृतान्त को स्वीकृति देकर उसकी पैठ उत्तर-आधुनिकता में स्थापित की। दूसरी ओर उत्तर-आधुनिकतावादी सिद्धान्तवेत्ता जेमेसन से नाखुश हैं कि वे संस्कृति की प्रधानता की आलोचना करता है। **यह सब होते हुए भी जेमेसन ने अपने सामाजिक सिद्धान्त में क्लासिकल मार्क्सवाद को उत्तर-आधुनिकता के साथ जोड़ा है, और यह उनकी बहुत बड़ी सैद्धान्तिक उपलब्धि है।**

संश्लेषण का कार्य हमेशा दूभर होता है। यह जेमेसन का ही सामर्थ्य है कि उन्होंने मार्क्सवादी सिद्धान्त का मेल उत्तर-आधुनिकतावाद के साथ स्थापित किया है। **केलनेर और बेस्ट** (Kellner and Best) ने जेमेसन की सिद्धान्त निर्माण की कुशलता पर निम्न टिप्पणी की है :

> जेमेसन इस बात के दृष्टान्त हैं कि उन्होंने एक विभिन्न दर्शनग्राह्यी की तरह एक बहुलसंदर्भ सिद्धान्त का निर्माण किया है। इस सिद्धान्त में सभी तरह की स्थितियों का मुकाबला किया है, प्रत्येक ने तनाव या प्रतिकूलता झेली है और बहुत कठिन कार्य यह किया है कि क्लासिकल मार्क्सवाद को अति उत्तर आधुनिकता के साथ जोड़ा है।

पिछले पृष्ठों में हमने उत्तर-आधुनिकता के सामाजिक सिद्धान्तों का एक संक्षिप्त विवरण दिया है। इस विवरण में हम दो विचारकों को ही लिया है। इनमें जेमेसन एक उदार उत्तर-आधुनिकतावादी सिद्धान्तवेत्ता है और बोड्रिलार्ड छोर तक पहुंचने वाले सिद्धान्तवेत्ता दोनों का उत्तर-आधुनिक समाज के बारे में संदर्भ एकदम जुदा है। दोनों ही संदर्भ अपनी-अपनी जगह इस समाज के बारे में अपना बोध या विश्लेषण प्रस्तुत करते हैं। उत्तर-आधुनिक सिद्धान्तवेत्ताओं में जेमेसन और बोड्रिलार्ड के अतिरिक्त अन्य भी कतिपय सिद्धान्तवेत्ता हैं। फूको, दरिदा और ल्योतार भी टक्कर के उत्तर-आधुनिकतावादी हैं। इनके विचारों और इन सामाजिक सिद्धान्तों का विवेचन हम इस पुस्तक के तीसरे भाग में करेंगे। वहां इनके व्यक्तित्व और कृतित्व की चर्चा भी की जायेगी। जब इन उत्तर-आधुनिक विचारकों के सिद्धान्त की चर्चा करते हैं, तब हमें हमेशा यह ध्यान में रखना चाहिये कि इनके सिद्धान्त किसी महान् वृतान्त की तरह नहीं हैं। महान वृतान्त में जब हम प्रकार्यवादी सिद्धान्तों को लेते हैं तो इनमें ढेरों सिद्धान्तवेत्ता आ जाते हैं—दरखाईम, वेबर, पारसंस,

पीटर-ब्लाऊ, मर्टन आदि। इसी तरह जब संघर्ष में महान वृतान्त की बात करते हैं तब इसकी तालिका भी बड़ी लम्बी हो जाती है—कार्ल मार्क्स से रेन्डाल कोलिन्स और इससे भी आगे तक के विचारक इस सिद्धान्त में आ जाते हैं।

उत्तर-आधुनिकता के सामाजिक सिद्धान्त में इस तरह समानता नहीं पाई जाती। ये सिद्धान्त महान वृतान्त न होकर स्थानीय वृतान्त होते हैं। उत्तर-आधुनिकता का केन्द्रीय मुहावरा **विखण्डन** (Fragmantation) होता है। इस प्रकार प्रत्येक उत्तर-आधुनिक विचारक का सिद्धान्त पृथक् होता है। यह सिद्धान्त किसी एक ही फ्रेमवर्क में समेटा नहीं जा सकता। उदाहरण के लिये जेमेसन को बोड्रिलार्ड के साथ एक ही फ्रेमवर्क में नहीं रख सकते। इसी कारण उत्तर-आधुनिकता के सामाजिक सिद्धान्त के दो प्रतिनिधि विचारकों को हमने यहां रखा है। सिद्धान्त निर्माण की इस कवायद में हमने बराबर यह कहा है कि उत्तर-आधुनिकता का आविर्भाव समाजशास्त्र में अभी नया ही है। इसने सामाजिक सिद्धान्त निर्माण की प्रक्रिया भी कोई प्रभावी नहीं। हमने सामाजिक सिद्धान्त के नाम पर जो कुछ लिखा है, उसे दृष्टान्त रूप में ही समझा जाना चाहिये। इस क्षेत्र में विदेशों में भी अपवादस्वरूप ही कुछ काम हुआ है।

संदर्भ ग्रन्थ

सुधीश पचौरी, **आलोचना से आगे**, राधाकृष्ण, नई दिल्ली, 2000

Harvey, D., **The Condition of Post-modernity : An Enquiry into the Origins of Cultural Change,** Oxford, 1989.

Jameson, F., **Post-modernism, or, The cultural Logic of Late Capitalism,** London, Verso, 1991.

Ritzer, George, **Post-modern Social Theory, Sociology, and Sociological Theory.**

6

भारतीय समाज में उत्तर-आधुनिक स्थितियाँ

(Post-modern Situations in Indian Society)

क्या भारतीय समाज आज उत्तर-आधुनिक स्थितियों में दाखिल हो चुका है? प्रश्न प्रासंगिक है। सम्पूर्ण दुनिया आज उत्तर-आधुनिकता के दौर से गुजर रही है। वैश्वीकरण ने इस दौर को नई हवा दी है। जिस गति से उत्तर-आधुनिक समाज उभर रहा है, उसी गति से सांस्कृतिक बहुलवाद भी अपनी पहचान बनाने के लिये तीव्र गति से आन्दोलन का रूप ले रहा है। उत्तर-आधुनिक समाज स्थानीय समाज के विपरीत है, वह उसे डकार जाना चाहती है और स्थानीय समाज है जो प्राण प्रण से अपनी पहचान बनाये रखना चाहता है। इसके लिये यह लड़ाई जीवन मरण की लड़ाई है। ऐसी अवस्था में उत्तर-आधुनिकता की प्रासंगिकता का प्रश्न हमारे देश में बहस का मुद्दा है। कुछ विश्लेषकों की धारणा है कि भारतीय समाज दोराहे पर खड़ा है-वह आधुनिक भी है और उत्तर-आधुनिक भी। कुछ और विचारक सोचते हैं कि अभी आधुनिकता इस देश में अधूरी है और उत्तर-आधुनिकता के आने में अभी थोड़ा और समय लगेगा। इस बहस के होते हुए भी एक बात निश्चित है। यह कतई सम्भव नहीं है कि किसी सुखद सुबह हमें यह सूचना मिले कि भारतीय समाज आज से उत्तर-आधुनिक हो गया है। वास्तविकता यह है कि उत्तर-आधुनिकता के निर्माण में कई प्रक्रियायें काम करती हैं। इसमें समाज के एक भाग में आधुनिकता का आना सम्भव है और इसी समय दूसरा भाग पारम्परिक और रूढ़िवादी रह सकता है। उत्तर-आधुनिकता कभी भी एक बारगी नहीं आती। यह टुकड़ों में आती है।

उत्तर-आधुनिकता के बारे में एक और तथ्य के सिलसिले में हम निश्चिन्त हैं। वह तथ्य यह है कि समाज विज्ञानों में उत्तर-आधुनिकता का प्रवेश अभी नहीं हुआ है। समाजशास्त्र से तो उत्तर-आधुनिकता अभी कोसों दूर है। यहाँ हाल के वर्षों में न तो कोई बोड्रिलार्ड हुआ है और न ही कोई ल्योतार और न किसी डेनियल बैल या गोर्ज ने उत्तर-उद्योगवाद की ही चर्चा की है। अभी आधुनिकता के क्षेत्र में ही समाजशास्त्र का प्रवेश दो-ढाई पुस्तकों के माध्यम से ही हुआ है। हमें जाति बिरादरी और गाँव चौपाल से ही फुरसत नहीं मिली है। यह बात दूसरी है कि भारतीय समाज के कई अन्य क्षेत्रों में उत्तर-आधुनिकता का समर्थन किया जा रहा है और उसी बुलन्दी में विरोध भी। विरोध का एक दृष्टान्त सुधीश पचौरी हैं। वे कहते हैं कि उत्तर-आधुनिकता ने हमें जकड़ लिया है। हमारी सोच को कुन्द कर दिया है। उनके शब्दों में :

हमारे अनुभव उत्तर-आधुनिक बन रहे हैं। हमारी बहसों में अचेत रूप में हमारे बदलते हुए जगत के चित्र आने लगे हैं। आधुनिकता एक ऐतिहासिक मूल्य बोध और वातावरण के रूप में विज्ञान, योजना, सैक्युलरिज्म और प्रगति केन्द्र जैसे विशेषणों को अर्थ देती रही है, उत्तर-आधुनिकता इनके सीमांतों का नाम है। इसलिये विज्ञान के मुकाबले अनुभव की वापसी, योजना की जगह बाजार की वापसी, सैक्युलरिज्म की जगह धार्मिक पहचानवादी, स्त्रीवादी उपकेन्द्रों की वापसी और मनुष्य केन्द्रित प्रगति की जगह प्रकृति केन्द्रित विकास के बीच लगातार बहस जारी है।

यह है कि उत्तर-आधुनिकता का विरोध। भारतीय समाज में ऐसे विचारकों का तबका भी है जो उत्तर-आधुनिकवादी लेखकों जैसे बोड्रीलार्ड की तर्ज पर यहाँ के स्थापित **महान वृत्तान्तों** (Meta-narratives) का डट कर विरोध करते हैं। ऐसे विचारक उत्तर-आधुनिकता की अगुवाई करते हैं। हिन्दी पाक्षिक पत्रिक **हंस** (जनवरी, 2002) के सम्पादक वैसे तो आतंकवाद पर अपनी टिप्पणी जड़ते हैं पर अपने इस प्रयास में वे किसी भी उत्तर-आधुनिकतावादी विचारक की तरह **महान वृत्तांत** की आलोचना परम्परा से हटकर करते हैं। संपादक, राजेन्द्र यादव लिखते हैं :

> आतंकवाद का जो भयानक चेहरा हमें दिखाया जा रहा है उसमें हम यह भूल जाते हैं कि वर्चस्ववादी रचना के खिलाफ उठे हुए हर विद्रोह को आतंकवाद का नाम दिया जा सकता है। रावण की लंका में पहला आतंकवादी हनुमान था। उसने वहाँ के शक्ति केन्द्र जलाये थे। बाद में असुर, राक्षस और म्लेच्छ भी आतंकवादी ही थे। शिवाजी आतंकवादी गुरिल्ला नहीं तो क्या थे? पिछली सदी में भिंडरवाले से लेकर श्रीलंका के प्रभाकरन तक सभी आतंकवादी ही तो हैं।

हँस के सम्पादक का गुस्सा आधुनिकता पर भी है। उनका तर्क है कि जिस आधुनिकता को हम बीसवीं सदी में इस देश में लेकर आये वह आधुनिकता आज पिछड़े वर्गों को उपेक्षा की दृष्टि से देख रही है। अगर आधुनिकता इन वर्गों के दुख दर्द के प्रति ऐसी ही बेखबर रही है, तब इसका विकल्प उत्तर-आधुनिकता ही है। वे लिखते हैं :

> उन्नीसवीं सदी में जिस तरह पश्चिम से राष्ट्रीयता की अवधारणा लेकर हमने अपनी राष्ट्रीयता गढ़ी, उसी तरह बीसवीं शताब्दी में लोकतंत्र और तलघरों में घुटते हुए लोगों ने पहली बार समानता और स्वतंत्रता की रोशनियाँ देखीं। आज उनकी आवाजों को अनसुना करना असंभव हो गया है। इन्हीं आवाजों में आज सबसे ऊंची आवाजें हैं दलितों और स्त्रियों की। सही अर्थों में वे ही समाज के सर्वहारा हैं। जो कुछ समाज को हो रहा है, उससे साहित्य या विचार और रचना का बचे रहना संभव कैसे हो सकता था ? या सारी दुनिया का जो केन्द्रीय विमर्श है, वह हमारे यहाँ कब तक रहता ?

स्पष्ट है, उत्तर-आधुनिकता जो विकसित देशों का आज मुहावरा है, भारत के गरीब-गुरबों का एक मात्र विकल्प है। योगेन्द्र सिंह ने आधुनिकता पर तो डट कर लिखा है पर उन्हें भी ऐसा लगता है कि यदि आधुनिकता वर्तमान समाज की आशाओं और अपेक्षाओं को अनदेखा करेगी तो उत्तर-आधुनिकता ही लोगों का एक मात्र विकल्प रहेगी। उत्तर-आधुनिकता से आशा बाँधे हुए योगेन्द्र सिंह (Culture Change in India, 2000) में लिखते हैं :

> सांस्कृतिक आधुनिकीकरण के सिद्धान्त की एक अन्तर्निष्ठ धारणा सार्वभौमिक बुद्धिसंगतता रही है। लेकिन इस धारणा का भवन तब गिरता दिखाई देने लगा जब तकनीकी तंत्र और औद्योगिक विकास के परिणामस्वरूप पर्यावरण का ध्वंस होने लगा, परिवार के मूल्य गिरने लगे, छद्म रूप में शोषण की धार तेज हो गई, व्यक्तियों में अलगाव की भावना आने लगी, और सामाजिक संरचना के साथ इस मोह भंग ने उत्तर-आधुनिकता की बहस को जन्म दिया। अब संस्कृति के अध्ययन में उत्तर-आधुनिक के पेराडिम पर लोग विचार करने लगे हैं।

योगेन्द्र सिंह सामाजिक परिवर्तन के विश्लेषण में संस्कृति की भूमिका को महत्वपूर्ण स्थान देते हैं। पर वे बार-बार कहते हैं कि लोगों का इस संस्कृति से मोह भंग हो गया है। शायद यह मोह भंग उन्हें उत्तर-आधुनिक की ओर मोड़ देवे। योगेन्द्र सिंह के अनुसार उत्तर-आधुनिकता बुद्धिसंगतता जैसी किसी धारणा को संस्कृति का अन्तर्निष्ठा आधार नहीं मानते। **सही अर्थों में उत्तर-आधुनिकता व्यवस्था की अवधारणा को स्वीकार नहीं करती। इसका विश्वास विखण्डन में है। योगेन्द्र सिंह का मानना है कि अब समय आ गया है जब हमें संस्कृति का अध्ययन उत्तर-आधुनिकता के संदर्भ में करना चाहिये।** यद्यपि योगेन्द्र सिंह उत्तर-आधुनिकता की किसी व्यवस्था को तो प्रस्तुत नहीं करते, लेकिन वे भारत में इस अवधारणा के महत्व को भी अस्वीकार नहीं करते।

इस अध्याय में हम केवल एक प्रश्न उठा सकते हैं : क्या आज भारत में ऐसी स्थितियां हैं जिनके कारण उत्तर-आधुनिकता आ सकती है ? इस प्रश्न को बदल कर इस तरह भी रखा जा सकता है : यदि भारत में आज किन्हीं क्षेत्रों में उत्तर-आधुनिकता है तो इसकी क्या स्थिति है, इसकी क्या दशा है ? इस प्रश्न की खोज में जो कुछ समाजशास्त्रीय, सामग्री हमें उपलब्ध है, इसका हम यहां विश्लेषण करेंगे।

क्या भारत में उत्तर-आधुनिक समाज के आविर्भाव की सम्भावना है ?
(Is there possibility of the emergence of Post-modern Society ?)

इस प्रश्न का उत्तर हम सबसे पहले योगेन्द्र सिंह के सन्दर्भ में देंगे। अपने एक लेख में योगेन्द्र सिह भारत के राजनीतिक नेतृत्व की चर्चा करते हैं। उनका कहना है कि नेतृत्व कहीं भी हो, राजनेता का उद्देश्य शक्ति को प्राप्त करके लोगों के सामूहिक हित में लगाना चाहिये। इसलिये नेतृत्व जहां आदर्शात्मक होता है वहीं उद्देश्यपरक भी। इस दृष्टि से देखा

जाये तो आज वैश्वीय स्तर पर नेतृत्व का संकट है। अब दुनिया भर में यह सोचा जाने लगा है कि हमारे राजनैतिक मूल्य कैसे होने चाहिये और इसी अनुपात में राजनीतिक संस्थाएं कैसी होनी चाहिये। हम गंभीरता से यह विचारने लगे कि **नागरिक समाज** (Civil Society) को किस तरह संगठित होकर **राज्य** (State) और **राजनीति** (Politics) का मुकाबला करना चाहिये।

योगेन्द्र सिंह का विश्लेषण है कि आज देश में राजनीतिक दलों का पतन हो गया है, राष्ट्र-राज्य की प्रशासनिक क्षमता कमजोर हो गई है। अब हमें नई आर्थिक व्यवस्था में ऐसे प्रशासन चाहिये जो किसी भी प्रबन्ध के मैनेजर की तरह काम कर सके। उन नेताओं की आवश्यकता नहीं है जो चिकनी-चुपड़ी बात करके लोगों को बहला सकें। प्रजातंत्र हमारे देश में ही संकट में हो, ऐसा नहीं है। अमेरिका और इंग्लैण्ड में भी अब यह समझा जाने लगा है कि प्रजातंत्र को कारगर रूप से चलाने के लिये नागरिक समाज को सुदृढ़ करना होगा। देश की राजनीति की एक पृष्ठभूमि प्रस्तुत करने के बाद योगेन्द्र सिंह का तर्क है कि निम्न कारणों से इस देश में उत्तर-आधुनिक समाज के आविर्भाव की सम्भावना है :

1. यूरोप और अमेरिका की तरह यहां राजनीतिक स्थिति में संकट है। प्रजातंत्र, राजनीतिक दल, बाजार और वैश्वीय स्तर के उत्पादन और संचार तकनीकी में परिवर्तन के कारण सम्पूर्ण सामाजिक और सांस्कृतिक ढ़ांचा चरमरा गया है। अब व्यवस्था में कई दोष आगये हैं। ऐसा लगता है कि आधुनिक समाज की कार्य प्रणाली विदेशों में होने वाले परिवर्तन के साथ अपना परिवर्तन नहीं कर पाई है। कारण से जहां विदेशों में उत्तर-आधुनिक समाज ने आधुनिक समाज को उखाड़ फेंका है वैसे ही भारतीय समाज में भी व्यवस्था का संकट आजायेगा।
2. आर्थिक सुधार के क्षेत्र में हमारे यहां का इतिहास कुछ असामान्य रहा है। गांधीजी और नेहरूजी अर्थव्यवस्था को अलग-अलग तरह से देखते थे। गांधीजी की दृष्टि में व्यक्ति स्वायत्त था और उसकी यह स्वतन्त्रता राज्य के ऊपर भी थी। नेहरूजी के विचार दूसरे थे। उनके विचार में आमूल-चूल परिवर्तन लाने में राज्य की भूमिका बहुत बड़ी थी। उनके समय में योजना आयोग का प्रभुत्व केन्द्र और राज्य दोनों पर था। नेहरूजी का बाजार पर विश्वास नहीं था। उद्योगपति कभी भी जनहित कार्यों के लिये अपना लाभ वितरित करने को तैयार हो सकते थे। **इस कारण नेहरूजी की रणनीति थी कि राज्य ही समाज में सामाजिक और आर्थिक रूपान्तरण ला सकता है।** लेकिन अब तक का अनुभव बताता है और इसके लिये हमारे पास प्रमाण हैं राज्य अपेक्षित परिवर्तन को लाने में असमर्थ रहा है। नेहरूजी ने एक **मध्यम मार्ग** (Middle Path) चुना था। यह मार्ग **सार्वजनिक क्षेत्र** (Public Sector) का था। सार्वजनिक क्षेत्र राज्य और उद्योगपति दोनों के बीच का है। लेकिन अनुभव ने यह भी सिद्ध कर दिया है कि यह सार्वजनिक अपने लक्ष्य में सफल नहीं रहा। यह क्षेत्र अब शीघ्रता से निजी हाथों में जारहा है।

ई. 1991 में आर्थिक संकट के दबाव में आकर देश ने **ढांचागत परिवर्तन** (Structural Adjustment) की नीति को अपनाया और इसके कारण इस देश में वैश्वीकरण, उदारीकरण और निजीकरण आये। अब वित्तीय नियन्त्रण के केन्द्र राज्य में स्थापित हो गया। मुख्यमंत्री अपने स्तर पर विदेशी निवेश के लिये समझौता करते हैं। वित्तीय स्थिति का केन्द्र से राज्य में रूपान्तरण होना एक क्रांतिकारी घटना है और यह घटना ई. 1991 में घटी। इसने उत्तर-आधुनिक समाज के आविर्भाव के लिये सुलभ रास्ता खोल दिया। अब आयात-निर्यात के नियन्त्रण हट गये या ढीले पड़ गये।

वे विचारक जो ताल ठोक कर कहते हैं कि भारत में उत्तर-आधुनिक समाज का आविर्भाव नहीं हुआ है, उन्हें सरकार की नई अर्थ नीति पर विचार करना चाहिये। वैश्वीकरण, उदारीकरण और इन दोनों के कारण निजीकरण इस देश में आया है वह एक नई आर्थिक क्रांति का परिचायक है। इस क्रांति ने **बहु राष्ट्रीय कोरपोरेशन** (Multi-national Corporations, MNC) के निवेश का रास्ता खोल दिया है। अब सूचना समाज का सूत्रपात हो गया है। साफ दिखाई देता है कि क्षितिज के उस ओर उत्तर-आधुनिक समाज खड़ा है।

3. उत्तर-आधुनिक समाज के भारत में आविर्भाव का बहुत बड़ा कारण शायद राज्य और सरकार का घटता हुआ प्रभुत्व है। आज अन्तर्राष्ट्रीय स्थिति में वैचारिकी के क्षेत्र में बहुत बड़ा परिवर्तन आया है। एक समय था जब पूंजीवाद और समाजवाद भारतीय समाज के परिवर्तन के पेराडिम थे। कांग्रेस पार्टी ने अवाड़ी के विशेष सम्मेलन में यह घोषित किया कि वह भारत को समाजवादी समाज का स्वरूप देगी। संविधान में ऐसा संशोधन भी कर दिया। अब भारत एक प्रजातांत्रिक, धर्मनिरपेक्ष और समाजवादी समाज बन गया। लेकिन अब यह समाज-उदारीकरण और निजीकरण की गिरफ्त में आ गया। स्पष्ट है कि राज्य का प्रभाव कमजोर हो गया और वैश्वीकरण शक्तिशाली बन गया। यह सब होना उत्तर-आधुनिक समाज का दस्तक देना है।

अब राज्य का सोच बदल गया है। पूंजीवाद इसका मार्गदर्शक मुहावरा है। सोवियत रूस के विघटन ने इस मुहावरे को हमारे यहां राज्य की भूमिका को बदल दिया है। अब राज्य पर ऐसे दबाव बढ़ने लगे हैं कि वह धीरे-धीरे लेकिन निश्चित रूप से राष्ट्रीय जीवन के कई क्षेत्रों से अपने आपको खींच रहा है। मानव अधिकारों की चर्चा तो पूरे जोर के साथ की जाती है लेकिन नागरिकों के बुनियादी अधिकारों और उनकी सुरक्षा पर चुप्पी साध ली जाती है। जैसा यूरोप और अमेरिका में हो रहा है, हमारे यहां भी राज्य जन कल्याणकारी कार्यों से अपना हाथ खींच रहा है आम लोग राज्य पर दबाव डालने में अपने आपको कमजोर पारहे हैं।

इस तरह आधुनिक समाज जनहित समाज नहीं कहा जा सकता। इस समाज पर तो

बाजार का कब्जा है। कुछ विचारक जो आज के बाजार के बढ़ते हुए प्रभाव के समर्थक हैं, यहां तक कहते हैं कि अब राज्य का **स्वायत्तता** (autonomy) का अंत हो गया है। अब बाजार स्वायत्त है। सच्चाई यह है कि भारत का बाजार अब विश्व बाजार की चपेट में आ गया है। विश्व बाजार से हट कर इसकी कोई निजी पहचान नहीं। और वे लोग जो यह कहते हैं कि आज की अर्थव्यवस्था में **मुक्त बाजार** (Free Market) सर्वोपरि है, वास्तव में एक भयंकर मिथक के शिकार हैं। मुक्त जैसी कोई वास्तविकता नहीं है। यह मुक्त बाजार वस्तुतः धनवान पूंजीवादी देशों का पिट्ठू है। मुक्त बाजार के क्रियाकलापों में इन पूंजीवादी देशों का हस्तक्षेप सबसे ज्यादा है। ये देश ही तकनीकी के स्थानान्तरण और व्यापार में दखल देते हैं।

4. हमारा तर्क है कि उत्तर-आधुनिकता की भारतीय समाज में आने की कुछ पूर्व आवश्यकताएं होती हैं। राष्ट्रीय जीवन के कुछ क्षेत्र ऐसे हैं जिनका आधुनिक समाज से मोह भंग हो गया है। हाल में जो सर्वेक्षण हुए हैं उनसे ज्ञात होता है कि इस देश में एक **उपभोक्ता समाज** (Consumer Society) शीघ्रता से उभर रहा है। अब लोग उपभोग के शिकार हो रहे हैं। एक नया मध्यम वर्ग हमारे सामने है। और योगेन्द्र सिंह का अनुमान है कि यह वर्ग कोई दो करोड़ लोगों का है जिसकी मांगें बराबर बढ़ती ही जाती हैं। यह वर्ग शहरों तक ही सीमित हो, ऐसा नहीं है। ई. 1970 के दशक में देश में हरित क्रांति आई। और इसके बाद श्वेत क्रांति का अनुभव हुआ। इन दोनों क्रांतियों ने ग्रामीण वर्ग में उपभोक्तावाद को बढ़ावा दिया। अब बाजार का नाना रूपकरण सम्पूर्ण में देखने को मिलता है। मध्यम वर्ग का विकास हमारे यहां उपभोक्तावादी समाज से जुड़ा हुआ है। इस नई प्रवृत्ति पर टीका करते हुये योगेन्द्र सिंह कहते हैं :

बाजार की विविधता के प्रभावों को कृषि, उद्योग और सेवा क्षेत्रों में देखने के बाद, मध्यम वर्ग जहां उपभोक्ता वर्ग बन रहा है, वहीं इस वर्ग की बचत में भी वृद्धि हो रही है। एक ओर जहां सांस्कृतिक और आंचलिक क्षेत्रों में अपनी पहचान की चेतना आ रही है, वहीं दूसरी ओर कई अन्य क्षेत्रों में लोगों में एकीकरण की भावना जागृत हो रही है। योगेन्द्रसिंह ने उपभोक्ता समाज के बारे में जो निष्कर्ष रखे हैं उनका आधार **भारत के लोग** (People of India) हैं। यह विशाल प्रोजेक्ट था जिसे भारतीय मानव विज्ञान सर्वेक्षण ने ई. 1985 में लागू किया था। इसकी प्राप्तियों को कुल 43 खण्डों में प्रकाशित करने की योजना है। हाल में उपलब्ध जो तथ्य हमारे पास हैं उनके आधार पर यह निश्चित रूप से कहा जा सकता है कि इस देश में पिछले कुछ दशकों में जो विकास हुआ है उसमें लोगों की जीवनशैली में तो बहुत परिवर्तन आया है लेकिन हानिकारक बात यह हुई है कि गैरबराबरी में पहिले से कहीं अधिक वृद्धि हुई है। अब दलित वर्ग का इस आधुनिक समाज से

मोह भंग हो गया है। अब यह पिछड़ा वर्ग इस उच्च और मध्यम वर्ग से अपने आपको ठगा हुआ मानने लगा है। इस समय दो प्रक्रियाएं इसमें एक साथ चल रही हैं। एक तो औद्योगीकरण और वैश्वीकरण की प्रक्रिया राष्ट्र निर्माण को अन्तर्राष्ट्रीय स्तर पर जोड़ने में लगी है और दूसरी ओर क्षेत्रीय या आंचलिक एकता सुदृढ़ हो रही है। अब स्थानीय पहिचान जाति, जनजाति और धर्म के साथ जुड़ गई है। लोगों का राष्ट्रव्यापी संस्थाओं जैसे प्रजातंत्र, शिक्षा, राजनीतिक दल आदि से भरोसा हट गया है। ऐसी स्थिति में उत्तर-आधुनिकता के आविर्भाव के अनुकूल कही जा सकती है।

5. भारत में उत्तर-आधुनिकता आई है या नहीं, इस विषय में तथ्यपूर्ण बात यह है कि यहां समाजशास्त्र में ऐसा कोई सिद्धान्त नहीं है जो इसकी व्याख्या करने में सहायक हो। एक बात और है फ्रांस, जर्मनी और अमेरिका में जहां भी उत्तर-आधुनिकता के सिद्धान्त हैं उनमें इतनी सर्वसम्मति नहीं है कि वे इस तरह के समाज का विश्लेषण कर सकें। वास्तव में फूको और दरिदा के सिद्धान्त एक प्रकार से **शून्यवाद** (Nihilism) के द्योतक मात्र हैं। सिद्धान्तों की यह बात सही है। लेकिन यह कहना कि सिद्धान्त नहीं हैं और इसलिये उत्तर-आधुनिकता भी नहीं है, भ्रमपूर्ण है। सही बात तो यह है कि उत्तर-आधुनिकता तो है लेकिन समाजशास्त्र या इस अर्थ में समाज वैज्ञानिक कोई सिद्धान्त बनाने में असफल रहे हैं और विदेशों में इस सिद्धान्त का जो भी निर्माण हुआ है, वह गैर समाजशास्त्रियों ने ही किया है।

यह सही है कि यूरोप में उत्तर-आधुनिकता आ गई है। वहां ज्ञानोदय ने या कहिये वैज्ञानिक क्रांति, औद्योगिक क्रांति और फ्रांस की राज्य क्रांति ने आधुनिक समाज को जन्म दिया है। इतिहास की इस पृष्ठभूमि में हमें यूरोप की उत्तर-आधुनिकता को देखना चाहिये। वहां फोर्डवाद आया यानी विशाल उत्पादन की प्रक्रिया चली। फोर्डवाद ने नव-फोर्डवाद या उत्तर-फोर्डवाद को जन्म दिया। और अर्थव्यवस्था ने एक नया गुणात्मक मोड़ लिया। इस उत्तर-औद्योगिकता ने उत्तर-आधुनिकता को बढ़ाया। वहां सामंतवाद की समाप्ति के बाद पूंजीवाद आया। हमारे देश का इतिहास कुछ दूसरा है। यहां द्रविड़ों और आर्यों के बाद बराबर बाहरी लोगों के आक्रमण होते रहे और फिर अंग्रेज आये। उन्होंने उपनिवेशवादी शासन चलाया। यहां एक ओर देशी रियासतें थीं, और दूसरी ओर उपनिवेशीवादी हुकूमत। यहां की जो भी परम्पराएं थीं, उन पर सामंतवाद की बहुत बड़ी छाप थी। हमारे इतिहास का बहुत बड़ा भाग और शायद सबसे अधिक ताकतवर भाग हमारी आजादी की लड़ाई का था। इस लड़ाई ने सारे देश को झकझोर दिया। इस देश में जो भी आधुनिक समाज उभरा वह इस इतिहास के इतिहास की सलवटों से होकर गुजरा है।

यह विवादास्पद है कि आज देश में आधुनिकता कहीं खड़ी है और अगर उत्तर-आधुनिकता आई है तो इसका मुकाम कहां पर है। कोई सिद्धान्त तो उत्तर-आधुनिकता को समझने के लिये इस देश में नहीं बचा है फिर भी यह प्रयास तो किया ही जा सकता

है कि उत्तर-आधुनिकता और उत्तर-औद्योगिकता के जो भी लक्षण हैं, वे कहां तक इस समाज में उपलब्ध हैं। पिछले अध्यायों में हमने इन लक्षणों का विश्लेषण किया है। ये लक्षण यूरोप और अमेरिका के देशों में हैं। इन लक्षणों का मिलान हम करेंगे। ऐसे करने में हमारा यह कथन है कि यह आशा करना कि ये सब लक्षण भारतीय समाज पर पूरी तरह लागू होजायेंगे, गलतफहमी होगी। मिलान करने में शायद हमें लगे कि कहीं तो हम उत्तर-आधुनिक हो गये हैं और कहीं हम एकदम परम्परागत हैं, या कहीं केवल आधुनिक हैं। उत्तर-आधुनिक एक बारगी नहीं आती और कोई समाज इसे ज्यों का त्यों अपना लेता है। अनुकूलन, परिवर्तन, विरोध और ऐसी ही कई प्रक्रिया होती हैं जिनमें सामाजिक, आर्थिक और सांस्कृतिक परिवर्तन आता है।

उत्तर-औद्योगीकरण : ज्ञान और सूचना
(Post-Industrialisation : Knowledge and Information)

उत्तर-औद्योगीकरण और उत्तर-आधुनिकता दोनों ही ऐसी प्रक्रियाएं हैं जो साथ-साथ चलती हैं। ऐसा नहीं है कि इधर उत्तर-औद्योगिकता समाप्त हुई और उत्तर-आधुनिकता आई। दोनों प्रक्रियाएं बराबर चलती रहती हैं—कभी आगे और कभी पीछे और कभी साथ-साथ। पश्चिमी देशों में उत्तर-औद्योगीकरण की बहुत बड़ी विशेषता ज्ञान और सूचना है। इसका अर्थ है वहां अब समाज केवल भौतिक वस्तुओं के उत्पादन का समाज नहीं रहा। इसे उत्पादन का ज्ञान होना अनिवार्य है। इसके आविर्भाव का सम्बन्ध उपभोक्ताओं की आवश्यकताओं के साथ जुड़ा हुआ है। इन आवश्यकताओं को देखकर तकनीकी में परिवर्तन लाया जाता है और इसके विकास के लिये कम्प्यूटर मनोरंजन और संचार साधनों को विकसित किया जाता है। यह सम्पूर्ण प्रक्रिया ज्ञान के अर्थशास्त्र के रूप में जानी जाती है। देखा जाये तो बदली हुई इस अर्थव्यवस्था के कारण ही इस समाज को **सूचना समाज** (Information Society) कहते हैं। अब उत्पादन का स्थान सूचना ले लेती है। **इस समाज में श्रम और श्रम संगठनों का स्थान बहुत गौण हो जाता है। इसी कारण गोर्ज कहते हैं कि इस समाज में श्रमिक वर्ग से अलविदा है।** (Farewell to the working class)। **अब तो बैल का तर्क है कि समाज में जो भी तकनीकी है, वह वस्ततः सूचना तकनीकी है।**

उत्तर-औद्योगिक समाज की यह ज्ञान और सूचना की जो भी विशेषताएं हैं अभी भारत में आंशिक रूप में ही आई हैं। आज भी हमारे यहां औद्योगिक शहरों और महानगरों में सुबह और शाम जब फैक्ट्री या मील की शिफ्ट बदलती हैं, बहुत बड़ी तादाद में मजदूरों का अन्तहीन रेला देखने को मिलता है। आज भी समाजशास्त्र में औद्योगिक समाजशास्त्र पढ़ाया जाता है जबकि उन्नत देशों में अब औद्योगिक समाजशास्त्र के दिन लद गये। वहां के पाठ्यक्रम में से उसका स्थान उठ गया।

यह अवश्य है कि भारत में अब मजदूर संगठन कमजोर हो गये हैं। स्वचालित मशीनों के कारण मजदूरों की बड़ी तादाद में छंटनी हो रही है। तकनीकी काम करने वाले

सूचना तंत्र से जुड़े हुए सफेद पोश लोग जो सूचना तकनीकी में प्रवीण हैं, अच्छा वेतन पा रहे हैं। लेकिन इस देश में सूचना समाज का निर्माण अभी बहुत दूर है। ज्ञान और सूचना देश के गांवों में अभी नहीं पहुंचे, शहर और कस्बे में भी इसके प्रभाव से अछूते हैं। अतः जहां ज्ञान और सूचना के उत्तर-औद्योगिक समाज का प्रश्न है, यह भी विकसित नहीं हुआ। लेकिन वैश्वीकरण की प्रक्रिया बहुत शीघ्र इसे प्रभावशाली और व्यापक बना देगी। **इस अभाव के होते हुए भी यह निश्चित है कि** अभी हमारे यहां एक नया वर्ग पैदा हो रहा है। जिसे हम **ज्ञान अभिजन** (Kowledge Elite) कह सकते हैं। **सोफ्टवेयर** पर काम करने वाले हमारे इन्जीनियर देश से अधिक विदेशों में अपनी धाक जमाये हुए हैं। इनका वेतन बहुत भारी है और इनका दबदबा बहुत बड़ा। ये ज्ञान अभिजन समाज में **सेवा** (Service) के एक नये वर्ग का निर्माण करते हैं।

बहुलवादी समाज (Plural Society)

उत्तर-औद्योगीकरण तथा उत्तर-आधुनिकता दोनों ही बहुलवादी हैं। जब लोग उत्तर-आधुनिक युग में प्रवेश करते हैं तब इसकी बहुत बड़ी विशेषता बुद्धिसंगतता का अभाव होता है। लोग खण्डित रूप में रहना पसन्द करते है और उनके बहुल सांस्कृतिक परम्पराएं आजाती हैं। इस समाज में अनेक एथनिसिटिज काम करती हैं। भाषाएं अनेक हो जाती हैं, और इसी तरह कला की अभिव्यक्ति भी बहुत आयामी हो जाती है। बॉड्रीलार्ड और फूको बराबर **विखण्डन** (Fragmentation) की बात करते हैं। विखण्डन ही मनुष्य की मुक्ति (Emancipation) है। ऐसी अवस्था में प्रत्येक स्थानीयता अपनी पहचान बनाने में लगी रहती है। स्थानीय बाजार, मेले, तीर्थ-त्यौहार, महान-पुरुष इतिहास, इस युग में प्रासंगिक हो जाते हैं। बहुल **एथनिकवाद**, बहुल संस्कृति, बहुल भाषा, बहुल धर्म, सभी उत्तर-औद्योगिक और उत्तर-आधुनिक काल की पहचान बन जाते हैं।

उत्तर-आधुनिक काल का यह बहुलवाद क्या भारतीय समाज में उपस्थित है ? इस प्रश्न का उत्तर भी प्रमाणित रूप में देना हो तो हम **भारत के लोग** (People of India, POI) का हवाला देंगे। इसके पहले खण्ड की भूमिका एम. एन. श्रीनिवास ने लिखी है। वे **भारत के लोग** की बहुत बड़ी प्रशंसा इस बात पर कहते हैं कि यह पहली बार है कि किसी पुख्ता अनुसंधान ने **यह बताया है कि इस देश में कुल 91 संस्कृति क्षेत्र हैं और प्रत्येक क्षेत्र पहले की अपेक्षा अधिक सुदृढ़ होरहा है। क्षेत्रीय एकता समकालीन भारत की सबसे बड़ी पहचान है।** यह बहुलता के कारण ही है कि पिछले दिनों में यहां नये प्रकार के सामाजिक आन्दोलन हमें दिखाई देते हैं। यह उत्तर आधुनिकता का ही परिणाम है कि हमारे देश में हाल में कई आन्दोलन उभर कर आये हैं। **छत्तीसगढ़ मुक्ति मोर्चा, मजदूर किसान शक्ति संगठन** जैसे आन्दोलन हैं जो आये दिन होने वाले औद्योगिक आन्दोलनों को समाप्त करना चाहते हैं। **यह मांग बराबर गांव और शहर में बढ़ रही है कि लोगों को सूचना का अधिकार (Right to information) मिलना चाहिये। सरकारी और**

गैर-सरकारी क्षेत्र के काम-काज में पारदर्शिता होनी चाहिये। आरक्षण की नीति ने दलित वर्ग को एक अति-संविदेनशील समूह बना दिया है। आज कम से कम समूह की चेतना के आधार पर दलित समूह अपने आपको शक्तिशाली समझने लगे हैं। यह पहली बार है कि अनुसूचित जातियों और जनजातियों ने डरबन के अन्तर्राष्ट्रीय सम्मेलन में उनके साथ भारत में होरहे भेद भाव को ताकत के साथ प्रस्तुत किया। वे असफल अवश्य रहे लेकिन एक बार तो उन्होंने सरकार को कटघरे में खड़ा कर ही दिया।

हमारा तर्क यह है कि उत्तर-आधुनिकता बहुलवादी है। यह प्रत्येक सामाजिक इकाई को उसकी पहचान देती है। इसका आधार विखण्डन है। **इस कसौटी पर यदि देखें तो यह निश्चित रूप से कहा जा सकता है कि भारतीय समाज उत्तर-आधुनिक है—यह बहुल समाज** (Plural Society) **है।** यहां क्षेत्रीय विखण्डन हैं—प्रत्येक क्षेत्र की अपनी कहानी है—कहीं आल्हा-ऊदल है, कहीं हीर-राँझा, कहीं शिवाजी महाराज हैं, और कहीं शिवाजी आक्रमणकारी। कहीं राणा प्रताप शूर-वीर हैं, और कहीं केवल गुरिल्ला योद्धा। यहां आये दिन नये राज्यों की मांग होती रही है। इस विखण्डन ने छत्तीसगढ़ को बनाया, झारखण्ड को जन्म दिया और उत्तरांचल को पैदा किया। **उत्तर-आधुनिकता की बहुत बड़ी पहचान आन्दोलनों को जन्म देना है** और निश्चित रूप से देश में नये आन्दोलनों का बराबर आविर्भाव हो रहा है।

बहुत स्पष्ट निष्कर्ष है : यदि उत्तर-आधुनिक समाज बहुलवादी समाज है तो भारतीय समाज भी, कम से कम इस क्षेत्र में उत्तर-आधुनिक समाज है। भारत के लोग (POI) की आधार सामग्री कि **देश के क्षेत्र सुदृढ़ हो रहे हैं, इसका पक्का प्रमाण है। और एम. एन. श्रीनिवास जैसा समाजशास्त्री इस क्षेत्रीयता की सुदृढ़ता का समर्थन करता है।**

आंशिक बाजार (Fragmented Market)

बैल और **केसेल्स** ने इस अवधारणा को रखा है कि औद्योगिक समाज में वस्तुओं का विशाल उत्पादन होता था। उन्नत राष्ट्रों से यह उत्पादन उपनिवेश बाजार में पहुंचता था। अब उत्तर-आधुनिक युग में बाजार खण्ड-खण्ड हो जाता है। लोगों की जीवन पद्धति में विविधता और बहुलता आ जाती है। उनकी मांगें लचीली हो जाती हैं, तरह तरह की हो जाती हैं, और इस कारण उत्पादन में भी विशाल तादाद की अपेक्षा आंशिकता या उपखण्डन आ जाता है। यह बाजार की उपखण्डता या आंशिकता भारत में अभी आई है क्या ? इस सिलसिले में एक बात पक्की है। हमारे यहां पहिले शहर का बाजार गांव के बाजार से भिन्न था। बाद में चलकर यह थोड़ी कम हुई लेकिन यह कमी आज एकदम नहीं रही। अब तो बाजार वस्तुतः वैश्वीय बाजार हो गया है। वे वस्तुएं जो शहर के बाजार का एकाधिकार था, अब गांवों में भी आ गई हैं। यानी भारत से गांव का बाजार भी **वैश्वीय बाजार** (Global Market) बन गया है। अतः उत्तर-आधुनिक समाज में जो आंशिक या खण्डित बाजार विदेशों में दिखाई देता है, अभी हमारे यहां नहीं आया। यहां

जीवनपद्धति में विविधता नहीं आई है, अब भी यहां विशाल उत्पादन की परम्परा चल रही है। **यहां बाजार में उत्तर-आधुनिकता अभी नहीं पहुंची है। दूसरे शब्दों में, देश में उत्तर-फोर्डवाद नहीं आया है। यहां अब भी वैश्वीय बाजार चल रहा है, आंशिक या विखण्डित बाजार नहीं और न ही लचीला** (Flexible) **बाजार।**

महान वृतान्तों की अस्वीकृति (Rejection of Metanarratives)

लगभग सभी उत्तर-आधुनिकतावादी लेखक महान वृतान्तों को अस्वीकार करते हैं। उनके अनुसार ऐसे कोई भव्य सिद्धान्त नहीं हैं जो **दुनिया भर के इतिहास और समाज को अपने अन्दर बांध सकें। दुनिया के विकास** (Progress) **का भी कोई एक सर्वसम्मत सिद्धान्त नहीं हो सकता। इतिहास नाम की कोई वस्तु नहीं है।** उत्तर-आधुनिक समाज का भविष्य किसी तरह पूर्व निश्चित नहीं है जैसा कि मार्क्स ने कहा था कि समाज राज्यहीन, वर्गहीन और जातिहीन होगा। यह उत्तर-आधुनिक समाज तो मीडिया के प्रभुत्व वाला समाज है, इसमें प्रत्येक व्यक्ति अतीत से बाहर निकालना चाहता है। दुनिया के कई देशों में फिल्में, टी. वी. धारावाहिक और संकेत तथा अगणित सिम्यूलेशन्स यानी प्रतिकृतियां आये दिन अपनी छवि छोड़ते रहते हैं। इसमें महान वृतान्तों को कोई स्थान नहीं। ल्योतार और बोड्रीलार्ड जैसे ऐसे उत्तर-आधुनिकतावादी सिद्धान्तवेत्ता जो महान वृतान्तों को किसी भी स्थिति में स्वीकार करने के लिये राजी नहीं हैं। **महान वृतान्तों में ये सिद्धान्तवेत्ता मार्क्स के सिद्धान्त को अस्वीकार करते हैं। स्वयं मार्क्स उनके लिये अप्रासंगिक है। सारी दुनिया को समझने का उनका दावा सही नहीं है। उत्तर-आधुनिकतावादी लेखक प्रकार्यवाद के महान वृतान्त को भी स्वीकार नहीं करते। उनके लिये मार्क्स की तरह रेडक्लीफ ब्राउन, मेलिनोस्की, पारसंस, मर्टन और ऐसे ही सभी नामी-गिरामी समाजशास्त्री—मानवशास्त्री केवल मठाधीश हैं और उनका समाजशास्त्रीय सिद्धान्तों में कोई वजूद या अस्तित्व नहीं।** अन्य शब्दों में, **उत्तर-आधुनिकतावादी लेखक जब महान वृतान्तों को अस्वीकार करते हैं तब इसका मतलब हुआ वे समकालीन समाजशास्त्र को कूड़े-दान में डालने की सिफारिश करते हैं। यह सब अ-ऐतिहासिक है और उत्तर-आधुनिकता इसे प्रतिपादित करती है।**

भारत के महान वृतान्त की क्या स्थिति है ? क्या वह कूड़े-दान में पहुंच गया? पहले समाजशास्त्रीय सिद्धान्तों की चर्चा करें। यहां के यानी भारत में जिन सैद्धान्तिक महान वृतान्तों को मान्यता है, इसमें सर्वोपरि प्रकार्यवाद है। एक सर्वेक्षण के अनुसार टी. एन. मदान कहते हैं कि भारत में तीन-चौथाई समाजशास्त्र की अध्ययन विधि प्रकार्यवाद है। इसी तथ्य को योगेन्द्र सिंह भी स्वीकार करते हैं जब वे **आई. सी. एस. एस. आर.** (I.C.S.S.R.) की ट्रेन्ड रिपोर्ट स्तरीकरण का लेखा-जोखा करते हैं। हमारे यहां प्रकार्यवादी समाजशास्त्रियों की एक अन्तहीन तालिका है जिसमें कई मठाधीश सम्मिलित हैं : धुरिये, मजूमदार, दुबे, श्रीनिवास, बैतई, मदन और योगेन्द्र सिंह। समाजशास्त्रियों का एक और तबका है जिसे भी महान् वृतान्तों के घेरे में रखा जा सकता है। इनमें एन. के. बोस,

कपाड़िया, इरावती कर्वे, पी. एन. प्रभु आदि सम्मिलित हैं। इस देश में कुछ मार्क्सवादी महान वृतान्तवेत्ता भी हैं। इस श्रेणी में ए. आर. देसाई, केथलिन गफ, गेल ओमवेट, धनागरे, डेनियल थारनर आते हैं। महान वृतान्त के हिमायती ड्योमो भी हैं जो परम्परागत संरचनावाद के प्रणेता हैं। यदि समकालीन समाजशास्त्रीय सिद्धान्तों को खगोला जाये तो बहुत स्पष्ट हो जायेगा कि हमारे यहां, समाजशास्त्र के किसी भी क्षेत्र में देखें महान वृतान्त ही सब कुछ है।

कुछ समाजशास्त्री जो आज धुंआंधार ढंग से समाजशास्त्र लिख रहे हैं, मार्क्स, वेबर और दरखाईम को अपना गुरु और मार्गदर्शक मानते हैं। इन तीन विचारकों के अतिरिक्त समाजशास्त्र रीता है जैसे वह भव्य कुँआ तो है पर उसमें पानी नहीं। अपवाद रूप से ही सही कोई ऐसा विश्वविद्यालय इस देश में नहीं होगा जहां समाजशास्त्र के पाठ्यक्रम में वेबर, मार्क्स, दरखाईम, पारसंस और मर्टन को कोई स्थान प्राप्त न हो। इन प्रकार्यवादी विचारकों का प्रभाव हतना ताकतवर है कि यहां कोई भी अनुसंधान इनके सन्दर्भ के बिना नहीं हो सकता। इन विचारकों ने जो रेखा खींच दी वह रेखा नहीं, लक्ष्मण रेखा है। इसके बाहर कोई समाजशास्त्र नहीं, इसके अन्दर जो कुछ है, वह सब कुछ समाजशास्त्र है, और समाजशास्त्र के अतिरिक्त कुछ नहीं। इनके लिये वेबर का नाम ही या कहिये पारसंस का नाम ही समाजशास्त्र है। नाम की महिमा अपार है। एक स्थान पर दिपांकर गुप्ता अपनी पुस्तक **इन्टरोगेटिंग कास्ट** (Interrogating Caste, 2000) में लिखते हैं :

> पिछले वर्षों में मैंने अन्तर्वैयक्तिक संचार में बहुत कुछ सीखा है। मार्क्स, दरखाईम, वेबर और लेवी-स्ट्राउस इस सम्बन्ध में मेरे सबसे बड़े मार्गदर्शक रहे हैं। ये मेरे बड़े मेहरबान मित्र थे जिन्होंने मुझे आगे बढ़ने में सहायता की है। मैं चाहता हूँ कि मेरे विद्यार्थी भी इनसे सीखें।

बहुत स्पष्ट है : भारत में समाजशास्त्रीय सिद्धान्त उत्तर-आधुनिकता के सामाजिक सिद्धान्त से कोसों दूर हैं। यहां अभी जेमेसन कहीं दिखाई देता जो दबी जुबान से मार्क्स के महान् वृतान्त को स्वीकार तो करता है। ऐसी स्थिति में किसी ल्योतार या बोड्रीलार्ड की खोज का प्रयास तो बेमतलब होगा। **अपने इस प्रयास में ही क्या भारत में उत्तर-आधुनिकता आ गई है, हम स्पष्ट रूप से कहेंगे कि कम से कम समाजशास्त्रीय सिद्धान्तों में तो इसके प्रवेश का कोई संकेत नहीं है।** यहां महान वृतान्तों यानी प्रकार्यवाद और रुढ़िगत मार्क्सवाद के दुर्ग अब भी अपना सीना अनन्त आकाश में चौड़ा किये खड़े हैं। ये हवेलियां हैं जिन पर साल-दर-साल, पीढ़ी-दर-पीढ़ी रंग रोगन किया जा रहा है। इधर उत्तर-आधुनिक सामाजिक सिद्धान्त के प्रवेश मुनादी हैं।

वर्गों का लोप (Disappearance of Class)

सोवियत रूस के विघटन ने प्रजातंत्र को संसार के लिये केवल मात्र विकल्प के रूप में प्रस्तुत किया है। इस विघटन ने यह स्थापित किया है कि अब दुनिया में समाजवादी

समाज की कोई आशा नहीं रही। प्रजातंत्र ही सब कुछ है। इस संदर्भ में फूकूयामा और केलिनिकोस यह स्थापित करने का प्रयास करते हैं कि उत्तर-आधुनिक समाज में व्यक्ति की स्वतन्त्रता ही सब कुछ है। राजनीतिक घटनाक्रम को इसी के इर्द-गिर्द घूमना है। **इस समाज में वर्ग और वर्ग संघर्ष को कोई स्थान नहीं है।** अब उत्पादन सम्बन्धों पर आधारित वर्ग नहीं रहे। यदि कोई वर्ग है तो श्रमिकों के नहीं **ज्ञान वर्ग** (Knowledge Class) के हैं। ये वर्ग हैं जिनकी तकनीकी के बारे में प्रवीणता है। इसी कारण इन्हें ज्ञान वर्ग कहते हैं। यदि इस उत्तर-आधुनिक समाज में कोई वर्ग संघर्ष है तो यह दो वर्गों में : एक ओर तो पुराना मध्यम वर्ग है जिसका सरोकार वस्तुओं के उत्पादन और वितरण से है और दूसरा वर्ग नया मध्यम वर्ग है जिसका सम्बन्ध प्रतीकात्मक ज्ञान के उत्पादन और वितरण से है। ये दोनों वर्ग संघर्ष की स्थिति में हैं। सामान्यतया मार्क्स की वर्ग की जो अवधारणा है वह वर्ग उत्तर-आधुनिक समाज से लोप हो गया है, ओझल है, दिखाई नहीं देता।

ज्ञान पर आधारित वर्ग व्यवस्था उत्तर-आधुनिकता की विशेषता है। इसमें उत्पादन सम्बन्धों वाले वर्ग अनुपस्थित हैं। इस विशेषता के आधार पर क्या हमारे यहां भारत में वर्गों का लोप हो रहा है। उत्तर स्पष्ट है, अभी हमारे यहां ज्ञान (यानि तकनीकी ज्ञान) पर आधारित वर्गों का उदय नहीं हुआ है। यह अवश्य है कि जहां गांवों में वर्ग व्यवस्था नहीं थी, वहां भी आज हरित क्रांति और श्वेत क्रांति के परिणामस्वरूप वर्ग आगये हैं। जातियों ने भी वर्ग संघर्ष का रूप ले लिया है। **अतः निश्चित रूप से उत्तर-आधुनिकता की वर्ग ओझल या लोप होने की अवस्था हमारे यहां नहीं आई है। इस क्षेत्र में उत्तर-आधुनिकता अभी हमसे दूर है। यहां तो मार्क्सवादी वर्ग व्यवस्था अब भी उपलब्ध है।**

सिम्यूलेशन (प्रतिकृति) यानि अतियथार्थता
(Simulation, that is, Hyper-reality)

उत्तर-आधुनिक समाज की बहुत बड़ी विशेषता उसकी **अतियथार्थता** (Hyper-reality) की अवधारणा है। **इस अवधारणा का सम्बन्ध फ्रांसीसी लेखक बोड्रीलार्ड से है। बोड्रीलार्ड का तर्क है कि यथार्थता संचार माध्यमों से बताई जाने वाली यथार्थता से भिन्न नहीं है।** यथार्थता वही है जिसे टेलिविजन, फिल्म, आदि बनाते हैं। इसी कारण यह अतियथार्थता है। खबरों में जिन घटनाओं को बताया जाता है वे वास्तव में कुछ नहीं हैं। खबरें देने वाले ही यथार्थता को परिभाषित करते हैं और इन्हें बताते हैं। इस सारी प्रक्रिया में बोड्रीलार्ड कहते हैं कि **सिम्यूलेशन** (Simulation) की बहुत बड़ी भूमिका होती है। हिन्दी में इसे प्रतिकृति या **कार्बन कॉपी** कहते हैं। इस कार्बन कॉपी की कोई मूल कॉपी नहीं होती। इस सम्पूर्ण इलेक्ट्रोनिक संचार प्रक्रिया में वास्तविक यथार्थता खो जाती है और संचार द्वारा रचित अतियथार्थता सामने आ जाती है।

उत्तर-आधुनिकता के छुट-पुट दृष्टान्त भारतीय मीडिया में देखने को मिल जाते हैं। बताया जाता है कि च्यवनप्राश खाने वाला बालक भरी सर्दी में बिना किसी कंप-कंपी के

भागता दौड़ता है और उसे कोई जुखाम नहीं होता, सर्द हवायें नहीं लगतीं क्योंकि च्यवनप्राश ने उसे अन्दरूनी ताकत दी है। यह इस विज्ञापन में कहीं भी वास्तविक यथार्थता नहीं है जो कुछ बताया जा रहा है वह प्रतिकृति मात्र है। एक और दृष्टान्त देखिये। बताया जाता है कि अमुक टूथ पेस्ट में दाँत साफ करने पर नाक और गला दोनों को राहत महसूस होती है। ऐसी यथार्थता या इस प्रतिकृति की कहीं ओरिजनल प्रति नहीं मिलेगी। इन टेलिविजन विज्ञानों में प्रतिकृति के अतिरिक्त कुछ नहीं होता। इस कारण इन्हें अतियथार्थ कहते हैं।

अतियथार्थता जो यूरोप और अमेरिका के उत्तर-आधुनिक समाज की विशेषता है, लगता है आंशिक रूप से भारत में आई है। लेकिन वैश्वीकरण जो आज सामाजिक परिवर्तन की सशक्त प्रक्रिया है, अतियथार्थता को यहां शीघ्र ले आयेगी। खैर, आज तो ऐसा कुछ नहीं है। इस क्षेत्र में अभी उत्तर-आधुनिकता भारत में नहीं आई है।

नई चुनौतियां : नये आन्दोलन *(New Challenges : New Movements)*

हाल के वर्षों में यूरोप तथा अन्य देशों में दो महत्वपूर्ण शक्तियां प्रभावशाली हो गई हैं। ये शक्तियां उत्तर-आधुनिक समाज की देन हैं। इन शक्तियों ने आधुनिक समाज के सामने कई चुनौतियां रखी हैं। **ज्ञान की तकनीकी** बहुत बड़ी चुनौती है और दूसरी चुनौती नये आन्दोलन की है। इन आन्दोलनों ने तकनीकी के साथ ऐसी सांठ-गांठ की है कि सम्पूर्ण समाज की जड़ता को हिला दिया है। इलेक्ट्रोनिक नेटवर्क यानी फेक्स मशीनों, मोबाइल टेलीफोन, सेटेलाइट ब्रोडकास्टिंग आदि ने सारी दुनिया को एक धागे से जोड़ दिया है। एक आन्दोलन—कहिये स्त्री की मुक्ति का आन्दोलन या पर्यावरण संरक्षण आन्दोलन लंदन शहर के किसी उपनगर से उठता है और पलक झपकते यह दुनिया भर में दिखाई देता है। उत्तर-आधुनिकता की इस त्वरित गति ने आन्दोलन को नई दिशा दी है।

भारतीय समाज में एक लम्बे अर्से से आन्दोलन होते रहे हैं। शायद हमारा सबसे बड़ा आन्दोलन हमारी आजादी का था। इस बड़े आन्दोलन के अन्तर्गत हमने कई छोटे आन्दोलन भी चलाये हैं। किसान आन्दोलन, अस्पृश्यता निवारण, मद्यपान निषेध, स्त्री शिक्षा, बाल विवाह, प्रतिबन्ध, ग्रामदान और ऐसे अगणित आन्दोलन हमारे यहां पिछले दिनों में हुए हैं और कुछ अब भी चल रहे हैं। ये आन्दोलन देखा जाये तो इस देश के ऐतिहासिक आन्दोलन हैं। इनमें एक नया मोड़ आया है। प्रजातांत्रिक व्यवस्था, शक्ति के विकेन्द्रीयकरण, शिक्षाप्रसार आदि मसलों को नये संचार नेट वर्क आज बहुत कुछ प्रभावित किया है। उत्तरांचल, छत्तीसगढ़, और झारखण्ड राज्यों के उद्‌गम की कहानी वस्तुतः इन्हीं नये आन्दोलनों का परिणाम है। आन्दोलन पुराने थे पर इन्हें सफल बनाने का श्रेय उत्तर-आधुनिकतावादी शक्तियों को है। महिलावादी आन्दोलन और इसी तर्ज में पिछड़े वर्गों के आन्दोलन भी अपनी प्रकृति में नये आन्दोलन हैं। देखा जाये तो आज देश का प्रत्येक दलित समूह एक विशेष संवेदनशील अवस्था में है। उनके अधिकारों पर कहीं थोड़ा सा कुठाराघात कर दीजिये और वे तुरत-फुरत सड़क पर आ जायेगा। यह जनचेतना

उत्तर-आधुनिक समाज का पूर्वानुभव है। बीसवीं सदी में पद-दलित रहे लोग अब नई चुनौतियां प्रस्तुत कर रहे हैं। उत्तर आधुनिक समाज भारत में किस तरह आरहा है। कम से कम हिन्दी साहित्य में तो निश्चित रूप से। इसका एक नमूना मासिक हिन्दी पत्र **हंस** के संपादकीय में देखिये :

> भारत में बीसवीं सदी के लोकतांत्रिक उभारों ने, हाशिये पर पड़े हुए जिन बेज़ुबान मानव-समुदायों को सामने आने और अपने अधिकारों के लिये बोलने के अवसर दिये हैं उन्होंने इतिहास और राजनीति के सारे पेरेडाइम बदल डाले हैं। कल तक इतिहास वे बना रहे थे, राजनीति उनकी बपौती थी, वे ही 'हम' थे, बाकी सब 'वे' थे। हालांकि ऊपरी तौर पर स्थिति आज भी वही है। सत्ता पर काबिज भी वही 'हम' हैं—मगर 'हमें' भी लग गया है कि दिन गिने-चुने हैं, नीचे से जमीन खिसक रही है इसलिये अपने सारे हरबे-हथियारों से 'हम' अपने को बचाते, शेष को वहीं बनाये रखने या 'उन दूसरों को लड़ाने' फुसलाने और वापस घरियाने में लगे हैं।

भारतीय समाज में, यह निश्चित है, उत्तर-आधुनिक समाज की शक्तियों ने नयी चुनौतियां प्रस्तुत की हैं। ऐसे आन्दोलन, ऐसी जन चेतना उभर कर आरही है जो निश्चित रूप से इस समाज की चूलें हिला देंगी। कभी किसी ने सुना था कि गांव के तथाकथित अनपढ़ लोग, एक बारगी सूचना के अधिकार की मांग करेंगे। आदिवासी स्त्रियां पंच और सरपंच बनकर पुरुष नेतृत्व को चुनौती देंगी। स्त्री का सशक्तिकरण इस समाज को उत्तर आधुनिकता के द्वार तक क्या ले जायेगा ?

स्थानीय वृतान्त (Local Narratives)

उत्तर-आधुनिकता महान वृतान्त को अस्वीकार करती है। इसका केन्द्र स्थानीय वृतान्त है। बुनियाद रूप से उत्तर आधुनिकतावादी विचारधारा आधुनिकता की विरोधी है। यह नवयुवकों का जमावड़ा है जो आधुनिकता के लोहे के पिंजड़े से बाहर निकलना चाहता है। यह विखण्डन का हिमायती है और अपनी स्थानीय संस्कृति में जीना चाहता है और इसी कारण इसका संदर्भ सदैव स्थानीय होता है।

भारत में पिछले कोई एक दशक से स्थानीयता उभर कर बाहर आ रही है। अब लोग स्थानीय स्तर पर अपनी पहचान बनाना चाहते हैं। यह इसी कारण है कि हमारे यहां क्षेत्रवाद बढ़ रहा है। क्षेत्रीय तीर्थ प्रमुख हो रहे हैं, क्षेत्रीय नेता व्यापक बन रहे हैं। आदिवासी अपनी संस्कृति को पुनः जीवित करना चाहते हैं। राजनीति वस्तुतः स्थानीय राजनीति हो गई है, संघर्ष स्थानीय हो गये है। यह लगता है कि जहा तक स्थानीय वृतान्तों का सवाल है, इस देश में उत्तर-आधुनिकता का प्रवेश हो गया है।

सकलता की अस्वीकृति (Rejection to Totality)

सकलता एक ऐसा पद है जिसका तात्पर्य सम्पूर्ण समाज से है। लगभग सभी

उत्तर-आधुनिकतावादी सिद्धान्तवेत्ता सकलता को अस्वीकार करते हैं। उनका तर्क है कि कोई भी विचारक या लेखक कभी भी सम्पूर्ण समाज को यानी दुनियाभर को एक साथ नहीं समझ सकता है। समाज में कई विविधताएं हैं, कई संस्कृतियां हैं, कई जीवन-पद्धतियां हैं और इन सब पर किसी भी सामान्यीकरण को करना भूल होगा। देखा जाये तो सकलता का तात्पर्य महान वृतान्त से ही है। ये दोनों पद पर्यायवाची कहे जा सकते हैं। उत्तर-आधुनिकतावादियों के लिये सकलता का विकल्प स्थानीयता ही है।

परम्परागत भारतीय समाज में **सकलता** (Holism) दूसरी एक ऐतिहासिक विशेषता रही है। यहां संघ यानी **सामूहिकता** (Collectivity) के सामने व्यक्ति हमेशा गौण रहा है। व्यक्ति की पहचान उसका गांव रहा है, जाति रही है, गोत्र रहा है। पर आधुनिकता ने—स्वयं हमारे संविधान ने व्यक्ति को प्रभुता दी है। उसे मौलिक अधिकार प्राप्त हैं, उसकी एक कानूनी पहचान है और ऐसी अवस्था में कम से कम औपचारिक रूप से तो यहां सकलता गौण हो गई है। हमने संवैधानिक रूप से जाति को अस्वीकार कर दिया है। व्यक्ति केन्द्रित भारतीय समाज इस दृष्टि से आधुनिक समाज के धरातल पर खड़ा है। उस पर कई तरह के दबाव हैं—गांव के, शहर के और न चाहने पर भी जाति और नातेदारी के। उसकी यह बंदिश उसे उत्तर-आधुनिकता के परिवेश में नहीं आने देती। भारतीय समाज आज इस अवस्था में नहीं आया है कि वह सकलता या उसकी ऐतिहासिक विरासत को—महाभारत और रामायण को, गया या काशी को भूल जाये। अब भी व्यक्ति की कानूनी हैसियत को रखते हुए भी वह सकलता का हिमायती है।

विखण्डन (Deconstruction)

दरिदा ने विखण्डन की अवधारणा को रखा है। यहां यह अवश्य कहना चाहिये कि उत्तर-आधुनिकता का सामाजिक सिद्धान्त वस्तुतः एक **निषेधात्मक** (Negative) सिद्धान्त है। वह प्रत्येक आधुनिक वस्तु का—अवधारणा या सिद्धान्त का निषेध करता है। लगता है जैसे इसकी प्रकृति नकारात्मक है। इसके लिये महान वृतान्त तिरस्कृत हैं, यह सकलता का विरोधी है, व्यवस्था का दुश्मन है। इसके लिये जो कुछ परम्परागत और आधुनिक है, वह सब त्याज्य है। इस संदर्भ में दरिदा का **विखण्डन** (Deconstruction) का सिद्धान्त भी निषेधात्मक है। दरिदा का कहना है (और विशेषकर उनका सन्दर्भ साहित्य से है) जो कुछ हमारे **मूल पाठ** (Text) हैं उनमें कुछ अर्थ तो **सुस्पष्ट और सुनिश्चित** (Explicit) हैं लेकिन उनमें कुछ अर्थ **अस्पष्ट और अन्तर्निहित** (Implicit) हैं। समाजशास्त्री को इन अस्पष्ट और अन्तर्निहित अर्थों की व्याख्या करनी चाहिये, उनमें संशोधन करना चाहिये और आवश्यक हो तो उन्हें अस्वीकार करना चाहिये। इस तरह का खुला उपागम ही विखण्डन है।

क्या भारतीय समाज में या समाजशास्त्र में यह विखण्डन आया है ? इस प्रश्न का उत्तर देना कठिन नहीं है। अभी विखण्डन की ऐसी कोई बात न तो भारतीय समाज में है और न समाजशास्त्र में। यह अवश्य है कि कुछ नक्सलवाद जैसे आन्दोलन समकालीन

सामाजिक व्यवस्था में असंतुष्ट हैं और वे इस समाज को बदलना चाहते हैं। लेकिन ऐसे आन्दोलन जो उग्रवादी हैं और हिंसा में विश्वास रखते हैं, अपने विस्तार में व्यापक नहीं हैं। रहा प्रश्न समाजशास्त्रीय सिद्धान्तों का, इनमें अभी विखण्डन के कोई संकेत नहीं हैं। आज भी हमारे यहां प्राच्य विद्यावादी और प्रकार्यवादी सिद्धान्तवेत्ता हमारे मठाधीश हैं। इनकी तरफ कोई अंगुली उठती नहीं दिखती। ऐसी अवस्था में भारतीय समाजशास्त्र में विखण्डन अभी बहुत कम है।

उपसंहार

हमारा प्रश्न है : क्या भारतीय समाज उत्तर-आधुनिक है? या क्या भारत में उत्तर-आधुनिकता निकट भविष्य में आ रही है? हमने इस अध्याय में उत्तर-औद्योगिक और उत्तर-आधुनिक समाजों के कुछ लक्षणों का निरूपण किया है। उन्हें भारतीय समाज की समकालीन स्थिति पर लागू किया है, सिलसिले से इन लक्षणों का भारतीय समाज से मिलान किया है। हमारा निष्कर्ष है कि कुछ क्षेत्रों में उत्तर-आधुनिकता भारत में आ गई है, कुछ में आधुनिकता उत्तर-आधुनिक समाज की दिशा में बढ़ रही है, और कुछ में अब भी भारतीय समाज परम्परा के अवस्था में रह रहा है। बहुत स्पष्ट है, उत्तर-आधुनिकता सकलता से भारतीय समाज में कभी नहीं आ सकती और न ऐसा कभी दूसरे समाजों में भी हुआ है। उत्तर आधुनिकता एक प्रक्रिया है और यह हमेशा खण्ड-खण्ड में आती है। हेबरमॉस के शब्दों में, यहां यही कहना उचित होगा कि भारत में आधुनिकता का प्रोजेक्ट अभी अधूरा है फिर उत्तर-आधुनिकता कहां ? ये प्रक्रियाएं हैं और वैश्वीकरण उन्हें पूरी ताकत से आगे धकेल रहा है। क्या जाने कब भारत उत्तर-आधुनिकता के चौखटे पर खड़ा हो जाये ?

सन्दर्भ ग्रन्थ

Gupta, Dipankar, "Can Post-modernism be Universalised ? Derrida and Baudrillard in the Tropics", **Contributions to Indian Sociology**, (n.s.), 1955, Sage Publications, New Delhi.

Yogendra Singh, **Culture Change in India**, Rawat Publications, Jaipur, 2000.

III

उत्तर-आधुनिक विचारक एवं सिद्धान्त

(Post-Modern Thinkers and Theories)

7

ज्यां बोड्रिलार्ड: आधुनिक समाज में उग्र टूटन

(Jean Baudrillard : Radical Rupture in Modern Society)

समाजशास्त्र के क्लासिकल विचारक—काम्ट, स्पेन्सर, दरखाईम, मेक्स वेबर और कार्ल मार्क्स इस धारणा से अभिभूत थे कि मानव इतिहास की एक आकृति है, एक चेहरा है और यह चेहरा हमेशा आगे की ओर बढ़ता है, कभी पीछे मुड़कर नहीं देखता। इसकी गति सदैव तरक्की की ओर है। **यह धारणा, उत्तर-आधुनिकतावादी विचारक कहते हैं, अब समाप्त हो गई है।** अब कोई महान वृतान्त नहीं रहे। इतिहास और समाज के बारे में हमारे जो परम्परागत और आधुनिक विचार थे, सबके सब ताश के पत्तों की तरह बिखर गये हैं। उत्तर-आधुनिकतावादी लेखक—ल्योतार और बोड्रिलार्ड का कहना है कि आज न तो कोई इतिहास है और न कोई तरक्की की अवधारणा। मार्क्स को उम्मीद थी कि एक समाजवादी समाज बनेगा, पूंजीवाद मटियामेट हो जायेगा। लेकिन ऐसा कुछ नहीं हुआ। हुआ यह कि आज का आधुनिक समाज टूट गया है और इसकी टूटन इतनी उग्र है कि किसी भी समय आधुनिक समाज इसका स्थान ले लेगा। देखा जाये तो उत्तर-आधुनिक समाज की यह बहुत ही **आखिरी** (Extreme) अवधारणा है। लेकिन उत्तर-आधुनिकता की बीच की अवधारणाएँ भी हैं।

एक बात पक्की है। उत्तर-आधुनिक समाज **बहुलवादी** (Plural) और **विविध** (Diverse) है। अगणित फिल्मों, वीडियो, टी. वी. धारावाहिकों और अन्य संचार साधनों के माध्यम से कई **बिम्ब** (Images) और **संकेत** (Signs) दुनिया भर में चक्र की तरह रात-दिन घूम रहे हैं। इस दुनिया को फिर से बनाने की मुहिम बराबर चल रही है। बड़ी तादाद में उत्पादन हो रहा है, महानगर कुकुरमुत्ते की तरह आये दिन पैदा हो रहे हैं, नये पड़ौसी बन रहे हैं, राष्ट्र राज्यों का अतीत का रुतबा मलीन हो रहा है, लचीलापन, विविधता, विभाजन, विकेन्द्रीकरण, अन्तर्राष्ट्रीयकरण बढ़ रहे हैं, और इससे और आगे हरेक समूह अपनी पहचान की खोज में है। कुल मिलाकर हम एक नये युग में प्रवेश करने के संक्रमण काल से गुजर रहे हैं।

उत्तर-आधुनिकता के अगणित लेखक हैं। आज यह एक फैशन हो गया है—हर कोई उत्तर-आधुनिकतावादी है। भारत में भगवतीचरण वर्मा की कहानी का पाँचवां सवाल है। जोर्ज रिट्‌जर ने उत्तर-आधुनिकतावादी विचारकों या इस गिरोह के लोगों की जो तालिका बनाई है, वास्तव में चौंकाने वाली है। शायद समाजशास्त्रियों की तुलना में गैर-समाजशास्त्री इस तालिका में अधिक हैं जो किसी न किसी रूप उत्तर-आधुनिकतावाद कर रहे हैं। इसमें नौजवान ज्यादा हैं। अगर इतर उत्तर-आधुनिकतावादियों की गिनती करें—साहित्य, चित्रकला, दर्शन आदि में तो इनकी संख्या बहुत बड़ी हो जायेगी। गिनती के इस विवाद में हम नहीं पड़ना चाहते हैं। हम यहां अपने आपको कुछ गिने-चुने उत्तर-आधुनिकतावादी विचारकों का ही उल्लेख करेंगे, जिन्होंने वास्तव में उत्तर आधुनिकता के सिद्धान्त निर्माण में कोई महत्वपूर्ण कार्य किया है। जिनकी उपलब्धियों को मान्यता है। इन उत्तर-आधुनिकतावादियों में हम बोड्रिलार्ड, ल्योतार, फूको, दरिदा, और जेमेसन को सम्मिलित करते हैं। हम विस्तार से इन सिद्धान्तवेत्ताओं का यहाँ उल्लेख करेंगे।

प्रस्तुत अध्याय में बोड्रिलार्ड के आधुनिकवाद की व्याख्या की जायेगी और शेष चार अध्यायों में आधुनिकतावादी विचारकों का विवेचन किया जायेगा।

ज्यां बोड्रिलार्ड (Jean Baudrillard, 1929)

बोड्रिलार्ड फ्रांसीसी सिद्धान्तकार हैं, इनकी प्रमुख रुचि मॉस मीडिया में रही है। उत्तर-आधुनिक समाज में इन्हें इनकी चार प्रमुख उपलब्धियों के कारण याद किया जाता है। पहली तो यह है कि उत्तर आधुनिक समाज वस्तुतः संचार (Communication) समाज है। इसका ताना-बाना या इसकी एकता मॉस मीडिया के माध्यम से बनी हुई । दूसरी उपलब्धि बोड्रिलार्ड की यह है कि उन्होंने यह स्थापित किया है कि उत्तर आधुनिक समाज सब तरह से एक उपभोक्ता समाज है। इसमें इस बात की बराबर होड़ लगी रहती है कि कौन-सा समूह कितना अधिक वस्तुओं का उपयोग करता है। और बोड्रिलार्ड अपनी तीसरी उपलब्धि में यह स्थापित करते हैं कि उत्तर-आधुनिक समाज की जो भी संस्कृति उस पर प्रतिकृति यानी सिम्यूलेशन्स का प्रभुत्व होता है। यह समाज वस्तुतः अति यथार्थ समाज है, इसकी प्रतिकृति यानी कार्बन कॉपी की कोई ऑरिजनल कॉपी ही नहीं। इन तीन उपलब्धियों के अतिरिक्त बोड्रिलार्ड उन उत्तर-आधुनिकतावादियों में जिन्होंने इसका सिद्धान्त भी बनाया है। यह उनकी चौथी उपलब्धि है। बोड्रिलार्ड की इन उपलब्धियों को इस भांति रखेंगे :

1. उत्तर-आधुनिक समाज एक **मॉस मीडिया समाज** (Mass Media Socity) है। संचार इसे बांधे रखता है।
2. यह एक **उपभोक्ता समाज** (Consumer Society) है।
3. इस समाज की संस्कृति पर सिम्युलेशन्स अर्थात् प्रतिकृति का प्रभुत्व होता है।
4. बोड्रिलार्ड ने उत्तर-आधुनिक समाज का सिद्धान्त बनाया है।

क्या बोड्रिलार्ड एक उत्तर-आधुनिक विचारक है ?
(Is Baudrillard a Postmodern Thinker ?)

बोड्रिलार्ड की शख्सियत विवादास्पद है और यह विवाद उन्होंने स्वयं पैदा किया है। उन्हें क्या कहा जाये? केवल दार्शनिक, केवल समाजशास्त्री, या केवल उत्तर-आधुनिकतावादी समाजशास्त्री। इस प्रश्न का उत्तर बोड्रिलार्ड स्वयं ने दिया है। वे अपने आपको समाजशास्त्र की ज्ञान शाखा से दूर रखना पसन्द करते हैं। यह एक मजेदार बात है कि उन्होंने बरसों तक समाजशास्त्र का अध्ययन किया है। फिर भी वे अपने आपको समाजशास्त्री कहना पसन्द नहीं करते। वे कहते हैं :

> मैं एकाकी रहना चाहता हूँ, मेरा किसी विषय से कोई ताल्लुक नहीं। मैं सोचता हूँ कि समाजशास्त्र एक **लघुकारक** (Reductive) समाज विज्ञान है। मैं अपने आपको कभी भी एक गंभीर समाजशास्त्री नहीं समझता हूँ। मैं समाजशास्त्रीय आधार सामग्री की अपेक्षा प्रतीकात्मक प्रभावों पर ज्यादा काम करता हूँ।

अपने समाजशास्त्री नहीं होने का बयान बोड्रिलार्ड केवल एक जगह पर ही दिया हो, ऐसा नहीं है। अन्यत्र भी उन्होंने इसी बयान को दोहराया है। शब्द बदल गये हैं, पर बात यही है। एक जगह वे लिखते हैं :

> न तो मैं समाजशास्त्री हूँ और न समाजशास्त्र का विरोधी। विश्वविद्यालय में मैंने समाजशास्त्र को जहां छोड़ा था, आज वह वैसा ही है। एक विद्या के रूप में मेरी इससे अलविदा इस शताब्दी के छठे शतक में हो गई और इसके बाद मैं अन्य विषयों की ओर मुड़ गया—**लक्षण-विज्ञान** (Semiology) मनोविश्लेषण और मार्क्सवाद।

बोड्रिलार्ड यह स्थापित करने का प्रयत्न जीवनपर्यन्त करते रहे कि वे किसी भी हालत में समाजशास्त्री नहीं हैं। इस सम्बन्ध में उनके निम्न कथन का संदर्भ बार-बार दिया जाता है :

> मेरे देखने का संदर्भ पूर्णतया **तात्विक** (metaphysical) है। अगर मैं कुछ हूँ तो केवल एक सत्ववेत्ता, और शायद एक **नीतिज्ञ** (Moralist) लेकिन किसी भी अर्थ में एक समाजशास्त्री नहीं। अगर मैंने कोई समाजशास्त्र का काम किया है तो केवल यही कि मैंने इस विषय से **सामाजिक** (Social) की अवधारणा को ही समाप्त कर दिया है।

बड़ा कठिन है कि हम बोड्रिलार्ड को किस अर्थ में समझें। मजेदार बात यह है कि वे स्वयं अपने आपको समाजशास्त्री नहीं मानते और समाजशास्त्र यह दावा करता है कि वे एक मूर्धन्य उत्तर-आधुनिक समाजशास्त्री हैं। यह माना जाता है कि बोड्रिलार्ड

उत्तर-आधुनिकता के पुजारी हैं, वे एक चोटी के मठाधीश हैं। इस विरोधाभास को कैसे समझें ? जोर्ज रिट्ज़र ने अपनी पुस्तक **पोस्ट-माडर्न सोश्यल थ्योरी** (Post-modern Social Theory, 1997) में इस विवाद को सुलटाया है। वे कहते हैं कि यह प्रश्न करना कि क्या बोड्रिलार्ड एक समाजशास्त्री थे या नहीं, गलत है। प्रश्न ही गलत है तो उत्तर सही कहां से आयेगा। **हमें तो यह देखना चाहिये कि बोड्रिलार्ड ने जो कुछ लिखा है, उससे कौन प्रभावित हुआ है ? यह प्रश्न सही है और इसके उत्तर से ज्ञात होता है कि बोड्रिलार्ड ने सबसे अधिक उत्तर आधुनिक समाजशास्त्र को प्रभावित किया है** और यही उन्हें उत्तर-आधुनिक समाजशास्त्री बनाती है। स्वयं बोड्रिलार्ड इसे स्वीकार करें या न करें।

बोड्रिलार्ड की बौद्धिक जड़ें (Intellectual Roots of Baudrillard)

बोड्रिलार्ड के कृतित्व पर कई समाजशास्त्रियों और दर्शनशास्त्रियों का प्रभाव पड़ा है। अपने जीवन के प्रारम्भिक काल में वे मार्क्स से अत्यधिक प्रभावित थे। मुख्य रूप से मार्क्स के अर्थशास्त्र में उनकी अत्यधिक रुचि थी। यह प्रभाव उनकी बाद की कृतियों में स्पष्ट रूप से देखने को मिलता है। मार्क्स जीवन पर्यन्त उत्पादन सम्बन्धों की चर्चा करते रहे। उनके सिद्धान्त का आधार ही उत्पादन सम्बन्ध थे। आज भी जो रुढ़िवादी मार्क्सवादी हैं, चाहे भारत में या विदेश में, वे उत्पादन सम्बन्धों के इर्द-गिर्द ही अपना विश्लेषण करते हैं। इन उत्पादन सम्बन्धों से प्रेरित होकर बोड्रिलार्ड ने मार्क्स में सुधार किया। मार्क्स ने उत्पादन सम्बन्धों पर अपने आपको इतनी अधिक केन्द्रित कर दिया कि उन्होंने उपयोग की कोई चर्चा ही नहीं की। उपभोक्तावाद इस तरह उनकी पकड़ से छूट गया। इसी को बोड्लिार्ड ने पकड़ लिया। अपने उत्तर-आधुनिकतावादी सिद्धान्त में बोड्रिलार्ड इसी उपभोक्तावाद को धुनते हैं। यही इनकी केन्द्रीयता रही है। दूसरा, बोड्रिलार्ड ने मार्क्स के एक और अछूते पहलू को अपनी विषयवस्तु बनाया। उन्होंने संस्कृति के विश्लेषण में आर्थिक और भौतिक प्रक्रियाओं पर अधिक जोर दिया। मार्क्स ने संस्कृति को एक तरह से छोड़ ही दिया था। बोड्रिलार्ड ने मार्क्स की आर्थिक-भौतिक स्थितियों को अपने सिद्धान्त का आधार बनाकर संस्कृति का विश्लेषण किया।

बोड्रिलार्ड के अकादमिक जीवन पर एक और प्रभाव संरचनावादियों का था। संरचनावादियों में भी भाषाविद् वैज्ञानिकों का प्रभाव बहुत ज्यादा था। इन भाषाविदों में **फर्डिनेन्ड सोसोरे** (Ferdinand Saussure) प्रमुख हैं। इन्हीं से प्रभावित होकर बोड्रिलार्ड ने स्थापित किया कि भाषा कभी भी व्यक्तिगत थाती नहीं होती। भाषा की प्रकृति हमेशा सामूहिक होती है। इसी भाषाई संरचनावाद के आधार पर बोड्रिलार्ड ने अपने **संकेतों** (Signs) और **सिम्यूलेशन्स** (Simulations) या प्रतिकृति के सिद्धान्त को रखा है। सोसोरे से ही प्रभावित होकर बोड्रिलार्ड ने बाद में चलकर **प्रतीकात्मक विनिमय** (Symbolic Exchange) की अवधारणा को प्रस्तुत किया।

मार्क्स और सोसोरे के अतिरिक्त बोड्रिलार्ड पर दरखाईम का प्रभाव भी देखने को मिलता है। दरखाईम ने आदिवासियों के **उपहार** (Gift) के विनिमय की जो परम्परा है, उसका विस्तृत अध्ययन किया है। आदिवासी जन्म और विवाह के अवसर पर उपहार या भेंटस्वरूप वस्तुओं का विनिमय करते हैं। यह एक प्रक्रिया है जिसका अर्थ **वस्तुओं को लेना और लौटाना, वस्तुओं को देना और प्राप्त करना** होता है। दरखाईम की इस अवधारणा का प्रयोग बोड्रिलार्ड ने प्रतीकों के रूप में रखा है। यदि दरखाईम का विनिमय आर्थिक विनिमय है तो बोड्रिलार्ड का प्रतीकात्मक। यहां दरखाईम का प्रभाव बहुत स्पष्ट रूप में देखने को मिलता है।

बोड्रिलार्ड एक ऐसे मूर्धन्य उत्तर-आधुनिकतावादी समाजशास्त्री हैं जिन पर कार्ल मार्क्स, फर्डिनेंड सोसोरे और दरखाईम का बहुत बड़ा प्रभाव देखने को मिलता है। वास्तव में जब बोड्रिलार्ड अपनी पुस्तक **दि सिस्टम आफ आब्जक्ट्ज़** (The System of Objects, 1968) लिखी तब उनका उद्देश्य एक **नव मार्क्सवादी** (Neo-Marxist) लेखक की तरह मार्क्स की सोच को एक नया संदर्भ देता था और यह संदर्भ उपभोग का था। बाद में चलकर उन्होंने वास्तव में मार्क्स की आलोचना की लेकिन यह समझना भूल होगा कि बोड्रिलार्ड उपभोक्तावाद के समर्थक थे। उन्होंने उपभोक्तावाद को पूंजीवाद के नये आयाम के रूप में रखा है और इसलिये वे स्वतः एक नव-मार्क्सवादी बन जाते हैं। सोसोरे और दरखाईम के प्रभाव को उन्होंने **संकेत** (Sign) के रूप में रखा है। वास्तव में यह सब बौद्धिक जड़ें हैं जिन्होंने बोड्रिलार्ड के उत्तर-आधुनिकवादी छवि को तराशा है, गढ़ा है।

बोड्रिलार्ड का कृतित्व (Works of Baudrillard)

बोड्रिलार्ड को मॉस मीडिया का प्रकाण्ड सिद्धान्तवेत्ता समझा जाता है और संचार व्यवस्था पर बड़ा काम किया है। उनका कृतित्व भी विशाल है। यहां हम उनकी पुस्तकों का उल्लेख करेंगे। एक फ्रांसीसी होने के नाते उन्होंने जो कुछ लिखा है, वह मूल में फ्रेंच भाषा में है। इसका अनुवाद अंग्रेजी में हुआ है। उनकी अधिकांश पुस्तकें अंग्रेजी में अनुदित हो गई हैं फिर भी अभी बहुत कुछ अनुदित होना शेष है। यहां हम उनकी अंग्रेजी में अनुदित पुस्तकों का ब्यौरा देंगे। ये पुस्तकें निम्न प्रकार हैं :

1. **सिलेक्टेड राइटिंग्ज** (सम्पादित) (Selected Writings, 1988)
2. **दि मिरर आफ प्रोडक्शन** (Te Mirror of Production, 1975)
3. **सिम्यूलेशन्स** (Simulations, 1973)
4. **दि इस्टेसी आफ कोम्यूनिकेशन्स** (The Ecstasy of Communications, 1985)
5. **दि मासेज : दि इम्प्लोजन आफ दि सोश्यल इन दि मीडिया** (The Masses : The Implosion of the Social in the Media)

बोड्रिलार्ड के अनुसार उत्तर-आधुनिकता किसे कहते हैं ?
(What is Post-modernity according to Baudrillard)

सभी उत्तर-आधुनिकतावादी विचारक किसी न किसी रूप में **ज्ञानशास्त्र** (Phenomenology) की चर्चा अवश्य करते हैं। यह एक ऐसा पद है जो इन सभी के लिये, वे चाहें या न चाहें, अनिवार्य है। कोशिश यह जानने की है कि समाज की यथार्थता क्या है ? इसे समझने के स्रोत क्या हैं ? सामान्यतया ज्ञान की यह खोज आनुभविकता अर्थात् अनुभव और तर्क के माध्यम से की जाती है। यह आनुभविकता और तार्किकता के आधार पर ही है कि उचित और अनुचित का पता लगाया जाता है। बोड्रिलार्ड इसी ज्ञान का पता लगाना चाहते हैं। हम बोड्रिलार्ड को अव्वल दर्जे का फक्कड़ उत्तर-आधुनिकतावादी लेखक मानते हैं जो सच्चाई कहने में जरा भी नहीं हिचकिचाते। अपनी पुस्तक **सिम्बोलक एक्सचेंज एण्ड डेथ** (Symbolic Exchange and Death, 1976) में वे **कहते हैं कि आधुनिक समाज मृत्यु शैय्या पर है, इसकी संस्कृति वस्तुतः मृत्यु की संस्कृति है। जो कुछ आज के इस आधुनिक समाज में हो रहा है वह और कुछ न होकर बहुत शीघ्र कफन ओढ़ने की तैयारी मात्र है। इस समाज की टूटन बहुत तीव्र और उग्र है। ऐसी अवस्था में इस समाज का एक मात्र विकल्प उत्तर-आधुनिक समाज है।**

इस उत्तर-आधुनिक समाज की बोड्रिलार्ड ने परिभाषा इस भांति दी है :

> इस उत्तर-आधुनिक समाज की कोई परिभाषा देना सम्भव नहीं है। परिभाषा तो केवल लफ्फाबाजी है। सही यह है कि इस समाज का कोई स्वरूप ही नहीं है। इस समाज ने अपने आपको बर्बाद कर दिया है। इसने सम्पूर्ण दुनिया को विखण्डित कर दिया है और आज जो कुछ इसके पास है, वह खण्ड ही है। इस दुनिया के लिये कुछ करना है तो खण्डों के साथ ही खेलना है और यह खेल ही उत्तर-आधुनिकता है।

एक अन्य स्थान पर बोड्रिलार्ड ने उत्तर-आधुनिकता की परिभाषा इस भांति की है :

> उत्तर-आधुनिकता न तो आशावादी है और न ही निराशावादी। यह तो अतीत के अवशेषों के साथ में खेलना मात्र है। इसी कारण हम इसे **उत्तर** (Post) कहते हैं। यहां आकर इतिहास थम गया है। इतिहास की प्रगति के स्थान पर यहां वस्तुएं केवल परिचालन करती हैं। हम नहीं कह सकते कि आगे कोई तरक्की हो रही है।

देखा जाये तो बोड्रिलार्ड की दृष्टि में **विखण्डन** (Deconstruction) एक ऐतिहासिक अवस्था का पड़ाव है। इस तरह के समाज **उत्तर-इतिहास** (Post-history) और **उत्तर-अनुभव** (Post-experience) हैं, **केलनेर** (Kellner D.) ने अपनी पुस्तक **ज्यॉं बोड्रिलार्ड : फ्रोम माक्सीज्म टू पोस्ट मोडर्निज्म एण्ड बियोन्ड** (Jean Baudrillard : From Marxism to Postmodernism and Beyond, 1989) में बोड्रिलार्ड के

उत्तर-आधुनिक समाज की बड़ी सटीक व्याख्या की है।

बोड्रिलार्ड ने समकालीन समाज का विश्लेषण किया है। इस समाज पर अब उत्पादन विधियों और उत्पादन सम्बन्धों का प्रभुत्व नहीं रहा। अब इस पर प्रभुत्व है **साइबरनेटिक मॉडेल** (Cybernetic Models), **स्टीरिंग व्यवस्थाओं** (Steering Systems), कम्प्यूटर, सूचना प्रक्रियाओं, मनोरंजन और ज्ञान से जुड़े उद्योगों का। पहले के समाज का उद्देश्य लोगों का शोषण करना और मुनाफाखोरी करना था। अब इस उद्देश्य में बदलाव आ गया है। उत्तर-आधुनिक समाज पर **संकेत** (Signs) का प्रभुत्व है। पहिले संकेत किसी वास्तविक वस्तु को बताते थे लेकिन अब ये संकेत कुछ और हैं। वास्तव में ये संकेत दूसरे संकेतों की ओर इशारा करते हैं। **ऐसी स्थिति में संकेत और वास्तविकता इस तरह मिल-जुल जाते हैं कि यह पृथक करना कठिन हो जाता है कि कौनसी वस्तु वास्तविक या यथार्थ है और कौनसे वस्तु संकेत है।**

एक दृष्टान्त से आज के उत्तर-आधुनिक समाज में संकेत और यथार्थ का मिला-जुला स्वरूप स्पष्ट हो जायेगा। टी. वी. पर संकेतों में बताया जाता है कि आदमी के दाँत मोती जैसे साफ हैं। इन सफेद दांतों को बताने के लिये कई विधियां काम में ली जाती हैं। कोई एक प्रकार के पेस्ट को काम में लेने की सलाह देता है, कोई दूसरे प्रकार के। कहिये कई दांत के पेस्ट विभिन्न नामों से यानी संकेतों से यही स्थापित करता है कि इसके प्रयोग से दांत मजबूत और मोती जैसे हो जाते हैं। कोई मजबूत दांतों से गन्ने को मोम की तरह तोड़ देता है, कोई इन दांतों से मोटर गाड़ी खींच लेता है और संकेतों की बन पड़े तो बता दें कि इन्हीं दांतों से आसमान के तारे भी तोड़ लेवे। इन संकेतों का प्रभाव समाज पर इस तरह पड़ता है कि दांतों की यथार्थ स्थिति खो जाती है। यहां यथार्थ और संकेत दोनों मिल जाते हैं। पहिले टी. वी. को या कह सकते हैं, साहित्य को समाज का दर्पण मानते थे। अब यह नहीं रहा है। आज जो टी. वी. हैं, वही समाज है। टी. वी. में जिस तरह प्रेमालाप बताया जाता है, लड़की को प्रेमपाश में बांधा जाता है वैसे ही वास्तविक समाज में भी लड़के-लड़की में प्रेमालाप होता है। हम प्रायः कहते हैं कि उसने फिल्मी अंदाज में लड़की को फंसा दिया या बच्चे का अपहरण कर लिया। टी. वी. और समाज घुल-मिल गये हैं। देखा जाये तो संकेत और यथार्थ को पृथक करना कठिन हो गया है। आज इलेक्ट्रोनिक संचार और मुद्रित संचार दोनों ने मिलकर समाज पर कब्जा कर लिया है और ऐसी स्थिति में उत्पादन विधियां और उत्पादन पृष्ठभूमि में चले गये हैं। बोड्रिलार्ड वस्तुतः उत्तर-आधुनिक समाज को एक संकेतों का समाज मानते हैं।

बोड्रिलार्ड ने उत्तर-आधुनिक समाज को **सिम्यूलेशन** (Simulation) यानी प्रतिकृति का समाज कहा है जिसे वे संकेत कहते हैं, वे वास्तव में प्रतिकृति हैं। आज पूंजीवाद अपने **संगठित** (Organised) रूप में हैं और इसी ने बाजार को एक विकसित स्वरूप दिया है। बाजार, बोड्रिलार्ड की परिभाषा में, एक **उपभोग बाजार** है। सही बात तो यह है कि बोड्रिलार्ड ने समाजशास्त्र के सम्पूर्ण स्तरीकरण के सिद्धान्त को उलट-पलट दिया है। मार्क्स

के विश्लेषण के अनुसार समाज का वर्गीकरण उत्पादन सम्बन्धों के आधार पर होता है। वर्ग उत्पादन सम्बन्धों द्वारा निर्धारित होते हैं। **अब उत्तर-आधुनिक समाज का वर्गीकरण कुछ दूसरे प्रकार का है। इसका निर्णायक आधार उपभोग है। जो जितना अधिक उपभोग करता है, समाज में उतना ही अधिक ऊंचा उसका स्थान है।** अब समाज के **विशिष्टीकरण** (Differentiation) **या विभेदीकरण का आधार उपभोग हो गया है।** उदाहरण के लिये पश्चिमी देशों में मध्यम वर्ग एक ऐसा वर्ग है जो वस्तुओं के अधिकतम उपभोग के लिये लोकप्रिय है। उसका पहनावा, खान-पान और स्वाद दूसरे वर्गों से उन्हें पृथक् कर देता है। ऐसी स्थिति में उत्तर-आधुनिक समाज के वर्गीकरण का आधार उपभोग की मात्रा है और यह उपभोग, बोड्रिलार्ड कहते हैं, मीडिया और संकेत द्वारा निश्चित किया जाता है।

उत्तर-आधुनिक समाज एक चकाचौंध वाला समाज है। यह एक प्रकार की मायानगरी है जिसमें वास्तविक कुछ भी नहीं है। इसे अंग्रेजी में **डिज़नीलेंड** (Disneyland) कहते हैं। केलिफोर्निया (अमेरिका) में यह एक पार्क है जहां बच्चों की कार्टून फिल्में हैं। इन कार्टून फिल्मों में फन्तासी के अतिरिक्त कुछ भी वास्तविक नहीं है। बोड्रिलार्ड कहते हैं कि प्रतिकृति और संकेत उत्तर-आधुनिक समाज को एक डिज़नीलेंड मात्र बना देते हैं और इस फंतासी समाज में संकेत ही यथार्थ बन जाते हैं।

बोड्रिलार्ड की उत्तर-आधुनिक समाज की व्याख्या
(Baudrillard's Analysis of Postmodern Society)

बोड्रिलार्ड ने उत्तर-आधुनिक समाज की विस्तार से व्याख्या की है। इसका यह अर्थ कभी नहीं लगाना चाहिये कि वे इस समाज को पसन्द करते हैं। वे तो केवल इस समाज की व्याख्या मात्र करते हैं और इस व्याख्या में वे **इस निष्कर्ष पर पहुंचते हैं कि यह उत्तर-आधुनिक समाज वस्तुतः मौत की कगार पर खड़ा है।** यह कब धराशयी हो जायेगा कहा नहीं जा सकता। इस सम्पूर्ण समाज की व्याख्या वे सिम्यूलेशन यानी प्रतिकृति के माध्यम से करते हैं। देखा जाये तो यह समाज एक ढोंगी या पाखण्डी समाज है जो जमीन से हटकर एक डिज़नीलेंड में खड़ा है। उत्तर-आधुनिक समाज अपनी वर्तमान स्थिति में एकाएक नहीं आया है। यह सब **सिम्यूलेशन** या कहिये अनुकरण से हुआ है। इस समाज की यह यात्रा लम्बी रही है—आधुनिकीकरण से लेकर उत्तर-आधुनिकीकरण तक है।

बोड्रिलार्ड सिम्यूलेशन की कई श्रेणियां बताते हैं। इसकी पहली श्रेणी में जो आधुनिकता आई उसे वे **प्रारम्भिक आधुनिकता** (Early modernity) कहते हैं। इस आधुनिकता की अवधि पुनर्जागरण से लेकर औद्योगिक क्रांति तक की है। पुनर्जागरण की अवस्था से पहिले यह समाज वस्तुतः **सामन्ती समाज** (Fedual Society) था। इसमें सभी कुछ गैर बराबर था। इस युग में वर्ग बन्द थे। उनमें गतिशीलता नहीं थी। यह एक भयानक गैर-बराबरी थी जिसने अराजकता को समाज में आने नहीं दिया।

इस प्रारम्भिक आधुनिकता को औद्योगिक क्रांति ने तोड़ा और यह सब दूसरी श्रेणी

के सिम्यूलेशन से सम्भव हुआ। बाद में चलकर तकनीकी क्रांति हुई। अब बड़ी तादाद में उत्पादन करना, समाज का मुहावरा हो गया। इसने तीसरी श्रेणी के सिम्यूलेशन को गतिशील बनाया। यह अवस्था द्वितीय विश्व युद्ध के बाद आई। यहां पहुंचकर बोड्रिलार्ड कहते हैं कि उत्तर-आधुनिकता का आर्विभाव होता है। मार्क्स ने आधुनिक समाज की व्याख्या केवल राजनीतिक अर्थव्यवस्था के रूप में की है। ऐसा करने में पूंजी के अतिरिक्त अन्य गैर-आर्थिक कारकों पर कोई बल नहीं देते। विज्ञापन, मीडिया, सूचना और संचार नेटवर्क का भी आर्थिक व्यवस्था पर प्रभाव पड़ता है पर इन सबके प्रति मार्क्स उदासीन है।

बोड्रिलार्ड ने उत्तर-आधुनिकता की व्याख्या मार्क्स की व्याख्या से हटकर की है। अब उत्पादन में **उपयोगिता के मूल्य** (Use Value) पर जोर नहीं दिया जाता है। अब मॉडेल, **संकेत पद्धति** या संकेतिका (Code), और सिम्यूलेशन पर बल दिया जाता है। मीडिया के इन साधनों ने **अति यथार्थता** (Hyper-reality) को पैदा किया है। सिम्यूलेशन ऐसे होते है जिनका बाहरी यथार्थता से कोई वास्ता नहीं होता। बोड्रिलार्ड का कहना है कि **आज हम एक ऐसे समाज में रह रहे हैं जो सिम्यूलेशन या प्रतिकृति अर्थात् अति यथार्थता** का समाज है। यहां सब आभासी है, ढोंग है, पाखण्ड है। हम सब उन वस्तुओं का अनुकरण करने में लगे हैं जो किसी भी अर्थ में यथार्थ या वास्तविक नहीं है। अब वास्तविक तथा **नकल** (Imitation) में कोई अन्तर नहीं रहा। यहां तो केवल प्रतिकृतियां यानी नकल ही है। अपने इस दृष्टिकोण के कारण बोड्रिलार्ड को कई बार **नाशवादी** (Nihilist) सिद्धान्तवेत्ता भी कहा जाता है।

बोड्रिलार्ड ने उत्तर-आधुनिक समाज के कई विशिष्ट पहलुओं की जी खोलकर व्याख्या की है। रिट्ज़र का तो कहना है कि उत्तर-आधुनिक समाज का बोड्रिलार्ड ने जिस भांति **पोस्टमार्टम** किया है वह एक आखिरी स्थिति है। इससे किसी अन्य निराशा की कल्पना कोई नहीं कर सकता। यह अन्तिम है। इससे अधिक बर्बादी और क्या हो सकती है। उत्तर-आधुनिक समाज के जिन आयामों या पहलुओं पर बोड्रिलार्ड ने अपने विचार रखे हैं, उन्हें हम सिलसिले से निम्न बिन्दुओं में रखेंगे :

1. **मीडिया और जनता : सिम्यूलेशन और अति यथार्थता** (Media and Masses : Simulatons or Simulacra and hyperreality)
2. **उपभोक्ता समाज** (Consumer Society)
3. **प्रतीकात्मक विनिमय : प्रलोभन** (Symbolic Exchange : Seduction)
4. **फैशन** (Fashion)
5. **हर्षोन्माद** (Ecstasy)
6. **मृत्यु** (Death)
7. **अमेरिका** (America)

मीडिया और जनता : सिम्यूलेशन और अतियथार्थता
(Media and Masses : Simulation or Simulacra and Hyper-reality)

आज हम एक नई दुनिया में रह रहे हैं और यह दुनिया विशेष करके पश्चिमी दुनिया है। **इस दुनिया को बोड्रिलार्ड सिम्यूलेशन (Simulation) की दुनिया कहते हैं।** यहां आईने और तस्वीर में कोई अन्तर नहीं है। आईना ही तस्वीर है जो कुछ आईना बताता है, वही सही है, वही यथार्थ है। यहां सभी संचार के **हर्षोन्माद** (Ecstasy) में हैं। अब उत्पादन का युग गया। यहां सब वस्तुएं सतही हैं। पहिले व्यक्तिगत और सार्वजनिक में बड़ा अन्तर था। किसी का भी प्रवेश शयन कक्ष में नहीं था। रसोई घर में दाखिल होना वर्जित था। अब इस व्यक्तिगत जीवन को फिल्म और टी.वी. ने सार्वजनिक बना दिया है। बाह्य और आन्तरिक स्थानों के भेद को मीडिया ने समाप्त कर दिया है। जो वास्तविक है, उससे हमारा कभी प्रत्यक्ष सम्पर्क नहीं होता। हम तो केवल वही देखते हैं जो टी. वी. के पर्दे पर आता है। टी. वी. ही हमारी दुनिया है। यही हमें सबके दर्शन करवाता है। इसके पर्दे पर हम अधनंगी स्त्रियां देखते हैं, स्त्रियों जैसे लम्बे बालों वाले पुरुष देखते हैं, कान में लोंग लटकाये और मटकते हुए युवक देखते हैं और देखते हैं बन्द कमरे में ब्ल्यू फिल्म। आधी रात गये जब बच्चे सो जाते हैं, शयन कक्ष में टी. वी. सभी तरह की फूहड़ और भोंडी बातें तथा दृश्य दिखाता है। बताइये कहां सार्वजनक और व्यक्तिगत जीवन में अन्तर रहा। हुआ यह है कि व्यक्तिगत जीवन भी आज मीडिया की कृपा से सार्वजनिक जीवन बन गया है।

बोड्रिलार्ड का कहना है कि मॉस मीडिया ने हमारी समय और स्थान की जो भी चेतना है, उसे नये सिरे से जमा दिया है। यह ऐसी दुनिया है जहां अधिक से अधिक सूचना है और कम से कम अर्थ। सूचना का बोझ इतना भारी है कि हम कभी इसके अर्थ की तलाश ही नहीं कर पाते। कोई भी धारावाहिक देखने बैठ जाइये और फिर एक अनन्त सिलसिला सूचना का प्रारम्भ हो जाता है। यही बात प्रिन्ट मीडिया में भी देखने मिलती है। विज्ञापन की भरमार इतनी अधिक होती है कि पाठक समाचार पत्र के पाठ को देख भी नहीं पाता। इस संचार के युग को किस तरह समझा जाये ? बोड्रिलार्ड मीडिया और जनता के इन सम्बन्धों को दो मुख्य अवधारणाओं के माध्यम से प्रस्तुत करते हैं : (1) सिम्यूलेशन और (2) अतियथार्थता। इन दोनों अवधारणाओं की हम यहां विस्तार से व्याख्या करते हैं।

सिम्यूलेशन (Simulation)

सिम्यूलेशन पद का प्रयोग बोड्रिलार्ड ने किया है। कहीं-कहीं वे पर्यायवाची शब्द के रूप में **सिम्यूलेक्रा** (Simulcra) को भी काम में लाते हैं। इन दोनों पदों का अर्थ एक ही है—**प्रतिकृति** अर्थात् **नकल**। नकल मूल प्रति की होती है लेकिन उत्तर-आधुनिकता के इस संचार युग में मूल प्रति तो कोई होती ही नहीं है—सभी प्रतिकृतियां हैं। बोड्रिलार्ड लिखते हैं :

> टी. वी. पर दी जाने वाली खबरें खण्डित छवियां हैं, एक छवि दूसरी छवि को बताती है और प्रत्येक छवि पहली की प्रतिकृति यानी नकल होती है और मूल प्रति का कोई अता-पता नहीं होता। खबरें छवि की छवियां होती हैं और अन्त में अतियथार्थता होती है। खबरों के इतिहास को अस्वीकार किया जाता है। अधिक से अधिक इतिहास से खबरों को लिया जा सकता है।

मीडिया और जनता के उत्तर-आधुनिक समाज में जो सम्बन्ध होते हैं उन्हें बोड्रिलार्ड ने सिम्यूलेशन या सिम्यूलेक्रा द्वारा समझाया है। अब हम इन्हें व्यवस्थित रूप से परिभाषित करते हैं।

सिम्यूलेशन यानी प्रतिकृति का अर्थ (Simulation, that is, Carbon Copy)

बोड्रिलार्ड ने अपनी पुस्तक **सिम्यूलेशन्स** (Simulations, 1983) में इस अवधारणा को स्पष्ट किया है। वे कहते हैं कि **प्रतिकृति या कार्बन कॉपी उन वस्तुओं की कापियां हैं जिनकी कोई मूल कापी नहीं**। एम. पोस्टर (M. Poster) ने बोड्रिलार्ड की **चयनित कृतियां** (Selected Works) का संपादन किया है। उन्होंने प्रतिकृति की परिभाषा इस तरह दी है:

> किसी की कल्पना या झूठ से प्रतिकृति भिन्न होती है। यह उस वस्तु को प्रस्तुत करती है जिसका कोई अस्तित्व नहीं होता। यह वास्तविक वस्तु की कोई कल्पना भी नहीं करती। विज्ञापन करने वाली एजेन्सियां वस्तुओं के वास्तविक दाम को नजरअन्दाज कर के उसके लाभों पर ही अपने आपको केन्द्रित करती हैं। यह सब अतियथार्थता है।

पोस्टर ने प्रतिकृति के विश्लेषण में अमेरिका के लोस एन्जिलिस के डिजनीलेंड का दृष्टान्त दिया है। यह डिजनीलेंड बोड्रिलार्ड की प्रतिकृति का बड़ा सही मॉडेल है। पहली निगाह से तो ऐसा लगता है कि यहां केवल मायाजाल है। एक खास किस्म की फंतासी है। लेकिन थोड़ा गहराई से देखें तो लगेगा कि यह डिजनीलेंड लोगों का ध्यान सच्चाई से हटाने के लिये है। इसे अमेरिका के सभी मूल्यों और आदर्शों को बड़े ही सूक्ष्म रूप में लेकिन बढ़ाचढ़ा कर प्रस्तुत किया गया है। एक प्रकार से अमेरिकी जीवन के आदर्शों की यह छोटी लेकिन बड़ी सुहावनी तस्वीर है। लेकिन इस तस्वीर के पीछे जो वास्तविक अमेरिका है, उसे छिपा दिया गया है। लोस एन्जिलिस का यह डिजनीलेंड कहीं भी इसकी जरासी आहट नहीं देता कि अमेरिका का वृद्ध पूंजीवाद गरीब देशों को डकारने के लिये तत्पर बैठा है। डिजनीलेंड के आदर्शों के पीछे छिपी हुई अमेरिका की कोई वीभत्स छवि भी है, यह कहीं नहीं बताई जाती। यह तो केवल एक कल्पित दुनिया है जो यथार्थता से आंख मूंद रही है। यही बोड्रिलार्ड की प्रतिकृति यानी सिम्यूलेशन है।

कुल मिलाकर बोड्रिलार्ड का कहना है कि प्रतिकृति की दुनिया एक ऐसी दुनिया है जिसका यथार्थता से कोई तात्पर्य नहीं। यह तो यथार्थ के प्रति एक प्रकार का मोह भंग है,

एक शर्मनाक स्थिति है। स्वयं बोड्रिलार्ड ने प्रतिकृति के कुछ दृष्टान्त दिये हैं, जिनका हम यहां उल्लेख करेंगे :

1. दक्षिणी अमेरिका की एक जनजाति है जो आज इस तरह की प्रतिकृति में जीवनयापन करती है कि उसे तनिक भी यह अनुभूति नहीं है कि किसी समय वह एक आदिम जाति थी। वह अपनी यथाशक्ति को सम्पूर्ण रूप से खो चुकी है।
2. खाड़ी युद्ध जिसमें अमेरिका ने इराक पर हमला किया था सिम्यूलेशन के माध्यम से इस तरह बराबर प्रदर्शित किया गया कि मानो यह रूस और अमेरिका का अणु युद्ध था और वास्तविकता यह है कि यह युद्ध इन दोनों देशों के बीच सीधा हुआ ही नहीं।
3. अमेरिका के वाटर गेट काण्ड को सिम्यूलेशन ने केवल एक शरारतपूर्ण प्रचार की तरह ही प्रसारित किया।

उत्तर-आधुनिक समाज में सिम्यूलेशन इतने अधिक व्यापक हैं कि उन्होंने वास्तविक और कल्पित, सत्य और झूठ के अन्तर को एकदम मिटा दिया है अब यह दिन प्रति दिन अधिक कठिन होता जा रहा है कि सत्य को असत्य से कैसे पृथक् किया जाये और कौनसी वस्तु यथार्थ है और कौनसी कल्पित। हमारे देश में भी किन्हीं घटनाओं में अब सिम्यूलेशन की भूमिका देखने मिलती है। अयोध्या में दिन दहाड़े बावरी मस्जिद को ढहा दिया गया और सिम्यूलेशन ने कुछ इस तरह प्रदर्शित किया कि यह कुछ असामाजिक तत्वों का काम था। हमारे यहां भी ऐसे आदिवासी समूह हैं जो सिम्यूलेशन में रह रहे हैं। सिम्यूलेशन की बहुत बड़ी विशेषता यह है कि यह वास्तविकता को धीरे-धीरे ओझल ही कर देती है। टी. वी. पर देखते-देखते हमें यह पक्का विश्वास हो जाता है कि स्त्रियों के केश यथार्थ में बड़े लम्बे और घने होते हैं।

सिम्यूलेशन के पीछे **संकेत** (Sign) होते हैं और यह इन संकेतों के परिणामस्वरूप ही है कि हम यथार्थता को एकदम भूल जाते हैं। स्थिति कुछ इस तरह हो जाती है कि सिम्यूलेशन के प्रभाव में आकर हम यथार्थ को **अतियथार्थ** (Hyper-reality) के रूप में प्रस्तुत करते हैं। अब बोड्रिलार्ड की अतियथार्थ की व्याख्या करते हैं।

अति यथार्थ (Hyper Reality)

बोड्रिलार्ड का कहना है कि आज उत्तर-आधुनिक समाज में सिम्यूलेशन की व्यापकता इतनी अधिक है कि यहां अपने आप में यथार्थता जैसी कोई बात नहीं है। सभी ओर संकेत ही संकेत हैं। वे लिखते हैं :

> आखिर में, इस समाज में अतियथार्थता ही यथार्थता है।

दूसरे शब्दों नें कहें तो आज ढूंढने पर भी कहीं वास्तविकता नहीं मिलती। यदि हमारे पास कुछ है तो केवल अतियथार्थता ही। मीडिया जिस अतियथार्थता को बताता है

वह ऐसी यथार्थता है जिसकी तार्किक रूप से कोई आलोचना नहीं की जा सकती। **एक रुचिकर बात यह है कि बोड्रिलार्ड की दृष्टि में** मॉस मीडिया किसी भी अर्थ में **संचार साधन** (Means of Communication) नहीं है। संचार हमेशा दो-तरफा होता है। एक तरफा तो सूचना होती है। संचार के लिये दो या अधिक व्यक्तियों में बातचीत का आदान-प्रदान होता है। अतः इस अर्थ में टी. वी. सूचना का साधन है, संचार साधन नहीं । टी. वी. और दर्शक के बीच में कोई सीधा **फीड बेक** नहीं होता। ऐसी अवस्था में टी. वी. बिना किसी रोक-टोक के यथार्थता को अति यथार्थता के रूप में ही प्रस्तुत करता है। इसका मतलब हुआ टी. वी. जो कुछ देता है, वह यथार्थता ही है।

बोड्रिलार्ड की अति यथार्थता की अवधारणा ने एक नई स्थिति समाज में पैदा कर दी है। अब यथार्थता और भ्रम (illusion) का पुराना विवाद खत्म हो गया। अब यथार्थता तथा आदर्श का विवाद भी समाप्त हो गया। बोड्रिलार्ड के अनुसार तो आज के उत्तर-आधुनिक समाज में सब कुछ **अति** (Hyper) ही है। इस अति यथार्थता का निर्माण टी. वी. कार्यक्रम करते हैं। ऐसी स्थिति में जिसे हम 'यथार्थता' कहते हैं वह वास्तविक रूप से यथार्थता नहीं है। यह तो टी. वी. द्वारा रचित यथार्थता है।

सिम्यूलेशन की श्रेणियां (Order of Simulations)

सिम्यूलेशन या प्रतिकृति उत्तर-आधुनिक समाज की ही देन हो, ऐसा नहीं है। बोड्रिलार्ड इसका उद्‌गम ऐतिहासिक कारकों में ढूंढते हैं। इसकी पहली श्रेणी पुनर्जागरण युग में दिखाई देती है। यह युग पुनर्जागरण काल से लेकर औद्योगिक क्रांति तक का है। दूसरी श्रेणी के सिम्यूलेशन औद्योगिक काल में दिखाई देते हैं। जब विशाल उत्पादन पर जोर दिया गया। इस युग में स्वचालित यंत्र बने, रेफ्रेजिरेटर आया और तरह-तरह के उत्पादन में सहायक यंत्र बने। तीसरी श्रेणी के सिम्यूलेशन का आविर्भाव उत्तर-आधुनिक काल में हुआ। अब औद्योगिक व्यवस्था की अपेक्षा मॉडेल बनने लगे। ये मॉडेल उत्पादक के नहीं थे। ये तो पुनर्उत्पादन के मॉडेल थे। पुनर्उत्पादन का मतलब है इस मॉडेल द्वारा फैशन, मीडिया, विज्ञापन, सूचना, संचार नेटवर्क आदि की उपस्थिति हो गई। मार्क्स ने इस श्रेणी के सिम्यूलेशन को पूंजी का गैर-आवश्यक तत्व मानकर छोड़ दिया। आज की पूंजीवादी व्यवस्था, बोड्रिलार्ड कहते हैं, इस तीसरी श्रेणी के सिम्यूलेशन पर टिकी हुई है।

इस तीसरी श्रेणी के सिम्यूलेशन की एक निश्चित **संकेतकी** (Code) है। इस संकेतकी के अनुसार मीडिया पर प्रभुत्व स्थापित किया है। अब इस अवस्था में पहुंचकर आधुनिक युग से पूंजीवादी-उत्पादन प्रधान समाज नव-पूंजीवादी साइबरनेटिक समाज बन जाता है। अब सभी वस्तुएं साईबरनेट के नियन्त्रण में आ जाती हैं। ऐसी स्थिति में हमें कभी यह पता नहीं लगता कि इस समाज में आखिर क्या हो रहा है ? इसकी वास्तविकता क्या है ? ऐसे समाज की जो संकेतों के माध्यम से चले, जहां सिम्यूलेशन ही वास्तविकता हो, जहां टी. वी. का पर्दा ही सब कुछ हो, कोई दिशा नहीं होती। यहां अब कोई आखिरी

बात नहीं होती और न कोई निर्णायक स्थिति। जिस समाज में सब कुछ निषेधात्मक हो, वहां निषेधों का विकल्प कैसा ? दूसरे शब्दों में, इस समाज में अब कोई अन्य कष्ट नहीं हो सकते। हम तो एक **ब्लेक बोक्स** (Black Box) हैं। हम चाहें या न चाहें, उत्तर-आधुनिकता की इस यथार्थता से आगे हम कुछ नहीं समझते। कोई दूसरी जगह भी हमारे जाने के लिये नहीं है। बोड्रिलार्ड कहते हैं :

> हमारे लिये इस समाज में यदि कुछ बचा है, तो वह खण्ड-खण्ड है और यह खण्डिता ही उत्तर-आधुनिकता है।

बोड्रिलार्ड ने अपनी चौथी श्रेणी के सिम्यूलेशन की व्याख्या **ट्रान्सपरेन्सी आफ इविल** (Transparancy of Evil, 1990) पुस्तक में की है। वे कहते हैं, कि आज हमारी संस्कृति एक ऐसी अवस्था में पहुंच गई है जहां वह केन्सर ग्रसित है। इसे कोई निदान नहीं बचा सकता। यहां कोई ऐसी आध्यात्मिक शक्ति नहीं है जो इसकी मौत को थाम सके। मरना ही इसकी नियति है। सिम्यूलेशन की यह चौथी श्रेणी ऐसी है जो अन्तहीन है और अनन्त रूप से व्यापक है। चाहे **डी.एन.ए.** (DNA) हो या **एड्ज़** (AIDS)। टी. वी. के संकेत कहीं भी व्यक्ति का पीछा नहीं छोड़ते। उदाहरण के लिये कला को लीजिये। यह व्यापक हो रही है लेकिन इसकी व्यापकता में इसकी विशिष्टता खो रही है। बस इस कला में एक ही गुण है और वह यह कि यह वास्तविकता या यथार्थता को नकारने में सफल है। आज इस नये सिम्यूलेशन में सभी प्रकार के अन्तर को नकारा जा रहा है। कौन पुरुष है, कौन स्त्री है ? उत्तर-आधुनिक ओपरेशन थियेटर पुरुष और स्त्री के अन्तर को दूर कर सकता है। और इस तरह का कथन कोरी लफ्फाजी नहीं होती। कोई क्रांति सिम्यूलेशन द्वारा पैदा की गई भ्रांति को दूर नहीं कर सकती। आज की कोई भी क्रांति हो,वह एक अनिश्चित क्रांति होगी। इस चौथी श्रेणी के सिम्यूलेशन को बोड्रिलार्ड ने **फ्रेक्टल श्रेणी** (Fractal Order) का नाम दिया । संकेतों की दुनिया का यह अंतिम पड़ाव है।

बोड्रिलार्ड मॉस मीडिया के अपने ढंग के विशेषज्ञ हैं। वे उत्तर-आधुनिकता को मॉस मीडिया समाज कहते हैं। इस समाज में उत्पादन पर जोर नहीं दिय्रा जाता। यहां मीडिया पर जोर दिया जाता है। यह मीडिया संकेतों और सिम्यूलेशन पर काम करता है। यह साइबरनेटिक है। टी. वी. इसका सशक्त साधन है और इस सिम्यूलेशन की विशेषता यह है कि यह कभी भी सही यथार्थता या वास्तविकता को नहीं बताता। इसके लिये वास्तविकता अतियथार्थता है। बोड्रिलार्ड ने अपने मीडिया के प्रबन्ध में चार बिन्दु मुख्य रूप से रखे हैं :

1. संकेत (Sign)
2. सिम्यूलेशन (प्रतिकृति)
3. अतियथार्थता (Hyper-reality), और
4. विनाश (Nihilism)

उपभोक्ता समाज (Consumer Society)

यदि बोड्रिलार्ड की अकादमिक उपलब्धियों का कोई ईमानदार मूल्यांकन किया जाये तो कहना पड़ेगा कि उनके दो काम सबसे महत्वपूर्ण हैं। पहला तो यह कि उन्होंने उत्तर-आधुनिकता की व्याख्या मॉस मीडिया के माध्यम से संचार के क्षेत्र में की है। इसी में सिम्यूलेशन, संकेत और अतियथार्थता की चर्चा करते हैं। उनकी दूसरी बड़ी उपलब्धि उपभोक्तावाद के क्षेत्र में है। जहां वे कहते हैं कि उत्तर-आधुनिक समाज मीडिया समाज है। वहीं वे यह भी कहते हैं कि समाज उपभोक्ता समाज है। मीडिया ही इस समाज को उपभोक्ता बनाता है। यह मीडिया ही है जो माँगों का सृजन या निर्माण करता है और अन्ततोगत्वा इस समाज को उपभोक्ता समाज बना देता है।

बोड्रिलार्ड ज्ञानोदय काल के **बुद्धिसंगत** (Rational) विचारों से असहमत था। अपने कृतित्व के प्रारम्भिक काल में (1970) उन्होंने उत्तर-आधुनिक समाज को एक उपभोक्ता समाज का नाम दिया। वे इस काल में कार्ल मार्क्स से अत्यधिक प्रभावित थे। मार्क्स ने जीवनपर्यन्त **उत्पादन विधि** (Mode of Production) पर जोर दिया। बोड्रिलार्ड ने मार्क्स के उत्पादन विधि पर आधारित पूंजीवाद की व्याख्या की। **वे मार्क्स से आगे बढ़े और उन्होंने उत्पादन के दूसरे पहलू उपभोग पर अपने आपको केन्द्रित किया। उन्होंने देखा कि उत्तर-आधुनिक समाज की मुख्य बुनियाद उपभोग ही है और इसलिये इस समाज के स्तरीकरण का आधार उत्पादन विधि न होकर उपभोग होना चाहिये।** बोड्रिलार्ड आगे कहते हैं उपभोग की वस्तएं संकेत व्यवस्था की अंग हैं। इन वस्तुओं का मूल्य संकेत निर्धारित करते हैं और इसलिये इन वस्तुओं का **संकेत मूल्य** (Sign value) है। मार्क्स ने वस्तुओं को उनकी उपयोगिता के आधार पर देखा और इसलिये वे वस्तुओं के **उपयोग मूल्य** (Use-value) पर जोर देते हैं। **मार्क्स तो कहते हैं कि जिस वस्तु की उपयोगिता अधिक है, जो वस्तु अधिक टिकाऊ है, उसका मूल्य अधिक है। बोड्रिलार्ड का संदर्भ दूसरा है। वे कहते हैं कि जिस वस्तु को संकेत और सिम्यूलेशन जितना अधिक ऊंचा बताया है, उसका मूल्य उतना अधिक है। यहां उत्तर-आधुनिक समाज में संकेत ही मूल्य निर्धारित करते हैं। कुछ इसी तरह की बात बीसवी शताब्दी के प्रारम्भ में अमेरिका के विचारक वेबलिन (Veblin) ने कही थी। उन्होंने कहा कि अमेरिका के समाज में उत्कृष्ट उपभोग** (Conspicuous Consumption) की परम्परा बढ़ रही है। मलमल का कपड़ा अधिक टिकाऊ नहीं होता लेकिन मलमल पहनने वाले व्यक्ति को समाज में प्रतिष्ठा की दृष्टि से देखते हैं। वेबलिन का थीसिस बहुत स्पष्ट है : वस्तुएं जितनी अधिक महंगी होंगी, उतनी ही अधिक प्रतिष्ठा उनके साथ जुड़ी होगी। यहां प्रतिष्ठा का मूल्यांकन समाज या समूह करता है जबकि बोड्रिलार्ड की व्याख्या में वस्तुओं का भाव-ताव संकेत करते हैं। संकेतों के पीछे **संकेतकी** (Code) होती है और यह प्रतिष्ठा का मूल्यांकन करती है।

बोड्रिलार्ड ने उपभोग समाज की व्याख्या वस्तुतः मार्क्स द्वारा अछूते पहलू को लेकर प्रारम्भ की है। **स्पष्ट है, बोड्रिलार्ड का झुकाव पूंजी के सांस्कृतिक पक्ष के विश्लेषण में**

है। सच्चाई यह है कि उत्तर-आधुनिक समाज की व्याख्या जिन लेखकों ने की है मूलतः वे महान वृतान्त के विरोधी हैं। वेबर, मार्क्स और दरखाईम सभी ने अलगाव, अधिकारी तंत्र, वर्ग, श्रम विभाजन आदि की व्याख्या औद्योगीकरण के सन्दर्भ में की है। आधुनिकतावादी समाजशास्त्रियों ने फोर्डवाद को अपना मुहावरा बनाया है। और इसी के आधार पर वर्गों का विश्लेषण किया है। कहना चाहिये कि 19वीं और 20वीं शताब्दी के अन्त तक महान वृतान्त वेत्ताओं ने उत्पादन और उद्योग को अपना आधार बनाकर पूंजीवाद का विश्लेषण किया है। यह तो उत्तर-आधुनिकतावादियों के कारण है कि पूंजीवाद की व्याख्या उपभोग के सन्दर्भ में होने लगी। इन व्याख्याकारों में केवल बोड्रिलार्ड ही हों, ऐसा नहीं है। हाल में **संरचनावादियों** (Structuralist) और **उत्तर-संरचनावादियों** (Post-Structuralists) जैसे कि **क्लाउड लेवि-स्ट्राउस** (Claude Levi-Strauss) **रोलेंड बारथेस** (Roland Barthes), **पाल ड्यू गै** (Paul Du Gay) आदि ने उपभोग की व्याख्या सांस्कृतिक सन्दर्भ में की है। इन उत्तर-संरचनावादियों में बोड्रिलार्ड भी हैं।

उत्तर-संरचनावादियों का तर्क है कि आज समाज में जो विभाजन हमें दिखाई देता है इसका कारण उत्पादन सम्बन्ध न होकर उपभोग है और इस कारण वर्गों का विभाजन उपभोग की विविधता के कारण ही है। ये उत्तर-आधुनिकतावादी लेखक वर्गों को स्वीकार नहीं करते हैं। वर्ग का आधार तो उत्पादन सम्बन्ध होते हैं। उपभोग वर्ग नहीं बनाता। उपभोग कई तरह के समूहों का निर्माण अवश्य करता है। यह जानना बहुत दिलचस्प होगा कि किन अर्थों में बोड्रिलार्ड कार्ल मार्क्स से भिन्न है ?

मार्क्स, बोड्रिलार्ड और उपभोग (Marx, Baudrillard and Consumption)

बोड्रिलार्ड परम्परागत मार्क्सवादियों से इस तरह पृथक हो जाते हैं कि वे रूढिगत उत्पादन सम्बन्धों के आधार पर समाज की व्याख्या नहीं करते। उनकी व्याख्या का आधार उपभोग है और उपभोग संस्कृति से जुड़ा हुआ है। दूसरे शब्दों में बोड्रिलार्ड अपने विश्लेषण का आधार उपभोग और संस्कृति दोनों को बताते हैं। इन दोनों को मार्क्स ही नहीं, रुढ़िवादी मार्क्सवादियों ने भी छोड़ दिया है। यह होते हुए भी जैसा कि हमने इस अध्याय के प्रारम्भ में कहा है बोड्रिलार्ड पर उनके प्रारम्भिक जीवन में मार्क्स का बहुत बड़ा प्रभाव था। बाद में चलकर बोड्रिलार्ड ने उपभोग को अपने विश्लेषण का आधार बना लिया। उनके जीवन में यह मोड़ किस कारण आया ? वे उपभोगवाद की ओर क्यों आकर्षित हुए ? इसका उत्तर हमें उनकी कृतियों में मिलता है। घटना इस तरह घटी कि किसी कारणवश बोड्रिलार्ड का अमेरिका जाना हुआ। बाद में चल कर उन्होंने अमेरिका की जीवनपद्धति पर एक पुस्तक लिख डाली। पुस्तक का नाम है : **अमेरिका** (America)। उन्होंने अपने **प्रवास में पाया कि शायद दुनिया में अमेरिका ही एक ऐसा देश है जो सबसे अधिक उपभोगवादी है**। इस देश में उपभोग पूरी तरह से सुदृढ हो गया है। बोड्रिलार्ड का विचार है कि अमेरिका के बाद यूरोप के कुछ अन्य देश भी उपभोगवादी हो रहे हैं। इन देशों ने

अमेरिका को अपना मॉडेल बना लिया है। अमेरिका ने कुछ ऐसी रणनीति बनाई कि इसने उत्पादन और उपभोग को एक ऐसे **प्रबन्धन** (Production) में बांध दिया है जहां अनाप-शनाप उपभोग होते हुए भी उत्पादन में कमी नहीं आती। वे कहते हैं :

माँग और उपभोग, वास्तव में, उत्पादन शक्तियों का एक प्रबन्धन मात्र है।

तात्पर्य यह है कि यदि लोगों की आवश्यकताओं को ठीक से संगठित कर दिया जाये तो माँग के अनुपात में उत्पादन बढ़ाया जा सकता है। इस उपकल्पना को अपने प्रबन्ध का आधार बनाकर बोड्रिलार्ड संचार व्यवस्था की भूमिका को प्रस्तुत करते हैं। यहां पहुंचकर वे मार्क्स से पृथक् हो जाते हैं।

संकेत और उपभोग वस्तुएँ (Sign and Consumer Objects)

संकेत (Sign)

लोगों में उपभोग करने का प्रलोभन कैसे पैदा होता है? इसकी व्याख्या बोड्रिलार्ड मॉस मीडिया के माध्यम से की है। वे अपनी चर्चा **संकेत** (Sign) से करते हैं। संकेत पद का प्रयोग हम आये दिन अपने दैनिक काम-काज में करते हैं। सड़क पर चलते हैं तो चौराहे पर लाल बत्ती लगी होती है। इसका मतलब है अभी रास्ता बन्द है, रुक जाओ। जब ग्रीन बत्ती जल जाये, निकल जाओ। एक तरह से लाल रंग खतरे का संकेत है। रेड क्रॉस वाले अपने, क्रॉस का संकेत देते हैं जिसका अर्थ है **शांति**। हमारे यहां एक जमाने में पारसी रंगमंच का बोलबाला था। नाटक का पर्दा तीसरी घंटी के बजने पर खुलता था। यह तीसरी घंटी नाटक शुरू होने का संकेत था। लेकिन संकेत के साथ बोड्रिलार्ड कहते हैं कि एक और बात भी जुड़ी होती है, इसे आचार या नियमावली यानी **कोड** (Code) है। प्रत्येक संकेत को कतिपय आचारों और नियमों का पालन करना पड़ता है। कहीं ऐसा नहीं होता कि ग्रीन बत्ती के जलने पर ट्राफिक रुक जाता हो, लाल बत्ती के जलने पर चल देता हो। नियम तो नियम है अर्थात् संकेत का **कोड** तो सभी जगह एक समान होता है। इस भांति बोड्रिलार्ड **संकेत और कोड** द्वारा संचार मीडिया की व्याख्या करते हैं।

बोड्रिलार्ड का थीसिस है कि इस उत्तर-आधुनिक समाज में वस्तुएं संकेत हैं। और बाजार में वास्तव में वस्तुएं नहीं बिकतीं, संकेत बिकते हैं। सिर में डालने का तेल है। संकेत दिया जाता है कि इस तेल के प्रयोग से बाल लम्बे काले और घने हो जाते हैं। इस संकेत को विभिन्न तरीकों से—कभी-कभी तो चौंकाने वाले तरीके से, टी.वी. के पर्दे पर बताया जाता है। यह बताना एक निश्चित नियमावली के अन्तर्गत होता है। जब कोई इस तेल को खरीदता है तो संकेत के आधार पर ही खरीदता है। उसकी खरीद को संकेत निर्धारित करते हैं और इस अर्थ में बाजार में वास्तविक रूप से तेल नहीं बिकता, वस्तुतः संकेत बिकते हैं।

उपभोग का स्तरीकरण (Stratification of Consumption)

सम्पूर्ण बाजार संकेतों पर चलता है और लोग जिन वस्तुओं का उपभोग करते हैं, वे वस्तुएं ही उन्हें दूसरों से पृथक् करती हैं। मोटर कार का उपभोग करने वाले कई लोग हैं। लेकिन सभी की मोटर कारें एक जैसी नहीं हैं। किसी की महंगी हैं, किसी की सस्ती और किसी की सैकण्ड हैण्ड। इन मोटर कार मालिकों को एक समान तो नहीं समझा जा सकता। महंगी मोटर वाले, स्पष्ट है, हल्की मोटर कार से ऊंचे हैं और सैकण्ड हैण्ड मोटर कार वाले एकदम नीचे हैं। हमने देखा कि मोटर कार एक उपभोग की वस्तु है और इसके उपभोक्ताओं का स्तरीकरण कर दिया। यही बात खान-पान और पहनावे में है। कपड़ा तो सभी पहनते पर एक कपड़ा दूसरे से ऊंचा समझा जाता है और यह ऊंचा और नीचा संकेतों और नियमावली पर निर्भर करता है। बोड्रिलार्ड वस्तुओं के उपभोग के आधार पर उपभोक्ताओं का स्तरीकरण करते हैं। मतलब यह हुआ कि लोगों की पहचान इस बात पर है कि वे किन वस्तुओं का उपभोग करते हैं—**जैसी वस्तुएं, वैसे लोग,** वस्तुएं निम्न तो लोग भी निम्न। ऊंचे लोग तो ऊंची वस्तुएं। **इस अर्थ में जिन वस्तुओं का हम उपभोग करते हैं, वे वस्तुएं नहीं, वस्तुतः संकेत हैं। उपभोग तो संकेतों का किया जाता है। बोड्रिलार्ड कहते हैं :**

> उपभोग और कुछ न होकर संकेत को बड़ी चालाकी के साथ एक व्यवस्था में रखना है। दूसरे शब्दों में, उपभोग की वस्तु बनने के लिये, वस्तु को संकेत बनना पड़ेगा।

वस्तुओं के उपभोग की यह विभिन्नता, समाज में गैर-बराबरी पैदा कर देती है। बोड्रिलार्ड का यह प्रबन्ध, आम आदमी के गले नहीं उतरेगा। उसकी समझ तो बहुत सरल है। उसके लिये उपभोग की सारी दुनिया, सतही रूप से तो एकदम मुक्त है। बात बहुत सीधी है। किसी भी आदमी को यदि वह महंगी से महंगी मोटर कार खरीदना चाहे तो कोई रोकता नहीं है। अपनी मर्जी—जो चाहो खरीदो। लेकिन वास्तविक दुनिया में ऐसा कुछ नहीं होता। बात यह है कि प्रत्येक व्यक्ति अपने आपमें अनोखा है। वह चाहता है कि उसे अपने समूह के अन्य लोगों के बराबर रहना चाहिये। यदि हमने हल्की वस्तुओं का उपभोग किया तो वह अपने ही समूह में निम्न स्थल पर पहुंच जायेगा और ऐसा वह कभी नहीं चाहेगा। वह कर्ज ले लेगा, पर वस्तुओं के उपभोग में अपने स्तर के लोगों से नीचे नहीं गिरेगा। बोड्रिलार्ड कहते हैं कि कहने को हम वस्तुओं के खरीदने में स्वतन्त्र हैं लेकिन संकेतों का दबाव हम पर इतना ज्यादा होता है कि हम घुटने टेक देते हैं।

वस्तु का वस्तु से सम्बन्ध होता है, उपभोक्ता से नहीं (Object is related to object and not consumer)

उपभोग का वास्तविकता से कोई सरोकार नहीं होता। उसका ताल्लुक तो संकेतों से होता है। वस्तु, उत्तर-आधुनिक समाज में संकेत से जुड़ी होती है। **वस्तु का अर्थ उसकी**

उपयोगिता से नहीं है, उसका अर्थ तो उसके संकेतों से है। उपभोक्ता यह नहीं देखता कि **रेमण्ड** का कपड़ा कितना बढ़िया या टिकाऊ है वह तो संकेत मात्र से ही उसके अर्थ को समझ जाता है। यथार्थता से उसको मतलब नहीं। वह **रेमण्ड** के संकेत की तुलना, **ग्रेवियरा** या **पीटर इंग्लैंड** से करता है। अगर दवाइयां खरीदता है तो वह संकेत **रेनबेक्सी, केडेला, ग्लेक्सो** को देखता है। उसकी तुलना संकेतों में होती है। इसका अर्थ हुआ : **वस्तु का व्यक्ति के साथ कोई सम्बन्ध नहीं है।** वस्तु तो संकेत से बंधी है और इसे संकेत से वह बाजार में बिकती है। अतः वास्तव में हम वस्तु का उपभोग नही करते, संकेत का उपभोग करते हैं। हम घी को काम में नहीं लाते, घी के संकेत को काम में लाते हैं। इस तरह वस्तुएं संकेत हैं, और उनका मूल्य भी **संकेत मूल्य** (Sign Value) है। जब बाजार में वस्तुएं संकेत मूल्य पर बिकती हैं, तो स्पष्ट है, लोगों में अन्तर आ जाता है। यह अन्तर ही समाज में हमें प्रतिष्ठा देता है। उपभोग के इस सामाजिक-सांस्कृतिक महत्व पर टिप्पणी करते हुए बोड्रिलार्ड कहते हैं :

> उपभोग एक व्यवस्था है जो यह मानकर चलती है कि संकेतों में नियमितता है और यह समूह में एकीकरण लाती है। साथ-साथ यह नैतिकता और संचार की व्यवस्था भी है। इसे विनिमय की संरचना भी कहते हैं। यह संरचना व्यक्तियों से ऊपर उठकर सम्पर्ण समूह पर लागू होती है।

उपभोग पूंजीवाद में क्रांतिकारी परिवर्तन लाता है
(Consumption brings revolutionary change in Capitalism)

बोड्रिलार्ड ने उत्तर-आधुनिक समाज की जो व्याख्या की है वह अन्य उत्तर आधुनिकतावादी लेखकों जैसे फूको, दरिदा और ल्योतार आदि से बहुत हट कर है। बोड्रिलार्ड का विचार है कि यह समाज शीघ्र नाशवान है। इसकी सांसें फूल गई हैं। इसकी कोई शिक्षा नहीं है। यह हर दृष्टि से एक उपभोक्ता समाज है। इस समाज को विनाश के कगार पर लाने का काम पूंजीवाद ने किया है। पूंजीवाद उपभोक्तावाद में चोली-दामन का साथ है। अब जरा इस पूंजीवाद की जो उपभोक्तावाद से जुड़ा है, यहां व्याख्या करेंगे। बोड्रिलार्ड इस व्याख्या में भी मार्क्स से प्रभावित हैं।

(1) 19वीं शताब्दी में यानी मार्क्स के समय में जो पूंजीवाद था, इसमें श्रमिकों की भूमिका बड़ी महत्वपूर्ण थी। फोर्डवाद के विशाल उत्पादन का आधार मजदूर थे। इस कारण मार्क्स ने अपने विश्लेषण का आधार मजदूरों को ही बनाया। उन्होंने दुनिया भर के मजदूरों को संगठित होने के लिये आह्वान किया। **ऐसी स्थिति में मार्क्स ने कभी भी उपभोक्ताओं को संगठित करने की बात नहीं की। उनकी व्याख्या में उपभोक्ता पूर्ण रूप से उपेक्षित थे। यह पहली बार था कि बोड्रिलार्ड ने अपने आपको उपभोक्ताओं की ओर केन्द्रित किया। उनका यह उपागम नया था।**

(2) 20वीं शताब्दी में पूंजीवाद ने करवट ली। अब संकेतों के माध्यम से पूंजीवाद ने निर्धारित किया कि उपभोक्ता किन वस्तुओं को काम में लेगा और किनको छोड़ देगा। इस व्याख्या में बोड्रिलार्ड यहां तक आगे बढ़ते है कि वे उपभोग को एक **सामाजिक श्रम** (Social Labour) की तरह समझते हैं। **वे कहते हैं कि जिस तरह पुराने पूंजीवाद में श्रमिकों का शोषण** (Exploitation) **होता था, वैसे ही इस नये पूंजीवाद में उपभोक्ताओं का शोषण होता है। दूसरे शब्दों में, पहले श्रमिकों का शोषण था, और आज उपभोक्ताओं का शोषण है। मार्क्स श्रमिकों के शोषण की बात करते थे और बोड्रिलार्ड उपभोक्ताओं के शोषण की बात करते हैं। यह सामाजिक श्रम का शोषण है।**

(3) इस नये शोषण में एक और रुचिकर बात पैदा हो गई है। यह अऐतिहासिक है। मार्क्स का श्रमिक संगठन झंडे उठाने वाला था, जिन्दाबाद का नारा बुलन्द करने वाला था। उससे मार्क्स को क्रांति की आशा थी। उनकी कल्पना थी कि किसी दिन समाजवाद आयेगा। लेकिन **उपभोग की यह जनता** (Consumer Mass) कभी भी संगठित नहीं होगी **और ऐसी स्थिति में जन उपभोगवाद कभी भी संगठित होकर क्रांति नहीं ला सकेगा।** बोड्रिलार्ड इस बात से निश्चिन्त हैं कि श्रमिकों को तो संगठित किया जा सकता है, उन्हें एक झंडे के नीचे लाया जा सकता है, लेकिन उपभोक्ताओं के साथ इस तरह के किसी संगठन की चर्चा नहीं की जा सकती। ये उपभोक्ता सामान्यतया मध्यम वर्ग के हैं और दुनिया की कोई ताकत उन्हें क्रांति के लिये तैयार नहीं कर सकता। इस विश्लेषण का अर्थ यह है कि उत्तर-आधुनिक समाज का उपभोक्ता कभी भी क्रांति के लिये तैयार नहीं होगा। **जोर्ज रिट्ज़र का कहना है कि** जब बोड्रिलार्ड उत्तर-आधुनिक समाज के उपभोक्ताओं की आलोचना करते हैं, तब वे सही हैं। बोड्रिलार्ड को उपभोक्ताओं से कोई आशा नहीं है। यह एक ऐसा समूह है जिस पर कभी भी और कहीं विश्वास नहीं किया जा सकता और इसी उत्तर आधुनिक समाज का भविष्य किसी भी अंधेरी गली की तरह है।

यह सवाल उठाया जा सकता है कि श्रमिकों की तरह उपभोक्ताओं को संगठित क्यों नहीं किया जा सकता। इसका उत्तर बोड्रिलार्ड देते हैं। वे कहते हैं कि उपभोक्ताओं का सम्बन्ध वस्तुओं से नहीं होता, उनका सम्बन्ध तो संकेतों से होता है और एक ही संकेत को उपभोक्ताओं को किसी सूत्र में बांधना सम्भव नहीं है। मार्क्स के सन्दर्भ में बोड्रिलार्ड ने एक और प्रश्न उठाया है : **उपभोग के साधन** (means of consumption) कौन से हैं ? वास्तव में इस प्रश्न का विश्लेषण मार्क्स ने **उत्पादन के साधन** (Means of Production) के सन्दर्भ में दिया है। कारखाने, स्वचालित मशीन, भाप इंजन आदि उत्पादन के साधन हैं। ये ही मार्क्स के **उत्पादन की शक्तियां** (Forces of Production) हैं। बोड्रिलार्ड ने उपभोग के साधनों की व्याख्या की है। उनके लिये **माल** (Mall) यानी बाजार ही उपभोग का साधन है और उत्तर-आधुनिकता का बाजार वस्तुतः **वैश्वीय बाजार**

(Global market) है। इस बाजार का उपभोक्ता पर बहुत बड़ा प्रभाव पड़ता है। यह बाजार ही है जो उपभोक्ता की माँगों को विभिन्न प्रलोभनों द्वारा परिभाषित करता है।

अध्याय के इस भाग यानी उपभोक्ता समाज का उपसंहार हम बोड्रिलार्ड के निम्न उद्धरण से करेंगे :

> उपभोक्ता समाज वह स्थान है जहां प्रत्येक वस्तु बिक्री के लिये है। यहां न केवल सभी वस्तुएं संकेत हैं लेकिन सभी संकेत वस्तुएं हैं। इस बाजार में सभी वस्तुओं का विनिमय होता है और इन वस्तुओं में सब कुछ सम्मिलित हैं—संकेत, सेवाएं, मनुष्य का शरीर, यौन, संस्कृति, ज्ञान और जो कुछ भी आप ले लेवें।

प्रतीकात्मक विनिमय : प्रलोभन (Symbolic Exchange : Seduction)

बोड्रिलार्ड अपनी धुन के पक्के थे। उत्तर-आधुनिक समाज के जीवन-काल में प्रखर विरोधी रहे हैं। उनके विश्लेषण पर मुख्य रूप से मार्क्स, दरखाईम और भाषाविद् सोसोरे का प्रभाव बहुत ज्यादा था। वे उत्तर आधुनिक समाज का विश्लेषण संकेत और सिम्यूलेशन द्वारा प्रत्येक दृष्टि से करने का प्रयास करते हैं। प्रतीकात्मक विनिमय में भी वे इसी विधि को अपनाते हैं। इसके विश्लेषण में दरखाईम का प्रभाव सबसे ज्यादा है। ज्यादा ही क्यों, उन्होंने विनिमय की सम्पूर्ण अवधारणा को दरखाईम से उधार लिया है और वे इसे उत्तर-आधुनिकता के विश्लेषण पर लागू करते हैं।

प्रतीकात्मक विश्लेषण किसे कहते हैं ? (What is Symbolic Exchange)

प्रतीकात्मक विश्लेषण आदिम समाजों में देखने को मिलते हैं। आदिम लोग जीवन के मुख्य अवसरों, जन्म, विवाह और मृत्यु आदि पर प्रसन्नता और शोक प्रतीकात्मक रूप से मनाते हैं। वे आपस में मिलते हैं, खाते-पीते हैं, शराब का प्रयोग करते हैं और इस तरह उनके मेल-मिलाप में प्रतीकात्मक विनिमय का प्रयोग आये दिन होता रहता है। बिना प्रतीकों के उनका जीवन सम्भव नहीं है। लेकिन इन प्रतीकों में भौतिक वस्तुओं का विनिमय नहीं होता। यह विनिमय तो केवल सामाजिक सम्बन्धों का ही विनिमय होता है। इसे परिभाषित करते हुए बोड्रिलार्ड लिखते हैं :

> बहुत करके यह एक सामान्य और उलटा होने वाली प्रक्रिया है जिसमें स्वीकार किया जाता है और लौटाया जाता है, दिया जाता है और लिया जाता है। यह उपहारों और प्रति उपहारों का चक्कर है।

बोड्रिलार्ड ने प्रतीकात्मक विनिमय के निम्न लक्षण दिये हैं :

1. यह विनिमय सामाजिक सम्बन्धों के माध्यम से होता है। खान-पान, मद्यपान आदि प्रतीक हैं। विनिमय इन्हीं सम्बन्धों के माध्यम से होता है।

2. इस विनिमय में वस्तु, आभूषण आदि का प्रयोग नहीं होता। इस विनिमय की प्रकृति सामाजिक और सांस्कृतिक होती है।
3. इस तरह के विनिमय में पारस्परिक और निरन्तरता होती है।
4. इस प्रक्रिया में वस्तुओं का विनिमय नहीं होता। केवल सामाजिक सम्बन्धों का ही विनिमय होता है।

बोड्रिलार्ड की प्रतीकात्मक विनिमय की अवधारणा कुछ अर्थों में दरखाईम से मिलती-जुलती है। समानता यह है कि दरखाईम की तरह बोड्रिलार्ड भी सावयवी समाज में प्रतीकात्मक विनिमय को देखते हैं। जिसे दरखाईम **सावयवी समाज** (organic society) कहते हैं वह बोड्रिलार्ड के लिये सिम्यूलेशन या संकेतों का समाज है। दूसरी समानता यह है कि ये दोनों विचारक किसी न किसी रूप में विघटन की बात अवश्य करते हैं। दरखाईम सावयवी समाज यानी औद्योगिक समाज में एनोमी (नियमहीनता) को पाते हैं जबकि बोड्रिलार्ड उत्तर-आधुनिक समाज में उपभोगवाद को देखते हैं। ये दोनों ही सामाजिक व्याधियां हैं। इन समानताओं के होते हुए भी दोनों की प्रतीकात्मक विनिमय की अवधारणा में अन्तर है। दरखाईम आदिम समाज में पाये जाने वाले विनिमय को तर्कबुद्धि द्वारा सही बताते हैं। अगर आदिवासियों का एक समूह दूसरे समूह को मछली देता है, मोती देता है और दूसरा समूह खाने का अनाज देता है, तो तर्क के आधार पर इस तरह विनिमय सही है। हमारे देश में आदिवासियों में आज भी कहीं-कहीं वस्तु विनिमय की परम्परा जीवित है।

बोड्रिलार्ड आदिम समाज में जो प्रतीकात्मक विनिमय की प्रथा है, उसके बड़े प्रशंसक हैं। देखा जाये तो यह विनिमय ही इस समाज को एक सूत्र में बांधे रखता है। इस अर्थ में हमें आदिम समाज को अपना गुरु या मार्गदर्शक समाज मानकर चलना चाहिये। इस समाज से हम बहुत कुछ सीख सकते हैं। उत्तर-आधुनिक समाज में बुद्धिसंगतता है और इसका कारण पूंजीवाद है। जब हम आदिम समाज को देखते हैं तो ज्ञात होता है कि इस समाज का उत्पादन और **कार्य** (work) और कुछ न होकर प्रतीकात्मक विनिमय की क्रियाएं हैं। उदाहरण के लिये एक दस्तकार जब अपनी वस्तु को बनाता है तब प्रतीक रूप में वह इसका विनिमय करता है। मिट्टी के बर्तन के बदले में वह अनाज लेता है। इस तरह इस दस्तकार का कार्य प्रतीकात्मक विनिमय की ही एक कड़ी है। इस दृष्टान्त को वे और आगे बढ़ाते हैं। वे कहते हैं कि कार्य विनाश की एक प्रक्रिया है और साथ-साथ उत्पादन की प्रक्रिया भी और इस तरह कार्य प्रतीकात्मक है। कार्य में ही विनाश जुड़ा हुआ है। लेकिन विनिमय नई वस्तु को देता है। बनाया हुआ मिट्टी का बर्तन तो हाथ से निकल जाता है—उसकी मृत्यु हो जाती है और बदले मे अनाज आ जाता है।

उत्तर-आधुनिक काल में प्रतीकात्मक विनिमय नहीं है। वे कहते हैं : **प्रतीकात्मक विनिमय आज के समकालीन समाज में समाप्ति पर है**। उनके शब्दों में :

> आज की पूंजीवादी व्यवस्था ने मशीन और तकनीकी का जो अम्बार खड़ा किया है, इसमें उपहार, प्रति-उपहार, पारस्परिक आदान-प्रदान, खर्च और त्याग कोई मतलब नहीं रखते।

उत्तर-आधुनिक समाज में प्रतीकात्मक विनिमय का क्या स्थान है, इसका बोड्रिलार्ड ने बड़ा सुन्दर दृष्टान्त दिया है। मृत व्यक्ति और उससे जुड़ी हुई धार्मिक क्रियाओं को लीजिये। आदिम समाज में मृत व्यक्तियों के लिये प्रतीकात्मक विनिमय की क्रियाएं की जाती हैं। उनके मरने के बाद उन्हें प्रतीक रूप में भोजन दिया जाता है, पानी पिलाया जाता है और पूजा की जाती है। इस माध्यम से पिछली पीढ़ी को वर्तमान पीढ़ी के साथ जोड़ा जाता है। उत्तर-आधुनिक काल में ऐसे प्रतीकात्मक विनिमय को कोई स्थान नहीं है। यहां सब काम कानून के माध्यम से किये जाते हैं। बोड्रिलार्ड का कहना है :

> विनिमय हमारा कानून है। जहां प्रतीकात्मक विनिमय समाप्त होता है, वहाँ हम आज रहते हैं और यह एक खतरनाक स्थिति है। प्रतीकात्मक विनिमय के स्थान पर आज हमारा जहाँ पड़ाव है वह एक प्रकार का पागलपन से भरा चिन्तन है।

बोड्रिलार्ड प्रतीकात्मक विनिमय की जो उत्तर-आधुनिक समाज में अनुपस्थिति है उसकी व्याख्या संकेतों के माध्यम से करते हैं। पहिले किसी भी पण्य वस्तु के पीछे राजनीतिक अर्थव्यवस्था थी। राज्य वस्तुओं के वितरण पर अपना नियन्त्रण रखता था। आज राज्य अर्थव्यवस्था का स्थान बाजार ने ले लिया है और बाजार में वस्तुएं नहीं, संकेत बिकते हैं। वस्तुओं के स्वरूप ने संकेतों के स्वरूप में अपना स्थान दे दिया है। ऐसी अवस्था में आदिम समाज के प्रतीकात्मक विनिमय को कोई स्थान नहीं। **आज की सिम्यूलेशन दुनिया में प्रतीकात्मक विनिमय लगभग नष्ट हो गया है। यह होते हुए भी बोड्रिलार्ड इस तथ्य को स्वीकार करते हैं कि प्रतीकात्मक विनिमय का दुनिया में कोई विकल्प नहीं है।**

फैशन (Fashion)

बोड्रिलार्ड ने अपनी कृतियों में उन मुद्दों को विशेष करके उठाया है जिन्हें मार्क्स ने छोड़ दिया है या जिन पर मार्क्स ने कम जोर दिया है। उदाहरण के लिये मार्क्स की व्याख्या के केन्द्र कभी भी संस्कृति और मीडिया नहीं रहे। और इन्हीं बोड्रिलार्ड ने अपने विवेचन का मुद्दा बनाया है। यही संस्कृति के विवेचन के क्षेत्र में ही है कि उन्होंने फैशन को एक पेराडिम के रूप में लिया है। जब बोड्रिलार्ड संकेतों की चर्चा करते हैं तो वे नियमावली का आचार की बात अवश्य करते हैं। इस आचार को वे **कोड** या नियमावली या आचार संहिता कहते हैं। संकेतों पर इन्हीं आचारों का नियन्त्रण होता है। ये संकेत उत्पादन नहीं करते। ये केवल संकेतों को अभिव्यक्ति का अवसर देते हैं। इस अर्थ में फैशन और कुछ न होकर वस्तु मात्र रह जाती है। कपड़े की डिजाइन—लम्बी, तंग, चौड़ी आदि फैशन है

लेकिन है तो फैशन ही है **और यह फैशन किसी भी अन्य वस्तु की तरह बिकती है।**

बोड्रिलार्ड ने फैशन की व्याख्या वस्तु के रूप में की है। यह संस्कृति का एक हिस्सा है। उदाहरण के लिये कोई भी पुरुष साड़ी नहीं पहनता। साड़ी की फैशन होती है लेकिन पुरुष के पहिनने के लिये नहीं। इसलिये हर तरह से साड़ी संस्कृति का एक हिस्सा है। जिसे केवल स्त्रियां ही पहिनती हैं। **फैशन में मूल्य नहीं होते, इसमें नैतिकता नहीं होती, क्योंकि अन्ततोगत्वा यह एक वस्तु है।** यह किसी भी एक **वायरस या केन्सर की तरह फैलती है।** बोड्रिलार्ड ने फैशन की व्याख्या विस्तार से की है। इसका आधार संकेत **कोड** और सिम्यूलेशन है और उत्तर-आधुनिक समाज का एक अनिवार्य अंग फैशन है।

बोड्रिलार्ड ने संकेतों का एक मोटा वर्गीकरण भी किया है। वे कहते हैं कि सभी संकेत समान नहीं होते, कुछ संकेत **भारी** (Heavy) होते हैं और कुछ **हल्के** (Light)। वे राजनीति, अर्थव्यवस्था, विज्ञान, संस्कृति, यौन आदि को 'भारी' संकेतों की श्रेणी में रखते हैं, जबकि फैशन 'हल्के' संकेतों में आते हैं। संकेत भारी हों या हल्के, होते वे सभी किसी न किसी आचार संहिता या नियमावली के हिस्से। इस भांति हर स्थिति में फैशन पर आचार संहिता का प्रभुत्व बराबर बना रहता है। आचार संहिता का महत्व इतना अधिक है कि यदि फैशन को समाप्त करना हो तो आचार संहिता को पहिले समाप्त करना पड़ेगा। उदाहरण के लिये यदि मुसलमान महिलाओं में बुर्के के फैशन को समाप्त करना है तो बुर्का पहनने का जो आचार है—धार्मिक या सांस्कृतिक उसे पहिले तोड़ना होगा। इसी तरह यदि बाल विवाह के फैशन को खत्म करना है, तो पहले विवाह की धार्मिकता को तोड़ना पड़ेगा। यदि किसी फैशन की मृत्यु होती है, तो पहिले इससे जुड़ी हुई **आचार-संहिता** (Code) की मौत होगी।

हर्षोन्माद (Ecstasy)

बोड्रिलार्ड उत्तर-आधुनिक समाज को एक ऐसा समाज बताते हैं जो हर्षोन्माद में है। इसी सभी ओर मौज-मस्ती ही दिखाई देती है। किसी पर किसी का नियन्त्रण नहीं है। सब मुक्त हैं। एक ऐसा सर्पिल चक्कर चल रहा है जिसमें सभी बेतहाशा दौड़ रहे हैं। घानी का बैल तो दिन भर चक्कर लगाता है लेकिन उत्तर-आधुनिक समाज का व्यक्ति चक्कर नहीं दौड़ लगाता है। वह किसी भी वस्तु को उसके **उपयोगिता के मूल्य** (Use-value) से नहीं देता। सभी लोग एक अजीब हर्षोन्माद में दिखाई देते हैं। इस समाज में मार्क्स को पूरी तरह से भुला दिया गया है। यहां इतिहास का कोई मूल्य नहीं है। आदमी तो बस उत्तर-आधुनिकता की चकाचौंध और भाग-दौड़ में लुढ़कता चला जारहा है और यह लुढ़कना किस दिशा की ओर है वह नहीं जानता है। लगता है वह अपने ही बोझ को ढोते-ढोते ही निढाल हो जायेगा।

उत्तर-आधुनिक समाज को बोड्रिलार्ड जिस किसी बिन्दु से देखते हैं, उसे अपना सिर ही कूटना पड़ता है। यहां आदमी चलता है तो दिखाई देता है—बहुत मोटा है। शायद

उसकी बहुत बड़ी परेशानी उसका मोटापा है। उसके स्वयं के पेट का बोझ उससे उठाया नहीं जाता। यह उसके खोखलेपन का बोझ है। इस मोटापे के साथ उसकी अनन्य अश्लीलता जुड़ी हुई है। आये दिन उसे मोटापा कम करने के लिये एक एक क्लीनिक से निकल कर दूसरी क्लीनिक में प्रवेश लेना पड़ता है। मोटापा और अश्लीलता उत्तर-आधुनिक समाज के आदमी की अव्वल दर्जे की विशेषता है।

यह सब क्यों होरहा है? इसके लिये कौन उत्तरदायी है? बोड्रिलार्ड इन प्रश्नों का उत्तर देते हैं। मीडिया, संकेत, संकेत की आचार संहिता और संचार से जुड़े हुए कारक हैं जो उत्तर-आधुनिक समाज के सदस्यों को पलायनवादी बना देते हैं। यह व्यक्ति एक ऐसे उथले समाज का सदस्य है जिसमें अतियथार्थता के अतिरिक्त और कुछ नहीं है। इस व्यक्ति के लिये इस समाज में सब कुछ उपलब्ध है, उसमें केवल खरीदने की शक्ति चाहिये। **वाणिज्यीकरण** (Commercialisation) **और उपभोग** (Consumption) **इस समाज को हर्षोन्माद की स्थिति में पहुँचा देते हैं।**

बोड्रिलार्ड का उत्तर-आधुनिक सामाजिक सिद्धान्त
(Post-modern Social Theory of Baudrillard)

उत्तर-आधुनिकतावादी लगभग सभी सिद्धान्तवेत्ता यह मानकर चलते हैं कि इतिहास की कोई निश्चित दिशा नहीं है। वह दिशाहीन है। ये विचारक, प्रगति की अवधारणा को भी स्वीकार नहीं करते। ये आधुनिकता से निराश हैं और इन आधुनिकतावादियों में बोड्रिलार्ड की स्थिति एक दम जुदा है। वह उत्तर आधुनिक समाज से एकदम नाखुश हैं। उनकी दृष्टि में यह समाज विनाश का संदेश लेकर आया है। उन्होंने इस समाज की संरचना को समझने का प्रयास किया है। उन्होंने कतिपय अवधारणाओं द्वारा उत्तर-आधुनिक समाज को सिद्धान्त के रूप में बांधने का प्रयास किया है। कोई भी सिद्धान्त पूर्ण रूप से सही हो, ऐसा नहीं है। अभाव तो होते ही हैं, और इन अभावों का शिकार बोड्रिलार्ड का सिद्धान्त भी है। यह होते हुए भी निश्चित रूप से उन्होंने उत्तर-आधुनिक समाज को आनुभविक और तार्किक रूप में बांधने का प्रयास किया है। पिछले अध्याय में हमने उत्तर आधुनिक समाज से जुड़े कुछ सामाजिक सिद्धान्तों का विवरण दिया है। इसमें बोड्रिलार्ड का सामाजिक सिद्धान्त भी सम्मिलित है। इसे हम यहां संक्षेप में देंगे। हमारा यह कार्य मोटे रूप में पुनरावृत्ति होगी लेकिन जब हम बोड्रिलार्ड को यहां एक उत्तर-आधुनिक विचारक के रूप में प्रस्तुत कर रहे हैं, तब सिलसिले को सन्दर्भ में रखने के लिये बोड्रिलार्ड के सामाजिक सिद्धान्त को दोहराने के भय होते हुए भी संक्षेप में यहाँ देना चाहिये।

बोड्रिलार्ड के उत्तर-आधुनिक समाज के बारे में निष्कर्ष
(Baudrillard's findings about Post-modern Society)

हम बोड्रिलार्ड के सामाजिक सिद्धान्त को यहां देना चाहते हैं। लेकिन सिद्धान्त का एक

निश्चित परिवेश होता है। इसके रखने से पहिले हम बोड्रिलार्ड के आधुनिक समाज के बारे में जो निश्चित निष्कर्ष हैं, उन्हें यहां सैद्धान्तिक मान्यताओं के रूप में रखेंगे :

1. आज के इलेक्ट्रोनिक मीडिया ने **अतीत के साथ हमारे जो भी सम्बन्ध थे, उन्हें नष्ट कर दिया है। उत्तर-आधुनिक समाज पीछे मुड़कर नहीं देखता।** आज इस मीडिया ने जिस समाज को बनाया है, वह एकदम रीता या खाली समाज है। इसमें शून्यता और केवल शून्यता ही है, यह दुनिया अराजकता से परिपूर्ण है। जो मन चाहे करो, सब मुक्त हैं।
2. इस उत्तर-आधुनिक समाज पर **संकेत** (Sign), **सिम्यूलेशन** (Simulations) और **छवियों या आकृतियों** (Images) का प्रभाव है। ये संकेत ही व्यक्तियों के व्यवहार को निर्धारित करते हैं।
3. बोड्रिलार्ड संरचनावाद से प्रभावित थे। उन पर फर्डिनेन्ड सोसोर का प्रभाव था। **वे कहते हैं कि उत्तर-आधुनिक समाज में अर्थ को शब्दों का पारस्परिक सम्बन्धों से निकाला जाता है न कि शब्दों के मनुष्यों के साथ सम्बन्धों से।**
4. उत्तर-आधुनिक समाज पर मीडिया का प्रभुत्व होता है। कहना चाहिये यह एक मीडिया समाज है। **सच में देखा जाये तो हमारा व्यवहार मीडिया में दी गई आकृतियों और संकेतों के प्रति होता है। हम शायद ही कभी वास्तविक व्यक्ति और स्थान के प्रति अपना व्यवहार रखते हैं।** हमारे व्यवहार का अभिस्थापन संकेत और सिम्यूलेशन होते हैं।
5. उत्तर-आधुनिक समाज में **कुछ भी यथार्थ नहीं है।** जो कुछ है वह मीडिया द्वारा निर्मित है। **मीडिया ने अतियथार्थता** (Hyper-reality) का निर्माण कर दिया है। इसमें वास्तविक यथार्थता तो पूरी तरह से खोगई है।

बोड्रिलार्ड का सामाजिक सिद्धान्त (Social Theory of Baudrillard)

बोड्रिलार्ड की धारणा में उत्तर-आधुनिक समाज वस्तुतः एक **आहत समाज** (Wounded Society) है। यह समाज आधुनिक समाज की श्रृंखला की कड़ी मात्र है। आधुनिकता के साथ इसकी निरन्तरता है। निरन्तरता होकर भी यह समाज आधुनिक समाज की आलोचना करता है। बोड्रिलार्ड का उत्तर-आधुनिक समाज का सामाजिक सिद्धान्त एक अतिरंजित स्थिति को ग्रहण करता है। इस सिद्धान्त के निम्न बिन्दु महत्वपूर्ण हैं :

1. बोड्रिलार्ड के उत्तर-आधुनिक सामाजिक सिद्धान्त में कई उतार-चढ़ाव हैं, कहीं समतल मैदान है, तो कहीं चोटी की चढ़ाई। **ई. 1960 तक बोड्रिलार्ड अपने सैद्धान्तिक उपागम में मार्क्सवादी और आधुनिकतावादी थे।** वे मार्क्स के इस सिद्धान्त से प्रभावित थे कि उत्पादन सम्बन्ध सामाजिक सिद्धान्तों को निर्धारित करते हैं। इसके ई. 1980 में पहुंच कर उन्होंने उत्तर-आधुनिकतावाद के सिद्धान्त को रखा। इस अवस्था में उन्होंने **मार्क्स को उपभोग** (उत्पादन सम्बन्ध नही)। **सम्बन्धों**

की दृष्टि में देखना प्रारम्भ किया। यहां पहुंचकर बोड्रिलार्ड आधुनिक समाज की व्याख्या उपभोग समाज के संदर्भ में की। उनके उत्तर-आधुनिक समाज के सिद्धान्त का यह पहला पड़ाव या निरूपण था। **उन्होंने स्थापित किया कि उत्तर-आधुनिक समाज वस्तुतः एक उपभोग समाज है।** अपने इस सिद्धान्त के निरूपण में **बोड्रिलार्ड ने कहा कि मार्क्स अपनी राजनीतिक अर्थव्यवस्था में एकदम रुढ़िवादी थे। उनका पूंजीवाद भी रुढ़िवादी था। कुछ इसी तरह बोड्रिलार्ड ने संरचनावाद की आलोचना की।** आगे चलकर उन्होंने मार्क्सवाद और संरचनावाद दोनों को अस्वीकार कर दिया।

2. बोड्रिलार्ड के सामाजिक सिद्धान्त की दूसरी विशेषता प्रतीकात्मक विनिमय (Symbolic Exchange) की है। वे **आर्थिक विनिमय** (Economic Exchange) को स्वीकार नहीं करते। आदिवासियों में प्रतीकात्मक विनिमय की प्रथा रही है। वे 'प्राप्त करना और लौटाना, देना और लेना' विनिमय की वकालत करते हैं। उपहारों के लेन-देन का यह चक्र बराबर चलता रहता है। मार्क्स के पूंजीवाद में प्रतीकात्मक विनिमय को कोई स्थान नहीं था। बोड्रिलार्ड ने इसे स्थापित करने का प्रयास किया। **प्रतीकात्मक विनिमय इस दृष्टिकोण से बोड्रिलार्ड का एक क्रान्तिकारी सैद्धान्तिक अभिस्थापन है।**

3. उत्तर-आधुनिक समाज, बोड्रिलार्ड कहते हैं, **अब किसी भी अर्थ में उत्पादन समाज** (Production Society) **नहीं है। यह एक मीडिया समाज है। इस समाज में साईबरनेटिक मॉडेल, कम्प्यूटर, सूचना, मनोरंजन, ज्ञान के उद्योग आदि का प्रभुत्व है। उत्पादन का कतई नहीं।** सूचना का यह समाज ऐसा है जिसमें सिम्यूलेशन, संकेत और आचार संहिता प्रभुत्वशाली है। **इसका अर्थ यह हुआ कि इस समाज के लक्षण शोषण करना, और मुनाफाखोरी नहीं है। यह समाज तो संकेतों द्वारा उत्पादन को बढ़ाता है। अतः इसमें प्रभुत्व संकेतों का है। जहां आधुनिक समाज में स्तरीकरण का आधार उत्पादन व्यवस्था थी, वहां उत्तर-आधुनिक समाज में अ-स्तरीकरण** (Dedifferentiation) **की प्रक्रिया काम कर रही है।**

4. बोड्रिलार्ड का प्रबन्ध है कि इस समाज में सिम्यूलेशन यानी कार्बन कॉपी ही सब कुछ है। इस कार्बन कॉपी की कोई **ओरिजिनल कॉपी** ही नहीं है। यहां संकेत और यथार्थता दोनों ही एक दूसरे में समा जाते हैं। **किसी की कोई पृथक् पहिचान नहीं रहती। अब टी. वी. जीवन में खो जाता है, और जीवन टी. वी. में। टी. वी. से पृथक् जीवन नहीं है। बात यह है कि इस समाज में जो भी यथार्थ है, उस पर सिम्यूलेशन और संकेत का कब्जा हो जाता है।** यथार्थ समाप्त हो गया है।

5. बोड्रिलार्ड के सामाजिक सिद्धान्त एक और महत्वपूर्ण कड़ी **अति यथार्थता** (Hyper-reality) है। पहले यह समझा जाता था कि मीडिया समाज का दर्पण है। जैसा समाज होगा वैसा ही उसे मीडिया में दिखाया जायेगा। हमारे यहां हिन्दी

साहित्य या नृत्य और कला में आज भी यह समझा जाता है कि जैसा समाज होगा वैसा ही साहित्य होगा। रीतिकाल में हमारे अपेक्षित रूप से लड़ाई कम हुई। लोगों ने शांति की साँस ली। परिणाम हुआ इस काल में हिन्दी साहित्य में श्रृंगार रस की कविताएं अधिक हुई। मध्यकाल में जब मुगलों और राजपूतों में जंग छिड़ा तब वीर रस कविताएं अधिक हुई। बात बहुत साफ है : जैसा समाज, वैसा साहित्य। यूरोप और अमेरिका के उत्तर-आधुनिक समाज में अब कला और समाज का परम्परागत सम्पर्क नहीं। मीडिया ने यथार्थता को डकार लिया है। अब मीडिया जो कुछ प्रदर्शित करता है, वह यथार्थता नहीं है। इसे बोड्रिलार्ड अति यथार्थता कहते हैं।

6. बोड्रिलार्ड का उत्तर-आधुनिक समाज का जो सामाजिक सिद्धान्त है इसकी एक और अवधारणा संस्कृति की है। वे मार्क्स द्वारा छोड़ी गई अवधारणाओं पर अपने आपको केन्द्रित करना चाहते हैं। जब मार्क्स ने उत्पादन सम्बन्धों यानी आर्थिक व्यवस्था को अपने विश्लेषण का आधार बनाया, तब स्वाभाविक है कि बोड्रिलार्ड ने संस्कृति को अपने विश्लेषण का केन्द्र बनाया। इस संस्कृति के बारे में उनके विचार बड़े निराशाजनक हैं। **वे यह आग्रहपूर्वक कहते हैं कि उत्तर-आधुनिक समाज की संस्कृति विनाशकारी परिवर्तन के दौर से गुजर रही है। अब लोग अधिक से अधिक निष्क्रिय हो रहे हैं** और क्रांति की भावना जो कुछ उनमें हो सकती है, ठंडी पड़ गई है। अब किसी कभी आज गदर करने की इच्छा नहीं है। सब मौज-मस्ती में लगे हैं, सब हाथ पर हाथ धरे बैठे हैं।

बोड्रिलार्ड के उत्तर-आधुनिकता के सामाजिक सिद्धान्त की एक व्याख्या हमने ऊपर की है। सवाल है : आखिर सिद्धान्त क्या है ? इसकी कई परिभाषाएं हैं, कई विमर्श हैं। सच में, यह सम्पूर्ण मसला विवादास्पद है। **यह होते हुए भी रिट्ज़र के इस कथन को नकारा नहीं जा सकता कि सिद्धान्त एक मास्टर आइडिया** (Master Idea) है, **महान विचार** है जो समय की कसौटी पर सही उतरता है। समय की कसौटी के बारे में तो अभी कुछ कहा नहीं जा सका लेकिन यह निश्चित है कि उत्तर-आधुनिक सिद्धान्त के बारे में जो कुछ बोड्रिलार्ड ने कहा है, वह स्पष्ट रूप से बताता है कि इस समाज में मीडिया के प्रवेश ने सम्पूर्ण समाज को झकझोर कर रख दिया है। इसमें यथार्थ जैसी कोई बात नहीं है। जो कुछ है वह अति यथार्थता है। इसी अति यथार्थता का चित्रण मीडिया यानी संकेत, सिम्यूलेशन कर देते हैं। कुल मिलाकर बोड्रिलार्ड का उत्तर-आधुनिक समाज का सामाजिक सिद्धान्त कतिपय महत्वपूर्ण निष्कर्षों को रखता है। इस सिद्धान्त की विशेषता यह है कि यह अपने में निषेधात्मक है। यह समाज बोड्रिलार्ड को कतई पसन्द नहीं है। इसकी संस्कृति वस्तुतः मौत की संस्कृति है। इस समाज की यदि कोई दिशा है तो यह विध्वंस की दिशा है। इस समाज का हुलिया उपभोग समाज का है। इसमें केवल मीडिया का प्रभुत्व है और इसमें अति यथार्थता के अतिरिक्त और कुछ नहीं है। यह एकदम रीता, खाली-खाली और शून्य-शून्य है।

बोड्रिलार्ड के सामाजिक सिद्धान्त की आलोचना (Criticism of Baudrillard's Social Theory)

यह सही है कि बोड्रिलार्ड ने उत्तर आधुनिक समाज को मार्क्स से हटकर समझने का प्रयास किया है। उन्होंने संरचनावाद यानी सोसोरे से भी उदारतापूर्वक उधार लिया है। उनकी बहुत बड़ी उपलब्धि यह है कि उन्होंने इस समाज को समझने के लिये मीडिया के संदर्भ को अपनाया है। उन्होंने मार्क्स से आगे बढ़कर उपभोग को इस समाज के विश्लेषण का आधार माना है। **यह पहली बार है कि किसी उत्तर-आधुनिकतावादी विचारक ने इस समाज को उपभोग समाज और मीडिया समाज** का नाम दिया है और इसी तर्ज पर बोड्रिलार्ड बड़े बेबाक शब्दों में कहते हैं कि यह समाज विकास के रास्ते से हट गया है और इसकी साँस फूल गई है।

बोड्रिलार्ड की एक सिद्धान्तवेत्ता की हैसियत से बहुत उपलब्धियां हैं लेकिन अभाव भी कोई थोड़े हों, ऐसा नहीं है। कभी-कभी तो लगता है, जैसे वे सनकी हों। उदाहरण के लिये प्रतीकात्मक विनिमय के महत्व की चर्चा में वे इतने बह जाते हैं कि कह बैठते हैं कि आज के समाज में आदिम समाज का प्रतीकात्मक विनिमय अवश्य आना चाहिये। ऐसा विनिमय कैसे आ सकता है, इस प्रस्ताव पर वे मौन हो जाते हैं। बोड्रिलार्ड के पास में आधुनिक समाज का कोई रचनात्मक सिद्धान्त नहीं है। उनकी आलोचना करते हुए जोर्ज रिट्ज़र लिखते हैं :

> अन्त में, बोड्रिलार्ड एक घातक सिद्धान्त रखते हैं। अपने बाद की एक कृति : **अमेरिका** में वे कहते हैं कि उन्होंने यूरोप के भविष्य के विनाश की अंतिम तस्वीर अमेरिका में देखी। जो हाल आज अमेरिका का है, वही कल यूरोप का होगा। देखा जाये तो बोड्रिलार्ड के सामाजिक सिद्धान्त में कहीं भी मार्क्स जैसा क्रांतिकारी दर्शन नहीं है। न ही उनके समाज में सुधार की कोई सम्भावना दिखती है जैसी दरखाईम ने देखी थी। ऐसा लगता है कि बोड्रिलार्ड सिम्यूलेशन, अतियथार्थता और सब तरह से बरबाद समाज में रहने के लिये निर्दिष्ट है।

उपसंहार (Conclusion)

बोड्रिलार्ड के बारे में यह प्रायः कहा जाता है कि वे एक प्रेरक विचारक हैं। वैसे कई लेखकों ने इनकी कृतियों की आलोचना और टीका की है। पर इस संदर्भ में **केलनेर** (Baudrillard : A Critical Reader, 1994) और **पोस्टर** (Jean Baudrillard : Selected Writings, 1988) द्वारा सम्पादित पुस्तकें सम्मानीय ग्रन्थ समझे जाते हैं। अपने जीवन के प्रारम्भिक काल में बोड्रिलार्ड एक नव-मार्क्सवादी के रूप में जाने जाते थे, बाद में इन्हें उत्तर-आधुनिकतावादी कहा जाने लगा। उन्होंने मार्क्स के सिद्धान्तों को अपनी थीसिस का आधार बनाते हुए यह स्थापित किया कि जो उत्तर-आधुनिक समाज यूरोप में उभर कर आ रहा है वह वस्तुतः मीडिया समाज है। इस मीडिया ने 'झूठी माँगों' को तैयार किया है, 'झूठी चेतना' जागृत की है, और इसके परिणामस्वरूप एक शक्तिशाली उपभोग

समाज का निर्माण किया है। इस समाज में **झूठे** (False) और **यथार्थ** (Real) का अन्तर समाप्त हो गया है और यह सब और कुछ न होकर केवल पूंजीवाद का नया अवतार है। यह पूंजीवाद ही है जो इस समाज को घसीट कर मौत के मुंह तक ले आया है। इस समाज में जो भी संस्कृति उभर रही है, वह **प्रलोभन** (Seduction) मात्र है। बोड्रिलार्ड संस्कृति के विश्लेषण के पुरोधा कहे जा सकते हैं लेकिन संस्कृति उनके लिये कोई रोमांचक बात नहीं है। उनके लिये संस्कृति एक पण्य वस्तु है जिसका उत्पादन होता है, विस्तार होता है। उनका सूत्र तो कुछ इस तरह है : संस्कृति पण्य वस्तु है और पण्य वस्तु संस्कृति है।

बोड्रिलार्ड पर इस अध्याय में लिखते हुए हमने बराबर दोहराया है कि जहां एक ओर माल मीडिया के वे एक मूर्धन्य विचारक थे वहीं वे कोई कम सनकी हों ऐसा नहीं है। कहीं-कहीं उनमें एक साहित्यिक की झलक भी देखने को मिलती है। कहीं उन्होंने बड़े सशक्त बयान भी दिये हैं जैसे कि वे एक स्थान पर लिखते हैं : अब हम उत्पादन की प्रक्रिया के अन्तिम छोर पर आ गये हैं या श्रम से उत्पादन नहीं होता। इस समाज में केवल **प्रलोभन** (Seduction) ही है और इनके अतिरिक्त और कुछ नहीं। यथार्थ से बढ़कर यथार्थ का मॉडेल है।

बोड्रिलार्ड पर बहुत कुछ लिखा जा सकता है, उसकी प्रशंसा में या उसकी आलोचना में। लेकिन एक बात स्पष्ट है कि उत्तर-आधुनिकता को समझने के लिये हमें उसे गंभीरता से पढ़ना होगा। वह संस्कृति का एक धुरन्धर सिद्धान्तवेत्ता है, और वह एक चोटी का समाजशास्त्री भी। ऐसा नहीं है कि बोड्रिलार्ड हमें घसीटकर श्मशान ले जाना चाहता है, लेकिन उसे कक्षा में पढ़ाना कुछ ऐसा ही है जैसे हिटलर को मंच पर खड़ा कर दिया हो, वह हमें मोहित और वशीभूत करेगा और उसे जँच जाये तो मरने मारने को भी तैयार हो जायेगा। हम चाहें न चाहें उसे पढ़ना तो पड़ेगा ही। उत्तर-आधुनिकता में उसका कोई अन्य विकल्प नहीं।

सन्दर्भ ग्रन्थ

Kellner, D. (Ed.) **Baudrillard : A Critical Reader,** Oxford and Cambridge, Basil Backwell, 1994.

Kellner, D. (Ed.), **Jean Baudrillard : From Marxism to Post-modernism and Beyond,** Cambridge, Polity Press, 1989.

McGuigan, Jim, **Modernity and Post-modern Culture,** Open University Press, Buckingham, 1999.

Poster, M. (ed.), **Jean Baudrillard : Selected Writings,** Cambridge, Polity Press, 1988.

8

मिशेल फूको : शक्ति और ज्ञान का विमर्श

(Michel Foucault : Discourse of Power and Knowledge)

मिशेल फूको एक फ्रांसीसी विचारक है। वे एक साथ सब कुछ थे। यानी वे दार्शनिक थे, विज्ञानवेत्ता थे, संस्कृति और साहित्य के मर्मज्ञ थे, एक खास किस्म के राजनेता थे, सामाजिक और वैचारिक इतिहासकार थे, समाजशास्त्री थे। जो सब कुछ होता है, केवल एक ही नहीं होता। इसी कारण समाजशास्त्र की बिरादरी उन्हें यह कहकर समाजशास्त्र की जाजम से उठा देती है कि वे दार्शनिक या कहिये साहित्यकार हैं, लेकिन समाजशास्त्री नहीं। बात यह है कि जर्मन और फ्रांसीसी जब किसी बात पर लिखते हैं तो इतना घुमा-फिरा कर कि पाठक के पल्ले कुछ पड़ता नहीं। ब्रिटिश लेखकों के लिखने की प्रणाली कुछ ऐसी होती है कि बेबाक होकर अपनी बात को साफ-साफ कह देते हैं और यह सीधा पाठक के गले उतर जाता है। फ्रांसीसी लेखकों के लिखने की जो परम्परा है, फूको इसके अपवाद नहीं हैं। उन्हें समझना टेढ़ी खीर है।

उत्तर-आधुनिकवाद में एक और रुचिकर चलन है। प्रत्येक उत्तर-आधुनिक लेखक बड़े जोर-शोर के साथ कहता है और कभी-कभी तो दावा भी करता है कि वह उत्तर आधुनिक नहीं है और इस पर तुर्रा यह है कि उसकी सम्पूर्ण कृतियों में उत्तर-आधुनिकता के अतिरिक्त और कुछ भी नहीं होता। फूको भी इसी जमात में हैं। वे बराबर इस तथ्य की पुनरावृत्ति करते हैं कि वे उत्तर आधुनिक नहीं हैं। कमोबेश बोड्रिलार्ड भी बराबर यही कहते है कि वे उत्तर-आधुनिक नहीं हैं। ऐसा चलन क्यों है। लगता है अभी यूरोप और अमेरिका में उत्तर-आधुनिकतावादी लेखकों की साख सन्देह के घेरे में है। हो सकता है कि यह समाज ही अभी भयंकर संक्रमण काल से गुजर रहा है। जो भी हो, फूको यदि दार्शनिक हैं, तो वे समाजशास्त्री भी हैं। यह निश्चित है कि उनकी कृतियों ने समाजशास्त्रियों की एक पीढ़ी को बहुत अच्छी तरह से प्रभावित किया।

जीवनी (Biography)

पाल मिशेल फूको (Paul-Michel Foucault) का जन्म फ्रांस के पोईटर्स नामक स्थान में अक्टूबर 15, 1926 में हुआ था और देहान्त जून 25, 1984 में पेरिस में हुआ। उनकी

पहिली पुस्तक 1961 में प्रकाशित हई। इस तरह उनका रचना काल लगभग एक-चौथाई शताब्दी का है। द्वितीय विश्व युद्ध की समाप्ति पर फूको पोईटर्स से पेरिस आ गये। यहां इन्होंने फ्रांस में बहुत बड़े ख्याति प्राप्त और अभिजन लोगों के विश्वविद्यालय निकोले नोर्मले में 1946 में दाखिला लिया। यहीं से उन्होंने अपनी मूल डिग्री दर्शनशास्त्र और मनोविज्ञान में (समाजशास्त्र में नही) प्राप्त की। **उनका डाक्टरेट का थीसिस पागलपन और सभ्यता पर था।** अब वे थोड़े समय के लिये फ्रांसीसी भाषा में लेक्चरार बनकर स्वीडन आ गये। यहां अधिक समय नहीं रुके। पुनः पेरिस आ गये। ई. 1965 में वे दर्शनशास्त्र के प्रोफेसर हो गये। जीवनपर्यन्त इन्होंने अपने आपको दर्शनशास्त्र के साथ बांधे रखा। यह कहना सही होगा कि फूको पेशे से दर्शनशास्त्री थे और इसलिये **उन्होंने उत्तर-आधुनिक समाजशास्त्र पर जो कुछ लिखा है वह गैर-समाजशास्त्री की हैसियत से ही लिखा है।**

हम फूको के जीवन वृत की चर्चा करते हैं तब हमें यह अवश्य कहना चाहिये कि वे अनिवार्यतः एक राजनीतिक प्राणी थे। राजनीति उनकी नसों में थी। विश्वविद्यालय परिसर में और इससे बाहर वे राजनीति अवश्य करते थे। उनका झुकाव मार्क्सवाद की ओर था। परिसर में वे विद्यार्थियों को संगठित करते थे, और एक न एक आन्दोलन को चलाते रहते थे। **विन्सेजेज़** (Vincennes) विश्वविद्यालय में जब फूको प्रोफेसर बनकर आये तब उन्होंने जमकर राजनीति की। उनकी कक्षा में लगभग छः सौ विद्यार्थियों ने प्रवेश लिया था। तत्कालीन फ्रांस के शिक्षा मंत्री ने इस पर विरोध किया और इस फूको और राजनीतिक व्यवस्था का आमना-सामना हो गया। फूको के विद्यार्थी बराबर लिखते हैं कि फूको के जीवन का पूर्णरूप से राजनीतिकरण हो गया था। ऐसे विवरण भी मिले हैं जो बताते हैं कि फूको विश्वविद्यालय परिसर के बाहर भी डट कर राजनीति करते थे। ई. 1976 में ईरान में जब मानव अधिकारों पर कुठाराघात होने लगा तब स्वयं फूको ईरान गये और उन्होंने एक शक्तिशाली आन्दोलन शाह के खिलाफ खड़ा कर दिया। मानव अधिकारों पर उन्होंने कई लेख लिखे और ईरान के लोगों को नेतृत्व प्रदान किया।

ई. 1980 में फ्रांस में नई समाजवादी पार्टी सत्ता में आई और इधर पौलेण्ड में दमन का दौरा बढ़ गया। फूको ने इस अवसर पर **बोर्दियो** (Bourdieu) के साथ मिलकर पोलेण्ड में समाजवादी दमन का पुरजोर विरोध किया। वे स्वयं पोलेण्ड गये और उन्होंने बौद्धिकों तथा श्रम संगठनों में तालमेल स्थापित करने का प्रयास किया। इस तरह राजनीति ने फूको को इस निष्कर्ष पर पहुंचाया कि फ्रांस के समाजवादियों में प्रशासन चलाने की समझ नहीं थी। फूको का राजनीति के साथ जो सम्पर्क रहा, उसे उनकी कृतियों में देखा जा सकता है। उन्होंने बराबर यहां प्रश्न उठाया कि राज्य और बौद्धिकों के बीच में किस प्रकार का सम्बन्ध होने चाहिये। आज एक बात निश्चित रूप से फ्रांस के बारे में कही जा सकती है कि **वहां सरकार और राजनेताओं के बौद्धिकों के साथ बहुत अच्छे सम्बन्ध हैं। बौद्धिकों की सलाह को सरकार बड़ी गंभीरता से लेती है और जब वह किसी संकट में**

फंस जाती है तो उसे दौड़ कर बौद्धिकों के पास ही सलाह-मशविरा के लिये जाना पड़ता है।

फूको की बौद्धिक जड़ें (Foucault's Intellectual Roots)

फूको ने अपनी कृतियों में कई प्रकार के सिद्धान्तों का समावेश किया है। इस कारण यह पता लगाना बड़ा कठिन हो जाता है कि उन पर किस विचार का प्रत्यक्ष प्रभाव है। उनकी खासियत यह है कि वे विभिन्न विचारकों के सिद्धान्तों को लेते हैं फिर उन्हें अपने सैद्धान्तिक **सूत्रीकरण** (Formulation) में ढाल देते हैं। इस कठिनाई के होते हुए भी फूको पर कई तत्कालीन विचारकों का प्रभाव दिखाई देता है। उदाहरण के लिये वे वेबर की **बुद्धिसंगतता** (Rationality) से अत्यधिक प्रभावित थे। इसी तरह उनकी कृतियों में मार्क्स का प्रभाव प्रखर रूप से दिखाई देता है। वे समाजवाद से अभिभूत थे और उन्होंने 'अपनी विद्यार्थी राजनीति को मार्क्सवाद पर ही चलाया।' मार्क्स से प्रेरित होकर उन्होंने **शक्ति की सूक्ष्म राजनीति** (Micro Politics of Power) की अवधारणा को विकसित किया। शायद मार्क्स का फूको पर बहुत बड़ा प्रभाव अर्थव्यवस्था के क्षेत्र में है। फूको के कृतित्व पर कई प्रभाव देखे जा सकते हैं। एक तरह से वे विभिन्न विचारधाराओं का भंडार थे। प्रभावित करने वाले विचारकों में शायद बहुत बड़ा प्रभाव जर्मनी के **नित्से** (Nietzsche) का था। नित्से को नाज़ीवाद और उत्तर-आधुनिकता के साथ जोड़ा जाता है। उन्होंने परम्परागत नैतिकता को चुनौती दी और नैतिकता की नींव डाली। यह नई नैतिकता शक्ति और प्रभुत्व पर आधारित थी। फूको की कृतियों में शक्ति की व्याख्या नित्से की इसी धारणा से आई है। नित्से की रुचि ज्ञान और शक्ति के सम्बन्धों को जानने मात्र से थी। फूको ने इस प्रबन्ध को आगे बढ़ाया और स्थापित किया कि जिसके पास ज्ञान है, उसके पास शक्ति है। वे कहते हैं कि उत्तर-आधुनिक समाज में ज्ञान उत्पादन का साधन है। अर्थ हुआ : अधिक ज्ञान अधिक उत्पादन शक्ति।

फूको ने संस्कृति की विद्या में भी उल्लेखनीय कार्य किये हैं। यहां वे उत्तर संरचनावादी विचारक समझे जाते हैं। **लेवी स्ट्राउस** (Levi-Strauss) और **जिन पाल सार्त्र** (Jean Paul Sartre) ने फूको के संरचनावाद को सबसे अधिक प्रभावित किया है। सार्त्र मनुष्य की स्वतन्त्रता के घोर पक्षधर थे। उनके इस असर को भी फूको में देखा जा सकता है। शायद फूको पर बहुत बड़ा प्रभाव भाषाविद् फरडिनेण्ड सोसोरे का था। इसी प्रभाव ने उन्हें उत्तर-संरचनावादी बना दिया। बात यह है कि फूको के जीवन काल में पेरिस ज्ञान और संस्कृति के विवाद का एक बहुत बड़ा गढ़ था। यहां प्रत्येक विचारक अपने क्षेत्र का बहुत बड़ा हस्ताक्षर था और फूको इन सबसे प्रभावित हुए बिना नहीं रह सके। इन प्रभावों के होते हुए भी यह निश्चित रूप से कहा जा सकता है कि फूको मार्क्स से अभिभूत थे। वे स्वयं अपने आपको मार्क्सवादी समझते थे। उन्होंने मार्क्स के विचारों को स्वयं अपने विचारों की तरह अंगीकार कर लिया। लूई आलथ्यूजर (Louis Althuasser) का यह

कहना सही है कि फूको ने मार्क्स से प्रभावित होकर ही प्रचलित सभी विचारधाराओं और मान्यताओं का खण्डन किया। मार्क्स का यह सोचना था कि एक दिन क्रान्ति आयेगी और समाजवाद संसार में स्थापित होगा। फूको ने ऐसी कोई भविष्यवाणी तो नहीं की लेकिन उन्होंने जिन सिद्धान्तों को रखा है, उन्होंने निश्चित रूप से लोगों के विचारों में क्रान्ति ला दी है। और फूको की यही सबसे बड़ी उपलब्धि है।

फूको का कृतित्व (Foucault's Works)

फूको की कृतियाँ पुस्तक रूप में केवल चार हैं। उन्हें यूरोप में एक विवादास्पद विचारक माना जाता है। एक जगह कहा जाता है कि वे मौलिक विचारक थे, और एक जगह यह भी कहा जाता है कि वे एक ऊबाऊ और निष्प्रभ लेखक थे। इस विवाद ने उन्हें लोकप्रिय अवश्य बना दिया। उनकी पुस्तकें ढेरों बिकती थीं। लोग उन्हें बड़ी चाव से पढ़ते थे। उनकी पुस्तकों पर बहुत सारी टीकाएं भी हुई हैं और रुचिकर बात यह है कि आलोचनाओं और टीकाओं का साहित्य उनके मूल साहित्य से ज्यादा बड़ा है, ज्यादा वजनी है। अगर हम व्यवस्थित रूप से फूको को पढ़ना चाहते हैं तो हमें उन मुद्दों की पहचान करनी चाहिये जिन पर उन्होंने अपने विचार रखे हैं। फूको की अध्ययन विधि **वैयक्तिक अध्ययन** (Case Studies) रही है। उन्होंने चार वैयक्तिक अध्ययन या पुस्तकें रखी हैं। प्रत्येक पुस्तक अपने आपमें एक वैयक्तिक अध्ययन विधि है। उनके विषय हैं : पागलपन, चिकित्सा, कारागृह और कामुकता। उनके ये वैयक्तिक अध्ययन या पुस्तकें इस तरह हैं :

1. **मेडनेस एण्ड सिविलिजेशन** (Madness and Civilization, 1961)
2. **दि बर्थ आफ दि क्लीनिक** (The Birth of the Clinic (1963)
3. **डिसिप्लीन एण्ड पनिश** (Discipline and Punish, 1975)
4. **हिस्ट्री आफ सेक्स्यूएलिटी** (History of Sexuality Vol. I. 1976)

(इस अंतिम पुस्तक को उन्होंने छः खण्डों में प्रकाशित करने की योजना बनाई थी लेकिन वे केवल एक खण्ड तक ही जीवित रहे)।

पागलपन और सभ्यता की पुस्तक में फूको इस प्रश्न को उठाते हैं कि पागलपन के पीछे क्या कारण है, सभ्यता के विभिन्न युगों में पागलपन को किन कारणों के साथ जोड़ा जाता है। यहां वे कहते हैं कि प्रारम्भ में समाज की नीति पागल को पृथक् रखने की थी। बाद में ज्ञात हुआ कि इसका कारण मानसिक व्याधि है। यह समस्या मनोरोग की है। पागलपन का विश्लेषण फूको इतिहास के विभिन्न युगों में करते हैं। उदहारण के लिये वे मध्यकाल से प्रारम्भ होकर ज्ञानोदय काल तक और फिर आधुनिक युग तक पागलपन का विश्लेषण करते हैं। बीमारी के **निदान** की चर्चा वे **दि वर्थ आफ दि क्लीनिक** में उठाते हैं। यहां वे कहते हैं कि निदान के क्षेत्र में क्रांतिकारी परिवर्तन आया है। अब जादू-टोने से आगे बढ़कर आधुनिक वैज्ञानिक चिकित्सा पद्धति को अपनाया जाता है। उनकी पुस्तक **डिसिप्लीन एण्ड पनिश** में वे एक गंभीर समस्या को उठाते हैं। पुरानी कारागृह पद्धति से

चलकर वे आधुनिक कारागृह पद्धति तक आते हैं और यहां वे दार्शनिक दृष्टि से मनुष्य के शरीर और उसकी आत्मा का विश्लेषण करते हैं। कई सामाजिक समस्याओं जैसे कि नियम-उपनियम, सोपानिक व्यवस्था, अनुशासन आदि की पड़ताल इस पुस्तक में गहनता से की गई है। **कामुकता** (Sexuality) का विश्लेषण उनकी अन्तिम पुस्तक—**दि हिस्ट्री आफ सेक्स्यूएलिटी** में की गई है। इसका विषय सैद्धान्तिक दृष्टि से बहुत रुचिकर है। वे **ज्ञान-मीमांसा** (Epistemology) का मुद्दा यहां उठाते हैं। **विमर्श** (Discourse) का जन्म किस तरह होता है ? ज्ञान के स्रोत क्या हैं ? और ऐसे ही ढेर सारे प्रश्नों का जिनका सम्बन्ध ज्ञान और शक्ति के साथ है, यहां जांचे जाते हैं। बहुत थोड़े में, ये कुछ ठीक है जिनका विश्लेषण फूको ने अपने पुस्तकों में किया है।

फूको का उत्तर-आधुनिकवाद (Foucault's Post-modernism)

फूको उत्तर-आधुनिकतावाद के प्रणेता थे। उन्होंने जिन मुद्दों पर अपने विचार रखे हैं, उन्हें विस्तार से देखने से पहले यहां हम कतिपय मुख्य बिन्दुओं में रखेंगे। इससे हमें यह स्पष्ट हो जायेगा कि वे इस नये समाज के बारे में क्या सोचते हैं।

1. उन्होंने अपराध, शरीर, पागलपन और कामुकता पर बड़ी गहनता से लिखा है। इनके विश्लेषण में वे आधुनिक संस्थाओं जैसे कि कारागृह, अस्पताल आदि की भूमिका को स्पष्ट करते हैं और अन्त में अपने निष्कर्ष में कहते हैं कि इन संस्थाओं के माध्यम से समाज पर नियन्त्रण रखा जा सकता है।
2. फूको का तर्क है कि ज्ञानोदय और पुनर्जागरण अपने उद्‌विकास की अवस्था में सही थे। वे व्यक्ति की स्वतन्त्रता के पक्षधर थे। **लेकिन ज्ञानोदय का एक दूसरा पहलू भी है।** इस दूसरे पहलू का सरोकार मनुष्य को नियन्त्रण में रखना है, उसे अनुशासन में बांधना है तथा उसकी हरकतों पर निगाह रखनी है। इस सन्दर्भ में वे शक्ति, वैचारिकी और विमर्श (Discourse) के पारस्परिक सम्बन्धों को आधुनिक संगठनात्मक व्यवस्था के सन्दर्भ में देखते हैं।
3. समाजशास्त्रीय अध्ययनों में **शक्ति** का अध्ययन महत्वपूर्ण समझा जाता है। यहां सवाल यह है कि किस भांति लोग और समूह शक्ति के माध्यम से अपने हितों को पूरा करते हैं और जीवन में सफल हो जाते हैं। इस प्रश्न पर मार्क्स और वेबर जैसे क्लासिकल विचारकों ने गहन चिंतन किया है। उन्होंने अपने कुछ निष्कर्ष भी दिये हैं। यहां फूको एक नई अवधारणा प्रस्तुत करते हैं। इसे वे **डिस्कोर्स** (Discourse) यानी विमर्श कहते हैं। **विमर्श का मतलब किसी एक वस्तु के बारे में लोगों के बातचीत करने के तरीके या सोचने की पद्धति से है। ये तरीके मिलजुल कर लोगों की सामान्य धारणा को बनाते हैं।** हम अपने भारतीय समाज से ही एक दृष्टान्त देखें। यहां उत्तरी भारत में गाय के बारे में बातचीत है, यह सोच है कि यह पशु हमें दूध देता है, बछड़े देता है, पूर्वज इसे आदर से देखते आये हैं और इसीलिये

यह पवित्र है, पूजनीय है। लगभग सभी लोग ऐसा सोचते हैं और इसलिये सामान्य धारणा है। **इस सामान्य धारणा को फूको विमर्श कहेंगे।** अपने यूरोप समाज के सन्दर्भ में फूको कहते हैं कि पागलपन एक विमर्श है। इसके बाद में लोगों के विचार मध्यकाल से आधुनिक काल बदलते हैं।

फूको की अवधारणात्मक देन **विमर्श** (Discourse) है। कई लोग जिन्होंने सावधानीपूर्वक फूको को नहीं पढ़ा है, वे विमर्श का प्रयोग विवाद के रूप में करते हैं। अंग्रेजी शब्द **डिस्कोर्स,** जुदा है **डिस्कशन** से। इस पद के प्रयोग में फूको बहुत स्पष्ट हैं। उनके लिये विमर्श का अर्थ किसी एक निश्चित फ्रेम वर्क में किसी विषय के बारे में सोचना है, धारणा बनाना है और धारणा किसी व्यक्ति विशेष की नहीं होती। सामान्य लोगों की होती है। अपराधियों के बारे में लोग क्या सोचते हैं, उनके बारे में क्या विचार रखते हैं, यह सब विमर्श यानी **डिस्कोर्स** है।

4. फूको का तात्पर्य केवल विमर्श की व्याख्या करना ही नहीं है, वे इसके अर्थ को भी स्पष्ट करने के बाद कहते हैं कि **लोग शक्ति का प्रयोग विमर्श के माध्यम से करते हैं। होता यह है कि सबसे पहले शक्ति होती है। यह शक्ति आपमें कोई अर्थ नहीं रखती। इसे अर्थपूर्ण बनाने के लिये विमर्श को काम में लिया जाता है। वस्तुओं के बारे में लोगों की अभिवृत्तियां बदली जाती हैं। यह बदलने का काम शक्ति करती है। अर्थ बहुत स्पष्ट है : शक्ति विमर्श के माध्यम से काम करती है।** यह शक्ति ही है जो विमर्श के जरिये अपराध, पागलपन और कामुकता के बारे में हमारी अभिवृत्तियों को बदलती है। पहले पागलों के बारे में हमारा विमर्श था कि ईश्वर ने उन्हें ऐसा ही बनाया है और वे वस्तुतः समाज में रहने के काबिल नहीं हैं। उनका स्थान तो पागलखाना ही है। यह विमर्श है। अब मनोरोग चिकित्सक आये। उनके पास मनोरोग का विशिष्ट ज्ञान है, इस रोग के निदान में वे प्रवीण हैं। उन्होंने अपनी इस योग्यता की शक्ति द्वारा परम्परागत विमर्श को चुनौती दी, मनोरोगियों को दुरुस्त किया। **और उनकी इस दक्षता ने पागलपन के बारे में तो विमर्श** (Discourse) **था, उसे बदल दिया।** इस भांति विमर्श के माध्यम से शक्ति का प्रयोग किया जा सकता है। शक्ति और विमर्श, एक दूसरे से जुड़े हुए हैं। इस सम्बन्ध को जोड़ने का काम फूको ने किया।

5. सामाजिक सिद्धान्त के क्षेत्र में फूको की सबसे बड़ी देन उनका वैज्ञानिक ज्ञान की प्रकृति के बारे में जो आम सहमति है, उसका विरोध करना है, फूको विज्ञान के प्रति संशायात्मक दृष्टि से देखते हैं। इस सम्बन्ध में उनका उपागम अन्य समाज वैज्ञानिकों से भिन्न है। सामान्यतया समाज वैज्ञानिक जिन वस्तुओं से परिचित हैं उनकी तुलना अपरिचित वस्तुओं से करके, अपरिचित वस्तुओं को जानने का प्रयास करते हैं। फूको को यह विधि स्वीकार नहीं है। वे इससे उल्टा करते हैं। अतीत की अपरिचित वस्तुओं की वे खोज करते हैं। पहले उनकी जानकारी लेते हैं और इस

जानकारी के आधार पर परिचित वस्तुओं की व्याख्या करते हैं। दूसरे शब्दों में, सामान्य समाज वैज्ञानिक परिचित के आधार पर अपरिचित की व्याख्या करते हैं जबकि फूको अपरिचित की खोज के बाद परिचित की व्याख्या करते हैं।

फूको का सामाजिक सिद्धान्त विशिष्ट इसलिये है कि वे बड़े जोश-खरोश के साथ हाल में जो मान्यताएं हैं, धारणाएं हैं, विश्वास और संरचनाएं हैं, जो दृश्य हैं, उनका खण्डन करते हैं। यह सब इसलिये कि ये परिचत हैं—जो परिचित हैं, उसका विरोध करो। इस खण्डन के बाद अपरिचित की ओर वे मुड़ते हैं। फूको ने कामुकता का दृष्टान्त दिया है। पिछले ऐतिहासिक कालों में हमेशा कामुकता नहीं थी। इसका विवाद सामाजिक प्रगति के विकास के साथ हुआ है। यही बात पागलपन और अपराधियों के बारे में कही जा सकती है। अपनी पुस्तक **आरक्योलोजी आफ नोलेज** में फूको ने अपने विधिशास्त्र को रखा है। वे बहुत स्पष्ट हैं कि आज हमारे विश्वासों, धारणाओं और मान्यताओं में जो अदृश्य है उसे अतीत में खोज कर दृश्य बना देना।

फूको के सिद्धान्तों की धुरी विमर्श है। **वे यह कहते हैं कि पिछले कालों की तुलना में हमारे वर्तमान विमर्श में बहुत बड़ा अन्तर आया है। विमर्श का यह बदलाव ही आधुनिक समाज को उत्तर-आधुनिक समाज बना देता है।** अब हम सत्य को विमर्श से दूसरी तरह से देखते हैं। फूको की बहुत बड़ी समस्या अन्य उत्तर-आधुनिकतावादी विचारकों की तरह **ज्ञान-मीमांसा** (Phenomenology) की थी। वे जानना चाहते थे कि ज्ञान का उद्गम क्या है, दूसरे सिद्धान्त क्या है, और इसी खोज में उन्होंने विमर्श की अवधारणा को रखा है। अपने सिद्धान्त में—वैयक्तिक अध्ययनों में, वे ज्ञान और शक्ति के संगठन की चर्चा करते हैं। सामाजिक नियन्त्रण के क्षेत्र में शक्ति, ज्ञान और विमर्श की बहुत बड़ी भूमिका है और इसी पर उत्तर-आधुनिक समाज का निर्माण होगा।

यहां हम फूको की महत्वपूर्ण पुस्तकों की व्याख्या करेंगे।

आर्क्योलाजी आफ नोलेज : ज्ञान और व्यक्ति
(Archaeology of Knowledge : Knowlwdge and Subject)

फूको की सम्पूर्ण कृतियों का यदि कोई विहंगम अवलोकन किया जाये तो इसके केन्द्र में हमें **विमर्श** (Discourse) मिलेगा। आज जिस समाज में हम रहते हैं उसमें व्यक्तियों और वस्तुओं के बारे में हमारे विमर्श वैज्ञानिक हैं। असल में तार्किक हैं। इन विमर्शों की बुनियाद अतीत में है। फूको आज के विमर्शों की बुनियाद को अतीत में खोजते हैं। कामुकता, पागलपन, ज्ञान, शक्ति आदि विमर्शों के बारे में हमारे जो विचार हैं, इनके प्रति सोचने का हमारा जो नजरिया है, या कहिये, फ्रेमवर्क है, उसकी बुनियाद को खोजने का प्रयास फूको की सभी कृतियों में देखने को मिलेगा। इस कारण विमर्श फूको का एक **पुनरावर्ती** (Recurring) थीम या विषयवस्तु है।

दि आर्क्योलोजी आफ नालेज (The Archaeology of Knowlwdge, 1969) फूको की प्रारम्भिक कृति है। अंग्रेजी में अनुदित यह पुस्तक 1989 में प्रकाशित हुई। उत्तर-आधुनिक विचारकों की एक बड़ी खासियत ज्ञान मीमांसा है। ये लेखक यह जानने में रुचि रखते हैं कि ज्ञान की प्रकृति क्या है, इसके स्रोत कौनसे हैं, इसका उद्‌गम क्या है? यदि हमें ज्ञान के बारे में समुचित जानकारी मिल जाये तो हम मनुष्य जीवन को अधिक सक्षम, सुन्दर और सुखमय बना सकते हैं। **फूको ने भी ज्ञान की खोज** इस पुस्तक में **पुरातत्व** (Archaeology) में की है। वैसे पुरातत्व का क्षेत्र इतिहासकारों का है। अपने आप में भी पुरातत्व एक पृथक् ज्ञान शाखा है। इसके अन्तर्गत अतीत के ध्वंसावशेषों, वस्तुओं, दस्तकारी, मकानों आदि का वैज्ञानिक अध्ययन किया जाता है। एक तरह से पुरातत्व विज्ञान मनुष्य के अतीत के जीवन और गतिविधियों का अध्ययन करता है। इस पुस्तक में फूको ज्ञान के मुद्दे को उठाते हैं। इसके अध्ययन के लिये वे एक विशिष्ट विधि को अपनाते हैं। **वे पुरातत्व के माध्यम से ज्ञान के विमर्श को समझना चाहते हैं**। दूसरे शब्दों में फूको जानना चाहते हैं कि अतीत में लोगों का ज्ञान का विमर्श क्या था।

थोड़ा फूको से हटकर हम ज्ञान के विमर्श के बारे में हमारे पुरातत्व में क्या विचार थे, इसे देखें। जवाहर लाल नेहरू ने **भारत की खोज** पुस्तक में एक जगह पर लिखा है कि **ताम्र काल** (Copper Age) के लोग जब थोड़े प्रौढ़ हो जाते थे, वे अपने पेट के चारों ओर ताँबे की पट्टियां बांधकर चलते थे। ऐसा क्यों ? उनका जवाब था : उनमें बुद्धि बहुत आ गई है और यदि ये तांबें से बांधा नहीं गया तो वह पेट फाड़ कर बाहर आ जायेगी। इसके पीछे मूल बात यह है कि इस काल के लोगों के अनुसार बुद्धि मनुष्य के मस्तिष्क में नहीं पेट में निवास करती है। यह इस काल का विमर्श था।

फूको अपनी पुस्तक ज्ञान के पुरातत्व में ज्ञान के इस विमर्श को उठाते हैं। पुरातत्व एक ऐसा विज्ञान है जो अपने खोज को कतिपय नियमों और सिद्धान्तों के अनुसार करता है। जो कुछ ये सिद्धान्त निर्धारण करते हैं वे इतिहास सम्मत होते हैं। और इस निर्धारण की वैधता भी होती है। फूको पुरातत्व विधि से जो कुछ पाते हैं, उन वस्तुओं में उनकी कोई रुचि नहीं है। पुरातत्व तो ढेर सारी वस्तुओं को उजागर करता है। बताता है कि लोग मिट्टी के बर्तनों में भोजन पकाते थे, उनके स्नान के लिये शानदार स्नानघर थे, पानी के निकास के लिये नालियां थीं और ऐसी ही बहुत सारी जानकारियां पुरातत्व देता है। इन वस्तुओं के अध्ययन द्वारा फूको किसी विशेष सत्य और अर्थ को बदल देते हैं। **उनका विमर्श यह जानना है कि पुरातत्व की वे कौन सी प्रविधियां, और सिद्धान्त हैं जो लोगों की सोच को प्रभावित, नियमित और नियन्त्रित करते हैं। वस्तुओं को देखकर इनके पीछे जो विमर्श है, इसका पता लगाना ही फूको का उद्देश्य है।**

वास्तव में **आरक्योलाजी आफ नालेज** पुस्तक लिखने के लगभग दो वर्ष बाद (1971) में फूको ने एक लम्बा व्याख्यान दिया था। इस व्याख्यान का थीम था : **दि आर्डर आफ डिस्कोर्स** (The Order of Discourse)। इस व्याख्यान में उन्होंने विमर्श के

विषय को विस्तार से रखा। यहां पर उन्होंने भविष्य की कृतियों का एजेण्डा रखा और कहा कि वे **शक्ति की वंशावली** (Geneology of Power) को व्यवस्थित रूप से जानना चाहते हैं। **देखा जाये तो फूको की सभी कृतियों में एक नाटक है जिसके तीन कोण हैं: शक्ति** (Power), **ज्ञान** (Knowledge) और **व्यक्ति** (Subject)। **बाद में चलकर ई.1970 के दशक में उन्होंने जो भी कृतियां लिखीं; उनकी पुनरावृत्ति थीम यही त्रिकोण था।**

ज्ञान के पुरातत्व पुस्तक में क्या है? इसमें उनकी उपलब्धि क्या है? इन प्रश्नों के उत्तर की थोड़ी गहराई से पड़ताल करें। पुस्तक का प्रारम्भ भाषा पर केन्द्रित है। यहां फूको थोड़े संरचनावादी दिखाई देते हैं। यद्यपि कार में चलकर उन्होंने संरचनावाद को छोड़ दिया। उनका मुख्य मुद्दा विमर्श के निर्माण का था। वे उन सिद्धान्तों और नियमों की खोज करना चाहते थे जो मनुष्य से जुड़े हुए विमर्शों का निर्माण करते हैं। मुख्य रूप से उनकी रुचि उन बुनियादी विमर्शात्मक व्यवहारों में थी जो बाद में चलकर वैज्ञानिक विमर्श बन गये। **उनका निष्कर्ष है कि प्रारम्भ में किसी भी विमर्श के निर्माण में व्यक्ति** (Subject) **अप्रासंगिक है।** वस्तुओं के बारे में व्यक्ति स्वयं का सोच कोई अर्थ नहीं रखता। व्यक्ति का महत्व तो 19वीं शताब्दी में आधुनिक युग से प्रारम्भ होता है। जब **मानववाद** (Humanism) आया, व्यक्ति की गरिमा बढ़ी। इससे पहले पुरातत्व काल में व्यक्ति गौण था और इसलिये पुरातत्व काल का हमारा बोध यह है कि विमर्श वे हैं जिनका निर्माण लोग करते हैं। यहां व्यक्ति का चेहरा हमें कहीं देखने नहीं मिलता। **अर्थ स्पष्ट है, पुरातत्व काल में वस्तुओं और घटनाओं के बारे में जो विमर्श या ज्ञान था, उसका उद्गम लोगों में था, व्यक्ति** (Subject) **में नहीं।**

अब यहाँ **बयानों** (Statements) के सम्बन्ध में कुछ लिखना चाहिये। फूको ने अपनी इस कृति में बयानों का उल्लेख बराबर किया है। **बयान और कुछ न होकर वे समानताएं हैं जो विभिन्न लोगों के व्यवहार और सोच में देखने को मिलती हैं।** ये समानताएं ही चाहे वे ज्ञान के बारे में हों, या शक्ति के बारे में, विमर्श को बनाती हैं। हमने सवाल रखा था : ज्ञानके इस पुरातत्व पुस्तक में क्या हैं, इसकी उपलब्धि क्या है ? उत्तर है : बयानों में। **पुरातत्व में हमें पता लगा कि जो वास्तविक ज्ञान मनुष्य चाहता है वह मानव जीवन और स्वयं मनुष्य के बारे में है। वह यह जानना चाहता है कि वस्तुतः यह मनुष्य क्या है और उसके इस सम्पूर्ण जीवन का अर्थ क्या है। पर वस्तुनिष्ठावाद** (Objectification) ही ज्ञान प्राप्त करने का उद्देश्य है। अब ज्ञान का आधार बुद्धिसंगतता (Rationality) हो जाता है।

पुरातत्व से फूको को ज्ञात होता है क वस्तुनिष्ठा में लोगों को जो रुचि थी वह धीरे-धीरे उलट गई और वे **व्यक्तिनिष्ठावाद** (Subjecticism) की ओर मुड़ गये। अब ज्ञान का रुख वस्तुनिष्ठावाद से हटकर व्यक्तिनिष्ठावाद की ओर गया। लोग सोचने लगे कि आखिर यह व्यक्ति क्या है ? उसकी वास्तविकता क्या है ? उसका निष्कर्ष है कि

इतिहास और संस्कृति में हमें जो विभिन्न मोड़ दिखाई देते हैं, वे सब व्यक्ति द्वारा निर्मित हैं। इतिहास से ज्ञात होता है कि व्यक्ति ही व्यक्ति को अपना मातहत बनाता है। फूको ने व्यक्ति की अभिव्यक्ति कई पदों में की है। "मनुष्य", "कर्त्ता", "व्यक्ति" इत्यादि। इसी व्यक्ति को दूसरे नाम से भी जाना जाता है। व्यक्ति का दूसरा नाम **ताबेदार** या **जीहुजूरिया** (Subservient), **मातहत** (Subordinate) और **असुरक्षित** (Vulnerable) भी है। **सब मिलाकर ज्ञान के पुरातत्व में फूको इस नतीजे पर पहुंचते हैं कि मनुष्य की परिभाषा एक ऐसे ज्ञान से होती है जो इतिहास के मोड़ पर हमेशा नया होता जाता है।** इतिहास के बदलाव से आने वाले ज्ञान के निर्माण में सामाजिक व्यवहार का प्रभाव भी पड़ता है। यह ज्ञान ही है जो व्यक्ति को प्रभुत्वशाली बनाता है, और यह ज्ञान ही है जो उसे असुरक्षित, असहाय और ताबेदार बनाता है। **फूको की कृतियों में एक त्रिकोण है : शक्ति, ज्ञान और व्यक्ति। ज्ञान के पुरातत्व में वे व्यक्ति और ज्ञान के सम्बन्धों को जोड़ते हैं। कहते हैं कि व्यक्ति क्या है—मालिक या मातहत, इसका निर्णय तत्कालीन समाज के ज्ञान से होता है।** पुरातत्व ज्ञान त्रिकोण की दो भुजाओं—व्यक्ति और ज्ञान—को जोड़ देता है। अब रही तीसरी **भुजा-शक्ति**, इसका विवेचन वे अपनी अन्य कृतियों में करते हैं।

दि आर्क्योलोजी आफ नालेज यानी **ज्ञान का पुरातत्व** पुस्तक फूको की प्रारम्भिक रचना है। इसका फ्रेंच भाषा में प्रकाशन 1969 में हुआ था। ऊपर हमने इस पुस्तक की संक्षेप में व्याख्या की है। यहां हम सार रूप में इसके कतिपय बिन्दुओं का उल्लेख करेंगे:

1. ज्ञान का पुरातत्व 1969 में प्रकाशित हुई थी। इसका विश्लेषण फूको ने अपने एक लम्बे व्याख्यान में 1971 में किया था। यह व्याख्यान **विमर्श** (Discourse) पर था।

2. पुरातत्व विधि से फूको को ज्ञात हुआ कि प्राथमिक रूप से मनुष्य आदमी और उसकी गतिविधियों के बारे में **वास्तविक ज्ञान** (Positive Knowledge) प्राप्त करना चाहता था। दूसरे शब्दों में **वह ज्ञान की खोज में था** और यह ज्ञान आदमी और उसके जीवन से सरोकार रखता था।

3. पुरातत्व ज्ञान ने बताया कि पहले हमारा ज्ञान वस्तुओं के बारे में था। यह वस्तुनिष्ठवाद था। इसके बाद हमारे ज्ञान ने एक मोड़ लिया और हमारा ज्ञान व्यक्ति केन्द्रित हो गया। यह ज्ञान व्यक्ति को उसके अधीनस्थ या पददलित रूप में भी देखता है।

4. फूको के अध्ययन का केन्द्र बिन्दु या फोकस व्यक्ति के बारे में बयान है। यह बयान त्रिभुज की तरह है—इसकी तीन भुजाएँ या कोण हैं: शक्ति, ज्ञान और व्यक्ति।

5. ज्ञान के पुरातत्व में फूको व्यक्ति और ज्ञान को जोड़ते हैं। वे कहते हैं कि **ज्ञान प्रत्येक युग या काल में बदलता रहता है** और यह ज्ञान ही व्यक्ति को परिभाषित करता है। शक्ति की विवेचना वे अन्यत्र करते हैं।

पागलपन और सभ्यता : मनोविकृति-सम्बन्धी ज्ञान और शक्ति
(Madness and Civilization : Psychiatric Knowledge and Power)

मेडनेस एण्ड सिविलाइजेशन (Madness and Civilization, 1961) फूको की एक शास्त्रीय रचना है। फ्रेंच भाषा में इसका प्रकाशन 1961 में हुआ था। अंग्रेजी भाषा में अनुदित यह पुस्तक 1989 मे बाजार में आई। पागलपन पर लिखी हुई यह पुस्तक **कारण** (Reason) और **अ-कारण** (Unreason) की समस्या को उठाती है। फूको बताते हैं कि यूरोप में पहली बार पागलों, विक्षिप्तों और उन्मादग्रस्त लोगों को समाज से पृथक् करके पागलखानों में रखा गया। इससे पहले भिखारियों, उचक्कों, असामाजिक तत्वों को समाज से पृथक् जेलखानों में रखा जाता था। पर पागलों और पागलखानों का वैयक्तिक अध्ययन फूको ने पहिली बार किया। पागलखाने में पागलों का अवलोकन करना और उनका वर्गीकरण करना फूको के लिये सरल कार्य था। जिस अवधि में फूको ने अपनी पुस्तक लिखी थी, उसमें एक हादसा हो गया। हुआ इस तरह कि एक फ्रांसीसी चिकित्सक **फिलिपे पिनेल** (Philippe Pinel) जो बड़े उदारवादी थे, उन्होंने **बेसेट्रे** (Bicetre) अस्पताल से 1794 पागलों को उनकी जंजीरों से मुक्त कर दिया। फूको ने इस घटना को कोई महत्व नहीं दिया और न ही उन्होंने इसे मानववाद और ज्ञानोदय की विजय माना। इस चिकित्सक का यह कार्य, फूको की दृष्टि से एक खोखला आदर्शवाद था। जिन पागलों को पागलखाने से रिहा किया गया वे अब नयी प्रकार की बेड़ियों में फंस गये। फूको पागलों का अध्ययन मध्यकाल से ज्ञानोदय तक की अवधि में करते हैं। ज्ञानोदय काल में **मनोरोग विज्ञान** (Psychiatry) का आविर्भाव होता है और अब पागलों का **निदान मनोविकृति-सम्बन्धी ज्ञान** (Psychiatric Knowledge) की सहायता में किया जाने लगा। इतिहास का यह युग **कार्य-कारण** (Cause-effect) का युग था। फूको ने पागलपन की व्याख्या इन शब्दों में की गई है :

> पुराने समय में पागल मनुष्य का शरीर 'तर्क बाह्य' कर दिया गया। बाद में, आधुनिकता में मनोविज्ञान और अस्पतालों ने जन्म लिया जिनके जरिये 'बाहर' कर दिये गये शरीर को ठीक करने की कोशिश की गई। आधुनिक अस्पतालों ने देह की जांच-परख को संभव किया। देह आत्मा का व्यंजक नहीं रही, वह अपने आप में एक सम्पूर्ण मशीन बन कर उभरी।

पुस्तक की विषयवस्तु (Subject Matter of the Book)

इस पुस्तक का केन्द्र बिन्दु (Focus) पुनः ज्ञान मीमांसा है। यहां फूको **मनोविकृति सम्बन्धी** (Psychiatric) ज्ञान की चर्चा करते हैं। इस चर्चा में मनोरोग विज्ञान को भी सम्मिलित करते हैं। वास्तव में फूको का उद्देश्य पागलपन के प्रति लोगों का जो विमर्श है, उसका इतिहास नहीं बताते। न ही वे विचारों के इतिहास का निर्माण करते हैं। वे तो मनोविकृति सम्बन्धी ज्ञान की खोज पुरातत्व के आधार पर करते हैं। वे लिखते हैं:

> मैंने मनोरोग विज्ञान के इतिहास को लिखने का प्रयास कभी नहीं किया है। मैं तो एक प्रकार के **मौन** (Silence) का पुरातत्व बना रहा हूँ।

यह **मौन** (Silence) क्या है ? फूको ने इसकी व्याख्या की है। वे अपना प्रबन्ध **पुनर्जागरण** (Renaissance) काल से प्रारम्भ करते हैं। **उस काल में पागलपन और कारण** (Reason) **एकदम एक-दूसरे से जुदा नहीं थे।** मिले-जुले थे। कारण और पागलपन के बीच में संवाद था। यह कहा जाता था कि इस व्यक्ति के पागलपन के कारण उसके घर की विषम परिस्थितियाँ थीं, आपसी झगड़े थे, जमीन का विवाद था। मतलब यह कि पुनर्जागरण में पागलपन को किसी न किसी कारण या कारणों को जोड़ा जाता था। यही संवाद था। इसके बाद मध्य युग में (लगभग 1680 और 1800) यह संवाद टूट गया। पागलपन के साथ अब कारण को जोड़ना बन्द होगया। **संवाद मौन हो गया।** स्थिति यहाँ तक पहुँची कि कारण ने पागलपन को परास्त कर दिया। **हुआ यह कि मनोरोग-विज्ञान का विशिष्ट ज्ञान एक शक्ति के रूप में उभरा और उसने पागलपन की व्याख्या अपने ढंग से करना प्रारम्भ कर दिया। अपने विश्लेषण में फूको यह निष्कर्ष निकालते हैं कि जिसके पास विशिष्ट ज्ञान है, वही शक्तिशाली है। दूसरे शब्दों में, ज्ञान ही शक्ति है।** आज आधुनिक काल में स्थिति यह हो गई कि पागल तथा स्वस्थ दोनों ही एक ही समाज में रहते हैं और दोनों के बीच भयंकर मौन है। फूको कहते हैं :

> आज की दुनिया में पागल और **स्वस्थ** (Sane) एक अजीब मौन की अवस्था में रहते हैं। दोनों के बीच में किसी तरह का संवाद नहीं है।

फूको का ज्ञान और शक्ति का प्रबन्ध देखा जाये तो एक क्रान्तिकारी प्रबन्ध है। वे कहते हैं कि फ्रांस में लाखों पागलों, गरीबों, भिखारियों और बेरोजगारों को किसी न किसी कारण जेलों में ठूंस दिया जाता है। इसका कारण स्पष्ट है, अभिजन समाज इन लोगों के साथ रहना अपने लिये अनुचित समझता है। उच्च और मध्यम वर्ग के आदमी को दलितों के साथ एक जाजम पर बैठना सुहाता नहीं है। **ऐसी स्थिति में वह अपने विशिष्ट ज्ञान से अर्जित शक्ति के माध्यम से** इन 'अनचाहे' व्यक्तियों को जेल भेज देता है। पागलपन और उच्च लोगों के जेल भेजने के कारण कुछ भी हो सकते हैं। **लेकिन ये कारण सही और उचित इसलिये हैं कि इन्हें उन लोगों ने किया है जो इस क्षेत्र में दक्ष हैं, ज्ञानी हैं, विशिष्ट हैं।** अगर पागलपन की व्याख्या मनोरोग वैज्ञानिक करता है, या इस अर्थ में, उच्चके लोगों के अपराध की व्याख्या न्यायाधीश करता है तब उसे कौन चुनौती दे सकता है। व्याख्याकार चाहे मनोरोग चिकित्सक हो या कानून वेत्ता है, तो ये सब शक्तिशाली क्योंकि इनके पास प्रमाणित ज्ञान है। फूको का उद्देश्य है कि हमने अभी कहा है पागलपन के इतिहास का निर्माण करना नहीं है। उनका उद्देश्य तो समकालीन समाज में पागलों की स्थिति को समझना है। वास्तव में तो परिवार, नातेदारी, और समाज पागल को अपने साथ रखना नहीं चाहते। वे अपना कंधा पागल के कंधे की रगड़ से दूर रखना चाहते

हैं और इसी कारण अपने विषिष्ट ज्ञान की शक्ति के आधार पर वे उसे पागलखाने भेज देते हैं। **ज्ञान और शक्ति का यह बड़ा विचित्र ताल-मेल है जिसकी व्याख्या फूको ने पागलपन और सभ्यता में की है।**

पागलपन और सभ्यता के वैयक्तिक अध्ययन द्वारा फूको ने ज्ञान और शक्ति के अपने प्रबन्ध को प्रस्तुत किया है। यद्यपि फूको अपने सिद्धान्त के प्रमाण इतिहास में खोजते हैं, मूल रूप से वे इतिहास विरोधी हैं। वे इतिहास के आधार पर सार्वभौमिक निष्कर्ष नहीं निकालते। वे मनुष्य की प्रकृति को एक बार इतिहास में देखने के बाद हमेशा के लिये निश्चिन्त नहीं होते। वस्तुतः वे तर्क की बहुलता में यकीन करते हैं। वे ज्ञान को सामाजिक स्थिति में घटाते नहीं, ज्ञान को सामाजिक स्थितियों से, जैसा वह निकल सकता है, निकलने देते हैं। पागलपन और सभ्यता में वे मनुष्य यानी व्यक्ति की खोज-बीन करते हैं। वे व्यक्ति का **वास्तविकीकरण** (Objectivication) अर्थात् वस्तुनिष्ठाकरण करते हैं। फूको एक ऐसी प्रक्रिया का उल्लेख करते हैं जो व्यक्ति को विभाजित कर देती है। एक तरफ तो व्यक्ति मनुष्य है, और दूसरी तरफ अधीनस्थ, मातहत है, दलित है। मनुष्य का यह विभाजन या तो उसे भीतर से तोड़ देता है—उसे सीजोफ्रेनिया, और सोजोडायनैमिक्स से ग्रसित बताकर समाज से दूर कर देता है या उसे वह एक सामाजिक प्राणी बना देता है। इस क्रम में व्यक्ति या तो विक्षिप्त, पागल या उन्मुक्त होता है या उसे कोई सामाजिक पहिचान—ओहदा, पद दिया जाता है। इस सम्पूर्ण प्रक्रिया में फूको शक्ति और ज्ञान को जोड़ते हैं। फूको की पागलपन और सभ्यता में जो उपलब्धियां हैं, उन्हें हम संक्षेप में निम्न बिन्दुओं में रखते हैं :

1. यूरोप में 18वीं शताब्दी के पहले अपराधियों, भिखारियों, आवारा लोगों को समाज से पृथक् कर के जेलों में रखा जाता था। 18वीं शताब्दी के अन्त में पागलों के लिये यूरोप ने पागलखानों की व्यवस्था कर दी। पागलखाने वस्तुतः पागलों को समाज से पृथक् करने का एक तरीका था।
2. पागलखानों के आविर्भाव से पहले पागलपन और पागल होने के कारण पृथक् नहीं थे। पागलपन और कारण दोनों में संवाद था। लेकिन पुनर्जागरण के बाद मनोविकृति-सम्बन्धी निदान आया। और इस निदान ने पागलपन तथा उसके कारण को पृथक् कर दिया। अब दोनों में संवाद समाप्त हो गया। फूको इसे ऐतिहासिक **मौन** (Silence) कहते हैं।
3. फूको का मुख्य प्रबन्ध यह है कि समाज में जिसके पास **विशिष्ट ज्ञान** (Expert Knowledge) होता है, वही शक्तिशाली है। पागलपन और उसके कारणों के संवाद को तोड़ने का काम मनोरोग विज्ञान ने किया। मनोरोग वैज्ञानिक वस्तुतः एक विशिष्ट ज्ञान वाला है। उसकी ज्ञान अर्जित शक्ति ने पागलों को समाज से पृथक् कर दिया।

4. फूको का महान प्रबन्ध ज्ञान, शक्ति और व्यक्ति है। इस त्रिभुज को जोड़ने के काम में फूको जीवन भर जुटे रहे। प्रस्तुत पुस्तक में उन्होंने व्यक्ति और ज्ञान को जोड़ा है।

दि बर्थ आफ दि क्लीनिक : जीवन और मृत्यु

(The Birth of the Clinic : Life and Death)

फ्रेंच भाषा में मूल रूप में लिखी गई पुस्तक ई. 1963 में प्रकाशित हुई थी। इसका अनुदित अंग्रेजी संस्करण ई. 1973 में बाहर आया। यह पुस्तक चिकित्सा के क्षेत्र में एक नई विचारधारा को प्रस्तुत करती है। अब तक मनुष्य का इलाज उसके शरीर को देखकर किया जाता है। यानी शरीर का निदान बाहरी तौर से—बाह्य लक्षणों के आधार पर किया जाता था। यह एक **शारीरिक क्लीनिकल विधि** (Anatomo-classical method) थी जो उस समय प्रचलित थी। इसके बाद, फूको कहते हैं, मनुष्य की बीमारी को वास्तविक ज्ञान का पात्र बना दिया। अब शरीर की बीमारी **आधितात्विकीय** (Metaphysical) नहीं रही। जब फूको क्लीनिकल पद्धति के जन्म की बात करते हैं तब चिकित्सा पद्धति उन्हें अध्ययन केन्द्र है। इस पर कोई भी टीका करने से पहले हम इस पुस्तक की अध्ययन सामग्री पर थोड़ा विस्तार से विवरण देंगे।

दि बर्थ आफ दि क्लीनिक पुस्तक का **उप शीर्षक** (Subtitle) **एन आरक्योलॉजी आफ मेडीकल परस्पेशन** (An Archaeology of Medical Perception) है। बात तो फूको चिकित्सा की कहते हैं पर उनका इस पुस्तक में मूल उद्देश्य ज्ञान के पुरातत्व का पता लगाना है। हम फूको के इस सम्पूर्ण विश्लेषण में बार बार कह रहे हैं कि वे शक्ति, ज्ञान और व्यक्ति के पारस्परिक सम्बन्धों की खोज में हैं। उनकी यह खोज इस पुस्तक में भी गहनता से देखने को मिलती है। वे कहते हैं कि चिकित्सा के क्षेत्र में काम करने का जो अनुभव हमें मिला उसके परिणामस्वरूप सम्पूर्ण चिकित्सा पद्धति में परिवर्तन आ गया। यह चिकित्सा सम्बन्धी बदलाव ही उनकी इस पुस्तक की मुख्य कथावस्तु है। फूको चिकित्सा पद्धति को एक विमर्श मानकर चलते हैं। इसका मतलब लोगों की चिकित्सा के बारे में कई तरह की धारणाएं हैं। ये धारणाएं ही चिकित्सा के विमर्श को बनाती हैं। यहां फूको का चिकित्सा का विश्लेषण पूर्णतया संरचनात्मक है। चिकित्सा पद्धति में निहित जो संरचना है, उसी पर फूको अपना ध्यान केन्द्रित करते हैं। यहां वे ऐतिहासिक पद्धति को अस्वीकार करते हैं। अगर हम मरीज से उसकी बीमारी का बयान सुनते हैं, तो वह एकदम घिसा-पिटा होता है। वह वही कहेगा जो अन्य मरीज कहते हैं। अतः यहां ऐतिहासिक पद्धति हमें किसी निष्कर्ष की ओर नहीं ले जाती। ऐसी अवस्था में चिकित्सा का जो भी विमर्श है, उस पर नये सिरे से सोचना होगा। इसी तर्क पर संरचनात्मक विधि को अपनाते हैं।

आखिर फूको का चिकित्सा का यह संरचनात्मक विमर्श क्या है ? इसकी व्याख्या

में वे कहते हैं कि रोगी जो भी बयान देता है या अपना दुख-दर्द सुनाता है, **उसके अर्थ को बयान के आधार पर नहीं समझा जा सकता। इसे समझने के लिये इसकी तुलना उन बयानों से करनी पड़ेगी जिन्हें अन्य रोगी देते हैं या चिकित्सा के विमर्श में जो कुछ कहा जाता है, उससे तुलना करके ही एक विशेष रोगी के रोग को समझा जा सकता है।**

चिकित्सा की यह नई संरचना क्या है ?
(What is the new structure of medicine)

पूरी 18वीं शताब्दी में चिकित्सा एक वर्गीकृत विज्ञान था। इसमें क्लीनिकल जांच की कोई गुंजाइश नहीं थी। खूब हुआ तो मरीज की नब्ज देखली और इससे आगे कुछ नहीं। 19वीं शताब्दी में जाकर परिवर्तन आया। चिकित्सा की संरचना में नई विधि आई। अब **शव परीक्षा** (autopsy) प्रारंभ हो गई। चिकित्सकों को यह जानकारी हो गई कि हृदय कहां है, कैसा है, फेफड़े कहां हैं, कैसे हैं ? इत्यादि। चिकित्सकों ने परीक्षा तो शव की लेकिन उन्हें मानव जीवन की रोशनी का ज्ञान हो गया। उन्हें पता लग गया कि मनुष्य के जीवित रहने के लिये कौन से अंग पूरी तरह कारगर होने चाहिये। दूसरे शब्दों में, चिकित्सकों ने मरे हुए को देखकर जीवित को समझ लिया। अब चिकित्सा में **क्लीनिकल अवलोकन** (Clinical Observation) का महत्व बढ़ गया। **फूको इस अवलोकन के लिये गेज़** (Gaze) **अर्थात् टकटकी लगाकर देखना** पद का प्रयोग करते हैं। **जैसे ही चिकित्सक टकटकी लगाकर मरीज को देखता है, वैसे ही उसके ज्ञान में वृद्धि होती है।** अब चिकित्सा का विमर्श बदल गया। वर्गात्मक चिकित्सा विज्ञान में ज्ञान की वृद्धि की गुंजाइश नहीं थी। **अब जब गेज़ यानी क्लीनिकल अवलोकन आगया तब अपने आप चिकित्सक के ज्ञान में वृद्धि हो गई। अब चिकित्सक मरीज को देखने लगे और उनका ज्ञान उत्तरोत्तर बढ़ता गया।**

यदि हम 19वीं शताब्दी के चिकित्साशास्त्र को देखें तो स्पष्ट होजायेगा कि क्लीनिकल अवलोकन ने इस विज्ञान की सम्पूर्ण धारा को ही बदल दिया। अब **शारीरिक-क्लीनिकल अवलोकन** (Anatomo-clinical gaze) ने ज्ञान के क्षेत्र में क्रान्तिकारी परिवर्तन उपस्थित कर दिया। **19वीं शताब्दी के मध्य तक पहुंच कर यह स्थापित हो गया कि जीवन और मौत के बीच की बहुत बड़ी कड़ी चिकित्सक है।** यद्यपि मौत किसी के हाथ में नहीं, कोई उसे थाम नहीं सकता, **फिर भी चिकित्सक एक ऐसा व्यक्ति है जो अपने विशिष्ट ज्ञान के आधार पर मरीज को ठीक कर सकता है। चिकित्सक की यह क्षमता उसे ज्ञानी बना देती है और जिसके पास ज्ञान है, वह शक्तिशाली है।** फूको का अगला निष्कर्ष यह है कि जिस व्यक्ति के पास शक्ति है, वह धन उपार्जन भी अधिक मात्रा में कर लेता है। चिकित्सक ही क्यों, वकील, अध्यापक, मेकेनिक, इन्जीनियर जिनके पास विशिष्ट ज्ञान है, शक्ति के स्वामी हैं और उन्हें अपार धन भी देती है।

कुल मिलाकर **दि बर्थ आफ क्लीनिक** पुस्तक निम्न बिन्दु विशेष रूप से उल्लेखनीय है :

1. 18वीं शताब्दी में चिकित्सकों को मनुष्य शरीर के अन्दर क्या है, इसका कोई ज्ञान नहीं था। इस दौरान चिकित्सा विज्ञान केवल एक **वर्गीकृत** (Classificatory) विज्ञान ही था।
2. शव-परीक्षा ने शरीर की आन्तरिक संरचना को खोलकर रख दिया। अब चिकित्सा विज्ञान शारीरिक-क्लीनिकल अवलोकन विज्ञान बन गया।
3. चिकित्सक को अवलोकन विधि ने अपने क्षेत्र में निष्णात अर्थात् दक्ष बना दिया। अब वह शरीर के बारे में विशिष्ट ज्ञानी हो गया। उसका दर्जा जीवन और मौत के बीच का हो गया।
4. चिकित्सक के विशिष्ट ज्ञान ने उसे शक्तिशाली बना दिया।
5. इस पुस्तक में फूको ने ज्ञान और शक्ति के सम्बन्धों को पुनः स्थापित कर दिया।

फूको अपनी पुस्तक के उपसंहार में यह आग्रहपूर्वक कहते हैं कि मानव विज्ञानों के विकास में चिकित्सा विज्ञान की भूमिका अत्यधिक महत्वपूर्ण है। वास्तविक ज्ञान का यह एक अनुकरणीय दृष्टान्त है जो मनुष्य को जीवित रहने में सहायता देता है। मनुष्य जीवन का मानवशास्त्र क्या है? जीवन और मृत्यु। इन दोनों को संवारने का कार्य चिकित्सा विज्ञान करता है। इस विज्ञान की यह उपलब्धि ही चिकित्सक को अपार शक्ति प्रदान है। **फूको की कृतियों को हम त्रिभुज या त्रिकोण के रूप में प्रस्तुत करते आ रहे हैं। दि बर्थ आफ क्लीनिक** के माध्यम से भी फूको ज्ञान, शक्ति और व्यक्ति की पारस्परिकता को स्थापित करते हैं। यह उनकी पुनरावर्ती थीम है।

डिसिप्लीन एण्ड पनिश : अनुशासनात्मक शक्ति
(Discipline and Punish : Disciplinary Power)

डिसिप्लीन एण्ड पनिश (Discipline and Punish) पुस्तक का उप-शीर्षक : दि बर्थ आफ दि प्रिज़न (The Birth of the Prison) है। इस पुस्तक का मूल पाठ 1975 में प्रकाशित हुआ, और अनुदित संस्करण 1979 में। यह पुस्तक कारागृह व्यवस्था पर, अपराध के क्षेत्र में एक महत्वपूर्ण दस्तावेज है। इसके पीछे एक बहुत बड़ा दर्शन है। यूरोप के मध्यकालीन युग में अपराधी को शारीरिक दण्ड दिया जाता था। यह भी होता था कि अपराधी को दूसरे की आंख के बदले दण्ड के रूप में अपनी आंख देनी पड़ती थी, और दांत के बदले दांत। **दण्ड देने की इस प्रक्रिया में क्रांतिकारी परिवर्तन तब आया जब शरीर को नियन्त्रित करने की अपेक्षा आत्मा को नियन्त्रित या अनुशासित करने की पद्धति को अपनाया गया।** आज दुनिया भर में अपराधी को सार्वजनिक दण्ड देने की अपेक्षा, समाज से पृथक करके, कारागृह में रखा जाता है। यह पद्धति अब लगभग सार्वभौमिक पद्धति है। **अब शरीर की अपेक्षा आत्मा या चेतना को दण्ड दिया जाता है।**

यातना और उत्पीड़न का अतीत का दृश्य
(Past scene of the Torture)

फूको **डिसिप्लीन और पनिश** की पुस्तक का प्रारम्भ ई. 1757 से करते हैं। वे एक दानवीय तस्वीर खड़ी करते हैं। सत्ता में जो लोग काबिज हैं, एक सार्वजनिक उत्सव में खुले आम किसी चौराहे पर अपराधी को खड़ा करते हैं। उसके शरीर को नौचते हैं, मांस से खून बहता है, अपराधी की त्रासदी अमानवीय है। कभी उसे जलाते हैं, कभी उसका सिर काट देते हैं, और वीभत्स दृश्य को देखने के लिये लोगों का एक बड़ा हजूम हाथ बांधे खड़ा दिखाई देता । लोगों के सामने सत्ता के स्वामी यह स्थापित करते हैं कि जिसे यातना दी जा रही है, जो रक्त से लथपथ है, अव्वल दर्जे का अपराधी है। उसके अपराध को कानून ने प्रमाणित किया है। अपराधी पर की जाने वाली ये यातनाएं राजनीति कर्मकाण्ड मात्र थीं। इन यातनाओं द्वारा यह स्थापित किया जाता था कि जो लोग सत्ता में हैं, उनके पास यह शक्ति है। शक्ति का अस्तित्व होता है और यातना में उसकी अभिव्यक्ति होती है। अगर शक्ति में कहीं उसके तंत्र स्वरूप में देखना हो, यथार्थ में समझना हो तो इसका सही अवसर सार्वजनिक यातना के उत्सव हुआ करते थे।

फूको की इस पुस्तक की एक बड़ी विशेषता है। यह पुस्तक लेखक के इस प्रबन्ध को बताती है कि सत्ता अपने आप में बहुत बड़ी शक्ति है और वह कुछ भी कर सकती है। **यहां फूको शक्ति ज्ञान के सम्बन्ध** (Power- Knowledge nexus) के प्रबन्ध को छोड़ देते हैं। इसके बजाय वे केवल शक्ति की चर्चा करते हैं। यह पुस्तक की पहली विशेषता है। दूसरी विशेषता यह है कि शक्ति का आधिपत्य पूंजीवादियों का होता है। इसे यह भी कहा जा सकता है कि पूंजीवादी की पूर्व आवश्यकता शक्ति का प्रयोग है। केवल शक्ति का आधिपत्य ही पर्याप्त नहीं है। इसकी क्रियान्वित भी आवश्यक है। अपने शक्ति के थीसिस को फूको ने इस पुस्तक में रखा है।

कारागृह का आविर्भाव (Emergence of Prison)

फूको कहते हैं कि ई. 1757 से 1830 की अवधि में बन्दियों को कारागृह में रखा जाता था। उन पर कारागृह के कठोर नियम लागू होते थे। सत्ता द्वारा कैदियों को दण्ड देने की यह परम्परा सार्वजनिक क्षेत्र में भय पैदा करती थी। लेकिन अन्दर ही अन्दर लोग बन्दियों के साथ होने वाले इस घृणित व्यवहार की निन्दा भी करते थे। 19वीं शताब्दी में पहुंच कर इस प्रथा पर अंकुश लगा। अब यह समझा जाने लगा कि बन्दी को कारागृह में रखने का मतलब उसकी स्वतन्त्रता पर प्रतिबन्ध लगाना है। यह केवल एक दण्ड ही नहीं है, बन्दी को हमेशा के लिये विकृत रूप में बदल देना है। बन्दियों के साथ कारागृह में जिस तरह का व्यवहार किया जाता है, वह नैतिकता के नियमों के भी खिलाफ है। फूको की धारणा है कि **कारागृह व्यवस्था का आविर्भाव पूंजीवादी व्यवस्था के साथ** जुड़ा हुआ है। वास्तविकता यह है कि पूंजीवाद एक अनुशासनात्मक व्यवस्था को चाहता है। यह व्यवस्था

अपनी सुरक्षा चाहती है और इसकी सुरक्षा इसी में है कि कुछ लोग कारागृह में अपना जीवन बितायें।

कारागृह व्यवस्था के आविर्भाव का विरोध विचारों के स्तर पर हुआ। 18वीं शताब्दी के मध्य में कुछ क्लासिकल अपराधशास्त्रियों ने अपने सिद्धान्त रखे। उन्होंने स्थापित किया कि अपराधी जन्म-जात नहीं होते। उनके बनने में समाज उत्तरदायी है। **सिसरे बेकारिया** (Cesare Beccaria, 1738-94) जैसे दार्शनिकों ने यह तर्क दिया कि बदलती हुई सामाजिक और आर्थिक व्यवस्था में प्रचलित दण्ड व्यवस्था उचित नहीं थी। तब 1791 में ब्रिटिश दार्शनिक **जेरेमी बेंथम** (Jeremy Bentham, 1748-1832) ने सुझाव दिया कि अपराधियों को रखने के लिये **इन्स्पेक्शन हाऊस** (Inspection-House) बनाने चाहिये। स्वयं बेंथम ने ऐसे हाऊस बनाने का मॉडेल तैयार किया और एक ऊंचा टावर बनाया और इसके इर्द-गिर्द बन्दियों को रखने के लिये कोठरियां बनाई। टावर में बैठकर कोठरियों में रहने वाले बन्दियों की गतिविधियों को देखा जा सकता था। उन पर निगरानी भी रखी जा सकती थी। बैंथम का टॉवर का यह मॉडल केवल बन्दियों तक ही सीमित नहीं था। इसका प्रयोग अस्पताल मरीजों, कार्यालय में काम करने वाले कामगारों, स्कूलों, फैक्ट्रियों आदि के लिये भी हो सकता था। इस सम्पूर्ण व्यवस्था के पीछे पूंजीवादी हितों की सुरक्षा करना था।

बन्दीगृह व्यवस्था की वैचारक आलोचना होने पर भी इसके पीछे जो धारणा थी वह बराबर सफल रही। वास्तव में पूंजीवाद और सत्ता में काबिज लोग यह बराबर चाहते थे कि अधीनस्थों पर किसी न किसी तरह का प्रशासनात्मक अनुशासन अवश्य लागू होना चाहिये। इसे फूको **प्रशासनात्मक शक्ति** (Disciplinary Power) कहते हैं। यह प्रशासनात्मक शक्ति केवल कारागृह की चार-दीवारों में ही नहीं फौज, कारखानों, स्कूलों और अस्पतालों में भी देखने को मिलती है। **फूको का कहना है कि आज के आधुनिक समाज में हम कहीं भी देखें व्यक्ति को उसकी सामूहिकता से अलग या काट दिया जाता है और उसे कई प्रकार की अनुशासनात्मक टकनिकों का शिकार बना दिया जाता है।** इस तरह के अनुशासित लोगों पर नियन्त्रण रखने के लिये एक पूरी सोपानिक व्यवस्था खड़ी हो जाती है।

फूको इस सम्पूर्ण व्यवस्था का विश्लेषण करते हैं। उनका कहना है कि आज का सम्पूर्ण समाज ही एक प्रकार का बहुत बड़ा कारागृह है। इसमें प्रत्येक व्यक्ति पर चाहे वह धंधा करता हो, खेलता-कूदता हो, पढ़ता-लिखता हो, प्रशासनात्मक शक्ति का नियन्त्रण होता है। हम सब इस सामान्य कारागृह के बन्दी हैं। पर इस तरह का अनुशासन हमेशा हानिकारक होता हो, ऐसा नहीं है। इसके लाभ भी हैं। इस व्यवस्था में जो बन्दी कारागृह से बाहर आते हैं, वे परिष्कृत मस्तिष्क के होते हैं, सुधरे हुए नागरिक होते हैं। अनुशासित फौजी होते हैं, सफल कामगार होते हैं। इन अनुशासन से निकले हुए व्यक्ति दब्बू नहीं होते, उन्हें डटकर काम करने का गुर प्राप्त हो जाता है।

जिस अनुशासनात्मक शक्ति का उल्लेख फूको अपनी पुस्तक में करते हैं, वह वस्तुतः पूंजीवाद की उपज है। यहां फूको शक्ति और ज्ञान की बात पुनः प्रस्तुत करते हैं। उनका निष्कर्ष है कि पूंजीवाद को स्थापित करने के लिये अनुशासनात्मक शक्ति का प्रयोग आवश्यक है। यह पूंजीवाद की पूर्व आवश्यकता है।

डिसिप्लीन एण्ड पनिश पुस्तक का सामान्य थीम इस प्रबन्ध को स्थापित करता है कि पूंजीवादी समाज में प्रशासनात्मक अनुशासन का होना उतना ही आवश्यक है जितना कारागृह का अनुशासन। देखा जाये तो इस समाज में सभी लोग एक सामान्य कारागृह के बन्दी हैं और इसमें जिस व्यवस्था या व्यक्ति में जितना ज्ञान है उतना ही वह अनुशासन चलाता है। इस पुस्तक के महत्वपूर्ण बिन्दुओं का उल्लेख हम नीचे करते हैं :

1. इस पुस्तक में फूको सार्वजनिक फाँसी या मृत्यु के दण्ड से जो क्लासिकल युग की विशेषता थी, आज की कारागृह व्यवस्था का विश्लेषण करते हैं। कारागृह में बन्दी को रखने की जो प्रथा है वह आज सम्पूर्ण आधुनिक समाज में पाई जाती है। कारागृह एक ऐसी व्यवस्था है जिसके माध्यम से बन्दी का बराबर अवलोकन होता है, उस पर निगरानी रखी जाती है, उस पर नियम-उपनियम लागू किये जाते हैं।
2. कारागृह की बड़ी विशेषता यह है कि इस **दण्ड व्यवस्था का केन्द्र शरीर न होकर आत्मा या चेतना होती है।**
3. 17वीं और 18वीं शताब्दी में दण्ड सार्वजनिक रूप से दिया जाता था। तब अपराधी के साथ बड़ी निर्ममता का व्यवहार किया जाता था।
4. कारागृह के आविर्भाव ने दण्ड देने की सम्पूर्ण व्यवस्था में परिवर्तन कर दिया। अब कारागृह का मतलब अनुशासनात्मक शक्ति का प्रयोग करना समझा जाता है। यह अनुशासनात्मक शक्ति सामाजिक जीवन के कई क्षेत्रों पर लागू होती है यथा कारखाने, स्कूल, अस्पताल, फौज इत्यादि। इस अर्थ में आधुनिक समाज के हम सभी लोग किसी न किसी तरह की अनुशासनात्मक शक्ति द्वारा नियन्त्रित होते हैं।
5. कारागृह व्यवस्था वस्तुतः पूंजीवाद की पूर्व आवश्यकता है और इसके बने रहने की दशा है।

फूको अव्वल दर्जे के दार्शनिक थे। उनके सम्पूर्ण अध्ययन का केन्द्र ज्ञान-मीमांसा थी। उन्होंने जीवनपर्यन्त अपने इस प्रबन्ध की बराबर पड़ताल की कि ज्ञान अपने आप में सापेक्षिक है। इसका सम्बन्ध वैचारिकी से है। इसका जुड़ाव शक्ति से है। इसका सरोकार व्यक्ति है। **डिसिप्लीन और पनिश** पुस्तक में भी उन्होंने इस विमर्श पर चर्चा की है।

दि हिस्ट्री आफ सेक्स्यूएलिटी : कामुकता की चर्चा
(The History of Sexuality : Speaking of Sex)

उत्तर-आधुनिक समाज के टीकाकारों में फूको एक अग्रणी विचारक हैं। सही है, वे पेशे से

समाजशास्त्री नहीं थे। लेकिन यह भी सही है कि उन्होंने शक्ति और सत्ता की जो व्याख्या की है, वह उन्हें उच्च कोटि के समाजशास्त्री का दर्जा प्रदान करती है। शक्ति और ज्ञान के सम्बन्धों की जो मीमांसा फूको ने की है, वह उत्तर-आधुनिकतावादी विचारकों के सामने एक मार्गदर्शक एजेण्डा है। मेक्स वेबर की शक्ति की अवधारणा को संशोधित रूप में रखने का श्रेय फूको को है। शक्ति की यह सम्पूर्ण उनकी पुस्तक **हिस्ट्री और सेक्स्यूएलिटी** में मिलती है। वास्तव में फूको **सेक्स्यूएलिटी** यानी कामुकता पर छः खण्डों में अपना प्रबन्ध रखना चाहते थे। लेकिन विधाता को यह स्वीकार नहीं था और वे अपने जीवन काल में केवल तीन खण्ड ही लिख पाये। इन खण्डों के नाम निम्न प्रकार हैं :

1. दि हिस्ट्री आफ सेक्स्यूएलिटी (1978, 1980 अनुदित), खण्ड 1
   (The History of Sexuality)
2. दि यूज़ आफ प्लेजर, खण्ड 2
   (The use of Pleasure (1984, 1985)
3. दि केयर आफ दि सेल्फ खण्ड 3
   (The care of the Self (1984, 1986)

पहले दो खण्डों में फूको अपना ध्यान पश्चिमी समाज की कामुकता पर केन्द्रित करते हैं। तीसरे खण्ड में वे यूनान और रोम में ईसा पूर्व कामुकता के प्रति जो विमर्श था, उसका विवेचन करते हैं। वैसे अपनी सभी कृतियों में फूको ज्ञान, शक्ति और व्यक्ति के सम्बन्धों और गठबन्धन की चर्चा करते हैं। लेकिन यह चर्चा कामुकता (Sexuality) के इन खण्ड में अधिक मुखर है, विवाद है। यह इन्हीं खण्डों में है कि फूको ज्ञान और कामुकता के सम्बन्धों को आनुभविक और तार्किक स्तर पर स्थापित करते हैं। उनका प्रबन्ध है कि ज्ञान और शक्ति सामाजिक जीवन पर अपना पूरा प्रभुत्व रखते हैं।

फूको की कृतियों का कथ्य
(Foucault's Statements in His Works)

फूको के कामुकता से जुड़े हुए तीनों खण्डों की विषयवस्तु एक ही है। सभी में वे शक्ति या सत्ता और ज्ञान के सम्बन्धों को देखते हैं। पहले खण्ड को छोड़कर अंतिम दो खण्डों में उनके अध्ययन का केन्द्र पश्चिमी समाज से हटकर यूनान और रोम की ओर हो जाता है। दूसरा अन्तर यह है कि जहां प्रथम खण्ड में वे 17वीं शताब्दी के बाद के काल की चर्चा करते हैं, वहां वे दूसरे और तीसरे खण्ड में ईसा से पूर्व के काल पर अपने आपको केन्द्रित करते हैं। तीनों खण्डों में वे यह स्थापित करते हैं कि कामुकता का सम्बन्ध शक्ति और सत्ता के साथ है और अपने उपसंहार में वे लिखते हैं कि वस्तुतः कामुकता का सरोकार नैतिकता यानी धर्म के साथ है। यही निष्कर्ष उनके तीनों खण्डों में उभर कर आता है। अब थोड़ा विस्तार से देखें।

17वीं शताब्दी : कामुकता पर चुप्पी
(17th Century : Repression on Sexuality)

कामुकता के इन ग्रन्थों में फूको ने **शक्ति-ज्ञान और भोग-विलास** (Power Knowledge and Pleasure) के सम्बन्धों की चर्चा की है। वे कहते हैं कि 17वीं शताब्दी के प्रारम्भ में यूरोप के समाज में कामुकता की चर्चा करना वर्जित था। अधिक से अधिक इसकी बात परिवार और वैवाहिक जीवन तक सीमित थी। धर्म और नैतिकता के आधार पर कामुकता के किसी भी विमर्श पर बातचीत करना अच्छा नहीं समझा जाता था। सार्वजनिक रूप से तो कामुकता को लेकर सम्पूर्ण यूरोप के समाज में सन्नाटा था। उस समय किसी ऐसी शब्दावली का प्रयोग भी वर्जित था जिसमें यौन अंगों का कोई उल्लेख हो।

और इसके बाद 18वीं शताब्दी में एक ऐसा युग आया जब उन लोगों ने जो सत्ता के स्वामी थे, कामुकता को उभारा, उसे बढ़ावा दिया। इन लोगों ने कामुकता को अपने आंखों से देखा, इसे भोगा और इस तरह कामुकता का विमर्श राजाओं-महाराजाओं और सेठ-साहूकारों का विमर्श बन गया। अब इतिहास में पहली बार कामुकता और सत्ता तथा शक्ति के दूसरे के रू-ब-रू हुए। अब कामुकता पर खुलकर बातचीत होने लगी। भोग-विलास की चर्चा सामान्य चर्चा हो गई।

कामुकता : जनसंख्या विस्फोट और आर्थिक दबाव
(Sexuality : Population Explosion and Economic Strain)

18वीं शताब्दी के यूरोप के सामने एक नई समस्या जनसंख्या वृद्धि की आई। इन वृद्धि ने कामुकता को एक आर्थिक और सामाजिक समस्या का आकार दे दिया। अब सरकार यानी सत्ता कामुकता को जनसंख्या वृद्धि के साथ जोड़ने लगी। ऑकड़ों की बात होने लगी। जनांनकिकी उभर कर आ गई। अब लोग गंभीरता से यौन सम्बन्धों को देखने लगे। यौन व्यवहार सार्वजनिक चर्चा का विषय बन गया। कौन किस उम्र में विवाह करता है, यह सोचने की बात हो गई। इस तरह के बदलाव ने दुनिया भर के लोगों के कामुकता के बारे में सम्पूर्ण सन्दर्भ ही बदल दिया। इसके दो परिणामों की ओर फूको हमारा ध्यान आकर्षित करते हैं : (1) कुछ देश हैं जो कामुकता को प्यार का प्रतीक मानते हैं। ऐसे लोगों के लिये प्यार एक कला, एक प्रकार के सौन्दर्य की अनुभूति है। कामुकता वस्तुतः एक तरह का आनन्द है। फूको प्यार को कला समझने वाले देशों में भारत, जापान, रोम और चीन को सम्मिलित करते हैं। भारत में खजुराहो के मन्दिर की कलाकृतियां कामुकता न होकर कला की अभिव्यक्ति है। प्यार की पहचान हैं। (2) दूसरी ओर यौन की सच्चाई को ऐसी भाषा में व्यक्त किया जाता है जो निरी कामुकता मात्र रह जाती है। ईसाई धर्म में जब कोई यौन की नैतिकता को खो देता है, तो इसके लिये बाइबिल में प्रायश्चित का प्रावधान है।

चिकित्सा तथा नैतिकता का आविर्भाव (Emergence of Medicine and Morality)

आधुनिक और उत्तर-आधुनिक समाज में कामुकता अनिवार्य रूप से सरकार का विषय बन गई है। पहले यौन समस्याओं का निदान चिकित्सकों, पुरोहितों और बुजुर्गों की सलाह से किया जाता था। आज इसके लिये पूर्ण से विकसित चिकित्सा पद्धति है, पारिवारिक सलाहकार हैं और ऐसे कई संगठन हैं जो कामुकता से जुड़ी हुई समस्याओं पर परामर्श देते हैं। सच्चाई यह है कि ये सब संगठन या कामुकता के निदान से जुड़े हुए लोग, अपने विषय में विशेषज्ञ हैं। इन्हें मालूम है कि जो संतान उत्पन्न होगी, वह पुरुष होगी या स्त्री। इन्हें यह भी मालूम है कि किन अवस्थाओं में गर्भपात किया जाना चाहिए और कैसे? तात्पर्य यह है कि कामुकता के नियन्त्रण में निष्णात या विशेष जानकारी रखने वाले लोग शक्तिशाली समझे जाते हैं। फूको का निष्कर्ष है कि जिन व्यक्तियों के पास कामुकता के बारे में ज्ञान है, वे इसके नियन्त्रण में अपनी शक्ति का प्रयोग करते हैं। इधर सत्ता भी अपने नियमों द्वारा कामुकता पर नियन्त्रण रखती है। जनसंख्या को काबू में रखने के लिये सरकार जन्म नियन्त्रण के कई कानून लागू करती है, बच्चों की संख्या निर्धारित करती है, और कम बच्चों वालों को प्रोत्साहन भी देती है। ये सब यौन व्यवहार पर सत्ता के नियन्त्रण हैं। फूको का कहना है कि **शक्ति एक ऐसी वस्तु है जो सब कुछ है और सभी जगहों से प्राप्त होती है। आधुनिक चिकित्सा पद्धति और नैतिकता ने कामुकता का सम्बन्ध शक्ति और सत्ता के साथ जोड़ दिया है।**

कामुकता के इतिहास की फूको की यह पुस्तक यौन व्यवहार के बारे में 17वीं शताब्दी से लेकर आज तक हमारा जो विमर्श रहा है, इसे उलट-पुलट कर देती है। सामान्यतया कामुकता को यौन के कामातुरता के साथ जोड़ा जाता है। फूको ने इस विमर्श को बदल दिया। अपने तीन खण्डों की इस पुस्तक में उन्होंने कामुकता का सम्बन्ध ज्ञान, शक्ति और सत्ता के साथ जोड़ा है। अब उत्तर-आधुनिक युग में कामुकता प्रेम की कला नहीं रही। इस युग में यौन व्यवहार के बारे में खुलकर चर्चा की जाती है। आवश्यकता पड़ने पर कहीं-कहीं **यौन शिक्षा** (Sex Education) भी दी जाने लगी है। इन तीन खण्डों में फूको ने जो कुछ रखा है उसे हम निम्न बिन्दुओं में प्रस्तुत करेंगे:

1. इस पुस्तक को छः खण्डों में लिखने का फूको का प्रस्ताव था। वे अपने जीवनकाल में केवल तीन खण्ड ही पूरे कर पाये।
2. 17वीं शताब्दी के बाद से कामुकता पर चर्चा करना वर्जित था।
3. 18वीं शताब्दी के बाद जब जनसंख्या में आशातीत वृद्धि होने लगी, कामुकता को आर्थिक और सामाजिक समस्या के रूप में समझा जाने लगा। अब कामुकता का विषय सत्ता के हाथों में आ गया।

4. आधुनिक चिकित्सा पद्धति ने कामुकता में हस्तक्षेप प्रारंभ कर दिया।
5. आज कामुकता का एक मात्र आधार नैतिकता है।
6. कामुकता के इतिहास के इन तीन खण्डों में फूको ने शक्ति, सत्ता और ज्ञान की विशद चर्चा की है।

फूको की शक्ति की अवधारणा (Foucault's Concept of Power)

फूको के लेखन की यात्रा बहुत लम्बी रही है। पागलपन के इतिहास से प्रारम्भ करके वे यूनानियों की कामुकता के अनुभव पर आते हैं। इस सम्पूर्ण यात्रा में जो कुछ भी उन्होंने लिखा है, वास्तव में बहुत विविध है। इस विविधता में उनका एक प्रबन्ध समान रूप से चलता है। वे ज्ञान, शक्ति या सत्ता तथा व्यक्ति के बीच के सम्बन्धों को बड़ी बारीकी से देखते हैं। फूको के सामने कई संकट थे। वे वास्तविक सत्य या ज्ञान की खोज करना चाहते थे। उन पर जर्मन दार्शनिक **फ्रेडरिक नीत्शे** (Friedrich Nietzsche) का बड़ा प्रभाव था। नीत्शे उत्तर-आधुनिकतावादी थे। उन्होंने पारम्परिक नैतिकता को चुनौती दी और नई नैतिकता की नींव डाली। यह नई नैतिकता शक्ति और प्रभुत्व पर आधारित थी। फूको ने शक्ति की अवधारणा का विकास नीत्शे से प्रभावित होकर किया।

नीत्शे ने देखा कि जिनके पास सत्ता है वे जनता पर कई तरह के जुल्म ढाते हैं। नाज़ी सरकार ने इसी सत्ता या शक्ति के बल पर सैकड़ों यहूदियों का कत्ल कर दिया। फूको ने देखा कि रूस के स्टालिन ने सम्पूर्ण जनजीवन को तबाह कर दिया। हजारों लोगों को कारागृह में ठूंस दिया। आखिर यह सत्ता है क्या ? आखिर यह शक्ति है क्या ? फूको से पहले **मेक्स वेबर** और फ्रेंकफर्ट स्कूल के **आल्थ्यूजर** (Althussr) ने शक्ति की मीमांसा की थी। इन विचारकों का कहना था कि शक्ति सामान्यतया राज्य में होती है। फूको ने शक्ति के इस प्रबन्ध को अपने विशद अनुसंधान का अंग बनाया और **उन्होंने सबसे पहली बार यह स्थापित किया कि शक्ति का केन्द्रीय स्थान राज्य नहीं है। वे शक्ति की सूक्ष्म राजनीति** (Micro-Politics of Power) को अपने विश्लेषण का आधार बनाते हैं। इस सूक्ष्म शक्ति को वे व्यक्ति में देखते हैं। वहां से स्थानीयता पर और फिर विशाल स्तर पर। शक्ति राज्य में ही नहीं सभी स्थानों पर देखने को मिलती है। यह सार्वभौमिक है। इसे कारागृह में देखा जा सकता है, अस्पताल में, विश्वविद्यालय में, स्कूल में, मनोरोग चिकित्सक दवाखाने में और सभी जगह।देखा जाये तो स्वयं मनुष्य का शरीर ही शक्ति का घर है क्योंकि सभी जुल्म, दमन और त्रासदी अन्ततोगत्वा इसी शरीर को उठाना पड़ता है। **ऐसी स्थिति में फूको कहते हैं कि शक्ति के कोई सम्बन्ध बिना प्रतिशोध के नहीं हो सकते**। (No relation of power without resistances) अपने इसी थीसिस के आधार पर फूको का निष्कर्ष है कि शक्ति का कोई भी मुकाबला स्थानीय स्तर पर प्रारम्भ होना चाहिये। **यदि सत्ता से लड़ना है—उदाहरण के लिये नाज़ियों, स्टालिनों, या पूंजीपतियों**

से--तो यह लड़ाई स्थानीय स्तर पर प्रारम्भ होनी चाहिये। सूक्ष्म शक्ति की राजनीति से लड़ने की फूको की यह रणनीति है।

शक्ति की अवधारणा (Concept of Power)

फूको की शक्ति की अवधारणा को समझने के लिये हमें इसकी नकारात्मक परिभाषा देनी चाहिये। शुरुआत इसकी हम इस तरह से करें। **हमें समझना चाहिये कि शक्ति किसे नहीं कहते।** यह किसी की क्षमता या योग्यता नहीं है। यह कोई ऐसी प्राप्ति नहीं है जिसे दूसरों से बदला जा सके। न ही यह किसी संस्था या संरचना की पर्यायवाची है। इसका न कोई स्वरूप है और न कोई स्थान। शक्ति कोई ऐसी वस्तु नहीं है जो प्राथमिक रूप से विनाशकारी और नकारात्मक है। इन नकारात्मक लक्षणों का उल्लेख करने के बाद फूको इसकी व्याख्या में लिखते हैं :

> शक्ति का सम्बन्ध एक प्राथमिक बल या सामर्थ्य से है जो सभी सामाजिक विरचनाओं में पाया जाता है। सभी सामाजिक सम्बन्धों का यह संघटक है। इस तरह प्रत्येक सामाजिक सम्बन्ध वस्तुतः शक्ति सम्बन्ध है यद्यपि इसमें कहीं न कहीं बल की भूमिका अवश्य होती है।

फूको शक्ति की अवधारणा को **सूक्ष्म भौतिकी** (Micro-Physics) में देखते हैं। शक्ति का पृथक् कोई अस्तित्व नहीं है। यह सदैव सामाजिक सम्बन्धों में पाई जाती है। शक्ति अपने प्रभाव में तटस्थ होती है। बल या सामर्थ्य की तरह यह **परिचालित** (Operational) होती है, क्रियान्वित होती है। इस सम्बन्ध के फूको ने शक्ति के तीन पहलू रखे हैं :

1. शक्ति का सम्बन्ध किसी न किसी संस्था के साथ होता है। यह संस्था कारागृह, स्कूल, फौज या राज्य हो सकती है।
2. शक्ति और ज्ञान एक दूसरे पर पारस्परिक रूप से निर्भर होते हैं। शक्ति से ज्ञान आता है या ज्ञान से शक्ति आती है।
3. शक्ति का सम्बन्ध व्यक्ति से भी होता है।

फूको की शक्ति की अवधारणा बहुत स्पष्ट है। वे इस तथ्य को अस्वीकार करते हैं कि शक्ति और कतिपय विशिष्ट संस्थाएं जैसे कि राज्य पर्यायवाची हैं। वे कहते हैं कि पहले शक्ति का अस्तित्व होता है, और बाद में संस्था का। संस्था शक्ति की प्रतीक होती है पर संस्था शक्ति को जन्म नहीं देती। राज्य, परिवार, धर्म, विज्ञान, बाजार में शक्ति का केन्द्रीयकरण होता है और यहीं से शक्ति बिखरती है।

शक्ति की परिभाषा देने के बाद, फूको शक्ति और ज्ञान की पारस्परिक निर्भरता की चर्चा करते हैं। **उनका बुनियादी तर्क यह है कि ज्ञान को कभी भी शक्ति से पृथक् नहीं**

किया जा सकता है। इन दोनों में चोली दामन का साथ है, एक है तो दूसरा है। इस तथ्य की पड़ताल फूको आधुनिक ज्ञान के आधार भी करते हैं। इस ज्ञान के माध्यम से वे सत्य यानी अन्तिम सच्चाई की खोज करना चाहते हैं। **इस खोज में आदमी स्वयं भी अध्ययन के बिन्दु हैं। ज्ञान और आदमी दोनों में एक ऐसी प्रक्रिया चलती है जिसमें ज्ञान व्यक्ति को समृद्ध करता है और व्यक्ति ज्ञान के भण्डार को और आगे बढ़ाता है। इसका मतलब है कि व्यक्ति को ज्ञान से लाभ होता है और फिर अपने स्तर पर वह नये ज्ञान का उत्पादन करता है। ज्ञान से ज्ञान पैदा होता है और यह ज्ञान पैदा करने वाला व्यक्ति ही है। इस तरह ज्ञान की प्रक्रिया में व्यक्ति ज्ञान प्राप्त भी करता है, और पैदा भी करता है। अब फूको व्यक्ति और ज्ञान के इस पारस्परिक सम्बन्ध को आगे बढ़ाते हैं। ज्ञान सामाजिक क्षेत्र में आता है। यानी ज्ञान को परिवार, वर्ग, जाति और समुदाय प्राप्त करते हैं और ज्ञान इन्हीं सामाजिक समूहों द्वारा पेश भी किया जाता है। शक्ति और ज्ञान** वस्तुतः एक दूसरे से जुड़े हैं, इन्हें कदापि पृथक् नहीं किया जा सकता। **शक्ति है तो ज्ञान होगा, ज्ञान है तो शक्ति होगी।**

इस अध्याय में हम फूको के प्रबन्ध को बराबर त्रिभुज द्वारा प्रस्तुत करते आ रहे हैं। **यह त्रिभुज है : ज्ञान, शक्ति और व्यक्ति का।** इसे थोड़ा दृष्टान्त में देखें। एक चिकित्सक है। हृदय रोग में उसकी विशिष्टता है। वह नुस्खा लिखता है कि हृदय रोगी को वसा यानी कि तेल नहीं खाना चाहिये। यह उसके दिल के लिये हानिकारक है। चिकित्सक का यह आदेश रोगी मान लेता है क्योंकि उसकी निगाह में चिकित्सक हृदय रोग में विशेष ज्ञान रखता है। जिसके पास विशेष ज्ञान है अर्थात् जो **एक्सपर्ट** है, उसके पास शक्ति है। अगर यह चिकित्सक सलाह देवे कि अमुक ब्रांड का तेल दिल के लिये माफिक है तो बाजार में इस ब्रांड के तेल की बिक्री रातों रात बढ़ जायेगी। आपने देखा, चिकित्सक की शक्ति मरीज से आगे बढ़कर मंडी तक पहुंच जाती है। जिसके पास ज्ञान है, उसके पास शक्ति है। एक विशिष्ट ज्ञानी वकील हत्यारे को जेल की फाटक से बाहर खींच ला सकता है और इसी तरह जिस व्यक्ति के पास शक्ति है, वह ज्ञानी हो सकता है, या बाजार में महंगा से महंगा ज्ञान खरीद सकता है। जिसके पास शक्ति नहीं यानी जो गरीब है, वह ज्ञान खरीदने का पैसा नहीं जुटा सकता।

जन स्वीकी (Jana Sawicki) ने फूको की ज्ञान की अवधारणा की तुलनात्मक व्याख्या की है। वे कहते हैं कि शक्ति का सामान्य अर्थ जो राजनीति विज्ञान में लिया जाता है वह कानूनी या विधि सम्बन्धी शक्ति है। संसद, विधान सभा, उच्च न्यायालय, कारखाने, विद्यालय—सब के पास शक्ति है। शक्ति की इस विधि सम्बन्धी अवधारणा की तुलना **स्वीकी** ने फूको की शक्ति की अवधारणा से की है। इस तुलना का महत्व यहां इसलिये है कि इसके माध्यम से फूको की शक्ति की अवधारणा को हम अधिक स्पष्ट रूप से समझ सकते हैं।

न्याय-सम्बन्धी विमर्श का मॉडेल *(The Jurico-Discursive Model)*	फूको का मॉडेल *(Foucault's Model)*
1. शक्ति का स्वामित्व होता है।	1. स्वामित्व की अपेक्षा शक्ति को व्यवहार में लाया जाता है।
2. शक्ति केन्द्रीय स्थान से नीचे की ओर प्रवाहित होती है।	2. शक्ति नीचे के सार से ऊपर की ओर प्रवाहित होती है।
3. अपने व्यवहार में शक्ति प्राथमिक रूप से दमनात्मक होती है।	3. प्राथमिक रूप से शक्ति दमनात्मक नहीं होती, उत्पादक होती है।

फूको की समाजशास्त्रीय उपलब्धियाँ : आलोचनात्मक टिप्पणी (Achievements of Foucault : A Critical Note)

मिशेल फूको का जीवन काल 1926-84 की अवधि में सिमट जाता है। कोई 58 वर्ष की आयु के दौरान जो कुछ उनकी उपलब्धियाँ हैं, किसी भी अर्थ में थोड़ी नहीं हैं। उन्होंने उत्तर-आधुनिकवादियों की एक पूरी की पूरी पीढ़ी को प्रभावित किया है। आज भी जो कोई लेखक मनोरोग विज्ञान के क्षेत्र में काम करते हैं, उन्हें फूको की कृतियों का अवश्य हवाला देना पड़ेगा। इसी तरह चिकित्सा का जो सामाजिक इतिहास फूको ने रचा है, आने वाले उत्तर-आधुनिकतावादियों के लिये उल्लेखनीय सन्दर्भ हैं। कामुकता का इतिहास और आधुनिक समाज की सामाजिक नियन्त्रण विधियां भी फूको की महत्वपूर्ण उपलब्धियाँ हैं।

फूको का शायद बहुत बड़ा योगदान **शरीर या देह** के क्षेत्र में है। वे शरीर को एक **शक्ति** (Power) के रूप मे स्थापित करते हैं। जब फूको ज्ञान और शक्ति और व्यक्ति की बात करते हैं तब व्यक्ति से उनका तात्पर्य मनुष्य शरीर या देह से है। अवधारणा के रूप में वे इसे **जैविकीय शक्ति** (Bio-Power) कहते हैं। शक्ति को शरीर यानी मनुष्य की देह ग्रहण करती है और यही देह शक्ति का उत्पादन भी करती है। फूको ने शक्ति की व्याख्या करते हुए कहा है कि आज का पूंजीवादी समाज अनुशासनात्मक शक्ति द्वारा मनुष्य को एक निरा विनीत व्यक्ति बना देता है। सुधीश पचौरी ने (**आलोचना से आगे**, 2000) फूको के देह सम्बन्धी विचारों को इस भांति रखा है :

> अनुशासनात्मक तकनीक का रूप चाहे जो हो (चाहे वह कानून हो या कास्मेटिक्स) उसका मूल उद्देश्य है एक ऐसी 'देह' बनाना या तैयार करना जो प्रयोग, उपयोग और सुधार के लिये एक विनीत विषय बन जाये। देह को इसके लिये कई तरह से बनाया जाता है। पी. टी., ड्रिल, प्रार्थना, स्कूल कक्षा द्वारा, कार्य के स्तरीकरण द्वारा, जगह के नियन्त्रण द्वारा।

फूको का योगदान अध्ययन विधि के क्षेत्र में भी है। उन्होंने ऐतिहासिक विधि द्वारा कामुकता और कारागृह का बड़ा सफल अध्ययन किया। यद्यपि अन्य उत्तर-आधुनिकतावादियों की तरह फूको भी इतिहास के विरोधी हैं, उन्होंने जिस ऐतिहासिक विधि

को काम में लिया है वस्तुतः ऐतिहासिक समाजशास्त्र है। परम्परागत समाजशास्त्र में ज्ञान के समाजशास्त्र की चर्चा वर्षों से होती आ रही है। कार्ल मार्क्स और मेन्हम इसके प्रणेता समझे जाते हैं। फूको इस परम्परा से हटकर है। उन्होंने ज्ञान के एक नये समाजशास्त्र को रचा है। उनका कहना है कि ज्ञान का **उत्पादन** (Production) संस्थागत भी होता है। राजनीतिशास्त्र शक्ति और सत्ता का उद्‌गम संवैधानिक संस्थाओं में मानता है। फूको पहली बार शक्ति की अवधारणा को सामाजिक धरातल पर रखते हैं। मार्क्स ने आदमी की मुक्ति को अपने प्रबन्ध का मुहावरा बनाया था। फूको इस मुक्ति का विकल्प रखते हैं। उनकी कई कृतियों में आदमी की शक्ति मुखर होकर सामने आती है। उत्तर-आधुनिकता के सिद्धान्त निर्माण में आने वाले कई वर्षों तक शक्ति, ज्ञान और व्यक्ति का फूको का त्रिभुज मार्गदर्शक की तरह काम करेगा।

सन्दर्भ ग्रन्थ

Charles Lemert (Ed.), **Social Theory,** Westview Press, 1993.

Key Contemporary Thinkers, Biography of Thinkers.

Mike Gane and Terry Johnson (eds.), Foucault's New Domains, Routledge, London, 1993.

9

जाँ-फ्रेकोज़ ल्योटार्ड : महान वृतान्त की मृत्यु

(Jean-Francois Lyotard : Death of Meta-Narratives)

जाँ-फ्रेकोज़ ल्योटार्ड उत्तर-आधुनिकता के अग्रणी विचारकों में हैं। ये फ्रांसीसी थे। इनका जीवन-काल 1926-1998 है। इनका जन्म वर्सलीज में हुआ था। इनकी शिक्षा-दीक्षा पेरिस में हुई थी। अपना अनुसंधान कार्य इन्होंने **फ्रेंच नेशनल** केन्द्र में किया था। मृत्यु के समय ये अटलांटा के एमेरी विश्वविद्यालय में प्राध्यापक थे। ल्योटार्ड के खाते मे कई पुस्तकें हैं किन्तु उनका नाम **'दि पोस्ट मोडर्न कन्डीशन'** (The Post Modern Condition, 1939) पुस्तक के कारण अत्यधिक लोकप्रिय हुआ। इस पुस्तक के प्रकाशन का भी एक अजीब वाकया है। क्यूबेक की सरकार के आला अफसरों को क्या सूझी कि उन्होंने ल्योटार्ड जैसे वामपंथी, फ्रेन्च दार्शनिक को उच्च शिक्षा तथा अनुसंधान पर एक रपट लिखने के लिये अनुबंधित किया। इसी अनुबंध के मातहत ल्योटार्ड ने विज्ञान की स्थिति के बारे में इस पुस्तक को लिखा। इसमें उन्होंने यह खुलासा भी किया कि बीसवीं शताब्दी के अन्त तब विश्वविद्यालय को अनुसंधान और शिक्षा के बारे में कौन सी नीति अपनानी चाहिये। इस सन्दर्भ में देखें तो ल्योटार्ड का यह ग्रन्थ केवल नीति सम्बन्धी रणनीति बनाने के लिये ही था। इसी कारण ल्योटार्ड के कई आलोचक इस पुस्तक को केवल सरकार की नीति से जुड़ा हुआ दस्तावेज ही मानते हैं। मोटे रूप में अपनी इस पुस्तक में ल्योटार्ड केवल यही बात बताते हैं—कि इस युग में विज्ञान और तकनीकी तंत्र का बेतहाशा विकास हुआ है। और इसकी परिणति हमें संचार में देखने को मिलती है। आगे, ल्योटार्ड की एक और सिफारिश यह है कि भाषा विज्ञान अब अत्यधिक विकसित हो गया है और इसको ज्ञान के अन्य कई क्षेत्रों पर लागू किया जा सकता है। यह कहना अनुचित नहीं होगा कि आज का विज्ञान पूर्ण रूप से भाषा विज्ञान के सिद्धान्तों पर चलता है। भाषा की भूमिका को हम सचार, साइबरनैटिक्स, गणित, कम्प्यूटर, उसकी भाषा, सूचना संग्रह और आंकड़ा बैंकों में देखते हैं।

सही है ल्योटार्ड की **पोस्ट मोडर्न कन्डीशन** पुस्तक 1939 में लिखी गई थी। इसमें कोई 25,000 शब्द हैं। क्यूबेक सरकार की यही शर्त थी। लेकिन इसमें संलग्न परिशिष्ट बहुत रुचिकर। इससे आगे, ल्योटार्ड ने उत्तर-आधुनिकता पर एक 5000 शब्दों का निबन्ध

भी लिखा। यह निबन्ध मूल रपट पर उठाये गये कतिपय प्रश्नों का उत्तर भी देता है। इसकी रचना फ्रेंच भाषा में हुई है। बाद में अंग्रेजी भाषा का अनुवाद 1984 में प्रकाशित हुआ। इस पुस्तक का उप शीर्षक **ज्ञान पर एक रपट** (A Report on Knowledge) है और इस कारण ल्योटार्ड का मुख्य ज्ञान और उसकी मीमांसा है।

ल्योटार्ड के मुख्य मुद्दे (Lyotard's Main Issues)

उत्तर-आधुनिकता यूरोप के समाज की समकालीन विशेषता है। इस पद का प्रयोग सौन्दर्यशास्त्र, इतिहास, साहित्य और अकादमिक क्षेत्रों में बहुत अधिक होने लगा है। इस विषय में लिखने वालों की भरमार है। इन लेखकों का सामान्य तर्क यह है कि आज के समाज में सामाजिक परिवर्तन बहुत शीघ्रता से हो रहे हैं। समाज और संस्कृति में जो बदलाव यूरोप में देखने को मिलता है, वैसा पहिले कभी नहीं था। इसी कारण उत्तर-आधुनिकता पर चर्चा करना एक फैशन है, और भ्रामकता भी।

ल्योटार्ड अपने प्रारम्भिक अकादमिक जीवन में मार्क्स से बहुत अधिक प्रभावित थे। **पोस्ट मॉडर्न** पुस्तक की भूमिका जेमेसन ने लिखी है। जेमेसन उत्तर-आधुनिक मार्क्सवादी विचारक हैं। मार्क्सवादी होते हुए भी ल्योटार्ड मार्क्स के महान वृतान्त (Meta-narrative) के विरोधी हैं। मार्क्स ने उत्तर-आधुनिकता के विश्लेषण में कुछ महत्वपूर्ण मुद्दों को उठाया है। बुनियादी रूप से उनका पहला मुद्दा उत्तर-आधुनिकता को परिभाषित करता है। **दो टूक शब्दों में वे इसकी व्याख्या कहते हैं कि मेरे लिये उत्तर-आधुनिकता वह है जो महान वृतान्तों को अस्वीकार करे। दूसरे शब्दों में, महान वृतान्त में अविश्वास ही उत्तर-आधुनिकता है।** ल्योटार्ड का दूसरा मुद्दा ज्ञान का है। इस विषय में **उनका कहना है कि ज्ञान कभी सकल ज्ञान** (Total Knowledge) नहीं होता। ज्ञान हमेशा प्रतियोगी होता है। दूसरे ज्ञान से इसका संघर्ष होता है। वास्तव में ल्योटार्ड ने ज्ञान के प्रकार की व्याख्या की है। उनकी दृष्टि में ज्ञान दो प्रकार का होता है : **विवरणात्मक** (Narrative) और **वैज्ञानिक** (Scientific)। देखा जाये ल्योटार्ड के लेखन का बहुत बड़ा ज्ञान से जुड़ा हुआ है और ल्योटार्ड ही क्यों, लगभग सभी उत्तर-आधुनिकतावादी लेखक किसी न किसी सन्दर्भ में ज्ञान की चर्चा अवश्य करते हैं।

सकलता और महान वृतान्त के ल्योटार्ड विरोधी रहे हैं। उनका तीसरा महत्वपूर्ण मुद्दा **सूचना** (Information) का है। वास्तव में सूचना का सम्बन्ध ज्ञान से है। सूचना के बारे में उन्होंने बड़े महत्वपूर्ण निष्कर्ष रखे हैं। वे कहते हैं उत्तर-आधुनिक काल में सूचना का पण्यीकरण या **व्यापारीकरण** (Merchantilization) होने लगा है। जिसके पास सूचना का जितना विशाल भण्डारण है, वह उतना ही अधिक शक्तिशाली है। यह बात सरकारों और राष्ट्र राज्यों पर भी लागू होती है। एक ओर मुद्दा ल्योटार्ड का सौन्दर्य शास्त्र से जुड़ा हुआ है। इसका सम्बन्ध कला के **अ-सावयवी स्वरूपों** (Avant-Garde of

Arts) से है। कला के इस सौन्दर्यशास्त्र को ल्योटार्ड मध्य युग में देखते हैं। इस भांति जिन प्रमुख मुद्दों को ल्योटार्ड ने उठाया है, वे इस प्रकार हैं :

1. उत्तर-आधुनिकता की दशा (Condition)
2. महान वृतान्त या सकलता का विरोध (Meta Narratives or Rejection of Totality)
3. सूचना और ज्ञान का व्यापारीकरण (Merchantilization of Information and Knowledge)

ल्योटार्ड की कृतियाँ (Works of Lyotard)

वैसे ल्योटार्ड की पुस्तकों की सूची अपेक्षित रूप से थोड़ी लम्बी ही है। इन पुस्तकों में **पोस्ट मॉडर्न कन्डीशन** पुस्तक, ल्योटार्ड की उपलब्धियों के लिये एक पर्याप्त पुस्तक है। इसी में उनके सम्पूर्ण योगदान को समेटा जा सकता है। उनकी पुस्तकों की सूची इस तरह है :

— **डिस्कोर्स, फिगर** (Discourse, Figure, 1971)
— **दि पोस्ट मॉडर्न कण्डीशन : ए रिपोर्ट आन नॉलेज** (The Post-modern Condition : A Report on Knowledge, 1979)
— **फिनोमिनोलॉजी** (Phenomenology, 1991)
— **पोस्ट मॉडर्नीज्म एक्सप्लेन्ड टु चिल्ड्रन** (Post-modernism Explained to Children, 1992)
— **लिबिडिनल इकोनामी** (Libidibal Economy, 1993)
— **टुवर्ड दि पोस्ट मॉडर्न** (Toward the Post-modern, 1993)

उत्तर-आधुनिकता की दशा (Condition of Post-modernity)

ल्योटार्ड अपनी पुस्तक **पोस्ट मॉडर्न कन्डीशन** में अपने समाज की दशाओं का उल्लेख करते हैं। उनका पहला और ताकतवर हमला आधुनिकता पर होता है। वे ज्ञानोदय युग के बाद समाज में जो तकनीकी और वैज्ञानिक परिवर्तन हुए हैं, उनका उल्लेख करते हैं। उत्तर-आधुनिक दशाएं कौन सी हैं ? इस प्रश्न का उत्तर वे वस्तुतः इस तथ्य से देते हैं कि आज समाज में ज्ञान की जो स्थिति या दशाएं हैं वह ज्ञानोदय समय से बहुत जुदा हैं। इस अर्थ में दशा से उनका तात्पर्य ज्ञान की दशा से है। इस आधुनिक युग में ज्ञान जो कुछ भी है वह हिगल, मार्क्स आदि द्वारा पैदा किया गया है। **यह सम्पूर्ण ज्ञान महान वृतान्तों** (Meta-narratives) **में निहित है। महान वृतान्त आधुनिक काल की उपज हैं। आज महान वृतान्तों में जो ज्ञान है, उसकी कोई वैधता** (legitimacy) **नहीं है। इस कारण ल्योटार्ड का इन वृतान्तों में कोई विश्वास नहीं है।** महान वृतान्त की परिभाषा ल्योटार्ड ने

इस तरह दी है :

> ये वृतान्त बड़े और भव्य सिद्धान्त या विश्वास हैं जो समाज की गतिविधियों और उसमें होने वाले सामाजिक परिवर्तन का उल्लेख करते हैं। मार्क्सवाद और प्रकार्यवाद इन वृतान्तों के दृष्टान्त हैं। इनका प्रयोग समाजशास्त्री दुनिया की गतिविधियों और काम काज को समझने के लिये करते हैं। उत्तर-आधुनिकता ऐसे महान वृतान्तों या सिद्धान्तों को अस्वीकार करती है। इसका तर्क यह है कि मानव समाज में जो बुनियादी सत्य है, उनकी पहचान ये वृतान्त नहीं कर सकते।

आधुनिक युग के महान वृतान्तों को ल्योटार्ड अस्वीकार क्यों करते हैं ? उनका तर्क है कि ज्ञानोदय के परिणामस्वरूप आधुनिक समाज का आविर्भाव हुआ। इस आधुनिक समाज ने ज्ञान की मीमांसा विज्ञान के संदर्भ में की। **विज्ञान का अर्थ यहां पर ऐसे ज्ञान से लिया गया जो वस्तुनिष्ठ** (Objective) **और तटस्थ** (Impartial) हो। आधुनिकता द्वारा परिभाषित यह तटस्थ और वस्तुनिष्ठ ज्ञान ल्योटार्ड को स्वीकार नहीं है। इस तरह ज्ञान की अभिव्यक्ति हमें महान वृतान्तों में मिलती है। यह महान वृतान्त किस्से-कोतों से किसी अर्थ में अधिक नहीं है और खासियत यह है कि ये महान वृतान्त ही हमारे जीवन के महत्व और अर्थ को परिभाषित करते हैं।

महान वृतान्तों में भरोसा नहीं (No Credibility in Meta-narratives)

ल्योटार्ड का आग्रह है कि ज्ञान का जो अर्थ ज्ञानोदय के बाद के आधुनिक समाज ने निकाला है, वह वास्तव में दोषपूर्ण है। आज तो ज्ञान एकदम बदल गया है। और महान वृतान्तों में जिस ज्ञान को प्रतिपादित किया गया है **वह** वैयक्तिक है, राजनीतिक, नैतिक, मिथिक और धार्मिक है। **ज्ञानोदय का जो भी ज्ञान वृतान्तों में निहित है, वह किसी भी हालत में वास्तविक ज्ञान नहीं है। इस ज्ञान में सार्वभौमिक वैध सिद्धान्त नहीं है और न ही ऐसी विधि है जो सम्पूर्ण समाज पर लागू की जा सके। यह ज्ञान न तो प्रकृति पर और न समाज पर लागू होता है।** देखा जाये तो ये वृतान्त नितान्त स्थानीय है और इनका उद्देश्य कुछ मुट्ठी भर लोगों को सुख-सुविधाएं प्रदान करना है। जिसे सही और वैज्ञानिक ज्ञान कहते हैं वह तो इन वृतान्तों में है ही नहीं। ल्योटार्ड का विश्वास है कि ज्ञानोदय द्वारा प्रायोजित ज्ञान किसी भी अर्थ में सम्पूर्ण समाज के हित में नहीं है। इस ज्ञान में खोट भरी पड़ी है और घिसे-पिटे सिक्कों की तरह इसके चलन को आधुनिक समाज वैधता देता है। ज्ञानोदय और आधुनिक समाज के ज्ञान पर या महान वृतान्तों पर टिप्पणी करते हुए ल्योटार्ड लिखते हैं :

> शुद्ध ज्ञान का जो सम्पूर्ण खाका ज्ञानोदय काल प्रस्तुत करता है वह और कुछ न होकर केवल एक मिथक मात्र है। यह तो केवल निरा विवरण और वृतान्त है।

पिछले लगभग 200 वर्षों में जो भी प्रभावशाली वृतान्त लिखे गये हैं इनका उद्देश्य इस मिथक को वैधता देना है कि किस तरह से धन का उपार्जन किया जाये, श्रमिकों का शोषण किया जाये और मानवीय मनोवृत्तियों में द्वन्द्व पैदा किया जाये।

महान वृतान्तों का उद्देश्य औद्योगिक और व्यावसायिक वृद्धि करना है
(Meta-narratives promote industrial and occupational growth)

आधुनिक काल ने, कहते हैं, वैज्ञानिक ज्ञान की वृद्धि की। यह वृद्धि हुई भी। पर इसने क्या किया ? बड़े-बड़े कारखाने चलाये, स्वचालित यंत्रों को स्थापित किया और इस सबके परिणाम विशाल उत्पादन हुआ। यह तो ल्योटार्ड की दृष्टि में **धन उपार्जन है** (Creation of Wealth)। **आधुनिक युग का ज्ञानोदय इस पूर्वाग्रह से ग्रसित है कि आदमी की खुशहाली के लिये धनोपार्जन एक बहुत बड़ी पूर्वावश्यकता है।** और मजेदार बात यह है कि मार्क्सवादी लेखक भी यह मानते हैं कि औद्योगिक और व्यावसायिक ज्ञान अन्त में चलकर **मनुष्य को मुक्ति** (Emancipation) देता है और सभ्यता को तरक्की के रास्ते पर ले चलता है। यदि मार्क्सवादी लेखकों की इस धारणा को स्वीकार कर लिया जाये तो इसके परिणामस्वरूप श्रमिकों का शोषण व्यवस्था का एक अंग बन जाता है।

महान वृतान्त हीन मूल्यों से पीड़ित है
(Meta-narratives suffer from low values)

कुछ महान वृतान्तों ने मनुष्यों को ऐसी महत्वाकांक्षाएँ प्रदान की हैं जो उन्हें साधनों पर विचार करने का कोई अवसर ही नहीं देती। साधन-साध्य का सम्पूर्ण मुहावरा आधुनिक समाज में खटाई में पड़ जाता है। प्रत्येक व्यक्ति साध्यों की प्राप्ति के लिये एक अंधी दौड़ में लग गया है। अतः जिसे आधुनिक समाज ज्ञान कहता है, उसकी परिणिति निम्न मूल्यों को काम में लेने की है। वास्तव में आधुनिक ज्ञान ने **विकास** (Progress) को जिस प्रकार परिभाषित किया है वह महान वृतान्तों के कारण ही है।

यह दर्शनशास्त्र ही निश्चित करता है कि वास्तविक विज्ञान क्या है।
(It is the discourse of science which determines what is real science)

महान वृतान्त को खारिज़ या रद्द करने के बाद ल्योटार्ड अपना विकल्प देते हैं। उनका तर्क है कि केवल दर्शनशास्त्र ही एक ऐसा विमर्श है जो सही और वास्तविक विज्ञान की पहचान कर सकता है। दर्शन ही हमें बता सकता है कि जिसे हम विकास कहते हैं, वास्तव में उसका सार क्या है ? दर्शन, विज्ञान और ज्ञान को पारस्परिक गठबन्धन को स्पष्ट करते हुए ल्योटार्ड कहते हैं :

यह दर्शनशास्त्र ही है जो हमें बता सकता है कि मानव विकास का सार और उसके अन्तिम बिन्दु क्या हैं, यही शास्त्र हमें बतायेगा कि ज्ञान क्या है, कौन सी वस्तु सही है और कौन सी गलत।

आधुनिक समाज का ज्ञान और विज्ञान केवल सुख-सुविधा की प्राप्ति के लिये है (Modern Society's knowledge and Science are only for the pursuit of comfort and pleasure)

यह बहुत स्पष्ट हो जाना चाहिये कि ल्योटार्ड आधुनिक समाज की विज्ञान और ज्ञान की अवधारणा के विपरीत हैं। उनका तर्क है कि इस समाज में जो कुछ ज्ञान और विज्ञान है इसका उद्देश्य व्यक्ति को सुविधाजनक और प्रसन्न जीवन देना है। इस तरह के समाज को और इसे मार्गदर्शन देने वाले महान वृतान्तों को हमें तिलांजलि देदेना चाहिये। इसके स्थान पर हमें उत्तर-आधुनिक समाज का निर्माण करना चाहिये।

यह उत्तर-आधुनिक समाज कैसा होगा, इसकी कोई गहन चिन्ता ल्योटार्ड को नहीं है। पहले महान वृतान्तों से विदा लेलेवें, पहले आधुनिक समाज की ज्ञान और विज्ञान की अवधारणा से छुट्टी लेलेवें, और फिर देखा जायेगा, उत्तर-आधुनिक समाज का निर्माण। ल्योटार्ड की इस तरह की विचारधारा हमारे देश में कबीर से बहुत कुछ मेल खाती है जब कबीर अपने फक्कड़ाना अन्दाज में कहते हैं :

कबीरा खड़े बाजार में, लिये लकूटी हाथ।
जो घर जाने आपनो चले हमारे साथ॥

घर को जलाकर कबीर के साथ हो जायेंगे लेकिन वे ये तो बतायें कि हमें आखिर ले कहाँ जा रहे हैं ? कबीर के पास इस प्रश्न का उत्तर नहीं है। पर शायद ल्योटार्ड हमें उत्तर-आधुनिक समाज की ओर लेजा रहे हैं। लेकिन यह समाज भी कोई ढंग का और अनुशासित हो, ऐसा नहीं लगता। यहां भी एक अजीब तरह की 'अराजकता' है। फिर भी ल्योटार्ड इस समाज की परिभाषा तो देते हैं।

मार्क्स का सजातीय समाज बनना सम्भव नहीं (It is not possible to create Marx's homogeneous society)

ल्योटार्ड उत्तर-आधुनिक समाज की वकालत क्यों करते हैं? इसके पीछे उनका कहना है कि मार्क्स ने एक समाजवादी समाज की कल्पना की थी। लेकिन कोई भी समाज बिना दबाव और अंकुश के एक सजातीय समाज नहीं बन सकता। ऐसी अवस्था में उत्तर-आधुनिक समाज की जिस कल्पना को हम करते हैं, वह साकार हो सकती है। **उत्तर-आधुनिक समाज वैयक्तिक समाज है, विखण्डित** (Fragmented) समाज है। और अब यही समाज चलेगा। आधुनिक और परम्परागत समाज वस्तुतः वृतान्तों का समाज है,

मिथकों का समाज है, जादू का समाज है और समाज है **लोक ज्ञान** (Folk wisdom) का। बात यह है कि वृतान्तों और विज्ञान में अन्तर है। अब इस उत्तर आधुनिक समाज में जहां विखण्डन है कला, नैतिकता और विज्ञान अर्थात् सत्यं, शिवं और सुन्दरम् एक दूसरे से पृथक् हैं।

अपनी पुस्तक **दि पोस्ट मॉडर्न कन्डीशन** में ल्योटार्ड ने ज्ञान और विज्ञान पर अपना प्रबन्ध प्रस्तुत किया है। ऐसा करने में आधुनिकता की आलोचना करते हैं। इस आलोचना का अंग ज्ञानोदय भी है। हिगल और मार्क्स की आलोचना भी जमकर करते हैं। सब मिलाकर जिस उत्तर-आधुनिक समाज का चित्रण वे प्रस्तुत करते हैं वह समाज वृतान्तों का न होकर, स्थानीय वृतान्तों का समाज है ल्योटार्ड अकेले ही ऐसे उत्तर-आधुनिकतावादी लेखक नहीं हैं जो महान वृतान्तों की आलोचना करते हों, फूको ने भी ऐसा ही किया है। ल्योटार्ड की आलोचना की मुखरता को देखिये :

> बड़ी कहानियाँ खराब हैं, छोटी कहानियाँ अच्छी हैं। सत्य और झूठ के अन्तर के फेर में पड़ने के बजाय, इसकी जांच स्थानीय और महान वृतान्तों के आधार पर की जानी चाहिये। जो स्थानीय है, वह सत्य है, जो महान है, वह झूठ है। महान वृतान्तों का सम्बन्ध राजनीतिक कार्यक्रम और दलों के साथ जुड़ा होता है जबकि लघु वृतान्तों का सम्बन्ध स्थानीय सृजनात्मकता के साथ होता है।

सकलता या विखण्डन (Totality or Fragmentation)

ल्योटार्ड पर लिखते हुए हमने कई बार महान वृतान्तों और स्थानीय या विखण्डन (Fragmentation) का उल्लेख किया है। ल्योटार्ड का आग्रह है कि चाहे हिगल हो या मार्क्स कोई भी समाज की सम्पूर्णता की पकड़ नहीं कर सकता। यह समाज यानी संसार बहुत विशाल है। इसमें अगणित विविधताएं हैं। ऐसी अवस्था में विश्व समाज की **सकलता** (Totality) को समझ पाना किसी भी एक समाज विज्ञान सिद्धान्त के लिये सम्भव नहीं है। चाहे इसे समझने वाले समाज वैज्ञानिक का कितना ही बड़ा कद क्यों न हो। आजकल यह कहना फैशन बन गया है कि कोई भी एक सैद्धान्तिक विमर्श समाज की सरलता को पकड़ नहीं सकता। मगर यही बात पिछले कुछ वर्षों से उत्तर-आधुनिकतावादी कहते आ रहे हैं।

ल्योटार्ड महान वृतान्तों की तरह **सकलता** (Totality) यानी सम्पूर्ण समाज को समझने की विचारधारा के भी विरोधी हैं। पिछले दिनों में सावयवी शरीर को समझने के सन्दर्भ में सम्पूर्ण समाज को समझने की बात भी दोहराई गई। यह ल्योटार्ड को स्वीकार नहीं है। वे लिखते हैं :

> उत्तर-आधुनिकतावादी विखण्डन पर जोर देते हैं—**लेंग्वेज़ गेम्स,** समय का विखण्डन, मनुष्य का विखण्डन और स्वयं समाज का विखण्डन।

विखण्डन का स्वरूप : लेंग्वेज गेम्स (भाषा का खेल)
(Form of Fragmentation : Language Games)

लेंग्वेज गेम्स का हिन्दी में अर्थ **भाषा का खेल** कहेंगे। ल्योटार्ड की अवधारणाओं में **भाषा का खेल** एक महत्वपूर्ण अवधारणा है। आइये इसे थोड़ा समझें। वृतान्तों और विज्ञान में पारस्परिक सम्बन्ध होते हैं। इन दोनों के सम्बन्धों को ल्योटार्ड ने **भाषा का खेल** कहा है। वास्तव में उन्होंने इस अवधारणा को **विटजेन्सटेन** (Wittgenstein) से उधार लिया है। व्यक्तियों के बीच में सामाजिक सम्बन्ध स्थापित करने के लिये भाषा की आवश्यकता होती है। भाषा के बिना कोई सामाजिक सम्बन्ध स्थापित नहीं किये जा सकते। भाषा के खेल के द्वारा ही समाज का अस्तित्व बना रहता है। अगर भाषा न हो तो सामाजिक सम्बन्ध नहीं होंगे और पूरा समाज मौन समाज बन जायेगा। ऐसी स्थिति में ल्योटार्ड कहते हैं, समाज को एक बन्धन में बांधने का काम **भाषा के खेल** करता है। अब यह खेल कैसा होता है?

वृतान्त और विज्ञान, दोनों ही ज्ञान के स्वरूप हैं। वृतान्त में भी ज्ञान होता है, और विज्ञान में भी। यद्यपि ये दोनों ज्ञान अपने स्वरूप में भिन्न होते हैं। ज्ञान का मतलब निर्देशन या संकेतों से होता है। किस तरह से जीवन-यापन करना चाहिये, कैसे सीखना चाहिये, कैसे काम करना चाहिये, ऐसे ढेरों निर्देशन वस्तुतः ज्ञान के बयान या कथन हैं। ये कथन भाषा के ज्ञान को बताते हैं। दूसरी ओर वृतान्तों में भी ज्ञान होता है। यह ज्ञान मुख्य रूप से परम्परागत और रीति-रिवाजों से जुड़ा होता है। राम अपने पिता के आदेश पर बनवास चले गये, यह परम्परागत ज्ञान है जो वृतान्तों में निहित है। वृतान्त वस्तुतः समाज के व्यावहारिक नियम हैं जो हस्तान्तरण द्वारा समाज की एकता को बनाये रखते हैं—इस अर्थ में, अपने माता-पिता का आदर करो, उनका कहना मानो। वृतान्तों की वैधता कहीं बाहर से नहीं आती। वृतान्त स्वयं **वैध** (legitimate) हैं।

विज्ञान भी ज्ञान का एक स्वरूप है लेकिन इसकी प्रकृति जुदा है। विज्ञान के बयानों में सत्य महत्वपूर्ण है। इन बयानों को इसलिये माना जाता है कि ये सत्य हैं, इनकी आनुभविक प्रमाणिकता है। इसलिये ये वैध हैं। विज्ञान के बयानों में सामाजिक बन्धन नहीं होता। विज्ञान और वृतान्त में कई दूसरे अन्तर भी हैं। ल्योटार्ड तो यहां केवल इस तथ्य पर जोर देते हैं कि ये दोनों ही भाषा के खेल बनाते हैं। कोई भी वृतान्त और ज्ञान में—एक दूसरे से कम महत्वपूर्ण नहीं है। यह भाषा के माध्यम से ही है कि विज्ञान और वृतान्त को समझा जा सकता है और यही भाषा का खेल है। कुल मिलाकर ल्योटार्ड महान वृतान्त और **सकलता** (Totality) के विरोधी हैं। अन्य उत्तर-आधुनिकतावादियों की तरह वे स्थानीय वृतान्तों के समर्थक हैं।

जब ल्योटार्ड की व्याख्या एक उत्तर-आधुनिकतावादी लेखक की तरह होती है, तब उनके भाषा के खेल की चर्चा अवश्य होती है। जब हम महान वृतान्तों की चर्चा करते हैं, तब इसके दो अर्थ लिये जाते हैं। सिद्धान्तों के क्षेत्र में महान वृतान्त का तात्पर्य क्लासिकल

सिद्धान्तों जैसे कि प्रकार्यवाद और संघर्ष से लिया जाता है। जब उत्तर-आधुनिकतावादी लेखक महान वृतान्तों की आलोचना करते हैं तब वे मर्टन, पारसंस, डेविस और मार्क्स को अस्वीकार करते हैं। ल्योटार्ड महान वृतान्तों का एक दूसरा अर्थ भी लेते हैं। उनका यह अर्थ परम्पराओं से बंधा हुआ होता है। इसे वे विवरणात्मक **वृतान्त** (Narrative) कहते हैं। इन वृतान्तों में तीन महत्वपूर्ण तथ्य होते हैं : **जानकारी** (Know-how), **बोलना किस तरह** (Knowing how to speak) **और सुनना किस तरह** (Knowing how to hear)। इन तीनों तथ्यों द्वारा व्यक्ति अपने पर्यावरण, समुदाय के साथ सम्बन्धों को स्थापित करना सीखता है। इन वृतान्तों में सत्य, न्याय और सौन्दर्य ताने-बाने की तरह जुड़े होते हैं। **व्यक्ति का वृतान्तों के सम्बन्ध** भाषा के माध्यम से होता है। इस तरह वृतान्त सम्पूर्ण समाज को जोड़ने का काम करते हैं। हमारे देश में दक्षिण भारत के कतिपय वृतान्त उत्तर या उत्तर-पूर्वी वृतान्तों से भिन्न होते हैं। इस भिन्नता को यदि जोड़ना चाहें तो भाषा के माध्यम से जोड़ा जा सकता है। वहां के लोगों को इस वृतान्त के रू-ब-रू करती है। वृतान्तों के साथ अन्तःक्रिया होना भाषा का खेल है और इसी तरफ ल्योटार्ड का संकेत है।

सूचना और ज्ञान का व्यापारीकरण
(Mercantilization of Information and Knowledge)

ल्योटार्ड जब आधुनिक समाज की आलोचना करते हैं तब कहते हैं कि यह समाज **एकरूपता** (Uniformity), **सामूहिकता** (Collectivity) और **सार्वभौमिकता** (Universality) का समाज है। **अब इस समाज को छोड़कर हम उत्तर-आधुनिक समाज की ओर पहुंच रहे हैं। यह समाज व्यक्तिकता** (Individuation), **विखण्डता** (fragmentation) **और अन्तर** (Difference) का समाज है। इस समाज में सूचना और ज्ञान महत्वपूर्ण बिन्दु हैं। ल्योटार्ड औद्योगिक क्रांति का हवाला देते हैं। इस क्रांति में यह स्पष्ट हो गया कि जब हम किसी उत्पादन में धन का निवेश करते हैं तो इसके अनुपात में उत्पादन भी देखते हैं। यह निवेश के माध्यम से ही है कि अतिरिक्त मूल्य प्राप्त होता है। **अगर विज्ञान या तकनीकी में हम निवेश और लाभ का हिसाब लगाते हैं तो स्पष्ट है विज्ञान उत्पादन की एक शक्ति है।**

अनुसंधान का एक महत्वपूर्ण पहलू उत्पादन द्वारा जुटाया गया प्रमाण है। जब हम विज्ञान में कोई अवलोकन करते हैं तो इसकी अनुभूति हमें इन्द्रियों द्वारा होती है। यहीं पर विज्ञान का स्थान **तकनीकी तंत्र** (Technology) ले लेता है। **तकनीकी विज्ञान का व्यावहारिक** (applied) **स्वरूप है।** उद्योग में तकनीकी का अर्थ अधिकतम उत्पादन के लिये किया जाता है। ल्योटार्ड तकनीकी के अर्थ को इस सन्दर्भ में स्पष्ट करते हुए कहते हैं कि इसमें सत्यम्, सुन्दरम् और शिवम् जैसी कोई बात नहीं होती। तकनीकी में सबसे महत्वपूर्ण बात **निपुणता या दक्षता** (Efficiency) की होती है। किसी भी तकनीकी को

अच्छा तब कहा जाता है जब इसका परिणाम बढ़िया होता है यानी उत्पादकता में वृद्धि होती है। ल्योटार्ड तकनीकी के अर्थ को इन शब्दों में स्पष्ट करते हैं :

> अब विज्ञान का उद्देश्य सत्य की खोज करना नहीं रहा। इसका उद्देश्य उत्पादन निपुणता से है। इसके द्वारा **निवेश** (Input) और **उपज** (Output) के अनुपात क. बनाये रखा जाता है। वैज्ञानिकों और तकनीकी व्यक्तियों को **बड़ा वेतन इसलिये नहीं दिया जाता कि वे सत्य की खोज करें। यह वेतन उन्हें शक्ति लाने के लिये दिया जाता है।**

तकनीक का उद्देश्य उत्पादन में निपुणता लाना होता है

हमें यह नहीं भूलना है कि ल्योटार्ड की **दि पोस्ट मॉडर्न कन्डीशन** पुस्तक कोई अकादमिक कृति है। यह एक नीति-परक दस्तावेज है जिसकी तैयारी में क्यूबेक सरकार ने धन खर्च किया है। इस कारण ल्योटार्ड का इस पुस्तक में उपागम व्यावहारिक है। इसी कारण वे कहते हैं कि किसी भी तकनीक का उद्देश्य उत्पादन को बढ़ाना होता है। तकनीकी सत्य की खोज के मसले को नहीं छूती। सत्य की खोज न तो खाने के काम आती है, न पहिनने के। इसका बहुत बड़ा लक्षण इसकी उत्पादन में निपुणता है जो उत्पादन में वृद्धि करे वही सत्य है, शुभ है और सुन्दर है। ल्योटार्ड तकनीकी की उपयोगिता पर टिप्पणी करते हुए कहते हैं :

> तकनीकी में शक्ति होती है। यह उत्पादन करती है और इसलिये आज की शिक्षा पद्धति में इसे प्रमुख भूमिका प्रदान की जाती है। आज की शिक्षण संस्थाओं में जब तकनीकी की चर्चा होती है, तब इसकी उत्पादन दक्षता पर जोर दिया जाता है। अब दबाव आदर्शों की अपेक्षा **कुशलता** (Skills) पर होता है।

ल्योटार्ड तकनीकी के भविष्य के बारे में बहुत स्पष्ट हैं। अब आने वाली पीढ़ियों को तकनीकी कोई थोक रूप में नहीं दी जा सकेगी। पीढ़ियां तकनीकी का प्रयोग करेंगी और इस तरह उन्हें अपने जीवनकाल में ही तकनीकी के नये प्रयोगों का प्रशिक्षण मिलता रहेगा। तकनीकी का ज्ञान तो एक प्रकार का **सतत या निरन्तर ज्ञान** (Continuing Education) है।

ज्ञान की भाषा का कम्प्यूटरीकरण
(Computerization of the Language of Knowledge)

सुधीश पचौरी अपने साहित्यिक अन्दाज में ल्योटार्ड के कम्प्यूटरीकरण की चर्चा इस भांति प्रारम्भ करते हैं :

> कम्प्यूटरीकृत समाजों में ज्ञान की अवस्था क्या है? यह सवाल ल्योटार्ड के

विश्लेषण के लिये बुनियादी है। उनका कहना है कि 'समाज की अवस्था बदलने के साथ-साथ ज्ञान की स्थिति बदलती है। संस्कृति की स्थिति भी बदलती है जो समाज उत्तर औद्योगिक अवस्था में पहुंचे हैं वहां उत्तर-आधुनिक युग का आरम्भ हो चुका है।'

ज्ञान के सामने सवाल है : इसकी क्या उपयोगिता है ?
(The question to Knowledge is : What use is it?)

ल्योटार्ड का कहना है कि ज्ञान के बारे में हमारी जो भी अवधारणा थी, उसमें बहुत बड़ा परिवर्तन आ गया है। अब हम ज्ञान को उसकी उत्पादन क्षमता के साथ जोड़ते हैं। हिन्दी साहित्य में जब रामचरित्रमानस रचा गया तब इस रचना के पीछे तुलसीदास का कोई आर्थिक लाभ नहीं था, किसी प्रसिद्धि या मीडिया के प्रचार की लालसा भी नहीं थी। यह सम्पूर्ण काम **स्वान्तः सुखाय** यानी स्वयं के सुख के लिये था अब किसी भी तकनीकी के पीछे स्वान्तः सुखाय की कामना नहीं होती। इसके साथ अधिक उत्पादन का लगा रहता है। जैसे ही कोई तकनीकी बाजार में आती है, तब इसमें प्रश्न होता है : इस तकनीकी से हमें क्या मिलेग? इसकी उपयोगिता क्या है? आज की इस स्थिति के सम्पूर्ण सन्दर्भ में **ल्योटार्ड का कहना है कि ज्ञान लाभ के लिये होता है**। अध्यापक का स्थान, **मेमोरी बैंक** (Memory Bank), कम्प्यूटर डेटा बैंक (Computer Data Bank) आदि लेलेंगे। इस उलट फेर से ल्योटार्ड कहते हैं कि अध्यापक की भूमिका में आवश्यक नहीं है कि कोई बड़ा बदलाव आजाये। यह इसलिये कम्प्यूटर की नई भाषा सीखने के लिये अध्यापकों की जरूरत तो रहेगी ही। ये अध्यापक ही बतायेंगे कि कौन-सी डेटाबैंक प्रासंगिक है और कौन सी नहीं। अब किसी भी तकनीकी के बारे में राज्य सरकार, विद्यार्थी और विश्वविद्यालय यह सवाल नहीं पूछते कि यह कौन से सत्य को बताती है। इन सबका पहला सवाल यही है कि इस तकनीकी की उपयोगिता क्या है? यह किस काम की है?

ज्ञान का उद्देश्य विकास करना होता है
(Knowledge is for Progress)

यह बहुत स्पष्ट है कि ज्ञान का उद्देश्य केवल उत्पादन करना ही नहीं है। इसका बहुत बड़ा उद्देश्य उत्पादन में तरक्की करना है। इसलिये नित नई तकनीकी के विकास के लिये प्रशिक्षण बहुत आवश्यक है। विद्यार्थी से यह आशा की जाती है कि वह तथ्यों को इस तरह व्यवस्थित करे कि इससे उत्पादन में और वृद्धि हो। **डेटा बैंक वस्तुतः आने वाले कल के विश्व कोश हैं**। उत्तर आधुनिक पुरुष और स्त्री के लिये ये बैंक नये मिजाज़ हैं, नई प्रकृति है। आवश्यकता यह है कि नये तथ्यों को ढंग से समझाया जाये जिससे उत्पादन में विकास होवे। यह भी एक रुचिकर बात है कि जब किसी तकनीकी में नया आविष्कार होता है, तब सामान्यतया अधिकांश लोग इसे पसन्द नहीं करते। इस आविष्कार को नये

सिरे से सीखना पड़ता है और इसकी वैधता फिर से स्थापित करनी पड़ती है।

ज्ञान बेचने के लिये है (Knowledge is for Sale)

ल्योटार्ड ने यह स्थापित किया है कि कम्प्यूटरीकृत ज्ञान आज के उत्तर-आधुनिक समाज में उत्पादन की मुख्य शक्ति है। उन्नत समाजों में इसकी उत्पादन शक्ति के प्रमाण को देखा जा सकता है। इन समाजों में कारखानों की संख्या में कमी आ रही है और दूसरी ओर सफेदपोश और व्यावसायिक कर्मचारियों की संख्या में वृद्धि आ रही है। हमारे देश में जिन प्रतिष्ठानों में कम्प्यूटरों का प्रयोग अधिक हो रहा है, वहां कर्मचारियों की छंटनी हो रही है। बैंक और सार्वजनिक क्षेत्र इसके दृष्टान्त हैं। आज वास्तविकता यह है कि यह ज्ञान एक **पण्य** (Commodity) वस्तु है, वह व्यावसायिक बाजार में बिकती है। इस सन्दर्भ में टीका करते हुए उत्तर-आधुनिकतावादी लेखक कहते हैं :

> सूचना अपने अन्तिम रूप में एक पण्य है, वस्तु है। उसका निर्माण होता है। उसका उपयोग होता है। यह एक उपभोग है। यह सूचना की नई अवस्था है। यही उसका मूल्य है। अब से आगे ज्ञान इसलिये पैदा किया जायेगा कि बेचा जासके और उसका उपभोग किया जायेगा ताकि पुनरुत्पादन के लिये हम सक्षम होसकें। हर तरह से सूचना बाजार में विनिमय के लिये आनी चाहिये।

हमारी ज्ञान के बारे में जोभी धारणा थी, वह आज एकदम बदल गई है। पहिले श्रम उत्पादन का मुख्य कारण था, आज उत्तर-आधुनिक काल में ज्ञान या सूचना उत्पादन के मुख्य कारण बन गये हैं। ल्योटार्ड का यह भी आग्रह है कि भविष्य में राष्ट्र राज्यों के लिए ज्ञान शक्ति का आधार बन जायेगा। इसका मतलब हुआ कि जिस राज्य के पास जितना ज्ञान है यानी कम्प्यूटरीकृत ज्ञान है, वह उतना ही अधिक शक्तिशाली होगा। पहले औद्योगिक दौर में जिस तरह कच्चे माल के लिये, सस्ते श्रम और बाजार के लिये युद्ध हुआ करते थे जिन्हें साम्राज्यवादी युद्ध कहा जाता था, अब सूचना के लिये होंगे।

जब ज्ञान पर राष्ट्र-राज्यों का अधिकार हो जाता है तब राज्य ही ज्ञान यानी सूचना को बेचना प्रारम्भ कर देते हैं। ज्ञान पर पूंजी का निवेश होने लगता है और परिणामस्वरूप सूचना का एक नया ही बाजार बन जाता है। बहुराष्ट्रीय कोरपोरेशन अपनी पूंजी का निवेश अन्तर्राष्ट्रीय बाजार में करने लगते हैं। इस निवेश के कारण सारी दुनिया में सूचना क्रांति आ जाती है। **पूंजी, सूचना, राष्ट्र-राज्य और बहुराष्ट्रीय कोरपोरेशन** सूचना की खरीद-फरोक्त करने लगते हैं और पूंजीवाद का बाजार गर्म हो जाता है। सुधीश पचौरी ने ज्ञान और सूचना के इस संचरण की उत्तर-आधुनिक समाज में एक कल्पना की है। वे कहते हैं :

हम कल्पना करें—इन्टरनेशनल बिज़नेस मशीन्स (आई. बी. एम.) को अपनी एक

ऐसी सैटेलाइट आकाश में स्थापित करने का हक है जिसमें धरती, अन्तरिक्ष सम्बन्धी तथा अन्य किस्म का 'डेटा बैंक' स्थापित किया गया है। ऐसे 'डेटा' बैंक तक किसकी पहुंच होगी। किसे आंकड़ा दिया जाये, किसे न दिया जाये? इस सवाल का निर्णय कौन करेगा? क्या राज्य सत्ता करेगी यह आंकड़ा किसे दिया जाये या राज्य सत्ता स्वयं आंकड़ों के और खरीददार की तरह होगी? आई. बी. एम. चाहे तो उस राज्य तक को सूचना से वंचित कर सकता है जिसने उसे सैटेलाइट छोड़ने की इजाजत दी थी। इस तरह कौन 'सूचना प्राप्त कर सकता है', यह सवाल नया सवाल है। इसका उत्तर बहुराष्ट्रीय निगमों पर है।

सुधीश पचौरी तर्क देते हैं कि उत्तर-आधुनिक समाज में सूचना के बाजार में बिकने के परिणाम बहुत गंभीर हैं। अब 'बहुराष्ट्रीय पूंजी और उसकी तकनीक देशों की भौगोलिक, राजनीतिक सीमाओं से परे चली जाती है। यह स्थिति पुराने ढंग के साम्राज्यवादी हमलों से भिन्न है। तब एक देश की सीमाओं का अतिक्रमण करके उस पर से नियन्त्रण रखना पड़ता था, बाजार या कच्चे माल पर सीधे नियन्त्रण रखना पड़ता था अब दुनिया भर की ताकतवर पूंजी मिलकर बहुराष्ट्रीय निगमों में बदल जाती है। वह इस तरह उन देशों के राजनीतिक नियन्त्रण से मुक्त हो जाती है जिनसे वह निगमों में आई थी।'

ज्ञान की वैधता का प्रश्न
(The Question of Legitimacy of Knowledge)

ल्योटार्ड ने अपनी पुस्तक में महान वृतान्त और वैज्ञानिक ज्ञान के सम्बन्ध में वैधता के प्रश्न को बड़ी गंभीरता से उठाया है। महान वृतान्त एक तरह के कथा संग्रह हैं जो लोगों को ज्ञान प्रदान करते हैं। इन कथा-संग्रहों की वैधता और कुछ न होकर लोगों का इनमें विश्वास मात्र ही है जो राम-लक्ष्मण-सीता जंगल में कांटों की चुभन को सहते हुए, कन्द-मूल खाकर जीवन निर्वाह करते रहे, समुद्र पर सेतु कैसे बना पाये, रावण की शक्ति को परास्त कैसे कर पाये, इसका उत्तर वैधता से नहीं दिया जा सकता है। उत्तर तो विश्वास में है। **लोगों का विश्वास है कि राम यह सब कर सकते हैं। यह विश्वास ही वैधता है। लेकिन वैज्ञानिक ज्ञान की वैधता** इस तरह स्वीकार नहीं की जा सकती। विज्ञान प्रमाण मांगता है। इस भांति महान वृतान्तों और वैज्ञानिक ज्ञान में वैधता की प्रकृति भिन्न है।

ल्योटार्ड का कहना है कि उत्तर-आधुनिक समाज में सूचना अथवा ज्ञान पूंजी की तरह है। ज्ञान की वैधता इसी में है कि वह प्रमाणित है। ज्ञान में सकलता होती है और इसलिये यदि कोई वस्तु सत्य है तो वह सारी दुनिया में सत्य है। आनुभविकता के तमाम विचार विज्ञानवाद के इस अंतिम आत्मविश्वास में एक साथ समाहित हो जाते हैं। महान वृतान्तों में विज्ञान की तरह वैधता नहीं होती और इसी कारण उत्तर-आधुनिकता में इन

वृतान्तों की वैधता शीघ्रता से समाप्त हो रही है। अब हमें इनमें भरोसा नहीं रखना चाहिये।

उत्तर-आधुनिक युग में जब ज्ञान और सूचना बाजार में बिक्री के लिये आ गये है जब समाज की सम्पूर्ण दशा बदल गई है। पहिले राष्ट्र-राज्य शीर्ष स्थान पर थे, ऐतिहासिक और मिथिक वृतान्त थे, बड़े-बड़े शिक्षण संस्थान थे, इन सबको सूचना और ज्ञान ने गौण बना दिया है। अब ये सब वृतान्त आकर्षण के केन्द्र नहीं रहे। वृतान्त के समाप्त होने के कारण भाषा का खेल भी कमजोर होने लग गया है। अब शब्दों के अर्थ बदल गये हैं। अवधारणाएं खण्डित हो गयी हैं। ऐसी अवस्था में ज्ञान और सूचना ही सब कुछ है।

ल्योटार्ड के सिद्धान्त की आलोचना (Criticism of Lyotard's Theory)

यदि ल्योटार्ड के सिद्धान्त की आलोचना हम भारतीय सन्दर्भ में करें तब कई चीजें हमें चौंकने वाली मिलेंगी। पहली बात तो यह है कि ल्योटार्ड का उत्तर-आधुनिकता का सिद्धान्त कोई अकादमिक उपलब्धि नहीं है। है तो यह केवल एक नीति परक दस्तावेज जो क्यूबेक सरकार को प्रस्तुत किया गया है। सरकारी दस्तावेज से किसी सिद्धान्त की खोज करना हमारे देश में तो अनहोनी बात है। यहाँ तो आये दिन साम्प्रदायिकता, जातीय झगड़े, किसान आन्दोलनों पर कमीशन बैठते हैं और रपट प्रेषित होती हैं। सुना नहीं किसी ने इन दस्तावेजों में धर्म के सिद्धान्त को खोजा हो, जातीय संघर्ष पर नीति निर्धारित की हो, साम्प्रदायिक सद्भाव के लिये कोई हल निकाला हो। यह तो क्यूबेक ही है जहाँ की रपट पर दार्शनिक और समाजशास्त्री सिद्धान्तों की खोज कर रहे हैं। हमारे लिये यह अजूबा है और दुनिया के लिये सिद्धान्त निर्माण का एक तरीका है। आखिर सिद्धान्त तथ्यों पर ही बनते हैं और इसमें यह सब ल्योटार्ड ने किया है।

ल्योटार्ड की उत्तर-आधुनिकता की अवधारणाओं का मूल्यांकन उत्तर-आधुनिकतावादियों ने किया है। वे फूको के समकक्ष रखे जाते हैं। ये दोनों विचारक महान वृतान्तों के विरोधी हैं, दोनों ही विखण्डन के समर्थक हैं। **यह सही है कि ल्योटार्ड की पुस्तक—दि पोस्ट मॉडर्न कन्डीशन विज्ञान और तकनीकी की प्रस्थिति का निर्धारण** उत्तर-आधुनिक समाज में करती है। यह भी सही है कि ल्योटार्ड तकनीकी तन्त्र और सूचना के नियन्त्रण की चर्चा भी अपनी इस कृति में करते हैं। यह सब ठीक है। लेकिन यह भी सही है कि ल्योटार्ड हेबरमॉस का जो आधुनिकता के प्रणेताओं में हैं, डंटकर विरोध करते हैं। ल्योटार्ड अपने जीवन के प्रारम्भिक काल में मार्क्स से प्रभावित थे, पर बाद में चलकर उन्होंने पूरी ताकत से मार्क्स के महान वृतान्त का विरोध किया। हेमरमॉस की सर्वसम्मत समाज की अवधारणा को भी अस्वीकार करते हैं। ल्योटार्ड के **पोस्ट मॉडर्न कन्डीशन** की आलोचना निम्न बिन्दुओं में की जा सकती है :

1. ल्योटार्ड महान वृतान्तों के विनाश की बात करते हैं। कहते हैं—ये वृतान्त किसी वैधता के सामने टिक नहीं सकते। ये केवल मिथक हैं, कहानी किस्सों से कोई अधिक नहीं। इसी कारण इन्हें रद्द करना आवश्यक है। पर रद्द कैसे किया जाये? जन मानस से इन्हें हटाया कैसे जाये? इसकी कोई रणनीति उनके पास नहीं है। इनका विकल्प विज्ञान कैसे हो सकता है? ल्योटार्ड महान वृतान्तों की विषद चर्चा करते हैं लेकिन सभी वृतान्तों को एक ही श्रेणी में डाल देते हैं। प्रकार्यवाद और संघर्ष सिद्धान्त महान वृतान्त हैं और इनकी श्रेणी में लोक कथाओं को डाल देना ल्योटार्ड की भूल है। सैद्धान्तिक वृतान्त अलग हैं और कथा-मिथकों के वृतान्त अलग। दोनों को एक ही श्रेणी में डालना अनुचित है।
2. ल्योटार्ड आग्रहपूर्वक कहते हैं कि आधुनिक समाज वस्तुतः एक आहत या घायल समाज है। इस समाज में दरारें हैं। लेकिन ये दरारें कौन सी हैं? यह अंग-भंग कौन सा है? इस विषय में ल्योटार्ड मौन हैं। उनके पास कोई जवाब नहीं है। यह कहना तो सरल है कि आधुनिक समाज एक टूटा हुआ समाज है पर यह स्थापित करना बड़ा कठिन है कि इस समाज में टूट-फूट क्या है ? इसके प्रमाण क्या हैं?
3. अन्य उत्तर-आधुनिकतावादियों की तरह ल्योटार्ड सकलता (Totality) का विरोध करते हैं। यह सकलता का विरोध एक तरह से महान वृतान्तों का विरोध ही है। ल्योटार्ड का आरोप है कि सकलता के सिद्धान्त **स्थानान्तरण** (Reduction) करने वाले हैं, एक सिद्धान्त को दुनिया के किसी भी समाज पर लागू कर दिया जाता है। इसमें यह कभी नहीं सोचा जाता कि प्रत्येक समाज की अपनी एक पृथक् पहचान होती है, शख्शियत होती है। अतः ल्योटार्ड सकलता को अस्वीकार करते हैं।

   ल्योटार्ड की सकलता की यह आलोचना सही है। लेकिन ऐसे करने में वे स्वयं उत्तर-आधुनिकता की एक नई सकलता का निर्माण करते हैं। उत्तर-आधुनिकता की **दशा** (Condition) के विवरण में वे आधुनिकता में पिण्ड छुड़ाने की बात बड़ी फुर्ती से करते हैं। लेकिन उनकी उत्तर-आधुनिकता क्या है? यह भी एक प्रकार सकलता है। वे इस सकलता में विखण्डन को मानकर चलते हैं और सभी समाजों पर इसका रूपान्तरण करते हैं।
4. ल्योटार्ड की एक और विवादास्पद मान्यता है। वे कहते हैं कि इस समाज में विविधता बहुत अधिक है और इसी कारण इसमें किसी तरह की सकलता की कोई गुंजाइश नहीं है। वे सामाजिक सिद्धान्तों की इस धारणा को अस्वीकार करते हैं कि समाज में जेन्डर (Gender), प्रजाति, जाति और वर्ग हैं। ल्योटार्ड की दृष्टि में प्रत्येक इकाई दूसरी इकाइयों से भिन्न है। पुरुषों में भिन्नता है, स्त्रियों में भिन्नता है। यह समाज बड़ा जटिल है और इस कारण वे प्रभुत्व तथा मातहत के सम्बन्धों को स्वीकार नहीं करते।

5. ल्योटार्ड दर्शनशास्त्र के कतिपय महत्वपूर्ण निष्कर्षों को भी स्वीकार नहीं करते। उन पर नीत्शे का प्रभाव बहुत अधिक है। नीत्शे का दर्शन **सत्य** (Truth) को स्वीकार नहीं करता। सत्य तो एक मुखौटा मात्र है। वे तो सभी संदर्भों को भ्रामक मानते हैं। दर्शन को ठुकरा कर ल्योटार्ड भाषा और भाषा के खेल पर बहुत अधिक जोर देते हैं। सत्य से भी ऊपर वे भाषा को मानते हैं। आलोचकों का कहना है कि ल्योटार्ड का इस तरह का सोच एक भ्रामक सोच ही है।

6. एक और आलोचना ल्योटार्ड की कृति की है। उनका मानना है कि समाज विज्ञान में जो भी अवधारणात्मक सिद्धान्त हैं, वे सब दमनात्मक हैं। उनमें रुढ़िवाद निहित है। इतिहास का हम कैसा भी निर्वचन करें, वह रुढ़िवादी ही होगा। ल्योटार्ड तो यह धारणा लेकर चलते हैं कि कैसा भी बड़े आकार का सिद्धान्त हो, वह निश्चित रूप से रुढ़िवादी होगा। यह कहा जा सकता है कि मार्क्सवाद रुढ़िवादी है लेकिन आज नव मार्क्सवाद भी विकसित हो रहा है। कठिनाई यह है कि उत्तर-संरचनावादी जो ल्योटार्ड की विचारधारा के हैं, अपनी मान्यताओं को जरा भी हटने को तैयार नहीं। **रिचार्ड रोरटी** (Richard Rorty) जैसे आलोचकों का तो कहना है कि यदि मार्क्सवादी विचारक रुढ़िवादी हैं तो ल्योटार्ड और फूको जैसे उत्तर-आधुनिकतावादी लेखक नव-रुढ़िवादी हैं।

समाजशास्त्र में आज एक बहुत बड़ी बहस चल रही है। आधुनिकतावादियों की एक चुनौती—यह चुनौती प्रजातंत्र, पूंजीवाद और राष्ट्र-राज्यों की शक्ति की है। इस चुनौती का मुकाबला उत्तर-आधुनिकतावादी लेखक कर रहे हैं। वे विखण्डन का विकल्प रखते हैं। महान वृतान्तों के प्रभुत्व को स्वीकार नहीं करते। व्यक्तिवाद को वरीयता देते हैं और लगभग ये सभी लेखक सूचना समाज के आविर्भाव की बात करते हैं। उत्तर-आधुनिकतावादियों में ल्योटार्ड का अपना एक व्यक्तिगत स्थान है। वे ज्ञान को एक बड़ी शक्ति मानकर चलते हैं। ज्ञान ही पूंजीवाद है। ज्ञान ही बिकता है, दूसरे शब्दों में ज्ञान ही एक पण्य वस्तु है और यही सब कुछ वे उत्तर-आधुनिकता के अनिवार्य तथ्य मानते हैं।

उपसंहारात्मक टिप्पणी (Conclusive Note)

उत्तर-आधुनिकता के किसी भी विवरण और विश्लेषण में ल्योटार्ड की पुस्तक **दि पोस्ट मॉडर्न कन्डीशन** (1979) का उल्लेख अवश्य है। हम ल्योटार्ड को चाहें न चाहें, पसन्द करें न करें, यदि उत्तर-आधुनिकता कोई थोड़ा बहुत उल्लेख भी है, तो उनकी बात अवश्य करनी पड़ेगी। वैसे ल्योटार्ड ने जो कुछ लिखा है, वह केवल एक सरकारी दस्तावेज है और इसलिये उसे कोई बड़ा महत्व देने की आवश्यकता भी नहीं है। यह सब होते हुए भी, ल्योटार्ड ने कुछ ऐसे तथ्य प्रस्तुत किये हैं, जो उन्हें एक उत्तर-आधुनिक लेखक की तरह स्थापित करते हैं। ल्योटार्ड की उपलब्धियों को निम्न बिन्दुओं में रखा जा सकता है :

1. ल्योटार्ड की पुस्तक **पोस्ट मॉडर्न कण्डीशन** एक नीति परक दस्तावेज है। इसमें उन्होंने यह बताया है कि विकास के लिये सरकार (यानी क्यूबैक सरकार) को कौन सी रणनीति अपनानी चाहिये।
2. अपनी रपट में ल्योटार्ड ने **विज्ञान, तकनीकी तंत्र और शिक्षा के क्षेत्र में** अपने विचार रखे हैं।
3. उनकी रपट का निष्कर्ष है विकास के लिये सरकार को संचार पर जोर देना चाहिये। ज्ञान के विभिन्न क्षेत्रों में भाषा, साइबरनेटिक्स, कम्प्यूटर, प्रबन्धन, सूचना का स्थानान्तरण, सूचना बैंक आदि को जोड़कर देखना चाहिये।
4. उत्तर-आधुनिक समाज की जीवनधारा कम्प्यूटर है। इसमें प्रतीकों का प्रयोग पर्याप्त मात्रा में होता है। सूचना तथा पण्यीकरण का अगाध सम्बन्ध है।
5. ल्योटार्ड की सबसे बड़ी **उपलब्धि ज्ञान मीमांसा** (Epistemology) **के क्षेत्र में है। ज्ञान की बहुत बड़ी विशेषता जनमानस में इसकी वैधता है। आज के समाज में विज्ञान ज्ञान का एक मात्र स्रोत है। यह ज्ञान के माध्यम से ही है कि हम परम्परागत ज्ञान को निरस्त करते हैं।**
6. ल्योटार्ड **वृतान्त** (Narratives) की कोई वैधता नहीं मानते। वे सभी प्रकार के वृतान्तों को जिनमें महान वृतान्त भी सम्मिलित हैं, अस्वीकार करते हैं। वे वृतान्तों को परम्परा से अधिक नहीं मानते। **अधिकांश वृतान्त परम्परा मात्र हैं, मिथक हैं और सभी अर्थों में धार्मिक हैं।** वस्तुओं को जानने में, उन्हें समझने में वृतान्त हमारी कोई सहायता नहीं करते।
7. विज्ञान और वृतान्तों की अन्तःक्रिया में भाषा का खेल महत्वपूर्ण है। **ल्योटार्ड अपनी पुस्तक में भाषा पर बड़ा भरोसा करते हैं। इसी कारण भाषा का खेल उनकी एक महत्वपूर्ण अवधारणा है।**
8. सकलता की अवधारणा ल्योटार्ड को रास नहीं आती। समाज इतनी अधिक विजातीयता है कि कभी भी इसे इसके सम्पूर्ण रूप में नहीं देखा जा सकता। इसी कारण वे सकलता के घनघोर विरोधी हैं। **इसके विपरीत वे विकेन्द्रण या विखण्डन के समर्थक हैं।**
9. **ज्ञान और सूचना अपने आपमें एक वस्तु है। इसलिये हम वस्तु नहीं खरीदते, ज्ञान खरीदते हैं। ज्ञान उत्पादन का साधन है। ज्ञान शक्ति है।** प्रत्येक राष्ट्र-राज्य ज्ञान यानी तकनीकी सम्बन्धी सूचना को अधिक से अधिक प्राप्त करना चाहता है। ज्ञान और सूचना पर अपना नियन्त्रण चाहता है।
10. ज्ञान का उद्देश्य सत्य की खोज करना नहीं है। **इसका उद्देश्य अधिकतम उत्पादन करना है।**

ल्योटार्ड एक मूर्धन्य उत्तर-आधुनिकतावादी लेखक थे। बहुत थोड़े में उन्होंने

उत्तर-आधुनिक समाज की बहुत बड़ी व्याख्या कर दी। वे वृतान्तों के विरोधी थे, ज्ञान और सूचना तंत्र के पुरोधा थे और आधुनिक समाज को उत्तर-आधुनिकता की ओर ले जाना चाहते थे।

सन्दर्भ ग्रन्थ

पचौरी, सुधीश, आलोचना से आगे, रामकृष्ण, नई दिल्ली, 2000.

Mcguigan, Jim, Modernity and Post-modern Culture, Open University Press, Philadelphia, 1999.

10

जॉक् दरिदा : विखण्डन

(Jacques Derrida : Deconstruction)

दरिदा उत्तर-आधुनिकवाद के विचारक समझे जाते हैं। यह भी कुछ क्षेत्रों में समझा जाता है कि दरिदा के सन्दर्भ के बिना उत्तर-आधुनिकता या कहिये उत्तर-संरचनावाद की कोई भी चर्चा अधूरी है। दरिदा हमारे यहाँ 1997 में आये थे। उनके दो-एक भाषण दिल्ली और कोलकाता में हुए थे। इनमें श्रोताओं की उपस्थिति नगण्य थी। यह सवाल उठाया जा सकता है कि किन विशिष्टताओं के कारण दरिदा एक समाजशास्त्री हैं। यह भी सही है कि उनकी शिक्षा-दीक्षा समाजशास्त्र विषय में नहीं है और यह सही भी है कि वे पेशे से समाजशास्त्री नहीं थे। उनका पेशा दर्शनशास्त्र रहा है और वे पश्चिमी दर्शनशास्त्र के प्रणेता रहे हैं। एक बात और भी सही है कि कई ऐसे गैर-समाजशास्त्री हैं जिन्होंने उत्तर-आधुनिक समाज के बारे में डट कर लिखा है। उन्हें भी समाजशास्त्री गिना जाता है। समाजशास्त्र ने अपने जीवन के कोई सौ वर्ष निकाल दिये हैं फिर भी विषय अपने अध्ययन क्षेत्र को निश्चित सीमाओं में बांध नहीं पाया है। इसी कारण हर कोई व्यक्ति जो घूम फिरकर समाज के बाद में लिख देता है, समाजशास्त्री कहलाने लगता है। खोमचे वाले से लेकर विश्वविद्यालय स्तर का कोई भी प्रोफेसर जो समाज की कोई न कोई चर्चा करता है, समाजशास्त्री हो जाता है।

समाजशास्त्र लगता है, एक ऐसी छतरी है और वह भी शायद रबर की जिसके नीचे हर कोई व्यक्ति आ जाता है। अगर छतरी जगह नहीं होती तब भी खींच-खाँच कर अन्दर आता है। यह आरोप उत्तर-आधुनिक पर सबसे ज्यादा लागू होता है। यह एक ऐसी विचारधारा है जिसमें कलाकार हैं, साहित्यकार हैं, दार्शनिक हैं और शायद अव्वल स्थान पर भाषाविद हैं। सबने मिलकर उत्तर-आधुनिकता को भानुमती का कुनबा बना दिया है। कभी-कभी तो लगता है कि इस भागम-दौड़ में समाजशास्त्र मूल संदर्श ही खोगया है। जब हम इस तरह की टिप्पणी को यहां पढ़ते हैं, तो स्पष्ट है, हमारे दिमाग में जॉक् दरिदा है। दरिदा ने बहुत कुछ लिखा है। समाजशास्त्री उन्हें उत्तर-आधुनिकतावादी विचारक मानते हैं और इस कारण हम भी एक विचारक की तरह उनके योगदान चर्चा यहाँ करते हैं। लगे हाथों यह भी लिख देवें कि दरिदा ने जो कुछ लिखा है, वह दर्शन बहुत ज्यादा है, और

समाजशास्त्र बहुत थोड़ा। उत्तर-आधुनिकता में उनका नाम **विखण्डन** (Deconstruction) के साथ जुड़ा है। वे विखण्डन के सिद्धान्त के जनक हैं। इसकी चर्चा करने से पहिले हम उनकी सामान्य पृष्ठभूमि रखेंगे।

जीवन-कथा (Biography)

धर्म से दरिदा यहूदी थे। इनका जन्म 1930 में अल्जीरिया में हुआ। यह स्थान पेरिस से कोई ज्यादा दूर नहीं है। अपनी पढ़ाई के लिये दरिदा पेरिस आ गये। यहाँ की प्रतिष्ठित संस्था निकोले नोरमले में उन्होंने अपनी पढ़ाई की। इन्हें एक विद्वान के रूप में कोई नहीं जानता था। ई. 1965 में उनके दो निबन्ध **क्रिटिक** (Critique) नामक शोध पत्रिका में प्रकाशित हुये। इन दोनों निबन्धों में दरिदा ने **ग्रामेटोलाजी** (Grammatology) अर्थात् व्याकरणशास्त्र पर समीक्षात्मक निबन्ध लिखे थे। इन समीक्षाओं ने एक विचारक के रूप में उन्हें फ्रांस में स्थापित किया। यह समझा जाने लगा कि वे भाषा वैज्ञानिक हैं और उनके विचारों का केन्द्र भाषा है। भाषा की इस रुचि ने उन्हें उत्तर-संचारचनावाद का प्रणेता बना दिया। आज जो कुछ स्थिति यूरोप में है, इसके अनुसार वहाँ उत्तर-आधुनिकता और उत्तर-संरचनावाद एक दूसरे के पर्यायवाची हैं। फूको संरचनावादी भी हैं और उत्तर-संरचनावादी भी। उत्तर-संरचनावाद पर भाषा का बहुत बड़ा प्रभाव होता है। भाषा के क्षेत्र में फर्डिनेण्ड सोसोरे एक अधिकृत विचारक हैं। सभी उत्तर-संरचनावादियों पर सोसोरे का प्रभाव पर्याप्त रूप में देखने को मिलता है। दरिदा भी सोसोरे से प्रभावित थे।

दरिदा की कृतियाँ (Works of Derrida)

दरिदा उच्च कोटि के भाषाविद् रहे हैं। हाल तक कोई पन्द्रह पुस्तकें प्रकाशित हुई हैं। मूल में सभी पुस्तकें फ्रेंच भाषा में लिखी गई हैं। इन पुस्तकों में आठ पुस्तकें अंग्रेजी भाषा में अनुदित हुई हैं। यह रुचिकर बात है कि एक पुस्तक का अंग्रेजी अनुवाद भारतीय मूल की गायत्री चक्रवर्ती स्पीवाक ने किया है। वे लंदन में स्थित हैं। यहाँ हम दरिदा की अंग्रेजी में अनुदित आठ पुस्तकों का ही उल्लेख करेंगे। ये पुस्तकें इस तरह हैं:

1. **स्पीच एण्ड फिनोमिना एण्ड अदर एसेज़ (Speech and Phenomena and other essays, 1973)**
2. **आफ ग्रामेटोलाजी**, गायत्री चक्रवती, स्पीवाक (Of Grammatology, 1967)
3. **राइटिंग एण्ड डिफरेन्स** (Writing and Difference, 1967)
4. **पोज़िशन्स** (Positions, 1972)
5. **डिसेमिनेशन** (Dissemination, 1972)
6. **मार्जिन्स आफ फिलोसोफी** (Margins of Philosophy, 1972)
7. **ग्लास** (Glass, 1974)
8. **दि ट्रूथ-इन पेंटिंग** (The Truth in Painting, 1978)

बौद्धिक पृष्ठभूमि (Intellectual Background)

दरिदा ने अपने समकालीन उत्तर-आधुनिक विचारकों की तरह ज्ञान-मीमांसा की समस्या को अपनी कृतियों में उठाया है। इस सन्दर्भ में ल्योटार्ड और बोड्रिलार्ड का उल्लेख अवश्य करना चाहिये। ये तीनों विचारक आपस में एक दूसरे को प्रभावित करते हैं। तीनों की विषयवस्तु ज्ञान-मीमांसा है। इस समानता के होते हुए भी दरिदा अपनी एक पृथक् पहचान रखते हैं। बोड्रिलाड और ल्योटार्ड का कहना है कि उत्तर-आधुनिकता इतिहास की केवल एक विशेष **अवस्था** (Historical Stage) है जिसमें वृतान्तों ने अपनी प्रासंगिकता खो दी है। इस अर्थ में इन दो लेखकों के अनुसार उत्तर-आधुनिकता वस्तुतः **उत्तर इतिहास** (Post history) है। दरिदा की स्थिति पृथक् है। दरिदा का तर्क है कि ज्ञान की मीमांसा उसके विशुद्ध रूप में होनी चाहिये। इसी कारण उन्हें **विशुद्ध ज्ञान मीमासक** (Pure Epistomologist) कहते हैं। मगर उनका गहन प्रभाव **बोड्रिलार्ड, ल्योटार्ड और लेक्लाऊ** (Laclau) पर है।

दरिदा अपनी सैद्धान्तिक परम्परा में कतिपय दर्शनशास्त्रियों से भी प्रभावित हैं। देखा जाये तो **विखण्डन** (Deconstruction) पर उन्होंने जो कुछ लिखा है, उस पर **लोक** (Lock), **बर्कले** (Burkeley) और **ह्यूम** (Hume) का बहुत बड़ा प्रभाव है। इन दार्शनिकों की तरह दरिदा भी यह मानकर चलते हैं कि समाज के विखण्डन के विमर्श की चर्चा भाषा और ज्ञान-मीमांसा के सन्दर्भ के बिना नहीं की जा सकती। दरिदा इन्हीं पश्चिमी दार्शनिकों से प्रभावित होकर यह स्वीकार करते हैं कि भाषा, उसके अर्थ और सत्य की कोई भी व्याख्या सत्ता-मीमांसा (Ontology) की धारणाओं के बिना नहीं हो सकती।

दरिदा के कृतित्व पर सबसे बड़ा प्रभाव पश्चिमी दर्शन का है। इस दर्शन का बुनियादी आधार तर्क है। दरिदा जब विखण्डन की बात करते हैं, तब वे इसी तर्क को निरस्त करते हैं। दरिदा की कृतियों यथा **स्पीच एण्ड फिनोमिना, राइटिंग एण्ड डिफरेन्स** तथा **आफ ग्रामोटोलोजी** पर पश्चिमी तर्क और दर्शन का गहरा प्रभाव है। पश्चिमी दर्शन में मुख्य मुद्दा **एकात्मता** (Identity) का है। दूसरे शब्दों में, इस तथ्य का निराकरण होना चाहिये कि आत्मा और परमात्मा क्या एक हैं या जुदा-जुदा। पश्चिमी विचारधारा की एक परम्परा रही है। इसी को दरिदा ने चुनौती दी है। सुकरात और हाल में बरट्रेन्ड रसेल ने पश्चिमी दर्शन के निम्न तीन कुंजी प्रश्न रखे हैं ?

1. **एकात्मता का सिद्धान्त** (The Law of Identity) : जो कुछ है, वह है।
2. **प्रतिवाद का सिद्धान्त (The Law of Contradiction) : कोई भी दोनों नहीं हो सकता और कुछ भी नहीं हो, ऐसा भी नहीं हो सकता।**
3. **बहिष्कृत मध्यवर्ती सिद्धान्त** (The Law of Excluded Middle) : प्रत्येक को या तो होना है या नहीं।

ये सिद्धान्त जिनका उल्लेख हमने ऊपर किया है पश्चिमी विचारों के सिद्धान्त हैं। इनमें **सम्बद्धता** (Coherence) है। पश्चिमी दर्शन यह मानकर चलता है कि इस संसार में वास्तविक रूप से कोई न कोई **यथार्थता** (Reality) अवश्य है। इस यथार्थता का **उद्गम** (origin) भी अवश्य है। यदि तार्किक सम्बद्धता की दृष्टि से देखें तो किसी भी प्रकार **प्रतिवाद** (contradiction) नहीं होना चाहिये। इसमें **सजातीयता** (Homogenty) होनी चाहिये। पश्चिम की दार्शनिक विचारधारा से दरिदा से विखण्डन और **भेद** (Difference) की अवधारणाओं को विकसित किया है और **विखण्डन** तथा **भेद** की यह अवधारणाएँ ही उनकी देन हैं। जब दरिदा विखण्डन की बात करते हैं तब वे इसकी खोज पश्चिमी **तात्विक** (Metaphysical) परम्परा में खोजते हैं। और इसकी बुनियाद **एकात्मता** (identity) में देखते हैं। यहाँ वे रूपों की ओर मुड़ते हैं और इस तरह दर्शन के माध्यम से विखण्डन की अवधारणा को विकसित करते हैं। **आगे चलकर हम विखण्डन और भेद** (Deconstruction and Difference) की अवधारणाओं का विस्तारपूर्वक खुलासा करेंगे। यहाँ केवल यही कहना चाहते हैं कि दरिदा की ज्ञान-मीमांसा की पृष्ठभूमि पश्चिमी दर्शन है।

दरिदा की कृतियों में एक और प्रभाव भी स्पष्ट रूप से देखने को मिलता है। वे मार्क्स के थीसिस का विरोध करते हैं। उनका कहना है कि मार्क्स द्वन्द्वात्मक भौतिकवाद भाषा का केवल अंकरण मात्र है। यह अलंकरण ही मार्क्स के लिये अवधारणा है। वैसे इसमें भाषा का खेल ही है। ऐसी अवस्था में, दरिदा कहते हैं कि मार्क्स के द्वन्द्ववाद में जो **तत्वमीमांसा** (Metaphysics) है इसकी विखण्डन के माध्यम से खोज होनी चाहिये। दरिदा, दूसरे शब्दों में मार्क्स के सिद्धान्त की व्याख्या तो करते हैं पर यह भी सन्देह व्यक्त करते हैं कि इसमें भी तात्विकता है। दरिदा को द्वन्द्वात्मक भौतिकवाद स्वीकार नहीं है। **उनका विखण्डनवाद, स्पष्ट रूप से अद्वन्द्वात्मक है।**

हाल में दरिदा की फ्रेन्च भाषा में मार्क्स पर एक किताब आई है। इसका अंग्रेजी अनुवाद अभी नहीं आया है। इस पुस्तक पर कई टीकाएं हो रही हैं। कहा जा रहा है कि दरिदा कोई राजनीति तो नहीं कर रहे हैं। वास्तविकता का पता तो तब लगेगा जब मार्क्स पर लिखी गई यह पुस्तक अंग्रेजी संसार के सामने आयेगी। अभी तो केवल अनुमान ही किया जा सकता है।

दरिदा का विखण्डन : एक पड़ताल
(Derrida's Deconstruction : An Examination)

दरिदा उत्तर-संरचनावादी हैं। इसी कारण उन्हें उत्तर-आधुनिकतावादी भी कहा जा सकता है। इस पुस्तक में हमने जगह-जगह पर उत्तर-आधुनिकता को परिभाषित किया है। वैसे देखा जाये तो, ईमानदारी से, उत्तर-आधुनिक की कोई एक परिभाषा नहीं है। कई परिभाषाएं हैं। यह एक आन्दोलन है जिसे दर्शनशास्त्र, कला, वास्तुकला, साहित्य, कविता, नृत्य, नाटक,

फिल्म आदि में देखा जा सकता है। कुछ लोग कहते हैं कि उत्तर-आधुनिकता एक प्रकार की मानसिकता है, एक मनोवृत्ति है। यह भी कहा जाता है कि उत्तर-आधुनिकता आधुनिकता का विरोध नहीं है, यह तो केवल आधुनिकता का पुनर्निर्माण है, पुनर्निश्चय है। वास्तव में उत्तर-आधुनिकता आधुनिकता के नये अर्थ को स्पष्ट करती है। हमने पिछले अध्याय में ल्योटार्ड के सन्दर्भ में कहा है कि उत्तर-आधुनिकता के पीछे जो महत्त्वपूर्ण विचार है वह आधुनिकता को फिर से लिखना है।

अगर उत्तर-आधुनिकता एक आन्दोलन है तो उत्तर-संरचनावाद एक दार्शनिक अवधारणा है। इसका उद्‌गम और विकास फ्रांस से और इसके विकास में **जाक् लाकाँ** (Jacques Lacan), लेबी स्ट्राउस और सोसोरे का बहुत बड़ा योगदान है। उत्तर संरचनावाद को नीत्शे तथा **हैडेगर** (Heidegger) के दर्शन के साथ में जोड़ा जाता है। उत्तर-संरचनावाद का इस तरह का उल्लेख हम इसलिये करते हैं कि दरिदा का विखण्डन मूल रूप से पश्चिमी दर्शन से जुड़ा हुआ है और इसकी जड़ें उत्तर-संरचनावाद में हैं। यह सब हम कह तो रहे हैं लेकिन दरिदा स्वयं यह स्वीकार नहीं करते कि वे एक उत्तर-संरचनावादी हैं। उनके अस्वीकार करने से कुछ नहीं होगा। वास्तव में विखण्डन और **भेद** (Difference) पर जो कुछ उन्होंने लिखा है, वह उन्हें स्वतः ही उत्तर-संरचनावादी बना देता है।

विखण्डन (Deconstruction) दरिदा की एक महत्वपूर्ण अवधारणा है। यदि महान वृतान्त का उल्लेख ल्योतार्ड ने किया है तो दरिदा ने विखण्डन का है। **अगर ल्योटार्ड वृतान्तों के विरोधी हैं, उन्हें अस्वीकार करते हैं तो दरिदा विखण्डन की बात करते हैं।** विखण्डन का विकास एक दर्शन की तरह हुआ है। इसके बाद धीरे-धीरे यह अवधारणा दर्शन के दरवाजों से बाहर निकल कर साहित्य, कला, मनोविश्लेषण शिक्षा और सामाजिक सिद्धान्त तक पहुँच गई है। समाजशास्त्र के क्षेत्र में भी इसने अपने को स्थापित कर लिया है। आज यह अवधारणा दर्शनशास्त्र के इतिहास की एक अंग है। अब हम सिलसिले से इस अवधारणा की पड़ताल करेंगे।

विखण्डन और पश्चिमी दर्शन

एक शब्द में अगर विखण्डन को परिभाषित किया जाये तो कहेंगे कि यह अवधारणा दर्शन के तत्व-मीमांसा की विरोधी है। जहां कहीं दरिदा को तत्व-मीमांसा (Metaphysics) दिखाई देती है, वे उसका विखण्डन करते हैं, उसका विध्वंस करते हैं। विखण्डन की अवधारणा **भेद** (Difference) पर आधारित है। भेद एक तर्क है। **इसका सम्बन्ध शब्द** (Logos) **है और इसलिये दर्शन के शब्द केन्द्रित** (Logocentric) विवेचन को वे स्वीकार नहीं करते। कुछ इसी तरह दरिदा लोक, बर्कले तथा ह्यूम के आधुनिकवाद को भी अस्वीकार करते हैं। **कुल मिलाकर दरिदा का विखण्डनवाद तत्व-मीमांसा का विरोधी है।**

तत्व-मीमांसा किसे कहते हैं ? (What is Metaphysics?)

हमने इस अध्याय के प्रारम्भ में ही कहा है कि दरिदा का विखण्डन का सीधा सम्बन्ध पश्चिमी दर्शन से है। पश्चिमी दर्शन की एक शाखा तत्व-मीमांसा है। तत्व-मीमांसा दर्शनशास्त्र का एक बड़ा लम्बा प्रोजेक्ट रहा है। यह आज भी है। वस्तुतः तत्व-मीमांसा एक अकादमिक सम्प्रदाय है। **इसने जिस बुनियादी प्रश्न को उठाया है वह यह है कि इस दुनिया में यथार्थ क्या है**? इसकी प्रकृति क्या है? और आगे चलकर प्रश्न है, इस दुनिया की यथार्थता की संरचना क्या है? ये प्रश्न किसी को भी उद्वेलित कर सकते हैं। हम जिसे अध्यापक कहते हैं, पिता कहते हैं या मकान और मन्दिर कहते हैं, वह यथार्थ में क्या है? वह कौनसा ज्ञान है जो इस यथार्थता को समझने में हमारी सहायता कर सकता है? ऐसे कुछ प्रश्नों पर तत्व-मीमांसा पश्चिमी दर्शन में काम कर रही है।

तत्व-मीमांसा का उद्गम यूनान से है। बाद में चलकर 17वीं शताब्दी में इसका विकास यूरोप में हुआ। डेकार्टे, लेबनिज, स्पीनोजा आदि ने यथार्थता की इस समस्या को उठाया। **उनका कहना है कि यदि हम ज्ञान का व्यवस्थित रूप से विकास करें** तब शायद हमारे लिये संसार की इस यथार्थता को समझना सम्भव हो सके। हम अपने दिन प्रतिदिन के जीवन में जिस तरह से यथार्थता को समझते हैं, वह भ्रमपूर्ण है। वास्तव में जो कुछ आंखों से दिखाई देता है, यथार्थ नहीं है। कान्त और ह्यूम ने भी पश्चिम दर्शन की तत्व-मीमांसा को सन्देह की दृष्टि से देखा। लेकिन उन्होंने भाषा का सहारा लिया। प्रतिदिन काम में आने शब्दों को उठाकर उन्होंने यथार्थता की व्याख्या करना प्रारम्भ किया। यहीं से दरिदा विखण्डन को प्रारम्भ करते हैं। उनका विखण्डन वस्तुतः भाषा के **भेद** (Difference) से प्रारम्भ होता है। वे दिन प्रतिदिन काम वाले शब्दों को लेकर वैज्ञानिक विमर्श तैयार करते हैं और इस निष्कर्ष पर पहुंचते हैं कि तत्व-मीमांसा कभी भी यथार्थता के समझने में सहायक नहीं हो सकती। इसलिये तत्व-मीमांसा का खण्डन करो।

विखण्डन क्या है? (What is deconstruction?)

विखण्डन की अवधारणा का सीधा सम्बन्ध भाषा से है। मनुष्य के सामाजिक सम्बन्धों में भाषा कहाँ से आई? दरिदा इसकी व्याख्या पश्चिमी दर्शन से करते हैं। दर्शन **एकात्मता** (Identity) को पहचानना चाहता है। समाजशास्त्र में एकात्मता की अवधारणा प्रतीकात्मक अन्तःक्रियावाद से जुड़ी है। इसके अनुसार आदमी के **मस्तिष्क** (Mind), **स्व** (Self) और **समाज** (Society) के बीच में अन्तःक्रिया होती है। वास्तव में **हर्बर्ट मीड** (Herbert Mead) ने अपनी पुस्तक **माइन्ड, सेल्फ और सोसायटी** (Mind, Self and Society) में स्व (Self) ने विकास की समस्या उठाई है। वे कहते हैं कि व्यक्ति के **स्व** यानी एकात्मता का विकास समाज के साथ स्थापित सम्बन्धों से होता है। यह **स्व का सम्बन्ध समाज के साथ कैसे होते हैं ? स्पष्ट है, यह सम्बन्ध भाषा के माध्यम से होता है। मतलब हुआ भाषा एक शक्तिशाली साधन है और इसके कारण व्यक्ति अपने स्व** यानि एकात्मता

को पहिचानना। भाषा और एकात्मता पर दरिदा एक दृष्टान्त देते हैं। वे रूसो का सन्दर्भ देकर कहते हैं कि हम सबको प्रकृति की आवाज को सुनना चाहिये। प्रकृति ही सब कुछ है। प्रकृति अपने आप में पूर्ण है। इसमें कुछ जोड़ने की आवश्यकता नहीं, और न घटाने की। प्रकृति की पहचान उसकी पूर्णता में है।

रूसो प्रकृति की पूर्णता को मानते हुए भी यह स्वीकार करते हैं कि इसमें कहीं न कहीं कुछ न कुछ कमी अवश्य है। यह कुछ इस तरह है कि माँ अपने आपमें बच्चे के लिये पूर्ण है, पर इसमें कभी-कभी कमी अवश्य होती है। वह बच्चे को दूध नहीं पिला सकती क्योंकि उसके दूध आता ही नहीं है। यह प्राकृतिक कमी है। अर्थ हुआ प्रकृति में भी **स्वायत्तता** नहीं है। उसमें भी अभाव है। अब इस अभाव को पूरक साधनों द्वारा पूरा किया जा सकता है। प्रकृति में जो अभाव या कमी है और समाज पूरी करता है। यह अभाव का एकात्मता की चेतना भाषा द्वारा पूरी होती है। दरिदा कहते हैं :

> मनुष्य को चेतना लाने के लिये माध्यम की आवश्यकता होती है। यह आवश्यकता भाषा के आईने से पूरी की जाती है।

कुल मिलाकर दरिदा का कहना है कि मनुष्य के स्व (Self) की पहचान समाज से होती है। जैसा समाज होता है, वैसी ही 'स्व' की चेतना आती है। इस चेतना को लाने का माध्यम भाषा होती है और भाषा का सरोकार पाठ यानी टैक्स्ट (Text) से होता है। जब हम किसी पाठ को पढ़ते हैं, मान लीजिये महाभारत को पढ़ते हैं तो महाभारत का यह सम्पूर्ण विवरण हमारे पाठ (Text) हैं। शेक्सपीयर की मरचेन्ट आफ वेनिस कहानी का एक पाठ है। इस पाठ में कुछ अर्थ स्पष्ट (explicit) होते हैं लेकिन कुछ अर्थ ऐसे होते हैं जो हमारे लिये अव्यक्त या अस्पष्ट (Implicit) होते हैं। ऐसी स्थिति में विखण्डन का पहला काम है जो अस्पष्ट है, उसके अर्थ को बाहर निकालना या स्पष्ट करना है। स्पष्ट करने पर जो अर्थ तर्क या कारण (Reason) की कसौटी पर ठीक नहीं उतरता उसका विखण्डन करना है। इस भाँति विखण्डन की प्रक्रिया पाठ से अस्पष्ट की है।

विखण्डन की व्याख्या करते हुए दरिदा कहते हैं :

> विखण्डन का मतलब होता है मूल पाठ को उसके निर्देश, संकेत, अनिश्चितता आदि के सन्दर्भ में पढ़ना। ऐसा करते हुए यह देखना कि इसमें कौन से अर्थ स्पष्ट हैं और कौन से अस्पष्ट। अस्पष्ट अर्थ को निकालना और तर्क की कसौटी पर खरा नहीं उतरने पर उसे अस्वीकार करना ही विखण्डन है।

लेकिन दरिदा की विखण्डन की यह परिभाषा इतनी सरल और सामान्य नहीं है। यह ठीक है कि मूल पाठ में जो स्पष्ट और अस्पष्ट है, उसे निकाल दिया जाये, स्पष्ट को समझा जाये, उसका विखण्डन किया जाये। **इससे आगे दरिदा एक और महत्वपूर्ण बात कहते हैं। वह यह है कि हमें स्पष्ट होने के लिये या अस्पष्ट का विखण्डन करने के लिये**

दूसरे मूल पाठों के साथ इस मूल पाठ का सम्बन्ध देखना चाहिये। इससे हमें पता लग जायेगा कि मूल पाठ किस तरह अस्पष्ट पाठ को हाशिये पर ले आता है। और स्पष्ट पाठ कितना अस्पष्ट और अधूरा है। इससे दरिदा यह जानना चाहते हैं कि विखण्डन के द्वारा हम किस तरह मूल पाठ को उसकी कमजोरियों के साथ देख सकते हैं।

यहाँ हम सुधीश पचौरी का उल्लेख करेंगे। पचौरी उत्तर-आधुनिकता और उत्तर-संरचना की व्याख्या तो बड़े तीखे तेवर में करते हैं, पर कहीं पर भी इस अवधारणा को वैज्ञानिक स्तर पर प्रस्तुत नहीं करते। इस अभाव के होते हुये भी इस नई अवधारणा की उनकी पकड़ जबरदस्त है। वे दरिदा के विखण्डन को इस भाँति परिभाषित करते हैं :

> विखण्डन क्या है ? इस पर सोचते हुए दरिदा कहते हैं कि विखण्डन की क्रिया याद दिलाती है कि भाषा किस तरह दर्शन की योजना को जटिल बनाती है या बाहर फेंकती है। विखण्डन विचार को 'निरस्त' करना चाहता है। विचारधारा जो पश्चिमी दर्शन का सत्तावादी भ्रम है। विचारधारा यानि तर्क जो पश्चिमी समाज का संचालक रहा है। विखण्डन इस तर्क को व्यर्थ करता है। इस अर्थ में दरिदा दार्शनिक कम समीक्षक अधिक है। विखण्डनवादी दर्शन में सब बराबर हैं। आलोचना, दर्शन, भाषा विज्ञान, नृविज्ञान आदि तमाम मानव विज्ञान दरिदा के लिये विखण्डन वस्तु हैं। सभी कुछ दरिदा का लक्ष्य है।

विखण्डन : भेद का तर्क (Deconstruction : Logic of Difference)

दरिदा की विखण्डन की अवधारणा **भेद** (Difference) के तर्क पर आधारित है। भेद उनकी इस अवधारणा में एक कुंजी पद है। इसमें दो अर्थ निहित हैं : पहला अर्थ **मतभेद** (Differ) होना है और दूसरा अर्थ **स्थगित** (Defer) करना है। किसी वस्तु में **मतभेद** होना है, या **उसे स्थगित** करते हैं। इस तरह विखण्डन की रणनीति भेद की रणनीति है। इसका मुख्य उद्देश्य है **उलट** देना और **बरखास्त** करना। बहुत सामान्य शब्दों में विखण्डन का मतलब भेद अर्थात् **किसी मूल पाठ को उलट देना या बरखास्त यानि स्थगित करना।**

दरिदा ने भेद की अवधारणा को विखण्डन के विमर्श में रखा है। पर इसमें उनका स्पष्ट अभाव है। ई. 1980 में संयोगवश दरिदा एडिनबर्ग के दौरे पर थे। वहां उनसे **भेद** पर कुछ सवाल जवाब हुए हैं। इनमें उन्होंने भेद यानि अन्तर की व्याख्या की। व्याख्या क्या की, उन्होंने इसे समझाने के लिए एक दृष्टान्त दिया। कहते हैं, हम डाकखाने के डिब्बे में एक पोस्टकार्ड डालते हैं। यह पोस्ट कार्ड आज डालते हैं और तीन दिन में यह मिलता है। यह तीन दिन का समय जो पोस्ट कार्ड की प्रतीक्षा का है, वस्तुतः डालने और प्राप्त करने का भेद या अन्तर (Difference) है। दरिदा का भेद से तात्पर्य यह है कि विखण्डन की आज जो स्थिति है वह एक **मध्यवर्ती** (Intermediate) स्थिति है। अन्तिम स्थिति नहीं। दरिदा वास्तव में **भेद** को समझाने में असफल रहे हैं। इस एडिनबर्ग के प्रश्न-उत्तर

काल में वे कहते हैं कि भेद की पूरी व्याख्या वे अपनी अगली किसी पुस्तक में करेंगे।

वास्तव में भेद की अवधारणा में **स्वरूप** महत्वपूर्ण है। एक स्थान पर वे **भेद** की इस अवधारणा पर थोड़ा विस्तार से प्रकाश डालते हैं। वे कहते हैं कि **भेद** का अर्थ वास्तव में तत्व-मीमांसा से है। इसमें भाषा की भूमिका बड़ी है। दार्शनिक दृष्टि से उन्होंने सोसोरे और संरचनावाद को मिलाकर इस अवधारणा का निर्माण 1968 में किया था। सोसेरे ने इस तथ्य को स्थापित किया कि भाषा अपने सामान्य स्वरूप में **भेद** की व्यवस्था के रूप में समझी जा सकती है। वैसे भाषा द्वारा पैदा किये गये इस भेद की चर्चा आम आदमी भी करता है। उदाहरण के लिये जब हम कहते हैं कि मोहन सोहन से भिन्न है, तो इसका मतलब यह है कि जो कुछ मोहन में है, वे सोहन में नहीं हैं। लक्षणों की गिनती भी कर सकते हैं जो मोहन और सोहन के अन्तर को एकदम स्पष्ट कर दे। दरिदा आम आदमी के **भेद** की इस व्याख्या को स्वीकार नहीं करते। वे कहते हैं कि दर्शनशास्त्र के सन्दर्भ में भेद का अर्थ **मतभेद** (Differ) और स्थगन (Defer) दोनों में है। मोहन और सोहन में लक्षणों का अभाव ही नहीं है। इनमें मोहन ऐसा है जो कतिपय लक्षणों की उपस्थिति से मतभेद रखता है और कुछ लक्षण ऐसे भी हैं जिन्हें वह अभी अपनाना नहीं चाहता। वह उन्हें शायद भविष्य में अपनाये इसे उन्हें स्थगित करता है। मतलब हुआ मोहन का कुछ लक्षणों से मतभेद है, और कुछ को वह स्थगित करता है।

अब दरिदा भाषा की व्याख्या करते हैं। **लिखना** (Writing) भाषा का एक लेखाचित्र है। इसे भाषा का ग्राफिक स्वरूप भी कहते हैं। लिखकर अपने स्मरण शक्ति को बनाये रखते हैं। भविष्य में हम इसे पढ़ कर पुरानी चीजों को याद भी कर सकते हैं। इसका होने पर भी लिखना **वाणी** (speech) से गौण है, दूसरे स्थान पर है। पहला स्थान तो **वाणी** को ही है। मूल रूप से वाणी **ध्वनिक** (Phonic) अर्थात् ध्वनि विज्ञान से जुड़ी है। हम प्रायः फोनोग्राम की बात करते हैं। यह ध्वनि है। दरिदा का कहना है कि वाणी हमारे विचारों के अधिक निकट है। इसका जुड़ाव हमारे विचारों, संवेगों और मनोवृत्तियों का सत्य होना है। इस तरह हमारी वाणी प्राथमिक है, मौलिक है और इस सन्दर्भ में हम जो कुछ लिखते हैं वह द्वैतीय है। दरिदा का तर्क है कि लिखने और बोलने यानी वाणी के इस अन्तर को सोसोरे ने बड़े विस्तृत रूप में रखा है। यहां दरिदा अपनी असहमति बताते हैं। वे कहते हैं कि लिखने-बोलने के इस तरह के अन्तर को स्थगित कर पाना बड़ा कठिन है। फिर भी वे **भेद** की इस अवधारणा को वे सामाजिक क्षेत्र में लागू करने का प्रयास करते हैं।

भेद का अन्तर भी अवधारणा के विश्लेषण में वे करते हैं कि लिखने में रेखा चित्र होते हैं और **इसलिये जो कुछ लिखा जाता है, वह अशुद्ध** (Impure) **है। इसी कारण लिखावट एकात्म** (Identity) को नकारती है। अपनी विखण्डन की अवधारणा में दरिदा इसी अशुद्ध और शुद्ध अर्थात् लिखावट और वाणी के अन्तर को बताते हैं। अब वे भाषा के अर्थ की समस्या को उठाते हैं। वे कहते हैं कि विखण्डन शब्दों के अर्थ को समझने का

एक उपागम है। यह एक ऐसी विधि है जिसमें शब्दों को अन्य शब्दों के साथ जोड़कर अर्थ निकाला जाता है। इसमें शब्दों को उस घटना के साथ नहीं जोड़ा जाना चाहिये जिसके बारे में हम यह सोचते हैं कि यह इस अमुक घटना को बताता है। जो व्यक्ति घटना को बताता है वह दरिदा की भाषा में **संकेतक** (Signifier) है। वह जिस भाषा या शब्द को काम में लेता है, उसके अनेक अर्थ होते हैं। इसमें पूर्ण या सत्यभाषी अर्थ सदैव **विरामित** अर्थात् **स्थगित** होता है। सत्य के भी विविध अर्थ होते हैं जो व्यक्ति का सामने चयन के लिये अनेक विकल्प प्रस्तुत करते हैं। दरिदा यहां कहते हैं कि भाषा का अर्थ किसी मूर्त वास्तविकता या सत्य में नहीं खोजा जा सकता। यह अर्थ केवल भाषा स्वयं के संदर्भ में ही खोजा जा सकता है। और इसकी रचना सामाजिक रूप में होती है। विखण्डन विधि द्वारा यह उजागर किया जा सकता है कि किस प्रकार भाषा का प्रयोग असमानता और उत्पीड़न को बढ़ाने के लिये किया जाता है। वे कहते हैं कि पुरातन और नवीन का सम्बन्ध अरैखिक अथवा अनिरन्तर नहीं है। यह एक ऐसा सम्बन्ध है जिसमें पुरातन और नवीन दोनों में विचारों में ही परिवर्तन आ जाता है।

विखण्डन मूल पाठ का आलोचनात्मक अध्ययन है।

विखण्डन पर दरिदा ने बहुत कुछ लिखा है। वे इसकी व्याख्या पश्चिमी दर्शन और भाषा के माध्यम से करते हैं। भाषा का विश्लेषण के **भेद** या **अन्तर** की अवधारणाओं से करते हैं। यह सब बहुत है पर कहीं भी वे अपनी व्याख्या में स्पष्ट नहीं हैं। **इस धुँधलेपन के होते हुए भी एक बात निश्चित है। विखण्डन में दरिदा का तात्पर्य मूल पाठों (Text) का आलोचनात्मक अध्ययन करना है। मूल पाठ में जहां भी सत्य है ऐसा मानकर चलना गलत है। मूल पाठ के इस तथ्य को एकदम निरस्त कर देना चाहिये। उदाहरण के लिये लक्ष्मण रेखा को खींच देना कि इसके अन्दर कोई कोई मायावी लाँध कर नहीं आ सकता, इस सत्य को एकदम रद्द कर देना चाहिये या पारसंस का यह मानकर चलना कि व्यवस्था पर कोई भी संकट आये वह लेटेन्सी (Latency) द्वारा अपने प्रतिमान को बनाये रखेगी, सत्य है और इसलिये इसको अस्वीकार करना चाहिये। दूसरे शब्दों में, मूल पाठ में जहां भी सत्य की उपस्थिति को मानकर चला जाता है, उसे अस्वीकार करना चाहिये।**

यह नहीं है कि दरिदा सत्य के विरोधी हैं, उसके दुश्मन हैं। वास्तव में उनका पूरा सरोकार सत्य के साथ है। वे तथाकथित सत्य के विरोधी हैं। होना यह है कि मूल पाठ में जो सत्य होता है, उसकी काफी पड़ताल नहीं होती। लोग इसको सत्य मान कर ही चलते हैं। इसका विखण्डन होना चाहिये। हमें एक मूल पाठ की तुलना दूसरे मूल पाठ से करनी चाहिये। इससे सत्य का ज्ञान हो जायेगा। दरिदा को कई बार **वैयाकरणी** (Grammatologist) भी कहा जाता है। यह इसलिये कि विखण्डन की इस सम्पूर्ण अवधारणा को उन्होंने व्याकरण के माध्यम से विकसित किया है। उनका आग्रह है कि किसी भी मूल पाठ का केवल एक ही अर्थ हो ऐसा नहीं है। जैसे व्याकरण किसी भी मूल

पाठ के लेखक से ऊपर उठकर, जाती है, वैसे ही मूल पाठ का अर्थ भी बदल जाता है। इस तरह मूल का जो अर्थ उसका लेखक निकालता है वह पाठक के हाथों में पहुंचते-पहुंचते बदल जाता है। यह सब व्याकरण यानि शब्दों का खेल है। उत्तर-आधुनिकता का सुझाव है कि पाठक और आलोचक को मूल पाठ का अध्ययन अपने व्यक्तिगत अर्थ के आधार पर करना चाहिये। इस अध्ययन में यह देखना चाहिये कि मूल पाठ में कहां-कहां असंगतता है, प्रतिवाद है और विरोध है।

दरिदा का मूल तर्क यह है कि जो **कुछ लिखा जाता है उसमें वस्तुनिष्ठ अर्थ** (Objective meaning) का अभाव होता है। एक ही शब्दावली के कई अर्थ होते हैं। **एक ही शब्द के कई पर्यायवाची होते हैं। इसका मतलब हुआ कि प्रयोग के अनुसार एक ही शब्द के अनेक अर्थ होते हैं। प्रत्येक शब्द का अपना एक संदर्भ होता है और इसलिये शब्दों का अर्थ हमें उनके सन्दर्भ में खोजना चाहिये।** भारतीय सन्दर्भ में हम दृष्टान्त प्रस्तुत करते हैं। वेदों में कहा है कि जहाँ नारी की पूजा होती है, वहां देवताओं का निवास होता है—यत्र नारीयस्तु पूजयन्ते, रमन्ते तत्र देवता। यह वेदों का मूल पाठ है। एक और मूल पाठ रामायण का लीजिये : तुलसीदास कहते हैं कि पशु, गँवार, शूद्र और नारियों का एक ही इलाज है कि इन्हें पीटा जाये। वे कहते हैं : ढोर, गँवार, शूद्र औ नारी, ये सब ताड़न के अधिकारी। अब दो मूल पाठों के सन्देश की तुलना कीजिये : एक कहता है नारी को पीट कर ही, उन्हें सुधारा जा सकता है; और दूसरा कहता है, उनकी पूजा करके, तुम्हें देवता मिलेंगे। अब दरिदा का प्रश्न है : नारी के बारे में सत्य क्या है ? यहीं पर विखण्डन आता है। सत्य को यानी मूल पाठ की तुलना की दृष्टि से देखिये, भाषा के सन्दर्भ को देखिये और देखिये उसके लेखक को। खोज वस्तुनिष्ठा की है और इस तरह विखण्डन यथार्थ यानी सत्य का पता लग जायेगा। महिलावादी आन्दोलन का हमारे देश में यही विखण्डन है। यह आलोचक कहता है कि भारतीय धर्मशास्त्रों में परस्पर बहुत बड़ा विरोध है। कोई कहता है पति परमेश्वर है, दूसरा कहता है कि मद्यपान करने वाला पति नराधम है। वह परमेश्वर नहीं है, पशु है।

आखिर दरिदा विखण्डन का क्या अर्थ निकालते हैं ?

यह सही है कि दरिदा की बहुत बड़ी उपलब्धि उनकी विखण्डन की अवधारणा है। उन्होंने इस अवधारणा को एक सीमा तक स्पष्ट किया भी है। फिर भी इसमें अभावों की कमी नहीं है। यहां हम दरिदा के विखण्डन और भेद यानी **डिफरेन्स** के बारे में जो भी सिद्धान्त रखा है, उसे सार रूप में निम्न बिन्दुओं में देखेंगे :

1. विखण्डन की अवधारणा के माध्यम से दरिदा पश्चिमी विचारों के सम्पूर्ण सिद्धान्त को अस्वीकार करते हैं। ऐसे करने से वे प्लेटो से चलकर आधुनिक दर्शन का विमोचन करते हैं।

2. उनके अनुसार पश्चिमी दर्शन में जो तत्वमीमांसा है, वह दोषपूर्ण है। यह मीमांसा यथार्थता की खोज करती है। इसके प्रणेताओं में डेकारटे, डेविड ह्यूम और कान्त हैं। यह यथार्थता अस्पष्ट है क्योंकि तत्व-मीमांसा के इस दर्शन ने भाषाशास्त्र और व्याकरण की अवहेलना की है। दर्शन की तत्वमीमांसा को अस्वीकार करने के लिये दरिदा सोसोरे के भाषा सम्बन्धी संरचना को अपनाते हैं।
3. विखण्डन का अर्थ है मूल पाठ को स्पष्ट और अस्पष्ट सन्दर्भ में देखना। भाषा के शब्द के पर्यायवाची अर्थ होते हैं। अतः मूल पाठ का अर्थ वस्तुनिष्ठा यानी यथार्थता को जानना होना चाहिये।
4. दरिदा यह मानकर चलते हैं कि पश्चिमी तत्व मीमांसा भाषा के गलत अर्थ पर निर्भर है। जिस **संकेत** (Logo) की चर्चा यह तत्व मीमांसा करती है, वह झूठ पर आधारित है। पश्चिमी तत्वमीमांसा के संकेत गलत अवधारणा के कारण हैं। इसलिये इस तत्वमीमांसा का विखण्डन होना चाहिये। **दूसरे शब्दों में, विखण्डन से दरिदा का तात्पर्य पश्चिमी तत्व मीमांसा को रद्द करना है।**
5. दरिदा की अध्ययन विधि व्याकरण है। उन्होंने अपने ढंग से **व्याकरणशास्त्र** (Grammatology) विकसित किया है। अपने इस तरह के उपागम में दरिदा अकेले नहीं हैं। उन्होंने नीत्शे और हैडेगर का अनुसरण किया है।
6. दरिदा व्याकरण की व्याख्या नये संदर्भ में करते हैं। वे कहते हें कि वाणी (speech) का स्थान **लेखन** (writing) से ऊंचा है। वाणी की व्यंजना भाषा की तुलना में अधिक ताकतवर होती है। भाषा का यही भेद विखण्डन का मुख्य आधार है। भाषा जब इतनी शक्तिशाली है, तब आश्चर्य होता है, पश्चिमी मीमांसा ने इसकी इतनी बड़ी उपेक्षा कैसे करदी।

दरिदा की शिक्षा-दीक्षा, उनका पठन-पाठन, उन्हें हर तरह से मूक दार्शनिक की तरह स्थापित करता है। वे पेशे से भी एक दार्शनिक ही थे। फिर भी उन्हें एक समाजशास्त्री की हैसियत से जाना जाता है। उन्होंने भाषा की व्याख्या सामाजिक सन्दर्भ में की है। भाषा किसी एक व्यक्ति की बपौती नहीं है। इसे किसी एक व्यक्ति ने नहीं बनाया है। भाषा अपनी प्रकृति और संरचना में सामाजिक-सांस्कृतिक है। किसी भी यथार्थ की और सत्य की खोज भाषा की अनुपस्थिति में नहीं की जा सकती। यह सबसे बड़ा पश्चिमी दर्शन में रहा है। डेकार्टे, स्पीनोजा, कान्त आदि ने तत्व मीमांसा भाषा की उपेक्षा करके की है। इस अभाव के कारण पश्चिमी तत्व मीमांसा दरिदा को स्वीकार नहीं है। अतः उसका विखण्डन।

दरिदा विखण्डन को तत्व मीमांसा तक ही सीमित नहीं रखते। वे तो कहते हैं कि किसी भी मूल पाठ (Text) को उठा लीजिये। उसके स्पष्ट और अस्पष्ट अर्थ को देखिये और उस मूल पाठ में से वस्तुनिष्ठ जो शब्दों के पर्यायवाची अर्थ में छिपी है, उसका पता लगाईये। वे आगे कहते हैं कि सत्य यानी वस्तुनिष्ठा की खोज दर्शन में ही नहीं आम

जीवन में भी होनी चाहिये। लोगों की भाषा और शब्दों के पीछे जो अस्पष्ट अर्थ हैं, उसे निकालना चाहिये। विखण्डन की यह अवधारणा ही उन्हें निश्चित रूप से एक समाजशास्त्री विचारक बना देती है।

सन्दर्भ ग्रन्थ

Dash, Sudarshan, Modernism, Versus Post-modernism, Rajat Publications, Delhi, 2000

पचौरी, सुधीश, आलोचना से आगे, राधाकृष्ण, नई दिल्ली।

IV

नव-समाजशास्त्रीय सिद्धान्त

(Neo-Sociological Theories)

11

फेड्रिक जेमेसन : पूंजीवाद का नया सांस्कृतिक तर्क

(Fredric Jameson : New Cultural Logic of Capitalism)

फूकूयामा ने 1989 में एक सनसनीखेज प्रबन्ध रखा। इसमें उन्होंने स्थापित किया कि अब इतिहास का अंत हो गया है। इसका मतलब यह है कि अब हमेशा के लिये समाजवादी समाज के आने की कोई सम्भावना नहीं रही। अब राज्यहीन वर्गहीन समाज की कल्पना एक खालिस कल्पना मात्र रह गई। यह सब होते हुए भी जेमेसन ऐसे मार्क्सवादी उत्तर-आधुनिकतावादी लेखक हैं जो पूंजीवाद की व्याख्या नये तरीके से करते हैं। लगभग सभी उत्तर-आधुनिकतावादी लेखक महान वृतान्तों का विरोध करते हैं। वे तो उत्तर-आधुनिकता की व्याख्या ही महान वृतान्तों के निषेध में करते हैं। ऐसी बौद्धिक पृष्ठभूमि में जेमेसन ही एक ऐसे विचारक हैं जो मार्क्स के महान् वृतान्त को स्वीकार करते हैं। दूसरे शब्दों में, वे मार्क्स के महान वृतान्त की व्याख्या नये संदर्श में करते हैं। वे कहते हैं कि आज पूंजीवाद बराबर व्यापक हो रहा है। उसके पंख फैल गये हैं और विचित्र बात यह है कि पूंजीवाद का यह विकास अतिरिक्त श्रम द्वारा नहीं, सांस्कृतिक गतिविधियों द्वारा हो रहा है। पूंजीवाद की चालाकी और उसकी मक्कारी देखने काबिल है। पूंजीवाद का जो यह नया स्वरूप उभर कर आरहा है उसे जेमेसन **विलम्बित पूंजीवाद** (Late Capitalism) कहते हैं। मार्क्स ने तो संस्कृति को अधिसंरचना (Infrastructure) करार करके हाशिये पर डाल दिया था। लेकिन पूंजीवाद का जो नया अवतार हमारे सामने है वह संस्कृति को ही अथवा सुविधाजनक पायदान बनाकर अपने आपको अधिक समृद्ध कररहा है।

जेमेसन ने पूंजीवाद का नया सांस्कृतिक तर्क प्रस्तुत किया है। हमने पिछले एक अध्याय में जेमेसन के उत्तर-आधुनिक समाज के सिद्धान्त का उल्लेख किया है। इसे दोहरायेंगे नहीं। यहां हम इन्हें एक उत्तर-आधुनिक-मार्क्सवादी विचारक के रूप में प्रस्तुत करेंगे। जेमेसन की हैसियत एक विचारक की तरह इसलिये ऊंची उठ जाती है कि उन्होंने मार्क्सवाद के सन्दर्भ में कुछ नई व्याख्याएँ रखी हैं। उनका पहला योगदान तो यह है कि

वे मार्क्स के महान वृतान्त को अपनी सैद्धान्तिक स्वीकृति देते हैं। दूसरा उनका तर्क है कि आज की अर्थ व्यवस्था में पूंजीवाद ने संस्कृति को ही एक **पण्य वस्तु** (commodity) अन्य वस्तुओं की तरह संस्कृति का भी उत्पादन होने लगा है। संस्कृति बेची जाती है। इस भांति संस्कृति का आधुनिक अर्थव्यवस्था में एकीकरण हो गया है। तीसरा योगदान भी बड़ा महत्वपूर्ण है, वे कहते हैं कि आज की उत्तर-आधुनिकता में **सामाजिक बहुलवाद** (Social Pluralism) है। भांति-भांति के लोग हैं। कई संस्कृतियां हैं। **इसमें वर्ग व्यवस्था नहीं रही। वर्गों का स्थान तो विभिन्न स्थानिक समूहों ने लेलिया है। अब राजनीतिक समूह हैं, क्षेत्रीय समूह हैं, कला प्रेमियों के समूह हैं, चित्रकारों के समूह हैं। वर्ग नहीं हैं। वर्गों की अनुपस्थिति ने बड़ी संघर्ष के स्थान पर नये आन्दोलन खड़े कर दिये हैं। जेमेसन के इस तरह के सोच ने मार्क्सवादी विचारधारा को नये सिरे से सोचने का अवसर दिया है।** जेमेसन ने ल्योटार्ड, बोड्रीलार्ड जैसे उत्तर-आधुनिक विचारकों का विरोध किया है। वे मार्क्सवाद के सन्दर्भ में उत्तर-आधुनिकता की विशद व्याख्या करते हैं और यही उन्हें उत्तर-आधुनिकता का स्थापित विचारक बना देता है।

जेमेसन कोई मार्क्सवादी हों, ऐसा नहीं है। उन्होंने उत्तर-आधुनिकता की चर्चा मार्क्सवादी संदर्भ में तो की है, पर उन्होंने संस्कृति का अध्ययन भी किया। इस सन्दर्भ में यह भी कहना चाहिये कि उन्होंने मार्क्सवादी संदर्भ को संस्कृति का विश्लेषण में लागू किया है। उन्होंने कुल चार पुस्तकें हाल तक लिखी हैं। इन पुस्तकों के अतिरिक्त उनके दो लेख भी हैं जो उत्तर-आधुनिकवाद के विश्लेषण में बहुत वजनदार माने जाते हैं। उनकी पुस्तकें इस तरह हैं :

1. **दि पोलिटिकल अनकोन्शयस : नेरेटिव एज सोश्यली सिम्बोलिक एक्ट** (The Political Unconscious : Narratitive as Socially Symbolic Act, 1981)
2. **पोस्ट मोडर्निज़म, आर, दि कल्चरल लॉजिक ऑफ लेट केपिटलिज्म** (Post-Modernism, or, the Cultural Logic of Late Capitalism, 1991)
3. **दि जियोपोलिटिकल एस्थेटिक : सिनेमा एण्ड स्पेस इन दि वर्ल्ड सिस्टम** (The Geopolitical Aesthetic : Cinema and Space in the World System)
4. **दि सिड्ज़ ऑफ टाईम** (The Seeds of Time, 1994)

उपरोक्त पुस्तकों के अतिरिक्त जेमेसन के निम्न दो लेख अत्यन्त महत्वपूर्ण समझे जाते हैं। ये हैं :

1. **"पोस्ट मोडर्निजम और दि कल्चरल लॉजिक आफ लेट केपिटलिज्म" न्यूलेफ्ट रिव्यू** ("Postmodernism, or The Cultural Logic of Late Capitalism", 1984) :

2. **"कागनिटिव मेपिंग"**, ("Cognitive Mapping", 1980)

जेमेशन पेशे से समाजशास्त्री थे। कई विचारक उन्हें नव-मार्क्सवादी भी कहते हैं। जेमेसन के समय में बड़ी विषम परिस्थितियां थीं। 1990 के दशक में सोवियत रूस का विघटन हो गया। यह मार्क्सवाद को एक ऐतिहासिक चुनौती थी। दूसरा, इसी दशक में फ्रांस और जर्मनी में उत्तर-आधुनिकता एक नई समस्या लेकर आई। अब जैसे मार्क्सवाद और इतिहास दोनों ही संकट में आगये। जेमेसन के सामने एक और चुनौती थी। फ्रांसिस फूकूयामा ने यह स्थापित करने का प्रयास किया कि अब इतिहास की कोई प्रासंगिकता नहीं रही। उसने लगभग अपना दम तोड़ दिया है। इन्हीं विषम परिस्थितियों में जेमेसन ने महान वृतान्तों को स्थापित करने का प्रयास किया। उन्होंने मार्क्स की गिरती हुई प्रासंगिकता को नया जीवनदान दिया। जेमेसन के कृतित्व को समझने के लिये इस सम्पूर्ण अकादमिक पृष्ठभूमि को ध्यान में रखना आवश्यक है।

उत्तर-आधुनिकता : विलम्बित पूंजीवाद का सांस्कृतिक तर्क
(Post-modernism : The Cultural Logic of Late Capitalism)

वास्तव में 1984 में जेमेसन ने उत्तर-आधुनिकता और विलम्बित पूंजीवाद पर एक निबन्ध लिखा। सुधीश पचौरी ने अंग्रेजी **शब्द लेट केपिटेलिज्म** का अनुवाद **वृद्ध पूंजीवाद** किया है। हमारी समझ में लेट केपिटेलिज्म वृद्ध नहीं है। पचौरी को लगता होगा कि अब दुनिया में पूंजीवाद वृद्ध होगया है और इसके बाद उसकी मृत्यु हो जायेगी। इस तरह के विचार पचौरी के हो सकते हैं। शायद हम भी यह चाहते हैं कि यह पूंजीवाद जितना जल्दी मर सके, उतनी ही जल्दी **पद-दलितों की मुक्ति** (Emancipation) हो जायेगी। लेकिन जेमेसन मार्क्स के विश्लेषण में भावुक नहीं हैं। वे सिद्धान्तवेत्ता हैं। पूरी तरह से अपने होश में हैं। उनका तर्क है कि पूंजीवाद कभी भी अपने स्वरूप में एक समान नहीं रहा—इसने नित नये अवतार लिये हैं। मार्क्स के समय का पूंजीवाद **विशाल उत्पादन** (Mass Production) का पूंजीवाद था। इसके बाद कोरपोरेट पूंजीवाद आया। इसके साथ फोर्डवाद आया और आज का जो पूंजीवाद है वह देर से आया है—विलम्बित है। यह पूंजीवाद अपनी पूरी चालाकी के साथ फल-फूल रहा है। इसी विलम्बित पूंजीवाद की चर्चा जेमेसन करते हैं। इसका नया पेंतरा यह है कि यह संस्कृति को भी बाजार में बेचने लगा है। लोग परम्परा से संस्कृति को अपनी पवित्र धरोहर समझते हैं—पिता से पुत्र की ओर बड़ी ईमानदारी से इसे आगे ढेलते हैं। इसमें गतिशीलता तो होती है लेकिन शीघ्रता नहीं—बहुत सोच समझकर और धीरे-धीरे। संस्कृति मूल्यों से जुड़ी होती है और इस कारण इसमें बदलाव धीमी गति से आता है। इसी संस्कृति को उत्तर-आधुनिकता ने बाजारू वस्तु बना दिया है। यानी संस्कृति का **पण्यीकरण** (Commodification) हो गया है। ऐसी कुछ व्याख्या जेमेसन करते हैं।

पूंजीवाद के विकास की अवस्थाएँ
(Stages of the Development of Capitalism)

जेमेसन पूंजीवाद के विकास के साथ संस्कृति के विकास को जोड़ते हैं। इसका मतलब हुआ संस्कृति को पूंजीवाद से पृथक् नहीं किया जा सकता। जब जब पूंजीवादी व्यवस्था में उतार-चढ़ाव आया है, संस्कृति में भी बदलाव आया है। जेमेसन रुढ़िवादी समाजशास्त्री **डेनियल बैल** (Daniel Bell) से असहमत हैं। बैल कहते हैं कि हम एक उत्तर-औद्योगिक समाज में रह रहे हैं। जेमेसन को यह स्वीकार नहीं है। वे तर्क देते हैं कि पूंजीवाद हमेशा एक जैसा नहीं रहा है। ऐसा नहीं कि उद्योग उत्तर-उद्योग बन गया, और पूंजीवाद जहाँ का तहाँ ही रहा। उद्योग में चढ़ाव आया है तो पूंजीवाद में भी। अपने कथन के प्रमाण में वे मार्क्सवादी अर्थशास्त्री **अरनेस्ट मन्डेल** (Ernest Mandel) के विचारों के आधार पर पूंजीवाद के इतिहास को बताते हैं :

1. **बाजार पूंजीवाद** (Market Capitalism) – पूंजीवाद के विकास का यह युग लगभग 1700 से 1850 का है। इस युग में औद्योगिक क्रान्ति आगई थी। इसमें औद्योगिक पूंजी का विकास हो गया था। फ्रांस और ब्रिटेन माल का उत्पादन भारी मात्रा में कर रहे थे। मतलब यह कि औद्योगिक पूंजीवाद ने अपने विकास की प्राथमिक अवस्था में बाजार पर अपना ध्यान केन्द्रित किया—अब बाजार यूरोप में राष्ट्रीय बाजार हो गये। वे स्थानीय स्तर से ऊपर उठ गये।
2. **अन्तर्राष्ट्रीय बाजार** (International Market) – राष्ट्रीय बाजार में उत्पादन इतना अधिक हो गया कि 19वीं शताब्दी में जाकर बड़े बाजार की आवश्यकता हुई और साथ ही साथ कच्चे माल की भी जरूरत हुई। इसके परिणामस्वरूप अन्तर्राष्ट्रीय बाजारों का आविर्भाव हुआ। पूंजीवाद ने अब राष्ट्रीय बाजार से बाहर निकल कर अपने पैर देश से बाहर फैलाये। हमारे यहां ईस्ट इण्डिया कम्पनी व्यापार करने के लिये आई। फ्रांसीसी कम्पनियां भी आई। ये लोग अफ्रीका में गये और हादसा कुछ ऐसा हुआ कि व्यापार की इस होड़ में ईस्ट इण्डिया कम्पनी को यहां साम्राज्य स्थापित करने का मौका मिल गया। भारतीय और इसी तरह अफ्रीका का पूंजीवाद वस्तुतः बाजार का प्रभुत्व था। रुचिकर बात है कि इस पूंजीवाद ने हमारे यहां संस्कृति को नहीं छेड़ा। उपनिवेशवादी अर्थव्यवस्था ने साम्राज्यवादी बाजार को कई फायदे दिये। कच्चा माल दिया, सस्ता श्रम दिया और वस्तुओं के उपभोग के लिये ग्राहक दिये।
3. **एकाधिकार बाजार** (Monopoly Market) – यह बाजार अन्तर्राष्ट्रीय बाजार का विकसित रूप है। इसका प्रारम्भ **मण्डेल** लगभग 1945 में मानते हैं। जेमेसन इस बाजार को 1960 के दशक में गिनते हैं। यहां सन्-संवत् का चक्कर नहीं है, महत्वपूर्ण बात यह है कि एकाधिक बार यानि इजारेदारी अब पूंजीवाद को नया स्वरूप देती है। यह बाजार पूंजीवाद विलम्बित रूप हैं।

संस्कृति का पण्यीकरण (Commodification of Culture)

जेमेसन का कहना है कि बीसवीं शताब्दी के छठे दशक के बाद संसार में एक ऐसी हलचल मची कि संस्कृति का मानो विस्फोट ही हो गया हो। आर्थिक और सामाजिक संस्थाओं ने संस्कृति को नये-नये मूल्यों में प्रस्तुत किया। बाजार से लेकर मंदिर और चर्च सभी में संस्कृति की धूम मच गई। हमारे देश में जैसा कि हम देखते हैं सभी और संस्कृति का चमत्कार देखने को मिलता है। नित नये देवताओं का अवतार हो रहा है, जो त्यौहार लुप्त हो गये थे, सतह पर आ गये हैं। जो त्यौहार चले आ रहे हैं उनमें नई धूमधाम आ गई है। हुआ यहां तक है कि राज्य और राजनीतिक शक्तियां भी इस नई संस्कृति को धार दे रही हैं। इस सबका परिणाम यह है कि आज संस्कृति बाजार में बिक रही है। **"कला कला के लिये"** (Art for the sake of Art) है, "कला स्वयं के सुख के लिये है" जैसे मुहावरे आज अतीत में खो गये हैं। अब संस्कृति तथा अर्थ व्यवस्था गड्मड् हो गये हैं। दोनों का स्तरीकरण हो गया है। जेमेसन लिखते हैं :

> आज जो हुआ है वह यह है कि सौन्दर्यपरक उत्पादन वस्तु उत्पादन के साथ जुड़ गया है। अब जैसे ही किसी फैशन का उभार होता है, देखते ही देखते फैशन की यह वस्तु बाजार में आ जाती है। इस तरह सौन्दर्यपरक वस्तु अर्थ-व्यवस्था के साथ जुड़ गई है।

मार्क्स संस्कृति और पूंजीवाद के इस घाल-मेल को —गठबन्धन को मार्क्स के सिद्धान्त के साथ जोड़ते हैं। मार्क्स ने हमेशा अधिसंरचना की दृष्टि से संस्कृति को हाशिये पर रखा था। वे टी.वी., रेडियो, फिल्म या मोटे रूप में उत्पादन, विनिमय और विपणन को आर्थिक क्रियाओं के रूप में देखते थे। उनका विचार था कि जैसे मोटर गाड़ी या कपड़ा बाजार में बेचा जाता है वैसे ही माल मीडिया के साधनों को भी बेचा जाता है। उनकी दृष्टि में मीडिया जिन संकेतों, छवियों को टी.वी. के माध्यम रखा जाता है वे वस्तु बेचने के साधन कभी नहीं थे। अब पूरा का पूरा बाजार संकेतों और **प्रतिकृतियों** (Simulation) के माध्यम से वस्तुओं की बिक्री करता है। वस्तुतः माल नहीं बेचा जाता, प्रतिकृतियाँ या संकेत बेचे जाते हैं। **जेमेसन का अनुमान है कि पूंजीवाद यदि इसी गति से चलता रहा तो एक दिन यह सम्पूर्ण संस्कृति को ही निगल जायेगा।**

आधुनिकतावादी संस्कृति का बहिष्कार (Rejection of Modern Culture)

जब जेमेसन यह मानते हैं कि विलम्बित पूंजीवाद संस्कृति को आधार मानकर फलफूल रहा है तब इसके साथ कैसा व्यवहार किया जाये। यह प्रश्न जेमेसन का ही नहीं है, सम्पूर्ण उत्तर-आधुनिकता का है। उत्तर-आधुनिकता की संस्कृति के बारे में एक निश्चित धारणा है। वे कहते हें कि आज जो संस्कृति है, वह अभिजात संस्कृति है। यह आधुनिकीकरण की संस्कृति है। आधुनिक और उत्तर-आधुनिक संस्कृति में अन्तर है। आधुनिक संस्कृति **उच्च**

संस्कृति (High Culture) है। **इधर उत्तर-आधुनिक संस्कृति एक ऐसी संस्कृति है जिसका पूरी तरह से पण्यीकरण हो गया है। उत्तर-आधुनिक संस्कृति सम्बन्धी विचारों का स्त्रोत हाल में बने भवनों से है जो यूरोप में देखने को मिलते हैं। ये मकान एक दम सीधे-सादे हैं और इनमें कोई दिखावटीपन नहीं। इन मकानों की जो उत्तर-आधुनिक संस्कृति को बताते हैं, कुछ लक्षण इस तरह हैं : इनकी बनावट पैस्टीश अर्थात् खिचड़ी किस्म की होती है। ये मकान प्रायः फ्लेट में होते हैं, इनमें कोई सौन्दर्यबोधक कलाकृति नहीं होती।**

जेमेसन उत्तर-आधुनिकता की **लोक संस्कृति** (Mass Culture) का एक जायजा देते हैं। यह संस्कृति मार-धाड़ वाली और एक्शन फिल्म पर जोर देती है। इसमें अश्लीलता भी पर्याप्त होती है। यह संस्कृति लोगों को इतिहास से दूर कर देती है और इसके समझ की कोई पाबन्दी नहीं होती। इस संस्कृति को उत्तर-आधुनिक सकल **पोप्यूलर कल्चर** या **पोप कल्चर** कहते हैं। इसमें आम लोगों की भागीदारी होती है। इसमे कोई रुढ़िगत नियम-उपनियम नहीं होते। सब कुछ चलता है। कोई रोकटोक नहीं।

फ्रेडरिक जेमेसन और उत्तर-आधुनिकता
(Fredric Jameson and Post-modernity)

जेमेसन उत्तर-आधुनिक विचारक हैं। वे अन्य उत्तर-आधुनिक विचारकों में हटकर हैं। यह इसलिये कि उन्होंने उत्तर-आधुनिकता को मार्क्सवादी दृष्टिकोण से देखा है और बहुत बड़ी बात यह है कि उन्होंने मार्क्स के महान वृतान्त को सही ठहराया है। उनका कहना है कि मार्क्सवाद ऐसा सैद्धान्तिक सन्दर्भ देता है जो हमें उत्तर-आधुनिकता को बढ़िया तरीके से समझने में सहायक है। जेमेसन ने उत्तर-आधुनिक पूंजीवाद को सांस्कृतिक दृष्टि से देखने का जो प्रयास किया है, मार्क्सवादी इसके लियें उनकी प्रशंसा करते हैं। **जेमेसन के उत्तर-आधुनिकता** की निम्न विशेषताएँ हैं :

1. उत्तर-आधुनिकता एक सतही समाज है। इसमें कोई गहरी पेठ नहीं है। इसमें जो संस्कृति है वह केवल ऊपरी प्रतिबिम्बों और छवियों पर निर्भर है। देखा जाये तो जैसा कि बोड्रिलार्ड कहते हें इसमें प्रतिकृति अर्थात् सिम्यूलेशन ही है। कहीं यथार्थता नहीं है। इसके स्थान पर केवल अति यथार्थता (Superreality) ही है। जेमेसन कहते हैं : "प्रतिकृति वह है जिसकी मूल कृति ही नहीं।" **प्रतिकृति का मतलब ही है छिछला या सतही।**
2. जेमेसन का कहना है कि उत्तर-आधुनिक समाज में अलगाव की भावना बहुत अधिक है। इस समाज में जो कला हमें देखने को मिलती है, वह किसी भी प्रकार से भावोत्पादकता को पैदा नहीं करती। ऐसा लगता है जैसे लोगों की आत्मा ही मर गई है। उनकी संवेदनशीलता समाप्त हो गई है। इसका कारण भी जेमेसन देते हैं। दैनिक समाचार पत्रों में आये दिन हम छोटी-मोटी दुर्घटनाओं का विवरण पढ़ते

रहते हैं। कहीं कोई मरा और कहीं किसी ने किसी को बेमतलब मार दिया। यह सब हमारे लिये अवैयक्तिक है। कारण यह है कि सम्पूर्ण समाज का विखण्डन हो गया है। और इसका परिणाम यह हुआ है कि कोई किसी का नहीं। सब खण्ड-खण्ड है। सबकी अपनी निजी दुनिया है। दूसरों की दुनिया से उसे कोई मतलब नहीं।

3. उत्तर-आधुनिक समाज का एक और लक्षण है। यह ऐतिहासिकता से छूटा हुआ है। हम अतीत के बारे में एक दम अपरिचित हैं। अगर इसके बारे में हम कुछ जानते हैं तो यह सब मूल पाठों के माध्यम से। और मूल पाठों को हमने ठुकरा दिया है। जो कुछ कला के क्षेत्र में हमारे पास हैं वह **पेस्टीश** (Pastiche) है जिसमें हम पुरानी कलाकृतियां की केवल नकल मात्र करते हैं। हमारे पास मौलिक कुछ नहीं, अपनी गाँठ का कुछ नहीं। **पेस्टीश** ही आज हमारी केवल ऐतिहासिक धरोहर है, और कुछ नहीं। इस समाज में अतीत और वर्तमान दोनों ही इस तरह गड्मड् हो गये हैं कि इन्हें पृथक् करना बड़ा कठिन है।

4. उत्तर-आधुनिक समाज के साथ एक नये प्रकार का तकनीकी तंत्र जुड़ा हुआ है। पहली जो तकनीकी हुआ करती थी, उसका उद्देश्य उत्पादन बढ़ाना था। कारखानों में स्वचालित मशीनों के आने से उत्पादन बढ़ जाता था। आज तकनीकी आई है वह और प्रकार की है। यह नई तकनीकी मांग को बढ़ाती है और इससे उत्पादन बढ़ता है। उदाहरण के लिये टी.वी. रात दिन यह स्थापित करने में जुड़ा रहता है कि बालों की रूसी को समाप्त करने के लिये अमुक उत्पादन एक मात्र साधन है या अमुक जेल पेन एक सांस में सारी रामायण लिख देता है। सिम्यूलेशन, संकेत, बिम्ब आदि मीडिया के ऐसे तकनीकी साधन हैं जो उत्पादन को बढ़ाते हैं। इस पर टिप्पणी करते हुए जेमेसन करते हैं :

> उत्तर-आधुनिक समाज की एक ऐसी तस्वीर है जिसमें बेमतलब इधर-उधर किसी धारा में बहते जाते हैं जिसकी कोई दिशा नहीं। यह समाज दिशा हीन है। इसे कुछ राष्ट्रीय पूंजीवादी व्यवस्था को समझने की कोई चिन्ता नहीं है और यह समाज इस तथ्य से भी बेखबर है कि जिस संस्कृति में वह जीवित है वह विस्फोटक अवस्था में है।

उपसंहार

जेमेसन उत्तर-आधुनिक विचारक हैं। उनकी बहुत बड़ी देन यह है कि वे संस्कृति की व्याख्या मार्क्सवादी दृष्टिकोण से करते हैं। वे मार्क्स से आगे हैं। मार्क्स ने पूंजीवाद की व्याख्या उत्पादन सम्बन्धों के सन्दर्भ में की है। उन्होंने स्थापित किया है कि समाज की संरचना आर्थिक शक्तियों से निर्धारित होती है। संस्कृति यानी कला, भाषा, दर्शन, साहित्य सभी इस बुनियादी आर्थिक संरचना की उपज हैं इसलिये वे अधिसंरचना हैं। अधिसंरचना

(Super Structure) मार्क्स के अध्ययन का अधूरा पक्ष रहा है। इसीको जेमेसन ने उठाया है। वे कहते हैं कि पूंजीवाद सरलता से नहीं मरता। जीवित रहने के लिये वह कई हथकंडे आजमाता है। अब वह संस्कृति को बेचने का काम करता है। इससे उत्पादन करता है। प्रतीक, बिम्ब, शैली, और संकेत यानी प्रतिकृतियां अब उत्पादन की **सहवर्ती** (एस्सैसरी) उत्पादन की शक्तियां बन गई हैं। वे अपने आपमें पूर्ण उत्पाद हैं। इसी तरह सूचना तकनीक का विस्फोट सूचना को विनिमय और लाभ कमाने का एक जरिया मात्र नहीं बल्कि खुद अपने आपमें एक महत्वपूर्ण पण्य बनाना है। आज उत्तर-आधुनिक समाज में स्थिति यह होगई है कि विलम्बित पूंजीवाद ने सम्पूर्ण संस्कृति को गटक लिया है। आज हम इस समाज में विस्फोट की स्थिति में है। सामाजिक दृश्य में संस्कृति का यह जानलेवा विस्फोट इतना शक्तिशाली है कि हमारे जीवन के आर्थिक मूल्य से लेकर राज्य सत्ता के तौर-तरीके, मनुष्य के मनोविज्ञान से लेकर व्यवहार के प्रकट रूप तक सभी संस्कृति अंग बन गये हैं। अब संगीत बिक रहा है, नृत्य बिक रहा है, साहित्य बिक रहा है और इन सबके उत्पादन में राज्य, कलाकार, साहित्य धर्मी, साधु-सन्त सभी भागीदार हैं और रुचिकर तथ्य यह है कि ये सब पूंजीवाद के चलाये हुये हैं।

जेमेसन का उत्तर-आधुनिकवाद वस्तुतः मार्क्सवादी उत्तर-आधुनिकवादी उत्तर-आधुनिक होकर भी जेमेसन ने अपनी शख्सियत बनाये रखी है। वे डटकर मार्क्सवाद के महान वृतान्त का समर्थन करते हैं। सोवियत रूस के विघटन के बाद संसार में जब मार्क्स की प्रासंगिकता का प्रश्न उठा तब अपने ढंग से जेमेसन ने उनकी नई व्याख्या की। उन्होंने यह स्थापित किया कि अधिसंरचना यानी संस्कृति को छोड़ा नहीं जा सकता और इसी संस्कृति को हथियार बनाकर आज पूंजीवाद अपने आपको दुनिया का एक मात्र विकल्प समझ रहा है। किसी भी अर्थ में इसे सामान्य घटना नहीं समझा जा सकता।

संदर्भ ग्रन्थ

पचौरी, सुधीश, आलोचना से आगे, राधाकृष्ण, 2000

Callinicos, A. **Against Post-modernism : A Marxist Critique,** Polity Press, 1989.

Stuart Hall and Others, **Modernity and its Future,** Polity Press, Cambridge, 1993.

12

वैश्वीकरण: वैश्वीय समाज की ओर

(Globalization: Towards a Global Society)

शायद हम नहीं जानते कि समाजशास्त्र के अध्ययन में हमारे स्थानीय सुपर बाजार का बड़ा महत्व है। इसके दूसरे अन्दर थोड़ा घुसिये और आपको इस बाजार में दुनिया भर की वस्तुयें खरीदने को मिलेंगी। यह सम्भव है कि यहां आपको डेनमार्क के सेब दिखाई दें, इजराइल के अंगूर खरीदने को मिलें और दुनिया भर का कोस्मेटिक वस्तुएं पर्याप्त मात्रा में सजी-सजाई बिक्री हेतु प्राप्त हों। सुपर बाजार या गांव की सहकारी समिति इस बात को बताते हैं कि सामाजिक परिवर्तन की प्रक्रिया आज दुनिया भर में बहुत तेज हो गई है और दूसरे देशों के लोग, एक ऐसी जटिल और आर्थिक कड़ी में बंध गये हैं कि इन्हें अलग करके समझा ही नहीं जा सकता। दूसरे देश के ही लोग क्यों? बाजार में हमारे देश के विभिन्न बाजारों और अंचलों की वस्तुएं भी पर्याप्त मात्रा में बिक्री के लिये अटी पड़ी हैं। वस्तुएं संस्कृति की भी हैं, कला की भी हैं और दिनप्रतिदिन काम में आने वाली भी हैं। देखा जाये तो आज तक हम जिस दुनिया में रह रहे हैं इसमें **अन्योन्याश्रितता** (Interdependence) बढ़ गई है। पहले दुनिया के देश या एक ही देश के लोग एक दूसरे की आवश्यकता पूर्ति के लिये इतने अधिक अन्तर्निभर नहीं थे। यहां तो एक गांव ही अपने आपमें अलग दुनिया थी।

इतिहास में यह पहली बार है कि **स्थानीय** और **वैश्वीय** (Local and Global) लोग एक कड़ी में बंध गये हैं। यह सब कुछ पिछले दस-बीस वर्षों में ही हुआ है **और दूसरा कारण संचार साधनों में वृद्धि, सूचना तकनीक और आवागमन के साधन** हैं। अन्तर्राष्ट्रीय सम्बन्धों को जोड़ने का काम बड़े बड़े जेट हवाई जहाज करते हैं। तीव्रगति से चलने वाले जहाज करते हैं। देखते ही देखते एक जगह का उत्पादन दूसरी जगह पहुंच जाता है। पिछले लगभग तीस वर्षों में सेटेलाइट संचार व्यवस्था का विकास इस भांति हुआ है कि दुनिया के लोग एक दूसरे के साथ आराम से सम्पर्क कर सकते हैं। **इन सब प्रक्रियाओं को जो दुनिया भर के सामाजिक सम्बन्धों को गहरा और घनिष्ट कररही हैं, समाजशास्त्री वैश्वीकरण कहते हैं**। हमें वैश्वीकरण को केवल दुनिया को जोड़ने वाले एक नेटवर्क की तरह ही नहीं देखना चाहिये। केवल यही नहीं समझना चाहिये कि वैश्वीकरण

हमें एक अन्तर्राष्ट्रीय आर्थिक, सामाजिक और सांस्कृतिक सूत्र में बांधने वाला है। यह सब तो वैश्वीकरण प्रक्रिया करतीही है, पर इससे आगे वैश्वीकरण हमारे स्थानीय दिनप्रति-दिन के जीवन को भी प्रभावित करता है। यह भी समझना चाहिये कि जहां वैश्वीकरण लोगों को एक दूसरे के निकट लाता है, वहीं उनमें तनाव भी पैदा करते हैं। स्थानीय संस्कृति और बाजार को वैश्वीय संस्कृति और बाजार का भय बराबर बना रहता है। यह लगता है कि वैश्वीय संगीत कहीं हमारे स्थानीय संगीत—भोजपुरी नाच गाने, गुजराती गरबे और महाराष्ट्र के तमासों—को न गटक जाये। आर्थिक क्षेत्र में भी यह भय बराबर बना रहता है। इस भांति वैश्वीकरण से जुड़े ऐसे कई मुद्दे हैं, कई विषय क्षेत्र हैं, जिन पर विस्तार से चर्चा होनी चाहिये।

थियोडोर लेविट (Theodore Levitt) ने एक जगह कहा है कि हमें वैश्वीय तरीके से सोचना चाहिये और हमारे काम करने के तरीके स्थानीय यानि देशी होने चाहिये। लेविट का यह कथन वैश्वीय और स्थानीय में तनाव कम करके सामंजस्य स्थापित करने का है। **सचाई यह है कि आज की दुनिया बड़ी तेज रफ्तार से बदल रही है। अगर 1980 का दशक यूरोप और अमेरिका में उत्तर-आधुनिकता की अवधारणा का था तो 1990 का दशक वैश्वीकरण का है। अब तो यह भी सोचा जाने लगा है कि वैश्वीकरण के बाद का युग उत्तर-वैश्वीकरण** (Post-geoglobalization) का युग होगा। जो भी हो, वैश्वीकरण से कहीं छुटकारा नहीं मिलता दिखता। कारण यह है कि आधुनिक सामाजिक सिद्धान्त—मार्क्सवाद और प्रकार्यवाद—भी अब नये सिरे से वैश्वीकरण की व्याख्या करने लगे हैं। यह बताना है कि अब वैश्वीकरण उत्तर-आधुनिक समाज की बीमारी बन गया है।

वैश्वीकरण की उम्र कोई ज्यादा नहीं है—यही कोई दस बीस वर्षों की। इस अवधि में समाजशास्त्रियों ने इसे सिद्धान्त में बांटने का प्रयास किया है। वैश्वीकरण का सिद्धान्त **वैश्वीय सांस्कृतिक व्यवस्था** (Global Cultural System) की पड़ताल करता है। इसका कहना है कि जिस वैश्वीय संस्कृति को आज हम देखते हैं इसे लाने वाले कई प्रकार के सामाजिक और सांस्कृतिक विकास हैं। इन विकासों में सैटेलाइट-सूचना व्यवस्था, उपयोग के वैश्वीय प्रतिमान का उद्‌गम ओर **कोस्मोपोलिटन** जीवन पद्धति का आविर्भाव है। वैश्वीय खेल-कूद ने भी इस प्रक्रिया को ताकतवर बनाया है। ओलम्पिक गेम्स, वर्ल्ड फुटबाल प्रतियोगिता, अन्तर्राष्ट्रीय टेनिस खेल और विश्व पर्यटन ने भी वैश्वीकरण को बढ़ावा दिया है। दूसरी ओर, एक चौंकाने वाले परिवर्तन भी दिखाई देते हैं। वैश्वीकरण के कारण उदारीकरण और निजीकरण भी आये हैं। इन्होंने राष्ट्र-राज्यों की भूमिका को कमजोर बना दिया है। अब **वैश्वीय सैनिक व्यवस्था** (World Military System) कायम हो गई है। संयुक्त राष्ट्र संघ के सेना कार्यवाही के लिये सदैव तैयार रहती है। वैश्वीकरण ने स्वास्थ्य सेवाओं और पर्यावरण को भी सम्पूर्ण संसार की समस्या बना दिया है। चेचक उन्मूलन, मलेरिया की समाप्ति अब सामान्य स्वास्थ्य समस्यायें बन गई हैं। कुछ सामाजिक संस्थाएँ होती हैं जिनकी व्यापकता सार्वभौमिक हो गई है। इन संस्थाओं में

राजनीतिक मार्क्सवादी आन्दोलन, मानव-अधिकार और विभिन्न धर्मों का पारम्परिक परिवर्तन सम्मिलित हैं। सबसे बड़ी बात यह है कि अब एक ऐसा सोच विकसित हो गया है जो सम्पूर्ण संसार को एक इकाई मानकर चलता है। गुजरात के कच्छ-भुज में भूकंप आता है या अफगानिस्तान की धरती हिलने लगती है तो सम्पूर्ण संसार हाथ फैलाने, दवा-दारु देने के लिये तैयार हो जाता है। **कुल मिला कर वैश्वीकरण एक ऐसी सामाजिक प्रक्रिया है जिसमें भौगोलिक दबाव कमजोर हो गये हैं और इसी तरह सांस्कृतिक और सामाजिक सम्बन्धों की जमावट भी ढीली पड़ गई है।**

वैश्वीकरण यदि ईमानदारी से कहा जाये तो केवल अन्तर्राष्ट्रीय सम्बन्धों का समाजशास्त्र ही नहीं है। यह **विश्व व्यवस्था सिद्धान्त** (World-System Theory) भी पृथक् है। **सिद्धान्त तो केवल वैश्वीय आर्थिक पारम्परिकता** का अध्ययन करता है। इसका केन्द्र, आर्थिक सम्बन्धों को ही देखना होता है। वैश्वीकरण का तात्पर्य किसी एक औद्योगिक समाज के रूप में देखना भी गलत होगा। इस **सिद्धान्त के निर्माताओं का कहना है कि वैश्वीकरण में दो परस्पर विरोधी प्रक्रियायें साथ-साथ काम करती हैं। एक प्रक्रिया तो सजातीयकरण** (homoginization) की है **और दूसरी विशिष्टीकरण** (Differentiation) **की। इसका तात्पर्य है कि इस प्रक्रिया में स्थानीयता** (Localism) **और वैश्वीकरण** (Globalization) **दोनों काम करते हैं। यहां एक और महत्वपूर्ण टिप्पणी करनी चाहिये। वैश्वीकरण के सिद्धान्तवेत्ता परम्परागत समाजशास्त्र** (Tradition Sociology) को नकारते हैं। यह इसलिये कि ये सिद्धान्त अब भी राष्ट्र-राज्यों को अपना केन्द्र मानकर चलते हैं। वैश्वीकरण का सिद्धान्त निर्माण का कार्य आज संकट के दौर से गुजर रहा है। यह संकट अवधारणात्मक है। यह स्पष्ट नहीं होपारहा है कि वैश्वीकरण और आधुनिकता में क्या अतंर है। कुछ इसी तरह आर्थिक और सांस्कृतिक वैश्वीकरण के सम्बन्धों को पृथक् करने में कठिनाई आती है। लेकिन इसी तरह की कठिनाइयां किसी भी सिद्धान्त निर्माण में सामान्य समझी जाती है।

वैश्वीकरण : मुद्दे और विषय-वस्तु
(Globalization : Issues and Implications)

वैश्वीकरण और भूमंडलीकरण वस्तुतः पर्यायवाची पद हैं। दोनों का अर्थ एक ही है। हमने वैश्वीकरण के प्रयोग को पसन्द किया है। इस पद की व्याख्या करना बहुत कठिन है। कहीं भी सर्वसम्मति नहीं है। इस सम्बन्ध में हाथी और सात अंधों की कहानी बड़ी प्रासंगिक लगती है। अंधों को यह काम सौंपा गया कि वे हाथी को परिभाषित करें। जिसका हाथ हाथी की सूंड पर पड़ा उसने परिभाषा दी कि हाथी किसी रस्सी के आकार का होता है, जिसने पांवों को परखा, कहा कि हाथी खम्बों जैसा होता है—और यह पुरानी कहानी हर अंधे की परिभाषा के इर्द-गिर्द घूमती है। कुछ ऐसी स्थिति वैश्वीकरण की भी है। कुछ विचारक इसे एक आर्थिक अवधारणा मात्र समझते हैं। **उनके लिये वैश्वीकरण**

उदारीकरण है, निजीकरण है और निवेश है। यह सब बाजार की स्थिति में होता है। कुछ विचारक वैश्वीकरण का अर्थ सांस्कृतिक आदान-प्रदान के संदर्भ में निकालते हैं। और कुछ की दृष्टि में वैश्वीकरण वह वृहद सामाजिक प्रक्रिया है जो सम्पूर्ण मानव-जीवन को अपने अन्दर समा लेती है। कुछ मार्क्सवादी इस प्रक्रिया को **मुक्ति** (Emancipatory) देने वाली प्रक्रिया मानते हैं। सच्चाई यह है कि उत्तर-आधुनिकता की परिभाषा में थोड़ी बहुत स्पष्टता तो आई है, लेकिन अभी वैश्वीकरण की अवधारणा में तो धुंधलन अधिक है। परिभाषा में कठिनाइयां तो बहुत है। लेकिन यह नहीं है कि इसे समझने की कोशिश ही नहीं की गई हो। यहां हम वैश्वीकरण को खुलासे से समझने के लिये दूसरी कुछ परिभाषाएं देंगे।

एन्थोनी गिडेन्स (Anthony Giddens) वैश्वीकरण के सैद्धान्तीकरण में एन्थोनी गिडेन्स का योगदान महत्वपूर्ण है। उन्होने अपनी पुस्तक **दि कान्सीक्वेन्सेज आफ मॉडरनिटि** (The Consequences of Modernity, 1990) में वैश्वीकरण की व्याख्या विस्तारपूर्वक की है। उनका कहना है कि **आधुनिकता का बहुत बड़ा परिणाम वैश्वीकरण है। यह इसलिये कि वैश्वीकरण में समय** (Time) और **स्थान** (Space) **को सामाजिक जीवन में नये सिरे से परिभाषित किया गया है। गिडेन्स इसे समय-स्थान दूरीकरण (Time-space distanciation) कहते हैं।** अपनी इस अवधारणा के स्पष्टीकरण में वे कहते हैं कि आज की दुनिया में संचार और उत्पादन तथा विनिमय की जो जटिल व्यवस्था बनी है उसने सम्पूर्ण स्थानीयता को कमजोर कर दिया है। उदाहरण के लिये खनिज पदार्थों का विश्व में जो भाव है, वह स्थानीय खदान श्रमिकों को अधिक पगार दिलवा सकता है या उन्हें बेरोजगार भी कर सकता है।

गिडेन्स की वैश्वीकरण की परिभाषा इस तरह है :

> विभिन्न लोगों और दुनिया के विभिन्न क्षेत्रों के बीच में बढ़ती हुई अन्योन्याश्रतता या पारस्परिकता ही वैश्वीकरण है। यह पारस्परिकता सामाजिक और आर्थिक सम्बन्धों में होती है। इसमें समय और स्थान सिमट जाते हैं।

गिडेन्स की उपरोक्त परिभाषा का थोड़ा और विश्लेषण करना चाहिये। वे एक अन्य स्थान पर कहते हैं कि केवल अन्योन्याश्रता ही वैश्वीकरण नहीं है। इसमें कुछ और लक्ष्य भी सम्मिलित हैं। उदाहरण के लिये हम टेलिफोन पर सामने वाले व्यक्ति से बात करते हैं। इस स्थिति में बात करने वाला व्यक्ति तो उपस्थित है यानी वह **स्थानीय** (Local) है जिससे वह बात करता है, वह टेलिफोन पर तो है, पर **अनुपस्थित** (Absent) है। उसके साथ जो सम्बन्ध किया जाता है, **वह दूरी का सम्बन्ध** (Relations at a distance) है। अतः वैश्वीकरण में **समझ और स्थान** महत्वपूर्ण कारक हैं। यह **दूरीकरण** (Rictanciation) की इस अवधारणा की जान है।

हार्वे (Harvey D.) एक दूसरे वैश्वीकरण सिद्धान्तवेत्ता हैं। उन्होंने अपनी पुस्तक

दि कन्डीशन आफ पोस्ट-मोडरनिटी (The Condition of Post-modernity, 1989) में इस अवधारणा की व्याख्या थोड़ी अलग से की है। वे गिडेन्स की समय और स्थान की व्याख्या को थोड़ा और आगे बढ़ाते हैं। उनका कहना है कि ऐतिहासिक दृष्टि से समय और स्थान अनुरेखीय नहीं है। समय और स्थान में हमेशा निरन्तरता नहीं रहती। काफी समय थोड़ा गहन हो जाता है—तीव्र हो जाता है और इसके परिणामस्वरूप वैश्वीकरण बढ़ जाता है। पिछले दिनों में पूंजीवाद आशातीत रूप आगे आगया। सोवियत रूस के विघटन ने पूंजीवाद को बाजार की एक खुली छूट दे दी। और इसने **समय और स्थान** दोनों ही बदल गये। परिणाम यह हुआ कि विश्व में एक नई **वैश्वीय व्यवस्था** (Financial System) स्थापित हो गई और एक झटके में **समय और स्थान** ने वैश्वीकरण को एक नई दिशा दे दी। अतः हमें **समय और स्थान** के दूरीकरण को ऐतिहासिक सन्दर्भ में भी देखना चाहिये। हार्वे ने अपने नये सन्दर्भ में वैश्वीकरण की व्याख्या इस तरह की है—

> वैश्वीकरण, इसलिये, **समय और स्थान** की गति और गहनता से जुड़ा हुआ है। आपका हमारा बाजार, ब्याज दर, भौगोलिक गतिशीलता आदि **समय और स्थान** उतार-चढ़ाव के साथ जुड़े हुए हैं। यह जुड़ाव सहज नहीं है।

वैश्वीकरण के तीन तत्व : पूंजीवाद, तकनीकी और शान्ति की राजनीति
(Three elements of Globalization : Capitalism, Technology and Power Politics)

जहां गिडेन्स और हार्वे वैश्वीकरण की व्याख्या अन्योन्याश्रयता या व्यक्तियों, दोनों और देशों की पारम्परिकता के संदर्भ तथा **समय और स्थान** की फ्रेमवर्क में करते हैं, वहां तीन और समाजशास्त्री हैं जो इस अवधारणा की परिभाषा पूंजीवाद, तकनीकी और शक्ति की राजनीति के माध्यम से करते हैं।

पहिले समाजशास्त्री **वेलरस्टेन** (Wallerstain I. 1983) हैं। इन्होंने **हिस्टोरिकल केपिटेलिजम** (Historical Capitalism) पुस्तक में इस प्रबन्ध को रखा है कि पूंजीवाद में एक खास प्रकार की ऐतिहासिकता है जिसमें यह अपने उत्पादन को समय और स्थान के साथ में बांध लेता है। **वे कहते हैं कि पूंजीवाद अनिवार्य रूप से वैश्वीय है।** दूसरा उद्‌गम 16 वीं शताब्दी में हुआ और तबसे आज तक इसने अपना विस्तार वैश्वीय स्तर पर ही किया है। वेलरस्टेन यह स्थापित करते हैं कि अपनी वैश्वीय प्रकृति के कारण पूंजीवाद कभी भी किसी स्थान विशेष में जुड़ा नहीं रहा है। यह हमेशा सार्वभौमिक रहता है। अपना विश्लेषण प्रस्तुत करते हुए वेलरस्टेन लिखते हैं —

> वैश्वीकरण को आगे ठेलने वाली शक्ति और इसमें निहित जो तर्क है, वह **पूंजीवादी विश्व अर्थव्यवस्था** (Capitalist World Economy) है।

वेलरस्टेन की पूंजीवाद की व्याख्या जो उन्होंने अपनी पुस्तक में रखी है, इसके अनुसार **वैश्वीकरण वह प्रक्रिया है जिसका कारण पूंजीवाद का विस्तार और उसकी समृद्धि है।** बहुत **सामान्य शब्दों में वैश्वीकरण की वेलरस्टेन की परिभाषा गिडेन्स और हार्वे से जुदा है। अगर समय और स्थान का दूरीकरण हुआ है, तो इसका कारण पूंजीवाद की विश्व अर्थव्यवस्था है। आज वैश्वीकरण का जनक पूंजीवाद है।**

दूसरा समाजशास्त्री जिसने वैश्वीकरण परिभाषा लीक से हटकर की है, **रोज़ेनाऊ** (Rosenau, 1990) है। उन्होंने तकनीकी तंत्र के सन्दर्भ में वैश्वीकरण की पड़ताल की है। इस संदर्भ में उनकी पुस्तक **टरब्यूलेंस इन वर्ल्ड पोलिटिक्स** (Turbulance in World Politics, 1990) उल्लेखनीय है। **उसका तर्क है कि आज दुनिया में जो पारस्परिकता है, अन्तर्निभरता है, इनका कारण तकनीकी तंत्र है।** वे लिखते हैं :

> यह तकनीकी तंत्र ही है जिसने भौगोलिक और सामाजिक दूरियां को घटा दिया है। और इसके पीछे जेट हवाई जहाज, कम्प्यूटर, दुनिया का चक्कर काटने वाले लाइट और ढेर सारे नये-नये आविष्कार हैं। इन्हीं के कारण वस्तु और विचार दुनिया के एक सिरे से दूसरे सिरे तक पहुंच जाते हैं।......यह तकनीकी तंत्र ही है जिससे स्थानीय, राष्ट्रीय और अन्तर्राष्ट्रीय समुदायों में अन्तर्सम्बन्ध स्थापित किया है पिछले दिनों में ऐसा कुछ अनुभव हमें नहीं हुआ।

रोजेनाऊ तकनीकी तंत्र के साथ अन्तर्राष्ट्रीय राजनीति को भी जोड़ते हैं। वे कहते हैं कि औद्योगीकरण के बाद जो उत्तर-औद्योगीकरण युग आया इसके पीछे बहुत बड़ी धारणा दुनिया के लोगों के काम करने की दशाओं में सुधार लाना था। सुधार की इस बलवती धारणा ने **उत्तर-अन्तर्राष्ट्रीय राजनीति** (Post-International Politics) को जन्म दिया। अब राष्ट्र-राज्यों के लिये यह आवश्यक होगया कि वे अब अन्तराष्ट्रीय मंच पर आयें और जन कल्याण में जुट जायें। यह इसी धारणा के कारण है कि आज कई अन्तर्राष्ट्रीय संगठन बन गये हैं, अन्तर्राष्ट्रीय निगम बन गये हैं। उनका कहना है :

> उद्योगवाद और उत्तर-उद्योगवाद आज ऐसी वैश्वीय सामाजिक-आर्थिक और राजनीतिक शक्तियां बन गई है जो वैश्वीकरण का पोषण करती हैं।

वैश्वीकरण की व्याख्या करने वाले तीसरे उल्लेखनीय समाजशास्त्री **गिलपीन** (Gilpin R., 1987) है। उनकी पुस्तक **दि पोलिटिकल इकोनोमी आफ इन्टरनेशनल रिलेशन्स** (The Political Economy of International Relations, 1987) **इस** संदर्भ में एक उल्लेखनीय दस्तावेज है। **गिलपीन** एक कदम **रोजेनाऊ** से आगे हैं। **वे बहुत स्पष्ट हैं जब वे कहते हैं कि वैश्वीकरण राजनीतिक कारकों की उपज हैं, पैदाइश है।** आज का अन्तर्राष्ट्रीय माहोल कुछ ऐसा है जिसमें प्रत्येक राष्ट्र-राज्य अपने स्थाईत्व और सुरक्षा के लिये किसी अन्तर्राष्ट्रीय मंच पर आने के लिये तैयार है। वास्तव में, **गिलपीन** की धारणा

है कि वैश्वीकरण की प्रक्रिया जो आज हमें देखने को मिलती है, एक ऐतिहासिक प्रक्रिया है। **आज भी अन्तर्राष्ट्रीय जगत में यह धारणा** बनी हुई है कि कुछ राष्ट्र-राज्य प्रभुत्वशाली होते हैं और कुछ सर्वोत्तम प्रभुत्वशाली—**सुपरनेशन स्टेट**। ये राष्ट्र-राज वैश्वीकरण के माध्यम से अपनी अर्थव्यवस्था और संस्कृति को विकासशील राष्ट्र-राज्यों पर थोपना चाहते हैं। ऐसे प्रभुत्वशाली राष्ट्र-राज्यों के लिये वैश्वीकरण एक उपयुक्त और अनुकूल प्रक्रिया है। संयुक्त राज्य अमेरिका दूसरा एक अच्छा दृष्टांत है। वैश्वीकरण उसके लिये सुगम प्रक्रिया है जिसके माध्यम से यह अपने आर्थिक और सांस्कृतिक साम्राज्यवाद की स्थापना कर सकता है। **गिलपीन** की व्याख्या इस तरह है—

> मैं इस विचारधारा का हूँ कि उदार अन्तर्राष्ट्रीय अर्थव्यवस्था के लिये किसी न किसी प्रभुत्व का होना अनिवार्य है। हमारा ऐतिहासिक अनुभव बताता है कि प्रभुत्वशाली उदार शक्ति की अनुपस्थिति में अन्तर्राष्ट्रीय सहयोग को पाना बहुत कठिन है। इसके अभाव में संघर्ष की संभावना बराबर बनी रहती है। आज दुनिया में बाजार की जो सफलता दिखाई देती है वह अनुकूल प्रभुत्वशाली शक्ति के अभाव में सम्भव नहीं है।

गिलपीन राजनीतिक अर्थव्यवस्था के विशेषज्ञ हैं। **अपनी पुस्तक के अंत में वे टिप्पणी करते हुए कहते हैं कि ऐतिहासिक दृष्टि से यूरोप का सम्पूर्ण इतिहास बताता है कि वैश्वीकरण का घनिष्ट सम्बन्ध साम्राज्यों के विस्तार के साथ है**। लेकिन आज तो कहीं भी साम्राज्यवाद नहीं है फिर **गिलपीन** वैश्वीकरण की व्याख्या किस तरह करते हैं। उनका कहना है कि आज की दुनिया की व्यवस्था बड़ी उदार है और इसमें प्रभुत्वशाली राष्ट्र बड़ा उदार व्यवहार करते हैं। ऐसी अवस्था में वैश्वीकरण की व्यापकता का कारण पूंजीवाद के आगे बढ़ते हुए चरण हैं।

हमने ऊपर **वेलेरस्टेन, रोसेनाऊ** और **गिलपीन** के विचारों को वैश्वीकरण की परिभाषा के लिये उद्‌घृत किया है। ये तीनों विचारक वैश्वीकरण की व्याख्या अपने-अपने ढंग से करते हैं। इनकी व्याख्या के केन्द्रीय चर **पूंजीवाद तकनीकीतंत्र का विकास** (Technological Progress) और **शक्ति की राजनीति** (Power Politics) है। इधर वैश्वीकरण के कतिपय अन्य सिद्धान्तवेत्ताओं ने वैश्वीकरण को **एकीकृत** (Integrated) रूप में समझने की कोशिश की है। इन विचारकों में **गिडेन्स** और **रोबर्स्टन** (Roberston, R.) विशेष रूप से उल्लेखनीय हैं।

गिडेन्स ने वैश्वीकरण का विश्लेषण किसी एक चर या कारण की अपेक्षा बहुकारकों द्वारा किया है। मुख्य रूप से वे इसकी परिभाषा चार कारकों द्वारा करते हैं — (1) पूंजीवाद (2) **अन्तर्राज्य** व्यवस्था (Inter-state System), (3) **सैन्यवाद** (Militarism) (4) **उद्योगवाद** (Industrialism)। **वास्तव में वैश्वीकरण का विस्तार गिडेन्स के अनुसार इन चार तत्वों से जुड़ा हुआ है। देखा जाये तो ये चार तत्व आधुनिकता के तत्व हैं और**

इसलिये वैश्वीकरण स्वयं आधुनिकवाद में निहित है।

रोबर्स्टन वैश्वीकरण के सिद्धान्त निर्माण में गिडेन्स से सहमत नहीं है। उनका उपागम दूसरा है। वे पूंजीवाद, अन्तर्राज्य सम्बन्धों, सैन्यवाद और उद्योगवाद के पारस्परिक सम्बन्धों को वैश्वीकरण की व्याख्या में सम्मिलित नहीं करते। वे कहते हैं कि हमें वैश्वीकरण में जो **सार्वभौमिकता** (Universalism) और **स्थानीयता** (Localism) दिखाई देती है, उन दोनों का विश्लेषण करना होगा। अगर हम वैश्वीकरण की परिभाषा को सिद्धान्तिक स्तर पर देखें तो हमें दो **सम्प्रदाय** (Schools) स्पष्ट रूप से दिखाई देते हैं। एक सम्प्रदाय उन विचारकों का है जो वैश्वीकरण की व्याख्या किसी एक कारक या कारण के माध्यम से करता है। दूसरा सम्प्रदाय उन विचारकों का है जो वैश्वीकरण को बहु-कारक के उपादान द्वारा देखता है। महत्वपूर्ण बात यह है कि वैश्वीकरण एक जटिल प्रक्रिया है और समाजशास्त्री बराबर दूसरी व्याख्या में जुटे हुए हैं।

इन्टरनेशनल सोश्योलोजी (खंड 15, सं. 2000)

अन्तर्राष्ट्रीय समाजशास्त्र के मुख्य पत्र ने वैश्वीकरण को समझने के लिये स्टोकहोम में स्वीडेन के विदेश मंत्रालय के सहयोग से 1998 में एक सम्मेलन का आयोजन किया। इस सम्मेलन में समाज वैज्ञानिकों के एक महत्वपूर्ण जमावड़े ने वैश्वीकरण को परिभाषित करने का प्रयास किया। वहां प्रस्तुत किये गये कतिपय पत्रों को **इन्टरनेशनल सोश्योलोजी** में प्रकाशित किया गया। इस अंक के अतिथि संपादक अपनी भूमिका में लिखते हैं कि वैश्वीकरण की अवधारणा 1990 के प्रारम्भिक वर्षों में आई। यह 1992 में या कि **ऐनी**(Ianni) और **रोबर्स्टन** (Roberstson) ने पहली बार वैश्वीकरण की अवधारणा को काम में लिया। इससे पहिले यानी 1990 तक दुनिया की प्रमुख भाषाओं के किसी भी शब्द कोष में वैश्वीकरण पद का प्रवेश नहीं हुआ। दुनिया की समृद्ध कही जाने वाली भाषाओं जैसे कि अँग्रेजी, फ्रेंच, जर्मन और स्पेनिश में भी यह पद प्रयोग में नहीं आया था। **वैश्वीकरण पद का यह प्रयोग स्पष्ट करता है** कि अब समाज विज्ञान में **सार्वभौमिकता** (Universal) के स्थान पर वैश्वीकरण आ गया है, दूसरा **समय और स्थान** के लिये भी इस पद को काम में लिया जाने लगा है।

स्टोकहोम में जुड़े समाज वैज्ञानिकों की यह पुख्ता राय थी कि वैश्वीकरण अपने अर्थ में बहुलवादी (Plural) है। **इसमें सम्पूर्ण संसार की विभिन्नता** (variation) **का समावेश** है। अन्तर्राष्ट्रीय सोश्योलोजी के संपादन में वैश्वीकरण की व्याख्या इस तरह प्रारम्भ करते हैं—

> अनुसंधान को उपयोगी बनाने के लिये और संसार को समझने के लिये वैश्वीकरण को बहुलवादी होना ही पड़ेगा। वैश्वीकरण के परिणाम बहुलवादी हैं और इसका ऐतिहासिक सामाजिक प्रक्रियाओं और व्यवहार से है। इसका मुहावरा दुनिया के युद्धों को समझने का है।

वैश्वीकरण की परिभाषा देने से पहिले हमने कहा था कि कुछ सिद्धान्तवेत्ताओं ने इस अवधारणा का अर्थ बड़े सीमित रूप में लिया है। वे इसे या तो आर्थिक रूप में लेने हैं या सांस्कृतिक रूप में। ऐसी ही कुछ परिभाषाओं को अब हम देखेंगे।

यूरोपीय कमिशन की परिभाषा (The European Commission's Definition)

यूरोपियन कमिशन ने वैश्वीकरण को अनिवार्य रूप से एक प्रक्रिया स्वीकार किया है। वह कहता है कि इस प्रक्रिया में सामाजिक और सांस्कृतिक पहलू भी होते हैं पर मूल रूप से यह अपने विमर्श में आर्थिक है। कमिशन के शब्दों में:

> यह एक ऐसी प्रक्रिया है जिसके द्वारा विभिन्न देशों के बाजार और उत्पादन पारस्परिक रूप से एक दूसरे पर अधिक से अधिक निर्भर रहते हैं और इस निर्भरता का कारण व्यापार तथा वस्तुओं की गतिशीलता और पूंजी तथा तकनीकी तंत्र का प्रवाहित होना है।

थोमसन (Thomson G. 1989) ने यूरोप के कमिशन की इस परिभाषा की आलोचना की है। वे कहते हैं कि यद्यपि पूंजी और वस्तुओं का प्रवाह बहुराष्ट्रीय कोरपोरेशन द्वारा होता है, उनका हर स्थिति में केन्द्र स्थान तो प्रवाह बहुर्राष्ट्रीय कोई न कोई राष्ट्र-राज्य ही होता है। आर्थिक वैश्वीकरण की और आलोचनायें भी हो सकती है, महत्वपूर्ण बात यह कि इस प्रक्रिया को किसी भी एक **चर** (Variable) द्वारा नहीं समझा जा सकता। यह ठीक है कि वैश्वीकरण में कुछ चर प्रभावशाली हो सकते हैं और केवल द्वैतीयक।

मेलकॉम वाटर्स (Malcolm Waters)

मेलकॉम वाटर्स की पुस्तक **ग्लोबेलाइजेशन** (Globalization 1998) एक बहुचर्चित और उल्लेखनीय ग्रन्थ समझा जाता है। यह पुस्तक 1996-98 के दो वर्षों के बीच में चार संस्करणों में छप गई। किसी भी लेखक की पुस्तक का ऐसा प्रत्युत्तर एक उल्लेखनीय घटना समझा जाता है। मेलकाम आग्रहपूर्वक कहते हैं कि वैश्वीकरण की परिभाषा आज भी अधरझूल में है। लोग इसका बड़ा चलता-फिरता अर्थ निकालते हैं। वह वस्तु जो सभी जगह अपलब्ध है, लोग कहते हैं : **वैश्वीय** (Global) है। अगर दो पहियों वाली साईकिल दुनिया भर में मिलती है तो यह वैश्वीय है। अकादमिक क्षेत्र में भी इस अवधारणा ने कई ठोकरें खाई हैं, उठी हैं और फिर गिरी भी है। इस ऊहा पोह में यह **बहुत स्पष्ट है कि रोबर्टसन (1992) ने सबसे पहिली बार इस अवधारणा को समाजशास्त्र में स्थापित किया। उन्हें इसका जनक कहा जा सकता है।**

मेलकॉम वैश्वीकरण की अवधारणा को बड़े खुलासे के रखने का प्रयास किया है। इन प्रक्रिया में राष्ट्रीय और अन्तर्राष्ट्रीय अन्तः क्रियाओं का पर्याप्त समावेश होता है। **इस**

प्रक्रिया में भूगोल तथा राष्ट्रीय सीमाओं के जो दबाव और बंधन होते हैं धुमिल हो जाते हैं। सब कुछ खुला हुआ।

मेलकॉम की वैश्वीकरण की परिभाषा इस तरह है :

> वैश्वीकरण एक सामाजिक प्रक्रिया है जिस में सामाजिक तथा सांस्कृतिक व्यवस्था पर जो भौगोलिक दबाव होते हैं, पीछे हट जाते हैं और लोग भी इस तथ्य से अवगत हो जाते हैं कि अब भूगोल की सीमाएँ बेमतलब हैं।

अवधारणा एक : अर्थ जुदा जुदा
(Concept One : Meaning Diverse)

वैश्वीकरण की अवधारणा कोई दस वर्ष पुरानी है पर इसकी लोकप्रियता उत्तर-आधुनिकता से भी अधिक है। इसकी समानार्थक कई अन्य अवधारणायें भी हैं जिनका अर्थ थोड़ा बहुत भिन्न हैं। ये अवधारणायें वैश्वीकरण से ही निकली हैं लेकिन इनका अर्थ विशिष्ट है। यहां हम कुछ ऐसी अवधारणाओं का उल्लेख करेंगे जिनका उद्‌गम वैश्वीकरण है।

विश्व गाँव (Global Village)

विश्व गाँव की अवधारणा के प्रणेता कनाड़ा के लेखक **मार्शल मेक्लूहान** (Marshall Mcluhan) से है। उनका प्रबन्ध है कि **इलेक्ट्रोनिक संचार** (Electronic Communication) **ने सम्पूर्ण संसार को एक सूत्र में बांध दिया है। इस तरह दुनिया भर के लोग टेलिविजन द्वारा प्रसारित खबरों और घटनाओं को साथ-साथ देखते हैं।** जैसे किसी गाँव के लोग हर निवासी को—पड़ौसी और नातेदार को व्यक्तिगत रूप से जानते हैं, किसी से कोई दूराव नहीं है, वैसे ही दुनिया भर के लोग एक दूसरे को जानते हैं। मैक्लूहान का कहना है कि मीडिया ने सम्पूर्ण दुनिया को एक छोटा सा गाँव बना दिया है।

विश्व गाँव की अवधारणा की ऐसी व्याख्या करना एकदम सामान्यीकरण है। वास्तव में 1964 में **मेक्लूहान** ने यह प्रबन्ध रखा था कि संस्कृति एक स्थान से दूसरे स्थान पर और सभी स्थानों पर विकसित होती है। इस विवरण में संचार तथा तकनीकी यंत्र की भूमिका बहुत भारी होती है। इस तंत्र ने समय और स्थान के बंधन को उखाड़ फैंका है। अब सारे संसार के लोग एक दूसरे के साथ संवाद में जुट गये हैं। इस संवाद का उद्देश्य सम्पूर्ण परिवर्तन को लाना है। और यह परिवर्तन बहुआयामी है—मनोवैज्ञानिक, सामाजिक, आर्थिक और राजनीतिक। अब पुराने समूह और संगठन बेमतलब हो गये हैं। राज्य, और राष्ट्र-राज्य जैसे संगठनों पर गर्द चढ़ गई है। मैक्लूहान लिखते हैं :

> नये तकनीकी तंत्र की जो भावना है, उससे आगे और कुछ नहीं है। तकनीकी तंत्र सभी आवश्यकताओं का स्थान है और इसमें सब कुछ अपने स्थान पर है।

विश्व नगर (Global City)

टोक्यो, फैंकफर्ट, न्यूयार्क, लंदन, मुम्बई और नई दिल्ली आदि विश्व नगर के दृष्टांत हैं। **विश्व नगर, अवधारणात्मक रूप थे, वह नगर हैं जो नई वैश्वीय अर्थव्यवस्था का संगठनात्मक केन्द्र हैं।** मुम्बई का स्टाक एक्सचेंज भारत की तिजारेदारी का केन्द्रीय स्थान है। विदेशी मुद्रा का लुढ़कना और उठना यह केन्द्र ही निर्धारित करता है। ससकिया ससेन (Saskia Sassen, 1998) का कहना है कि वैश्वीकरण की प्रक्रिया यद्यपि राज्यों के बीच में होती है, पर वास्तव में यह प्रक्रिया बड़े-बड़े नगरों के बीच में होती है। वास्तव में वैश्वीकरण बड़े शहरों और महानगरों में होता है। ससकिया ससेन ने वैश्वीकरण और बड़े शहरों के इस विवाद को अपने पुस्तक **दि ग्लोबल सिटी** (The Global City, 1991) में सबसे पहली बार उठाया था। **विश्व नगर से उनका तात्पर्य उन नगरों से है जो बहुराष्ट्रीय निगमों, वित्तीय संगठनों परामर्शदाताओं के मुख्यालय हैं।** इन्हीं नगरों अन्तर्राष्ट्रीय व्यापार होता है और ये नगर ही पूँजीवाद के विकास के केन्द्र हैं। **ससकिया ससेन** ने विश्व नगरों के मुख्य लक्षण इस तरह दिये हैं :

1. ये विश्व नगर वैश्वीकरण की रीति-नीति के निर्धारण में महत्त्वपूर्ण भूमिका अदा करते हैं। वैश्वीय अर्थव्यवस्था इन्हीं के हाथों गढ़ी जाती है।
2. ऐसे नगर वित्तीय और विशेष परामर्श के केन्द्रीय स्थान होते हैं। इन नगरों का उद्देश्य वस्तुओं का उत्पादन करने का न होकर आर्थिक विकास को प्रभावित करने का होता है।
3. ये नगर नये आविष्कारों के केन्द्र होते हैं।
4. ये शहर वस्तुतः बाजार होते हैं जिनमें वित्तीय और सेवा उत्पादनों की खरीद होती है, बिक्री होती है या उन्हें फैंक दिया जाता है।

ससेन की विश्व नगर की अवधारणा को कई अन्य लेखकों ने विकसित किया है। उनका कहना है कि ज्यों-ज्यों वैश्वीकरण का विकास होता है, त्यों-त्यों विश्व नगरों की तालिका भी आकार में बढ़ने लगती है। **इन विश्व नगरों के इर्द-गिर्द अब क्षेत्रीय केन्द्र** (Regional Centres) **भी बनने लगे हैं। एक क्षेत्रीय केन्द्र में कई विश्व नगर सम्मिलित होते हैं।**

मानव विकास रिपोर्ट : 2000 (Human Development Report : 2000)

संयुक्त राष्ट्र संघ विकास कार्यक्रम (UNDP) के अन्तर्गत प्रकाशित मानव संसाधन रिपोर्ट में यह कहा गया है कि आधुनिक युग वस्तुतः वैश्वीकरण का युग है। यह रिपोर्ट कहती है कि वैश्वीकरण दुनिया के लिये नया नहीं है। इसका प्रारम्भ 16वीं शताब्दी से है। लेकिन आज का वैश्वीकरण अतीत के वैश्वीकरण से भिन्न है। इस रिपोर्ट ने वैश्वीकरण को चार विशेषताओं द्वारा परिभाषित किया है :

1. **नये बाजार** (New Markets) : विदेशी विनिमय और पूँजी बाजार वैश्वीय स्तर पर जुड़े हुए हैं और ये बाजार चौबीसों घंटे काम करते हैं। इनके लिये भौतिक दूरियाँ कोई अर्थ नहीं रखतीं।
2. **नये उपकरण** (New Tools) : आज के विश्व में लोगों के लिये कई नये उपकरण (Tools) आ गये हैं। इनमें इन्टरनेट लिंक्स, सेल्यूलर फोन्स और मीडिया तंत्र सम्मिलित हैं।
3. **नये एक्टर या कर्त्ता** (New Actors) वैश्वीकरण की प्रक्रिया ऐसी है जिसमें कार्यों का संपादन करने के लिये कई कर्त्ता हैं। इन कर्त्ताओं में **विश्व व्यापार संगठन** (WTO), गैर सरकारी संगठन, रेडक्रास आदि सम्मिलित हैं।
4. **नये नियम** (New Rules) : अब सारे काम **संविदा** (Contract) के माध्यम से होते हैं। बहुराष्ट्रीय कम्पनियाँ दुनिया भर के राष्ट्र-राज्यों के साथ सीधा व्यापार समझौता करते हैं। हमारे देश में अमेरिकी बहुराष्ट्रीय एनरोन कम्पनी ने महाराष्ट्र सरकार के साथ बिजली की आपूर्ति के लिये समझौता किया था। इसी तरह के समझौते अन्य देशों के साथ भी होने हैं। ये कतिपय नये नियम हैं जो वैश्वीकरण के आर्थिक और सांस्कृतिक, कार्यक्रमों को लागू करने में सहायता देते हैं।

मानव संसाधन विकास की यह रिपोर्ट बताती है कि अपने नये अवतार में वैश्वीकरण अधिक शक्तिशाली बन गया है। इसे अधिक स्पष्ट करते हुए रिपोर्ट कहती है:

> वैश्वीय बाजार, वैश्वीय तकनीकी तंत्र, वैश्वीय विचार और वैश्वीय सुदृढ़ता, यह आशा की जा सकती है, संसार भर के लोगों को समृद्धि देंगे। लोगों के बीच की पारस्परिकता और अन्तर्निर्भरता में यह आशा की जाती है कि लोग साझा मूल्यों में विश्वास स्थापित करेंगे और दुनिया भर के लोगों का विकास होगा।

हम समझते हैं, हमने वैश्वीकरण के अर्थ को स्पष्ट करने के लिये बड़े विस्तृत प्रयास किये हैं। कुल मिलाकर अब हम इस स्थिति में हैं कि यह निश्चयपूर्वक कह सकें कि यह अवधारणा बड़ी जटिल है। इसके अर्थों में द्वन्द्व है। यह स्थानीयता और सार्वभौमिक को आमने-सामने कर देती है। इस प्रतिरोध के होते हुए भी यह सभी मानते हैं कि वैश्वीकरण की अवधारणा में समय-और स्थान एकदम **सिमट** (Compuss) गये हैं। इस अवधारणा की परिभाषा आज की स्थिति में बहस में घिर गई है। **इस बहस में कुछ विचारकों का कहना है कि वैश्वीकरण को केवल एक कारक या एक चर द्वारा समझाया जा सकता है।** गिडेन्स इसे समय और स्थान के सिकुड़ने के साथ समझाते हैं। वे इसकी व्याख्या **दूरीकरण** (Distanciation) द्वारा करते हैं। इसी सम्प्रदाय के हार्वे भी गिडेन्स की समय-स्थान के प्रबन्ध को स्वीकार करते हैं। बेल स्टेन वैश्वीकरण की व्याख्या पूँजीवाद के संदर्भ में करते हैं और रोजेनाऊ तकनीकी तंत्र के विकास के साथ। गिलपीन वैश्वीकरण को शक्ति की राजनीति के साथ जोड़ते हैं। ये सब लेखक वैश्वीकरण की व्याख्या केवल

एक-कारक (Single) द्वारा करते हैं। बहस का यह एक पृथक् सम्प्रदाय है।

बहस का दूसरा सम्प्रदाय उन विचारकों का है जो यह मानकर चलता है कि वैश्वीकरण एक ऐसी प्रक्रिया है जो अनिवार्य रूप से **बहुलवादी** (Plural) है। वैश्वीकरण केवल एक आर्थिक, राजनीतिक, और सांस्कृतिक प्रक्रिया ही नहीं है। यह बहुआयामी है। इसके कई रूप हैं, कई स्वरूप हैं, कई अवतार हैं। इस सम्प्रदाय के लेखकों में रोबर्स्टन और मेलकॉम प्रमुख हैं। आज भी वैश्वीकरण की यह प्रक्रिया अपने निर्माणावस्था से गुजर रही है। इसे चुनौती दी जाने लगी है। विकासशील देशों के लोग वैश्वीकरण को आर्थिक और साम्राज्यवादी प्रक्रिया के रूप में देख रहे हैं। इसके विरोध में आन्दोलन होरहे हैं। वैश्वीकरण ने स्थानीय संस्कृति के विस्तार और विकास को कमजोर कर दिया है। इन सब कारणों से हम कहते हैं कि इस प्रक्रिया की कोई एक सर्वसम्मत परिभाषा देना कठिन है। लेकिन एक बात स्पष्ट है। यह अवधारण अपने परिवेश में इतनी विस्तृत है कि इसकी व्याख्या किसी एक कारक द्वारा नहीं की जा सकती। इसकी प्रकृति ही बहुलवादी है।

वैश्वीकरण और इसकी गतिशीलता
(Gloalizations and its Dynamics)

वैश्वीकरण के बुलबुले की चर्चा करना आज के समय में एक सामान्य बात है। कहिये यह एक फैशन है। कोई भी बात अधूरी है जब तक वैश्वीकरण के पद का प्रयोग नहीं होता। यह सब ठीक है। पर इस अवधारणा में बड़ी जटिलता है। जब हम इसकी गतिशीलता को देखते हैं, तब इसके कई विरोधाभास हमारे सामने आते हैं। मुम्बई शहर का आम आदमी अपनी सुबह का प्रारम्भ बिजली की रेल से करता है और कोलकोता का आदमी मेट्रो में सवारी करता है और इसी देश में गाँव का आदमी अपनी सामान्य यात्रा पैदल चलकर प्रारम्भ करता है। कई लोग ऐसे हैं जिन्होंने पूरे जीवन में रेल गाड़ी नहीं देखी, और कई मोटर गाड़ी में नहीं बैठे। यह सब क्या बताता है? वैश्वीकरण की अवधारण अपने गत्यात्मक रूप में कई द्वैत (Dualities) उत्पन्न करती है। इधर सेल्यूलर फोन हैं और उधर आदमी पैदल चलकर मौत का संदेश पहुँचाता है। वैश्वीकरण अपनी गतिशीलता में कई जटिलताएँ पैदा करता है। इस अवधारणा पर हाल में ढेर सारा साहित्य आया है। इससे बहुत स्पष्ट है कि वैश्वीकरण अनिवार्यतः एक प्रक्रिया है और इस प्रक्रिया में पर्याप्त द्वन्द्व है और इसके द्वारा लाये गये परिवर्तन में भी **अनियमितता** (unevenness) है। कहीं तो वैश्वीकरण के मेक्डानल्ड खड़ा कर दिया है और कहीं पीने के लिये चुल्लू भर पानी भी नहीं है। यह अनियमितता वैश्वीकरण की गतिशीलता में मिलती है।

यह सत्य है कि वैश्वीकरण के जो भी विवरण हमें मिले हैं, **सोदृश्यवादी** (Teleological) नहीं है। ये सब विवरण निश्चित रूप से यह मानकर चलते हैं कि वैश्वीकरण एक ऐतिहासिक प्रक्रिया है जिसका उद्देश्य एक सार्वभौमिक मानव समाज का

निर्माण करना है। दुनिया भर की यह धारणा रही है कि किसी तरह सम्पूर्ण वसुधा को एक कुटुम्ब के सूत्र में बांध दिया जाये। उद्देश्य स्पष्ट होने पर भी इस धारणा में द्वन्द्व है-कहीं धूप है और कहीं छाया। इस प्रबन्ध को गिडेन्स ने भी स्वीकार किया है। उनका निष्कर्ष है कि वैश्वीकरण के परिणामस्वरूप जो भी परिवर्तन आता है, वह एक समान (Uniform) नहीं होता। वे लिखते हैं :

> वैश्वीकरण एक **द्वन्द्वात्मक** (Dialectical) प्रक्रिया है। यह इसलिये कि इसके कारण जो परिवर्तन आता है, कभी एक समान नहीं होता। इसके परस्पर विरोधी अभिवृत्तियाँ होती हैं।

ठीक है कि वैश्वीकरण में द्वन्द्व निहित है, पर यह द्वन्द्व अन्त में चलकर किस यथार्थ या तात्विक स्वरूप को ग्रहण करता है, इसका अभी हमारे पास उत्तर नहीं है। **स्टुअर्ट हाल** (Stuart Hall) ने कोशिश करके वैश्वीकरण में पाये जाने वाले **द्वैतों** (Dualities) की शिनाख्त की है। इन द्वैत या दोहरे (Binary) पदों को हम यहाँ रखेंगे :

सार्वभौमीकरण बनाम विशिष्टीकरण
(Universalization Versus Particularism)

जिस तरह वैश्वीकरण आधुनिक सामाजिक जीवन का सार्वभौमीकरण है वैसे ही विशिष्ट वस्तुओं का उत्पादन भी करता है। सारी दुनिया में अब **फास्ट फूट** (Fast Food) बेचा जाने लगा है, सभी ओर टीन में बन्द खाद्य वस्तुएं पहुँचाई जा रही हैं यानी सार्वभौमीकरण हो रहा है वहीं वैश्वीकरण विशिष्ट वस्तुओं का उत्पादन भी करता है जो अभिजन के लिये होते हैं। **रोबर्स्टन** और **वेलेस्टेन** इस तथ्य पर जोर देते हुए कहते हैं कि सार्वभौमिक और स्थानीय का दुराव वैश्वीकरण ने किया है।

सजातीयकरण बनाम विभेदीकरण
(Homogenization Versus Differentiation)

सतही रूप से तो वैश्वीकरण एक समान दिखता है। वहीं शहरी जीवन, भागम-दौड़, पाँच सितारे होटल, चमकीली सड़कें और मुँह पर कोस्मेटिक थोपे महिलायें। कहीं अन्तर नहीं दिखाई देता—मुम्बई देखिये या न्यूयार्क। मध्यम वर्ग की जीवन-शैली भी लगभग एक जैसी दिखाई देती है। पर जब एक क्षेत्र को छोड़कर दूसरे क्षेत्र में आते हैं तो जैसे भयंकर अन्तर दिखाई देता है। हमारे देश में एक एथनिक समूह में, वैश्वीकरण के होते हुए भी, दूसरे एथनिक समूह से अन्तर देखने को मिलता है। इस भाँति वैश्वीकरण की यह अवधारणा समानता और सजातीयता को लाती है, वहीं लगे हाथों विभेदीकरण को भी पैदा करती है। **इसकी प्रकृति ही गैर-बराबरी की है। यह भी नहीं भूलना चाहिये कि वैश्वीकरण पूँजीवादी वैश्वीकरण भी है।**

एकीकरण बनाम विखण्डन
(Integration Versus Fragmentation)

वैश्वीकरण विश्व स्तर की संस्थाओं और संगठनों को जन्म देता है। दुनिया भर में पर्यावरण के क्षरण को रोकने के लिये, महिलाओं के साथ होने वाले भेदभाव पर पाबन्दी लगाने के लिये, वित्तीय सहायता देने वाले संगठन और आन्दोलन उभर कर आ रहे हैं। आतंकवाद के रोकथाम के लिये राष्ट्र-राज्य एक होरहे हैं, ये सब दृष्टान्त वैश्वीकरण द्वारा लाये जाने वाले एकीकरण को बताते हैं। दूसरी ओर वैश्वीकरण विखण्डन को भी प्रोत्साहित करता है। श्रम संगठन एक ही राष्ट्र में विखण्डित देखने को मिलते हैं। बूल (Bull, 1977) ने इस क्षेत्र में काम किया है। वे कहते हैं कि वैश्वीकरण के प्रभाव के होते हुए भी एक ही धर्मावलंबी स्थानीय स्तर पर बँटे हुए दिखाई देते हैं।

केन्द्रीयकरण बनाम विकेन्द्रीकरण
(Centralization Versus Decentralisation)

वैश्वीकरण में सामान्यतया शक्ति का केन्द्रीयकरण होता है। इसी तरह ज्ञान, सूचना, सम्पत्ति और निर्णयशक्ति का भी केन्द्रीकरण होता है। आज अमेरिका और यूरोप के समुदाय के पास शक्ति, धन और सूचना का पर्याप्त भण्डारण है। लेकिन दूसरी ओर विकेन्द्रीकरण भी है। लोग स्थानीय समस्याओं को लेकर आन्दोलन करने लगे हैं। हमारे यहाँ स्वायत्तता के नाम पर नये राज्य बने हैं। बड़े बाँध के खिलाफ आन्दोलन चल रहे हैं। यह सब विकेन्द्रीकरण की प्रक्रियाएँ हैं।

सान्निध्यता बनाम समन्वयवाद
(Juxtaposition Versus Syncretization)

वैश्वीकरण में समय और स्थान सिकुड़ जाते हैं। दुनिया भर के लोग अपनी जीवन-पद्धति और कार्यशैली में एक दूसरे के निकट दिखाई देते हैं लेकिन इसके परिणाम कुछ दूसरी तरह के भी होते हैं। जीवन की सान्निध्यता पूर्वाग्रह भी पैदा करती है। लोगों को लगता है जैसे वैश्वीकरण उनकी सांस्कृतिक पहिचान को छीन लेगा। वे बेनाम हो जायेंगे। होता यह है कि वैश्वीकरण और स्थानीयकरण की अन्तःक्रिया में एक ऐसी पहिचान उभरकर आती है जिसे **मिश्रित** पहिचान (Hybridization) कह सकते हैं—ठीक आधा तीतर, आधा बटेर।

स्टुअर्ट हाल ने वैश्वीकरण के गैर-बराबर प्रभावों को बड़ा विस्तृत दिया है। इस सिलसिले में वे एक महत्त्वपूर्ण टिप्पणी करते हैं। वे कहते हैं कि जब वैश्वीकरण द्वारा लाया गया सामाजिक परिवर्तन गैर बराबरी को पनपाता है तो इसका एक दूरगामी परिणाम यह होता है कि समाज के गरीब तबके लम्बे समय तक वैश्वीकरण के लाभ से वंचित हो जाते हैं। अब समाज दो भागों में बंट जाता है, समाज ही क्यों सम्पूर्ण दुनिया दो भागों में

बंट जाती है। एक वे देश जो विकसित हैं और दूसरे वे जो विकासशील हैं। आज की स्थिति में वैश्वीकरण देशों को भी गैरबराबरी में बांटने लगा है।

वैश्वीकरण और इसके मुख्य लक्षण
(Globalization and its Major Characteristics)

समाजशास्त्रियों ने वैश्वीकरण के कतिपय मुख्य लक्षणों की पहचान की है। इसके कई कारण हैं : समय और स्थान का सिकुड़ना, राजनीति और शक्ति सम्बन्ध, तथा आर्थिक आदान-प्रदान। पिछले पृष्ठों में हमने कई परिभाषाओं का उल्लेख किया है जो वस्तुतः वैश्वीकरण के लक्षणों को बताती हैं। मेलकॉम वाटर्स वैश्वीकरण के दो मुख्य लक्षणों की चर्चा करते हैं : **आर्थिक और सामाजिक-सांस्कृतिक**। ये दो लक्षण अपने विस्तार में इतने भारी हैं कि सम्पूर्ण संसार को एक व्यवस्था के रूप में स्थापित करने का प्रयास करते हैं। यहाँ हम इन लक्षणों का सिलसिले से विवरण देंगे।

दुनिया एक शापिंग कॉम्प्लैक्स : आर्थिक वैश्वीकरण
(World a Shopping Complex : Economic Globalization)

बहुत पहिले कार्ल मार्क्स ने कहा था कि **कामगारों का कोई देश नहीं होता** (The Working men have no country) मार्क्स का प्रबन्ध बहुत सामान्य था। उनका कहना था कि पूंजीवाद प्रत्येक स्थिति में अपना विस्तार करना चाहता है और आवागमन तथा संचार सुविधाओं के विस्तार के साथ प्रत्येक युग में पूंजीवाद अपना विस्तार करेगा। निश्चित रूप से पूंजीवाद आर्थिक वैश्वीकरण का एक सशक्त साधन है। यह पूंजीवाद ही है जो वित्तीय बाजारों, वस्तुओं, श्रमिकों और विनिमय संस्थाओं को स्थापित करता है। यह मार्क्स का ही बुनियादी सिद्धान्त था कि दुनिया भर के मजदूर संगठित होकर श्रमिकों की एकता को स्थापित करेंगे। इस दृष्टि से आर्थिक वैश्वीकरण की बुनियाद मार्क्स के सिद्धान्त में ही देखी जा सकती है।

आर्थिक वैश्वीकरण के वास्तव में आज दुनिया में एक नई वर्ग व्यवस्था स्थापित कर दी है। आज एक अन्तर्राष्ट्रीय वर्ग व्यवस्था हमारे सामने है जिसमें एक राष्ट्र-राज्य के वर्ग दूसरे राष्ट्र-राज्य के साथ जुड़ गये हैं। वैश्वीय आर्थिक सम्बन्धों को स्थापित करने में व्यापार, निवेश, उत्पादन, वित्तीय-विनिमय, श्रमिक स्थानान्तरण, अन्तर्राष्ट्रीय आर्थिक सहयोग तथा संगठनात्मक व्यवहार की बहुत बड़ी भूमिका है। यह इन संस्थाओं के माध्यम से ही है कि एक अन्तर्राष्ट्रीय वर्ग संरचना को बनाये रखा जा सकता है।

यह बहुत स्पष्ट है कि जब हम आर्थिक वैश्वीकरण की व्याख्या करते हैं तो अनिवार्य रूप से हमारी चर्चा का केन्द्र पूंजीवाद होता है। जब समाजशास्त्री इस सम्पूर्ण समस्या को उठाते हैं जो वे आधुनिकता का उल्लेख अवश्य करते हैं। एक स्थान पर गिडेन्स ने कहा है कि वैश्वीकरण वस्तुतः आधुनिकता की उपज है। आधुनिकता में

पूँजीवाद, राज्य की शक्ति, प्रजातंत्र तथा सैनिक शक्ति होते हैं। इस तरह की आधुनिकता संकट को भी पैदा करती है। आधुनिकता और पूंजीवाद का विस्तार तकनीकी तंत्र की क्रांति द्वारा सम्भव हुआ है।

विश्व व्यापार (World Trade)

आर्थिक वैश्वीकरण का बुनियादी आधार व्यापार है। व्यापार भौगोलिक दृष्टि से दूर-दूर के क्षेत्रों में रहने वाले उत्पादकों, उपभोक्ताओं और वितरकों को जोड़ने का काम करता है। ब्रिटेन के लोगों की चाय पीने की चाह ने दक्षिणी एशिया के देशों के लोगों को साथ जोड़ दिया। यदि हम ऐतिहासिक दृष्टि से देखें तो व्यापार ने हमेशा एक देश को दूसरे देश के साथ जोड़ा है। मध्य युग का इतिहास हमारे लिये ऐसे कई प्रमाण देता है।

अब तो बहुराष्ट्रीय निगम व्यापार के क्षेत्र में बहुत बड़ी तादाद में आगये हैं। अब व्यापार अन्तर्राष्ट्रीय बाजार में होने लगा है। कई बहुराष्ट्रीय कम्पनियाँ भाँति-भाँति के उत्पाद को लेकर विभिन्न देशों में पहुँच गई हैं। आधुनिकता की व्यापकता के अनुपात में व्यापार भी व्यापक हो गया है। ऑकड़े बताते हैं कि **फास्ट फूड** बनाने वाली मेक्डानल्ड कम्पनी अमेरिका से बाहर विदेशों में अपने हजारों प्रतिष्ठान रखती है। इसकी कोई दो-तिहाई शाखाएँ अमेरिका से बाहर हैं। वैश्वीकरण की बहुत बड़ी उपलब्धि उसका अन्तर्राष्ट्रीय व्यापार है।

अन्तर्राष्ट्रीय श्रम विभाजन (International Division of Labour)

जब हम विश्व व्यापार की चर्चा करते हैं तो हमारा तात्पर्य विभिन्न देशों के बीच जो श्रम विभाजन होता है, उससे होता है। अब विभिन्न देश अन्तर्राष्ट्रीय स्तर पर श्रम विभाजन करने लगे हैं। कुछ देश खास तरह के उत्पादन में विशिष्टता रखते हैं और कुछ केवल श्रमिक ही होते हैं। 20वीं शताब्दी के अंत में समाज वैज्ञानिकों ने बड़े रुचिकर ऑकड़े दिये। उनके अनुसार विकसित देश उन वस्तुओं का उत्पादन करते हैं **जिनमें अधिक धन का निवेश होता है** इन धंधों में पूंजी अधिक लगानी पड़ती है। ऐसा उत्पादन समृद्ध राष्ट ही कर सकता है। दूसरी ओर ऐसे देश हैं जो धन के निवेश के अभाव में केवल श्रम ही कर सकते हैं। ये देश परम्परागत देश हैं। इस दृष्टि से देखें तो अन्तर्राष्ट्रीय उत्पादन में वैश्वीकरण ने एक निश्चित श्रम विभाजन स्थापित कर दिया है। इस श्रम विभाजन ने रोजगार के प्रतिमान को भी बदल दिया है। जापान जैसे देश में रोजगार के बहुत बड़े अवसर तकनीकी क्षेत्र में हैं।

बहुराष्ट्रीय उद्यम (Multi-national Enterprises)

बहुराष्ट्रीय उद्यम जैसे कि **बहुराष्ट्रीय उद्यम** (Multi-national Enterprises) और **अन्तःराष्ट्रीय निगम** (Transnational Corporations, TNC) वैश्वीकरण के आधार

स्तम्भ हैं। ये उद्योग देश और देश के बाहर अपने व्यापार का बहुत बड़ा जाल रखते हैं। इन उद्यमों से जहाँ पूंजीवाद का आशातीत विस्तार होता है वैसे ही इनसे बहुत बड़ा खतरा भी है। इन उद्यमों की कई दृष्टियों से आलोचना भी हुई है। **स्केलअर** (Sklair, 1991) और **डनिंग** (Dunning) का कहना है कि यह है कि इन उद्यमों के माध्यम से व्यापार में बहुत बड़ा निवेश किया जाता है, तकनीकी तंत्र का स्थानान्तरण होता है और श्रम शक्ति को बढ़ाया जाता है। ये उद्यम भीमकाय होते हैं और कभीकभी तो राष्ट्र-राज्यों की प्रभुसत्ता को भी धत्ता बता देते हैं। इन टी.एन.सी. कम्पनियों का संगठन आज ऐसा होगया है कि इनके साथ समझौते होते हैं। एम.एन.ई. भी ऐसा ही अन्तराष्ट्रीय उद्यम है। अमेरिकी कम्पनी—**फोर्ड मोटर** आज इतनी शक्तिशाली है कि इसने पूंजीवाद को उत्तर-आधुनिकता का स्वरूप दे दिया है। अब उत्तर-आधुनिकता का उद्योगवाद **फोर्डवाद** (Fordism) के नाम से जाना जाता है। फोर्डवाद वस्तुतः अन्तर्राष्ट्रीय उद्योग का एक वैश्वीय पैराडिम है।

वित्तीय बाजारों का वैश्वीकरण (Globalization of Financial Markets)

गिलपीन ने वैश्वीकरण के आर्थिक लक्षणों के विवरण में कहा है कि यूरोप में अन्तर्राष्ट्रीय बाजार 1870 से लेकर 1985 तक तीन शक्तिशाली पड़ाव तय कर चुका है। इसमें **विश्व बैंक** तथा **अन्तर्राष्ट्रीय मुद्रा फंड** (International Monetary Fund) की भूमिका बड़ी शक्तिशाली होती है। वित्तीय बाजारों का यह कामकाज दुनिया भर के लोगों और राज्यों को प्रभावित करता है। इसके माध्यम से दूर-दराज के क्षेत्र आपस में जुड़ जाते हैं। अब इन अन्तर्राष्ट्रीय बैंकिंग संगठनों का कर्ज देने में समय, स्थान और मुद्रा (Currency) की कोई अड़चन नहीं आती। भारत का कोई भी खरीददार जापान के साथ अपनी वस्तु को गिरवी रख सकता है। अब कर्ज लेने की व्यवस्था अन्तर्राष्ट्रीय हो गई है। लेकिन इस प्रकार कर्ज बिना सांस्कृतिक प्रभाव के कभी नहीं होता।

प्रवासी श्रमिक (Migrant Labour)

अगर वैश्वीकरण ने वित्तीय बाजार की भूमिका में क्रांतिकारी फेर-फार किये हैं, तो न्यूनतम फेर-फार प्रवासी श्रमिकों में हुआ है। दुनिया भर के देशों में खूब आदान-प्रदान हो रहा है, लेकिन अपना देश छोड़कर श्रमिक दूसरे देश में काम के लिए जाना कम पसन्द करते हैं। इसके कई कारण हैं। बात यह है कि दूसरे देश में प्रवासी की तरह रहने में कई कठिनाइयाँ आती हैं। जीवन स्तर में बड़ा अन्तर आता है। भाषा की कठिनाई भी आती है। **एमोट** (Emmott, 1993) के अध्ययन का निष्कर्ष है कि प्रवासी श्रमिकों की उपस्थिति दूसरे देशों मुख्य रूप से संस्कृति के कारण नहीं होती। वे यह भी कहते हैं कि राष्ट्र-राज्य सरकारें भी ऐसे प्रवासियों पर कड़ा अंकुश रखते हैं। वे सामान्यतया श्रमिकों को देश से जाना ठीक नहीं समझते हैं।

वर्गों का अन्तर्राष्ट्रीयकरण (Internationalizatin of Classes)

वेन डर पील (Van der Piyl, 1989) ने मार्क्स की वर्ग व्यवस्था का विश्लेषण वैश्वीकरण के संदर्भ में किया है। मार्क्स का प्रबन्ध था कि किसी भी राज्य में वर्ग क्रांति करेंगे और परिणामस्वरूप उस राज्य में वर्गहीन और राज्यहीन समाज का निर्माण होगा। इस तरह के समाजवाद का उदय राज्य की सीमाओं में ही होगा। इस प्रबन्ध को **पील** ने आगे बढ़ाया है। **उनका नया प्रबन्ध यह है कि अब पूंजीवाद अन्तर्राष्ट्रीय हो गया है और इसके परिणामस्वरूप वर्गों का रूपान्तरण भी होगा।** अब वर्गों में अन्तर्राष्ट्रीय चेतना आने लगी है। वर्ग राष्ट्र-राज्यों की सीमाओं को तोड़ने लगे हैं। यह सब व्यापार, पूंजी के निवेश और उत्पादन के अन्तर्राष्ट्रीय होने के कारण सम्भव हुआ है। वर्गों के इतिहास में यह पहला अवसर है।

वैश्वीकृत अर्थव्यवस्था (Globalized Economy)

मेलकॉम ने यह तर्क दिया है कि आज के वैश्वीकरण ने हमारी सम्पूर्ण अर्थव्यवस्था को विश्वव्यापी बना दिया है। ऐसे कहने से पहले उन्होंने दुनिया भर के व्यापार और अन्तर्राष्ट्रीय निगमों का तैयार किया है इसी के आधार पर वे कहते हैं अब हमारी अर्थव्यवस्था वैश्वीकृत हो गई है। मेलकॉम आर्थिक वैश्वीकरण को निम्न बिन्दु पर देखते हैं। इनकां हमने पिछले पृष्ठों में विवरण दिया है। दोहराने का आरोप स्वीकार करते हुए इसे निम्न तालिका में रखेंगे :

आर्थिक वैश्वीकरण की फहरिस्त (तालिका)

(An Inventary of Economic Globalization)

	आर्थिक आयाम (Economic Dimension)	**वर्तमान स्थिति (Current Situation)**
1.	व्यापार	न्यूनतम सीमा-शुल्क
2.	उत्पादन	श्रम विभाजन तकनीकी दक्षता के आधार, तथा उत्पादन में विकेन्द्रीकरण
3.	निवेश	अब अन्तर्राष्ट्रीय निगम (TDC) का स्थान गठबंधन ने ले लिया है।
4.	संगठनात्मक विचारधारा	दुनिया अब अत्यधिक उत्पादन अर्थात् उत्तर-फोर्डवाद में विश्वास करती है।
5.	वित्तीय बाजार	इस क्षेत्र में वैश्वीकरण लगभग पूरा हो गया है।
6.	श्रम बाजार	इसमें राष्ट्र-राज्य का नियंत्रण बराबर कायम है। यह व्यक्ति की इच्छा पर है कि वह प्रवास करे।

आर्थिक वैश्वीकरण की तालिका बड़ी प्रभावोत्पादक है। इसके आधार पर मेल कॅम निम्न निष्कर्ष निकालते हैं :

(1) वित्तीय बाजार और संगठनात्मक विचारधारा के क्षेत्र में वैश्वीकरण ने पर्याप्त तरक्की कर ली है। यही स्थिति संगठनात्मक विचारधारा के क्षेत्र में देखने को मिलती है। अब उत्तर-फोर्डवाद यानी ज्ञान के तकनीकी तंत्र के दर उत्पादन होने लगा है।

(2) श्रम बाजार में अभी आर्थिक वैश्वीकरण बहुत पिछड़ा है। अन्तर्राष्ट्रीय प्रवास की प्रवृत्ति अभी उत्साहजनक नहीं है।

(3) यह पाया गया है कि अब भी भौतिक सम्बन्ध स्थानीयता से ही बंधे हुए हैं। इस तथ्य को पहली बार मार्क्स ने रखा था। हाल में **वैलेस्टेन** (Wallertein) ने भी इसी प्रबन्ध को रखा है।

(4) शक्ति सम्बन्धों (Power Relations) का पर्याप्त अन्तर्राष्ट्रीयकरण हो गया है। इसमें **प्रतीकात्मक सम्बन्धों** (Symbolic Relationships) की भूमिका बढ़ गई है।

वैश्वीकरण की प्रक्रिया में जो आर्थिक अन्तर्राष्ट्रीयकरण हो रहा है, इसमें राष्ट्र-राज्यों की भूमिका बहुत सहायक है। राज्य के सहयोग के बिना अन्तर्राष्ट्रीय अर्थव्यवस्था कभी आगे नहीं बढ़ सकती। आज आर्थिक दशा ने जिस दिशा को अपनाया है इसमें लगता है कि उत्तर-आधुनिक दुनिया में अर्थ व्यवस्था निश्चित रूप से अन्तर्राष्ट्रीय बन जायेगी।

आर्थिक वैश्वीकरण ने गरीबों के लिये क्या किया?
(What did Economic Globalization do for the Poor?)

इस सम्बन्ध में हमें **केसेल्स** (Castells, Manuel, The Information Age : Economy, Society and Culture, 1998) को उद्घृत करना चाहिये। इस लेखक ने **वैश्वीय अर्थव्यवस्था** (Global Economy) का उल्लेख किया है। वे दो महत्त्वपूर्ण बातें करते हैं। **पहली तो यह कि वैश्वीकरण की अनिवार्य प्रकृति पूंजीवादी है। दूसरी, इसमें वर्ग जैसी कोई बात नहीं है।** दूसरे शब्दों में वैश्वीकरण में कोई पूंजीवादी वर्ग नहीं है। वे लिखते हैं :

> समाजशास्त्रीय और आर्थिक दृष्टि से वैश्वीकरण में, कोई **वैश्वीय पूंजीवादी वर्ग** (Global Capitalist Class) नहीं है। स्थिति यह है कि आज दुनिया में एक एकीकृत पूंजीवादी संरचना है। यह संरचना ही अर्थ व्यवस्था को बनाती है और इससे समाज प्रभावित होते हैं।

केसेल्स का तर्क है कि जिसे हम पूंजीवादी संरचना कहते हैं उसका आधार **सूचना तकनीकी तंत्र** (Information Technology) है। जहाँ औद्योगिक समाज में पूरा दबाव

विशाल उत्पादन पर था, वैश्वीकरण में यह दबाव सूचना तकनीकी तंत्र पर है। वास्तव में देखा जाये तो आर्थिक वैश्वीकरण का पूरा मुद्दा विवाद से घिरा हुआ है। लगता है यह विवाद अभी और गहरायेगा। इसका कारण यह है कि वैश्वीकरण की प्रक्रिया अभी और तेजी से चल रही है। आर्थिक वैश्वीकरण की इस चर्चा का उपसंहार हमें **संयुक्त राष्ट्र विकास कार्यक्रम** (UNDP) की रिपोर्ट से करना चाहिये। यह रिपोर्ट कहती है :

> अधिक से अधिक गरीब लोगों और अधिक से अधिक धनवान लोगों के बीच की खाड़ी अधिक चौड़ी होरही है।

अपने कथन के प्रमाण में इस रिपोर्ट ने तथ्यात्मक सामग्री भी जुटाई है। इसका कहना है कि वैश्वीकरण की प्रक्रिया अपनेआपमें अकेली नहीं है। इस आर्थिक प्रक्रिया के तीन महत्त्वपूर्ण पहलू हैं : **निजीकरण** (Privatization), **उदारीकरण** (Liberalization) और **बौद्धिक सम्पत्ति अधिकार** (Intellectual Property Rights)। यू.एन.डी.पी. की इस रिपोर्ट ने और भी कई महत्त्वपूर्ण निष्कर्ष रखे हैं। उदाहरण के लिये हथियारों की गैर-कानूनी आवाजाही सम्पूर्ण संसार में हो रहे हैं। कुछ असामाजिक तत्वों ने तो इसे एक व्यवसाय बना दिया है। इसी तरह आतंकवाद देश की सीमाओं को लांघ कर दूसरे देशों की सीमाओं पर पहुंच गया है। एड्स की बीमारी अफ्रीका से यूरोप तक पहुँच गई है। अंतर्राष्ट्रीय पर्यावरणक्षरण विश्व की समस्या बन गई है। आर्थिक वैश्वीकरण ने गैर-बराबरी को इतना व्यापक बना दिया है कि समृद्ध देशों के लिये शांति की सांस लेना कठिन हो गया है। तीसरी दुनिया के बच्चों का शोषण अपनी पराकाष्ठा पर पहुँच गया है। ऐसा ही कुछ प्रभाव स्त्रियों पर पड़ा है। भारतीय संदर्भ में ए.आर. बागची (A.R. Bagchi, 1999) का कहना है कि वैश्वीकरण की तीव्र गति ने सम्पूर्ण **मेक्रोइकोनोमिक्स** (Macroeconomics) के संतुलन को बिगाड़ दिया है। यही स्थिति एशिया के अन्य देशों में भी देखने को मिलती है। **चोसुडोवस्की** (Chossudovsky) वैश्वीकरण से उत्पन्न त्रासदी का उल्लेख करते हुए लिखते हैं :

> कुल मिलाकर वैश्वीकरण का प्रभाव वैश्वीय संकट में देखने को मिलता है। भारत और एशिया के अन्य देश और इसी तरह पूर्वी यूरोप के कई देश इस संकट के शिकार हैं।

सामाजिक-सांस्कृतिक वैश्वीकरण (Socio-cultural Globalization)

वैश्वीकरण के आर्थिक पहलू की अपेक्षा इसके सामाजिक-सांस्कृतिक पहलू अधिक जटिल और पेचीदा हैं। यह इसलिये कि इसके अन्तर्गत हम लगभग सम्पूर्ण मानव-जीवन को सम्मिलित करते हैं। समाज वैज्ञानिकों के परिवार में, सबसे पहिले समाजशास्त्रियों ने वैश्वीकरण की व्याख्या एक नपे-तुले रूप में करने का प्रयास किया। इन समाज वैज्ञानिकों में समाजशास्त्री अग्रणी हैं। समाजशास्त्रियों में **गिडेन्स, रोबर्स्टन** और **मेलकॉप** चोटी के

विश्लेषक हैं जिन्होंने वैश्वीकरण को इसकी प्रारम्भिक अवस्था में ही परिभाषित किया। **यह परिभाषा गैर-आर्थिक पहलुओं की थी यानी समाज-शास्त्रीय थी। गिडेन्स ने कहा कि वैश्वीकरण एक प्रकार से दुनिया भर के लोगों का सामाजिक सम्बन्धों का एक ताना बाना** है। दूर-दराज क्षेत्रों में रहने वाले लोगों के व्यवहार पर दुनिया भर का प्रभाव देखने को मिलता है। रोबर्स्टन जहाँ यह कहते हैं कि वैश्वीकरण में समय और स्थान सिमट गये हैं वहीं वे कहते हैं कि अब दुनिया भर के लोगों में यह चेतना आ गई है कि वे एक विशाल संसार के भागीदार हैं। यह व्यक्तिनिष्ठ चेतना वैश्वीकरण की बहुत बड़ी उपलब्धि है। रोबर्स्टन कहते हैं :

> एक प्रक्रिया के रूप में वैश्वीकरण की अवधारणा का सम्बन्ध संसार का सिमट जाना है और यह दुनिया एक है इसकी चेतना का गहरा जाना है। वैश्वीकरण अपने आपमें सम्पूर्ण विश्व की चेतना है।

वाटर्स (Waters, 1998) हमने ऊपर कहा है, वैश्वीकरण को एक सामाजिक प्रक्रिया कहते हैं। उनका 'सामाजिक' पद इतना विशाल है कि वे इसके अन्तर्गत राजनीतिक, सांस्कृतिक और आर्थिक लक्षण भी सम्मिलित करते हैं। यहाँ हम वैश्वीकरण के राजनीतिक, सांस्कृतिक और सामाजिक स्वरूपों को देखेंगे।

राजनीतिक वैश्वीकरण (Political Globalization)

आज के वैश्वीकरण के युग के **डेनयल बैल** कहते हैं कि हमारे जीवन की बड़ी समस्याओं का निराकरण करने के लिए राष्ट्र-राज्य बहुत छोटा है। पहिले प्रत्येक राष्ट्र अपने आप में किसी कछुए की तरह सिमटा हुआ और अलग-थलग था। आज आर्थिक और राजनीतिक दृष्टि से दुनिया भर के राष्ट्र के दूसरे से जुड़े हुए हैं। इस जुड़ाव के होते हुए भी प्रत्येक राष्ट्र की अपनी एक स्थानीयता है, क्षेत्र है, सीमाएँ हैं और निर्णय लेने की एक प्रजातांत्रिक व्यवस्था है। एक परिवर्तन आया है और यह परिवर्तन पक्का है। अब राष्ट्र के निर्णय और उसकी गतिविधियाँ वैश्वीकरण द्वारा प्रभावित होती हैं। इसी को हम राजनीतिक वैश्वीकरण कहते हैं।

(1) राष्ट्र राज्य की शक्ति और प्रभावोत्परकता में कमी
(Reduction in the power and effectiveness of nation-state)

वैश्वीकरण ने दुनिया भर के राष्ट्र-राज्यों को आर्थिक और सांस्कृतिक सूत्र में बांध दिया है। अब **वैश्वीय मुद्दों का राष्ट्रीयकरण हो गया है।** (Nationalization of Global Issues)। अब राष्ट्र-राज्य के विचार और आर्थिक नीतियाँ क्षेत्रीय सीमाओं को लांघ कर बाहर जा रही हैं। राष्ट्र-राज्य की आन्तरिक नीति इस संदर्भ में कमजोर हो गई है। एक तरह से वैश्वीकरण के संदर्भ में राष्ट्र-राज्य की शक्तियों में कमी आई है और इसका प्रभाव हल्का पड़ गया है।

(2) राज्य के कई परपरागत अधिकार क्षेत्र उसके हाथ से निकल गये हैं

(Many traditional areas of state have goneout of its control)

परम्परा से राष्ट्र-राज्य रक्षा, संचार, आर्थिक व्यवस्था अपने अधिकार क्षेत्र में समझते आरहे थे। अब इन क्षेत्रों का समन्वयन अन्तर्राष्ट्रीय या अन्तर्राज्यीय स्तर पर होने लगा है।

(3) अब राष्ट्र-राज्यों की प्रभुसत्ता बड़े राजनीतिक संगठनों के साथ जुड़ गई है

(Now Sovereignty of nation-states is linked with larger political organisations)

राष्ट्र-राज्यों की प्रभुसत्ता निरपेक्ष नहीं है। आर्थिक सुरक्षा, शक्ति राजनीतिक सम्बन्धों आदि के कारण बहुराष्ट्रीय संगठनों के साथ समझौता करना पड़ता है इसके राष्ट्र-राज्य का अस्तित्व खतरे में पड़ सकता है। ऐसे संगठनों में **नोर्थ एटलान्टिक ट्रिटी ओरगेनाइजेशन** (NATO), **ओरगेनाइजेशन ऑफ पेट्रोलियम एक्सपोर्टिंग कन्ट्रीज** (OPEC), **संयुक्त राष्ट्र संघ** (UNO), **इन्टरनेशनल मोनिटरी फण्ड** (IMF) सम्मिलित हैं।

(4) वैश्वीय अभिशासन का उद्गम

(Emergence of Global Governance)

वैश्वीकरण के परिणामस्वरूप जहाँ राष्ट्र-राज्यों का अधिकार क्षेत्र सिमटा है, वहीं एक ऐसे अभिशासन का उदय हुआ है जो वैश्वीय है, दुनिया भरके राज्यों को अपनी सीमा में ले आता है। जब इस तरह का वैश्वीय अभिशासन व्यापक हो जायेगा और उसमें सुदृढ़ता आ जायेगी, तब राष्ट्र-राज्यों की शक्ति और भी कमजोर हो जायेगी।

हेल्ड (Held, D. 1991) ने **पोलिटिकल थ्योरी टु-डे** (Political Theory Today, 1991) पुस्तक का संपादन किया है। इस पुस्तक में उन्होंने अपने एक लेख में कहा है कि आने वाले वर्षों में इस बात की पूरी सम्भावना है कि **विश्व अभिशासन** (World Government) की अवधारणा अपने मूर्तरूप में आ जायेगी। **हेल्ड** की इस तरह की सम्भावना से **गिडेन्स** (1985) सहमत नहीं हैं। उनका कहना है कि स्वयं वैश्वीकरण ने ही राष्ट्र-राज्य की अवधारणा को जन्म दिया है। इसके पहिले सभी राष्ट्र केवल राज्य ही थे। ऐसी अवस्था में वैश्वीकरण किसी भी स्थिति में राष्ट्र-राज्य को निगल नहीं सकता।

***(5) मानव अधिकार** (Human Rights)*

वैश्वीकरण ने राजनीतिक स्तर पर और बहुत बड़ी उपलब्धि की है। अब यह माना जाने लगा है कि यदि राज्य की सत्ता को बेलगाम छोड़ दिया गया तो **आदमी** का शोषण बढ़ जायेगा। इस धारणा को मानव अधिकार के रूप में संस्थागत स्वरूप दिया गया है। इतिहास के सभी युगों में **आदमी** को केन्द्रीय स्थान दिया गया है। प्रारम्भ में आदमी को

किसी भी राज्य के एक नागरिक (Citizen) का दर्जा दिया गया और कहा गया कि राज्य को नागरिक के अधिकार की पूरी सुरक्षा करनी चाहिये। इसी धारणा के अनुरूप राज्य को **कल्याणकारी** (Welfare) संस्था के रूप में समझा जाने लगा। **मार्शल** (Marshall, T.1973) ने अपनी पुस्तक **क्लास, सिटीजनशिप एण्ड सोश्यल डेवलपमेंट** (Class, Citizenship and Development) इस प्रबन्ध को रखा कि नागरिक के अधिकार केवल **कानूनी** (Legal) ही नहीं हैं, राजनैतिक भी हैं इसलिये उन्हें मतदान करने का अधिकार भी मिलना चाहिये। अब नागरिक राज्य की गतिविधियों पर भी अपना अंकुश रखने लगे।

द्वितीय विश्व युद्ध के बाद नागरिकों के अधिकार में एक क्रांतिकारी परिवर्तन आया। **नाज़ी सरकार** (Nazi state) ने नागरिकों पर मनमानी अत्याचार किये। परिणामस्वरूप न्यूरेम्बर्ग में युद्ध के अपराधियों को अदालत के कठघरे में खड़ा कर दिया गया। इसका मतलब हुआ, यदि कोई सरकार जुल्म करती है तो उसको भी कानून का सामना करना पड़ेगा। इस घटना ने मानव अधिकारों को जन्म दिया। इसके अनुसार प्रत्येक मनुष्य को केवल मनुष्य होने के नाते कानूनी तौर पर स्वास्थ्य, शिक्षा, भौतिक कल्याण, और स्वयं के शरीर पर नियन्त्रण रखने का अधिकार है। इस मानव अधिकारों का पालन प्रायः राज्य सरकारें नहीं करती। यह इसलिये कि इन अधिकारों का लागू करना अभी कोई परम्परा स्थापित नहीं हुई है। **इसके होते हुए भी यह निश्चित है कि मानव अधिकारों का अन्तर्राष्ट्रीयकरण हो गया है। अब दुनिया में कहीं भी इन अधिकारों का जब हनन होता है तो मानव अधिकारों की संस्थाएं सक्रिय हो जाती हैं। यह सक्रियता देश की गोपनीयता को भी लांघ जाती है। जब 1988 में चीन में टैनान** (Tianan) के चौगान में हजारों विद्यार्थियों को पुलिस ने गोलियों से भून दिया था तब मानव अधिकारों के तहत चीन का कूटनीतिक और आर्थिक बहिष्कार कर दिया गया था। इस तरह मानव अधिकार किसी भी नागरिक के बुनियादी अधिकार समझे जाते हैं। इनकी उपेक्षा कई राज्यों के हस्तक्षेप को आमंत्रित करती है। **मानव अधिकार वस्तुतः वैश्वीकरण का राजनीतिक पहलू** है।

(6) भू-मण्डलीय पर्यावरण (Planetary Environment)

हम कह रहे हैं : वैश्वीकरण में बहुलवाद है, यह आर्थिक है, राजनीतिक है, सांस्कृतिक और एथनिक है। इसका सशक्त पहलू पर्यावरण भी है। जंगल, भारत में नहीं, दुनिया भर में कट गये हैं, कहीं कम तो कहीं ज्यादा। वैश्वीकरण की विशिष्टता यह है कि यह स्थानीय को विश्व के साथ जोड़ती है। अगर मानव अधिकार व्यक्ति को सम्पूर्ण मनुष्य समाज के साथ जोड़ते हैं, तो हमारे इस भू-मण्डल (Planet) के साथ पर्यावरण जुड़ता है। अब यह समझा जाने लगा है कि **पृथ्वी** (Earth) हम सबकी है और यदि इसका कहीं भी क्षरण होता है, तो इससे हम सबका सरोकार है। पृथ्वी घर है और इसके रख-रखाव पर हमें पूरा ध्यान देना चाहिये। हम स्वयं तो इस पृथ्वी पर आराम से रहना चाहते ही हैं लेकिन हम

यह भी बराबर चाहते हैं कि हमारी अगली पीढ़ियाँ भी इस पर सुविधाजनक रूप से रहें।

पर्यावरण के क्षेत्र में एक युगान्तरकारी विचारधारा 1976 में **रोम के क्लब** (Club of Rome) में आई। इसमें पर्यावरण से गहन सरोकार रखने वाले कुछ बौद्धिकों की बैठक हुई। **इस बैठक में यह विचारधारा रखी कि यह पृथ्वी जिसमें हम सब रहते हैं, उतने ही लोगों को पनाह दे सकती है जितनी इसकी गुंजाइश है। उन्होंने स्पष्ट शब्दों में बयान दिया कि हमारी जनसंख्या और आर्थिक विकास सीमित हैं।** इस गृह के बाहर हम नहीं जा सकते। यह पृथ्वी हमारी अंतिम छोर हैं। जो कुछ इस बयान में कहा गया है, इसे हम निम्न बिन्दुओं में रखेंगे :

1. खाद्य सामग्री का उत्पादन उतना ही सम्भव है जितनी हमारे पास कृषि योग्य भूमि है। अगर जनसंख्या ज्यादा हो गई तो कुछ लोगों को भूखे पेट सोना पड़ेगा।
2. हमारे कुछ प्राकृतिक संसाधन ऐसे हैं जिन्हें पुनर्ज़ीवित (Non-renewable) नहीं किया जा सकता। जमीन में जितना कोयला है, वह हम लेलेवें, नया कोयला नहीं आयेगा। यही बात खनिज पदार्थों पर लागू होती है। आज हमारा बहुत संकट दुनिया भर में यह है कि इन संसाधनों के अभाव में हम भविष्य में कैसे जीवन निर्वाह करेंगे।
3. इधर संसार भर में एक सामान्य दिशा या प्रवृत्ति देखने को मिलती है जनसंख्या बराबर बढ़ रही है। आर्थिक वृद्धि में कहीं कोई कमी नहीं है। उत्पादन अबाध गति से बढ़ रहा है। लेकिन इस विकास के साथ प्रदूषण भी बिना किसी रुकावट के बढ़ रहा है। कार्बन डायोक्साईड, न्यूक्लीयरवेस्ट, रासायनिक वेस्ट आदि की वृद्धि में कोई कमी है। इस प्रदूषण ने हमारे जीवन के अस्तित्व को संकट में डाल दिया है। जनसंख्या बढ़ रही है, आर्थिक विकास हो रहा है और इससे अधिक तादाद में प्रदूषण बढ़ रहा है।

रोम के इस क्लब में बैठे बौद्धिकों ने इस सम्पूर्ण समस्या पर गहन विचार किया। दुनिया में एक वातावरण बना—हमें इस गृह को दूषित पर्यावरण से बचाना होगा। रोम के बाद **लवलोक** (Lovelock, 1987) द्वारा दिया गया एक और महत्त्वपूर्ण बयान अत्यंत महत्त्वपूर्ण समझा जाता है। इसमें कहा गया है कि हम इस गृह या भू-मण्डल को विभिन्न देवताओं के नाम पर नहीं जान सकते। ये सब देश अन्ततोगत्वा इस विशाल भू-मण्डल के भाग ही हैं। इन्हें इनकी समानता में ही देखना पड़ेगा। हमने **डलरिच बैंक की पुस्तक रिस्क सोसायटी** (Risk Society, 1992) का उल्लेख उत्तर-आधुनिक समाज के सिद्धान्त के संदर्भ में किया है। **बैक** यह चेतावनी देते हैं कि जिस समाज में हम रह रहे हैं, वह एक खतरनाक समाज है। इसमें पर्यावरण का विस्फोट कब हो जाये, निश्चित रूप से नहीं कहा जा सकता। पर विस्फोट कभी भी हो सकता है।

इस समाज के लिये यह खतरे की स्थिति किसने पैदा की है? **औ' नैल**

(O' Neill) का उत्तर है : वैश्वीकरण ने। नैल का कहना है कि वैश्वीकरण ने हमें एक ऐसी अंधेरी गली में छोड़ दिया है, जहाँ हमारी सांस रुंध गई है और हम दम तोड़ने की स्थिति में हैं। इसे नैल **वैश्वीकरण का संत्रास** (Globalizing Panic) कहते हैं। यह सही है कि वैश्वीकरण की इस प्रक्रिया ने दुनिया भर के देशों को एक जाज़म पर अवश्य बैठा दिया है पर इस जाज़म ने त्रासदियाँ कोई कम कर दी हों, ऐसा नहीं है। इस अर्थ में इस प्रक्रिया ने इससे पीड़ित लोगों को भी एक सूत्र में बाँधने का प्रयास भी किया है।

नई राजनीतिक संस्कृति (A New Political Culture)

इस बात की सम्भावना बढ़ रही है कि आने वाले कुछ वर्षों में राजनीतिक वैश्वीकरण अधिक व्यापक होगा। पर विश्व सीमाओं से परे होगा। एक देश दूसरे देश से किसी सीमा द्वारा पृथक् नहीं होगा। यह भी सम्भव है कि संसार भर में एक ही सामान्य राजनीतिक संस्कृति होगी। यह आशा की जाती है कि दुनिया भर के देश एक ही राजनीतिक विचारधारा के प्रति साझा प्रतिबद्धता रखें। देशों के बीच में जो दीवारें हैं, वे ध्वस्त हो जायें और सम्पूर्ण संसार एक होजाये।

इस सिलसिले में **फूकूयामा** (Fukuyama, F. 1992) और **हन्टींगटन** (Huntington, S. 1991) का उल्लेख अवश्य करना चाहिये। **इन दोनों विचारकों का तर्क है कि दुनिया में एक साझा राजनीतिक संस्कृति का उद्‌गम हो रहा है।** अभी लगभग सभी देशों में उदार प्रजातंत्र है, सभी देशों में पूंजीवाद है और सोवियत रूस के विघटन के बाद यह स्पष्ट हो गया है कि हमारे सामने पूँजीवाद का कोई अन्य विकल्प है। फूकूयामा कहते हैं कि जब हमने उदार प्रजातंत्र को अपनी राज्य व्यवस्था के रूप में स्वीकार कर लिया है, तब इसका मतलब बाजार अर्थव्यवस्था को अपनाना है। यह सम्भव है कि उदार प्रजातंत्र के जो स्वरूप में हम आज दुनिया में पा रहे हैं वे व्यवहार के रूप में प्रजातंत्र कम हों। लेकिन निश्चित रूप से सिद्धान्त की तरह हमने इसे स्वीकार कर लिया है। यह प्रजातंत्र और पूंजीवाद की बहुत बड़ी विजय है। फूकूयामा की पुस्तक का शीर्षक ही यह है कि **अब इतिहास का अवसान है और हम जो लोग दुनिया में आज दिख रहे हैं और जो आने वाले हैं, आखिरी लोग हैं।** (The end of history and the last man, 1992)। फूकूयामा का प्रबन्ध है कि वैश्वीकरण ने सम्पूर्ण दुनिया को एक ऐसे रोड रोलर के आगे लिटा दिया है जहाँ सभी पूँजीवाद और प्रजातंत्र के हिमायती या भागीदार हैं। अब भविष्य में क्योंकि कोई विकल्प उपलब्ध नहीं है, कोई नया इतिहास नहीं बनेगा और आज जो आदमी है वह कल के आदमी से भिन्न नहीं होगा। इसलिये आज का आदमी भी आखरी आदमी है।

हन्टींगटन की विचार धारा फूकूयामा से थोड़ी भिन्न है। वे कहते हैं कि यदि पूंजीवादी संस्थाएँ थोड़ी अधिक उदार नहीं हुई तो भय है, आम आदमी को अपेक्षित आर्थिक समृद्धि नहीं मिल पाये। यह होते हुए भी हन्टींगटन और फूकूयामा आशा करते हैं

कि आने वाले वर्षों में अधिक से अधिक देश प्रजातांत्रिक हो जायेंगे। **फूकूयामा** और **हन्टीगंटन** ने प्रजातांत्रिक प्रवृत्ति को निम्न चित्र में प्रस्तुत किया है :

प्रजातांत्रिक विकास की प्रवृत्ति
(Trend of Democratic Development)

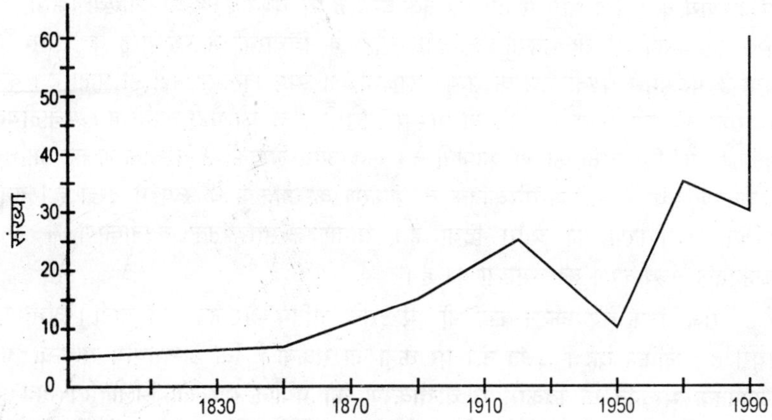

(उदार प्रजातांत्रिक राज्य : 1790-1990)
वर्ष

हन्टीगटन की पुस्तक दि थर्ड वेव (The Third Wave, 1991) एक उल्लेखनीय प्रकाशन है। इन दोनों लेखकों का निष्कर्ष यह है कि 1975 से 1991 की अवधि में प्रजातांत्रिक राज्यों की संख्या में दूनी वृद्धि हुई है। अपवाद में पूर्वी यूरोप के कुछ शेष समाजवादी देश हैं और इस्लामिक धर्म तंत्रवादी राज्य। इनमें कुछ देशों में प्रजातांत्रिक तत्व भी पर्याप्त मात्रा में पाये जाते हैं। उदाहरण के लिए, इरान में एक प्रकार का प्रजातंत्र है जहाँ चुनाव एक दम स्वतंत्र और सही हैं, चीन में यद्यपि प्रजातंत्र नहीं है फिर भी वहाँ आर्थिक क्षेत्र में सम्पूर्ण आजादी है, सिंगापुर और हाँग-काँग में प्रजातांत्रिक व्याख्या पर संदेह किया जाता है, फिर भी वहाँ लोगों की स्वतंत्रता को कोई चुनौती नहीं करता।

यहाँ एक और महत्त्वपूर्ण मुद्दा उठाया जाना चाहिये। उदार प्रजातांत्रिक देशों में संस्कृति के प्रतिमान जुदा-जुदा हैं। उदाहरण के लिए स्वीडन में अमेरिका की तुलना में राज्य का आर्थिक क्षेत्र में हस्तक्षेप ज्यादा है, वहाँ के इतिहास में **वैयक्तिक कर** (Personal Taxation) लगाना सामान्य है। इस देश में ऐसा होता रहता है। इस तरह के सांस्कृतिक अन्तर प्रजातांत्रिक व्यवस्था के होते हुए भी दुनिया भर के देशों में देखे जा सकते हैं। लेकिन इस विभिन्नता से वैश्वीकरण की प्रक्रिया का कुछ नहीं बिगड़ता। दुनिया भर के लोग **व्यक्ति** (Individual) की गरिमा, **पृथ्वी** (Earth) का संरक्षण और संक्रमणात्मक

रोगों के रोक-थाम पर एक मत हैं। कहीं कोई विवाद नहीं। और यही आशा है जो वैश्वीकरण को एक कामभाव, प्रक्रिया की तरह स्थापित कर पायेगी।

उपसंहार : वैश्वीय राज्य व्यवस्था की ओर
(Conclusion : Towards a Global Polity)

इस अध्याय के प्रस्तुत भाग में हम यह तर्क देरहे हैं कि वैश्वीकरण की व्याख्या किसी एक कारक द्वारा नहीं की जा सकती। कतिपय चोटी के विचारकों ने इस तरह के प्रयास को किया है, पर इमसे वैश्वीकरण के सम्पूर्ण लक्षणों का स्पष्ट खुलासा नहीं हो पाता है। कुछ विचारकों का तर्क है कि यह प्रक्रिया परस्पर विरोधी तत्वों को पैदा करती है। सजातीयता लाती है और विशिष्टता को भी पनपाती है। कुछ अन्य लेखकों ने वैश्वीकरण को आर्थिक वैश्वीकरण तथा सामाजिक-सांस्कृतिक वैश्वीकरण की प्रक्रिया के रूप में देखा है। हमने आर्थिक वैश्वीकरण का ब्यौरा दिया है। सामाजिक-सांस्कृतिक वैश्वीकरण में हमने राजनीतिक वैश्वीकरण की व्याख्या की है।

राजनीतिक वैश्वीकरण कहीं भी हमें इसके अंतिम छोर तक नहीं जाती। अभी यह अधूरी है। **लेकिन यह निश्चित तौर पर कहा जा सकता है कि अन्तर्राष्ट्रीय सम्बन्धों और राजनीतिक संस्कृति के विकास में वैश्वीकरण को पर्याप्त सफलता मिली है। अब भी राष्ट्र-राज्य अपनी प्रभुता को खोने के लिये तैयार नहीं हैं। वे राजनीतिक वैश्वीकरण का जहाँ तक सम्बन्ध है, विरोध करते हैं।** वस्तुस्थिति यह है कि सभी देशों में राजनीतिक गतिविधियाँ होते हुए भी क्षेत्रीय राजनीति अभी ज्यों कि त्यों है। ऐसा लगता है कि राजनीतिक संस्कृति के विकास और अन्तर्राष्ट्रीय सम्बन्धों के परिणाम स्वरूप धीरे-धीरे राष्ट्र-राज्य कमजोर हो जायेंगे और सम्भवतया वैश्वीय राज्य व्यवस्था का विकास हो सकेगा।

सांस्कृतिक वैश्वीकरण : नई दुनिया की दुर्व्यवस्था
(Cultural Globalization : The New World Chaos)

आर्थिक और राजनीतिक वैश्वीकरण की अपेक्षा सांस्कृतिक वैश्वीकरण अधिक हुआ है। आधुनिक काल के आने से पहले धर्म का वैश्वीकरण सबसे अधिक था। बौद्ध, कन्फ्यूसियस, ईसाई और हिन्दू धर्म विश्व धर्मों की श्रेणी में आते थे। ये धर्म विश्व व्यापी थे, इनका कोई अपना देश नहीं था। बौद्ध धर्म का उद्‌गम भारत था लेकिन इसकी व्यापकता एशिया के कई देशों में थी। इस्लाम मध्य और पूर्वी एशिया के बाहर अफ्रीका तक में था। कमोबेश यही स्थिति ईसाई धर्म की थी। जब आधुनिक युग आया तब प्रजातंत्र और पूंजीवाद भी आये। बुद्धि संगतता, शिक्षा और विज्ञान ने धर्म के वैश्वीकरण को हाशिये पर ला दिया। अब इस युग में धर्म राज्य से पृथक् हो गया।

केवीन रोबीन्स (Kevin Robins) ने अपने एक निबन्ध में वैश्वीय संस्कृति की

चर्चा बड़े विस्तार से की है। उनका तर्क है कि संस्कृति का निकट सम्बन्ध पूँजीवाद के साथ है और इसमें वे धर्म की चर्चा नहीं करते। **उनका कहना है कि पूंजीवादी अर्थव्यवस्था का बहुत बड़ा प्रभाव संस्कृति पर पड़ा है। इसे हम ऐतिहासिक स्तर पर भी देख सकते हैं। अब जब आर्थिक गतिविधियों का वैश्वीकरण हो रहा है, तो सांस्कृतिक रूपान्तरण का भी एक नया दौर आरहा है। अब संसार भर में सार्वभौमिक सांस्कृतिक उत्पाद** (Universal Cultural Products) **पैदा होरहे हैं। मतलब हुआ संस्कृति का वस्तुओं की तरह उत्पादन होरहा है। इस सम्बन्ध में सातची और सातची** (Saathchi and Saathchi) ने एक नये पद को गढ़ा है। वे कहते हैं कि आज के वैश्वीकरण के युग में **संस्कृति का मिलन** (Cultural Convergence) हुआ है। अर्थ स्पष्ट है, अब दुनिया भर के लोगों की जीवन-पद्धति (Lifestyle) एक जैसी हो गयी है। सभी लोग-राष्ट्र-राज्यों की सीमाओं को लाँघकर एक जैसी संस्कृति को अपनाने लगे हैं। उपभोग की वस्तुएं समान हैं—पीज़ा, टूथ पेस्ट, टीन में बंध खाद्य पदार्थ और भांति-भांति के जेल पेन। वास्तव में वैश्वीकरण ने एक ऐसी साझा संस्कृति (Shared Culture) को पैदा किया है जो विश्वव्यापी है आज संस्कृति को पैदा करने वाले नये सौदागर हैं। वे चाहते हैं कि संस्कृति का विस्तार इस भांति होवे कि देश और राज्यों की सभी सीमाएँ इसके सामने समाप्त हो जायें। **अमेरिका केबल न्यूज नेटवर्क** (CNN) ने एक स्थान पर यह विज्ञापित किया कि आज की संस्कृति इलेक्ट्रोनिक संस्कृति है। वह **सिगनल्स** (Signals) पर सवार होकर आती है और सबको चकाचौंध कर देती है। इस प्रघटना पर सी.एन.एन. कहता है :

> आर्थिक वैश्वीकरण के परिणामस्वरूप दुनिया में एक सांस्कृतिक और सामाजिक क्रांति आई है। अमेरिका का एक सफेद पोश इससे इतना ही प्रभावित हुआ है जितना मास्को और टोकियो का एक कार्यकारी। इसका मतलब हुआ कि जो कुछ हम अमेरिका के लिये करते हैं वह अमेरिका से बाहर भी वैध है। हमारी खबरें वस्तुतः विश्व की खबरें हैं।

नवीन वैश्वीय सांस्कृतिक निगम (New Global Cultural Corporations)

सांस्कृतिक बाजार में वस्तुओं को कौन पहुंचाता है। **जेमेसन** ने तर्क दिया है कि यह सब काम पूंजीवाद करता है। पूंजीवाद अपने विस्तार के लिये सब कुछ कर सकता है। आज की संस्कृति की उपज पूंजीवाद करता है। इसके उत्पादन के लिये बड़े-बड़े निगम होते हैं। संस्कृति उत्पादन का कार्य बड़ा जटिल है। दुनिया में संस्कृति के जो विभिन्न प्रतिमान हैं, उन्हें ये निगम नजर अन्दाज नहीं कर सकते। अगर मेक्डानल्ड अमेरिका में अपने मेन्यू में मेमने के कोफ्ते सम्मिलित करता है तो ऐसा वह भारत के अहमदाबाद में नहीं कर सकता। यहाँ तो उसे शाकाहारी कोफ्ते ही देने पड़ेंगे। सांस्कृतिक निगम स्थानीय अन्तर को कतर-ब्यौंत करके अपने परिवेश में बैठा लेते हैं। **थियोडोर लेविट** (Theodore Levitt) ने सांस्कृतिक निगमों की इस अनुकूलता की प्रकृति का विवरण दिया है। इसे वे

एथनिसीटी का वैश्वीकरण (Globalizatin of Ethenicity) कहते हैं। इसका बहुत अच्छा दृष्टान्त विभिन्न देशों में **एथनिक बाजारों** (Ethnic Market) का चल निकलना है। यह **वैश्वीय स्टेन्डर्डाइजेशन** (Global Standardization) है। हमारे यहाँ महानगरों की होटलों में चीनी खाना या इटालियन खाना मिलना सामान्य बात है। लंदन में पकोड़े, खमण या दाल-बाटी की दुकानें पाना सहज है। थियोडोर लेविट लिखते हैं :

> सभी जगह चीनी खाना, पिज्जा ब्रेड, ग्रामीण या स्थानीय और पश्चिमी संगीत, पिज़ा और ज़झ मिलना सामान्य बात है। इस तरह का एथनिक खाना वैश्वीकरण की भाषा में विशिष्ट खाना कहा जाता है और वैश्वीकरण कभी भी यह अर्थ नहीं है कि इसमें खण्डिता नहीं होती। इसके विपरीत, वैश्वीकरण का मतलब होता है स्थानीय सांस्कृतिक पदार्थों को दुनिया भर में पहुँचाना।

वैश्वीकरण-स्थानीय सम्बन्ध (Global-Local Nexus)

वैश्वीय संस्कृति सामान्यतया पश्चिमी संस्कृति है। आधुनिकीकरण ने दुनिया भर की संस्कृतियों को मिश्रित करने का प्रयास किया है फिर भी इस मिश्रण में पश्चिमी और अमेरिकी संस्कृतियों की प्रधानता होती है। ऐसी अवस्था में जब यह वैश्वीय संस्कृति स्थानीय संस्कृति के सम्पर्क में आती है तब वैश्वीय संस्कृति को वैधता पाने के स्थानीय संस्कृति के साथ अनुकूलन अवश्य करना पड़ता है। ईस्लाम के **उम्मा** (Umma) को कभी भी नजरअन्दाज नहीं किया जा सकता है। क़िसी पंडित की उपेक्षा नहीं की जाती। जब मानव अधिकार की बात उठती है तब स्थानीय संस्कृति के तत्वों के साथ किसी न किसी प्रकार का अनुकूलन अवश्य करना पड़ता है। सांस्कृतिक वैश्वीकरण के संदर्भ में मुख्य मुद्दा वैश्वीय-स्थानीय संस्कृति के सम्बन्धों का है। यहाँ हमें इस तथ्य को कभी नहीं भूलना चाहिए कि वैश्वीकरण अपनी बुनियाद में **बहुलवादी** (Plural) है और इस कारण वैश्वीय संस्कृति भी बहुलवादी है। यदि वैश्वीय संस्कृति में पीज़ा है, गले की टाई है, तो इसी संस्कृति में पकोड़े भी हैं। और साफा और पगड़ी भी है। यह वैश्वीय और स्थानीय विभिन्नता ही, इस सम्पूर्ण प्रक्रिया को बहुलवादी बनाती है।

यह सही है कि वैश्वीकरण समय और स्थान को दबाकर छोटा कर देता है। इलेक्ट्रोनिक मीडिया की भूमिका इस क्षेत्र में बड़ी महत्त्वपूर्ण है। लेकिन एक और रुचिकर बात आलोचकों ने रखी है। वे कहते हैं कि विभिन्न देशों के भूगोल तो सिमट गये हैं, दूरियाँ तो कम हो गई हैं लेकिन इसने स्थानीय और आंचलिक स्तर पर एक नया **पुनर्जागरण** (Renaissance) अवश्य पैदा कर दिया है। **अब स्थानीय स्तर की समस्याओं को वैश्वीय स्तर** (Global Level) पर देखा जाने लगा है। लोग स्थानीय अर्थव्यवस्था और स्थानीय आर्थिक रणनीति को बनाने लगे हैं। वैश्वीकरण **लचीली अर्थव्यवस्था** (Flexible) का हामी है और इसका परिणाम हमें स्थानीय अर्थ व्यवस्था में देखने को मिलता है। अब लोग जमीनी स्तर पर स्थानीय परिस्थितियों को देखकर योजना बनाने लगे,

अर्थ विकास के कार्यक्रम तैयार करने लगे हैं।

केवीन रोबिन्स ने बहुत स्पष्ट शब्दों में कहा है कि वैश्वीय और स्थानीय संस्कृति की अन्तःक्रिया को कभी भी अवरूद्ध नहीं किया जा सकता। **वैश्वीकरण कभी भी अस्थानीयकरण** (De-Localization) नहीं करता। यह सही है कि आज की दुनिया एक **मीडिया दुनिया** (Media World) है लेकिन इस दुनिया के कभी भी स्थानीय दुनियां को काटा नहीं जा सकता। केवीन रोबीन्स लिखते हैं :

> स्थान और संस्कृति की जो जमीनी हकीकत है उसकी हम कभी भी उपेक्षा नहीं कर सकते। उन्हें नजर अन्दाज नहीं कर सकते। **वैश्वीकरण का सम्बन्ध वस्तुतः पुनःस्थानीय (Re-Locationzation) से है।** विश्व और स्थानीयता के सम्बन्धों से जो नई चीज उभरती है वह स्थानीयता को बहुलवादी बनाती है।

केवीन रोबिन्स के तर्क का आधार यह है कि वैश्विकता और स्थानीयता की अन्तःक्रिया में जहाँ वैश्वीयता से संस्कृति के बहुत से पहलू समृद्ध होते हैं, वहीं इस अन्तः क्रिया के कारण स्थानीयता भी ताकतवर बनती है। यह भ्रम दूर हो जाना चाहिये कि वैश्वीयता अनिवार्य रूप से स्थानीयता को खाजाती है। ऐसा कुछ नहीं है लेकिन कभी-कभी यदि स्थानीयता कमजोर होती है, उसकी चूलें हिलती होती हैं, तब यह भय बना रहता है कि कहीं वह कमजोर होकर विस्मृति की गर्त में न खोजाये।

कुछ आलोचक वैश्वीय-स्थानीय सम्बन्धों के बारे में एक और रुचिकर बात करते हैं। उनका कहना है कि जिसे हम स्थानीयता कहते हैं वह एक सापेक्षिक अवधारणा है। कई स्थानीयता से मिलकर एक सांस्कृतिक क्षेत्र या अंचल को बनाती हैं। हमारे देश में जैसाकि **भारत के लोग** (People of India, Poi) की रिपोर्ट है यहाँ 91 सांस्कृतिक क्षेत्र हैं। वैश्वीयता ने सांस्कृतिक क्षेत्रों को अपना बाजार बना दिया है। प्रत्येक क्षेत्रीय आवश्यकता के अनुरूप सांस्कृतिक उत्पाद तैयार किया जाता है। और इसे स्थानीय बाजार में बेच दिया जाता है। **ओलिवेत्ती कार्लो** (Olivetti Carlo) कहते हैं कि जैसे ही कोई सांस्कृतिक उत्पाद तैयार होता है, उसे तुरन्त क्षेत्रीय बाजार में बेच दिया जाता है। बाजारवाद और स्थानीय सांस्कृतिक उत्पाद एक दूसरे से जुड़े हुए हैं। यह भी होता है कि किसी उत्पाद के स्थानीय बाजार में भरपूर चले जाने पर वहाँ इस उत्पाद के कारखाने भी खोल दिये जाते हैं। **वैश्वीकरण स्थानीय बाजार का एक अभिन्न अंग बन जाता है।** इस भांति कोरपोरेट निगम सशक्त रूप से स्थानीय संस्कृति के साथ अन्तःक्रिया करता है।

वैश्वीय-स्थानीय सम्पर्क चाहे मीडिया के माध्यम से हो, या बाजार के माध्यम से, खतरनाक भी है। कुछ आलोचकों का कहना है कि कभी-कभी वैश्वीय संस्कृति और बाजार इतने प्रभुत्वशाली होते हैं कि वे स्थानीयता को समाप्त कर देते हैं। ऐसा भी देखा गया है कि इस **सम्बन्ध** (Nexus) के परिणामस्वरूप स्थानीय भाषा, तीज-त्यौहार और रीति-रिवाज ओझल हो जाते हैं। कुछ नये सांस्कृतिक प्रतिमान जिनका उद्‌गम अन्य देशों

में होता है, स्थानीय स्तर पर प्रभुत्वशाली हो जाते हैं। कहीं-कहीं तो एक देश में, राज्यों की स्थानीयता दूसरे राज्य पर हावी हो जाती है। त्रैश्वीय और स्थानीय सम्बन्धों का यह मुद्दा बहुत ही संवेदनशील है। एक ओर वैश्वीय संस्कृति होती है, उदाहरण के लिए-पश्चिमी संगीत, नृत्य और पहनावा। दूसरी ओर देशीय या राष्ट्रीय संगीत और पहनावा, और स्थानीय संगीत और नृत्य। संस्कृति ये तीनों स्तर जो सापेक्षिक हैं, बाजार और मीडिया के माध्यम से सम्पर्क में आते हैं। यह सम्पर्क कई क्षेत्रों में अनुकूलन पैदा करता है और कहीं तनाव। तनाव के कारण कई देशों में सांस्कृतिक वैश्वीकरण के खिलाफ आन्दोलन भी उठने लगे हैं। इसे हम स्थानीयता द्वारा दी गई वैश्वीय संस्कृति को चुनौती कहते हैं। आगे चलकर हम इस चुनौती पर थोड़ा विस्तार से लिखेंगे। यहाँ यही कहना पर्याप्त होगा कि वैश्वीय और स्थानीय संस्कृति के सम्बन्ध किसी भी अर्थ में सामान्य नहीं कहे जा सकते। ये जटिल हैं, और विवादास्पद भी।

सर्वदेशीय संस्कृति (Cosmopolitan Culture)

यूरोप में जब **धर्मनिरपेक्षता** (Secularism) आई तब इसके सिद्धान्तवेत्ताओं का विचार था कि ज्ञानोदय और पुनर्जागरण के प्रभाव में धर्म के अतार्किक तत्व अपने आप समाप्त होजायेंगे और हुआ कुछ ऐसा ही। प्रजातंत्र का विकास भी धर्मनिरपेक्षता के आधार पर हुआ। इन सब प्रक्रियाओं और मुख्य रूप से पूंजीवाद और प्रजातंत्र ने जिस नई संस्कृति को जन्म दिया वह धर्मनिरपेक्ष संस्कृति है। अब वैश्वीकरण जिस संस्कृति को देश-विदेश में ले जाती है, वह वस्तुतः एक धर्मनिरपेक्ष यानी **सिक्यूलर** संस्कृति है। पूंजीवाद यदि चीन देश में पहुंचा है तो यह वहाँ ईसाई धर्म को प्रचारित नहीं करता। वैश्वीकरण बराबर दो तथ्यों पर जोर देता है, **एक तो एथनिसिटी और दूसरा राष्ट्रीयता**। यूरोप और अमेरिका में आधुनिकता और प्रजातंत्र ने जिस संस्कृति को विकसित किया है वह वस्तुतः **सर्वदेशीय** (Cosmopolition) संस्कृति है।

स्टुअर्ट हॉल ने सर्वदेशीय संस्कृति के विकास में निम्न बिन्दुओं पर जोर दिया है :

1. लोगों को उनके देश के इतिहास की जानकारी हो जाती है। उन्हें बताया जाता है कि उनके देश ने कहाँ विजय पाई, और कहाँ पराजय। यह भी बताया जाता है कि किन विषम परिस्थितियों का मुकाबला उनका देश ने किया। अकाल, बाढ़ आदि आपात स्थितियों की जानकारी लोगों को प्रमाणित रूप से दी जाती है। इससे सिक्यूलर और सर्वदेशीय संस्कृति के निर्माण में सहायता मिलती है।
2. इन देशों ने कथा, कहानी और परम्पराओं द्वारा राष्ट्रीय चरित्र निर्माण की प्रक्रियाओं को प्रसारित किया।
3. राष्ट्रीय प्रतीकों, राष्ट्रीय त्यौहारों आदि के सम्बन्ध में लोगों को पर्याप्त जानकारी दी।
4. राष्ट्र के चरित्र को सर्वग्राही बनाने के लिये कई मिथकों का निर्माण किया गया।

हॉल द्वारा दिये गये ये बिन्दु इस बात को बताते हैं कि इन देशों में जिस तरह की संस्कृति को विकसित किया गया उसके धार्मिक तत्व पूर्णतया अनुपस्थित थे। **इसका परिणाम यह हुआ कि वहाँ की संस्कृति कैसी भी हो, निश्चित रूप से धार्मिक नहीं है।** इसमें पूंजीवाद और प्रजातंत्र का मेल भी बहुत सफल है। वैश्वीकरण के माध्यम से जो संस्कृति दूर दराज के क्षेत्र में पहुँचती है, उसकी प्रकृति अनिवार्य रूप से सर्वदेशीय होती है। होता यह है कि जब अनेक संस्कृतियाँ स्थानीय संस्कृति पर अपना प्रभाव डालती हैं तो इसके परिणाम जो संस्कृति उभरकर आती है, वह सर्वदेशीय होती है। हमारे देश में हम मुम्बई शहर को देखें। यह महानगर है। एक करोड़ से भी अधिक यहाँ की जनसंख्या है। इस महानगर के देश के विभिन्न राज्यों के लोग निवास करते हैं। प्रत्येक की अपनी एथनिसिटी है। केरल के लोग आपस में मलयालम भाषा में सम्पर्क करते हैं। चावल का पकवान खाते हैं, पहनावा उनका अपनी परम्परा के हिसाब से है। इसी मुंबई में यूपी के भैया भी रहते हैं, राजस्थान के मारवाड़ी भी निवास करते हैं। तात्पर्य यह है कि इस महानगर में ढेर सारी **एथनिसिटियाँ** हैं। लेकिन सामान्य अन्तःक्रिया और दिन-प्रति-दिन के काम-काज के लिये लोगों ने **सर्वदेशीय** संस्कृति को अपनाया है। इसमें इस महानगर ने अपनी एक विशिष्ट भाषा बनाली है। इसे **मुंबईया** भाषा कहा जाता है। यह सर्वदेशीय संस्कृति मुख्य रूप से वैश्वीकरण की सांस्कृतिक देन है।

उपभोक्ता की प्रधानता (Consumer Sovereignty)

वैश्वीकरण की प्रकृति सजातीयता या एक रूपता करने की है। दुनिया भर के लोग विभिन्नता के होते हुए भी एक जैसे सांचे में ढल जाते हैं और इस वैश्वीयता की एक और बड़ी तारीफ यह है कि यह विभिन्नता का भी समावेश कर लेती है। यह प्रक्रिया जिस संस्कृति को दुनिया भर में समान रूप में देती है, वह एक जैसी जीवन पद्धति है। कोई यह नहीं देखता कि अमुक व्यक्ति को इस बात की आवश्यकता है या नहीं। क्योंकि समाज के लिये एक तरह की वस्तुएं जीवन पद्धति बन गये हैं, लोग इसका उपभोग प्रारम्भ कर देते हैं। **मतलब हुआ, उपयोग की बात को यह आवश्यक नहीं है कि उपभोक्ता काम में लेते ही न हों। उपभोग करना एक ऐतिहासिक तथ्य बन जाता है और यह एक सार्वभौमिक आदत बन जाती है। बात यह है कि वैश्वीकरण** वस्तु का उपभोग उसकी **उपयोगिता** (Use Value) के कारण नहीं होता। इसका उपभोग तो प्रतीकात्मक होता है। उदाहरण के लिये एक बैंक कर्मी या डाक्टर के लिए मोटर का उपभोग उपयोग मूल्य नहीं है। दोनों ही अपने कामों में इतने उलझे रहते हो कि इन्हें सड़क पर गाड़ी चलाने का समय ही नहीं मिलता। फिर भी ये लोग गाड़ी इसलिये रखते हैं कि इससे वे समकालीन स्थानीय जीवन पद्धति के भागीदार बन जाते हैं। कुल मिलाकर वस्तुओं का उपभोग वास्तविक उपयोग कम होता है और प्रतीकात्मक अधिक। इसकी बड़ी सुन्दर व्याख्या **मेलकॉम वाटर्स** करते हैं :

हमें इस बात पर जोर देने की आवश्यकता है कि उपभोक्ता संस्कृति हमारे सामान्य उपभोग की अपेक्षा अधिक महत्त्वपूर्ण है। किसी भी उपभोग संस्कृति में जिन वस्तुओं का उपभोग किया जाता है, वह वास्तव में प्रतीकों का उपभोग होता है। इस तरह की उपभोग संस्कृति उन समाजों में पनपती है जहाँ लोग जितनी आवश्यकता होती है, उससे ज्यादा मांग करते हैं। उपभोग संस्कृति में, उपभोग करने की प्रवृत्ति व्यक्ति को अपनी अभिव्यक्ति करने का अवसर देती है और इससे उसकी पहिचान बढ़ती है।

वैश्वीकरण ने दुनिया भर में उपभोग करने की बनावटी आवश्यकता को पैदा किया है और इस कारण आज जिस नये समाज का उद्गम हो रहा है, वह वस्तुतः उपभोग समाज है। इस समाज में धीरे-धीरे एक लोकप्रिय या **पोप्यूलर** (Popular) संस्कृति पनप रही है। यह संस्कृति नई जनसंस्कृति के रूप में सम्पूर्ण समाज में सजातीयता लारही है। इसी संस्कति ने अन्तर्राष्ट्रीय और घरेलू पर्यटन को बढ़ावा दिया है। पहिले लोग विदेश यात्रा अध्ययन या खोज के लिये करते थे। अब पर्यटन व्यापार और व्यवसाय का एक अंग बन गया है। अन्तर्राष्ट्रीय राजनीति ने भी पर्यटन को बहुत सामान्य बना दिया है। घरेलु पर्यटन भी हाल में उपभोग का एक अंग बन गया है।

सांस्कृतिक वैश्वीकरण ने यूरोप, अमेरिका और तीसरी दुनिया के सामने एक संकट खड़ा कर दिया है। इस प्रक्रिया ने सम्पूर्ण मानव जीवन को प्रभावित किया है। एक प्रकार से संस्कृति का उत्पादन धड़ल्ले से हो रहा है और मनुष्य के सम्पूर्ण सामाजिक जीवन का **संस्कृतिकरण** (Culturisation) हो रहा है। इस सम्बन्ध में हमने ऊपर **मेलकॉम वाटर्स** के प्रबन्ध को रखा है : **वैश्वीकरण में भौतिक विनिमय स्थानीय हो गया है, राजनीतिक सम्बन्ध अन्तर्राष्ट्रीय हो गये हैं और प्रतीकात्मक विनिमय वैश्वीय बन गये हैं**। वास्तविकता यह है कि वैश्वीकरण ने सामाजिक व्यवस्था (Social Arrangement) और स्थान (Space) के सम्बन्धों को नये-सिरे से परिभाषित किया है। भौतिक विनिमय जिसे हम व्यापार, कर व्यवस्था, वस्तुओं के उत्पाद और श्रमिकों के पगार में देखते हैं। सरलता से बदले जा सकते हैं, उनका विनिमय हो सकता है क्योंकि हम सबसे मिलकर अपने निर्णय ले सकते हैं। इस तरह का भौतिक वैश्वीकरण आज के इस मीडिया समाज में जरा भी कठिन नहीं होता। राजनीतिक विनिमय को हम सुरक्षा, नियन्त्रण, निगरानी, वैधता और प्रभुसत्ता के क्षेत्र में देख सकते हैं। प्रतीकात्मक विनिमय क्षेत्र अधिक सरल हैं। प्रचार, लिखित और मौखिक प्रतीकों से यह विनिमय हो जाता है। वैश्वीकरण अपने सम्पूर्ण लक्षणों और पहलुओं में बहुत वृहद् है और इसने दुनिया का कोई कौना नहीं छोड़ा जहाँ इसका असर देखने को नहीं मिले। ऐसा लगता है कि इसके प्रतिरोध (Resistance) के होते हुए भी इसे अनदेखा करना मुश्किल है।

वैश्वीय समाज की ओर
(Towards a Global Society)

जब **ज्ञानोदय** (Enlightenment) काल इतिहास में आया तब ऐसा लगा कि यह संसार सामंती युग के चंगुल से निकल आया है—अंधी गली का अंत आ गया है और बहुत शीघ्र एक वैश्वीय समुदाय का प्रादुर्भाव होगा, सभी ओर शांति आ जायेगी मनुष्य का जीवन सुख शांति का जीवन बन जायेगा। उदारवाद और मार्क्सवाद चाहे परस्पर विरोधी हों, दोनों ही **मनुष्य की मुक्ति** (Human Emancipation) चाहते हैं। **फूकूयामा** और **वेलेस्टेन** दोनों ही इस विचारधारा से सहमत हैं। लेकिन आज वैश्वीकरण ने संसार को जिस भी मोड़ पर लादिया है वहाँ मार्क्सवाद और उदारवाद दोनों ही इस संकट से बाहर निकलने का कोई रास्ता नहीं बताते।

वैश्वीकरण उत्तर-आधुनिक समाज को जिस दिशा की ओर ले जारहा है इससे बहुत स्पष्ट है कि यह समाज **पूंजीवादी विश्व समाज** (Capitalist World Society) है। **वैलेस्टेन** ने एक बड़ा दिलचस्प तर्क दिया है। **वे कहते हैं कि जब हम यह मानकर चलते हैं कि इस दुनिया की अर्थव्यवस्था पूंजीवादी है** तो इसका मतलब हुआ कि दुनिया के अन्य भाग—राज्य, देश, समुदाय, लोग और यहां तक की घर-बार भी इसी पूंजीवाद व्यवस्था के भाग हैं। यह इसलिये कि वैश्वीकरण सभी भागों को पूंजीवाद में समेट लेगा। अब **वेलेस्टेन कहते हैं कि वे देश, लोग, या समुदाय जो वैश्वीकरण की प्रक्रिया से बाहर रह जाते हैं, अपनी इच्छा से या अपनी मजबूरी से, उनके भविष्य तो निश्चित रूप से बिगड़ जायेगा** और इधर पूंजीवाद रोज अपने नये अवतार में प्रकट हो रहा है। जिसे **विलम्बित पूंजीवाद** (Late Capitalism) कहते हैं। वह तो वैश्वीकरण की इस दौड़ में हाशिये के राज्यों, लोगों, समुदायों और घर बार को निगला जायेगा और डकार भी नहीं लेगा। अपने स्वरूप में यह विलम्बित पूंजीवाद बहुत खतरनाक है। **अन्तर्राष्ट्रीय निगम** (TNC) उत्पादन, व्यापार और **वित्त** (Finance) इस पूंजीवाद में अधिकतम लाभ लेने के लिये तैयार बैठे हैं और इस अवस्था में पूंजीवादी विश्व समाज पूर्णरूप से एक **प्रतियोगी** (Competitive) समाज बन जायेगा। इस अवस्था में यह समझना कि अब ब्रिटिश या अमेरिकी अर्थव्यवस्था प्रभुत्वशाली हैं, ना समझी है। अब न तो अमेरिकी, जापानी और जर्मन अर्थव्यवस्था प्रभुत्वशाली समझी जायेगी और न किसी का आर्थिक दबदबा रहेगा। वास्तविकता यह है कि वैश्वीकरण की प्रक्रिया जो अन्तर्राष्ट्रीय निगम आगे होगा, चाहे वह किसी भी देश का हो प्रभुत्वशाली समझा जायेगा। अब क्षेत्रीय सीमाएं टूट गई हैं, कौन देश किस भू-भाग में प्रारम्भ होता है और कहाँ समाप्त इसका कोई हिसाब नहीं है। हिसाब होना है निवेश का, व्यापार के तादाद का और तकनीकी तंत्र के ज्ञान का।

कुल मिलाकर वैश्वीकरण के बारे में यह कहा जाना चाहिये कि इस प्रक्रिया ने आर्थिक उदारीकरण का सूत्रपात किया है, पूंजीवादी विश्व व्यवस्था को स्थापित किया है और अपने उद्देश्य की प्रगति के लिये इसने संस्थाओं के जाल को बनाया है। इसने जीवन

पद्धति यानी उपभोग को बढ़ावा दिया है, प्रजातंत्रीकरण को विकसित किया है और संस्कृति के क्षेत्र में जन **संस्कृति** (Culturization) को विकसित किया है।

वैश्वीकरण : प्रतिरोध
(Globalization : Resistance)

तीव्र सामाजिक परिवर्तन के दौर में पहिले ज्ञानोदय आया, इसके बाद आधुनिकता, और इसके बाद उत्तर-आधुनिकता। वैश्वीकरण हाल में परिवर्तन की समकालीन प्रक्रिया है। यह कितनी पुरानी है? यही कोई दस वर्ष पुरानी। इन दस वर्षों में ढेर सारी सामग्री हमारे सामने है। इसका न कोई ओर है न छोर। इस सामग्री को लेकर समाजशास्त्र ने भी जोरदार पल्टी खाई है। अब समाजशास्त्री भी धड़ल्ले से इस पर लिख रहे हैं। अपने प्रारम्भिक काल में समाजशास्त्र **मानवता** (Humanity) का समाज विज्ञान था। इसका उद्देश्य ऐसे सामान्य नियमों की खोज करना था जिन्हें समय और स्थान पर सम्पूर्ण मनुष्य जाति पर लागू किया जा सके। सपना यह था कि समाजशास्त्र एक ऐसा विज्ञान बने जो दुनिया भर के लोगों को एक लड़ी में बाँध सके। इस तरह का प्रयास सेंट-सिमन, काम्ट, स्पेन्सर और वार्ड आदि समाजशास्त्रियों ने किया।

आगे आया, अब समाजशास्त्र का संदेश। सार्वभौमिकता हटकर या मुड़कर राष्ट्रीय होगया। इस समाज विज्ञान का प्रयोग राष्ट्र निर्माण में किया जाने लगा। दुनिया के बड़े-बड़े देशों में या सर्वदेशीय महानगरों में—बर्लिन, पेरिस, शिकागो, मुम्बई आदि में इस विज्ञान की क्षमता को विशद् समाज के विश्लेषण में लागू किया गया। यह समाजशास्त्र का राष्ट्रीय स्वरूप था।

और इसके बाद समाजशास्त्र के विकास का तीसरा पड़ाव आया। फ्रांस और जर्मनी के समाजशास्त्र के विकास ने विश्व युद्धों को कारण एक करारे झटके का सामना किया। ऐसी अवस्था में अब अमेरिका का समाजशास्त्र दुनिया के समाजशास्त्र का अग्रणी बन गया। पारसंस और मर्टन का समाजशास्त्र या दूसरे शब्दों में **क्रांतिकारी वस्तुनिष्ठावाद** (Radical Positivism) दुनिया के देशों का आदर्श बन गया। हमारे देश में तो यह समझा जाने लगा कि जो पारसंस और मर्टन को समझते हैं, वे चोटी के समाजशास्त्री हैं और जिन विश्वविद्यालयों में इन्हें पढ़ाया जाता है, वे नामी-गिरामी विद्यालय हैं। भारत के सम्पूर्ण समाजशास्त्रियों की, कुछ अपवादों को छोड़कर एक मात्रा अध्ययन विधि प्रकार्यवादी है।

समाजशास्त्र की जीवन गाथा में चौथा पड़ाव **देशज** (Indigseneous) अवस्था का है। तीसरी दुनिया के कुछ देशों का अमेरिका और पारसंस के समाजशास्त्र से मोहभंग हो गया। हमारे देश में कहा गया —नहीं, एक प्रकार का आन्दोलन चला जिसमें बहस हुई कि **समाजशास्त्र भारत के लिये** (Sociology for India) हो। मतलब यह कि भारत का अपना एक विशिष्ट समाजशास्त्र होना चाहिये जो हमारे देशी समस्याओं पर ही केन्द्रित हो।

समाज का यह देशज स्वरूप भारत ही नहीं आस्ट्रेलिया, कनाड़ा, ब्रिटेन, फ्रांस, जर्मनी और पूर्वी यूरोप में भी विकसित हुआ। कुछ ऐसा हुआ कि अमेरिका के समाजशास्त्र पर ग्रहण लग गया। इस ग्रहण में डेविस, पीटर ब्लाऊ, पारसंस, मर्टन के पृष्ठ खो गये। और भारत में भी प्रकार्यवादी समाजशास्त्री एक अंधेरी गली में प्रवेश कर गये। पारसंस के भारतीय प्रेमियों पर गाज़ गिर गई।

समाजशास्त्र का समकालीन पड़ाव वैश्वीकरण का है। अब समाजशास्त्र ने देश की सीमाओं को लांघ दिया है। आज जिन समाजशास्त्रियों की हम उत्तर-आधुनिकता और वैश्वीकरण में चर्चा करते हैं—चाहे फूको हो, हेबरमॉस या गिडेन्स, सभी गैर-अमेरिकी हैं। वैश्वीकरण की तरह समाजशास्त्र के विकास की भी सीमाएँ वृहद् हो गई हैं। इसे देखते हुए लगता है कि शायद हम बहुत जल्दी **उत्तर-वैश्वीकरण** (Post-globalization) की ओर चल देवें।

वैश्वीकरण की प्रक्रिया के साथ सब कुछ ठीक-ठाक चल रहा हो, ऐसा नहीं है। बुनियाद रूप से वैश्वीकरण पूंजीवादी है। यह प्रक्रिया पूंजीवादी देशों और विशेष करके बहुराष्ट्रीय निगमों के हित में है। देश का ज्यादा हित तो निगमों का है। देखा जाये तो वैश्वीकरण ने कई राष्ट्र-राज्यों को सांसत में डाल दिया है। ये बहुराष्ट्रीय निगम ही है, भीमकाय निवेशक ही हैं जो इस संसार को चला रहे हैं। राज्य की बागडोर या लगाम इनके हाथों में है। ये चाहें तो सम्पूर्ण संसार को प्रदूषण की जहरीली खाई में धकेल देवे यानी सब कुछ इनके चाहने पर है। यह नहीं है कि दुनिया के लोग वैश्वीकरण के खतरे से परिचित न हों। कई देशों में और विशेष करके विकासशील देशों में वैश्वीकरण के विरोध में संगठित आवाज़ उठाई जाने लगी है। यह विरोध आर्थिक वैश्वीकरण और सांस्कृतिक वैश्वीकरण क्षेत्र में दिखाई देता है। यहाँ हम थोड़े विस्तार से इस प्रतिरोध को देखेंगे।

आर्थिक वैश्वीकरण का प्रतिरोध
(Resistance to Economic Globalization)

आज वैश्वीकरण ने सम्पूर्ण संसार को अपना शॉपिंग सेंटर बना दिया है। बहुराष्ट्रीय निगम 1. उत्पादन की तकनीक, 2. वित्तीय पूंजी, और 3. बाजार पर अपना नियन्त्रण रखते हैं। वे पहले स्थानीय संस्कृति का अध्ययन करते हैं और तब संस्कृति की आवश्यकता के अनुसार उत्पादन करते हैं। वैश्वीकरण ने एक प्रकार के नये आर्थिक और सांस्कृतिक साम्राज्यवाद को पैदा किया है। कुछ विद्वान इसे मीडिया का साम्राज्यवाद भी कहते हैं। इन निगमों ने सारी दुनिया में उपभोक्ता समाज तैयार किया है।

वैश्वीकरण को सभी देशों ने अपना लिया हो, ऐसा नहीं है। कुछ देश तो आर्थिक विकास में हाशिये पर आ गये हैं। इन देशों का घरेलु उद्योग ठप्प हो गया है। वैश्वीकरण में **तकनीकी शिक्षा** (Knowledge Technology) बहुत महत्त्वपूर्ण है। प्रत्येक राष्ट्र न तो नवीन तकनीकी तंत्र का पर्याप्त ज्ञान रखता है और इस पर ढेर सारी पूँजी का निवेश कर

पाता है। परिणाम वह पिछड़ जाता है। अपना देशी बाजार ही उसके हाथ से फिसल जाता है। इसी कारण पिछड़े हुए देश वैश्वीकरण का प्रतिरोध करते हैं। विकसित देश भी वैश्वीकरण से बच निकले हों, ऐसा नहीं है। जापान जैसे देश ने **ऑटोमोबाइल** के उत्पादन में अमेरिका को पछाड़ दे दी है। चीन ने एशिया के बाजार को अपने उत्पादन से भर दिया है। इस सब में तकनीकी ज्ञान और पूंजी निवेश निर्णायक कारक हैं और जिन देशों के पास इनका अभाव है, वे संगठित/असंगठित रूप से इसका विरोध करते हैं।

वैश्वीकरण के विरूद्ध लामबन्दी
(Mobilization Against Globalization)

शीतयुद्ध के बाद की दुनिया में आर्थिक वैश्वीकरण ने विभिन्न देशों में समानता और सामाजिक न्याय को एक दूर की वस्तु बना दिया है। धनाढ्य और गरीब देशों के बीच का अन्तर बराबर बढ़ रहा है। **अब बढ़ती हुई गरीबी और बेरोजगारी ने यह स्पष्ट कर दिया है कि बाजारवाद सभी समस्याओं का हल नहीं है। इसके विकल्प की आवश्यकता है। शायद नागरिक समाज (Civil Society) इस क्षेत्र में कुछ कर सके।** आवश्यकता पड़ने पर नागरिक समाज को राज्य पर भी दबाव डालना चाहिये कि वह गरीब-अमीर की दूरी को कम करे। इस सिलसिले में ई. 2001 में यूरोप में दो बहुत बड़े सम्मेलन हुए—एक जर्मनी के **बौन** (Bonn) शहर में और दूसरा इटली के **जेनेआ** (Genoa) में। इन दोनों सम्मेलनों ने यह सिद्ध कर दिया कि गरीब राष्ट्र अब वैश्वीय पूंजीवाद के खिलाफ चुप नहीं बैठेंगे।

बौन के सम्मेलन में कोई 178 देशों की भागीदारी थी। जेनोआ सम्मेलन-जी-7 राष्ट्रों का शिखर सम्मेलन था। इसमें दुनिया के बहुत बड़े धनवान देश आये थे। अमेरिका और उसके सहयोगी देश—ब्रिटेन, कनाड़ा, जर्मनी, इटली और जापान इसमें सम्मिलित हैं।

इन दोनों सम्मेलनों ने इस विषय पर चर्चा की कि वृहद उत्पादन ने सम्पूर्ण पर्यावरण को प्रदूषित कर दिया है और इसके लिये धनाढ्य देश उत्तरदायी हैं। इस प्रदूषण के कारण पिछड़े देशों में संक्रामक बीमारियाँ फैल गई हैं। जेनोआ में सम्मेलन के प्रतिनिधियों के भाग लेने आने से पहले ही कोई सवा लाख नागरिकों ने एक खूख्वार प्रदर्शन किया। इसमें सम्मेलन प्रतिनिधि चौंक गये। वैश्वीकरण के विरोध में लोगों की इतनी बड़ी लामबन्दी शायद यूरोप में पहली बार हुई थी। स्थानीय स्तर पर भी वैश्वीय पूंजीवाद का विभिन्न देशों में बराबर विरोध हो रहा है।

मानव विकास रिपोर्ट के निष्कर्ष (भू.न.डी.पी. 2001)
(Findings of Human Development Report, UNDP, 2001)

मानव विकास रिपोर्ट ने वैश्वीकरण के दुष्परिणामों को निम्न बिन्दुओं में रखा है :

(1) वैश्वीकरण ने मानव सुरक्षा को एक अजीब तरह की धमकी दी है। एक ओर तो

धनी और समृद्ध देश हैं जिन में पूरी राजनीतिक स्वतंत्रता है, स्थायीत्व है और दूसरी तरफ गरीब देश हैं जिनमें विपन्नता है और नागरिक अधिकार नाम मात्र को भी नहीं है। अमेरिका जैसे धनाढ्य देश में आधी रात को आदमी सिर ऊंचा उठा के चहलकदमी कर सकता है उसकी पूरी सुरक्षा है। दूसरी ओर स्वतंत्रता से अपने दैनिक काम-काज चला पाना नागरिकों के लिए दूभर हो जाता है। कब किस समय गाज आ पड़े, इसकी कोई सुरक्षा नहीं।

(2) यह सही है कि नई सूचना और संचार तकनीकी ने वैश्वीकरण की प्रक्रिया द्वारा लोगों को एक सूत्र में बांध दिया है पर इसका एक यह भी परिणाम निकला है कि दुनिया के कुछ लोग अपने आप को पृथक् समझते हैं। इस विभाजन के कारण भी वैश्वीकरण का विरोध होने लगा है।

(3) वैश्वीकरण के दौरान यह स्थिति है कि धनाढ्य देश ज्ञान पर अपना नियन्त्रण रखने लगे हैं। इसके परिणामस्वरूप गरीब देश हाशिये पर आगये हैं। वे अपने आपको असुरक्षित समझने लगे हैं। उदाहरण के लिये थाईलैण्ड जैसे देश में अफ्रीका की तुलना में अधिक सेल्यूलर फोन हैं, दक्षिण एशिया जहाँ दुनिया के 23 प्रतिशत लोग रहते हैं, एक प्रतिशत से कम लोगों के पास टेलिफोन है।

(4) उत्तर-आधुनिक समाज की दशा तक पहुंचने के लिए शिक्षा बहुत बड़ी कुंजी है विश्व स्तर पर, केवल 30 प्रतिशत लोग ऐसे हैं जिनके पास कोई न कोई डिग्री है।

(5) ऐसा अनुमान है कि बांग्लादेश जैसे देश को एक कम्प्यूटर खरीदने के लिए आठ वर्षों की आय चाहिए। इस का अर्थ हुआ, किसी भी गरीब देश में संचार सामग्री को जुटाने के लिए पर्याप्त धन चाहिये। जिसके पास आय के साधन हैं, वही आधुनिक सुविधाओं को अपना सकता है।

(6) लगभग 80 प्रतिशत वेबसाइट में अंग्रेजी भाषा चलती है जबकि अंग्रेजी बोलने वालों में दस व्यक्तियों में एक व्यक्ति है।

(7) वैश्वीकरण ने तकनीकी तंत्र की जो सुविधाएं प्रदान की हैं उनके प्रयोग ने दुनिया को दो भागों में बांट दिया है। रिपोर्ट कहती हैं :

वैश्वीकरण ने दो समानान्तर दुनियाएं खड़ी कर दी हैं। एक दुनिया वह है जिसके पास आय है, शिक्षा है और शैक्षिक सम्पर्क हैं, उसके लिये सूचना प्राप्त करना सरल और सुविधाजनक है, और दूसरी दुनिया वह है जो अनिश्चित है, धीमी है और जिसके लिये सूचना तक पहुंचना महंगा है। जब ये दोनों दुनियाएँ साथ-साथ रहती हैं और प्रतियोगिता करती हैं तो निश्चित रूप से गरीबों की दुनिया पिछड़ जाती है।

(8) मानव विकास रिपोर्ट ने अपने उपसंहार में एक पते की टिप्पणी की है। यह कहती है कि वैश्वीकरण में समय सिकुड़ गया है, स्थान सिकुड़ गया है। राष्ट्रीय सीमाएँ

ओझल हो रही हैं लेकिन यह सब किसके लिये? इसका उत्तर बहुत स्पष्ट है : वैश्वीकरण के लाभ और बहुत अधिक लाभ धनवान देशों और धनवान लोगों की झोली में गये है। आम देश आम आदमी को ठगे-ठगे और बिखरे-बिखरे दिखाई देते हैं।

उपसंहार

वैश्वीकरण अनिवार्यतः बहुलवादी है। यदि यह बाजारवाद का प्रणेता है तो यह एक नई संस्कृति के विकास का माध्यम भी। इस प्रक्रिया की गतिशीलता परस्पर विरोधी है। यह जोड़ती है तो विखण्डित भी करती है। इन विरोधी मूल्यों के होते हुए भी आज दुनिया भर में **विश्व संस्कृति, विश्व समाज** आदि के नारे पूरे जोर-शोर के साथ दिये जा रहे हैं। यह प्रक्रिया बड़ी शक्तिशाली है लगता है इसे रोक पाना कठिन है। इस प्रक्रिया ने एक नये प्रकार कि साम्राज्यवाद को जन्म दिया है। यह साम्राज्यवाद प्रभुत्वशाली देशों का है। यह आर्थिक साम्राज्यवाद है। राजनीतिक साम्राज्यवाद और सांस्कृतिक साम्राज्यवाद है। कुल मिलाकर यह कहा जा सकता है कि जैसा कि **वेलेस्टेन** और **जेमेसन** कहते हैं, वैश्वीकरण पूंजीवाद का मेनीफेस्टो है। यही प्रक्रिया उत्तर-आधुनिकता को भी आगे सरकाती है। इसे रोक पाना बहुत कठिन है।

भारत में वैश्वीकरण
(Globalization in India)

हिसाब से भारत में वैश्वीकरण का प्रारम्भ ई. 1991 में हुआ। तब नरसिंहाराव भारत के प्रधान मंत्री थे और मनमोहन सिंह वित्त मंत्री। यह आर्थिक नये-युग का सूत्रपात था। इस अर्थव्यवस्था की विशेषता यह है कि यह अपने नये अवतार में **संघीय बाजार अर्थ व्यवस्था** (Federal Market Economy) बन गई। इसमें राज्यों को यह अधिकार मिल गया कि केन्द्रीय योजना अर्थव्यवस्था के अन्तर्गत वे अपनी वित्तीय स्थिति में परिवर्तन कर सकें। इस व्यवस्था में सुधार आता है या खराबी, इसके लिए राज्य ही उत्तरदायी है। यह नई व्यवस्था इस भांति नियन्त्रण अर्थव्यवस्था (Command Economy) से संघीय अर्थव्यवस्था बदल गई। आर्थिक वैश्वीकरण का यह सूत्रपात सरकारी स्तर पर ई. 1991 से हुआ।

जवाहरलाल नेहरू के समय में हमारी अर्थव्यवस्था नियन्त्रित यानी **कमाण्ड अर्थव्यवस्था** (Command Economy) थी। यह 1960 का दबाव था। पंचवर्षीय योजनाएँ पूरी ताकत से चलाई जा रही हैं। देश में विकास का एक जुनून था। आयोजना आयोग के अध्यक्ष के नाते नेहरू जी को बड़े आदर के साथ देखा जाता था। वे चाहते थे कि यह देश भारत में औद्योगिक आधुनिकीकरण को सफलता से ला सके। उन्हें आधुनिक भारत का प्रणेता समझा जाता था। नेहरू जी ने बड़े-बड़े बाँधों को देखा, उन्हें नये तीर्थों

की तरह प्रस्तुत किया। उनके जाने के बाद केन्द्रीय आयोजन का विचार धूमिल होने लगा। अब वैश्वीय अर्थव्यवस्था आ गई। इस अर्थव्यवस्था के पीछे कुछ कारण हैं जिनका हम यहाँ उल्लेख करेंगे।

आर्थिक वैश्वीकरण (Economic Globalization)

नेयपाल की एक पुस्तक है जिसका सार यह है कि भारत एक ऐसा देश है जहाँ सैंकड़ों लाखों गदर होते हैं। नेयपाल से एक कदम और आगे बढ़कर कहना चाहिए कि यहाँ गदर नहीं, लाखों संकट हैं। करोड़ों लोगों का दैनिक जीवन गंदी नाली के कीड़ों की तरह रेंगता रहता है। कहीं कोई रोशनी नहीं। गरीब लोगों के पास खाने कपड़ों के लिये कुछ नहीं है, निवास और दवा-दारू की बात तो छोड़ दें। यह सब कैसे हुआ? यह सब क्यों हुआ? आम आदमी किसी अर्थशास्त्र के सिद्धान्त से वास्ता नहीं रखता। वह इसे समझ भी नहीं सकता। अगर इस देश के वैश्वीकरण, **उदारीकरण** (Liberalization) और **निजीकरण** (Privatization) आये हैं तो इसके पीछे जो आर्थिक सिद्धान्त हैं, उन्हें आम आदमी नहीं जानता। लेकिन वह अवश्य जानता है कि सरकार की राजनीति और अर्थनीति ने उसके सामने गहन संकट पैदा कर दिया है। इस पर अर्थशास्त्रियों ने अधिकृत रूप से बहुत कुछ लिखा है। भारत के इस आर्थिक वैश्वीकरण के पीछे जो कारक हैं, उनका हम यहाँ विवरण देंगे।

*(1) **बाहरी कर्ज का संकट** (External Debit Crisis)*

बाहरी कर्ज का संकट ई. 1991 में सामने आया। हमने विदेशों से जो कर्ज लिया था, उसका भुगतान समय पर नहीं हो सका। बाकी किश्तों का अम्बार लग गया। हुआ यह कि 1980 से हम बराबर घाटे के बजट पर चल रहे थे। केन्द्रीय राजस्व की जो आय होती थी, वह खर्च की तुलना में बहुत कम थी। परिणामस्वरूप हम विदेशों से लिये गये कर्ज की किश्तों को चुकाने में असफल रहे। इधर देश ने कतिपय आंतरिक संगठनों से भी कर्ज ले रखा था। बाहरी और आन्तरिक दोनों कर्ज बढ़ गये और तब पता लगा कि हमारी आर्थिक नीति में ही कोई न कोई खोट है। इस कर्ज से उबरने के लिये सरकार ने 1991 में वैश्वीय अर्थव्यवस्था को अपनाया।

अमित भादुड़ी और दीपक नैयर ने अपनी पुस्तक **दि इन्टेलिजेन्ट परसंस गाइड टु लिबरलाइजेशन** (The Intelligent Person's Guide to Liberalization, 1996) में वैश्वीकरण के भारत में आने के कारणों का सटीक विवरण दिया है। उनका तर्क है कि 1980 से लेकर 1990 तक इस देश में राजस्व आय की तुलना में खर्च अधिक हो गया और हम बराबर विदेशी कर्ज को चुकाने में असफल रहे। दूसरी इन लेखकों का यह भी कहना है कि हमारे यहाँ आयात तो बढ़ गया लेकिन इसकी तुलना में उतना निर्यात नहीं हुआ। यह भी एक घाटे का सौदा रहा।

(2) कर्ज की रकम का भरपूर उपयोग नहीं (Absence of Full use of Borrowings)

कर्ज लेना किसी भी देश के लिए कोई बुरी बात नहीं है और विकासशील देश तो कर्ज लेते ही रहते हैं। हमारे साथ एक दुर्घटना हुई। हमने कर्ज लेकर इसका प्रयोग **उत्पादन** (Production) के लिये नहीं किया। दक्षिण कोरिया का दृष्टान्त हमारे सामने है। इस छोटे से देश ने करोड़ों डालर का कर्ज लिया लेकिन इसने इसका प्रयोग पूर्ण रूप से उत्पादन में किया और परिणामस्वरूप इस देश ने उद्यमिता को बड़ी ऊंचाइयों तक पहुँचा दिया। हमने ऐसा कुछ नहीं किया। कर्ज के धन को हमने वाह-वाही लूटने के लिये लोकप्रिय (Populist) कार्यों पर लगा दिया यानी खर्च कर दिया। हुआ यहाँ तक कि हमने कर्ज की रकम को भी उपभोग में लगा दिया और विकास कार्य ठप्प कर दिये। जो कुछ विकास कार्यों पर खर्च भी किया गया उसमें भ्रष्टाचार ने अपना भाग और ले लिया।

(3) अल्प अवधि कर्ज (Short Term Borrowings)

हमने बाहरी देशों से जो कर्ज लिया उसका प्रयोग सब्सिडी (Subsidy) अर्थात् आर्थिक सहायता के रूप में किया। यह अल्प अवधि कर्ज है। इस कर्ज का प्रयोग हमने पेट्रोल, खाद, खाने के तेल आदि के आयात पर खर्च किया। ऐसी अवस्था में हमें अल्प अवधि कर्ज, विकल्प रूप में, लेने ही नहीं चाहिये थे। ई. 1991 के वैश्वीकरण लाने के कारण कोई रातों रात पैदा नहीं हुए थे। इसकी व्याख्या करते हुए भदुड़ी और नैयर लिखते हैं :

> यह स्पष्ट है कि अर्थव्यवस्था की समस्याएँ जो 1991 में संकट की अवस्था में पहुंच गई, किसी दुर्घटना के कारण नहीं था। पिछले कई वर्षों से हम अपनी रणनीति में लापरवाही बरत रहे थे, अपनी सुविधा की अर्थव्यवस्था चला रहे थे और तब संकट हमारे सिर पर आ ही गया।

(4) उधारदाताओं के विश्वास में कमी (Erosion of Credibility among Lenders)

भारत ने कर्ज लिये थे। कर्ज भी कई तरह के थे फिर भी सब कुछ ठीक-ठाक ही चल रहा था। इधर देश का आन्तरिक संकट गहरा गया। केवल चार महीनों की अवधि में नवम्बर 1990 से मार्च 1991 तक दो बार केन्द्र में सरकारें गिर गई। फरवरी 1991 में केन्द्रीय बजट संसद में पेश नहीं किया जा सका और भी कुछ ऐसी घटनाएँ घटी जिनके कारण उधारदाताओं का भरोसा हम से हट गया। हमारी उधारी को संदेह की दृष्टि से देखा जाने लगा। अब यह सम्भव नहीं रहा कि हमारी अल्प अवधि के कर्ज को आगे बढ़ाया जा सके। हमारी सारी कोशिशें नाकामयाब रहीं न तो आगे कर्ज लेना हमारे लिये सम्भव रहा और न कर्ज की किश्त चुकाने की अवधि बढ़ाई जा सकी। हम बड़ी सांसत में पड़ गये।

ऐसी परिस्थिति में उधारदाताओं ने हमारे सामने ढाँचागत अनुकूलन (Structural Adjustment) का विकल्प दिया।

(5) ***ढाँचागत अनुकूलन*** *(Striuctural Adjustment)*

हमारे देश में वैश्वीकरण ढाँचागत अनुकूलन के माध्यम से आया। जैसा कि **अन्तर्राष्ट्रीय मुद्राकोष** (IMF) और **विश्व बैंक** (World Bank) के काम करने का तरीका है। उन्हें भारत को **स्थायीकरण** (Stabalization) का विकल्प दिया। अर्थशास्त्र में स्थायीकरण का वही मतलब होता है जो चिकित्साशास्त्र में। जिस तरह किसी मरीज की संकटपूर्ण अवस्था में चिकित्सक उसके स्वास्थ्य को स्थायी अवस्था में लाने का प्रयास करता है, वैसे ही अर्थशास्त्र में भी अर्थव्यवस्था को स्थायी (Stable) बनाने की कोशिश की जाती है। यह स्थायीकरण तब किया जाता है जब अर्थव्यवस्था संकट के दौर से गुजरती होती है। आर्थिक स्थायीकरण के किसी भी कार्यक्रम के दो बुनियादी उसूल होते हैं : एक तो यह कि भुगतान की रकम जिसका चुकारा बाकी होता है, उसे डूबने नहीं दिया जाये, और दूसरा यह कि मुद्रा स्फीति को रोक दिया जाये। इस तरह के स्थायीकरण में कर्ज को चुकाना और मुद्रा स्फीति को तो समस्या समझा गया लेकिन इस तथ्य पर कोई ध्यान नहीं दिया कि इससे गरीबी बढ़ जायेगी और लाखों लोग बेरोजगारी के शिकार हो जायेंगे। अन्तर्राष्ट्रीय मुद्रा कोष और विश्व बैंक भारत सरकार को जिस स्थायीकरण का सुझाव दिया वही इस सरकार की **मुद्रा नीति** (Monetary Policy) बन गई।

ढाँचागत अनुकूलन वस्तुतः वैश्वीकरण को दावत है। अब इस नीति के परिणामस्वरूप देश में **उदारवाद** (Liberalization) और **निजीकरण** (Privatization) आये। सामान्य अर्थों में उदारवाद का मतलब आयात और निर्यात के नियमों में छूट है। वैश्वीकरण से पहिले हमारे यहाँ लाइसेंस-कोटा-राज था। बाहर के वस्तुओं के आयात बहुत बड़ा टेक्स देना पड़ता था। ऐसी कुछ पाबन्दियाँ निर्यात में भी थी। अब ये सब नियम बहुत उदार बना दिये गये। उदारीकरण की नीति के अन्तर्गत विदेशी निवेश में छूट भी होती है। वास्तव में इस निवेश को प्रोत्साहित किया जाता है।

भारत के आर्थिक उदारीकरण की रणनीति के पीछे राजनीतिक दबाव ही है। ई. 1991 में देश की अन्तर्राष्ट्रीय स्थिति कुछ ऐसी बन गई कि हमारे सामने उदारीकरण के अतिरिक्त कोई अन्य विकल्प नहीं था। **यह नीति संकट से उत्पन्न है,** यह कोई सोची समझी रणनीति है। अमित भादूड़ी और दीपक नैयर ने भारतीय वैश्वीकरण की व्याख्या तीन तत्वों से की है। वे कहते हैं कि इस प्रक्रिया में सबसे बड़ा तत्व **व्यापार** (Trade) का है, दूसरा **निवेश** (Investment) का और तीसरा **वित्त** (Finance) का। इस प्रक्रिया द्वारा अन्तर्राष्ट्रीय मुद्रा कोष और विश्व बैंक यह चाहते हैं कि यहां नई तकनीकी, सूचना और सेवाओं का विस्तार हो। अपनी परिभाषा में भादूड़ी और नैयर लिखते हैं :

इसमें कोई संदेह नहीं कि व्यापार, निवेश और वित्त, वैश्वीकरण के बुनियादी आधार हैं। ऐसा नहीं है कि इन तीनों तत्वों का विकास समान रूप से भारत में हुआ है। कहीं व्यापार घटा है तो कहीं निवेश बढ़ा है।

भारत में वैश्वीकरण अन्य देशों की तरह कोई एक दशक पुराना है। यह सोचने और मूल्यांकन करने की बात है कि आर्थिक उदारीकरण ने हमारी समस्याओं का हल कहाँ तक निकाला है। हमारी आर्थिक समस्याएँ बड़ी जटिल हैं, देखना है उदारीकरण इन समस्याओं का क्या निदान देता है? यह भी निश्चित करना पड़ेगा कि यह उदारीकरण कहाँ तक आम लोगों की समस्याओं को दूर करता है? सबसे केन्द्रीय प्रश्न यह है कि उदारीकरण किस सीमा तक हमारे विकास के मसले को तय कर पाया है? भारत में भी उदारीकरण का विरोध हुआ है। बौद्ध धर्म में एक मुहावरा है : **स्वर्ग पहुँचने की जो चाबी है वह नर्क के दरवाजे को भी खोलती है।** वास्तव में वैश्वीकरण ने अपार अवसरों का जो पिटारा खोला है, वही उसने ढेर सारी त्रासदी भी हमारी झोली में डाल दी है।

वैश्वीकरण और आर्थिक उदारीकरण ने स्थानीय धंधों को, स्वदेशी उत्पादन को बड़ी ठेस पहुँचाई है। हमारे यहाँ उत्तर-आधुनिक समाज का सूचना समाज अभी ठीक से विकसित नहीं हुआ है, तकनीकी तंत्र का ज्ञान भी अभी बहुत पिछड़ा हुआ है। हम दुनिया के विकसित देशों के बाजार में ठीक से प्रतियोगिता नहीं कर सकते। हमारा माल इस बाजार में टक्कर नहीं ले सकता। परिणामस्वरूप हमारे ही स्थानीय बाजार में हम अपना उत्पादन नहीं बेच पाते। हमारे स्थानीय कारखाने एक के बाद एक बन्द होने लगे हैं। मन्दी जान लेवा हो गई है। बेरोजगारी आसमान को छू गई है। भारतीय सन्दर्भ में आर्थिक वैश्वीकरण का अर्थ उदारीकरण, निजीकरण, व्यापार, निवेश, आयात और निर्यात से लिया जाता है। इस प्रक्रिया का प्रतिरोध तो हो रहा है लेकिन यह अभी राजनीतिक दलों के दाँव-पेच से बाहर नहीं आया है। आर्थिक संगठनों ने भी अभी खुल कर इसका विरोध नहीं किया है। यह निश्चित है कि भारत में भी आर्थिक उदारीकरण ने नर्क के दरवाजे की चाबी भी हमारी चौखट पर रख दी।

संघीय बाजार अर्थव्यवस्था (Federal Market Economy)

आर्थिक संकटकालीन परिस्थितियों में भारत में वैश्वीकरण का अर्विभाव हुआ। यह हमारी मजबूरी थी, हमें अन्तर्राष्ट्रीय दबाव में आकर अपने कर्ज को अदा करने के लिये अपनी अर्थव्यवस्था में ढाँचागत परिवर्तन करना पड़ा। इसके परिणाम हमें कई क्षेत्रों में देखने पड़े। इनका उल्लेख हमने ऊपर किया है। अब प्रश्न यह है कि वैश्वीकरण के परिणामस्वरूप जो नई अर्थव्यवस्था आई उसे हम अवधारणात्मक रूप में क्या नाम देंगे। इस अर्थव्यवस्था की पहिचान क्या है? हाल में **इकोनोमिक एण्ड पोलिटिकल वीकली** (Economic and Political Weekly, May 5.11.2001, No. 18) में **रूडोल्फ और रूडोल्फ** (Lloyd Rudolf and Susanne Rudolf) का एक दिलचस्प लेख आया है।

उन्होंने इस व्यवस्था को **संघीय बाजार अर्थव्यवस्था** (Federal Market Economy) का नाम दिया है। इस व्यवस्था के मुख्य लक्षणों को हम यहाँ रखेंगे :

*(1) **मुख्य मंत्री स्वयं उद्यमी** (Chief Ministers as Entrepreneurs)*

नई अर्थव्यवस्था ने देश के राज्यों में एक तीखी प्रतिक्रिया पैदा करदी है। अब राज्य चाहते हैं कि अन्तर्राष्ट्रीय भागीदारी में उन्हें आगे बढ़कर पहल करनी चाहिये। अगर राज्य अन्तर्राष्ट्रीय निवेश को लाने में कामयाब होते हैं तो इससे राज्य की तरक्की होगी। लोगों को रोजगार के अवसर मिलेंगे, राज्य में विकास होगा। इस उद्देश्य से प्रेरित होकर अब देश के विभिन्न राज्य विदेश में जाकर निवेश के लिए प्रोत्साहन देते। वे अधिक से अधिक सुविधाएँ देने की चर्चा करते हैं। हाल में जो जानकारी मिल रही है इसके अनुसार राज्यों के मुख्य मंत्री, उनके उद्योग सचिव विदेश का दौरा करने लगे हैं। अमेरिका, पश्चिमी यूरोप, जापान आदि देशों को वे हर प्रकार प्रलोभन देकर अपने राज्यों में निवेश करने के लिये न्यौता देते हैं। विदेश में पूंजीपति भारत के बाजार की खोज करने के लिये यहाँ आने लगे हैं। पिछले कुछ वर्षों में विभिन्न राज्यों की राजधानी में **बिल गेट्स** (Bill Gates), और **बिल क्लीन्टन** (Bill Clinton) आये हैं। बैंगलोर में **योशिरो मोरी** (Yoshiro Mori) और **ली पैंग** (Li Peng) व्यापार के विकास की और नये बाजार की खोज में आ चुके हैं। हैदराबाद के मुख्यमंत्री शायद इस दौड़ में अग्रणी हैं। मुम्बई ने अमेरिका (टेक्साज) की बहुत बड़ी एनरोन कम्पनी से विद्युत आपूर्ति का समझौता किया। ये सब दृष्टान्त इसके प्रमाण हैं कि वैश्वीकरण के इस नए अर्थ में केन्द्र की अपेक्षा राज्यों की भागीदारी बहुत अधिक है। **अब राज्य उद्यमी बन गये हैं।**

2. संघीय बाजार व्यवस्था एक तरह से केन्द्रीय बाजार का विकेन्द्रीकरण है। अब केन्द्र और राज्य मिलकर आर्थिक और वित्तीय निर्णय करते हैं। आर्थिक विकेन्द्रीकरण पर टिप्पणी करते हुए रूडोल्फ और रूडोल्फ लिखते हैं :

> पिछले एक दशक में यह स्पष्ट होगया है कि यदि आर्थिक उदारीकरण व्यापक होता है, तब राज्य सरकारें और उनके मुख्य मंत्री विकास में जो आर्थिक रुकावटें हैं उन्हें दूर कर देंगे।

रूडोल्फ और रूडोल्फ को यह भरोसा है कि वे यदि राज्य सरकारों का इस व्यवस्था के प्रति अनुकूल रुख रहा तो बाजारवाद का यह हल हमारी गैर-बराबरी को दूर कर देगा। आज की जो परिस्थितियाँ हैं उन्हें देखते हुए लगता है कि ये दोनों अमेरिकी समाजशास्त्री अपनी प्राक्कल्पना में गलत सिद्ध हुए हैं। उनकी पूंजीवादी विचारधारा के अनुसार सही है, पर जमीनी हकीकत कुछ और है। पिछले दस वर्षों में गरीबी और बेरोजगारी में जो इज़ाफा हुआ है वह अऐतिहासिक है।

3. संघीय बाजार अर्थव्यवस्था की विशेषता यह है कि इसका उद्‌गम आर्थिक

उदारीकरण में है। यह उदारीकरण **परमिट-लाइसेंस राज** (Permit-Licence Raj) को ध्वस्त कर देता है। अब इसकी खिड़की राज्यों की ओर खुलती है और अब अपने आर्थिक विकास में राज्यों का हाथ ऊपर है। **अब राज्यों में केन्द्र का आर्थिक निवेश न्यूनतम हो गया है, और निजी निवेश अधिकतम। संघीय बाजार व्यवस्था की यह बहुत बड़ी विशेषता है। इसमें अन्तर्राष्ट्रीय मुद्राकोष (IMF) और विश्व बैंक का प्रभुत्व अधिक है, और केन्द्र का कम।** अब राज्य स्वयं ही अपने विकास की दिशा की पहचान करने लगे हैं।

संघीय बाजार अर्थव्यवस्था के परिणाम विवादास्पद है। यह व्यवस्था वरदान भी है, और अभिशाप भी। कुछ अर्थशास्त्री कहते हैं कि राज्यों के बीच में चलने वाली इस प्रतियोगिता ने कुछ राज्यों को शीर्षतर पहुंचा दिया है। कुछ अन्य अर्थशास्त्री यह भी कहते हैं कि राज्यों की यह प्रतियोगिता घातक भी सिद्ध हुई। राजनीतिक दांव-पेच ने आर्थिक विकास को पीछे धकेल दिया है। इस विवाद के किसी निष्कर्ष तक पहुँचने में अभी समय लगेगा। संघीय बाजार अर्थव्यवस्था नई है और हमें इसके परिणाम देखने के लिये कुछ और प्रतीक्षा करनी पड़ेगी।

सांस्कृतिक वैश्वीकरण (Cultural Globalization)

हमारे देश में सांस्कृतिक वैश्वीकरण के खिलाफ आर्थिक वैश्वीकरण की तुलना में बड़ा हल्ला हो रहा है। संकट यह है कि यदि इसी रफ्तार से मीडिया ने विदेशी संस्कृति को यहाँ फैलाया तो हमारी पहचान समाप्त हो जायेगी। **वस्तुतः यह संकट पहचान** (Identity) **का है।** पोप संगीत के सामने हमारे शास्त्रीय संगीत का क्या होगा? वेस्टर्न डान्स की तुलना में हमारे भरत नाट्यम् और ओडिसी नृत्य जिसके वर्षों की साधना होती है, कहाँ खड़े होंगे? आज प्रेमचन्द और फणीश्वरनाथ रेणु को कौन पढ़ता है? हुआ यह कि संस्कृति वैश्वीकरण की दौड़ में हमारी कई विधाएँ अपनी पहचान खो चुकी हैं। छत्तीसगढ़ की पंडवानी, विन्ध्य प्रदेश का आल्हा, महाराष्ट्र का तमाशा, उत्तरप्रदेश और बिहार की नोटंकी और पंजाब का गिद्दा समाप्ति के छोर पर हैं। ऐसा लगता है कि यदि सांस्कृतिक वैश्वीकरण इसी तरह अपना पैर फैलाता रहा तो हमारी सांस्कृतिक विरासत देखते ही देखते हमारे हाथों में किसी साबुन की तरह फिसल जायेगी और हम रीते हाथ रह जायेंगे।

संस्कृति ने हमारे एथनिक पहनावे पर भी हमला किया है। आज की स्त्रियों की नई पीढ़ी जमकर नाइट-क्लब में जाती है, धूम्रपान और मद्यपान करती है, मिनी स्कर्ट पहिनती हैं और जिन्स को अपनी पसन्दगी पोशाक समझती हैं। यह सब ठीक है बुनियादी रूप से कोई भी सांस्कृतिक आईटम सबसे ऊंचा है, कभी नहीं कहा जा सकता। संस्कृति तो संस्कृति है। लेकिन संस्कृति सापेक्षिक भी होती है। मानवशास्त्री इसे **सांस्कृतिक सापेक्षता** (Cultural Relativism) कहते हैं। भारतीय सन्दर्भ में परेशानी यह है कि हमारी एक विशिष्ट पहिचान है। यह पहिचान सभ्यता की पहचान है, इतिहास की पहिचान है। जब यह पहचान हमसे छूट जायेगी तो इस विश्व समुदाय में हमें अलग से कौन पहचानेगा।

इसी कारण हम कहते हैं कि सांस्कृतिक वैश्वीकरण का बहुत बड़ा संकट पहचान का संकट है। और यह पहचान राष्ट्र की पहिचान है, एक जाति की पहचान है।

समाजशास्त्र में सांस्कृतिक वैश्वीकरण पर बहुत सीमित सामग्री है। वैसे भारतीय संस्कृति—इसकी धरोहर पर हमारे यहां धनाढ्य भंडार है। पर वैश्वीकरण के सन्दर्भ में अभी बहुत कुछ होना शेष है। इस सांस्कृतिक संकट को हमने अभी पूरी तरह से समाजशास्त्रीय संदर्भ में देखा नहीं है। योगेन्द्र सिंह की पुस्तक : **कल्चर चेंज इन इंडिया** (Culture Change in India, 2000) इस संदर्भ में एक उल्लेखनीय दस्तावेज है। वे संस्कृति की वैश्वीकरण के संदर्भ में पहचान करने की समस्या को अपनी इस पुस्तक में उठाते हैं। उनका विषय यह समझने का है कि भारत में मूल्यों, संस्थाओं, और विचारधाराओं में तीव्रता से परिवर्तन आ रहा है। वास्तव में वैश्वीकरण की प्रक्रिया ने हमारे सामने कई चुनौतियाँ खड़ी की है। योगेन्द्रसिंह वैश्वीकरण के सन्दर्भ में भारतीय संस्कति का एक ईमानदार लेखा-जोखा इस पुस्तक में रखते हैं। यहाँ हम सांस्कृतिक वैश्वीकरण के प्रभाव को भारतीय सन्दर्भ में देखेंगे।

(1) स्थानीय संस्कृति की विशेषता

वैश्वीकरण ने भारत की स्थानीय संस्कृति को प्रभावित किया है। यहाँ की स्थानीय संस्कृति की कतिपय विशेषताएँ हैं। वैसे स्थानीय संस्कृति पर हमारे यहाँ सामाजिक मानवशास्त्र ने एक धनाढ्य साहित्य रचा है। इससे भी और अधिक जानकारी हाल में **भारतीय मानवविज्ञान सर्वेक्षण** (Anthropological Survey of India) ने **भारत के लोग** (People of India) प्रोजेक्ट के माध्यम से जुटाई है। इसके अनुसार स्थानीय संस्कृति को जाति, भाषा, विवाह, क्षेत्र और धर्म में देखा जा सकता है। यहाँ 4,635 समुदाय (Communities) हैं। ये समुदाय वस्तुतः जातियाँ हैं। यहाँ 18 भाषायें जिन्हें संविधान द्वारा मान्यता प्राप्त है, सांस्कृतिक क्षेत्रों की संख्या 91 है। यहाँ के मुख्य धार्मिक अल्पसंख्यक समूह मुस्लिम, सिक्ख, जैन, बौद्ध, ईसाई, यहूदी, पारसी और आदिवासी धर्मावलम्बी हैं। द्विभाषीय (Bilingual) लोगों का प्रतिशत 64.2 है। **ये सब तथ्य जो हमें भारत के लोगों में मिलते हैं स्थापित करते हैं,** कि यह **समाज बहुलवादी** (Plural) है। **इसकी संरचना कुछ इस तरह है कि यह विभिन्नता** (Diversity) **सम्पूर्ण देश को एक दूसरे से बाँधती है। इसे हम विविधा में एकता** (Unity in diversity) **कहते हैं**। जब हम वैश्वीकरण के प्रभाव को भारतीय संस्कृति पर देखते हैं तब हमारा सन्दर्भ इस बहुलवादी संस्कृति से है। यही हमारी स्थानीय संस्कृति की पहचान है।

इस बहुल भारतीय संस्कृति का विवरण हमें योगेन्द्र सिंह के अतिरिक्त रजनी कोठारी, कृष्ण कुमार, मोहन पेग्गी आदि में भी मिलता है। इन लेखकों ने भी बहुलवादी भारतीय संस्कृति का विश्लेषण, वैश्वीकरण के संदर्भ में किया है। हमने प्रस्तुत विवरण के लिये इन लेखकों से भी सामग्री जुटाई है यद्यपि हमारे मुख्य स्रोत **भारत के लोग** और योगेन्द्र सिंह हैं।

(2) वैश्वीय व्यापार और बाजार का सांस्कृतिक प्रभाव
(Cultural Impact of Global Trade and Market)

वैश्वीकरण ने व्यापार और बाजार को हमारे यहाँ अत्यधिक प्रभावित किया है। इसके प्रभाव हमें सांस्कृतिक क्षेत्र में देखने को मिलते हैं। पहले भी भारत का दूसरे देशों के साथ व्यापार था। मध्य और पूर्वी एशिया हमारे परम्परागत बाजार थे। पर तब इस व्यापार और बाजार का प्रभाव हमारी संस्कृति पर नाम मात्र को था। आज स्थिति बदल गई है। विदेशी बाजार और व्यापार ने 1990 के बाद, भारतीय जीवन के कई सांस्कृतिक पहलुओं को झकझोर दिया है। इसने हमारी जीवन पद्धति को बदल दिया है, उपभोग के प्रतिमान में उलट-फेर दिया है, सांस्कृतिक उत्पादन को बाजार के माध्यम से बदल दिया है। धार्मिक व्यवहार में परिवर्तन कर दिया है। वाहनों में वैश्वीय व्यापार और बाजार ने नई उप-संस्कृतियाँ पैदा कर दी हैं। अब एक **पोप्यूलर कल्चर** (Popular Culture) का विकास हो गया है।

(3) उपभोग समाज *(Consumer Society)*

अब भारतीय समाज एक **उपभोग समाज** (Consumer Society) का रूप लेरहा है। देश के कई गाँवों में बिजली पहुँच गई है। मिट्टी के तेल का उपभोग व्यापक हो गया है, सड़कों का विशाल जाल फैल गया है, संचार साधन विकसित हो गये हैं और खान-पान तथा रहन-सहन में सजातीयता आ गई है। पुरुषों की पोशाक पेंट-शर्ट हो गई है, स्त्रियाँ सलवार कमीज पहनने लगी हैं। चाय, कॉफी, अंडा, मांस, मछली आदि सारे देश के लोगों का स्वाद बन गये हैं। देश में जो हरित क्रांति आई, उसने गाँव के लोगों को भी परिवर्तन की इस श्रृंखला में बाँध दिया है।

(4) मीडिया समाज *(Media Society)*

कई शताब्दियों तक भारत एक **मौखिक समाज** (Oral Society) था। सम्पूर्ण संचार व्यवस्था इस समाज में मौखिक रूप से ही चलती थी। बड़े-बड़े व्यापार मौखिक होते थे। उपनिवेश काल में समाचार पत्रों के प्रकाशन पर कई पाबन्दियाँ थीं। वैश्वीकरण ने यह सब पिछले दस वर्षों में क्रांतिकारी रूप से बदला दिया। यह मौखिक समाज आज एक मीडिया समाज बन गया है। प्रेस की आजादी हमारे स्वतंत्रता का चौथा स्तम्भ बन गया है। ई. 1993 में 33,612 समाचार पत्रों का देश में वितरण था जिसमें केवल 3,740 तो दैनिक समाचार पत्र ही थे। यहाँ **प्रेस इन्फोरमेशन ब्यूरो है, प्रेस ट्रस्ट ऑफ इंडिया** (PTI) और **यूनाइटेड न्यूज आफ इंडिया** (UNI) न्यूज एजेन्सियाँ हैं जो देश को सम्पूर्ण विश्व के साथ जोड़ते हैं।

समाचार पत्रों के अतिरिक्त मुख्य दूर-संचार सुविधाएँ भी हैं जिनमें रेडियो, टेलिवीजन, फिल्म, टेलिफोन, मोबाइल फोन, ई-मेल, फेक्स, इन्टरनेट आदि सम्मिलित हैं।

आज भी रेडियो दूर दराज क्षेत्रों का संचार साधन है। और फिल्मों की तो भारतीय जीवन में एक महत्त्वपूर्ण भूमिका है। आम लोगों के मनोरंजन का फिल्म बहुत बड़ा साधन है। शिक्षात्मक और सुधारात्मक मूल्यों के कारण भी फिल्म महत्त्वपूर्ण समझी जाती है। भाषाई तथा सांस्कृतिक एकता के लिये फिल्मों की भूमिका बहुत बड़ी है। हिन्दी भाषा की व्यापकता का बहुत बड़ा कारण फिल्में समझी जाती हैं। कई लोग तो ऐसे हैं जिन्होंने फिल्मों से ही हिन्दी सीखी है। ई. 1996 में ही इस देश में 683 फिल्मों का निर्माण हुआ था। पाँच भाषाएँ ऐसी हैं जिनमें अधिकतम फिल्में बनती हैं। इन भाषाओं में हिन्दी (126), तमिल (138), तेलगू (158), कन्नड़ (86) तथा मलयालय (65) सम्मिलित हैं। आंचलिक भाषाओं की भी फिल्में बनने लगी हैं। इन भाषा में मणीपुरी, कोंकणी, उर्दू, गढ़वाली, राजस्थानी आदि हैं। भारतीय टेलीविजन जिसे दूरदर्शन कहते हैं, ने 1968 में काम करना शुरू किया था, आज बहुत व्यापक होगया है। सेटेलाईट सुविधाओं के होते हुए यह तीन प्रकार के ट्रांन्समीटर पर चलता है।

वैश्वीकरण से प्रभावित दूर-संचार का यह जाल आज बहुत विस्तृत है। **विदेश संचार निगम लिमिटेड** (VSNL) अंतर्राष्ट्रीय संचार का बहुत बड़ा साधन है। यह एक स्वायत्त संस्था है जिसमें भारत सरकार के शेयर 82.2 हैं। यह सेल्यूलर टेलीफोन की सेवाएँ प्रदान करती है। इसने ई. 1995 में इन्टरनेट सेवाएँ देना प्रारम्भ किया था। कम्प्यूटर सेवाओं की वृद्धि हुई है। इन सब दूरसंचार सुविधाओं के आर्थिक विकास, व्यापार तथा बैंकिंग व्यवहार में क्रांतिकारी परिवर्तन ला दिया है। इनके कारण स्थानीय समुदाय भी मुख्य धारा से जुड़ गये हैं। एक दूसरे प्रकार का प्रभाव स्थानीय संस्कृतियों में देखने को मिलता है। अब उनमें सुदृढ़ता आगई है और अपनी पहचान बनाने में अधिक जागरूक हो गये हैं।

*(5) **वैश्वीकरण की अन्य प्रक्रियाएं***
(Other Proccesses of Globalization)

वैश्वीकरण और सूचना प्रौद्योगिकी के कारण स्थानान्तरण, पर्यटन और यात्रा में वृद्धि हुई है। सजातीयकरण के प्रभाव पर्यटन के कारण बढ़ते दिखाई देते हैं। दूसरे देशों में जो प्रवासी भारतीय (Dispora) हैं वे अपनी सांस्कृतिक पहिचान को बनाये रखने का प्रयास करते हैं। प्रवासी भारतीय वर्षों से दूसरे देशों को जाते रहे हैं, पर आज उनकी संख्या कई गुना बढ़ गई है। आज वे दुनिया के सभी भागों में पहुंच गये हैं। घरेलू पर्यटन में भी आवागमन की सुविधाओं के कारण वृद्धि हुई है।

एकीकरण और पहिचान की समस्या
(Problem of Integration and Identity)

वैश्वीकरण का सांस्कृतिक प्रभाव होता है। वास्तव में वैश्वीकरण स्थानीयता के साथ जुड़ा

होता है। जब इस प्रक्रिया द्वारा आधुनिकीकरण और उत्तर-आधुनिकीकरण की अन्तः क्रिया स्थानीय संस्कृति के साथ होती है तब पहिचान की समस्या सामने आती है। भारत ही नहीं सभी देशों में वैश्वीकरण का मुकालना या मुठभेड़ स्थानीयकरण के साथ होता रहा है। अमेरिका में भी ऐसा होता है और भारत में भी। हमारी समस्या कुछ और है। संविधान ने हमारे यहाँ जातियों, अल्पसंख्यकों, आदिवासियों सभी के विशेषाधिकार परिभाषित किये हैं। हमने कमजोर वर्गों से विकास और बचाव की संवैधानिक सुरक्षाएँ दी हैं। हमने यह वादा किया है कि हम इन कमजोर वर्गों को पूरी सांस्कृतिक स्वायत्ता देंगे। कानून से भी हमने आदिवासियों के सुरक्षा का प्रावधान किया है। यह सब सही है। लेकिन जब वैश्वीकरण एक शक्तिशाली प्रक्रिया की तरह सभी को अपनी चपेट में ले लेता है, तब अनिवार्य रूप से प्रत्येक एथनिक समूह की पहिचान का सवाल आता है।

यह सही है कि बाजार अर्थव्यवस्था, मीडिया की शक्ति, तथा सूचना तकनीकी तंत्र ने स्थानीय संस्कृति के सामने पहिचान की बहुत बड़ी समस्या पैदा कर दी है। सजातीयता की यह भीमकाम प्रक्रिया यदि बराबर चलती रही तो स्थानीय तथा राष्ट्रीय पहचान का क्या भविष्य होगा। वैश्वीकरण केवल व्यापार, बाजार और मीडिया ही नहीं हैं। इसके अन्तर्गत प्रजातंत्र और पूंजीवाद भी हैं। जब वे सब प्रक्रियाएँ जमीनी स्तर पर पहुंचती हैं, तो लोगों को लगता है कि इन सब आधुनिक संस्थाओं के साथ उसका **मोह भंग** (disenchantment) हो गया है। यही कारण है कि जब सांस्कृतिक आधुनिकीकरण वैश्वीकरण के माध्यम से स्थानीय लोगों की संस्कृति पर आघात करता है, उसे चोट पहुँचाता है, उसकी भाषा धर्म, जीवन पद्धति और संस्कृति मूल्यों पर हमला करता है तो लोग तिलमिला उठते हैं। इस देश में हमेशा ऐसा होता रहा है कि विविधता ने इसे बांधे रखा है। इसी वैश्वीकरण और आधुनिकीकरण ने स्थानीयता को तोड़ने की अपेक्षा सुदृढ़ किया है। **भारत के लोगों की सबसे महत्त्वपूर्ण खोज यह है कि पिछले एक दशक में क्षेत्रीयता की भावना बहुत अधिक सुदृढ़ हुई है**। इस निष्कर्ष पर के.एस. सिंह और एम.एन. श्रीनिवास दोनों सहमत हैं। लगता है जितना अधिक सांस्कृतिक वैश्वीकरण व्यापक होगा, उतनी ही अधिक क्षेत्रीयता की भावना मजबूत होगी। ऐसी अवस्था में हमारे देश में शायद स्थानीय संस्कृति को वैश्वीकरण से कोई खतरा नहीं।

संदर्भ ग्रन्थ

Yogendra Singh, **Culture Change in India**, Rawat, Jaipur, 2000.

Economic and Political Weekly, May 5-11, 2001, No. 18.

Economic and Political Weekly, February 9-15, 2002, No. 6.

Economic and Political Weekly, August 18-24, 2001, No. 33.

Malcolm, Waters, **Globalization**, Routledsge, London.

International Society, Vol. 15., Nov. 1, June 2000.

Gilpin, R., **The Political Economy of International Relations**, 1987, Princeton University.

Rosenau, J., **The Study of Global Interdependence**, Princeton University, 1990.

Amit Bhaduri, Deepak Nayyar, **The Intelligent Person's Guide to Liberalization**, Penguin Books, 1996.

आलोचना के आगे, सुधीश पचौरी, राधाकृष्ण, 2001.

13

संरचनावाद और उत्तर-संरचनावाद : सामाजिक सिद्धान्त का अविर्भाव

(Structuralism and Poststructuralism: Emergence of Social Theory)

जब सिद्धान्तों की चर्चा होती है तब हम उन्हें दो कोटियों में रखते हैं : (1) क्लासिकल समाजशास्त्रीय सिद्धान्त, और (2) आधुनिक समाजशास्त्रीय सिद्धान्त। क्लासिकल सिद्धान्तों में हम स्पेन्सर, दरखाईम, वेबर और कार्ल मार्क्स के सिद्धान्तों को सम्मिलित करते हैं, और आधुनिक सिद्धान्तों में पारसंस, मर्टन आदि के सिद्धान्त। हाल में यानी 1980 के बाद जब उत्तर-आधुनिकता का अविर्भाव हुआ तब समाजशास्त्री सिद्धान्तों की एक नई कोटि उत्तर-आधुनिक समाजशास्त्रीय सिद्धान्त-हमारे सामने आई। ये उत्तर-आधुनिक सिद्धान्त वे हैं जो समाजशास्त्र की विधाओं में हैं, उसकी सीमाओं में हैं। ये सिद्धान्त अपनी प्रकृति में संचयी हैं और समाजशास्त्र के सिद्धान्त क्षेत्र में जो कुछ हुआ है, उसे आगे बढ़ाते हैं। नव-मार्क्सवादी या नव-प्रकार्यवादी सिद्धान्त वस्तुतः समाजशास्त्रीय सिद्धान्त हैं। ये प्रकार्यवाद और मार्क्सवाद का नवीन विश्लेषण देते हैं। लेकिन फूको का ज्ञान तथा शक्ति का सिद्धान्त या बोड्रीलार्ड सिम्यूलेशन का सिद्धान्त **सामाजिक सिद्धान्त** (Social Theory) है, समाजशास्त्रीय सिद्धान्त नहीं। यह इसलिये कि इन सिद्धान्तों के संदर्भ और समाजविज्ञानों से भी लिये गये हैं। इस तरह का अंतर जॉर्ज रिटज़र (George Ritzer) ने किया है। वे कहते हैं :

> यद्यपि समाजशास्त्रीय और सामाजिक सिद्धान्तों का अन्तर एक दम स्पष्ट नहीं है। फिर भीं यह कहा जा सकता है कि समाजशास्त्रीय सिद्धान्त समाजशास्त्र में जो विकास हुआ है उसे बताते हैं और इसमें समाजशास्त्रियों की रुचि भी होती है। दूसरी ओर सामाजिक सिद्धान्त वे हैं जो बहुविधायी (Multi disciplinary) हैं अर्थात् जिनमें कई समाज विज्ञानों का समावेश होता है।

यहाँ हम केवल यही कहना चाहते हैं कि संरचनावाद का सिद्धान्त अपने मूल में एक समाजशास्त्रीय सिद्धान्त है। लेकिन जब उत्तर-आधुनिकता का प्रभाव समाजशास्त्र पर पड़ा,

तब इसके परिणामस्वरूप संरचनावाद का सिद्धान्त उत्तर संरचनावाद के रूप में विकसित हो गया। अब इस नये परिप्रेक्ष्य में उत्तर-संरचनावाद का दर्जा या उसकी कोटि सामाजिक सिद्धान्त की कोटि बन गयी। यहाँ हम संरचनावाद की इन दोनों कोटियों-संरचनावाद और उत्तर-संरचनावाद का विस्तार विवेचन करेंगे।

संरचनावाद : अर्थ और परिभाषा
(Structuratism : Meaning and Definition)

समाजशास्त्र में संरचनावादी सिद्धान्त का उद्‌गम **जां-पाल सार्त्र** (Jean-Paul Sartre) के अस्तित्ववादी (Existentiatism) के विरोधस्वरूप देखा जाता है। वास्तव में सार्त्र का अस्तित्ववादी सिद्धान्त फ्रांस में प्रचलित था। यह सिद्धान्त सम्पूर्ण यूरोप में एक लोकप्रिय सिद्धान्त समझा जाता था। इसका विरोध संरचनावादी सिद्धान्त ने किया। सार्त्र का अस्तित्ववादी सिद्धान्त व्यक्ति पर केन्द्रित था। सार्त्र सब कुछ थे—एक बहुआयामी व्यक्तित्व। वे ख्याति के नाटककार, उपन्यास लेखक, सामाजिक आलोचक ओर इस सबसे ऊपर एक अस्तित्ववादी दार्शनिक थे। वे मानव की स्वतंत्रता के घोर समर्थक थे। मनुष्य की स्वतंत्रता को वे संसार के लिये सबसे बड़ा मुद्दा समझते थे। अपने अकादमिक जीवन में उन्होंने **व्यक्ति की स्वतंत्रता** (Individual Freedom) पर सबसे अधिक जोर दिया। उन्होंने आग्रहपूर्वक कहा कि **आदमी जो कुछ करता है, उसका निर्णय वह स्वयं करता है। समाज और सामाजिक संरचना का इसमें कोई हाथ नहीं होता**। अपने बाद के जीवन में सार्त्र पर मार्क्स का प्रभाव पड़ा। अब उन्होंने यह प्रबन्ध रखा कि यद्यपि मनुष्य अपने आप में स्वतंत्र है फिर भी उस पर दमनकारी संरचना का बहुत बड़ा दबाव पड़ता है। यह दमन उसका अलगाव कर देता है और उसकी गतिविधियाँ बंधी हुई और सीमित हो जाती हैं। सार्त्र ने कहा कि प्रत्येक शोषणकारी व्यवस्था की तह में ऐसे मानवीय कार्यकलाप निहित होते हैं जो शोषण के उद्देश्य से प्रेरित होते हैं, अतः उनका नैतिक दायित्व निर्दिष्ट किया जा सकता है। अपने प्रसिद्ध कृति **बिईग एण्ड नथिंगनेस** (Being and Nothingness) में सार्त्र ने व्यक्ति की स्वतंत्रता का अच्छा दार्शनिक विश्लेषण प्रस्तुत किया है।

गिला हैईम (Gila Hayim, 1980) ने सार्त्र की पुस्तक का एक विशद् विश्लेषण रखा है। वे कहती हैं कि सार्त्र के दर्शन का बहुत बड़ा सिद्धान्त यह है कि डटकर संरचनावाद का विरोध करते हैं। सार्त्र का अस्तित्ववाद यह मानकर चलता है कि व्यक्ति में सब कुछ करने की क्षमता है, वह वर्तमान से आगे भविष्य की ओर जा सकता है। अपनी आलोचना में **गिला हैईम** कहती हैं कि सार्त्र का आदमी स्वयं अपने भविष्य का निर्माता है। जो कुछ आदमी को दिया गया है, उससे आगे वह बढ़ सकता है। यद्यपि सार्त्र मार्क्स से प्रभावित थे। फिर भी वे रूढ़िवादी मार्क्सवादियों की आलोचना करते हैं और आग्रहपूर्वक कहते हैं कि संरचना या समाज की भूमिका को अतिरंजित रूप में नहीं रखना

चाहिये। सार्त्र जहाँ अस्तित्ववादी थे, वहीं वे मानववादी भी थे। वे मार्क्स की तरह आदमी की मुक्ति (Emancipation of man) के हिमायती थे।

संरचनावाद का सार्त्र के अस्तित्ववाद और मानववाद के विरोध में आया। संरचनावादियों ने अपने प्रबन्ध में कहा कि व्यक्ति कुछ नहीं है। उसे कोई स्वतंत्रता नहीं है। वह तो केवल संरचना की कठपुतली मात्र है। अतः जहाँ सार्त्र का अस्तित्ववाद व्यक्ति पर अपने आपको केन्द्रित करता है, वहाँ संरचनावाद का मुख्य केन्द्र संरचना या समाज है। यह संरचना ही है जो व्यक्ति के क्रियाकलापों का निर्धारण करती है। दूसरे शब्दों में, व्यक्ति बनाम संरचना की बहस में संरचनावादी समाज की निर्णायक शक्ति पर जोर देते हैं।

संरचना किसे कहते हैं? (What is Social Structure?)

सामान्यतया समाजशास्त्र में संरचना का अर्थ बड़ा ही लचीला और ढीला माना जाता है। इसका प्रयोग सामाजिक क्रिया के विरोध में किया जाता है। इसकी परिभाषा का मसला सबसे पहिले **एस.एफ.नडेल** (S.F. Nadel) ने अपनी पुस्तक **दि थ्योरी ऑफ सोश्यल स्ट्रक्चर** (The Theory of Social Structure, 1957) में उठाया था। नडेल का परिभाषा देने का उपागम मानवशास्त्रीय था। वे स्वीकार करते हैं कि सामान्यतया या समाजशास्त्र में संरचना पद का प्रयोग बहुत अस्पष्ट रहा है। मानवशास्त्र में इस पद को मनमाने ढंग से प्रयोग में लिया गया है। अमेरिका के मानवशास्त्री तो इसका प्रयोग ही नहीं करते, जैसे कि यह उनके लिये वर्जित है। **क्रोबर** (Krober) जैसे मानवशास्त्री यह स्वीकार करते हैं कि समाज विज्ञानों में इस पद की कोई उपयोगिता नहीं है। यह तो बेमतलब का एक फालतू शब्द है जिसका जहाँ चाहो प्रयोग कर सकते हो। 'आदि' और 'इत्यादि' की तरह यह काम में लिया जा सकता है। इसका कोई अपना स्वतंत्र अस्तित्व नहीं है।

एस.एफ नडेल ने पहली बार इस बात पर जोर दिया कि संरचना एक तकनीकी पद है और इसलिये इसका प्रयोग निश्चित अर्थ में ही होना चाहिये। ई. 1960 के बाद और 1970 के प्रारम्भ में इस पर गंभीरता से सोचा गया। इसकी परिभाषा करने में कई कठिनाइयाँ हैं। संरचना का प्रयोग कई ज्ञान शाखाओं में होता है : दर्शनशास्त्र, सामाजिक सिद्धान्त, भाषा विज्ञान, साहित्यिक आलोचना, संस्कृति विश्लेषण, मनोविश्लेषण, इतिहास, ज्ञान का दर्शन, मानवशास्त्र, इत्यादि। ऐसी अवस्था में संरचना की कोई ऐसी निर्बाध परिभाषा देना जो सभी विधाओं पर समान रूप से लागू होजाये बड़ा कठिन है। कुछ समय के लिये तो संरचनावाद अपने आप में एक **सम्प्रदाय** (Cult) ही बन गया। इसका उद्‌गम फ्रांस में है। फ्रांस में बौद्धिकों को सार्वजनिक जीवन में एक ऊंचा स्थान दिया है। उन्हें एक विशिष्ट आदर की दृष्टि से देखा जाता है। ब्रिटेन और अमेरिका के सार्वजनिक जीवन में बौद्धिकों को कोई ऐसा सम्माननीय स्थान नहीं दिया जाता। फ्रांस में जब यह अवधारणा आई तब इसने देखते ही देखते एक उपसंस्कृति का दर्जा ग्रहण कर लिया।

इधर ब्रिटेन और अमेरिका की परम्परा कुछ और तरह की है। यहाँ जब कोई नई अवधारणा फ्रांस से आती है, तब उसे संदेह की दृष्टि से देखा जाता है। इन अवधारणाओं से प्रायः अस्पष्ट और लफ्फजी मात्र समझा जाता है। फ्रांस और जर्मनी में विकसित हुई अवधारणाओं को रूढ़िवादी भी समझा जाता है। फ्रांस की **इथनोमेथोडोलाजी** (Ethnomethodology) जब अमेरिका ने अपनाई तब इसे रूढ़िवादी करार करके कई लोगों को नौकरी से छोड़ दिया गया। संरचनावाद का विकास यूरोप और अमेरिका में अपने-अपने ढंग से हुआ है। परिभाषा की ये सब कठिनाइयाँ हैं। इनमें होते हुए भी हम कुछ समान लक्षणों के आधार पर इसे परिभाषित करेंगे।

समाजशास्त्र में संरचना का वह अर्थ नहीं है जिसे प्रकार्यवादी काम में लेते हैं। वे संरचना के साथ में प्रकार्य को जोड़ते हैं। **मर्टन** जब संरचना प्रकार्य की बात करते हैं तब उनका तात्पर्य उस संरचना से है जिसे प्रकार्य बनाते हैं। सामान्यतया सीधे-सादे प्रयोग में संरचना के साथ प्रकार्य को नहीं जोड़ा जाता। यहाँ प्रकार्य अमूर्त रूप में काम में लिया जाता है।

एस.एफ. नडेल (S.F. Nadel)

सामाजिक संरचना के सभी विद्यार्थी इस का प्रयोग तकनीकी अर्थ में करते हैं। किसी भी **सकलता** (Totalits) में कई **भाग** (Parts) होते हैं। इन भागों में पारस्परिक संबंध होते हैं। यह सम्बन्ध ही संरचना को बनाते हैं। संरचना के ये भाग जड़ नहीं होते। इनमें अर्थात् भागों में परिवर्तन आता है पर इससे सकलता नहीं बदलती। अगर बदलती भी है तो बड़ी लम्बी अवधि में पहुंचकर। नडेल लिखते हैं :

> संरचना का तात्पर्य है : भागों (Parts) का व्यवस्थित रूप से जमा होना। यह संरचना सामान्यतया अपरिवर्तनशील होती है, जबकि इसके भाग साधारण रूप से परिवर्तनशील होते हैं।

नडेल कहते हैं कि किसी भी समाज में लोग होते हैं। ये लोग नियम उपनियम द्वारा एक दूसरे से बंधे रहते हैं। अगर कुछ लोग इन नियमों को तोड़ते हैं तब उन्हें दण्ड दिया जाता है। उनका हुक्का-पानी बन्द हो जाता है। अतः समाज के लोगों को एक सूत्र में बांधे रखने का काम ये नियम-उपनियम और परम्परा करते हैं। **दूसरे शब्दों में, व्यक्ति के व्यवहार पर समाज का नियंत्रण होता है। लेकिन समाज बहुत विशाल होता है। इस समाज के विभिन्न नियम उपनियम संस्था का रूप ले लेते हैं। इस भाँति देखे तो सामाजिक संरचना सामाजिक सम्बन्धों की एक बनावट है और यह बनावट ही व्यक्तियों के व्यवहार को निर्धारित करती है और नडेल इन्हीं को सामाजिक संरचना कहते हैं। नडेल की यह पहली पुस्तक है जो सामाजिक संरचना की व्याख्या सिद्धान्त के संदर्भ में करती है।**

गोडलीयर (Macrice Godlier)

गोडलीयर एक मार्क्सवादी मानवशास्त्री हैं। वैसे वे संरचनात्मक मार्क्सवाद के मूर्धन्य विज्ञानी हैं। उन्होंने लेवी-स्टास की संरचना की परिभाषा की पड़ताल की है। उनके अनुसार लेवीस्ट्रास की परिभाषा का विश्लेषण इस तरह है :

> लेवी स्ट्रास के लिये कोई भी संरचना यथार्थता नहीं है जिसे हम देख सकें। यह यथार्थता के ऊपर का स्तर है जो आँखों द्वारा आदमियों के व्यवहार में नहीं देखा जा सकता। संरचना जब व्यवहार में आती है तो सामाजिक व्यवस्था में जो अन्तर्निहित तर्क होता है, वही हमें सामाजिक संरचना को समझने का अवसर देता है।

वास्तविकता यह है कि जिसे हम यथार्थता समझते हैं, उसकी गहरी तह में एक और यथार्थता होती है। यह छिपी होती है, ऑखों से दिखाई नहीं देती। समाजशास्त्र ही नहीं सभी समाजविज्ञानों को इस **छिपी** (Hidden) हुई यथार्थता पता लगाना चाहिये।

टोम ब्रोच (Tam Broach)

ब्रोच ने **मॉडर्न सोश्यल थ्योरी** (Modern Social Theory) में छपे अपने एक लेख में संरचना की व्याख्या की है। इसके कई प्रकार हैं यथा मानवशास्त्रीय संरचनावाद, भाषाई संरचनावाद आदि। संरचना का प्रकार कोई भी हो इसका उद्देश्य यथार्थता का पता लगाना है। ब्रोच कहते हैं :

> संरचनावाद का सरोकार सार्वभौमिक नियमों का पता लगाना है। जब यह पता लग जायेगा तब हम यथार्थता को समझ सकेंगे।

देखा जाये तो समाज के सम्बन्ध में सार्वभौमिक नियमों का पता लगाना बड़ा कठिन है। यह इसलिये कि सामाजिक और सांस्कृतिक नियम-उपनियम का उद्‌गम विशिष्ट स्थानीयता और उसके इतिहास पर निर्भर होता है। काम बहुत कठिन है फिर भी संरचना पर सिद्धान्त बनाने वाले विचारक अपने प्रयास में जुटे हुए हैं।

संरचनावाद पर भाषाविदों, मानवशास्त्रियों और मार्क्सवादियों ने बहुत कुछ काम किया है। सामान्यतया इसे मूक सिद्धान्त के रूप में और एक विधि के रूप में लिया जाता है। जब हम इसे अध्ययन विधि की तरह काम में लेते हैं तो हमें ऐसे तथ्यों का पता लगता है जिसे हम जानते नहीं हैं। इस विधि द्वारा हमें यथार्थता का पता लग जाता है। कई बार ऐसा भी होता है कि यथार्थता के बारे में हमारी जो धारणाएँ होती हैं, वे झूठी सिद्ध हो जाती हैं। उदाहरण के लिये हम रेलगाड़ी से यात्रा करते हैं। हमारी यह धारणा है कि रेलगाड़ी समय पर स्टेशन छोड़ देगी, और हमें समय पर गन्तव्य स्थान पर पहुंचा देगी। लेकिन इस तरह की सारी धारणा **तात्विक** (Metaphysical) होती हैं। होता यह है कि

रेलगाड़ी न तो समय पर स्टेशन छोड़ती है और न समय पर पहुँची है। हमारी सारी यात्रा गड्मड् हो जाती है। इस दृष्टान्त के माध्यम से हम केवल यह कहना चाहते हैं कि संरचनात्मक विधि हमारी कई धारणाओं को झूठा कर देती हैं।

जब हम संरचना को एक सिद्धान्त के रूप में स्वीकार करते हैं तब हमें इस तथ्य का पता लगता है कि इस संसार के अस्तित्व के पीछे एक तार्किक प्रतिमान है। हम कुछ विचारों को लेकर चलते हैं और पड़ताल के बाद ये विचार सिद्धान्त का रूप ले लेते हैं। संरचनावाद के सिद्धान्त में भाषा की बहुत बड़ी भूमिका है। **संरचनावादी ऐसा समझते हैं कि दुनिया की सभी वस्तुएँ भाषा का स्वरूप (Forms) हैं।** ये स्वरूप हमारे **सामान्य विचार** (General Ideas) भी हैं। हम जब दूसरे लोगों के साथ बात करते हैं तब शब्दों या पदों को काम में लाते हैं। इन शब्दों और पदों का एक सामान्य अर्थ होता है और इस अर्थ को बातचीत करने वाले लोग समझते हैं। उदाहरण के लिये हम सामने वाले व्यक्ति से कहते हैं कि हमें शाम के किसी विवाह की दावत में जाना है। हम दोनों ही समझते हैं कि विवाह का अर्थ प्रसन्नता है, खूब मीठा खाना मिलेगा, नाच-गाने होंगे। हमें उपहार में भी कुछ देना होगा। अब शब्दों के पीछे जो अर्थ है, वह दूसरी प्रकार की यथार्थता को बताता है। इस अर्थ के बारे में हम यह कहना चाहते हैं कि भाषा की संरचना हमें एक निश्चित यथार्थता को बताती है। अतः संरचनावाद का कोई भी स्वरूप हो उसके पीछे भाषा की संरचना अर्थात् शब्द, पद और उनकी व्यंजना अवश्य होती है।

संरचनावाद हमेशा इस बात पर जोर देता है कि **शब्दों का जो हम सामान्य अर्थ निकालते हैं,** उनके पीछे कोई न कोई तार्किक व्यवस्था (Logical Order) अवश्य होता है। हमारी यह बाहरी दुनिया हमें कई बार अतार्किक दिखाई देती है। संरचनात्मक सिद्धान्त यथार्थता के गूढ़ में पहुँच कर उसमें जो तार्किक प्रतिमान है, उसका पता लगाता है बात यह है कि यदि हम थोड़ा प्रयास करें तो भाषा की संरचना के आधार पर यथार्थता को समझा जा सकता है। **लोग अपने विचारों की कठपुतली होते हैं। वे जिन वस्तुओं को पसन्द करते हैं, जिस बारे में निर्णय लेते हैं, वह वस्तुतः उनकी पसन्द नहीं हैं और न उनका निर्णय है। यह सब तो उनके विचारों की संरचना के कारण है।** उदाहरण के लिये हम राजस्थानी हैं, हम राजस्थान के बारे में कुछ नहीं कहते। होना यह है कि राजस्थान हमारे माध्यम से बोलता है। राजस्थानी प्रायः मारवाड़ी की तरह जाना जाता है, उसका एक विशेष खानपान है, उसकी खास पहिचान है। यह सब अर्थ और इससे भी आगे कई राजस्थानी पद या शब्द के अर्थ हमारी संरचना को बता देते हैं।

भाषा के माध्यम से संरचना को समझने वाले और भी दृष्टान्त देते हैं। वे तर्क देते हैं कि **हम हमेशा अपने विचारों द्वारा नियन्त्रित होते हैं। ये विचार हमें कुछ बातें कहने से रोकते हैं और कुछ चीजें हम ऐसी कहते हैं जिसका वास्तव में वह अर्थ नहीं है जो हम चाहते हैं। हम हमेशा अपने विचारों से संघर्ष करते रहते हैं। लेकिन इसका अर्थ यह नहीं निकाला जाना चाहिये** कि हमारे ऊपर मूल्यों आदि का कोई प्रभाव नहीं पड़ता। मुख्य बात

यह है कि जो भी सामाजिक मूल्य हैं वे ही सब कुछ हैं, वे ही पूर्वनिर्धारण करते हैं ऐसा नहीं है हमारे विचारों की भी कोई कमजोर भूमिका हो, ऐसा नहीं है। कुल मिलाकर यह विश्व जिसमें हम रहते हैं, एक तार्किक प्रतिमान है।

एक विधि के रूप में संरचनावाद
(Structuratism as a Method)

विधि से हमारा यहाँ तात्पर्य यह है कि इसके माध्यम से शब्दों के अर्थ का विश्लेषण किया जा सकता है। संरचनावाद हमें इसका संकेत है कि किस बात की खोज करना है और यह खोज कैसे होगी। इसके लिये हम यहाँ भाषाविज्ञान (Linguistics) के एक मॉडेल का उल्लेख करेंगे। यह मॉडेल संरचनात्मक विधि का महत्त्वपूर्ण आधार है।

आधुनिक भाषाविज्ञान के जनक के रूप में **फर्डिनेंड सोसेर** (Ferdinand de Saussure) का नाम महत्त्वपूर्ण है। सोसोरे से पहिले भाषाविज्ञान पर कोई खास ध्यान नहीं दिया गया था। अधिक से अधिक हम भाषा के काल खण्ड में विकास की चर्चा करते थे। सोसोरे ने दरखाईम को अपना मार्गदर्शक माना और कहा कि जिस प्रकार समाज के विभिन्न भागों के सम्बन्धों का अध्ययन कर के हम सम्पूर्ण समाज को समझ सकते हैं, ठीक वैसे ही भाषा के विभिन्न भागों के सम्बन्धों को समझकर हम सम्पूर्ण भाषा को समझ सकते हैं। अब ये भाग कौन से हैं और इनके सम्बन्ध कैसे हैं?

वाणी और भाषा (Speech and Language)

भाषा का, चाहे कोई भी हो, बहुत बड़ा उद्देश्य अपनी बात को दूसरे तक पहुँचाना है। भाषा के तत्व एक दूसरे से जुड़े होते हैं और इनके द्वारा दूसरों के साथ संचार किया जाता है। कोई एक शब्द पूरी बात को नहीं कह पाता। हमें सम्पूर्ण भाषा को समझना पड़ता है। इसी से हमें वाणी और भाषा का अन्तर करना चाहिये। जब हम अपने मुँह में कुछ बोलते हैं तो यह हमारी वाणी है। दूसरी ओर भाषा उन सबके पास होती है, जो इसे बोलते हैं। भाषा तो एक तरह का कच्चा माल है। इसे हम वाक्यों का स्वरूप देते हैं। रोटी, दाल, पानी आदि किसी भाषा के शब्द हैं। इन्हें यानी भाषा को प्रयोग में लाकर हम कहते हैं : हमें, रोटी, दाल और पानी चाहिये। ये भाषा के भाग हैं और इन्हें हम वाणी द्वारा व्यक्ति करते हैं। शब्दों में **ध्वनि** (Sound) होती है। प्रत्येक भाषा की एक व्याकरण होती है—इसमें नियम होते हैं, ध्वनि होती है। इसे हम खेल के दृष्टांत द्वारा अधिक सरलता से समझ सकते हैं, क्रिकेट का खेल लीजिये। इसमें बल्ला होता है, हाथ-पाँव में बाँधने के पैड होते हैं, गेंद होती है, स्टाम्स होते हैं और इन सबके ऊपर क्रिकेट खेलने के कुछ नियम होते हैं। वाणी व्यक्ति की अपनी पहिचान है जैसे, प्रत्येक खेल की अपनी निजी पहिचान होती है।

भाषा, इस भाँति, वाणी में निहित एक नई तर्क या संरचना है।

संकेत (Sign)

भाषा की इस संरचना का तर्क के कुछ तत्व होते हैं। ये तत्व **संकेत** (Signs) कहलाते हैं। हम अपने दिनप्रतिदिन के जीवन में इन तत्वों को काम में लेते हैं। अपने गले में तुलसी की माला पहिनते हैं। यह बताना है कि हम पुष्टिमार्गी या बल्लभ पंथ के अनुयायी हैं। आकाश में काले बादलों को देखकर, हमें लगता है कि अभी बारिश होने वाली है और चौराहे पर लाल रंग की बत्ती देखकर हमें संकेत मिलता है कि रुक जाना चाहिए। अमेरिकी दार्शनिक **सी.एस. पैरसे** (C.S. Peirce) कहते हैं कि संरचनावाद में तीन प्रकार के संकेत काम में लिये जाते हैं। पहले संकेत **प्रतिमा** (Icon) संकेत होते हैं। ये संकेत समानता को बताते हैं। हमारे गले की तुलसी की माला वल्लभ सम्प्रदाय की विशिष्टता को बताती है। दूसरे प्रकार के संकेत **अभिसूचक** (Index) कहलाते हैं। इसमें दो या अधिक वस्तुओं में आकस्मिक सम्बन्ध दिखाये जाते हैं। बादल और पानी का संकेत आकस्मिक सम्बन्धों का संकेत हैं। यह सम्बन्ध **मनमाने ढंग** (Arbitrary) का सम्बन्ध है। लाल रंग का मतलब्र रुक जाने से नहीं है। रुकने के लिये काला, पीला, नीला कोई भी संकेत काम में लिया जा सकता है। लेकिन यह कुछ ऐसा हुआ कि सभी लोग लाल रंग के इस अर्थ से सहमत हो गये कि यह रंग खतरे को बताने वाला है। अतः इसे देखने पर रुक जाना चाहिये। मतलब हुआ इस तरह के संकेतों के अर्थ समाज मनमाने ढंग से निश्चित करता है। अब यदि कोई व्यक्ति अपने आप ही तय कर लेता है कि लाल रंग के संकेत का मतलब चौराहे से निकल जाना है और हरे रंग का संकेत रुक जाना है, तो परिणाम अच्छे नहीं होंगे। और हम समाज के सदस्य नहीं रहेंगे।

कुल मिलाकर भाषा की बुनियादी इकाई संकेत (Signs) हैं और ये संकेत **मनमाने** (Arbitrary) होते हैं। लाल रंग में कोई ऐसे तत्व नहीं हैं जो इसे खतरनाक बनाते हों। जैसे दूसरे रंग हैं, वैसे ही लाल रंग भी। लेकिन मनमाने ढंग से हमने इस रंग को खतरनाक बना दिया। जिसे हम **कुत्ता** कहते हैं इसका कोई मतलब काले चार पाँव जानवर के नहीं हैं, जिसे हमने **कुत्ता** कह दिया, उसे प्रोफेसर भी कह सकते थे। शब्दों के अर्थ मनमाने ढंग से लगाये जाते हैं। ये तो संकेत मात्र हैं। हम कुत्ते को प्रोफेसर नहीं कह सकते क्योंकि कुत्ते का संकेत कुत्ता ही है। संकेत के दो पहलू होते हैं, एक तो **संकेतर** (Signifier) और दूसरा **संकेतिक** (Signified)। संकेत के ये दोनों पहलू किसी भी सिक्के के दो पहलू की तरह हैं। इन दोनों में गहरा सम्बन्ध होता है। संकेतर एक भौतिक वस्तु है, जैसे ऊपर के दृष्टांत का लाल रंग, कुत्ते के भौंकने की आवाज या सिक्के के एक बाजू पर लिखी इबारत। ये सब भौतिक हैं और हमें कोई न कोई संकेत अवश्य देते हैं। ये अपने मूल के संकेतक हैं यानी संकेत देने वाले। **अब जो संकेतीत** हैं। यह संकेतीत हैं, वह एक अवधारणा है। संकेतीत का अर्थ समाज निकालता है। जैसे लाल रंग का अर्थ समाज ने खतरे से लगाया, वैसे ही जो कुछ संकेतीत हैं, इसका अर्थ समाज ही लगाता है। अगर संकेतर और संकेतीत को संरचनात्मक ढंग में देखें तो कहेंगे **संकेतर का मतलब ध्वनि बिंब से है, जबकि**

संकेतित का मतलब विचारों के किसी विभेदीकृत वस्तु या मानसिक प्रतिनिधित्व से। वस्तुतः किसी भी **संकेत** (Sign) का निर्माण संकेतर और संकेतीत से जुड़कर बनता है। इन दोनों के बीच का सम्बन्ध **मनमाना** (Arbitrary) होता है। भाषाई स्वरूपों और उनके, प्रकल्पित अर्थों के बीच कोई आवश्यक प्राकृतिक या आन्तरिक सम्बन्ध नहीं होता।

वाक्य-विन्यास और पैराडिम (Syntagm and Paradigm)

जब हम कहते है कि संकेत का अर्थ मनमाना होता है, तब यह कहानी अभी अधूरी है। किसी भी भाषा में संकेत के अर्थ के सहमत होना महत्त्वपूर्ण नहीं है। वास्तव में संकेत का अर्थ सम्पूर्ण संरचना के संदर्भ में लिया जाता है। ट्रैफिक की लाल बत्ती वस्तुतः एक संरचना है जिसमें हरा रंग भी सम्मिलित है। **इसलिये एक भाषायी संकेत का अर्थ अन्य संकेतों के साथ उसका जो सम्बन्ध है, उस पर निर्भर करता है।** हम जानते हैं कि 'तीन' का अर्थ उसके 'एक', 'दो' और 'चार' के साथ जो सम्बन्ध हैं, उससे निकलता है। अपने आप में 'तीन' बेमतलब है जब तक इसे हम अन्य संकेतों के साथ नहीं समझते हैं। हिन्दी के शब्द 'लगान' और 'लगन' एक ही संकेत के बने हैं लेकिन इनके अर्थ भिन्न इसलिये हैं कि इनकी ध्वनि के सम्बन्ध एक दूसरे के साथ अलग हैं। अल्थ्यूज़र का कहना है कि मार्क्स की कृतियों में **अलगाव** (Alienation) का जो अर्थ है वह बाद की कृतियों से भिन्न है। यह भिन्नता इसलिये है कि बाद में इसका सम्बन्ध कई अन्य अवधारणाओं के साथ है।

सोसोरे ने जो महत्त्वपूर्ण बात कही है वह यह है कि भाषा के किसी भी शब्द या संकेत का अर्थ इस बात पर निर्भर करता है कि इस शब्द या संकेत का दूसरे शब्दों या संकेतों के साथ क्या सम्बन्ध है। संकेत का सम्बन्ध **वस्तु** (Object) के साथ नहीं होता। यानी शब्द का सम्बन्ध वस्तु के साथ नहीं होना। दूसरे शब्द या संकेत के साथ होना है और इसके अर्थ को दूसरे शब्द या संकेत के साथ जो सम्बन्ध है, उससे निकालते हैं। भाषा का यह विवेचन बताता है कि संरचनावाद भाषा की जो बुनियादी संरचना है, उसके तत्व हैं नियम उपनियम हैं और पारस्परिक सम्बन्ध हैं, उनका पता लगाता है। व्याकरण मनमानी नहीं होती, इसका वाक्य विन्यास व्याकरण द्वारा नियंत्रित होता है। हम यह कभी नहीं कह सकते कि **वे जाता है** व्याकरण बताती है, इसका नियम है कि **वे** हैं और बहुवचन हैं इसलिये इसकी क्रिया भी बहुवचन होगी। हम कहेंगे वे **जाते** हैं।

सोसोरे और संरचनावादियों ने भाषा के आधार पर संरचनावाद का एक मॉडेल या पेराडिम बनाया है। इसके मुख्य तत्व इस प्रकार हैं :

(1) भाषा में **पूर्वधारणाएँ** (Assumption) निहित होती हैं और इसलिये यह उचित लगता है कि हमें वाणी की अपेक्षा भाषा को देखना चाहिये।

(2) यह भी नहीं समझना चाहिये कि वाणी का निर्धारण भाषा करती है। हमें वाणी को कभी भी उपेक्षा की दृष्टि से नहीं देखना चाहिये। कई अनपढ़ लोग वाणी का ही

उपयोग करते हैं जबकि उन्हें भाषा और उसकी व्याकरण नहीं आते।

(3) किसी भी शब्द या संकेत का अर्थ अन्य शब्दों या संकेतों के साथ उसका क्या सम्बन्ध है, इस पर निर्भर करता है। शब्द का अर्थ उसका वस्तु के साथ क्या सम्बन्ध है, इस पर कभी निर्भर नहीं होता।

(4) अनिवार्य रूप से संरचना भाषा में जो बुनियादी संरचना है, उसकी पड़ताल करती है।

उपसंहारात्मक टिप्पणी

अब तक हमने संरचना के अर्थ और उसकी परिभाषा को देखा है। संरचना का सिद्धान्त अस्तित्ववाद के विरोध में आया है। सार्त्र ने मुक्त व्यक्ति या स्वतंत्र व्यक्ति की अवधारणा को रखा था। उन्होंने कहा कि व्यक्ति जो कुछ करता है, उसके लिये वह स्वयं उत्तरदायी है। वह खुद ही अपने भाग्य का निर्माता है। सार्त्र ने अस्तित्वाद में संरचना की भूमिका को पूर्ण रूप से नकार दिया। इसके विरुद्ध स्वरूप संरचना की अवधारणा आई। इसका बुनियादी तर्क यह है कि व्यक्ति के क्रिया-कलापों के पीछे एक तार्किक **प्रतिमान** है और दूसरा कुछ **पूर्वमान्यताएँ** (Assumptions)। इन दोनों ने संरचनावाद के तार्किक प्रतिमान को बनाया है।

यह संसार एक तार्किक प्रतिमान है। यही संरचनावाद की जड़ है। संरचनावाद का स्रोत भाषा की संरचना है। दुनिया में जो भी वस्तुएँ हैं वे भाषा की स्वरूप हैं। भाषा और कुछ न होकर एक संकेत प्रणाली है। इसमें शब्द होते हैं, शब्दों के अर्थ दूसरे शब्दों के संदर्भ में निकाले जाते हैं। मतलब हुआ, भाषा अर्थ समझाती है। वाक्यों के पीछे एक बुनियादी अर्थ होता है, इसे निकालने का काम ही संरचना करती है। संरचना के बुनियादी अर्थ के पीछे कुछ पूर्व मान्यतायें भी होती हैं। इन मान्यताओं के अभाव में संरचना का अर्थ स्पष्ट नहीं होता। अतः सामान्य अर्थों में संरचना का मतलब इस तरह है :

संरचना = वैश्वीय तार्किक प्रतिमान + भाषाई संरचना + तात्विक पूर्व मान्यताएँ

(Structure = World Logical Pattern + Linguistic Structure + Metaphysical Assumptions)

संरचनावाद का प्रारम्भ 1960 के बीच में फ्रांस में हुआ। प्रारम्भ में संरचनावादी सिद्धान्त आये। ये सिद्धान्त समाज विज्ञानों में मानवशास्त्र में आये और इसके साथ-साथ मार्क्सवाद में। ई. 1990 के लगभग संरचनावादी सिद्धान्त उत्तर-संरचनावादी सिद्धान्त (Post-structural Theory) के रूप में विकसित हो गया। संरचनावाद का एक **रूप** (form) ब्रिटेन और फ्रांस में विकसित हुआ। इसके विकास में **कोम्ट** का योगदान महत्त्वपूर्ण समझा जाता है। बीसवीं शताब्दी के प्रारम्भ में **दरखाईम** ने इसमें एक बुनियादी परिवर्तन किया। **उन्होंने प्रबन्ध रखा कि समाज का प्रभुत्व व्यक्ति पर होता है। समाज से**

बढ़कर और कोई नहीं होता (Society is Par Excellence) **वह परमेश्वर है।** दूसरे शब्दों में, **सामाजिक तथ्य** (Social Fact) व्यक्ति का नियन्त्रक है। यह विचारधारा संरचनावाद की बुनियादी विचारधारा थी।

संरचनावाद का एक दार्शनिक रूप **कान्ट** (Kant) ने विकसित किया। उन्होंने स्थापित किया कि आदमी में तार्किक लक्षण होते हैं और इस तार्किकता के माध्यम से वह संसार में व्यवस्था स्थापित करता है। संरचनावाद का शायद सबसे ताकतवर स्वरूप **भाषाई संरचनावाद** (Linguistic Structuralism) का है। **फर्डिनेन्ड** सोसोरे और रूस का भाषाई आलोचनात्मक स्वरूप इसके लिये उत्तरदायी हैं। यह सब होते हुए भी, संरचनावाद के अगणित रूपों के बावजूद कुछ विचारकों का इसके विकास में उल्लेखनीय योगदान हैं। इन विचारों में—मानवशास्त्रियों में लेवि स्ट्रास हैं, सामाजिक सिद्धान्त और दर्शनशास्त्र में अथ्यूजर हैं, साहित्यिक आलोचना और सांस्कृतिक मामलों में रोलेण्ड बार्थ्स हैं और जाक् लाकाँ हैं, इतिहास में फूको हैं और दर्शनशास्त्र में दरिदा हैं। जिसे हम आज उत्तर-संरचनावादी सिद्धान्त कहते हैं उसमें फूको और दरिदा मुख्य रूप से उल्लेखनीय हैं।

संरचनावाद के रूप
(Forms of structuralism)

संरचनावाद यथार्थता की खोज है। जो कुछ हमें यथार्थता के नाम पर दिखाई देता है, वह केवल सही नहीं है, दिखावटी है। इसके पीछे जो गहराई में छिपा है, वही संरचना है। **सोसोरे** भाषाई संरचनावाद के मूल में हैं। समाजशास्त्र में आज संरचनावाद के रूप में जो कुछ प्रचलित है, रेटज़र कहते हैं, इसके जनक **रोलेण्ड बार्थ्स** (Roland Barthes) समझे जाते हैं। **बार्थस** फ्रेंच समाजशास्त्री थे। उनकी रुचि **लक्षण विज्ञान** (Semiotic) में थी। इसके अतिरिक्त वे साहित्यिक आलोचक, संरचनात्मक मानवशास्त्री और मार्क्सवादी भी थे। बार्थ्स ने लक्षणों को भाषा से उठाकर सामाजिक प्रघटनाओं पर लागू किया। वे कहते हैं कि ये लक्षण सभी क्षेत्रों में दिखाई देते हैं—यहाँ तक की इन्हें कुश्ती, टी.वी. धारावाहिक, भोजन की विधियों में भी देखा जा सकता है। दिन प्रतिदिन की सभी गतिविधियों में हमें लक्षण देखने को मिलते हैं। संरचनावाद की इस बुनियादी धारणा के हमें मुख्य रूप से तीन रूप दिखाई देते हैं : (1) मानवशास्त्रीय संरचनावाद, (2) संरचनात्मक मार्क्सवाद और, (3) उत्तर-संरचनावाद। इन तीनों रूपों का हम यहाँ विवरण देंगे।

मानवशास्त्रीय संरचनावाद : क्लाद् लेवी-स्ट्रास
(Anthropological Structuralism : Claude Levi-Strauss)

क्लाद्-लेवी-स्ट्रास-फ्रांसीसी संरचनावाद के प्रणेता थे। वे पेशे से मानवशास्त्री थे। यद्यपि उन्होंने जिस संरचनावाद को विकसित किया है, उसके कई प्रकार हैं पर उन पर बहुत बड़ा प्रभाव सोसोरे और बार्थ्स का था। उनका संरचनावाद, कुल मिलाकर, भाषाई संरचनावाद

से जुड़ा हुआ है। उन्होंने संरचना की इस अवधारणा को संचार व्यवस्था पर भी लागू किया है।

स्ट्रास ने अपने अकादमिक जीवन का प्रारम्भ एक अनुसंधानकर्त्ता के रूप में किया। ई. 1930 में वे मानवशास्त्र के प्रोफेसर बन गये। दूसरे विश्व युद्ध के दौरान वे अमेरिका आगये थे और फिर 1950 में वे फ्रांस में प्रोफेसर बन कर आगये। यदि विश्लेषण की दृष्टि से देखा जाये तो स्ट्रास की कृतियों में संरचनावाद की दो **धाराएं** (Strands) दिखाई देती हैं। पहली धारा विश्लेषणात्मक है। इसमें वे सामाजिक संगठन और विचारों के प्रतिमान में जो संरचना है, उसे उघाड़ने का प्रयास करते हैं। संरचनावाद की यह धारा इस तरह केवल विश्लेषणात्मक है। दूसरी धारा क्षेत्रीय कार्य की है। इसमें वे आदिवासी संस्कृति में अपनी भागीदारी करते हैं और फील्ड वर्क में जो कुछ प्राप्त होता है उसके आधार पर संरचनावाद के सिद्धान्त को विकसित करते हैं। यह इसी फील्ड वर्क के ज्ञान पर है कि वे नातेदारी व्यवस्था में विनिमय की अवधारणा को रखते हैं। इसी आनुभविक उपलब्धियों की बुनियाद पर उनका कहना है कि आधुनिक संस्कृति हमारी परम्परागत संस्कृति को ध्वस्त करती है। उनका संदेश था कि अबके युग में आदिम संस्कृति आधुनिक संस्कृति से कई गुना बढ़िया है।

मानवशास्त्रीय संरचनावाद के विकास में दरखाईम और उनके भतीजे मार्सेल मॉस का बड़ा योगदान है। दरखाईम ने समाज अर्थात् संरचना की व्यक्ति पर जो प्रभुता है उसे अपने कृतियों में रखा है। मॉस अच्छे फील्ड वर्कर थे। उन्होंने एस्किमों के जनजीवन का अध्ययन किया। उन्होंने अपनी पुस्तक **दि गिफ्ट** (The Gift, 1825) में उपहार सम्बन्धों की प्रकृति का गूढ़ विश्लेषण किया है। उन्होंने कहा कि उपहारों का विनिमय एक अनिवार्य और पारस्परिक क्रिया है। इस प्रक्रिया को आर्थिक कसौटी पर नहीं तोला जा सकता है। मानवशास्त्र में जिस संरचनावाद का विकास हुआ है, उसका आधार फिल्ड वर्क है। मॉस और स्ट्रास इसके ज्वलंत दृष्टांत हैं।

स्ट्रास का योगदान : नातेदारी संरचना
(Strauss' Contributions : Kinship Structures)

स्ट्रास ने भाषाई संरचना के साथ नातेदारी संरचना की तुलना की है। वे भाषा की **ध्वनि** (Phonemes) के नाम पर नातेदारी का वर्णन करते हैं और इसे अपना आधार बनाकर संरचनात्मक मानवशास्त्र को विकसित करते हैं। वे कहते हैं कि न तो नातेदारी पदों का और न भाषा की ध्वनि का अपने आप में कोई अर्थ है। इनका अर्थ तो तब निकलता है जब ये वृहद् व्यवस्था के अंग बनते हैं। स्ट्रास ने नातेदारी के विश्लेषण में **दोहरे पदों** (Binary Terms) का प्रयोग भी किया। भूमिका रूप में इतना कहने के बाद अब हम व्यवस्थित रूप से स्ट्रास की संरचनात्मक नातेदारी का विश्लेषण करेंगे।

स्ट्रास की पुस्तक **एलीमेंटरी स्ट्रक्चर्स ऑफ किनशिप** (Elementary Structures of Kinship) फ्रेंच भाषा में 1949 में प्रकाशित हुई थी। इसका अंग्रेजी संस्करण 1967 में बाहर आया। सभी समाजों में नातेदारी की कोई न कोई व्यवस्था अवश्य होती है। स्ट्रास का कहना है कि इस पर जो भी कृतियाँ हैं वे कोई विश्वसनीय सिद्धान्त नहीं प्रस्तुत करती। ये कृतियाँ कहीं भी यह नहीं बताती कि एक नातेदारी व्यवस्था दूसरी नातेदारी व्यवस्था से भिन्न क्यों हैं? क्या नातेदारी एक सांस्कृतिक मसला है या कोरा जैविकीय? स्ट्रास का कहना है कि नातेदारी के बारे में जो कुछ जानकारी हमें मिलती है, इसके आधार पर यह स्पष्ट है कि यह विशुद्ध रूप में एक सांस्कृतिक प्रघटना है। सभी नातेदारी व्यवस्थाओं में एक नियम हमें अनिवार्य रूप से मिलता है और वह है **निकटाभिगमन निषेध** (Incest Taboo)। **इस निषेध के पीछे विनिमय का रिवाज है।** बहुत स्पष्ट है कि जब कोई व्यक्ति अपने भाई-बहिनों से विवाह नहीं कर सकता तब उसे जीवन-साथी का चुनाव दूसरे परिवार से करना पड़ेगा। लेवी-स्ट्रास इस निष्कर्ष पर आये जब उन्होंने यह मान लिया कि नातेदारी व्यवस्था वस्तुतः संकेतों (Signs) के सम्बन्धों की व्यवस्था है। जब इन संकेतों को दूसरे संकेतों के विरोध में देखते हैं तब ये संकेत अर्थ देना प्रारम्भ करते हैं। भाषा विज्ञान का यह सामान्य नियम है कि शब्द या संकेत का अर्थ वस्तु से नहीं निकलता। शब्द का दूसरे शब्द या संकेत से जो सम्बन्ध है, उसी से अर्थ स्पष्ट होता है।

स्ट्रास का कहना है नातेदारी व्यवस्था का प्रत्येक अंग पृथक् अर्थ रखता है जैसे भाषा का प्रत्येक पद अपना अलग से अर्थ रखता है। उदाहरण के लिये नातेदारी में माँ पद का अर्थ दूसरे पदों जैसे कि पिता, पुत्र, चाचा आदि से पृथक् किया जा सकता है। इसके लिये हम एक लोकप्रिय दृष्टांत देंगे। एक रेखा खींच दीजिये और बताइये कि यह रेखा कैसी है : लम्बी, छोटी, पतली या गहरी। आप उत्तर नहीं दे पायेंगे। यह इसलिये कि अपने आप में यह रेखा कुछ नहीं है, इसका कोई अर्थ नहीं है। अब इस रेखा के समानान्तर एक दूसरी मगर छोटी रेखा खींच दीजिये। इस रेखा को देखकर आप पहली रेखा के अर्थ को बता सकते हैं। आप कहेंगे कि यह पहली रेखा लम्बी है, मोटी है, लेकिन गहरी नहीं है। मतलब स्पष्ट है : **एक रेखा का अर्थ दूसरी रेखा के बिना नहीं समझा जा सकता।**

भाषा में भी ऐसा ही होता है। 'गुलाब' एक शब्द है। यह एक फूल है। बस इससे आगे इसका अर्थ निकालना कठिन है। इस शब्द को वाक्य विन्यास में रखते हैं : नेहरूजी के अचकन में गुलाब लगा रहता है। अब गुलाब का सम्बन्ध नेहरू जी से होगया, उनकी अचकन से हो गया। नेहरू जी हमारे राष्ट्रीय नेता थे। उन्होंने ढेर सारे फूलों की किस्मों में गुलाब का फूल पसन्द किया। यहाँ गुलाब फूल का सम्बन्ध कई वस्तुओं से हो गया और इससे इसका अर्थ स्पष्ट हो गया। **शब्द का अर्थ दूसरे शब्दों के साथ सम्बन्धों से होता है। इस संरचना को स्ट्रास ने नातेदारी पर लागू किया। सम्पूर्ण नातेदारी व्यवस्था एक प्रकार की अचेतन रचना है। इस सबको पृथक् करने का काम निकटाभिगमन निषेध है। जब इस नियम को नातेदारी व्यवस्था का बुनियादी नियम स्वीकार कर लिया जाता है, तब अन्य नियम अपने आप बनने लग जाते हैं। जब आप अपने परिवार के किसी सदस्य के साथ**

विवाह नहीं कर सकते तब अपने आप नातेदारी व्यवस्था बन जाती है। यह व्यवस्था इस तरह एक विनिमय की व्यवस्था है।

नातेदारी व्यवस्था संरचनात्मक विश्लेषण का एक बहुत अच्छा विषय है। इसमें नातेदारी के सभी लक्षण हैं—स्त्री-पुरुष भेदभाव पूर्ण व्यवहार, मातृत्व सम्बन्ध, बहु-पत्नी सम्बन्ध, आदि। नातेदारी के इस सार्वभौमिक प्रतिमान में स्थानीय स्तर पर थोड़ा बहुत अंतर अवश्य मिलता है। हमारे देश में **इरावती कर्वे** (Iravati Karve) ने उत्तर-भारत की नातेदारी व्यवस्था की दक्षिण भारत की नातेदारी व्यवस्था से तुलना की है। वे पाते हैं कि इन दोनों क्षेत्रों की **नातेदारी पदावली** (Kinship Terminology) में अन्तर है। यह अन्तर भाषा के द्वारा समझा जा सकता है। लेवी स्ट्रास, संरचनात्मक उपागम द्वारा पाया कि सभी समाजों को चाहे वे मातृसत्तात्मक हों या पितृत्तात्मक, विनिमय की परम्परा अवश्य पाई जाती है। विनिमय सामाजिक सम्बन्धों का आधार भूत सिद्धान्त है। स्ट्रास ने अपने अध्ययन में तीन प्रकार के विनिमय पाये हैं : (1) दिनप्रतिदिन की वस्तुओं का विनिमय, (2) संदेशों का विनिमय यानी संचार, और (3) समूहों के बीच में स्त्रियों का विनिमय। विनिमय के इस सिद्धान्त ने **स्ट्रास** को निकटाभिगमन निषेध को नये सिरे से समझने का अवसर दिया। उनका तर्क है कि इस निषेध को हम जैविकिय दृष्टि से ठीक तरह से नहीं समझ सकते। थोड़ी देर के लिये यदि यह निषेध का नियम हटा दिया जाये तब समूहों के बीच में विनिमय समाप्त हो जायेगा।

स्ट्रास के **एलिमेंटरी स्ट्रक्चर्स ऑफ किनशिप का एक ही बुनियादी सिद्धान्त है और वह यह कि नातेदारी संगठन में यदि कोई परिवर्तन आता है तब वह अनिवार्य रूप से संरचनात्मक होता है।** यह इसलिये कि नातेदारी का एक भाग भाषा की संरचना की तरह दूसरे भागों से जुड़ा होना है। लेकिन यहाँ एक और महत्त्वपूर्ण बात है। **भाषा और ध्वनि दोनों ही मनुष्य के मस्तिष्क की उपज हैं। यह उपज अचेतन हैं। लेकिन तार्किक अवश्य है। हम रात की बात करते हैं तो अचेतन रूप से हम दिन के सन्दर्भ में इसका अर्थ निकालते हैं। यह भाषा का दोहरापन** (Binery) है। पुरुष का संदर्भ स्त्री से है, सत्य का असत्य से, अंधेरे का उजाले से। देखा जाये तो स्ट्रास का यह भाषावादी संरचनावाद, उनके बाद के कई संरचनावादियों को स्वीकार नहीं है। वास्तव में स्ट्रास भाषा से आगे बढ़कर संरचना की व्याख्या मस्तिष्क से करने लगे थे। यह बाद के मानवशास्त्रियों को स्वीकार नहीं था।

संरचनात्मक मार्क्सवाद (Structural Marxism)

संरचनावाद का एक और प्रकार मार्क्सवादी है। इसे फ्रांस तथा दुनिया के कई और देशों में बहुत बड़ी सफलता मिली है। कामरे इसे **संरचनात्मक मार्क्सवाद** (Structural Marxism) कहते हैं। इस धारा में योगदान करने वाले लेखकों में मुख्य रूप से **लुई अल्थ्यूजर** (Louis Althusser), **निकोस पुलोंज़ास** (Nicos Poulontzas) तथा **मोरिस**

गोडलियर (Maurice Godelier) हैं। यद्यपि संरचनावाद पर लिखते हुए हमने प्रारम्भ में कहा है कि इसकी शुरुआत **सोसोरे** के भाषाविज्ञान से है, कुछ विचारक कहते हैं कि संरचनावाद मार्क्सवाद की उपज हैं। मार्क्सवाद कहता है कि जो कुछ हमें बाहर दिखाई देता है, वह संरचना नहीं है, जो कुछ हमसे छिपा हुआ है, वह संरचना हैं तब मार्क्स सचमुच में संरचनावाद के प्रथम प्रणेता बन जाते हैं। उन्होंने जो छिपा हुआ है, उसके तर्क को समझाने का प्रयास किया है। **गोडलियर** लिखते हैं :

> जब मार्क्स ऐसा मानकर चलते हैं कि हमें जो कुछ दिखाई देता है, वह संरचना नहीं है और जो नहीं दिखाई देता, उसका तर्क संरचना है तो इससे स्पष्ट है कि मार्क्स संरचनावादी परम्परा को प्रारम्भ करते हैं, यह अलग बात है कि मार्क्स की संरचना की अवधारणा जुदा है।

संरचनात्मक मार्क्सवाद की मृत्यु (Death of Structural Marxism)

पिछले एक दशक में दुनिया में बहुत बड़ा परिवर्तन हो गया है। सोवियत रूस का विघटन एक ऐतिहासिक दुर्घटना है और इसके बाद यह स्पष्ट नहीं है कि एक विज्ञान के रूप में मार्क्सवाद का क्या भविष्य है और राजनीति के रूप में समाजवाद का क्या होगा। सब कुछ गड्मड् हो गया है। ई. 1980 के बाद, मार्क्सवाद एक ऐसी प्रक्रिया में प्रवेश कर गया है जहाँ विनाश के अतिरिक्त और कुछ नहीं है। संरचनात्मक मार्क्सवाद का प्रादुर्भाव हुआ और कोई दस वर्ष की अवधि में यह ओझल हो गया। अल्थ्यूज़र इसके प्रणेता थे, वस्तुतः जनक थे। वे निराशा के उधेड़बुन में पागल हो गये और उनके जीवन के अंतिम दस वर्ष जेल में कट गये। **पुलोंजास** पुनः संरचनात्मक मार्क्सवादी निराशा के गर्द में इस तरह ढँक गये कि उन्होंने अपनी पत्नी की हत्या करदी और स्वयं आत्महत्या के शिकार होगये। ये सब तथ्य-**अल्थ्यूजर** का पागलपन और **पुलोंजास** की आत्महत्या, वास्तव में दुःखदायी घटनाएँ। संरचनात्मक मार्क्सवाद जहाँ आया था, वहीं खड़ा रह गया और सोवियत रूस के विघटन तथा प्रतिकूल परिस्थितियों ने, समाज विज्ञान में कहते हैं, इस मार्क्सवादी धारा को समाप्त करदिया।

एक बात अवश्य है कि **गोडलियर** ने संरचनात्मक मार्क्सवाद का विश्लेषण तो किया पर वे इसके सिद्धान्त को आगे नहीं बढ़ा पाये। **गोडलियर** की पुस्तक **परस्पेक्टिव्ज़ इन मार्क्ससिस्ट एन्थ्रोपोलोजी** (Perspectives in Marxist Anthropology, 1978) मानवशास्त्र की विद्या में एक उल्लेखनीय ग्रन्थ समझा जाता है। यह पुस्तक मानवशास्त्र को मार्क्सवादी दृष्टिकोण से देखती है और गोडलिमर का मार्क्सवाद रूढ़िवादी मार्क्सवाद है। वे इस तथ्य को स्थापित करते हैं कि मानव समाज का अध्ययन उत्पादन विधि द्वारा ही सम्भव है। नातेदारी, राजनीति और धर्म का अध्ययन इसी उत्पादन विधि द्वारा किया जा सकता है। संरचनात्मक मार्क्सवाद गोडलियर के अनुसार उत्पादन विधि का मानवशास्त्र है। **यह बात बहुत निश्चित है कि संरचनात्मक सिद्धान्त किसी का भी हो, सामाजिक**

मानवशास्त्र (स्ट्रास) का मार्क्सवाद (अल्थ्यूजर और पुलोंजास) का वस्तुतः एक **विचारधारा** (Ideology) है। इस संदर्भ में जब हम भारत में **ड्यूमो** (Dumont) से बात करते हैं तब उन्हें संरचनावादी मानवशास्त्री ही कहते हैं। इसका मतलब है कि ड्यूमो विचारधारा और मूल्यों पर सर्वाधिक जोर देते हैं।

आल्थ्यूजर का संरचनात्मक मार्क्सवाद
(Althusser's Structual Marxism)

आल्थ्यूजर ने कोई चार पुस्तकें लिखी हैं, इनमें **फोर मार्क्सीज्म** (For Marxism 1969) एक उल्लेखनीय ग्रन्थ है। इन्होंने मार्क्स की व्याख्या नये सिरे से की है। उनका संरचनावादी मार्क्सवाद एक सिद्धान्त है। **इस सिद्धान्त में उनका प्रबन्ध है कि जिस दुनिया को हम देखते हैं, एक सीमा तक, यह दुनिया हमारे सिद्धान्त की संरचना द्वारा निर्मित है। एक तरह से कोई भी विज्ञान अपने सैद्धान्तिक तत्वों को स्वयं पैदा करता है। यह सिद्धान्त द्वारा निर्मित दुनिया हमारी दिन प्रतिदिन की वास्तविक दुनिया से भिन्न होती है। आल्थ्यूजर अपने सिद्धान्त द्वारा वास्तविक संसार के अन्दर जो अदर्शनीय संरचना, उसका विश्लेषण करना चाहते हैं।** उनके संरचनात्मक मार्क्सवाद के निम्नलिखित मुख्य बिन्दु हैं :

(1) संरचना की विरचना (Formation) में **व्यवहार** (Practice) की भूमिका बहुत बड़ी होती है। मनुष्य का व्यवहार तीन तरह का होता है : पहला व्यवहार है जिसमें वस्तुओं का उत्पादन करता है। इसमें कच्चा माल होता है, दूसरा उत्पादन विधि द्वारा वह इस माल का उत्पादन पैदा करता है और अन्त में फिर यह वस्तु बाजार में बिक्री के लिये जाती है।

मनुष्य की क्रिया में कई व्यवहार होते हैं। ये व्यवहार, राजनीतिक सांस्कृतिक, नैतिक और किसी भी प्रकार के हो सकते हैं। विश्लेषण के लिये राजनैतिक व्यवहार को लें। इसे आल्थ्यूजर आर्थिक व्यवहार की तरह लेते हैं। इस व्यवहार का कच्चा माल सामाजिक सम्बन्ध होते हैं। फिर इसे वैचारिक व्यवहार में ढाला जाता है और तब यह राजनीतिक संगठन बनता है और अंत में इसका उत्पाद ज्ञान होता है।

(2) मनुष्य के व्यवहार और संरचना में अन्तः क्रिया होती है और इस अन्तः क्रिया के परिणामस्वरूप **सामाजिक विरचना** (Social Formation) बनता है।

(3) आल्थ्यूजर ने संरचनावाद के निर्माण में मार्क्स को आधार बनाया है। पर वे मार्क्स के आर्थिक निर्धारणवाद का विरोध करते हैं। वे कहते हैं कि आर्थिक संरचना सामाजिक, सांस्कृतिक, धार्मिक संरचना को प्रभावित करती है। यहाँ तक मार्क्स सही है। पर ऐसा भी होता है कि सामाजिक संरचना अपनी स्वायत्ता को भी बनाये रखे और आर्थिक संरचना से अपना जुड़ाव तोड़ दे।

अपने संरचनात्मक सिद्धान्त को स्पष्ट करने के लिये आल्थ्यूजर एक बहुमंजिली इमारत का दृष्टान्त देते हैं। वे कहते हैं कि भूमिगत मंजिल पर, पहली, दूसरी, तीसरी

मंजिलें खड़ी होती हैं। पहिली मंजिल में किराणे की दुकान है, दूसरी पर व्यावसायिक कार्यालय है, तीसरी पर राजनीतिक दल का दफ्तर है, इससे ऊपर लोग रहते हैं। इसमें हमने देखा कि प्रत्येक मंजिल अपने काम-काज में **स्वायत्त** (Autonomous) है।

इस दृष्टान्त में आल्थ्यूजर मार्क्स का विरोध करते हैं। कहते हैं कि एक सीमा तक आर्थिक निर्धारणवाद सही है। इमारत की मंजिलें नींव पर खड़ी हैं। लेकिन यह भी सही है कि आगे की मंजिलें अपने काम-काज में और पहिचान में स्वायत्त हैं और आल्थ्यूजर का संरचनावाद यही है। बहुत स्पष्ट हैः संरचना में जो कुछ होता है, इसके निर्धारण में अर्थव्यवस्था की प्रधानता होती है लेकिन वैचारिक और राजनीतिक प्रभुता भी स्वतंत्र प्रभाव को रखती है।

(4) आल्थ्यूजर के संरचनात्मक मार्क्सवाद की बड़ी विशेषता यह है कि यह आर्थिक संरचना में छिपी हुई जो संरचना होती है, उसकी पड़ताल तो करती ही है, इसमें भी आगे यह वैचारिकी और राजनीति के पीछे जो संरचना होती है, उसका पता भी लगाती है।

(5) आल्थ्यूजर के संरचनात्मक मार्क्सवाद का एक और लक्षण यह है कि यह किसी भी अर्थ में भाषा विज्ञान को अपना आधार नहीं बनाता। इनका सोसोर से तथा स्ट्रास से कोई सरोकार नहीं है।

(6) कुछ मार्क्सवादी जिनमें आल्थ्यूजर भी हैं, यह मानकर चलते हैं कि संरचना को समझने के लिये इतिहास की पूर्व आवश्यकता जरूरी है। इस पर टिप्पणी करते हुए **मोरिस गोडलियर** लिखते हैं : 'किसी भी संरचना के आन्तरिक काम-काज को समझने से पहिले हमें उसके उद्गम और उद्विकास को अवश्य समझना चाहिये।'

(7) यह एक महत्त्वपूर्ण बात है कि **संरचनावाद और संरचनात्मक मार्क्सवाद आनुभविकता को पूर्णरूप से अस्वीकार करते हैं और वे इस बात पर जोर देते हैं कि संरचना के मूल को समझना चाहिये जो दिखाई नहीं देता।** इस सम्बन्ध में गोडलियर का यह बयान महत्त्वपूर्ण है : 'मार्क्स और इसी तरह **लवी स्ट्रास**' के **लिये संरचना एक यथार्थता नहीं है, अर्थात् इसे प्रत्यक्ष रूप में नहीं देखा जा सकता।** यह तो यथार्थता का एक स्तर मात्र है जो दिखाई देने वाले मनुष्यों के सम्बन्धों से परे है जो व्यवस्था के तर्क को बनाते हैं। इस आंतरिक पड़ताल के माध्यम से ही बाहर दिखाई देने वाली व्यवस्था का विश्लेषण किया जा सकता है।'

गोडलियर ने संरचना के विश्लेषण में आगे कहा है कि विज्ञान का नियम है कि वह दिखाई देने वाली यथार्थता की तह में यथार्थता यानी गहरी यथार्थता होती है, उसका विश्लेषण करता है। हम यदि संरचनात्मक मार्क्सवाद का कोई निष्पक्ष विश्लेषण करें तो स्पष्ट हो जायेगा कि यह विधा या संरचनात्मक मार्क्सवाद सामान्य संरचनात्मक विश्लेषण

से एकदम अलग है। **इसका आधार सामाजिक और आर्थिक होता है, ऐतिहासिक होता है** और किसी भी अर्थ में भाषा वैज्ञानिक नहीं होता। इसका अटूट सम्बन्ध मार्क्सवादी सिद्धान्त से होता है।

हमने संरचनात्मक मार्क्सवाद पर लिखने के पहिले एक टिप्पणी जड़ी थी। हमने कहा था कि संरचनात्मक मार्क्सवाद का जीवन काल कोई दस वर्ष में सिमट गया। इसके नामी-गिरामी सिद्धान्तवेत्ता एक-एक कर अवसाद के शिकार होगये। बेमौत मर गये और उनके साथ यह विधा भी अपने वज़ूद को खो बैठी। इधर सोवियत रूस के विघटन ने भी रही-सही आशा समाप्त कर दी और इस विधा के अवसान की यह परिणती होगी कोई नहीं जानता था कि अपने उत्तर-आधुनिक संरचनावाद के अवतार में यह मार्क्सवाद के विपरीत विश्लेषण करेगी। यह कैसी विचित्र बात है कि जब **आल्थ्यूजर** ने संरचनात्मक मार्क्सवाद की अवधारणा को अपनाया तो सरलता से यह लोकप्रिय होगई और देखते ही देखते रूस के विघटन के साथ इसका अवसान भी होगया। **इससे लगता है कि संरचनात्मक मार्क्सवाद सिद्धान्त कम था और विचारधारा अधिक।** जब समाजवादी विचारधारा और मार्क्सवादी समाजविज्ञान विश्व स्तर पर हाशिये पर आ गये तो किसी भी विचार की तरह संरचनात्मक मार्क्सवाद की सांस भी फूल गई।

उत्तर-संरचनावाद : दरिदा, और फूको
(Post-Structuralism : Derrida and Foucault)

पिछले पृष्ठों में हमने संरचनावाद का विश्लेषण प्रस्तुत किया है। यह संरचना सामाजिक व्यवस्था के अन्दर झाँक कर नहीं देखी जाने वाली, संरचना की पड़ताल करती है। इस प्रकार के संरचनावाद पर सोसोरे के भाषावाद का बहुत बड़ा प्रभाव रहा है। संरचना के सिद्धान्त को स्ट्रास ने विकसित किया था। उन्होंने इसे विनिमय के सिद्धान्त पर लागू किया। हमने इस विश्लेषण में संरचनावाद की दो धाराओं का विवरण दिया है। पहला संरचनावाद मानवशास्त्रीय संरचनावाद है और दूसरा संरचनात्मक मार्क्सवाद। संरचना की इन दोनों धाराओं से एक नई संरचना का अविर्भाव हुआ है, जिसे **उत्तर-आधुनिक संरचनावाद** (Post-Structuralism) कहते हैं।

उत्तर-आधुनिक संरचनावाद के प्रारम्भ का कोई निश्चित समय देना कठिन है फिर भी जोर्ज रिटज़र कहते हैं कि 1966 में दरिदा ने अपने एक व्याख्यान में कहा था कि अब संरचनावाद का युग आगया है। कई बार उत्तर-संरचनावाद को उत्तर-आधुनिकता से जोड़ दिया जाता है। यह भी देखा गया है कि कुछ लेखकों ने उत्तर-संरचनावाद और उत्तर-आधुनिकता को पर्यायवाची पदों की तरह प्रयोग में लिया है। इससे बहुत साफ है कि इन दोनों अवधारणाओं की विषय-सामग्री में कोई खास अन्तर नहीं है। दोनों ही उत्तर-आधुनिक समाज को समझना चाहते हैं।

उत्तर-संरचनावाद क्यों? (Why Post-structuralism)

1. यह जानना बहुत रुचिकर है कि जब मानवशास्त्रीय और मार्क्सवादी संरचनावादी विचारधारा के पीछे जो तार्किक व्यवस्था है, उसे समझने की कोशिश कररहे थे, तब उत्तर-संरचनावाद कैसे विकसित हुई? इसके उत्तर में कहा जाना चाहिये संरचनात्मक मार्क्सवाद तो कतिपय ऐतिहासिक दुर्घटनाओं का विचार होगया और इधर आधुनिक समाज उत्तर-आधुनिक समाज के रूप में बदलने लगा। इस समाज के समझने में परम्परागत संरचनावाद अक्षम था। जब समाज उत्तर-आधुनिक बन गया तब संरचनावाद को उत्तर-संरचनावाद बनना था। एक और ताकत है जिसे उत्तर-संरचनावाद को आगे बढ़ाया।

2. उत्तर-संरचनावाद के विकसित होने का एक और कारण है और इसे गंभीरता से लिया जाना चाहिये। संरचनावाद जो परम्परागत था, भाषा की संरचना पर निर्भर था। इसका तर्क था और इसके प्रणेता **सोसोरे थे कि किसी भी शब्द का अर्थ उस शब्द के दूसरे शब्दों के सम्बन्धों पर निर्भर है। गुलाब के फूल का अपने आप में कोई अर्थ नहीं है। दूसरे शब्दों के साथ इसका जो सम्बन्ध है, उसी से अर्थ स्पष्ट होता है। मतलब हुआ, शब्दों का अर्थ शब्दों के ...र शब्दों के सम्बन्धों पर निर्भर है। शब्द का अर्थ वस्तु के साथ सम्बन्धों पर निर्भर नहीं करता**। हम **कुत्ते** शब्द का अर्थ वाक्य रचना में दूसरे शब्दों के सम्बन्धों में निकालते हैं। **इसका अर्थ यह है कि शब्दों का मतलब शब्दों से बाहर होना है, शब्द में कतई नहीं**। एक और महत्त्वपूर्ण तथ्य यहाँ प्रस्तुत करना चाहिये। परम्परागत संरचनावाद व्याकरण की तरह यह मानकर चलता है कि **शब्दों का वाक्य विन्यास में जो अर्थ होता है, वह पक्का और व्यवस्थित होता है। कुत्ता भौंकता है, गुर्राता है, इस अर्थ को कोई चुनौती नहीं दे सकता है। यह अर्थ पक्का है।**

उत्तर-संरचनावाद संरचना के इस परम्परागत अर्थ को स्वीकार नहीं करता। वह व्याकरण को मानता है पर उसकी व्याख्या और प्रकार की है। **दरिदा** का कहना है कि उत्तर-संरचनावाद में भाषा की अपेक्षा **लेखन** (Writing) महत्त्वपूर्ण है। लेखन पढ़ने वालों पर अपना दबाव नहीं डालता। दरिदा तो कहते हैं कि सामाजिक संस्थाएं और कुछ न होकर लेखन (Writing) हैं। ये **लेखन** व्यक्ति पर दबाव नहीं डालते। दरिदा ने अपने सिद्धान्त में इस लेखन के विखंडित करने की बात कही है। इसे हम बाद में लिखेंगे। यहाँ हम केवल यह कहना चाहते हैं कि जहाँ संरचनावाद में **शब्द** (Word) महत्त्वपूर्ण था, वहाँ उत्तर-संरचनावाद में लेखन महत्त्वपूर्ण हो गया।

उत्तर-संरचनावाद किसे कहते हैं? (What is Post-Structuralism)

उत्तर-संरचनावादी जब लेखन पर जोर देते हैं तब उनका तात्पर्य **विमर्श** (Discousse) से होता है। किसी भी कथन या विमर्श का कोई निश्चित अर्थ नहीं होता। एक विमर्श का अर्थ दूसरे विमर्श या विमर्शों के सम्बन्धों से निकलता है। जैसे परम्परागत संरचनावाद में शब्द का अर्थ शब्द में नहीं होता, दूसरे शब्दों के साथ सम्बन्धों में होता है, वैसे एक विमर्श

का अर्थ दूसरे विमर्शों के साथ सम्बन्धों में होता है। इस विधि का नतीजा यह होता है कि जब हम एक विमर्श का अर्थ खोजते हैं तो सम्बंधों के कारण हम दूसरे विमर्श पर पहुँचते हैं और दूसरे से आगे तीसरे पर और यह सिलसिला चलता रहता है। इस सम्पूर्ण कवायद का एक विमर्श से दूसरे पर और दूसरे से तीसरे पर परिणाम यह होता है कि एक विमर्श के हमारे सामने कई अर्थ और निर्वचन आ जाते हैं। परिणामस्वरूप, साहित्य, कला, आलोचना आदि में ढेर सारे निर्वचनों का अम्बार लग जाना है। इस अराजकता में कुछ उत्तर-आधुनिकतावादी विचारक सोचते हैं कि विमर्श का हमें कभी-कभी सही अर्थ भी मिल जाता है। विमर्श का मतलब हमारे सोच-विचार के दायरे से है।

उत्तर-संरचनावाद इस भाँति संरचनावाद से भिन्न इस तरह है कि यह **शब्द के स्थान पर लेखन** को प्रमुखता देता है। इस लेखन का अर्थ निकालना बड़ी टेढ़ी खीर है। टेढी इसलिये कि एक लेखन के कई अर्थ निकलते हैं। यहाँ आकर हम एक और कठिनाई में पड़ जाते हैं। जब विमर्श के कई अर्थ निकलते हैं तो निश्चित है, सम्पूर्ण विमर्श अराजकता के घेरे में आ जाता है। सब कुछ अस्पष्ट हो जाता है, एक भ्रम पूर्ण स्थिति अर्थ के क्षेत्र में पैदा हो जाती है। यह उत्तर-संरचनावाद की विशेषता है। संरचनावाद में स्पष्ट था जो छिपा हुआ है उसके तार्किक अर्थ की पड़ताल करो। लेकिन उत्तर-संरचना में यह अर्थ ही भ्रम पैदा करता है। इसी कारण उत्तर-आधुनिकता और उत्तर-संरचनावाद के आलोचक कहते हैं कि इनमें कुछ भी निश्चित नहीं है, जो चाहो सो करो। **लेमर्ट** (Lemert, 1990) **मोडर्न सोश्यल थ्योरी** (Modern Social Theory) में उत्तर-संरचनावाद के अर्थ की इस अनिश्चितता पर संकेत करते हुए लिखते हैं :

> उत्तर-संरचनावाद की विचारधारा की दिशा या स्पष्ट रूप से उसका दबाव कई व्यवस्थाओं पर होता है। इसके अर्थ भ्रामक होते हैं।

उत्तर-संरचनावाद के रूप या उसकी परम्पराएँ हमें फ्रांस तथा जर्मनी के विचारकों में देखने को मिलती हैं। एक बात बहुत स्पष्ट है। संरचनावाद की यात्रा मूल रूप से फ्रांस से चली है। फ्रांस में ही आल्थ्यूजर जैसे विचारकों ने इसे संरचनात्मक मार्क्सवाद का संस्करण दिया, और यहीं यह विचारधारा उत्तर-आधुनिकता में परिवर्तित हुई। कुल मिलाकर संरचनावाद की तीनों परम्परा मानवशास्त्रीय, मार्क्सवादी और उत्तर-संरचनावादी का विकास फ्रांस में ही हुआ।

यहाँ जब हम उत्तर-संरचनावाद की चर्चा करते हैं तब हमें भारत का उल्लेख अवश्य करना चाहिये। हमारे यहाँ जो भी समाजशास्त्रीय अनुसंधान और सिद्धान्त निर्माण का प्रयास हो रहा है, निश्चित रूप से उसमें उत्तर-संरचनावाद के क्षेत्र में कुछ नहीं हुआ है। इस परम्परा की कोई धारा हमारे यहाँ नहीं है। लेकिन योगेन्द्रसिंह ने आई.सी.एस.एस.आर. (I.C.S.S.R.) की ट्रेण्ड रिपोर्ट (1969-1979) में संरचनावाद के प्रारम्भ की चर्चा की है। वे कहते हैं कि भारत में संरचनात्मक-प्रकार्यात्मक अध्ययनों का कोई टोटा नहीं है। जहाँ

तक संरचनात्मक अध्ययनों के प्रारम्भ की बात है, इसका नेतृत्व लुई ड्यूमो की पुस्तक होमो **हेरारकिकस** (Homo Hierarchicus, 1970) किया है। इस पुस्तक का आधार **संरचनावाद** (Structuralism) है। ड्यूमों जाति से जुड़ी हुई विचारधारा का विस्तार से उल्लेख इस पुस्तक में करते हैं। उनके संरचनावाद का एक दृष्टान्त देखिये। वे कहते हैं :

> एक बात निश्चित है : भारतीय समाज अपने सम्पूर्ण रूप में बदला नहीं है। समाज **में** परिवर्तन आया है लेकिन समाज **का** परिवर्तन नहीं हुआ है।

निश्चित है, ड्यूमों का संरचनावाद एस.एफ. नडेल का संरचनावाद है। इसमें संरचना के भागों में तो परिवर्तन आता है, पर सम्पूर्ण संरचना में नहीं। ड्यूमो गैर-बराबरी, बराबरी आदि मूल्यों पर भारतीय समाज की व्याख्या करते हैं पर वे **भाषाई** (सोसोरे) संरचनावाद से कतई प्रभावित नहीं हैं। यह जरूर है कि जब वे दक्षिण भारत की नातेदारी व्यवस्था का विश्लेषण करते हैं तब उन पर स्ट्रास का प्रभाव स्पष्ट दिखाई देता है। ड्यूमों भारत में एक विवादास्पद समाजशास्त्री रहे हैं। उनकी **होमो हेरारकिकस** पुस्तक कई तरह की आलोचना की शिकार रही है। यह आलोचना मूल्यों के विमर्श के क्षेत्र में हैं। जब ड्यूमो यह कहते हैं कि भारत हमें गैर बराबरी की शिक्षा देता है (India.....Teaches us hierarehy) तो निश्चित रूप से इस पर विवाद होना स्वाभाविक है।

मोटे रूप में यह कहा जा सकता है कि जिन विचारकों ने उत्तर-आधुनिकता को विकसित किया है, वे ही विचारक उत्तर-संरचनावाद के विकास के लिये उत्तरदायी हैं। फूको, ल्योटार्ड, बोड्रिलार्ड, जेमेसन, दरिदा आदि कई उत्तर-आधुनिक विचारक हैं जिनका किसी न किसी रूप में उत्तर-संरचनावाद से सम्बन्ध अवश्य है। यहाँ हम दरिदा और फूको के उत्तर-संरचनावाद को विस्तार से देखेंगे।

दरिदा का उत्तर-संरचनावाद
(Post-structuralism of Derrida)

दरिदा को उत्तर-संरचनावाद का जनक कहा जा सकता है। उन्होंने इसके अविर्भाव को ई.1966 से बताया है। दरिदा वस्तुतः भाषाई उत्तर-संरचनावाद के प्रणेता थे। उन्होंने सोसोरे के व्याकरणवाद में परिवर्तन किया। वे पहले विचारक हैं जिन्होंने भाषा की संरचना (Structure) से अपने आपको हटाकर लेखन (Writing) पर केन्द्रित किया। जब भाषा से हटकर वे लेखन पर आये तो एक और समस्या पैदा हो गई। लेखन का अर्थ दूसरे लेखन के सन्दर्भ में भी समझा जाने लगा। लेखन हमेशा समस्यापूर्ण होता है। एक ही लेखक के कई अर्थ सामने आते हैं। ऐसी अवस्था में दरिदा ने **विखण्डन** (Deconstruction) की अवधारणा को रखा।

दरिदा ने **प्लेटो** से लेकर आज तक के दार्शनिक लेखन का विश्लेषण किया है। वे कहते हैं कि यह सम्पूर्ण लेखन इस सार्वभौमिक नियम की खोज में है कि संसार को सत्य,

शिव और सुन्दर का लक्ष्य प्राप्त हो जाये। इस सम्पूर्ण खोज ने मनुष्य की वास्तविक विचारधारा को दबाये रखा। इस तरह के लेखन को दरिदा **लोगोसेन्ट्रीजम** (Logocentrism) कहते हैं। इसमें कोई लाभ नहीं।यह मृगतृष्णा मात्र है। इस लेखन का विखण्डन होना चाहिये। वे कई मूल **पाठों** (Texts) का उल्लेख करते हैं और जब इनके विमर्श की तुलना और विमर्शों से करते हैं तब उन्हें निराशा ही हाथ लगती है।सत्य, शिव और सुन्दर की इस खोज ने आज मनुष्य को नितान्त झूठ, फरेब और बदसूरती के चोखटे पर खड़ा कर दिया है। ऐसे **पाठों** (Contexts) से मनुष्य को क्या मिला। इसी कारण पश्चिमी धारा के इस विमर्श का खण्डन करना चाहिये।इस खण्डन की प्रक्रिया में ही उत्तर-संरचनावाद में अराजकता लादी है। दरिदा ये जानते हैं, पर फिर भी आग्रह करते हैं कि इन पाठों का विखण्डन होना चाहिये। दरिदा की **विखण्डन** (Deconstruction) की अवधारणा मूल में भाषाई संरचनावाद में निहित है।

यह जानना बड़ा रुचिकर है कि दरिदा **पाठ** (Text) का लेखन विखण्डन किस तरह से करते हैं। उनके तर्क का मूल यह है कि आज कुछ लेखन हमारे सामने हैं वह **विमर्श** (Discourse) की गठरी हैं। इस गटरी को तहस-नहस करना चाहिये। वे एक बड़ा सुन्दर दृष्टान्त देते हैं। नाटक का एक थियेटर है। मान लिजिये मुंबई के भांगवाड़ी का पारसी नाटक थियेटर है। इस में कई छोटे-बड़े कलाकार हैं। कई किरदार हैं, कोई पुरुष है तो कोई स्त्री। नाटक, राम वनवास का है। किरदार इसमें वे ही डायलोग बोलते हैं, जिसे नाटककार ने लिखा है। अभिनय भी उसी स्टाइल में होना है जैसा निर्देशक चाहता है। कुल मिलाकर इस नाटक में अभिनेता के हाथ में कुछ नहीं है। सब कुछ लेखक, निर्देशक और परम्परा के हाथ में है। राम चाहें कि इस नाटक में धनुष को छोड़कर गदा पकड़ लें तो वे ऐसा नहीं कर सकते। राम के हाथ में परम्परा से धनुष-बाण ही रहे हैं। पारसी नाटक का यह राम जिंस नहीं पहन सकता। यहाँ सब कुछ पूर्व निश्चित है। इस थियेटर को दरिदा **निर्मम थियेटर** (Theatre Cruelty) कहते हैं। यह निर्मम इसलिये है कि इसमें किरदार के हाथ में कुछ भी नहीं है। वह तो बस कठपुतली मात्र है।

दरिदा ऐसे निर्मम थियेटर को धार्मिक थियेटर (Theological Theatre) कहते हैं। व्याख्या के स्तर पर यह थियेटर लेखन है। किसी भी मूर्धन्य लेखक ने इसे लिख दिया और यह लेखन भाग्य विधाता बन गया। ऐसा थियेटर समाप्त कर दिया जाना चाहिये। दरिदा एक **वैकल्पिक थियेटर** (Alternative Theatre) की बात करते हैं। यद्यपि उन्होंने किसी वैकल्पिक थियेटर की अवधारणा को विकसित नहीं किया है लेकिन एक बात पक्की है : वे परम्परागत थियेटर का अनिवार्य रूप से विखण्डन अवश्य चाहते हैं।

वे वैकल्पिक थियेटर के बारे में कहते हैं कि इस नये थियेटर में अभिनेता एक दम मुक्त होगा। यह थियेटर **विकेन्द्रित** (Decentering) होगा। इसमें न तो लेखक पर कोई ध्यान दिया जायेगा और न परम्परा पर। अपनी अभिव्यक्ति में किरदार स्वतंत्र होगा। यह विकेन्द्रित उपागम महान वृत्तान्तों पर गाज की तरह गिरेगा और निर्मम थियेटर की कई

मान्यताएं चकनाचूर हो जायेंगी। भारत में यदि यह उपागम आया तो कई समाजशास्त्रीय अवधारणाएं ध्वस्त हो जायेंगी। वैसे हमारे गाँवों की जो अवधारणाएं—प्रभव जाति, गांव की एकता, संस्कृतीकरण हैं—सभी उल्टी-सीधी हो जायेंगी।

जिस तरह यह धार्मिक और निर्मम थियेटर ध्वस्त होगा, वैसे ही यह आधुनिक समाज भी समाप्त हो जायेगा—ऐसा ही कुछ दरिदा सोचते हैं बहुत साफ है यदि समाज में किरदार नहीं रहेंगे—लेखन वाले या पाठ लिखने वाले समाज को अस्वीकार हो जायेगा, तब समाज कहां से रहेगा। **जॉर्ज रिट्ज़र** ने दरिदा के संरचनावाद पर टिप्पणी करते हुए लिखा है :

> दरिदा पश्चिमी **लोगों के सेन्ट्रिज्म** यानी सत्य, शिव, और सुन्दर तथा पाठों के लेखन (Writing) को विखण्डित करने के बाद हमें आगे क्या होगा, विकल्प क्या है, इसका कोई उत्तर नहीं देते।

वैसे हमने दरिदा के कृतित्व पर एक पृथक् अध्याय लिखा है, यहाँ हमारे विश्लेषण का केन्द्र केवल दरिदा का उत्तर-संरचनावाद है। इस पर हमें केवल दो टूक बात कहनी है। पहिली तो यह कि दरिदा **शब्द** (Word) की अपेक्षा **लेखन** (Writing) पर जोर देते हैं। **शब्द** हमारे ऊपर दबाव डालता है। उसका जो अर्थ समाज लेता है, वही हमें लेना पड़ता है। **विवाह** का अर्थ परिवार में नहीं लिया जा सकता। वे **लेखन** को दबाव वाला नहीं मानते। लेखन में **विमर्श** (Discourse) होते हैं और एक विमर्श का दूसरे विमर्शों के सम्बन्ध से अर्थ लिया जाता है। दूसरी बात दरिदा ने विखण्डन की कही है। इसमें वे महान वृत्तान्तों का विखण्डन चाहते हैं। विमर्शों के सही अर्थ को समझना चाहते हैं। तीसरा, वे इस समाज को एक निर्मम थियेटर की तरह मानते हैं। इस थियेटर यानी समाज को ध्वस्त कर देना चाहिये। इसका **विकल्प** (Alternative) देना चाहिये और अन्त में हम यह कहेंगे कि सभी अर्थों में दरिदा एक **भाषाविद् उत्तर-संरचनावादी** (Linguistic Post-structural) सिद्धान्तवेत्ता हैं। लेकिन वे उत्तर-आधुनिकतावादी सिद्धान्तवेत्ता भी हैं। सामान्यतया, हमने ऊपर कहा है, प्रत्येक उत्तर-आधुनिकतावादी विचारक उत्तर-संरचनावादी भी है। फिर भी इसके दरिदा और फूको महत्वपूर्ण हैं। दरिदा के बारे में अब हम फूको के उत्तर-संरचनावाद का विवरण देंगे।

फूको का उत्तर-संरचनावाद
(Post-structuralism of Foucault)

दरिदा का उत्तर-संरचनावाद बहुत स्पष्ट है। वे भाषाई संरचना को अपनाते हैं। माईकल फूको दूसरी प्रकार है उत्तर-संरचनावादी हैं। उनके संरचनावाद में भाषा के अतिरिक्त कई अन्य सिद्धान्तों से भी विचारों को लिया गया है और इसके कारण उनका उत्तर-संरचनावाद अधिक जटिल हो जाता है। उदाहरण के लिये **वेबर** की **बुद्धिसंगतता** (Rationality) का फूको पर प्रभाव है और यह प्रभाव हमें कई स्थानों पर देखने को मिलता है। इतना होने

पर भी एक स्थान पर वेबर से इस विचारधारा को अस्वीकार करते हुए फूको कहते हैं कि बुद्धिसंगतता कोई **लोहे का पिंजड़ा** (Iron Cage) नहीं है कि हम इससे बाहर निकलकर नहीं आसकते। वे और फिर इस अवधारणा का प्रयोग छोड़ देते हैं। वेबर की तरह फूको पर मार्क्स का प्रभाव भी रहा है। पर वे मार्क्स को केवल आर्थिक रूप में ही नहीं देखते। वे **शक्ति की सूक्ष्म राजनीति** (Micro-Politics of Power) का भी विस्तृत विवेचन करते हैं। फूको की इसमें दिलचस्पी नहीं है कि वे किसी गहराई में छिपे हुए सत्य की खोज करें। फूको पर **प्रघटनावाद** (Phenomenology) का प्रभाव भी है। लेकिन वे यह स्वीकार नहीं करते हैं कि **कोई भी वस्तु स्वायत्त** (Autonomous) **है और उसका अर्थ उसी में निहित है**। फूको की विचारधारा पर अगणित कारकों का प्रभाव है वेबर, मार्क्स, प्रघटनावाद आदि। ये प्रभाव कहीं गहरे और तीव्र हैं, कहीं हल्के और बदरंग। पर फूको पर एक प्रभाव पक्का है और यह प्रभाव **नित्शे** (Nietzsche) का है। **नित्शे ने शक्ति और ज्ञान के सम्बन्धों की चर्चा की** है। पर वे इसे ठीक तरह से विस्तृत रूप नहीं दे पाये। यह फूको थे जिन्होंने ज्ञान और शक्ति के सम्बन्धों को सैद्धान्तिक रूप से प्रस्तुत किया।

फूको ने बहुत कुछ लिखा है। बहुत कुछ किया है। वे जब 57 वर्ष के ही थे, उनका देहान्त एड्स की बीमारी से हो गया। जे. मिलर (J. Miller, 1993) का तो यहाँ तक कहना है कि समकालीन विश्व में फूको सर्वाधिक लोकप्रिय विचारक था। उनकी विचारधारा ने विभिन्न क्षेत्रों के विचारकों को प्रभावित किया है। जो कुछ फूको का कृतित्व है उस पर कई प्रकार के प्रभाव हैं। इनके होते हुए भी फूको शायद अव्वल दर्जे के उत्तर-संरचनावादी विचारक थे। इसे हम थोड़ा विस्तार से देखेंगे।

फूको की पुस्तक **आरक्योलोजी आफ नोलेज** (Archaeology of Knowledge, 1966) एक उल्लेखनीय ग्रन्थ है जिसमें कई जगह हमें उत्तर-संरचनावाद देखने मिलता है। वे इस पुस्तक में ज्ञान और उसके तत्वों—विचारों, विमर्श की विधियों आदि का विवेचन करते हैं। वे अपने ज्ञान के पुरातत्व को इतिहास की कसौटी पर रखते हैं। यहाँ हमें संरचना देखने मिलती है। **वे कहते हैं कि जब हम लेखन और वाणी के कथनों की तुलना करते हैं तब हमें इनमें बड़ा अन्तर दिखाई देता है।** वे कहते हैं कि कुछ विमर्श ऐसे हैं जिन्हें व्यवहार में लाया जाता है और ये विमर्श ही वैज्ञानिक विमर्श की श्रेणी में आते हैं। **अपने इस अध्ययन में फूको कहीं भी ज्ञान और शक्ति के सम्बन्धों को नहीं पाते। ऐसी अवस्था में उनका प्रारम्भिक रूझान भाषाई संरचना के साथ ही था।**

फूको बाद में अपनी कृति **जिनियोलाजी ऑफ पावर** (Genealogy of Power, 1969) में उत्तर-संरचनावादी उपागम को अपनाते हैं। यहाँ उन पर **नित्शे** का प्रभाव बहुत अधिक दिखाई देता है। देखा जाये तो यूरोप में नित्शे का **शक्ति का दर्शनशास्त्री** (Philosophy of Power) समझा जाता है। **वे इस** तथ्य की खोज करते हैं कि किस तरह लोग अपने स्वयं और दूसरों पर ज्ञान के उत्पादन स्वरूप राज करते हैं। दूसरे शब्दों में, फूको का प्रबन्ध है कि ज्ञान के माध्यम से विमर्शों (Discourse) को तैयार किया जाता

है और ये विमर्श अर्थात् विचारधारा लोगों के दृष्टिकोण को बनाती है, निश्चित करती है। उदाहरण के लिये मध्य युग में पागलों को समाज में हानि रहित समझा जाता था। कुछ तो यहाँ तक मानते थे कि पागलों में परमात्मा ने कुछ विशेष शक्ति दी है। लेकिन आधुनिक युग में आकर समझा जाने लगा कि पागलपन एक तरह का मनोरोग है और अन्य रोगों की तरह इसका भी निदान हो सकता है। पागलपन एक विमर्श है और इसके बारे में हमने जिस ज्ञान का उत्पादन किया है वह पागलपन के बारे में हमारे दृष्टिकोण को निश्चित करता है। यह ज्ञान की शक्ति ही है जो हमारे विमर्श (Discourse) का निर्माण करती है और जिसके पास ज्ञान है वह दूसरों के विमर्श को निश्चित करता है।

फूको ज्ञान ने स्तरीकरण में विश्वास नहीं करते। वे ज्ञान और शक्ति के सम्बन्धों को संरचनात्मक सम्बन्ध मानते हैं। वास्तव में फूको ने उत्तर-संरचनावादी जिस सिद्धान्त को शुरू किया था, उसे दरिदा ने आगे बढ़ाया।

समाजशास्त्रीय सिद्धान्तों की दीर्घा में बड़े मजेदार उलट फेर हुए हैं। अस्तित्ववाद के विरोध में अर्थात् सार्त्र के जवाब में संरचनावाद आया। इस सिद्धान्त ने स्थापित किया था कि व्यक्ति कुछ नहीं है, वह बेमतलब है। समाज ही व्यक्ति को बनाता है यानी संरचना व्यक्ति पर प्रभुत्व रखती है। इस संरचना की अवधारणा ने मानवशास्त्रीय संरचनावाद को विकसित किया। इसके विकास में **स्ट्रास** एक महत्त्वपूर्ण स्तम्भ रहे हैं। संरचनात्मक मार्क्सवाद कई ऐतिहासिक और वैचारिक गुत्थियों में फंस गया और इसकी अकाल मृत्यु हो गई। जिसे हम उत्तर-संरचनावाद कहते हैं, वह भी उत्तर-आधुनिकतावाद का शिकार हो गया। यह कहना गलत नहीं होगा कि उत्तर-आधुनिकता बड़ी सरलता से उत्तर-संरचनावाद को गटक गया। अब स्थिति ऐसी है कि उत्तर-आधुनिकता से उत्तर-संरचनावाद को पृथक् करना टेढ़ी खीर है। उत्तर-आधुनिकता की लोकप्रियता इतनी प्रभावशाली है कि इसमें उत्तर-संरचनावाद अपना पृथक् अस्तित्व ही खो बैठा है। वह उत्तर-आधुनिकता का पर्यायवाची मात्र रह गया है। जब कोई सिद्धान्त मरता है तब उसे ओढ़ाने के लिए कफन लाने के लिए दौड़ना नहीं पड़ता। लाश की तरह आज भी उत्तर-संरचनावाद जिन्दा है।

सन्दर्भ ग्रन्थ

An Introductory Guide to Post-structuralism and Post-modernism, Hemel Hempsted, 1988.

Postr, M., **Critical Theory and Post-structuarlism**, Cornell University, 1989.

George Ritzer, **Modernity Post-modernity.**

Benton, T., **The Rise and Fall of Structural Marxism**, Macmillan, (1984).

14

नव-प्रकार्यवाद : प्रकार्यात्मक समाजशास्त्र की खोज और पुनर्निर्माण

(Neo-Functionalism : A Discovery and Reconstruction of Functional Sociology)

हाल में समाजशास्त्र में कुछ नये सिद्धान्तों का प्रादुर्भाव हुआ है। ऐसा सोचा जाने लगा है कि क्लासिकल और आधुनिक समाजशास्त्रीय सिद्धान्त समकालीन समाज के विश्लेषण में खरे नहीं उतरते। ये सिद्धान्त समय की कसौटी पर टिक नहीं पा रहे हैं। समाज चाहे यूरोप-अमेरिका का हो या एशिया का पिछले एक-दो दशकों में ही इतना बदल गया है कि यदि सिद्धान्तों में संशोधन नहीं किया गया तो वे देखते ही देखते खारिज हो जायेंगे। दूसरा किसी भी विज्ञान में नव-सिद्धान्तों का निर्माण एक बात तो स्पष्ट करता है कि यह विज्ञान अभी जीवन्त है, उसमें गतिशीलता है। समाजशास्त्र में क्लासिकल सिद्धान्तों को आज उस आदर के साथ नहीं देखा जाता जो आदर आज से पचास वर्ष पहले था। सब कुछ बदल गया है।

उत्तर-आधुनिक सिद्धान्तों ने यानी दरिदा, फूको, बोड्रीलार्ड, ल्योटार्ड आदि ने नये सिद्धान्तों का निर्माण किया है। इन सिद्धान्तवेत्ताओं के साहस को देखिये कि इन्होंने एक बारगी मैक्स वेबर, मार्क्स, दरखाईम और आधुनिक सिद्धान्तवेत्ताओं में पारसंस, मर्टन आदि को महान वृत्तान्तों के नाम पर रद्द कर दिया है। आज क्लासिकल और आधुनिक, दोनों प्रकार के सिद्धान्त जानलेवा चुनौतियों से घिरे हैं। इनके लिये अस्तित्व का खतरा है। मार्क्सवाद और प्रकार्यवाद की क्लासिकल और आधुनिक सांस फूल रही है। यह है कि आज दुनिया के प्रतिष्ठित विश्व विद्यालयों में पारसंस को पढ़ने वाला कोई नहीं है। मार्क्स के प्रति जो निष्ठा थी, आज गड़बड़ा गई है। लेकिन सब कुछ ध्वस्त हो गया है ऐसा नहीं है। आज उत्तर-आधुनिकता के जो भी सिद्धान्त हमारे सामने आरहे हैं उनका बौद्धिक स्रोत मेक्स वेबर ही है, कार्ल मार्क्स ही है, पारसंस ही है। ज्ञान संचय होता है और इसी तर्ज पर नित नये समाजशास्त्रीय सिद्धान्त उभर कर इस विधा में आरहे हैं।

सैद्धान्तिक परिवर्तन की यह चुनौती क्लासिकल और आधुनिक सिद्धान्तों में प्रकार्यवाद और मार्क्स के बाद भी सामने आई। इस चुनौती ने **नव-प्रकार्यात्मक**

(Neo-Functionalism) सिद्धान्त को विकसित किया। ई. 1960 के पहिले दशकों में (यूरोप को छोड़कर) सारे संसार में प्रकार्यवाद एक लोकप्रिय सिद्धान्त था। सूर्योदय से सूर्यास्त तक यानी सारी दुनियाँ में सिद्धान्तों के नाम पर प्रकार्यवाद ही था। गुल्डनर कहते हैं कि अमेरिका में 90 प्रतिशत से अधिक समाजशास्त्री, प्रकार्यात्मक सिद्धान्त और विधि पर समाजशास्त्र का व्यवसाय चलाते थे। हमारे देश में भी लगभग यही स्थिति थी। **ट्रेण्ड** रिपोर्ट देख लीजिये। यहाँ तो अब्बल दर्जे का समाजशास्त्री बनने के लिये प्रकार्यवाद ही एक मात्र सहारा है।

कुछ इसी तरह का संकट **क्लासिकल** सिद्धान्त मार्क्सवाद पर भी आया। मार्क्सवाद विचित्र राजनीतिक उलझन में फंस गया। सोवियत रूस का 1990 में विघटन हो गया। उधर इससे पहले ही फ्रेंकफर्ट स्कूल बिखर चुका था। अब एक विचारधारा के रूप में समाजवाद लगभग समाप्त हो गया, और समाज विज्ञान के रूप में मार्क्सवाद कमजोर हो गया। पर फिर भी नव-प्रकार्यवाद की तरह नव-मार्क्सवाद (Neo-Marxism) उभर कर एक सिद्धान्त के रूप में आया। यही नहीं, और यह मार्क्सवाद की विशेषता है, उत्तर-आधुनिक सिद्धान्तों ने मार्क्स की नई व्याख्या की। लगभग सभी उत्तर-आधुनिक सिद्धान्तवेत्ता किसी न किसी संदर्भ में मार्क्सवाद का उल्लेख अवश्य करते हैं। सामान्यतया उत्तर-आधुनिकतावादी लेखक महान वृत्तान्तों को अस्वीकार करते हैं। पर जेमेसन यह स्थापित करते हैं कि आज भी मार्क्स का महान वृत्तान्त समकालीन समाज के विश्लेषण में उपयोगी है। पूंजीवाद उत्तर-आधुनिक संस्कृति के माध्यम से अपनी जड़ें मजबूत कररहा है, यह जेमेसन का ही विश्लेषण है।

नव-प्रकार्यात्मक और नव-मार्क्सवादी सिद्धान्त आज के विश्लेषण में कितने प्रासंगिक है। यह विवादात्मक मुद्दा है। **जेफ्रे अलेक्जेंडर** (Jaffrey Alexander) **रिचार्ड मंच** (Richard Munch) और **निक्लास लूहमान** (Niklas Luhmann) तथा अन्य समाजशास्त्रियों ने प्रकार्यवाद की कतिपय कमजोरियों की पहचान की है। और इसे इसके नये अवसर में रखा है। नव-प्रकार्यवाद पर बहुत कुछ लिखा गया है। बहुत कुछ कहा गया है। **बहुत थोड़े में हम कहेंगे कि नव-प्रकार्यवाद पारसंस की नये संदर्भ में खोज है**। यह पारसंस का **जर्मन निर्वचन** (German Interpretation) है। **अलेक्जेंडर** इसे क्लासिक समाजशास्त्रीय संदर्भ में देखते हैं। **रिचार्ड मंच** पारसंस के क्रिया सिद्धान्त का नया निर्वचन करते हैं, **लूहमान** पारसंस की सामाजिक व्यवस्था की नये संदर्भ में व्याख्या करते हैं। **कुल मिलाकर नव-प्रकार्यवाद** पारसंस को नये सिरे से देखते हैं। उसका नया निर्वचन करते हैं, उसकी खोज करते हैं। नव-प्रकार्यवादी लेखक दूसरे प्रकार्यवादियों को नहीं छूते। बस उनका प्रारम्भ पारसंस है और अंत भी पारसंस ही। इसी कारण यह भी कहा जाता है, कि नव प्रकार्यवादी सिद्धान्त वही पुरानी शराब है वही नशा और और वही रंग है। यदि कुछ बदला है तो बोतल। पहिले इसे प्रकार्यवाद कहते थे और अब नव-प्रकार्यवाद। केवल नाम बदल गया है। लेकिन हमारा इस तरह का कथन भी शायद उतावलेपन में या जल्दी में

दिया गया कथन है। हम इस अध्याय में बड़ी सावधानी और ईमानदारी से नव-प्रकार्यवाद की व्याख्या करेंगे। अगले अध्याय में हम नव-मार्क्सवादी सिद्धान्त की चर्चा करेंगे।

नव-प्रकार्यवाद : अर्थ और विषय-वस्तु
(Neo-Functionalism : Meaning and Subject Matter)

घटना ई. 1984 की है। **अमेरिकन सोश्योलोजिकल असोसियेसन** (ASA) के सिद्धान्त के सत्र में नव-प्रकार्यवाद पर विवाद हो रहा था। इसे एक नये सैद्धान्तिक विकास की दृष्टि से पहली बार देखा जारहा था और इस सत्र के अध्यक्ष **जेफ्रे अलेक्जेंडर** थे। इस वार्षिक सम्मेलन में नव-प्रकार्यवाद पर दो सत्र थे। **अधिकांश पत्रों में इस बात की मीमांसा थी कि जब पारसंस के सिद्धान्त को आनुभाविक** आधार पर लागू किये जाते हैं तब इसके क्या परिणाम आते हैं। इसके बाद अमेरिका में यह समझा जाने लगा कि नव-प्रकार्यवाद के जनक वस्तुतः अलेक्जेंडर हैं। उन्होंने ई. 1985 में स्वयं द्वारा संपादित पुस्तक नियो-फंक्शनलिज्म (Neo-Functionalism) प्रकाशित किया। इस प्रकाशन से पहली बार यह सिद्धान्त समाजशास्त्रीय दुनिया में आया।

पुस्तक की भूमिका में **अलेक्जेंडर** ने नव-प्रकार्यवाद और नव-मार्क्सवाद में तीन समानताएँ बताई हैं : पहली, दोनों सिद्धान्त प्रकार्यवाद और मार्क्सवाद के मौलिक सिद्धान्त में कतिपय कमजोरियाँ बताते हैं। दूसरी कमजोरी यह कि दोनों सिद्धान्त विरोधी सैद्धान्तिक परम्पराओं का समावेश करते हैं और तीसरी दोनों ही किसी सम्बद्ध (Coherent) सिद्धान्त को नहीं रखती। **आगे चलकर अलेक्जेंडर कहते हैं कि नव-प्रकार्यवाद कोई विकसित सिद्धान्त नहीं है यह तो केवल एक प्रवृत्ति या झुकाव** (Tendency) **है**। इस सिद्धान्त की, **अलेक्जेंडर** के अनुसार निम्न प्रवृत्तियां हैं :

1. **बहु आयामी** (Multi-dimensional) नव-प्रकार्यवाद बहुआयामी है। इसके अन्तर्गत **सूक्ष्म** (Micro) और **विशाल** (Macro) दोनों ही विश्लेषण आजाते हैं। मतलब हुआ, नव-प्रकार्यवाद में सूक्ष्म और विशाल अर्थात् मीड और गारफिन्कल तथा मार्क्स और दरखाईम दोनों के विशाल और सूक्ष्म सिद्धान्त आजाते हैं।
2. **वामपंथी झुकाव** (Left Orientation) परम्परागत प्रकार्यवाद को **यथास्थिति** (status quo) को छोड़कर वामपंथी बनना पड़ेगा। पारसंस का आधुनिकता के प्रति जो झुकाव है, उसे बदलना पड़ेगा। आधुनिकता ने हमें बहुत निराश किया है।
3. **प्रजातांत्रिक विश्लेषण** (Democratic Analysis) यह धारणा है कि प्रकार्यवाद अमीरों और अभिजन लोगों का है। इसे अपने इस दृष्टिकोण को बदलना पड़ेगा। नये विश्लेषण में इसे गहनता से प्रजातांत्रिक बनना पड़ेगा।
4. **संघर्ष के प्रति अभिस्थापन** (Conflict Orientation) तनाव के व्यवस्थापन की चर्चा तो प्रकार्यवाद बराबर करता है, प्रतिमान बनाये रखो, यह इसका मुहावरा है। अब ऐसा नहीं चलेगा। नव-प्रकार्यवाद संघर्ष की चर्चा पहिले करेगा।

5. **रचनात्मकता** (Creaativity) व्यवस्था में अनिश्चितता तो आती ही रहती है। इसकी उपेक्षा नहीं की जा सकती। अब प्रकार्यवाद को सृजन करना पड़ेगा। यह सृजनता अन्तः क्रिया के स्तर पर आ सकती है।

नव-प्रकार्यवाद एक ऐसा सिद्धान्त है जो आज निर्माण के स्तर पर है। इसके लिये अधिक से अधिक आनुभाविक सामग्री चाहिये, ज्यादा से ज्यादा सैद्धान्तिक विश्लेषण चाहिये। इस सिद्धान्त के क्षेत्र में **अलेक्जेंडर, मंच, तथा लूहमान** के अतिरिक्त **पॉल कोलोमी** (Paul Colomy), **डिन गेरस्टेन** (Dean Gerstein), **मार्क गूल्ड** (Mark Gould), नैल स्मेलसर (Neil Smelser) आदि ने भी उल्लेखनीय कार्य किया है।

(1) नव प्रकार्यवाद का विकास (Development of Neo-Functionalism)

यद्यपि नव-प्रकार्यवाद का प्रारम्भ जर्मनी में ई. 1984 में हुआ था, यह अपने प्रारम्भिक वर्षों में यूरोप तक ही सीमित रहा। बाद में यह सिद्धान्त अमेरिका में आया। यहाँ पारसंस ने **क्रिया** (Action) तथा **संरचना** (Structure) पर आधारित अपने सिद्धान्त में थोड़ा परिवर्तन भी किया पर यह समाजशास्त्रीय जन समाज को रास नहीं आया। एक तरह से पारसंस अपने प्रयास में असफल ही रहे।

(2) जर्मनी में पारसंस के प्रकार्यवाद की पुनः खोज (Rediscovery of Parson's Functionalism in Germany)

जर्मनी के प्रवास में पारसंस की मृत्यु 1979 में हो गई। वे वहां हेडलबर्ग विश्वविद्यालय में अपने एक सम्मान समारोह में गये थे। इस समारोह में जर्मनी के दिग्गज समाजशास्त्रियों ने शिरकत की थी। इनमें **लूहमान, हेबरमॉस** और **वोल्फ गेंग शूल चेटर** आदि सम्मिलित थे। इन सब के पारसंस के सिद्धान्त पर व्याखान भी हुए। इस सम्पूर्ण सम्मान समारोह ने यह स्थापित कर दिया कि यूरोप के बौद्धिकों का पारसंस के सिद्धान्त में विश्वास था। देखा जाये तो जर्मनी ने पारसंस को लूहमान की आँख से देखा था। लूहमान एक वर्ष के लिये अमेरिका में पारसंस के मार्गदर्शन में अध्ययन करने आये थे। अपने देश में लौटकर उन्होंने पारसंस के प्रकार्यवाद पर एक पुस्तक लिखी। यह पुस्तक पारसंस के सिद्धान्त का पुनर्निरीक्षण था। जर्मनी में यह प्रकार्यवाद की **पुनर्खोज** (Rediscovery) थी। इस पुस्तक में लूहमान ने पारसंस के प्रकार्यवाद का संशोधन किया और इससे नई पीढ़ी के जर्मन समाजशास्त्री अत्यधिक प्रभावित हुए। हेबरमॉस ने भी पारसंस में रुचि ली और उन्होंने व्यवस्था सिद्धान्त में कुछ नये सुधार किये। बाद में चलकर हेबरमॉस ने पारसंस की आर्थिक और राजनीतिक व्यवस्था पर जो आलोचना की, उसे संशोधित रूप में रखा।

पारसंस के प्रकार्यवाद ने जिस नव-प्रकार्यवाद को जन्म दिया, उसका विकास वास्तव में जर्मनी में ही हुआ। यह एक संयोग की बात है कि पारसंस जर्मनी में अपने सम्मान समारोह में गये थे और वहीं उनका देहान्त हो गया। इस देहान्त ने जर्मनी के

समाजशास्त्रियों को पारसंस पर गंभीरता से सोचने का मौका दिया और इसके परिणामस्वरूप नव-प्रकार्यवाद विकसित हुआ।

(3) नव-प्रकार्यवाद की विशेषताएँ (Characteristics of Neo-Functionalism)

नव-प्रकार्यवाद को एक सिद्धान्त का दर्जा देना बड़ा कठिन होगा। स्वयं इसके प्रणेता अलेक्जेंडर यह स्वीकार करते हैं कि यह एक प्रवृत्ति है, एक झुकाव और रुझान है। अधिक से अधिक यह एक **आन्दोलन** (Movement) है जो पारसंस के क्रिया और व्यवस्था सिद्धान्त की नये तरीके से व्याख्या करता है। इस सिद्धान्त या आन्दोलन मुख्य लक्षण इस भांति है :

1. यह बहुआयामी समाजशास्त्र है :
(It is a multi-dimensional Sociology)

सिद्धान्त के क्षेत्र में कई विधियाँ, अवधारणाएं एवं पूर्वमान्यताएँ होती हैं। नव प्रकार्यवाद खुले रूप से विभिन्न सिद्धान्तों का अपने स्वयं में समावेश करता है। इसकी प्रकृति बहुआयामी है। यह इस बात को पारसंस की तरह स्वीकार नहीं करता कि मनुष्य की क्रियाएं हमेशा मूल्यों और मानदण्डों के आधार पर होती हैं। यह इस बात को भी स्वीकार नहीं करता कि व्यवस्था का कर्त्ता की क्रियाओं पर भी दबाव पड़ता है।

2. क्रिया वैकल्पिक होती है :
(Action is Alternative)

पारसंस का प्रकार्यवाद यह स्थापित करता है कि कर्त्ता की क्रियाएँ व्यवस्था निर्धारित करती हैं। कोई भी गतिविधि क्रिया नहीं होती। पारसंस कहते हैं कि केवल वे गतिविधियाँ ही क्रिया होती हैं जिनके पीछे कोई उद्देश्य हों और उद्देश्य वे होते हैं जो व्यवस्था को बनाये रखें। नव-प्रकार्यवाद क्रिया की नई परिभाषा देता है। वह कहता है कि **क्रिया स्वयं कर्त्ता का चयन** (Choice) होता है। कर्त्ता ही तय करता है कि उसे कौन सी क्रिया करनी हैं। व्यवस्था उसे निश्चित नहीं करती। इस अर्थ में क्रिया कर्त्ता के लिये एक खुला विकल्प है।

3. नव-प्रकार्यवाद प्रकार्यवाद का पुनःनिर्माण है :
(Neo-functionalism is Reconstruction of Functionalism)

हालवोर फौस्ले (Halvor Fausle) ने नव-प्रकार्यवाद के लक्षण को निम्न परिभाषा में रखा है :

नव-प्रकार्यवाद प्रकार्यवादी परम्परा का एक नया समाजशास्त्रीय पुनर्निर्माण है। इसकी प्रवृत्ति विवरणात्मक है या आन्दोलनात्मक है। इसका कोई सैद्धान्तिक दर्जा नहीं है।

*4. **यह उत्तर-प्रत्यक्षवादी है :***
(It is Post-Postivism)

समाजशास्त्र में आनुभाविकता की परम्परा बहुत पुरानी है। बहुत सामान्य अर्थों में आनुभविकता का मतलब **अनुभव** (Experience) से है। यह अनुभव इंद्रियों से अवलोकन करने से प्राप्त होता है। समाज विज्ञानों में एक लम्बे अर्से से प्रत्यक्षवाद विवादों के घेरे में आ गया है। कुछ विचारक कहते हैं कि समाजशास्त्र एक प्रत्यक्षवादी विज्ञान है, दूसरे इसे स्वीकार नहीं करते। वे कहते हैं कि समाज विज्ञान **समझ** (Understanding) पर जोर देता है, अवलोकन पर नहीं।

आजकल उत्तर-आधुनिक विचारक **उत्तर-प्रत्यक्षवाद** (Post-positivism) की अवधारणा को रखते हैं। **इससे उनका तात्पर्य यह है कि विज्ञान को सैद्धान्तिक और आनुभविक दोनों तत्वों पर समान जोर देना चाहिये। नव-प्रकार्यवाद सिद्धान्त** और तथ्य में कोई गहरा अन्तर नहीं करता। आनुभविक तथ्यों का निर्धारण एक सीमा तक सिद्धान्त करता है। इससे स्पष्ट है कि कोई भी तथ्य सिद्धान्त को अस्वीकार नहीं कर सकता।

*5. **प्रतीकों की जटिलता होती है :***
(There is Complexity of Symbols)

प्रतीकों का सम्बन्ध क्रिया से होता है और इसलिये प्रतीकों को समझना जटिल कार्य है। जब व्यक्ति अपनी क्रिया का चयन करता है तब इसमें प्रतीकों की महत्त्वपूर्ण भूमिका होती है। नव-प्रकार्यवाद में प्रतीकों को सावधानीपूर्वक समझना चाहिये।

ऊपर हमने नव-प्रकार्यवाद के कतिपय मुख्य लक्षणों की चर्चा की है। इसमें बहुत स्पष्ट है कि समाजशास्त्र की यह विधा पारसंस का पुनरावलोकन करती है। इसमें पारसंस की व्याख्या नये सिरे से की गई है और इस भाँति यह पारसंस के प्रकार्यवाद की नई खोज है, नई व्याख्या है, नया निर्वचन है। इसके अविर्भाव और विकास में कई समाजशास्त्रियों का योगदान है। हम यहाँ जेफ्री अलेक्जेंडर, लूहमान और मंच के योगदान का सिलसिले में विवरण देंगे।

जेफ्री अलेक्जेंडर : क्लासिक समाजशास्त्र का पुनर्निर्माण
(Jaffrey Alexander : Reconstruction of Classic Sociology)

पारसंस के समाजशास्त्र के निर्वचन में अलेक्जेंडर का नाम महत्त्वपूर्ण है। उनका जन्म 1947 में अमेरिका में हुआ था। उन्होंने अपनी शिक्षा-दीक्षा हारवर्ड विश्वविद्यालय में प्राप्त की थी। यहीं पर उनका परिचय पारसंस से हुआ था। उन्होंने **रोबर्ट बेलाह और स्मेलसर** के मार्ग दर्शन में पी.एच.डी. की उपाधि ग्रहण की। केलिफोरनिया विश्वविद्यालय में हाल में वे समाजशास्त्र के प्रोफेसर हैं। उनकी रुचि सामाजिक सिद्धान्त, सांस्कृतिक अध्ययन और सामाजिक परिवर्तन में है। वैचारिक दृष्टि से अलेक्जेंडर मार्क्सवादी रहे हैं। उनके विचार

के अनुसार नव वामपंथी मार्क्सवाद पारस्परिक अभद्र मार्क्सवाद के आर्थिकवाद को नकारते हैं क्योंकि इस नये उपागम ने इतिहास में पुनःकर्ता को स्थान देकर उसे पुनर्स्थापित किया है जिसे मार्क्सवाद ने पूर्णतः भुला दिया था। कुछ राजनीतिक घटनाक्रम ई. 1970 में इस तरह घटा कि अलेक्जेंडर का नव-मार्क्सवाद से मोह भंग हो गया।

अलेक्जेंडर की एक बहुत बड़ी उपलब्धि पारसंस को समाजशास्त्र में पुनः स्थापित करने की है। उन्होंने यह स्थापित करने का प्रयास किया कि पारसंस का वास्तविक योगदान प्रकार्यवादी सिद्धान्त में न होकर सैद्धान्तिक समन्वय का है। ऐसा करने में उन्होंने पारसंस को नये सिरे से समाजशास्त्र में प्रस्तुत किया।

अलेक्जेंडर की मुख्य कृतियाँ निम्न प्रकार हैं :

– थियोरिटिकल लोजिक इन सोश्योलोजी - 4 खण्ड, 1982-3
  Theoretical Logic in Sociology, 4 vols, 1982-3
– नियोफंक्शनेलिज़म (Neo Functionalism, ed.1985)
– ट्वेन्टी लेक्चर्स : सोश्य थियोरी सिंस वर्ल्ड वार सेकण्ड, 1987
  Twenty Lectures : Social Theory Since World War 1987.
– एक्शन एण्ड इट्स एन्वायरमेंट्स 1988 (Action and its Environments 1988)
– फिक्स-डे-सिले, 1995 (Fix-de-Siecle Social Theory, 1995)
– नियो-फंक्शनेलिज़म एण्ड बियोन्ड 1998 (Neo functionalism and Beyond, 1998)

अलेक्जेंडर की वास्तविक रुचि सिद्धान्त निर्माण में थी। उनकी **समाजशास्त्र में तर्क की भूमिका** पर जो चार खण्डों में प्रकाशित पुस्तक है वह बहुत उल्लेखनीय है। इसमें उन्होंने सैद्धान्तिक समन्वय का काम किया है। इसके लिये पहिले हमें पारसंस के **स्ट्रक्चर ऑफ सोश्यल एक्शन** (Structure of Social Action) का उल्लेख करना चाहिये। इस पुस्तक में पारसंस ने क्रिया सिद्धान्त के निर्माण का मुद्दा उठाया है। पारसंस की यह पुस्तक सैद्धान्तिक समन्वय में एक विशेष दस्तावेज है। **इस पुस्तक में वे क्रिया सिद्धान्त के उद्विकास** का विश्लेषण करते हैं और ऐसा करने में **मारशल** (Alfred Marshall), **पेरेटो** (Vilfredo Pareto), **दरखाईम** (Emile Durkheim) और **मैक्स वेबर** (Max weber) के सिद्धान्त का विश्लेषण करते हैं। यह एक समन्वय का दुर्गम कार्य है। इस कृति में पारसंस क्रिया के सिद्धान्त को स्थापित करते हैं।

पारसंस के **स्ट्रक्चर ऑफ सोश्यल एक्शन** का निर्वचन अलेक्जेंडर अपनी पुस्तक **थियोरिटिकल लोजिक इन सोश्योलोजी** में करते हैं। उनकी यह पुस्तक कई अर्थों में पारसंस के समकक्ष है। **पारसंस का विरोध यहाँ अलेक्जेंडर ने किया है। पारसंस अपने प्रत्यक्षवाद में आनुभाविक तथ्यों पर बहुत अधिक भरोसा करते हैं। अलेक्जेंडर इसे स्वीकार नहीं करते। इसी कारण उन्होंने अपने नव-प्रकार्यवाद में उत्तर प्रत्यक्षवाद पर**

अधिक भरोसा किया है। अलेक्जेंडर ने पारसंस की एक और बड़ी खोज की है। वे कहते हैं कि पारसंस ही नहीं सभी क्लासिकल सिद्धान्तवेत्ताओं का यह दोष है कि वे आदर्शवाद और भौतिकवाद के विरोध को दूर नहीं कर पाये। वेबर ने इसकी कोशिश की। उन्होंने दोनों को मिलाने का प्रयास किया। पारसंस ने भी दोनों विचारधाराओं के मिश्रण करने का प्रयास किया। अलेक्जेंडर की **थियोरिटिकल लोजिक** और पारसंस के **स्ट्रक्चर ऑफ सोश्यल एक्शन** में कई समानताएं हैं फिर भी दोनों के विश्लेषण जुदा जुदा हैं। **होलवूड** (Holmwood) के इस कथन में सच्चाई है कि अलेक्जेंडर पारसंस का विश्लेषण बड़ी सावधानी से कर पाये हैं।

अलेक्जेंडर की नव-प्रकार्यवाद को देन
(Alexander's Contribution to Neo functionalism)

नव-प्रकार्यवाद की कोई भी मीमांसा अलेक्जेंडर के सन्दर्भ में अधूरी है। वास्तव में अलेक्जेंडर की पैठ सिद्धान्त के क्षेत्र में बहुत गहरी है। हम यहाँ उनकी उपलब्धियों की चर्चा करेंगे :

(1) समाजशास्त्र उत्तर-प्रत्यक्षवाद पर आधारित है।
(Sociology is based on Post-positivism)

सिद्धान्त यथार्थता को जानना चाहता है। अलेक्जेंडर नव-प्रकार्यवादी सिद्धान्त में संशोधन करने से पहिले एक बात बड़ी स्पष्टता से कहते हैं। कोई भी विज्ञान हो, सामाजिक या प्राकृतिक, उसे आनुभविकता और तार्किक अवधारणाओं पर अपने निष्कर्ष निकालने चाहिये। **सामान्यतया समाजविज्ञान सिद्धान्तों को आनुभविक तथ्यों के संग्रह में लगाते हैं और पारसंस ने तो अपने सिद्धान्त निर्माण में ऐसा ही किया है।** उदाहरण के लिए **दरखाईम** ने अपने आत्महत्या के सिद्धान्त में यह स्थापित किया है कि व्यक्ति अपने समूह से जितना पृथक् रहेगा, उतनी ही अधिक उसमें आत्महत्या करने की प्रवृत्ति होगी। अब जिस प्रत्यक्षवाद की विधि को समाजशास्त्र में काम में लिया जाता है, इसमें दरखाईम के प्रबन्ध को लेकर क्षेत्र (Field) में तथ्य एकत्र किये जाते हैं। **इसका परिणाम यह होता है कि वे ही तथ्य प्रकाश में आते हैं जो प्रबन्ध के अनुरूप होते हैं। इस तरह का प्रत्यक्षवाद कभी भी प्रबन्ध को अस्वीकार नहीं करता क्योंकि तथ्य सिद्धान्त के अनुरूप ही एकत्र किये जाते हैं।**

अलेक्जेंडर समाज विज्ञानों में प्रचलित इस प्रकार के प्रत्यक्षवाद को स्वीकार नहीं करते। पारसंस ने भी प्रकार्यवाद में प्रत्यक्षवाद के इसी **ब्रांड** को स्वीकार किया है। अलेक्जेंडर इस प्रत्यक्षवाद को उल्टा कर देते हैं। उनका तर्क है कि आनुभाविक प्रबन्धों और गैर-आनुभविक प्रबन्धों में बड़ा अन्तर होता है। इसलिये जो भी प्रबन्ध हम बनायें उनका आनुभिक और सैद्धान्तिक विश्लेषण बहुत स्पष्ट होना चाहिये। ऐसा न हो कि हम

सिद्धान्तों के अनुमोदन में आनुभविक विश्लेषण करके अपने कर्त्तव्य की समाप्ति समझें। **अलेक्जेंडर** का तर्क बहुत ताकतवर है :

> हम देखेंगे कि सभी वैज्ञानिक सिद्धान्तों **तात्विक** (Metaphysical) और आनुभविक तथ्य एक दूसरे से घुले-मिले होते हैं। जो भी वैज्ञानिक निष्कर्ष निकाले जाते हैं, उनमें तात्विक और आनुभाविक तथ्यों का एक संतुलित मिश्रण होता है।

जब हम **अलेक्जेंडर** की नव-प्रकार्यवाद की देन की चर्चा करते हैं तब कहना चाहिये कि वे उत्तर-प्रत्यक्षवाद को एक कारगर विधि समझते हैं। **इसी कारण वे पारसंस तथा अन्य समाजशास्त्रियों के परम्परागत प्रत्यक्षवाद को निरस्त कर देते हैं।** ऐसा करने से **अलेक्जेंडर** को भरोसा है कि समाजशास्त्र वैध निष्कर्ष देने में असफल नहीं रहेगा। ठीक इसके विपरीत, उनका मानना है कि **उत्तर-प्रत्यक्षवाद तार्किकता पर अधिक निर्भर होगा।**

(2) एक नया सैद्धान्तिक तर्क (A New Theoretical Logic)

अलेक्जेंडर का यह बराबर प्रयास था कि समाजशास्त्र को एक विश्वसनीय **सैद्धान्तिक तर्क** (Theoretical Logic) दे सके। इसके लिये उन्होंने **क्रिया** (Action) और **व्यवस्था** (Order) की अवधारणाओं को रखा। ये अवधारणाएं ऐसी हैं जिन्हें समाजशास्त्रीय विश्लेषण में सफलतापूर्वक लागू किया जा सकता है। समाजशास्त्र के किसी भी तर्क में ये दो अवधारणाएं काम में ली जासकती हैं। इन अवधारणाओं की भूमिका के स्पष्ट करते हुए अलेक्जेंडर कहते हैं कि **जब व्यक्ति किसी क्रिया को करता है तो या तो वह व्यवस्था के मानक को स्वीकार करने के लिये करता है या उसे वह क्रिया उपयोगी (Utilitarian) लगती है। नव-प्रकार्यवाद का यह सैद्धान्तिक तर्क वास्तव में अलेक्जेंडर की देन है।**

(3) पारसंस की प्रकार्यवादी अवधारणा अस्पष्ट (Parsons's Functional Concept imprecise)

अपनी पुस्तक **नियो फंक्शनेलिज्म** (Neofunctionalism) में **अलेक्जेंडर** ने प्रकार्यवाद के नामकरण पर प्रश्न उठाया है। इसके कई अर्थ हैं। मर्टन ने इस पद की व्याख्या करने का प्रयास भी किया है। **वे स्वयं कहते हैं कि यह पद एक है और इसके अर्थ तीन हैं।** सामान्य बोलचाल में **फंक्शन** शब्द का अर्थ किसी समारोह या उत्सव से होता है गणित में इसका अर्थ कार्य-कारण से होता है और समाजशास्त्र में इसे क्रिया के साथ जोड़कर व्यवस्था को बनाये रखने के लिये होता है। मर्टन ने अपनी ओर से इस पद के सभी स्पष्टीकरण दिये हैं, पर अलेक्जेंडर कहते हैं कि अब भी यह पद अस्पष्ट है। इसे ठीक तरह से परिभाषित करने की आवश्यकता है। **अलेक्जेंडर प्रकार्यवाद की व्याख्या नये सिरे से निम्न बिन्दुओं में करते हैं, और यह उनकी उल्लेखनीय देन है :**

1. सम्पूर्ण समाज का विवरण एक **खुले ओर बहुलवादी** (Open and Plural) रूप में होना चाहिये।
2. जब **क्रिया** और **संरचना** की व्याख्या करनी होती है तो इसे खुले मस्तिष्क से करना चाहिये। यह नहीं कि क्रिया ही संरचना को निर्धारित करती है और न ही संरचना क्रिया को पक्का करती है। यह विश्लेषण **खुला** (Open) होना चाहिये। दोनों एक दूसरे को प्रभावित करते हैं।
3. एकीकरण होने की सम्भावना होनी चाहिए और **विचलन** (Deviance) तथा **संघर्ष** को यथार्थता समझना चाहिये।
4. व्यक्तित्व, संस्कृति और समाज को उनके पृथक् रूप में पहचानना चाहिये।
5. सामाजिक परिवर्तन के लिये **विभेदन** (Differentiation) होना आवश्यक है।
6. समाजशास्त्रीय विश्लेषण में जो अवधारणाएं प्रयुक्त होती हैं, उनको स्वतंत्र रूप से परिभाषित और विकसित करना चाहिये।

अलेक्जेंडर ने प्रकार्यवाद की जो मीमांसा की है, वह प्रासंगिक है। यह इसलिये कि **प्रकार्यवाद व्यक्तिवाद का घोर विरोधी है, वह तो संरचना को ही सब कुछ समझता है। प्रकार्यवाद सामाजिक परिवर्तन का भी समर्थक नहीं है, वह रूढ़िवादी है, आदर्शवाद उसका मुहावरा है और इसकी आनुभाविकता की नींव रेत में खड़ी है।** इस परम्परागत प्रकार्यवाद को अलेक्जेंडर ने ठुकरा दिया है **और वे जिस नव-प्रकार्यवाद की संरचना** करते हैं संघर्ष के प्रति झुकाव रखता है और इसमें क्रांतिकारी तत्वों का समावेश है। ई. 1970 के बाद के दशकों से यह नव प्रकार्यवाद अमेरिका और यूरोप में प्रचलित है। **अलेक्जेंडर** ने नव प्रकार्यवाद के माध्यम से पारसंस के सिद्धान्तों को नया जीवन दिया है। पर यह नया जीवन पारसंस के प्रकार्यवादी जीवन को कोई उज्जवल भविष्य दे सकेगा या नहीं, अलेक्जेंडर भयभीत हैं। उनका कहना है कि कई आलोचकों की दृष्टि में नव-प्रकार्यवाद बुनियादी रूप से वही पारसंस का पुराना प्रकार्यवाद है। नई बोतल में पुरानी शराब है।

पाल कोलोमी ने अलेक्जेंडर के योगदान की प्रशंसा की है। यह सही है कि अलेक्जेंडर ने पारसंस के प्रकार्यवाद की आलोचना और संशोधन में कोई कौताही नहीं की है। वे नव-प्रकार्यवाद के सिद्धान्त निर्माण में हर तरह से ईमानदार रहे हैं। उन्होंने बेबाक शब्दों में पारसंस के प्रकार्यवाद को अस्वीकार किया है। पारसंस बारबार **यथास्थिति** (Status Quo) की दुहाई देते हैं और अपने सिद्धान्त का सम्पूर्ण केन्द्र **साम्यानुकूलन** (Equilibrium) को बताते हैं। यह अलेक्जेंडर को कताई स्वीकार नहीं है। वे लिखते हैं:

> आज के नागरिक राज्यों ने परस्पर विरोधी वर्गों को शक्तिशाली बना दिया है, उम्र और लिंग के भेदभाव को बढ़ा दिया है। धार्मिक कट्टरवाद को पनपा दिया है, और कुल मिलाकर समाज को तबाह कर दिया है।

अलेक्जेंडर अपनी आलोचना में पारसंस के प्रकार्यवाद को माफ नहीं करते हैं। उनका साम्यानुकूलन किस काम का जब हमें दैनिक समाचार ये खबरें बराबर देते हैं कि गरीब आदमी का जीवन पूरी तरह से ध्वस्त हो गया है। पति, पत्नी, बच्चे और दलित लोगों की कोई सुरक्षा नहीं है। अलेक्जेंडर यह भी स्वीकार करते हैं कि अमेरिका में जिस तरह का आनुभविक अध्ययन हो रहा है उससे किसी को कोई लाभ नहीं है। फिर छोड़िये इस प्रकार्यात्मक सैद्धान्तिकता और आनुभविकता को। वे यह भी मानते हैं कि उनकी नव-प्रकार्यवाद की देन सामान्य नहीं है। उनकी हाल की एक कृति में वे कहते हैं कि पारसंस ने **हमेशा कर्त्ता** (Actor) **को एक विश्लेषणात्मक अवधारणा के रूप में लिया है।** अलेक्जेंडर **क्रिया** (Action) की परिभाषा अलग तरह से करते हैं। उनके लिये क्रिया एक प्रकार का आन्दोलन है, एक जीवन्त यथार्थता है, सांस लेती हुई शख्शियत है और इसलिये इसे प्रकार्यवाद के लोहे के पिंजड़े में नहीं रखा जा सकता। इस दृष्टि से प्रकार्यवाद को प्रतीकात्मक अन्तःक्रियावाद से भी बहुत लेना पड़ेगा।

निक्लास लूहमान और नव-प्रकार्यवाद
(Niklas Luhmann and Neo-Functionalism)

निक्लास लूहमान जर्मनी के निवासी हैं। वे वहाँ की बौद्धिक परम्परा की उपज हैं। लेकिन उन पर अमेरिकी समाजशास्त्र का भी पर्याप्त प्रभाव है। ई. 1960 में अपने अध्ययन के लिये अमेरिका आये। उन्होंने हारवर्ड विश्वविद्यालय में दाखिला लिया। यहाँ उन्हें पारसंस ने पढ़ाया। यह पहली बार था कि इस अध्ययन काल में लूहमान को लगा कि वास्तव में पारसंस चोटी के समाजशास्त्री हैं। उन्हें ज्ञात हुआ कि प्रकार्यवाद वास्तव में एक महत्त्वपूर्ण सिद्धान्त है जिसके माध्यम से सम्पूर्ण समाज को समझा जा सकता है। यह सब होते हुए भी लूहमान को पारसंस के सिद्धान्त में दो बहुत बड़े दोष मिले। यदि इन्हें दूर कर दिया जाये तो प्रकार्यवाद एक सफल सिद्धान्त बन सकता है। **इस संशोधित प्रकार्यवादी सिद्धान्त को नव-प्रकार्यवाद कहा जा सकता है।**

लूहमान ने परम्परागत प्रकार्यवादी सिद्धान्त की आलोचना अपनी पुस्तक **दि डिफ्रेनशियेशन ऑफ सोसायटी** (The Differentiation of Society, 1982) में से है। प्रकार्यवाद के संशोधन के लिये लूहमान ने जिन दो अवधारणाओं को रखा है वे इस तरह हैं : (1) **आत्म-निर्देशन** (Self reference) और **जटिलता** (Complexity)। अब हम इन दो अवधारणाओं को थोड़ा स्पष्ट करने का प्रयास करेंगे।

(1) आत्म-निर्देशन (Self Reference)

पारसंस ने व्यवस्था को अपने प्रकार्यवाद में परिभाषित किया है। उनके अनुसार **दो या अधिक कर्ता जिन में अर्थपूर्ण अन्तः क्रियाएँ होती हैं, व्यवस्था को बनाते हैं।** दूसरे शब्दों में, **किसी भी व्यवस्था में क्रियाएं अर्थ पूर्ण होती हैं** और इन क्रियाओं का उद्देश्य व्यवस्था

के लक्ष्यों को प्राप्त करना होता है। **ऐसी व्यवस्था में (1) लक्ष्य होता है (2) अनुकूलन होता है (3) यथास्थिति होती है और (4) एकीकरण होता है।**

लूहमान पारसंस की व्यवस्था की व्याख्या करते हैं। उनके अनुसार व्यवस्था के तीन प्रकार हैं : **(1) अन्तःक्रिया व्यवस्था** (Interaction system), इसमें व्यक्तियों के बीच में अन्तःक्रियाएं होती हैं, **(2) संगठन व्यवस्था** (Organization system) इसमें अन्तः क्रियाएं व्यवस्था के सदस्य होने के नाते होती हैं, और **(3) समाज सम्बन्धी व्यवस्थाएँ** (Social systems) इसमें सम्पूर्ण समाज के सदस्यों के बीच में अन्तःक्रियाएँ होती हैं। अब **लूहमान** कहते हैं कि इन तीनों प्रकार की व्यवस्थाओं को सुचारू रूप से चलाने के लिये **आत्म निर्देशन** (Self-reference) की आवश्यकता होती है। **इसका मतलब यह है कि व्यवस्था को अपने आप खुद का निर्देशन करना चाहिये। उसे यह देखना चाहिये कि कहाँ पर वह अपने प्रतिमान से बताये हुए हैं, उसका अनुकूलन कैसे हो रहा है और कहाँ तक व्यवस्था के लक्ष्य प्राप्त हो रहे हैं।** लूहमान का संशोधन है कि व्यवस्था को अपने स्वयं का संचालन और निर्देशन करना चाहिये। **यह आत्म निर्देशन की अवधारणा पारसंस के परम्परागत प्रकार्यवाद में नहीं है। लूहमान का यह संशोधन है।**

आत्म निर्देशन के पीछे बहुत बड़ी बात निर्णय करने की क्षमता है। पारसंस यह तो कहते हैं कि व्यवस्था की अपनी स्वयं की **आवश्यकताएँ** (Needs) होती हैं। लेकिन वे यह नहीं बताते कि अपनी आवश्यकताओं की पूर्ति के लिये व्यवस्था स्वयं कतिपय निर्णय भी ले सकती है। यह निर्णय करने की क्षमता आत्म-निर्देशन द्वारा ही व्यवस्था को प्राप्त होती हैं।

(2) जटिलता (Complexity)

पारसंस ने **व्यवस्था को दो या दो से अधिक कर्ताओं की अन्तःक्रियाओं** से परिभाषित किया है। यह जटिलता है। व्यक्तियों की उपस्थिति को कभी भी व्यवस्थाओं का आधार नहीं बनाया जा सकता। समाज में अगणित व्यक्ति होते हैं। **उन व्यक्तियों को समझने में बड़ी जटिलता आती है। लूहमान का सुझाव है कि व्यवस्था को व्यक्तियों से बना हुआ न मानकर संचार की इकाइयों से बना हुआ माना जाना चाहिये।** इस अवस्था में व्यक्ति सामाजिक व्यवस्था के पर्यावरण मात्र रह जायेंगे। **लूहमान का संशोधन है कि परम्परागत व्यवस्था में जो यह जटिलता है, उसे कम कर देना चाहिए।**

पारसंस समाज के बारे में बड़े आशावादी हैं। उनकी प्रकार्यवादी व्यवस्था में साम्यानुकूलन है। सब अपनी जगह पर है, कहीं कोई गड़बड़ नहीं है। **लूहमान** इससे सहमत नहीं हैं। उनकी एक और पुस्तक है : **रिस्क : ए सोश्योलोजिकल थ्योरी** (Risk : A Sociological Theory, 1993)। इस पुस्तक में वे पारसंस के प्रकार्यवाद के प्रति अपनी अस्वीकृति व्यक्त करते हैं। भविष्य के समाज को वे खुशनुमा नहीं मानते। यह दोष

पारसंस के प्रकार्यवाद का है। आज की दुनिया इतनी पेचीदा है कि इसमें सामान्य मूल्यों और मानकों की कोई साझेदारी नहीं हो सकती। यहाँ पग-पग पर सामाजिक व्याधियाँ और विघटन हैं। पारसंस ने यह कैसे मान लिया कि इस विशाल समाज में **सर्वसम्पति** (Consensus) होगी। अपनी इस **रिस्क** (Risk) की अवधारणा में **लूहमान पारसंस** को अस्वीकार करते हैं। यह अवश्य है कि **अलेक्जेंडर** की तरह **लूहमान नव-प्रकार्यवादी सिद्धान्त की कोई पुख्ता रूप रेखा तो नहीं बना पाये पर उन्होंने जर्मनी में यह अवश्य स्थापित कर दिया कि प्रकार्यवाद का सैद्धान्तीकरण नये सिरे से होना चाहिए।** नव-प्रकार्यवाद के विकास के लिये जर्मनी में वातावरण अवश्य अनुकूल बना।

रिचार्ड मंच और क्रिया सिद्धान्त का पुनर्निर्माण
(Richard Munch and the Reconstruction of Action Theory)

रिचार्ड मंच एक जर्मन समाजशास्त्री हैं। इन्होंने अपनी शिक्षा हेडलबर्ग विश्वविद्यालय में प्राप्त की। समाजशास्त्र में उनकी रुचि सिद्धान्त, ऐतिहासिक तुलनात्मक समाजशास्त्र और राजनीतिक समाजशास्त्र में रही है। जर्मनी में **हेबरमॉस** की रुचि **पारसंस** के प्रकार्यवाद में नहीं थी। लेकिन उन्हीं दिनों में मंच ने पारसंस के सिद्धान्तों को अपने अध्ययन का विषय बनाया। मंच ने सिद्धान्त निर्माण का एक प्रोजेक्ट उठाया उन्होंने तय किया कि पारसंस और लूहमान के प्रकार्यवाद में जो अभाव हैं उन्हें दूर किया जाये और नव-प्रकार्यवाद को स्वायत्त विधा की तरह स्थापित किया जाये।

मंच ने पारसंस के सामाजिक क्रिया सिद्धान्त को अपने विश्लेषण का विषय बनाया। उन्होंने **लूहमान** से आनुभाविक व्यवस्था सिद्धान्त को अपनाया और पारसंस से विश्लेषणात्मक सिद्धान्त। इन दोनों धाराओं का मिश्रण करके नव प्रकार्यवाद से क्रिया सिद्धान्त के नये स्वरूप में रखा। **मंच** की आलोचना का उपागम दार्शनिक रहा है। वे **कान्ट** (Kant) के दर्शन के सिद्धान्त को अपनाते हैं। ऐसा करने में वे एक और तो पारसंस की आनुभाविकता को अपनाते हैं और दूसरी ओर **कान्ट** की तार्किकता को। ये दोनों उपागम क्रिया के विश्लेषण में उपयोगी हैं। **मंच** पारसंस के क्रिया सिद्धान्त को विभिन्न संदर्शों से देखते हैं और **क्रिया व्यवस्था** (Action system) का पुनर्निर्माण करते हैं। इस पुनर्निर्मित मॉडल को वे **ए.जी.आई.एल.** (AGIL) कहते हैं। **ए** के अन्दर **अनुकूलन** (Adaptation) होता है। **मंच** कहते हैं कि कर्ता परिस्थिति को देखकर क्रिया का अनुकूलन कर लेता है। **जी** का अर्थ **उद्देश्य** (Goal) से है। उद्देश्य प्राप्ति के लिए कर्ता पर व्यवस्था का दबाव होता है। **आई** अर्थात् **एकीकरण** (Integration) व्यवस्था की आवश्यकता है। मानक और मूल्य इस एकीकरण में सहायक होते हैं। और क्रिया सिद्धान्त का चौथा बिन्दु **प्रतिमान को बनाये रखने** (Latency) का है। यह यथास्थिति है। वास्तव में क्रिया व्यवस्था का यह मॉडल पारसंस का है, इसमें थोड़ा बहुत संशोधन **मंच** ने किया है।

आज के समाजशास्त्र में नव-प्रकार्यवाद की क्या प्रासंगिकता है?
(What is the Significance of Neofunctionalism in Today's Sociology)

कोलोमी यह स्वीकार करते हैं कि नव-प्रकार्यवाद एक प्रकार का सैद्धान्तिक आन्दोलन है। एक सामान्य सिद्धान्त के निर्माण में इसकी भूमिका महत्त्वपूर्ण रही है। यह इस आन्दोलन के कारण ही है कि नव-प्रकार्यवाद ने वाम रूझान को अपनाया है। इसने सामाजिक परिवर्तन और संघर्ष को भी अपनी विषय सामग्री में सम्मिलित किया है। और सबसे बड़ी उपलब्धि यह है कि नव-प्रकार्यवाद ने उत्तर-प्रत्यक्षवाद को अपनी अध्ययन विधि के रूप में स्थापित किया है। इस विकास की प्रक्रिया में नव-प्रकार्यवाद का जो स्वरूप हमें अमेरिका में मिलता है, वह यूरोप (जर्मनी) से भिन्न है। अमेरिका के नव प्रकार्यवाद पर **अलेक्जेंडर** का प्रभाव बहुत ज्यादा है। यूरोप के नव-प्रकार्यवाद पर **लूहमान, हेबरमॉस, एन्थोनी गिडेन्स** आदि के सिद्धान्तों का गहन प्रभाव पड़ा है। इस कारण यहां इसका स्वरूप एक दम जुदा हो गया है।

संदर्भ ग्रन्थ

Halvor, Fausik, **Classical and Modern Social Theory.**

Jeffery C. Alexander, **Neo Functionalism**, 1985.

Jeffrey C. Alexander, **Neo Functionalism and After**, 1998.

Niklas Luhmann, **Risk : A Sociological Theory**, 1993.

Niklas Luhmann, **The Differentiation of Society.**

15

संरचनाकरण का सिद्धान्त : एन्थोनी गिडेन्स
(The Structuration Theory : Anthony Giddens)

संरचनाकरण के सिद्धान्त के निर्माता एन्थोनी गिडेन्स हैं। यह सिद्धान्त **संरचनाकरण के सिद्धान्त** (Theory of Structuration) के नाम से जाना जाता है। इस सिद्धान्त के प्रतिपादन में गिडेन्स ने प्रचलित समाजशास्त्रीय सिद्धान्तों की जमकर आलोचना की है। उन्होंने प्रकार्यवाद, मार्क्सवाद, संरचनावाद, प्रघटनावाद, प्रतीकात्मक अन्तःक्रियावाद और भूमिका सिद्धान्त को अस्वीकार किया है। संरचनाकरण के सिद्धान्त निर्माण में उनका उद्देश्य अन्यं सिद्धान्तवेत्ताओं से भिन्न नहीं है। वे भी यथार्थता की खोज करना चाहते हैं और खोज में वे समकालीन आधुनिक सिद्धान्तों को अपर्याप्त मानते हैं, निरस्त करते हैं। आज के सैद्धान्तीकरण में गिडेन्स का स्थान चोटी का स्थान है।

गिडेन्स का संरचनाकरण सिद्धान्त वस्तुतः सामाजिक तत्व मीमांसा (Social Ontology) का सिद्धान्त है। वह यह जानना चाहते हैं कि इस दुनिया में किस तरह की चीजें हो रही हैं। इन चीजों के विकास में कौन-सी प्रक्रियाएँ काम कर रही हैं, इनमें गिडेन्स को रुचि नहीं है। जब हम इस समाज को देखते हैं तब इसमें किन चीजों को देखते हैं। इन चीजों की गतिशीलता में कौन-सी प्रक्रियाएं कारगर हैं, यह बेमतलब है। गिडेन्स का तर्क बड़ा सरल है : हम समाज की **संरचना** (Structure) और **कर्ता** (Actor) की क्रिया को अलग करके नहीं देख सकते। **संरचना व्यक्ति को प्रभावित करती है, और व्यक्ति भी संरचना को बनाता है,** बिगाड़ता है और पुनः बनाता है। इस अर्थ में व्यक्ति के लिये संरचना को बाहरी वस्तु नहीं है। यह संरचना तो व्यक्ति की ही उपज है। ऐसा ही कुछ गिडेन्स अपने सिद्धान्त में कहते हैं। संरचनाकरण का मतलब हुआ यह कोई बनी बनाई वस्तु नहीं है। व्यक्ति अपने व्यवहार द्वारा इसे बनाता है। संरचना इस तरह जड़ नहीं है। यह एक प्रक्रिया है—यानी संरचना बराबर चलती रहती है, इसी कारण इसे संरचनाकरण यानी संरचना का बनते रहना कहा है। आगे चलकर हम इस सिद्धान्त की गहनता से व्याख्या करेंगे।

आगे बढ़ें इससे पहले हम संरचनाकरण का भारतीय हिन्दी साहित्य से एक दृष्टान्त देंगे। भगवतीचरण का एक प्रसिद्ध उपन्यास है : चित्रलेखा। इसे फिल्माया भी गया है।

इस उपन्यास में चित्रलेखा एक विधवा है लेकिन एक दक्ष नृत्यांगना भी। उसके नृत्य को देखने के लिये बीजगुप्त सामन्त बैठे हैं। बीजगुप्त बड़े प्रभावशाली हैं। वे चित्रलेखा से व्यक्तिगत रूप में मिलना चाहते हैं। चित्रलेखा कहती हैं **वह व्यक्ति से नहीं मिलती, समुदाय या संरचना से मिलती है। यहाँ बीजगुप्त कहता है : व्यक्ति ही संरचना को बनाता है, बिगाड़ता है, विधवा होकर भी तुम खुले मंच पर नाच रही हो? यह कैसे हुआ? यह दृष्टान्त अपने आप में स्पष्ट है : संरचना कोई बना-बनाया झुनझुना नहीं है, जब चाहो बजा लो। यह एक प्रक्रिया है जिसे व्यक्ति की क्रियाएँ बनाती हैं और गिडेन्स के अनुसार यह संरचनाकरण है।**

गिडेन्स का जीवन वृत्त
(Gidden's Biography)

गिडेन्स एक ब्रिटिश समाजशास्त्री है। इनका जन्म 1938 में हुआ। इन्होंने अपने स्नातक स्तर की शिक्षा लंदन के **हल** (Hull) विश्वविद्यालय में प्राप्त की, **लन्दन स्कूल आफ इकोनोमिक्स** (London School of Economics, LSE) से डाक्टरेट की उपाधि ली और बाद में इसके निदेशक की तरह काम भी किया। यहाँ उन्हें इंग्लैण्ड तथा यूरोप के कई नामी-गिरामी समाजशास्त्रियों के साथ काम करने का अवसर भी मिला। इन्होंने लंदन की राजनीतिक गतिविधियों की भी भागीदारी की है। वे लेबर पार्टी के सदस्य भी थे। पोलिटी प्रेस के प्रकाशन संस्था में इन्होंने निदेशक का काम भी किया है। कुल मिलाकर, गिडेन्स ने एक भ्रमणशील समाजशास्त्री हैं।

गिडेन्स के आकादमिक जीवन को दो भागों में बांटा जा सकता है। **पहला भाग ई.1970 से 1980 के मध्य तक का है। इस अवधि में उन्होंने समाजशास्त्र के सैद्धान्तिक संदर्भ पर काम किया है। यह इसी अवधि में है जब उन्होंने संरचनाकरण के सिद्धान्त को विकसित किया।** उनके अकादमिक जीवन का **दूसरा भाग 1980 के बाद का है।** इस काल में इन्होंने आधुनिक समाज का विश्लेषण किया है। **यहाँ वे आधुनिकतावादी समाजशास्त्री समझे जाते हैं।** इस पुस्तक में आधुनिकता के विश्लेषण में हमने गिडेन्स की विस्तृत व्याख्या की है। अतः यहाँ हमारा दबाव उनके संरचनाकरण पर होगा।

गिडेन्स का कृतित्व
(Works of Giddens)

गिडेन्स का दुनिया में चाहे जो कुछ हो, भारत में तो उनका दुर्भाग्य ही है। यहाँ जब से उनकी पुस्तक **सोश्योलोजी** का भारतीय संस्करण (2001) आया है, उन्हें लोकप्रिय पाठ्य पुस्तक लेखक समझा जाता है। उन्हें यहां पाठ्य पुस्तक के रूप में ही जाना जाता है। प्रोफेसर से लेकर विद्यार्थी तक इस पुस्तक को लेने की दौड़ में हैं। गिडिन्स को उद्घृत किया जाता है। वे समाजशास्त्र में विशेषज्ञ समझे जाते हैं। हमारे इसी देश में जब किसी

पाठ्य पुस्तक का लेखक किसी विश्वविद्यालय या माध्यमिक शिक्षा बोर्ड से मान्यता प्राप्त पुस्तक लिखता है तब वह भी एक अधिकृत लेखक बन जाता है। और दूसरी ओर कोई मेरे जैसा अदना समाजशास्त्री पाठ्य पुस्तक लिखता है तब उसे खारिज कर दिया जाता है, 'पाठ्य पुस्तक लेखक है, चालू है।' अब क्या किया जाये? पुस्तक की अच्छाई भी तो कोई चीज होती है। गिडेन्स इधर लाखों विद्यार्थियों के हित के लिये पुस्तक लिखते हैं लेकिन ये गिडेन्स ही हैं जो सिद्धान्त निर्माण में संरचनाकरण के सिद्धान्त को भी प्रस्तुत करते हैं। यह उनकी अच्छाई है। पाठ्य पुस्तक के नाम पर किसी लेखक को लांछित करना सामंती और उपनिवेशवादी प्रवृत्ति है।

खैर, हमारा आग्रह यह है कि गिडेन्स ने संरचनाकरण के सिद्धान्त निर्माण में पहिले तो प्रचलित सिद्धान्तों की खुलकर और एकदम कड़वी आलोचना की है और इसके बाद यानी आलोचना के मलबे पर अपने संरचनाकरण का सिद्धान्त रखा।

गिडेन्स की सामाजिक सिद्धान्त की आलोचना
(Gidden's Critique of Social Theory)

गिडेन्स ने कोई डेढ़ दर्जन पुस्तकें लिखी हैं। इन पुस्तकों की विषय सामग्री बड़ी विस्तृत है। उन्होंने कई विषयों पर लिखा है, सिद्धान्त से लेकर राजनीति और आधुनिकता तक। संरचनाकरण का उनका सिद्धान्त मुख्य रूप से दो पुस्तकों में पाया जाता है। पहली पुस्तक है : **दि कोन्स्टीट्युशन ऑफ सोसायटी : आउट लाईन ऑफ दि थ्योरी ऑफ स्ट्रक्च्यूरेशन** (The Constitution of Society : Outline of the Theory of Structuration, 1984)। इस सिलसिले में उनकी दूसरी पुस्तक **प्रोफाइल्स एण्ड क्रिटिक्स इन सोश्यल थियोरी** (Profiles and Critiques in Social Theory, 1982) है।

गिडेन्स द्वारा दी गई विभिन्न सिद्धान्तों की आलोचना हम नीचे देते हैं। इस आलोचना का उद्देश्य यह स्थापित करता है कि यद्यपि सभी समाजशास्त्रीय सिद्धान्तों का उद्देश्य तत्व मीमांसा है फिर भी वे अपने उद्देश्यों में सही नहीं उतरते। इसी कारण गिडेन्स उन्हें अस्वीकार करते हैं।

1. प्रकृतिवाद और प्रत्यक्षवाद अस्वीकार्य
(Rejecting Naturalism and Positivism)

गिडेन्स बिना किसी लाग-लपेट के समाजशास्त्र को एक प्राकृतिक विज्ञान स्वीकार नहीं करते। सामाजिक प्रक्रियाओं के लिये, उनके अनुसार कोई अमूर्त नियम नहीं बनाये जा सकते। इस सिलसिले में **ब्लूमर** (Herbert Blumer) के सन्दर्भ में कहते हैं कि सामाजिक संगठन में व्यक्ति परिवर्तन ला सकते हैं और संगठन में वे तत्व जो कभी नहीं बदलते, उनके बारे में कोई नियम नहीं बनाया जा सकता। गिडेन्स ने प्रकृतिवाद और प्रत्यक्षवाद की आलोचना में तीन मुख्य बातें रखी हैं :

1. हम संरचना के बारे में जो भी सिद्धान्त बनाते, जिन प्रक्रियाओं की पहिचान करते हैं उन्हीं का लाभ लेकर कई व्यक्ति संरचना को बदल भी देते हैं। मतलब हुआ, हमारे ही सामान्यीकरणों का लाभ लेकर लोग संरचना को बदल देते हैं। **अर्थात् लोग ही संरचना के सिद्धान्तवेत्ता** (Theorist) **बन जाते हैं**। इस तरह सामाजिक संरचना के सिद्धान्त आप लोगों के लिये नहीं होते। **हमसे ज्यादा तो लोग संरचना को समझते हैं।**
2. हमें प्राकृतिक विज्ञानों का अनुकरण करना तुरन्त बन्द कर देना चाहिये। यह भ्रम दूर हो जाना चाहिए कि हम कोई ऐसे सामाजिक नियम बना देंगे जो अनन्तकाल तक चलेंगे - **समयहीन** (Timeless) होंगे।
3. यह बहुत साफ हो जाना चाहिये कि **सामाजिक सिद्धान्त** कोई ऐसी वस्तु नहीं है जो इस संसार के बाहर है। समाजशास्त्री जिस तथ्य को सामाजिक सिद्धान्त के माध्यम से जानता है, उसे आम आदमी वैसे ही जानता है क्योंकि वह समाज से जुड़ा हुआ है। उदाहरण के लिये यदि कोई भारतीय समाजशास्त्री इस सामाजिक सिद्धान्त को रखता है कि आधुनिक भारत में जाति की राजनीति में बहुत बड़ी भूमिका है, तो आम आदमी के लिये यह कोई पृथ्वी को हिला देने वाली जानकारी नहीं है। एक मामूली से वार्ड पंच को पूछ लीजिये और वह जाति की सम्पूर्ण रामायण को आपके सामने बांच देगा।

2. समाजशास्त्रीय दोहरेपन का निराकरण
(Obviating Sociological Dualisms)

गिडिन्स समाजशास्त्रीय सिद्धान्तों में **दोहरेपन** (Dualism) से बड़े परेशान हैं। यह दोहरापन तत्वमीमांसा में आड़े आता है। देखिये, **सूक्ष्म बनाम वृहत् सिद्धान्त** (Micro Vs Macro Theory), व्यक्ति बनाम समाज, व्यक्ति निष्ठा बनाम वस्तुनिष्ठा और इस तरह के कई दोहरेपन से बने हुए सिद्धान्त प्रत्येक सिद्धान्त जो दोहरेपन से बना है, अपने संदर्भ को ही सही मानता है। सूक्ष्म सिद्धान्त कहते हैं कि व्यक्ति पर संरचना का ही प्रभुत्व होता है, और व्यक्ति स्वयं कुछ नहीं। उसका तो बस समाजीकरण ही होता है, वृहत् समाज व्यक्ति की हर तरह से उपेक्षा करता है और समाज को ईश्वर मानता है। दरखाईम, वेबर, और मार्क्स वृहत् सिद्धान्त के अग्रही हैं। यह दोहरापन हमें समाज की सच्चाई को पूरी तरह से समझने नहीं देता। इसी कारण गिडेन्स इस सैद्धान्तिक दोहरेपन को निरस्त करते हैं। उनकी संरचनाकरण की प्रक्रिया ऐसी है जो यह बताती है कि व्यक्ति-समाज, सूक्ष्म-वृहत् आदि **दोहरेपन** (Dualism) नहीं है, ये तो वास्तव में **द्विविधता** (Duality) है। इसका मतलब यह है कि लोग संरचना के नियम-उपनियम, रीति-रिवाज और कायदे-कानून को दैनिक जीवन के काम-काज में लाते हैं। वे संरचना की प्रक्रिया में अपनी भागीदारी करते हैं लेकिन यहाँ सब समाप्त नहीं होता। वे भागीदारी के साथ संरचना के

नियम-उपनियम में बदलाव भी लाते हैं, नये नियम भी बनाते हैं और इस तरह व्यक्ति और संरचना दोहरे न रहकर मिलकर भी काम करते हैं। यही **द्विविधता** (Duality) है। इसमें संरचना के नियम भी चले और व्यक्ति के नियम भी चले। और इस तरह दोनों की द्विविधता ने संरचना को आगे बढ़ा दिया। उसका नित नया अवतार होता है। व्यक्ति और समाज अलग नहीं है — द्विविध हैं, सूक्ष्म और वृहत् जुदा नहीं हैं, द्विविध हैं — दोनों एक साथ हैं।

3. प्रकार्यवाद और उद्विकास वाद की आलोचना (Critique of Functionalism and Evolutionalism)

संस्कृत भाषा में एक श्लोक है जिसका मतलब है : मरे हुए को दुबारा क्या मारना। समाजशास्त्र में उद्विकासवाद की प्रभुता पूरी 19वीं शताब्दी में थी। बीसवीं शताब्दी के आते आते यह सिद्धान्त अपनी प्रासंगिकता खो बैठा और ई. 1960 में प्रकार्यवाद भी जैसा कि गुल्डनर कहते हैं, अपनी उपयोगिता खो बैठा। इस पर कई हमले हुए और इसमें कोई जान नहीं थी, नव-प्रकार्यवाद भी कोई संजीवनी नहीं ला सका। फिर भी गिडेन्स ने संरचनाकरण की अगुवाई में पुनः प्रकार्यवाद और उद्विकासवाद की बड़ी निर्मम आलोचना की। **प्रकार्यवाद यह आग्रह करता है कि मनुष्य की आवश्यकताओं की पूर्ति के लिये संरचना का अस्तित्व बराबर बना रहता है और उद्विकासवाद यह स्थापित करता है कि आधुनिकता पर पहुँचने के लिये समाज का उद्विकास बराबर होता रहता है। देखा जाये तो प्रकार्यवाद के सभी सिद्धान्त वस्तुतः उद्विकासीय सिद्धान्त हैं।** गिडिन्स का तर्क है कि ये दोनों सिद्धान्त समाज को समझने में उपयुक्त नहीं हैं। इसी संदर्भ में वे मार्क्सवाद की आलोचना भी करते हैं और कहते हैं कि इसकी उपयोगिता भी संदेहास्पद है। **यह भी अपने मूल में उद्विकासीय है।**

जोनाथन टर्नर (Jonathan Turner) गिडिन्स की आलोचना से सहमत हैं। टर्नर का विचार है कि गिडेन्स का यह कहना सही है कि **प्रकार्यात्मक विश्लेषण उन प्रक्रियाओं की उपेक्षा करता है जो संरचना का निर्माण करती हैं और उन प्रक्रिया पर व्यर्थ में जोर देते हैं जो संरचना के बाहर की हैं।** देखा जाये तो प्रकार्यात्मक आवश्यकता की पूर्ति में संरचना का सम्पूर्ण दोहरापन (Duality) खो जाता है। संरचना में **एजेन्ट** (Agent) यानी व्यक्ति की भूमिका बहुत बड़ी होती है। यह **एजेन्ट** ही हैं जो संरचना को बनाते हैं, उसे बेमतलब करते हैं, और उसका पुनर्निर्माण करते हैं। इन **एजेन्टों** का प्रकार्यवाद और उद्विकासवाद कोई उल्लेख नहीं करते। उन्हें अपनी योजना में कोई स्थान नहीं देते।

कुल मिलाकर संरचना में दोहरेपन जैसी कोई बात नहीं है। इसका कहना है कि संरचना ही **एजेन्ट** अर्थात व्यक्ति को बनाती है और व्यक्ति की संरचना के निर्माण में कोई भागीदारी नहीं है केवल दोहरापन ही है। यह कुछ ऐसा तर्क है जिसमें कहा जाये कि मोटरगाड़ी के पिछले दो पहिये ही गाड़ी को चलाते हैं और आगे के पहिये तो केवल गाड़ी

को धकेलने वाले हैं। वास्तविकता यह है कि गाड़ी के लिए चारों पहिये उपयोगी हैं। व्यक्ति यानि एजेन्ट और संरचना दोनों ही द्विविधता आवश्यक है।

4. अन्तःक्रियावाद की सीमाएँ (Limits of Interactionism)

गिडेन्स संरचनाकरण के सिद्धान्त की वैधता स्थापित करने के लिये प्रचलित समाजशास्त्रीय सिद्धान्तों की आलोचना करते हैं। यह सही है कि कोई भी सिद्धान्त चाहे विज्ञान का ही क्यों न हो, पूर्ण रूप से **फूलप्रूफ** नहीं होता। अभाव तो होते ही हैं। पर गिडेन्स गहनता से कतिपय समाजशास्त्रीय सिद्धान्तों का मूल्यांकन करते हैं और वे इस तथ्य से आश्वस्त हैं कि ये सिद्धान्त समय और परिवर्तन की कसौटी पर सही नहीं उतरते। प्रकार्यवाद, उद्‌विकासवाद और प्रत्यक्षवाद को निरस्त करने के बाद वे **इरविंग गोफमेन** (Erving Goffman) के अन्तःक्रियावाद की आलोचना करते हैं। **उनका पहला आरोप है कि अन्तः क्रियावाद दोहरेपन** (Dualism) **का समर्थक है। उसका लोकप्रिय मुहावरा व्यक्ति बनाम संरचना है**। वह कहीं भी इस तथ्य का उल्लेख नहीं करता कि किस प्रकार अन्तःक्रिया की प्रक्रियाओं द्वारा संरचना का पुनर्निमाण होता है। और वे जोशीले अन्तःक्रियावादी जो व्यक्तिगत अन्तःक्रियाओं को ही सब कुछ समझते हैं यह कतई स्वीकार नहीं करते कि कभी-कभी संस्थागत प्रक्रियाएँ भी संरचना का प्रारूप बदल देती हैं। हमारे देश में संविधान ने दलितों की परम्परागत स्थिति में आमूल परिवर्तन कर दिया। यह परिवर्तन कम से कम कागज और कानून में यथार्थ है।

अन्तःक्रियावाद में गिडेन्स एक और दोष पाते हैं। इस सिद्धान्त में **प्रेरणा** (Motivation) को कोई अर्थपूर्ण स्थान नहीं है। **गोफमेन** के पास इसका कोई जवाब नहीं है कि कर्ता जिस क्रिया को करते हैं उसके पीछे कारण क्या है, प्रेरणा क्या है? कर्ता जिन हावभावों को बताते हैं, उसकी प्रेरणा क्या है — वे क्यों हँसते और रोते हैं? संरचना के पास इन प्रश्नों के उत्तर नहीं हैं। इनका उत्तर तो कर्ता की क्रियाओं में ही निहित है। इस दृष्टि से अन्तःक्रियावादी सिद्धान्त में प्रेरणा का निवेश आवश्यक है। और इसलिये इसका संशोधन होना जरूरी है।

अन्तःक्रियावाद **भूमिका सिद्धान्त** (Role Theory) को प्रधानता देता है। इसकी दृष्टि में यह व्यक्तियों की भूमिका ही है जो संरचना के ताने-बाने को बनाती है। कहना चाहिये व्यक्तियों की भूमिकाएँ संरचना का निर्माण करती हैं। यह गिडेन्स को स्वीकार नहीं है। वे कहते हैं कि कई बार व्यक्तियों की सामूहिक गतिविधियाँ ही समाज को बदल देती हैं। एक गाँव सामूहिक रूप से, उदाहरण के लिये, हमारे देश में मद्यपान निषेध की प्रतिज्ञा लेता है और सारे गाँव की आर्थिक और पारिवारिक अवस्था में बदलाव आ जाता है। अन्तःक्रियावाद इस तरह की सामूहिक क्रियाओं को अपने सैद्धान्तिक परिवेश में कोई स्थान नहीं देता।

5. संरचनावाद की आलोचना (Critique of Structuralism)

गिडेन्स लेवी स्ट्रास के संरचनावाद की आलोचना में लिखते हैं कि यह सिद्धान्त मूल रूप से भाषावाद पर निर्भर है। यह एक मानवशास्त्रीय उपागम है। इसका आधार मनुष्य की मानसिक प्रक्रियाएं हैं। स्ट्रास कभी भी इस सिद्धान्त में यह स्वीकार नहीं करते कि यह लोगों की क्षमता और दक्षता है जो सामाजिक संरचना की सीमाओं को निर्धारित करती हैं। गिडेन्स संरचनात्मक सिद्धान्तों की सभी परम्पराओं को गहनता और सावधानी से देखते हैं और **इस निष्कर्ष पर पहुँचते हैं यह सिद्धान्त इस तथ्य को देखने में असफल रहा है कि सामाजिक संरचना बराबर सक्रिय रूप से एजेन्ट अर्थात् व्यक्तियों की अन्तःक्रिया द्वारा बदली जाती है,** पुनः परिभाषित की जाती है।

सिद्धान्त बनाने की एक रणनीति होती है। जब दरखाईम ने आत्महत्या के सामाजिक सिद्धान्त को बनाया। तब उन्होंने एक-एक कर सभी प्रचलित सिद्धान्तों की जो आत्महत्या का विश्लेषण करते थे, आलोचना की। उन्होंने भौगोलिक कारक को निरस्त किया, आनुवंशिक सिद्धान्त को अस्वीकार किया, पर्यावरण के विश्लेषण को खारिज किया और इसके बाद अपने सामाजिक सिद्धान्त को रखा। ज्ञान की प्रकृति संचयी होती है। गिडेन्स ने भी यही परिचित प्रणाली अपनाई। उन्होंने यह स्थापित किया कि **समाजशास्त्रीय सिद्धान्त कभी भी सार्वभौमिक नियमों को नहीं बना सकते**। हमारे समाजशास्त्रीय सिद्धान्त **दोहरेपन** (Dualism) के शिकार हैं। **प्रकार्यवाद और उद्‌विकासवाद का सम्पूर्ण समय यही स्थापित करने में गुजर गया कि व्यक्ति पर संरचना का हमेशा प्रभुत्व रहता है। यही काम उद्‌विकासीय सिद्धान्तों ने भी किया**। वे आदिम समाज से आधुनिक समाज तक अनुरेखीय (Unilinear) पद्धति से बढ़ गये। अन्तः क्रियाओं के पीछे जो कर्ता की प्रेरणा होती है, उसे वे नजरअन्दाज कर गये। उन्होंने अपने आपको प्रतीकों में बांधे रखा और इस वजनदार तथ्य पर कभी गौर नहीं किया कि कर्ता स्वयं संरचना को बनाता है, तोड़ता है और पुनर्निर्माण करता है। गिडेन्स इन सब समाजशास्त्रीय सिद्धान्तों को कूड़े में डालकर शांति की सांस नहीं लेते। वे अपना विकल्प प्रस्तुत करते हैं और उनका विकल्प है, **संरचनाकरण सिद्धान्त** (Structuration theory)।

गिडेन्स का संरचनाकरण सिद्धान्त
(Gidden's Theory of Structuration)

गिडेन्स ने संरचनाकरण के सिद्धान्त को अपनी पुस्तक **दि कोन्स्टीट्यूशन ऑफ सोसाइटी** (The Constitution of Society, 1984) में रखा है। वे पुस्तक के प्रारम्भ में तीन प्रश्न रखते हैं : क्या समाज व्यक्तियों की क्रियाओं का जोड़ है ? क्या समाज क्रियाओं के इस जोड़ से भी कुछ अधिक है ? क्या संरचना प्रत्येक व्यक्ति की क्रियाओं से स्वतंत्र है ? ये कुछ असुविधाजनक लेकिन बुनियादी प्रश्न हैं जिनका उत्तर गिडेन्स ने संरचनाकरण में दिया है। उनके सिद्धान्त के कुछ मुख्य तत्वों से हम यहाँ रखते हैं :

1. एजेन्ट-संरचना का दोहरापन (Agent-Structure Dualism)

समाजशास्त्रीय सिद्धान्तों को मोटे रूप में दो समूहों में रखा जाता है। पहला समूह उन सिद्धान्तों का है जो यह मानकर चलते हैं कि समाज या संरचना एक व्यवस्था है। इस समूह के सिद्धान्त **कर्ता** (Actor) की अवहेलना करते हैं। इन सिद्धान्तों के अनुसार व्यक्ति का कोई पृथक् अस्तित्व नहीं है। वे तो किसी भारी-भरकम मशीन के एक पुर्जे या बोल्ट की तरह हैं। उन्हें कोई नहीं पूछता। इस समूह के सिद्धान्तों में प्रकार्यवाद, संरचनावाद और मार्क्सवाद के कतिपय भाग हैं। समाजशास्त्रीय सिद्धान्तों का दूसरा समूह कुछ और मानकर चलता है। **इसका कहना है कि कर्ता** (Actor) **और उनकी क्रियाओं का जोड़** (The Sum of their actions) **समाज को बनाता है**। इस स्थिति में किसी भी संरचना का व्यवस्था का कर्ता के बिना कोई अस्तित्व नहीं है। **ये तो कर्ता ही हैं जो अपनी अगणित क्रियाओं द्वारा संरचना को बनाते हैं। यदि कर्ता और उनकी क्रियाएं न हों तो संरचना का अस्तित्व ही खतरे में पड़ जायेगा।** अगर हम व्यक्ति की भूमिका पर अत्यधिक जोर देते हैं उसकी क्रियाओं को सब कुछ समझते हैं, तब हम संस्थाओं को पूरी तरह से नहीं समझ पायेंगे। ऐसे विचारकों में वेबर, मीड, गोफमेन, गारफिंकल, शूट्ज आदि हैं।

गिडेन्स कहते हैं कि समाजशास्त्रीय सिद्धान्त में यह दोहरापन (Dualism) बहुत स्पष्ट है : एक ओर **एजेन्ट** कर्ता है और संरचना। कुछ सिद्धान्त एजेन्ट को निर्णायक मानते हैं और कुछ संरचना को। बहुत स्पष्ट है : एक है तो दूसरा नहीं, और दूसरा है तो एक नहीं। इस समस्या का विकल्प गिडेन्स देते हैं। हमें विश्वसनीय सिद्धान्त के लिये इस दोहरेपन से छुटकारा पाना पड़ेगा। हमें दोहरेपन से बाहर निकलना पड़ेगा।

2. गिडेन्स का निदान : संरचनाकरण का सिद्धान्त (Gidden's Solution : Theory of Structuration)

समाजशास्त्रीय सिद्धान्तों में पाये जाने वाले इस दोहरेपन का निदान गिडेन्स ने किया है। हमने पिछले पृष्ठों में देखा है कि संरचनाकरण को गिडेन्स ने कोई आनन-फानन में तैयार किया हो, ऐसा नहीं है। ई. 1976 से लेकर 1981 तक उन्होंने अपने विभिन्न प्रकाशनों के माध्यम से कई सिद्धान्तों के साथ संवाद स्थापित किया है। इस संवाद को उन्होंने बड़े विस्तार के साथ **कोन्स्टीट्युशन आफ सोसायटी** (Constitution of Society, 1984) में रखा है। वे अपने निष्कर्ष में कहते हैं कि यह समाजशास्त्रीय सिद्धान्तों का दुर्भाग्य है कि हमारा बहुत बड़ा समय यह स्थापित करने में गुजर गया कि समाज के निर्माण में कौन उत्तरदायी है? व्यक्ति या संरचना। हमारी वर्षों पुरानी यह सैद्धान्तिक कवायद आज बेमतलब सिद्ध हो रही है। गिडेन्स का तो सुझाव बहुत स्पष्ट और सरल है। **संरचनाकरण एक ऐसा सिद्धान्त है जो यह स्थापित करता है कि एजेन्ट और संरचना का यह दोहरापन हमें समाज की सही समझ नहीं देता।** इसे हटाकर हमें **द्विविधा** (Duality) को अपनाना चाहिये। गिडेन्स कहते हैं :

यह एक गंभीर भूल है कि हम समाज को समझने के लिये या तो व्यक्ति को आधार बनाते हैं या संरचना को। इसके बजाय हमें व्यक्ति और संरचना दोनों को अपनाना चाहिये। द्विविधा (Duality) ही समाज का सही विश्लेषण है।

गिडेन्स दोहरेपन (Dualism) के विरोधी हैं। **द्विविधा या ड्यूएलिटी** के समर्थ हैं। अपने प्रबन्ध को बहुत स्पष्ट करने के लिये वे एक सरल दृष्टान्त देते हैं। उनका यह दृष्टान्त जो संरचनाकरण को सामान्य विद्यार्थी तक पहुंचाता है, कुछ इस तरह है :

'मैं एक बस में चढ़ता हूँ। यहाँ मैं संरचना को बनाता हूँ, इसे पुनः बनाता हूँ। देखिये, यह बस सार्वजनिक है। इसका सम्बन्ध कई रास्तों (रूट्स) से है। मैं इसके लिये टिकिट खरीदता हूँ। इस बस से मैं बहिर्गमन (Exit) वाले दरवाजे से उतरता हूँ।'

बस की जो यह व्यवस्था है, गिडिन्स उसके अनुसार यात्रा करते हैं। **इसका अर्थ यह हुआ कि व्यक्ति के लिये जो संरचना उपलब्ध है** (जैसे कि बस), उसका वह लाभ लेता है, उसे प्रयोग में लाता है। लेकिन अपनी आवश्यकता के अनुसार वह संरचना में जो विकल्प उपलब्ध हैं, उन्हें भी काम लाता है।

3. सामाजिक संरचना की अवधारणा (Concept of Social Structure)

संरचनाकरण के सिद्धान्त की बुनियाद संरचना के नियम और उपनियम हैं। इसमें संरचना के स्रोत (Resourses) भी हैं। जब कर्ता अन्तःक्रियाएँ करते हैं, तब वे इन नियमों और उपनियमों को काम में लेते हैं। नियम अन्तःक्रिया करने की विधि हैं। एक प्रकार का तरीका हैं। जब हम अतिथि से मिलते हैं तब उसे प्रणाम या नमस्कार करते हैं। यह अन्तःक्रिया का एक नियम है जिसमें संरचना वैधता देती है। कर्ता कम से कम बाहरी तौर पर इसके अर्थ को समझते हैं। गिडेन्स ने संरचना के इन लक्षणों को बनाया है : (1) ये नियम प्रायः काम में लिये जाते हैं। (2) इनका प्रयोग बातचीत और अन्तःक्रिया में होता है, (3) ये नियम दिनप्रतिदिन के व्यवहार में काम में लिये जाते हैं, (4) अपनी प्रकृति में संरचना के नियम अनौपचारिक और लिखित होते हैं और (5) इनका दबाव कमजोर होता है, कोई इनका पालन न करे तब कोई पहाड़ गिरने वाला नहीं है। गिडिन्स कहते हैं कि संरचना के इन नियमों की सामान्य जानकारी कर्ता को होती है।

4. गिडेन्स की संस्था की अवधारणा (Giddens's Concept of Institution)

संरचनाकरण के सिद्धान्त में प्रयुक्त अवधारणाओं को गिडेन्स ने व्यवस्थित रूप से परिभाषित किया है। संरचना और उसके नियमों की व्याख्या करने के बाद गिडेन्स संस्थाओं की परिभाषा देते हैं। **उनके अनुसार संस्था** (Institution) **वस्तुतः समाज में पाई जाने वाली अन्तःक्रियाएँ हैं**। ये संस्थाएँ परिवार, विवाह, जाति, वर्ग — एक-दो दिन के लिए

नहीं होती। इनका जीवनकाल बहुत बड़ा होता है। समय की धूल इन पर नहीं चढ़ती। गिडेन्स ने मुख्यतया चार संस्थाओं का उल्लेख किया है : 1. प्रतीक, भाषा, संचार के विमर्श, 2. राजनीतिक संस्थाएं, 3. आर्थिक संस्थाएँ और 4. कानूनी संस्थाएँ। संरचना (व्यवस्था) और संस्था गिडेन्स संरचनाकरण के मुख्य अवयव हैं। इनके अतिरिक्त कुछ और तत्व भी हैं जो संरचनाकरण के सिद्धान्त को बनाते हैं।

5. सामाजिक आचरण (Social Practice)

गिडेन्स कहते हैं कि संरचनाकरण में दो महत्त्वपूर्ण ध्रुव हैं : व्यक्ति और संरचना। तकनीक अर्थ में वे व्यक्ति को **एजेन्ट** (Agent) कहते हैं। एजेन्ट वह है जो सामाजिक क्रियाएँ करता है। इन सामाजिक क्रियाओं के लिये वे सामाजिक आचरण (Social Practice) की अवधारणा को काम लेते हैं। गिडेन्स कहते हैं समाज सामाजिक आचरण का पुलन्दा है। ये आचरण सभी जगह और सभी समय **उत्पन्न** (Produce) और **पुनर्उत्पादन** (Reproduce) होते हैं। वे **सामाजिक आचरण** (Social Practice) की व्यवस्थित रूप से व्याख्या करते हैं। इस व्याख्या में वे यह स्थापित नहीं करते कि सामाजिक आचरण पर संरचना का प्रभाव होता है या संरचना सामाजिक आचरण को प्रभावित करती है। सामाजिक आचरण की मीमांसा वे निरपेक्ष (Neutral) रूप से करते हैं।

सामाजिक आचरण को करने वाला एजेन्ट (कर्ता) होता है। यह कर्ता अपनी दिन-प्रतिदिन की **जानकारी** (Knowledge) में उस्ताद यानी होशियार होता है। यह उसकी **व्यावहारिक** (Practical) जानकारी है। कर्ता बकायदा टिकट खरीद कर रेलगाड़ी चढ़ता है। उसके पास दूसरे दर्जे का टिकट है और वह दूसरे दर्जे में ही चढ़ता है। उसे मालूम है, स्टेशन की चाय के दाम क्या है और वह यह भी जानता है कि स्टेशन पर बेची जाने वाली वस्तुओं में ठगाई की गुंजाइश अधिक है। एजेन्ट की इस जानकारी को गिडेन्स **व्यावहारिक चेतना** (Practical Knowledge) कहते हैं। हर रेल यात्री को यह सामान्य जानकारी होनी चाहिये। एजेन्ट की इस व्यावहारिक चेतना से उठकर एक **तार्किक चेतना** (Discursive) भी होती है। चेतना का यह स्तर सामान्य चेतना से ऊपर होता है। रेल गाड़ी का यह यात्री कानूनी तौर पर जानता है कि यदि वह टिकट नहीं लेता और गाड़ी में बैठ जाता है तब पकड़े जाने पर उसे पेनल्टी देनी पड़ेगी। उसकी जेब हल्की हो जायेगी। एजेन्ट की यह चेतना **तार्किक चेतना** (Discursive) है। इसमें उसे सामाजिक आचरण की कायदे-कानून से जानकारी की है।

यहाँ हम एक तीसरी प्रकार की चेतना भी एजेन्ट में होती है। इस तीसरी चेतना या तीसरे प्रकार के आचरण को गिडेन्स अचेतन आचरण (Unconscious Practice) कहते हैं। यह अचेतन आचरण समाज के भय और दबाव के कारण होता है। इसे करने में एजेन्ट को अटपटा लगता है। इसमें दबी हुई भावनाएँ होती हैं। इनकी अभिव्यक्ति एजेन्ट नहीं कर पाता। इस तरह के अचेतन व्यवहार के कुछ ऐसे परिणाम भी निकलते हैं जिन्हें

स्वीकृति नहीं दी जाती। सामाजिक आचरण को हम निम्न चित्र में रखते हैं :

ज्ञान के बारे में कर्ता की अभिव्यक्ति
(Implicive manifestation of knowledge)
तार्किक चेतना
(Discursive Consciousness)

↕

व्यावहारिक चेतना
(Practical Consciousness)
अचेतन प्रेरणाएँ
(Unconscious Motives)

चित्र से स्पष्ट है कि एजेन्ट में समाज और अपने इर्द-गिर्द के वातावरण के बारे में पर्याप्त जानकारी होती है। वह इस तथ्य से वाकिफ होता है कि किसके साथ कैसी अन्तःक्रिया करनी चाहिये। एजेन्ट का यह ज्ञान या उसकी जानकारी दो प्रकार की होती है। एक जानकारी तो **व्यावहारिक** होती है, और दूसरी **तार्किक**। व्यावहारिक जानकारी ऐसी चेतना है जिसे वह बिना सोचे समझे **रूटिन** (Routine) में कर लेता है। सुबह उठकर थोड़ा बहुत टहलने जाना है, अपने से बड़ों को प्रणाम करना है, आदर से बातचीत करता है, और सड़क के बाँई और चलना है। यह सारा व्यवहार **रूटीन** का व्यवहार है। इसे गिडेन्स व्यावहारिक चेतना कहता है। अब एजेन्ट यदि थोड़ा बहुत तार्किक है तो यह जानकारी रखता है कि घूमना उसके स्वास्थ्य के लिये लाभदायक है, यदि तेज चलता है तो इससे उसे ह्रदय रोग होने की सम्भावना कम होगी। वह यह भी समझता है कि अपने से बड़े के साथ आदर का व्यवहार परिवार में अनुशासन लाता है, इत्यादि। यह व्यवहार तार्किक चेतना के कारण हैं। इन दोनों व्यवहारों के अतिरिक्त एक तीसरा व्यवहार प्रेरणा के कारण भी हो सकता है। वह किसी लक्ष्य की प्राप्ति के लिए, मानिये मेच जीतने के लिये, स्वास्थ्य को सुदृढ़ बनाता है। **यह समाज, इस भाँति, एजेन्ट के सामाजिक आचरण** (Social Practice) **से बना है।**

6. क्रिया (Agency)

गिडेन्स संरचनाकरण के सिद्धान्त से कतिपय अवधारणाओं से प्रस्तुत करने के बाद अपने सिद्धान्त को रखते हैं। वे क्रिया को अन्य समाजशास्त्रियों की तरह पृथक् करके नहीं देखते। उदाहरण के लिये पारसंस के अनुसार क्रिया उद्देश्य प्राप्ति के लिये की गई

गतिविधि है। गिडेन्स यह स्वीकार नहीं करते। उनके अनुसार क्रिया **घटनाओं का एक प्रवाह** (Flow of events) है। **यह प्रवाह कभी अन्त न होने वाली प्रक्रिया की तरह समाज में फैल जाता है। यह क्रिया विचारों की तरह है जो हमारे सम्पूर्ण मस्तिष्क को हिला देते हैं**। गिडेन्स कहते हैं :

> क्रिया एक ऐसा प्रवाह है जिसकी न कोई शुरुआत है और न कोई अंत, संक्षेप में यह संरचनाकरण की प्रक्रिया है।

जब क्रिया की जाती है तो इसके पीछे ज्ञान अवश्य होता है। कोई न कोई जानकारी अवश्य होती है और जानकारी **व्यावहारिक चेतना** (Practical Consciousness) की है। गिडेन्स का प्रबन्ध है कि कोई भी क्रिया हो, व्यवहार या आचरण हो, उसका कोई न कोई **मतलब** (Purpose) और इरादा अवश्य होता है। लेकिन यहाँ यह अवश्य कहना चाहिये कि कर्ता व्यावहारिक या तार्किक रूप से यह चेतना नहीं रखता कि उसकी क्रिया का क्या **परिणाम** (Consequence) निकलेगा। उदाहरण के लिये जब कोई व्यक्ति अंग्रेजी भाषा बोलता है तो वह समझता है कि सामने वाला व्यक्ति उसके अर्थ को समझता है अर्थात् अंग्रेजी जानता है। अब **बेइरादे** (Unintended) या किसी तर्क को लगाये बिना यह व्यक्ति बराबर अंग्रेजी बोलता चला जाता है। इसे क्रिया को उत्पन्न करना कहते हैं। इस तरह किसी भी संरचना का आयाम बदल जाता है।

होता यह है कि **बेइरादे के परिणाम** (Unintended Actions) नई क्रियाओं की दशा बन जाते हैं और **इससे स्पष्ट है कि गिडेन्स के अर्थ में क्रियाएँ तार्किक नहीं होतीं, पृथक् नहीं होती और उनके परिणाम भी वांछित नहीं होते**। इस अर्थ में देखे तो **गिडेन्स की दृष्टि में इतिहास एक तार्किक और विकासवादी प्रक्रिया नहीं है। इस प्रक्रिया के कोई निश्चित उद्देश्य भी नहीं होते। इस कारण इतिहास की दिशा हमेशा बदलती रहती है और यह दिशा भी ऐसी होती है जिसके परिणामों के बारे में कुछ भी नहीं कहा जा सकता।** यह सब इसलिये कि हमारी क्रियाओं के परिणामों के बारे में हम स्वयं कुछ नहीं जानते। कुल मिलाकर गिडेन्स कहते हैं कि कर्ता का ज्ञान हमेशा उन दशाओं से सीमित होते हैं जिनके बारे में हमें कोई जानकारी नहीं होती और हम यह भी नहीं जानते कि हमारी क्रियाओं के क्या परिणाम होंगे।

7. संरचना, व्यवस्था और संरचनाकरण (Structure, System and Structuration)

अपने संरचनाकरण सिद्धान्त में गिडेन्स एक और खुलासा करते हैं। वे व्यवस्था और संरचना की अवधारणा को स्पष्ट करते हैं। व्यवस्था को समझाने के लिये एक दृष्टांत देते हैं। वर्ष के प्रत्येक दिन सीटी बसें शहर के निश्चित **रूट** पर चलती हैं और एक वर्ष ही त्यों लगातार ये बसें अपने **रूट** पर चलती रहती हैं। लोग टिकिट खरीदते हैं, बस में चढ़ते

हैं और उतरते हैं। चढ़ने और उतरने की यह क्रिया बराबर चलती रहती है। सामाजिक प्रतिमान में क्रियाएँ होती हैं पुनः होती हैं कुछ नया उत्पन्न भी करती हैं। और क्रियाओं का यह सिलसिला चलता ही रहता है। **इस तरह सामाजिक व्यवस्था में कर्ता और समूहों में सम्बन्ध होते रहते हैं और परिणामस्वरूप सामाजिक सम्बन्धों का एक प्रतिमान बनता रहता है। यह सामाजिक व्यवस्था है।**

इसके विपरीत संरचना में क्रिया करने वाले कर्ता अनुपस्थित होते हैं। स्पष्ट रूप से हमें कहीं भी संरचना क्रियाशील रूप में नहीं दिखाई देती। **इसका अर्थ यह हुआ कि बड़ी सीमा तक संरचना की अवधारणा हमें इसके संरचनाकरण में ही देखने को मिलती है। संरचना को कहीं देखना हो तो वह व्यावहारिक रूप में ही देखने को मिलती है। इसे हम तभी पाते हैं जब इसका प्रयोग करते हैं। यह हमारी स्मृति में होती है। संरचना मनुष्य के मस्तिष्क से बाहर नहीं है।** जब हम किसी क्रिया के बारे में सोचते हैं, तर्क कहते हैं तब यह हमारे दिमाग में आती है। दूसरे शब्दों में संरचना का अस्तित्व नहीं है हम अपनी क्रियाओं द्वारा इसे बराबर उत्पन्न करते हैं। हम संरचना को ध्यान में रख कर क्रियाएँ करते हैं और क्रिया में ही संरचना उत्पन्न होती है। **गिडेन्स संरचना के दो बड़े लक्षण बताते हैं। पहला तो यह कि संरचना हमें क्रिया करने के लायक बनाती है, दूसरा यह कि यह हम पर दबाव भी डालती है।** इस भाँति संरचना में नियम, उपनियम और अगणित स्त्रोत हैं जिनके आधार पर कर्ता संरचना को उत्पन्न करते हैं और पुनः उत्पन्न करते हैं। **एजेन्ट** (कर्ता), क्रिया और संरचना आपस में जुड़े हुए हैं और गिडेन्स के अनुसार किसी भी स्थिति में संरचना एजेन्ट से बाहर नहीं है।

उपसंहारात्मक टिप्पणी (Conclusive Comments)

गिडेन्स ने संरचनाकरण का जो सिद्धान्त रखा है, वह एक बहुत बड़े प्रोजेक्ट की उपलब्धि है। उन्होंने इस पर पूरे 30 वर्षों तक निरन्तर काम किया है। इसमें उन्होंने क्लासिकल और आधुनिक सिद्धान्तों के साथ एक आलोचनात्मक संवाद स्थापित किया है। संरचनाकरण इसी संवाद का परिणाम है। इस सिद्धान्त में गिडेन्स ने कई समाजशास्त्रीय सिद्धान्तों का मिश्रण किया है। वे संरचना का तात्पर्य नियम और स्त्रोतों में निकालते हैं। संरचना कोई ऐसा प्रतिमान नहीं है जो मनुष्य के जैविकीय शरीर में उपस्थित हो और न कोई विचारों और विचारधाराओं की कोई युक्त वस्तु। इसको सक्रियात्मक रूप से उत्पन्न किया जाता है, पुनः उत्पन्न किया जाता है और कर्ताओं की क्षमता ओर योग्यता के आधार पर हस्तान्तरित किया जाता है। **बहुत थोड़े में, संरचनाकरण निरन्तर होने वाली अन्तः क्रियाओं की प्रक्रिया है।**

संरचनाकरण की कई आलोचनाएँ हैं। इनमें दो मुद्दे महत्त्वपूर्ण हैं। आलोचकों का एक समूह **थोम्पसन** (Thompson), **आर्चर** (Archer), **लेडर** (Layder) और **लिव्से**

(Livesay) का है। इनका कहना है कि गिडेन्स इस बात पर बहुत अधिक जोर देते हैं कि **एजेन्ट** (कर्ता) संरचना के आधार पर ही क्रिया करने की क्षमता पाते हैं। संरचना ही उन्हें सिखाती है कि अमुक परिस्थितियों में काम कैसे करना चाहिये लेकिन वे इस बात पर जोर नहीं देते कि किस भाँति संरचना उन पर अमुक क्रिया करने के लिये दबाव भी डालती है।

आलोचकों का दूसरा समूह **ग्रेगसन** (Gregson), **बरटिलसन** (Bertilsson) और **थ्रिप्ट** (Thrift) का है। इन आलोचकों ने संरचनाकरण के सिद्धान्त की जो दूसरे मुद्दे पर चर्चा की है, वह आनुभविकता का है। ये आलोचक यह तो स्वीकार करते हैं कि संरचनाकरण ने दोहरेपन की समस्या को तो हल किया है लेकिन आनुभविक विश्लेषण में यह अधिक लाभदायक नहीं है। इस सिद्धान्त में **अमूर्त्तीकरण** (Abstraction) इतना अधिक है कि इसका आनुभविक पहलू खोजाता है।

इस अध्याय से प्रारम्भ में हमने कहा है कि गिडेन्स के अकादमिक जीवन के प्रारम्भिक तीस वर्ष संरचनाकरण सिद्धान्त के प्रतिपादन में लग गये। ई. 1980 के बाद का समय उन्होंने आधुनिक समाज के विश्लेषण में लगाया है। अब भी वे इसी में व्यस्त हैं। यहाँ हम उनका आधुनिकता के प्रति जो सैद्धान्तिक प्रतिपादन है, उसका उल्लेख करेंगे।

II
गिडेन्स का आधुनिकता का विश्लेषण
(Giddens's Analysis of Modernity)

गिडेन्स की समाजशास्त्र को बहुत बड़ी देन उनका संरचनाकरण का सिद्धान्त है। यह सिद्धान्त कर्ता और संरचना के बीच में **दोहरेपन** (Dualism) को समाप्त करके **द्विविधा** (Duality) को स्थापित करता है। इस सिद्धान्त के बाद उन्होंने आधुनिकता का विश्लेषण किया है। इस सिद्धान्त को उन्होंने अपनी पुस्तक **नेशन-स्टेट एण्ड वायलेंस** (Nation-State and Violence, 1985) में रखा है। इसके बाद 1990 में गिडेन्स ने आधुनिकता को उसके सम्यक् रूप में एक और पुस्तक में रखा। वे आधुनिकता को सामाजिक सम्बन्धों के मुहावरे में रखते हैं। गिडेन्स ने समाजशास्त्रीय सिद्धान्तों में जो कुछ लिखा है, उसमें उनकी स्थिति बहुत स्पष्ट है। वे उदविकास वाद और प्रकार्यवाद के प्रखर विरोधी हैं। आर्थिक निर्धारणवाद को वे अस्वीकार करते हैं, उन्होंने मार्क्स के ऐतिहासिक भौतिकवाद का खण्डन किया है। वे यह धारणा रखते हैं कि सारी दुनिया के लिये सामान्य सामाजिक नियमों का बनाना कतई सम्भव नहीं है। हर तरह से गिडेन्स आधुनिकता के प्रबल समर्थक है और उत्तर-आधुनिकता का विरोध करते हैं। गिडेन्स के इस सम्पूर्ण सैद्धान्तिक उपागम को ध्यान में रखकर उनके आधुनिकता के सिद्धान्त का विश्लेषण करना चाहिये। यहाँ यह भी अवश्य कहना चाहिए कि वे अपने संरचनाकरण के सिद्धान्त को आधुनिकता के विश्लेषण में पूरी तरह से लागू करते हैं।

आधुनिकता किसे कहते हैं ?
(What is Modernity?)

गिडेन्स का दावा है कि यूरोप में जिस प्रकार से आधुनिकता विकसित हुई है, उसका समयकाल लगभग ई. 1600 है। इससे पहिले जो समाज था, वह वस्तुतः **परम्परागत** (Traditional) समाज था। यह सामन्ती युग था, पूर्व औद्योगिकता था और राज्य तथा धर्म एक ही धागे से बंधे थे। ई. 1600 के बाद यूरोप में जिस समाज का प्रादुर्भाव हुआ वह आधुनिक था। इसमें कई सामाजिक संस्थाओं के बीच आदान-प्रदान था। ये संस्थायें जो आधुनिकता को बनाती हैं, निम्न प्रकार हैं :

1. पूंजीवाद (Capitalism)
2. उद्योगवाद (Industrialism)
3. राज्य की निगरानी (State Surveillance)
4. राष्ट्र-राज्य का सूचना पर नियन्त्रण (Information Control of the National-State) और
5. सैनिक शक्ति का विकास (Development of Military Power)।

(1) आधुनिकता की परिभाषा (Definition of Modernity)

पूर्व-आधुनिक समाज की तुलना में आधुनिक समाज भिन्न है। सबसे महत्त्वपूर्ण बात यह है कि आधुनिक समाज में गतिशीलता सबसे ज्यादा है। सामाजिक परिवर्तन अपनी गति में तीव्र है, इसमें गहनता है और इसके परिवर्तन का क्षेत्र अत्यन्त विशाल है। गिडेन्स इसे इस भाँति परिभाषित करते हैं :

> सामान्यतया आधुनिकता इन चार संस्थाओं में अन्तःक्रिया है : पूंजीवाद, उद्योगवाद, राष्ट्रराज्य और उद्योगकृत युद्ध। इन चारों संस्थाओं का वैश्वीकरण होता है।

गिडेन्स ने सामाजिक-राजनीतिक संस्थाओं की अन्तःक्रिया को आधुनिकीकरण कहा है। इस आधुनिकीकरण को गति देने का काम वैश्वीकरण करता है। उदाहरण के लिये वैश्वीकरण ने आज पूंजीवाद को अन्तर्राष्ट्रीय बाजार का एक अंग बना दिया है। अब पूंजीवाद सांस्कृतिक तत्वों का उत्पादन करता है, आज उत्पादन का माध्यम तकनीकी तंत्र का ज्ञान है। वैश्वीकरण ने राष्ट्र को अन्तर्राष्ट्रीय बना दिया है, सम्पूर्ण अर्थ व्यवस्था अन्तर्राष्ट्रीय मुद्रा कोष और विश्व बैंक में सिमट गई है। कुल मिलाकर, गिडेन्स कहते हैं कि आधुनिक समाज में संस्थागत अन्तःक्रियाएँ होती हैं और वैश्वीयता उन्हें तीव्रता देती है।

गिडेन्स द्वारा दिये गये आधुनिकता के लक्षण
(Giddens's Characteristics of Modernity)

गिडेन्स ने **नेशन-स्टेट एण्ड वायलेन्स** (1985) में आधुनिकता के निम्न लक्षण दिये हैं:

1. समय और स्थान की अवधारणा में परिवर्तन (Change in the Concept of Time and Space)

आज दुनिया के कामकाज एक ही समय एवं स्थान पर नहीं होते। परम्परागत समाज में समय और स्थान जुदा-जुदा नहीं थे। इस समाज में एक ही छत के नीचे परिवार के लोग रहते थे। एक ही चूल्हे से खाते थे, उपार्जन का एकही स्रोत था — कारीगरी, खेती, धंधा आदि। आज यह सब सम्भव नहीं है। परिवार के लोग बिखर गये हैं। एक सदस्य गाँव में रहता है, दूसरा दिल्ली जैसे बड़े शहर में। कोई केन्टीन में खाता है, कोई ढाबे पर, कोई कारखाने में काम करता है और कोई फेरी लगाता है। अब समय और स्थान अलग-अलग हो गये हैं। यह आधुनिकता का लक्षण है। अगर आज से पहले कोई इस तरह की बात करता है कि एक ही परिवार, गाँव और कस्बे के लोग समय और स्थान में इस तरह पृथक् हो गये हैं तो इसे शेखचिल्ली की कथा ही समझा जाता।

समय और स्थान दोनों की अवधारणाएं बदल गई हैं। प्रत्येक तकनीकी अनुसंधान दुनिया के दूर-दराज क्षेत्रों तक पलक झपकते पहुँच जाता है और दूरियाँ सिमट जाती हैं। आज के युक्तायुक्त समाज में हम एकही समय और स्थान के साथ जुड़ जाते हैं। कभी लातूर या कच्छ-भुज में भूकम्प आता है और इसी क्षण दुनिया इससे रूबरू हो जाती है। कोई भी एक बहुराष्ट्रीय कारपोरेशन एक ही समय और स्थान में अपनी वस्तुओं के दाम घटा या बढ़ा सकती है।

2. सामाजिक व्यवस्था के विस्तृत सम्बन्ध (Extended Relations of Social System)

परम्परागत समाज में जब समय और स्थान पृथक् नहीं हुए थे, स्थानीय संस्थाएं अपने नियम-उपनियम और रस्मो-रिवाज के अनुसार काम करती थी। प्रत्येक समुदाय के अपने स्थानीय त्यौहार थे, परम्पराएँ थीं, और सामुदायिक जीवन एक निश्चित ढर्रे पर चलता था। गिडेन्स कहते हैं कि आधुनिक समाज में यह सब बदल गया है। एक क्षेत्र दूसरे क्षेत्र से एक सांस्कृतिक समुदाय दूसरे समुदाय से प्रभावित हो गया है और आज स्थिति यह हो गयी है कि देशों के बीच में व्यापक सामाजिक सम्बन्ध स्थापित हो गये हैं। अब स्थानीय सम्पर्क और सम्बन्ध स्थानीय नहीं रहे।

सम्बन्धों का यह बदलाव गिडेन्स कहते हैं, दो स्तरों पर हुआ है। एक स्तर ये **प्रतीकात्मक** (Symbolic) है, और दूसरा **विशेषज्ञ** (Expert)। ये दोनों स्तर मिलकर एक **अमूर्त व्यवस्था** (Abstract System) बना देते हैं। अब वस्तुओं का विनिमय प्रतीकों के माध्यम से होता है। ये माध्यम समय और स्थान को जोड़ देते हैं। कुछ इसी तरह विशेषज्ञता के क्षेत्र में भी हुआ है। जिस मोटर गाड़ी में हम बैठते हैं, उसे बनाने वाले कई विशेषज्ञ हैं। मोटर के प्रत्येक पुर्जे के बनाने वाले तकनीशियन है, उसे जोड़ने वाले हैं बाजार में लाने वाले अर्थशास्त्री हैं, सड़क बनाने वाले अलग विशेषज्ञ हैं। यह सम्पूर्ण विश्व ही

एक पारस्परिक सम्बन्धों का ताना-बाना बन गया है। समय-स्थान और विस्तृत सामाजिक सम्बन्ध एक दूसरे से जुड़े हुए हैं।

3. आधुनिक समाज की स्वसमता (The Reflexivity of Modern Society)

स्वसमता शब्द को अंग्रेजी में **रिफ्लेक्सीविटी** कहते हैं। इस का अर्थ है इस समाज को **बराबर एक जैसा बनाना**। ऐसा नहीं होना चाहिये कि दुनिया का एक समाज दूसरे समाज से भिन्न हो। स्वसमता आनी चाहिये। कोई भी समाज आईने में अपना बिम्ब देखे तो उसकी छवि एक ही होनी चाहिये। **गिडेन्स आधुनिक समाज को एक रिफ्लेक्लीव यानी स्वसमता समाज की तरह परिभाषित करते हैं। स्वसमता ही इस समाज का बहुत बड़ा लक्षण है। इस समाज में संस्था और व्यक्ति के स्तर पर बहुत बड़े परिवर्तन आ रहे हैं। इस परिवर्तन के कारण आधुनिक व्यवस्था और सामाजिक संगठन बराबर बदल रहे हैं।**

स्वसमता (Reflexvity) किसे कहते हैं? गिडेन्स इसकी परिभाषा देते हैं स्वसमता एक ऐसी प्रक्रिया है जिसके द्वारा संस्थाएँ और व्यक्ति ज्ञान का संचय करते हें और इसका प्रयोग समाज को संगठित और परिवर्तित करने में लाते हैं।

गिडेन्स कहते हैं कि एक सूचना समाज में रहने का मतलब है हमारे सामाजिक सोच में वृद्धि। स्वसमता का मतलब है कि जिस समाज और परिस्थितियों में हम रहते हैं, जीवनयापन करते हैं उसके बारे में निरन्तर सोचना और चिंतन करना। जब यह समाज परम्परागत था हमें इसके बारे में चिन्तन करने को कोई आवश्यकता नहीं थी। हम आँख मूंद कर परम्पराओं पर चल देते थे। यह परम्परागत समाज हमने स्वीकार कर लिया था। यह हमारा भाग्य था, हमारी नियति था। हम चाहने पर भी बच्चों की पैदाइश को रोक नहीं सकते थे। सब ईश्वर पर था। आज यह स्थिति नहीं है। जनसंख्या की वृद्धि हमारे हाथ में है। आज यह स्थिति नहीं है। आज के सूचना समाज का यह स्वसमता है। हमने अपने स्वयं और परिस्थितियों के बारे में सोच सकते हैं। गिडेन्स आधुनिक समाज को **रिफ्लेक्सिव समाज** (Reflexive Society) कहते हैं।

बड़े-बड़े कोरपोरेशन बाजार सर्वेक्षण करते हैं और इनसे जो निष्कर्ष निकलते हैं इनके आधार पर वस्तुओं के बिक्री की रणनीति बनाते हैं। स्वसमता तीव्र गति से बढ़ जाती है और इसके विकास में मीडिया का योगदान बहुत होता है। संचार साधनों ने आज समाज को ऐसी स्थिति में लादिया है जहाँ दुनिया भर की सूचना का विशाल भंडार है। स्थिति यह है कि आज हमारी गतिविधियों को शायद ही परम्पराओं से कोई मार्गदर्शन मिलता है। हम परम्पराओं के अनुसार सभी काम करते हैं जब हमें परम्पराएँ तर्कसंगत दिखाई देवें। इसका बहुत अच्छा दृष्टान्त विवाह है। पहिले लोग विवाह कर लिया करते थे। तब समझा जाता था कि विवाह करना हमारी परम्परा अभिन्न अंग है। इसे प्राकृतिक समझा जाता था। आज भी लोग विवाह करते हैं लेकिन इसलिये नहीं कि विवाह करने के लिये

परम्परा का आग्रह है। कई लोग विवाह करना आवश्यक नहीं समझते। विवाह करना या नहीं करना, केवल अपने विवेक पर है। इसे गिडेन्स **रिफ्लेक्सीविटी** करते हैं। परम्परा को एक तरफ छोड़कर आदमी आधुनिक समाज में अपने ढंग से सोचता है और निर्णय लेता है।

गिडेन्स एक सावधानी बरतते हैं। वे कहते हैं कि स्वसमता की वृद्धि का यह मतलब नहीं निकालना चाहिये कि आधुनिक समाज में हमारे पास अधिक ज्ञान एकत्र हो गया है और हम इस समाज को अपने नियन्त्रण में रखने में अधिक सक्षम हो गये हैं। वास्तव में ऐसा कुछ नहीं है। कभी-कभी तो हमें अपने नये ज्ञान के प्रति संदेह होने लगता है। आप ऐसा कभी नहीं सोच सकते कि जो ज्ञान आज हमारी झोली में है, वह कल बदलेगा नहीं। पिछली बार हमारे ज्ञान में बदलाव आया है। हमने समझा था, सूरज पृथ्वी के चारों ओर चक्कर लगाता है। इस ज्ञान ने पल्टी खाई और बताया कि पृथ्वी सूरज के चारों और घूमती है। आधुनिक समाज का ज्ञान न जाने कब पलटी खा जावे, और यही हमारा संदेह है।

4. तात्विक सुरक्षा के लिये आधुनिकता के परिणाम
(The Consequences of Modernity for Ontological Security)

समाज में जब संस्थाओं में ज्ञान की अत्यधिक वृद्धि होजाती है और आम आदमी के काम-काज में इन संस्थाओं का दखल बढ़ जाता है तब एक खास तरह का सन्देह इन संस्थाओं के प्रति जागृत हो जाता है। आदमी शिक्षण संस्थाओं, व्यापारिक संगठनों और यहाँ तक कि राज्य के प्रति भी संदेह करने लगता है। उसे आये दिन यह भावना सताती रहती है कि कहीं ये विश्वविद्यालय उसे बेरोजगारी के गर्त में तो नहीं ढकेल रहा है? कहीं यह राज्य उसे असुरक्षा की चपेट में तो नहीं डाल रहा है? इधर बाजार में वस्तुओं के इतने सारे विकल्प आरहे हैं कि किसे अपनाये और किसे नहीं। लगता है, इन वस्तुओं के प्रति उसका विश्वास ही उठ गया है। गिडेन्स का विश्वास है कि बढ़ती हुई आधुनिकता ने समाज और उसकी वस्तुओं के प्रति उसमें अविश्वास पैदा कर दिया है। उनके लिये **विश्वास** (Trust) की अवधारणा अत्यधिक महत्त्वपूर्ण है। अन्य शब्दों में, आधुनिकता ने आज के आदमी में संस्थाओं के प्रति जो परम्परागत विश्वास था, उसे डगमगा दिया है। **विश्वास का टूटना ही, आधुनिकता का बहुत बड़ा परिणाम है।**

विश्वास का गहन सम्बन्ध **तात्विक सुरक्षा** (Ontological Security) से है। यह सुरक्षा मनुष्य के अस्तित्व से जुड़ी हुई है। यदि यह सुरक्षा न मिले तो शायद मनुष्य का जीवित रहना ही सम्भव नहीं होगा। बच्चे का सबसे बड़ा विश्वास उसकी माता पर है। वह जानता है कि दुनिया में केवल माता ही ऐसी है जो उसे आंधी, अंधड़, कुहरे और धुंध से बचायेगी। सुरक्षा का यह भरोसा वस्तुतः एक बुनियादी और तात्विक सुरक्षा है। माँ और बच्चे के बीच में सुरक्षा का जो कवच है वह एक ऐसा इंजेक्शन है जो उसे अवांछित खतरों

और चुनौतियों से बचाता है।

गिडेन्स कड़े विस्तार के साथ विश्वास की अवधारणा को स्पष्ट करते हैं। अगर संसार में कोई यथार्थता है तो यह विश्वास ही है। विश्वास अपने आपमें अमूर्त होता है। उसे नंगी आँखों से दिखाया नहीं जा सकता। इसकी तो केवल अनुभूति हो सकती है। विश्वास अवैयक्तिक होता है। आज बहुत बड़ी कठिनाई यह है कि आधुनिकता ने इस विश्वास को जो मनुष्य के जीवित रहने का आधार है, हिला दिया है।

5. पहिचान खतरे में (Identity in Crisis)

गिडेन्स आधुनिकता के मूर्धन्य विद्वान समझे जाते हैं। वे सोचते हैं कि पिछले तीस-चालीस वर्षों में हमारे सम्पूर्ण अस्तित्व को इस आधुनिकता ने झकझोर दिया है। हमारी सुरक्षा की सम्पूर्ण भावना तिरोहित हो गई है। इस अनिश्चितता ने हमारी पहिचान को धुंधला कर दिया है। संस्थाओं के प्रति अब हमारी कोई आस्था नहीं थी जो कुछ आस्था है वह बहुत कमजोर है। आदमी यदि अपनी पहचान को बनाये रखना चाहता है तो उसे तात्विक सुरक्षा (Ontological security) अवश्य मिलनी चाहिये। आज से पचास-साठ वर्ष पहिले हमारे देश में एक आदिवासी के सामने उभरे **पहिचान** (Identity) की कोई समस्या नहीं थी। उसके लिये सब कुछ पूर्व निश्चित था — उसे जंगल में रहना था, केवल खरीफ की फसल लेना था, और पढ़ाई-लिखाई तथा नौकरी धंधों से उसे कोई ताल्लुक नहीं था। आज इस आदिवासी के सामने सैंकड़ों समस्याएं हैं, वह आधुनिकता के चौखट पर खड़ा है और **कैरियर के रास्ते** (Career paths) उसे चुनौतियाँ दे रहे हैं। अब इस आधुनिक समाज में उसकी क्या पहचान है।

6. प्लास्टिक कामुकता (Plastic Sexuality)

हमारा आधुनिक संस्थाओं का जो ज्ञान है, वह हमें एक ऐसी कामुकता की ओर ले जाता है जहाँ व्यक्ति अपनी स्वयं की पहचान बनाने में जुटा रहता है। अब कामुकता (Sexuality) का सम्बन्ध प्रजनन से नहीं रहा। पिछले वर्षों में कामुकता का सबसे बड़ा उद्देश्य संतान उत्पत्ति करना था। कामुकता की पहचान ही प्रजनन से थी। आज यह पहचान कहीं खो गई है। अब व्यक्ति अपने आपको शारीरिक और व्यक्तित्व स्तर पर ऐसा विकसित करना चाहता है कि उसकी अपनी अलग पहचान बन सके। इस पहचान को गिडेन्स **प्लास्टिक कामुकता** कहते हैं। शरीर का रख-रखाव, सौष्टव, भरा-पूरा चेहरा, लम्बे-घने बाल, स्लिम शरीर, ये सब प्लास्टिक कामुकता के अंग हैं और गिडेन्स इसे आधुनिकता की पहचान कहते हैं।

गिडेन्स ने आधुनिकता के लक्षणों का ब्यौरा बड़े विस्तार से दिया है। वे इसका अर्थ आमचूल परिवर्तन से निकालते हैं। अपने उपसंहार में वे कहते हैं :

आधुनिकता संस्थाओं और व्यक्तियों में स्थानीय और वैश्वीय स्तर पर आने वाले

बुनियादी परिवर्तन का पर्यायवाची है। परिवर्तन की ये प्रक्रियाएं व्यक्तियों में अपनी पहिचान बनाने के लिये जोर देती हैं। अपने दैनिक जीवन में लोग कई आवश्यकताओं की अपेक्षा करते हैं और उन संस्थाओं से भी बहुत कुछ आशा रखते हैं, जो उनके इर्द-गिर्द हैं और यही आधुनिकता है।

संदर्भ ग्रन्थ

Anthony Giddens, **A Contemporary Critique of Historical Materialism**, Vol. I, London, Macmillan, 1981.

Anthony Giddens, **Profiles and Critiques in Social Theory**, London, Macmillan, 1982.

Anthony Giddens, **The Constitution of Society : Outline of the Theory of Structuration**, Polity Press, 1984.

Capitalism and Modern Social Theory, Rev. Ed., Cambridge, 1992.

Patrick Baert, **Social Theory in the Twentieth Century**, Cambridge, Polity, 1998.

16

फ्रेंकफर्ट स्कूल यानी समाज का आलोचनात्मक सिद्धान्त

(Frankfurt School, that is, Critical Theory of Society)

कार्ल मार्क्स ने 19वीं शताब्दी के अन्त में एक क्रांतिकारी आन्दोलन सम्पूर्ण यूरोप के सामने रखा। उनका मुद्दा था : आदमी की मुक्ति। दुनिया भर के लोग प्रभुत्व के बोझ को अपने कंधों पर लादकर डगमगाते पाँवों से चल रहे थे। यह प्रभुत्व का बोझ सामन्तों और तिजारेदारों का था। शोषण और दमन से आदमी थक गया था। ऐसे परिप्रेक्ष्य में मार्क्स ने **मुक्ति** (Emancipation) के आन्दोलन को रखा। यह कहना अनुचित नहीं होगा कि पूरी 20वीं शताब्दी मार्क्स की थी। इस अवधि में दुनिया ने मार्क्स के कई अवतार देखे। इन अवतारों में एक अवतार फ्रेंकफर्ट स्कूल का भी था।

मुख्य रूप से फ्रेंकफर्ट स्कूल से तात्पर्य सामाजिक अनुसंधानकर्ताओं और दर्शनशास्त्रियों के उस समूह से है जिसने एक जुट होकर ई. 1923 में मार्क्स का नये सिरे से अध्ययन प्रारम्भ किया। इस समूह या स्कूल के अध्यक्ष **मेक्स होरखेमर** (Horkheimer) थे। उनका कार्यकाल 1895-1973 था। प्रारम्भ में इस स्कूल को जर्मनी में स्थित फ्रेंकफर्ट नगर में स्थापित किया गया। यह बात 1923 की है। इसे औपचारिक रूप से **दि इन्स्टीट्यूट ऑफ सोश्यल रिसर्च** का नाम दिया गया। लेकिन जब 1933 में जर्मनी में राजनीतिक शक्ति नाज़ियों के पास आगई तब इस स्कूल का मुख्यालय फ्रेंकफर्ट स्कूल के समाज वैज्ञानिकों के विश्लेषण का आधार **मार्क्सवाद** (Marxism) **मनोविश्लेषण** (Psychoanalysis) था। **समाजवैज्ञानिक जो इस सम्प्रदाय से जुड़े थे उनके दो लक्ष्य थे** : पहला तो वे तत्कालीन समाज के आलोचक थे, और दूसरा वे क्लासिकल सिद्धान्तों से भी सहमत नहीं थे। इन सिद्धान्तों की भी वे आलोचना करते थे। ये लोग यह आग्रह करते थे कि यूरोप का समाज एक शोषित समाज था। इसमें राजाओं-महाराजाओं का ठाकुरों का दमन अपनी चरम सीमा पर था। ग़ैर-फ्रेंकफर्ट स्कूल के समाज वैज्ञानिकों ने कभी भी खुलकर इस शोषण का विरोध नहीं किया।

प्रारम्भ में फ्रेंकफर्ट स्कूल का उद्देश्य बहुत सामान्य था। वह एक ऐसे सिद्धान्त को बनाना चाहता था जो अर्थ-व्यवस्था, मनोविज्ञान, संस्कृति और तत्कालित पूंजीवादी समाज

के बीच में जो सम्बन्ध हैं, उन्हें देख सके। **होरखेमर** ने फ्रेंकफर्ट स्कूल के इस लक्ष्य को प्राप्त करने के लिये **समूह अनुसंधान** (Group Research) तथा सिद्धान्त निर्माण की रणनीति को अपने प्रोजेक्ट की तरह अपनाया था क्योंकि ये समाज वैज्ञानिक तत्कालीन पूंजीवादी समाज और प्रचलित सिद्धान्तों के आलोचक थे। उनके सिद्धान्तों को **आलोचनात्मक सिद्धान्त** (Critical Theory) या **समाज का आलोचनात्मक सिद्धान्त** (Critical Theory of Society) भी कहते है। इस तरह ऐतिहासिक बोध ने फ्रेंकफर्ट स्कूल को आलोचनात्मक सिद्धान्त का नाम भी दिया। आज यह दोनों नामों से जाना जाता है। ये नाम पर्यायवादी बन गये हैं।

फ्रेंकफर्ट स्कूल : परिचय और प्रणेता
(Frankfurt School : Introduction and Proponents)

यूरोप में फ्रेंकफर्ट स्कूल या आलोचनात्मक सिद्धान्त का दूसरा नाम मार्क्सवाद पड़ गया। **यह प्रश्न उठना स्वाभाविक है कि आखिर वे कौनसे कारण थे जिन्होंने आलोचनात्मक सिद्धान्त को जन्म दिया। इस सम्प्रदाय की जीवन कथा इसके अविर्भाव के निम्न कारण बताती हैं :**

1. मैक्स वेबर की युक्ति संगतता और अधिकारीतंत्र का विस्तार
(Max Weber's Rationality and Extension of Bureaucratic System)

जर्मनी में मेक्स वेबर के आविर्भाव ने सैद्धान्तिक जगत में एक तहलका मचा दिया। उन्होंने यह स्थापित किया कि आधुनिक समाज वस्तुतः एक **युक्तायुक्त** (Rational) और **अधिकारीतंत्र** (Bureaucratic) का समाज है। वेबर के इस सिद्धान्त से यूरोप को लगा कि आधुनिक समाज अपने मूल में एक पूंजीवादी समाज है। इस तरह सैद्धान्तीकरण ने मार्क्स के समाजवादी समाज की सम्भावना को धुंधला कर दिया। अब यह समझा जाने लगा कि मार्क्स अपने सैद्धान्तीकरण में गलत थे। यह बाद मार्क्सवादियों को स्वीकार नहीं थी। वेबर की विचारधारा इस अर्थ में मार्क्सवाद को एक कठोर चुनौती थी। इसने फ्रेंकफर्ट स्कूल के आविर्भाव का उपयुक्त अवसर प्रदान किया।

2. पहले विश्व युद्ध के बाद फासीवाद का विकास
(Rise of Fascism after First World War)

वास्तव में फासीवाद का जन्म पहिले विश्व युद्ध के बाद इटली में हुआ। **बेनिटो मुसोलिनी** (Benito Mussolini) इसका प्रणेता था। बाद के वर्षों में फासीवाद की अवधारणा को राज्य की शक्ति के साथ में जोड़ दिया गया। यह एक विचारधारा बन गई कि जिसमें राज्य और पूंजीवादी शक्तियाँ मनुष्य का शोषण करती हैं। सम्पूर्ण यूरोप में अब यह समझा जाने लगा कि आम आदमी का जीवन कभी भी मुक्त जीवन नहीं हो सकता। यह एक

संकटकालीन अवस्था थी और इस फासीवाद को सैद्धान्तिक रूप में रखा जाने लगा था।

आलोचनात्मक सिद्धान्तवेत्ता यूरोप की इस प्रचलित विचारधारा से असंतुष्ट थे। मार्क्स ने एक मुक्त आदमी की कल्पना की थी — ऐसे आदमी की जो दमन का शिकार नहीं होगा जो शोषण से मुक्त रहेगा। यह सारी कल्पना ध्वंस हो गई। इसने भी फ्रेंकफर्ट स्कूल के आविर्भाव को प्रेरित किया।

3. स्टालिनवाद का उदय (Rise of Stalinism)

स्टालिनवाद के विकास ने एक बारगी मार्क्सवादियों को हताश कर दिया। हुआ यह कि 1934 के रूस में स्टालिन के आने के बाद बड़ा राजनीतिक और आर्थिक उथल-पुथल हो गया। स्टालिन ने लोगों में बड़ा भय पैदा कर दिया। उसने कई लोगों को देश निकाला दे दिया, आबादी के बहुत बड़े भाग को रूस छोड़ने के लिये मजबूर कर दिया और इधर दूसरी ओर सम्पूर्ण रूस को अकाल ने दबोच लिया, लाखों की तादाद में लोग काल कवलित हो गये। विश्वास और आस्था की सम्पूर्ण सम्भावना रूस में तिरोहित हो गई। स्टालिन ने इस सम्पूर्ण संकट को द्वन्द्वात्मक भौतिकवाद के संदर्भ में रखा। उन्होंने अपने समर्थन में मार्क्स, एन्जिल्स, लेनिन और स्टालिन के सिद्धान्तों को उद्घृत किया। यद्यपि इस सम्पूर्ण संकट को पैदा करने वाले स्टालिन थे, पर इसका आधार बोल्शेविक पार्टी थी जिसने रूस की सत्ता पर अपना अधिकार जमा लिया था।

स्टालिनवाद ने मार्क्स के सभी सिद्धान्तों को भ्रष्ट कर दिया। जिस समाजवाद की कल्पना मार्क्स ने की थी उसे स्टालिन ने समाप्त कर दिया। ई. 1930 में पहुँच कर जर्मनी के मार्क्सवादियों को यह स्पष्ट हो गया कि मार्क्सवाद अपने सिद्धान्त निरूपण में कहीं भी भूल में नहीं हैं। आवश्यकता इस बात की है कि समाज की नई राजनीतिक और आर्थिक परिस्थितियों में मार्क्स की व्याख्या दुबारा होनी चाहिये। मार्क्स को नये संदर्शों में देखा जाना चाहिये। इस दृष्टिकोण ने भी आलोचनात्मक सिद्धान्तवेत्ताओं को बल दिया।

4. प्रेक्सीस की रणनीति (Strategy of Praxis)

यूरोप और विशेषकर जर्मनी में मार्क्स की सैद्धान्तिक छवि को धक्का लग रहा था। इसकी पड़ताल मार्क्सवादियों ने की। उन्हें लगा कि मार्क्सवाद की बहुत बड़ी विशेषता उसका प्रेक्सीस (Praxis) पहलू है। यह एक जर्मन शब्द है। **इसका मतलब है सिद्धान्त और क्रिया का सम्मिश्रण** (Blending of Theory and action)। **दूसरे शब्दों में सिद्धान्त का प्रयोग इस तरह से किया जाये कि यह क्रिया करने के लिये प्रेरित करे।** मार्क्सवादी चाहते थे कि मार्क्स के सिद्धान्तों को इस तरह देखा जाये कि आम आदमी के दमन और शोषण की सम्पूर्ण यथार्थता सामने आ जाये। यह सब ठीक था। फ्रेंकफर्ट स्कूल के समाज वैज्ञानिकों का यह जमावड़ा वास्तव में कुछ करना भी चाहता था पर आर्थिक और राजनीतिक प्रभुत्व इतना अधिक था कि कुछ कर गुजरने की स्थिति में नहीं थे।

आलोचनात्मक सिद्धान्तवेत्ताओं की पहली पीढ़ी ने जब मार्क्सवाद को नये संदर्भ में देखना प्रारम्भ किया तब उनके चारों ओर धुंध ही थी, कोहरा ही था। फासीवाद चढ़ाव पर था, रूस की क्रांति स्टालिनवाद के सामने घुटने टेककर बैठ गई थी, और फासीवाद का नशा यूरोप के राजाओं पर चढ़ गया था। इस सबके आगे वेबर के सिद्धान्त तर्कसंगतता और अधिकारीतंत्र ने मार्क्स के सम्पूर्ण सिद्धान्त को हाशिये पर कर दिया, फ्रेंकफर्ट स्कूल का आविर्भाव एक ऐतिहासिक आवश्यकता हो गई थी। अब मार्क्सवाद के सामने जीवन और मृत्यु का सवाल था, यह लड़ाई उसके लिये आर-पार की लड़ाई थी।

5. फ्रेंकफर्ट स्कूल की शुरुआत (Starting of Frankfurt School)

फ्रेंकफर्ट स्कूल के संस्थापक **फेलिक्स वैल** (Felix Weil) थे। वे एक करोड़पति परिवार सदस्य थे। उनके पिता हरमान वैल (Hermann Weil) खाद्यान्नों के व्यापारी थे। अर्जेन्टीना में अपना कारोबार चलाते थे। प्रथम विश्व युद्ध के बाद फेलिक्स वैल फ्रेंकफर्ट स्कूल के संस्थापक कई क्रांतिकारी घटनाओं में जुट गये। उन्होंने देखा कि उदारवादी नेता यहूदी राजनीतिज्ञों और व्यापारियों पर बराबर आक्रमण कर रहे थे। जब फ्रेंकफर्ट स्कूल के सिद्धान्तों को बनाया जारहा था तब इसमें यहूदियों के खिलाफ जो कुछ होरहा था, उसे अच्छी तरह से ध्यान में रखागया था।

ई. 1923 में पहिली बार फेलिक्स वैल ने मई महीने में स्कूल के सदस्यों के लिये एक आठ दिन का सेमिनार रखा था। इसमें कोई बीस सदस्यों की भागीदारी थी। इनके केवल तीन सदस्य गैर-यहूदी थे। इस सेमिनार में दो पुस्तकों का विमोचन हुआ। पहली पुस्तक **जार्ज ल्युकाक्स** (Georg Lukacs) (1885-1971) की थी। यह पुस्तक : **हिस्ट्री एण्ड क्लास कोन्श्यसनेस** (History and Class Consciousness) थी। दूसरी पुस्तक **कार्ल कोरशेस** (Karl Korsch) की थी। इस पुस्तक का नाम **मार्क्सीजम एण्ड फिलोसोफी** (Marxism and Philosophy) था। आठ दिन के इस सेमिनार में ये दो लेखक भी उपस्थित थे। इस सेमिनार में जो संवाद हुआ इसका निष्कर्ष यह था कि अब रूढ़िवादी मार्क्सवाद पर अधिक जोर नहीं जाना चाहिये। जोर इस बात पर होना चाहिये कि क्रांति लाने के लिये कटिबद्ध हो जायें। फ्रेंकफर्ट स्कूल के पहिले निदेशक एक अर्थशास्त्री और इतिहासकार थे। यहाँ यह भी स्पष्ट करना चाहिये कि आलोचनात्मक सिद्धान्तवेत्ता अनिवार्य रूप से समाजशास्त्री नहीं थे। इस विचारधारा में कई प्रकार समाज वैज्ञानिक थे।

6. फ्रेंकफर्ट स्कूल के प्रमुख प्रणेता (Main Proponents of Frankfurt School)

फ्रेंकफर्ट स्कूल के तीन प्रमुख विचारक हैं जिन्होंने इस स्कूल और विचारधारा को नाम और प्रतिष्ठा दी है। ये विचारक हैं : **जार्ज ल्युकाक्स** (Georg Lukacas), **मेक्स होरखेमर**

(Max Horkheimer), और **थियोडोर एडोर्नो** (Theoder Adorno)। ल्युकाक्स की मुख्य कृति 1920 के दशक में प्रकाशित हुई जबकि होरखेमर और एडोर्नो 1960 के दशक में सक्रिय हुए। **टर्नर** (Turner) की मान्यता है कि इन तीनों विचारकों में ल्यूकाक्स ऐसे हैं जो मार्क्स और वेबर के सिद्धान्तों को जोड़ते हैं। इन दोनों को ल्यूकाक्स आलोचनात्मक सिद्धान्त में एक कड़ी की तरह बाँधकर रखते हैं। इधर होरखेमर और एडोर्नो की सैद्धान्तिक रणनीति कुछ दूसरे प्रकार की है। वे जो कुछ ल्यूकाक्स ने लिखा है उसके प्रति अपना दृष्टिकोण प्रस्तुत करते हैं। दूसरे शब्दों में वे ल्यूकाक्स, मार्क्स और वेबर की आलोचना करते हैं और होरखेमर तथा एडोर्नो ल्यूकाक्स की।

फ्रेंकफर्ट स्कूल यानी समाज के आलोचनात्मक सिद्धान्त ने मार्क्सवाद के विकास में एक महत्त्वपूर्ण भूमिका अदा की है। इस स्कूल ने प्रथम विश्व युद्ध के बाद मार्क्स के विश्लेषण में जो संकट आया, उसका मुकाबला किया है। यह आलोचना सिद्धान्त जहाँ तत्कालीन समाज की आलोचना करता है, वहीं समाजशास्त्री सिद्धान्तों को भी आलोचना की दृष्टि से देखता है। विचारधारा के हिसाब से फ्रेंकफर्ट स्कूल का सम्बन्ध **ज्ञानोदय** (Enlightenment) से है। यूरोप में ज्ञानोदय काल को 1650-1800 की अवधि में रखा जाता है। इस काल में बुर्जुआ वर्ग की मुक्ति राज्यतंत्र से हुई। यह पहली बार था कि ज्ञानोदय ने राज्य तंत्र को संदेह की दृष्टि से देखा और परम्पराओं के अधिकार को चुनौती दी। फ्रेंकफर्ट स्कूल के विचारक ज्ञानोदय से अत्यधिक प्रभावित थे। वे मार्क्स के विश्लेषण की पृष्ठभूमि ज्ञानोदय को ही स्वीकार करते हैं। फ्रेंकफर्ट स्कूल के विचारक विभिन्न संदर्भों में अपने सिद्धान्तों को प्रस्तुत करते हैं पर इस बात से मोटे रूप में सहमत हैं कि बाजार एक ऐसा क्षेत्र हैं जहाँ वस्तुओं और क्रम शक्ति का विनिमय मुद्रा और धन द्वारा दिया जाता है। यहाँ मार्क्स की इस विचारधारा को सभी स्वीकार करते हैं कि बाजार में ही आर्थिक विनिमय की प्रक्रियाओं को विकृत रूप में रखा जाता है। यहीं श्रम शक्ति का शोषण होता है।

फ्रेंकफर्ट स्कूल की विचारधारा को होरखेमर, एडोर्नो और ल्युकाक्स के अतिरिक्त कुछ और दार्शनिकों ने भी विकसित किया है। इनमें **हर्बर्ट मारक्यूज़** (Herbert Marcuse), **वाल्टर बेंजामिन** (Walter Benjamin) और **ईरिच फ्रोम** (Erich Fromm) के नाम विशेष रूप से उल्लेखनीय हैं। यह एक रुचिकर बात है कि इन सब विचारकों ने फ्रेंकफर्ट के **इन्टीट्यूट ऑफ सोश्यल रिसर्च** के एक छत के नीचे बैठकर इस काम को नहीं किया है। उदाहरण के लिये 1933 से पहिले बेंजामिन और मारक्यूज ने फ्रेंकफर्ट में कभी काम नहीं किया। हिटलर जब जर्मनी में सत्ता में आये तब उनके बाद बेंजामिन पेरिस चले आये। उन्होंने दूसरे विचारकों के साथ मिलकर कभी कार्य नहीं किया। एडोर्नो कभी भी फ्रेंकफर्ट स्कूल के सदस्य नहीं बने। इतना होने पर भी उनका होरखेमर के साथ पूरा पत्र व्यवहार था। होरखेमर को जर्मनी से देश निकाला इंग्लैण्ड हो गया था।

फ्रेंकफर्ट स्कूल को थोड़ा गहराई से समझने पर लगेगा कि इसके संगठन का आधार जर्मन विचारधारा थी। सभी का सरोकार मार्क्सवाद में था। लेकिन इस सिलसिले में बहुत कम ध्यान इस तथ्य पर दिया जाता है कि फ्रेंकफर्ट विचारधारा के पीछे एक **एथनिक** विचारधारा भी थी। जर्मनी में पहले विश्व युद्ध के बाद नाजियों और यहूदियों में कटुता आगई थी। हिटलर के सत्ता में आने के बाद तो इन दोनों एथनिक समूहों में मानो जिहाद ही छिड़ गया। फ्रेंकफर्ट स्कूल के प्रख्यात विचारक सभी यहूदी थे। जब इस समूह की पहली बैठक हुई, उसें 20 सदस्यों में केवल तीन सदस्य ही गैर-यहूदी थे। दूसरे विश्व युद्ध के बाद कई यहूदी अमेरिका भाग आये। आज अमेरिका में धनाढ्य लोगों का जो समूह है, उसके अधिकांश यहूदी हैं। कहना चाहिये कि यदि पूंजीपति वर्ग अमेरिका पर शासन करता है तो मतलब हुआ, यहूदी अमेरिका पर शासन करते हैं। बौद्धिक क्षेत्र में भी, अमेरिका में यहूदियों का ही प्रभुत्व है। पारसंस यहूदी थे, मर्टन यहूदी थे, पीटर ब्लाऊ यहूदी थे और यहूदी बौद्धिकों की यह ..लिका बहुत लम्बी हो सकती है। हम यहाँ केवल यही कहना चाहते हैं कि फ्रेंकफर्ट स्कूल की व्याख्या मार्क्सवादी विचारधारा के संदर्भ में तो सभी करते हैं पर यह कहना भूल जाते हैं कि इसके पीछे एक सवाल यहूदी विचारधारा भी काम करती है। फ्रेंकफर्ट स्कूल का विश्लेषण यहूदी-नाजी-संघर्ष के रूप में भी समझा जाना चाहिए।

थियोडोर एडोर्नो
(Theodor Adorno, 1903-1969)

एडोर्नो फ्रेंकफर्ट स्कूल के प्रमुख विचारकों में से हैं। दूसरे विश्व युद्ध के दौरान उन्होंने अमेरिका में कार्य किया था। युद्ध की संधि के बाद वे पुनः पश्चिमी जर्मनी चले गये। एडोर्नो उच्च कोटि के विचारक थे। कई बार उनका गद्य समझ के परे हो जाता है। उनके विचार बहुत जटिल थे। वे बहुविधाओं के धनी थे और उन्होंने सौन्दर्यशास्त्र से लेकर, संगीत सिद्धान्त, सांस्कृतिक आलोचना, सामाजिक मनोविज्ञान तथा दर्शनशास्त्र तक रहे अपनी परिधि में ले लिया। उनकी कई कृतियाँ हैं, इनमें **दि आथोरिटेरियन परसनालिटि** (The Authoritarian Personality, 1950) एक क्लासिकल ग्रन्थ है। इस ग्रन्थ की जहाँ प्रशंसा हुई है, वहीं इसकी कटु आलोचना भी। वे इस ग्रन्थ में **सत्तावाद** (Authoritarianism) के आनुभविक और मनोवैज्ञानिक जड़ों की पड़ताल करते हैं। इस सम्पूर्ण समस्या के पीछे यूरोप का फासीवाद और सत्तावाद है। एडोर्नो नाजियों को देखते हैं, उनके जुल्मों को याद करते हैं और यही सब कुछ उनकी इस भव्य कृति की पृष्ठभूमि है।

जीवन वृत्त (Biography)

एडोर्नो का जन्म 1903 में जर्मनी के फ्रेंकफर्ट में हुआ था। उनके पिता एक जाने-माने शराब

के व्यापारी थे। वैसे वे धर्म से यहूदी थे लेकिन थियोडोर एडोर्नो के जन्म के बाद वे प्रोटेस्टेंट धर्मावलम्बी बन गये। उनकी माता कैथोलिक धर्म की थी और उन्हें संगीत से बड़ा प्यार था। अपनी बाल्यावस्था में ही एडोर्नो ने संगीत का रियाज करना प्रारम्भ कर दिया था। उन्होंने दर्शन, समाजशास्त्र, मनोविज्ञान और संगीत विद्या का अध्ययन फ्रेंकफर्ट विश्वविद्यालय से किया था। यहीं पर उनका सम्पर्क होरखेमर और बैंजामिन से हुआ था। बाद में एडोर्नो अपनी पढ़ाई के लिये ओक्सफोर्ड चले गये। यहीं से उन्होंने पेरिस में स्थित बेंजामिन और न्यूयार्क में बसे होरखेमर के साथ अपने सम्पर्क स्थापित किये। ई. 1949 में एडोर्नो अमेरिका से जर्मनी लौट आये। जर्मनी में एडोर्नो की ख्याति एक समाजशास्त्री की तरह नहीं थी। न ही वे किसी ठीक-ठाक स्तर के सिद्धान्तवेत्ता समझे जाते थे। उनका नाम सांस्कृतिक आलोचक और संगीत के दर्शनशास्त्री के रूप में लोकप्रिय था।

एडोर्नो की कृतियाँ (Works of Adorno)

एडोर्नो के मन में एक तरह की खीज थी। उनकी परेशानी नाजी सत्ता का दमन था। यह ऐतिहासिक पृष्ठभूमि उनकी कृतियों के स्पष्ट रूप से देखने को मिलती है। उस युग में जब फ्रेंकफर्ट स्कूल सक्रिय था, दार्शनिकों की रुचि तत्वमीमांसा में थी। वे समाज के बारे में किसी अन्तिम सत्य की खोज में थे। यदि इस सत्य का पता लग जाये तो समाज की यथार्थता को समझा जा सकता था। लेकिन दार्शनिकों के इस प्रयास से एडोर्नो सहमत नहीं थे। उनका तर्क था कि ज्ञान के क्षेत्र में ऐसा कोई अन्तिम निष्कर्ष नहीं निकाला जा सकता। वे अपने अध्ययन में मार्क्स के सिद्धान्तों की पुनः खोज करना चाहते हैं। उनकी कृतियों में होरखेमर की भागीदारी बहुत अधिक है। कहीं-कहीं एडोर्नो कृति में होरखेमर सह-लेखक की तरह हैं। अतः उनके साथ हमें होरखेमर को जोड़कर पढ़ना चाहिये। यहाँ हम एडोर्नो की मुख्य कृतियों की सूची देंगे:

1. The Authoritarian Personality (1950)
2. Prisms (1955)
3. Dialectic of Enlightenment (1973)
4. The Jargon of Authenticity (1973)
5. Minima Moralia (1951)

ज्ञानोदय का द्वन्द्व (The Dialectic of Enlightenment)

वास्तव में यह एडोर्नो और होरखेमर दोनों ही थे जिन्होंने ज्ञानोदय में निहित द्वन्द्व को उठाया था। ई. 1942 और 1944 की अवधि में ये दोनों विचारक अमेरिका के लॉस एन्जीलिस में रहरहे थे। इन दोनों ने मिलकर **दि डायलेक्टिक ऑफ एन्लाइटनमेंट** (Dialictic of Enlightenment) पुस्तक को लिखा। यह पुस्तक, फ्रेंकफर्ट स्कूल की

एक उल्लेखनीय कृति समझी जाती है। इस पुस्तक में इन दोनों लेखकों ने एक महत्त्वपूर्ण प्रश्न रखा है : यह किस तरह है कि मानव जाति जिसे सही अर्थों में मानवीय जीवन मिलना चाहिये आज घनघोर बर्बरता की शिकार हो गई है? वे इस प्रश्न के उत्तर को ज्ञानोदय के द्वन्द्व में खोजते हैं। जब ज्ञानोदय का आविर्भाव हुआ था, तभी आधुनिक समाज का जन्म हुआ। ज्ञानोदय से यह आशा थी कि मनुष्य का जीवन सही अर्थों में एक सुखी जीवन हो जायेगा। लेकिन ऐसा कुछ नहीं हुआ। ज्ञानोदय ने जिस आधुनिक समाज को जन्म दिया, उस समाज ने मनुष्य को एक प्रकार के तेलिया अंधेरे में धकेल दिया। यह ज्ञानोदय द्वन्द्व था।

एडोर्नो और होरखेमर इस द्वन्द्व की विस्तार से व्याख्या करते हैं। उनकी दृष्टि में ज्ञानोदय पीछे मुड़ गया है और इसने मनुष्य को पुनः गुलाम बना दिया है। छूटी ही मनुष्य की बेड़ियों ने मनुष्य को पुनः अपनी गिरफ्त में लादिया है। वे लिखते हैं :

> ज्ञानोदय हमेशा के लिये पीछे हटगया है और आज यह एक मिथक मात्र बन गया है अब इसने मनुष्य को पुनः प्रकृति की जेल में डाल दिया है।

एडोर्नो और होरखेमर अपनी इस कृति में यह स्थापित करते हैं कि ज्ञानोदय ने वस्तु विनिमय की प्रक्रिया में पूंजीवाद को ऐसा अवसर दिया है कि वह खुलकर आम आदमी का शोषण कर सके। जिस तरह वस्तु विनिमय में श्रम शक्ति का शोषण होता है वैसे ही ज्ञानोदय के कारण सभी मानव मूल्यों का विनिमय होने लगा है। ज्ञानोदय सभी को समान बना देता है, सभी विशिष्टताओं को बराबर कर देता है और अन्तः सभी एक दूसरे के दुश्मन हो जाते हैं। ज्ञानोदय ने इस सम्पूर्ण द्वन्द्व का निराकरण भी ज्ञानोदय से ही माना है। कैसी विचित्र स्थिति है। ज्ञानोदय द्वन्द्व पैदा करता है और ज्ञानोदय ही द्वन्द्व का इलाज है। एडोर्नो और होरखेमर ज्ञानोदय के इतने खिलाफ हैं कि वे इसे **सर्वसत्तात्मक** (Totalitarian) समाज के निर्माण को लाने वाला कहते हैं। इतना कह देने के बाद भी यह निश्चित है कि ये दोनों लेखक इस तथ्य को स्वीकार करते हैं कि ज्ञानोदय ने आदमी को अपने चिंतन-मनन में स्वतंत्र कर दिया है। अब तक आदमी जिस अपरिपक्व स्थिति में था, कम से कम उससे तो उबर गया है।

एडोर्नो और होरखेमर की ज्ञानोदय के द्वन्द्व की व्याख्या अभी पूरी नहीं हुई है। वे कहते हैं कि यदि हम **ज्ञानोदय के द्वन्द्व** को दार्शनके दृष्टि से देखें तो ज्ञात होगा कि ये दोनों लेखक अपने इस ग्रन्थ में कार्य-कारण को महत्त्वपूर्ण स्थान देते हैं। यदि हम मनुष्य को एक तार्किक प्राणी मानकर चलते हैं तो स्पष्ट है कि यह मनुष्य प्रकृति का दोहन करके उत्पादन शक्तियों में वृद्धि करता है। जब वह प्रकृति के साथ ऐसा करता है तब वह अपनी आन्तरिक प्रकृति को भी नियन्त्रित कर सकता है। एडोर्नो और होरखेमर दोनों ही यह तर्क देते हैं कि ज्ञानोदय को एक विस्तृत सोच देना चाहिये जो कार्यकारण की विस्तृत व्याख्या

कर सके। **यदि द्वन्द्व की इस पुस्तक को सामाजिक सिद्धान्त की दृष्टि से देखा जाये तो इन दोनों लेखकों ने इसमें मेक्स वेबर की तर्क संगतता को तथा मार्क्स के वस्तु विनिमय सिद्धान्त** को जोड़कर देखने की बात कही है।

एडोर्नो और होरखेमर की ज्ञानोदय के द्वन्द्व की यह पुस्तक देखा जाये तो बड़ी खण्डित रूप में है, एक प्रकार से अधूरी पुस्तक है। छपने से पहिले इस पुस्तक का शीर्षक **फिलोसोफिकल फेग्मेंटस्** (Philosophical Fragments) था। शायद यह शीर्षक उचित था। यह इसलिये कि इसमें दर्शनशास्त्र के खण्डित भाग हैं। जगह-जगह इस बात की चर्चा की जाती है कि ज्ञानोदय जिन मूल्यों की चर्चा करता है, वे मूल्य खोखले हैं। इनकी कोई प्रासंगिकता नहीं है। पुस्तक के अंत में गैर-यहूदी बाद की चर्चा करना नहीं भूलते। कुल मिलाकर, इस पुस्तक में एडोर्नो और होरखेमर ज्ञानोदय के द्वन्द्व को हर तरह से अपनी आलोचना का निशाना बनाते हैं। ज्ञानोदय ने जिस आधुनिक समाज को जन्म दिया है, वह समाज मनुष्य की त्रासदी को बढ़ाने वाला है।

सत्तावादी व्यक्तित्व (Authoritarian Personality)

एडोर्नो की कृतियों में **यहूदी-विरोधी** (Antisemitis) लेखन का बराबर जायजा हमें मिलता है। यह एक ऐसा आन्दोलन था जिसमें नाज़ियों ने यहूदियों को तबाह कर दिया था। 1930 में यहूदियों को हजारों की तादाद में नाजियों ने गैस चेम्बर में मौत के हवाले कर दिया था। फ्रेंकफर्ट स्कूल की स्थापना 1923 में हो गई थी। इस स्कूल के सामने सुचारू रूप से काम करने के लिये धन की तंगी बराबर बनी रहती थी। 1940 के दशक में स्कूल के कतिपय विचारकों ने अमेरिका में रहने वाले यहूदियों के सम्पर्क स्थापित किया। यहाँ की यहूदी कमेटी ने जर्मनी के इस स्कूल को आर्थिक सहायता देने का आश्वासन दिया। गाड़ी चल निकली। अब फ्रेंकफर्ट स्कूल ने तय किया कि उन्हें अपने सिद्धान्त निर्माण की रणनीति में अन्तर करना पड़ेगा और उन्होंने ऐसा किया। अब **प्रेक्सीस** (Praxis) के उपागम को अपनाया। उन्होंने सामाजिक सिद्धान्त और आनुभाविक अनुसन्धान को जोड़ा। अब उन्होंने सिद्धान्त निर्माण को आनुभाविक धरातल पर खड़ा किया। फ्रेंकफर्ट स्कूल ने एक प्रोजेक्ट अपने हाथ में लिया। प्रोजेक्ट था : **स्टडीज़ इन प्रिज्यूडिस** (Studies in Prejudice) इस प्रोजेक्ट के अन्तर्गत योजना बनाई गई कि इस विषय पर कुल पाँच विशालकाय अध्ययन निकाले जायें। **इन अध्ययनों का केन्द्र यहूदी-विरोधी मनोवैज्ञानिक और ऐतिहासिक पहलू थे।** प्रत्येक अध्ययन के चार लेखक थे और इनमें से एक एडोर्नो थे। इन अध्ययनों में **दि ओथेरिटैरियन परसनालिटी** (The Authoritarian Personality, 1950) नामक अध्ययन एक उल्लेखनीय ग्रन्थ समझा जाता है।

इस ग्रन्थ में एडोर्नो ने कई अध्ययन विधियों को काम में लिया है। वे कहते हैं कि समाज में या किसी भी राष्ट्र में कुछ विशेष प्रकार या **जाति** (Type) के लोग होते हैं

जिनका समाजीकरण कुछ इस तरह का होता है कि उनके सोचने का तरीका रूढ़िबद्ध होता है, वे लीक से हटकर किसी भी वस्तु पर सोच नहीं सकते। एडोर्नो इस तरह के व्यक्तियों के चरित्र को **सत्तावादी व्यक्तित्व** (Authoritarian Personality) कहते हैं। हमारे यहाँ खलापुर (उ.प्र.) के राजपूतों के व्यक्तित्व का अध्ययन सामने आया है। इसमें एक दृष्टान्त है। राजपूत का लड़का स्कूल में रोज पीट खाकर घर आता है। उसकी माँ कहती है : कैसे राजपूत का लड़का है जो स्कूल से पीट खाकर आता है — राजपूत का लड़का तो हमेशा दूसरे लड़कों को स्कूल में पीट कर घर आता है। यह राजपूत जाति का समाजीकरण है जो उसे दूसरी जातियों से भिन्न कर देता है। एडोर्नो ऐसे ही व्यक्तित्व को सत्तावादी व्यक्तित्व कहते हैं।

अपने इस अध्ययन में एडोर्नो पूर्व धारणाओं को मापने के लिये कई **स्केल** (Scale) काम में लाते हैं। एक स्केल में वे सूचनादाताओं से पूछते हैं कि यहूदी-विरोधी बयानों में वे किससे सहमत हैं और किससे नहीं। इस अध्ययन में एडोर्नो ने पाया कि **वे लोग जो सत्तावादी व्यक्तित्व के हैं, अपने रीति-रिवाजों का कटुतापूर्वक पालन करते हैं।** ऐसे लोग **अनुसारक** (Conformist) होते हैं और अपने बोस (Boss) के तलवे चाटने को तैयार रहते हैं लेकिन दूसरी तरफ अपने मातहतों को धक्का देने के लिये उत्साहित भी होते हैं। ये लोग असहनशील होते हैं और अपने धर्म का अनुसरण पागलपन की हद तक करने को तैयार रहते हैं।

एडोर्नो की यह पुस्तक बेदाग निकल गई हो, ऐसा नहीं है। इस पर कई प्रश्न उठाये गये हैं। कुछ लोगों ने व्यक्तित्व मापने की स्केल पर आपत्ति की है। कुछ आलोचकों का कहना है कि सत्तावाद व्यक्तित्व लक्षण नहीं हैं, यह तो किसी संस्कृति के मानक और मूल्यों को बताता है। इस दृष्टि से एडोर्नो की यह पुस्तक व्यक्तित्व के प्रकार को न बताकर **सत्तावादी सोच के प्रतिमान को तो अवश्य बताती है।** निष्कर्ष यह है कि नाजीवाद और कुछ न होकर केवल विश्वासों का एक जोड़ मात्र ही है।

मेक्स होरखेमर (1895-1973)
(Max Horkheimer)

होरखेमर फ्रेंकफर्ट स्कूल के एक अग्रणी सदस्य थे। इन्हें समाजशास्त्र में उनके इस प्रबन्ध के लिये जाना जाता है कि विलम्बित पूंजीवाद (Late Capitalism) ने किस तरह बुद्धिसंगतता (Rationality) को विकसित किया। इनका मानना है कि आधुनिक सभ्यता वस्तुतः एक बीमार सभ्यता है। इस सभ्यता को स्वस्थ करने के लिये सिद्धान्त और व्यवहार दोनों ही स्तरों पर क्रांतिकारी परिवर्तन की आवश्यकता है। उनका कहना है कि सभी सिद्धान्त अधूरे और एक पक्षीय हैं। इस संदर्भ में वे मार्क्स के सिद्धान्त को भी इस मूल रूप में स्वीकार करने को तैयार नहीं है। होरखेमर के अनुसार ऐसी अवश्यम्भावी सर्वहारा, क्रांति का विचार जो अलगाव और शोषण का अंत करदेगा, एक भ्रांतिपूर्ण विचार है।

मार्क्स ने इतिहास की भौतिक शक्तियों को अत्यधिक प्रमुखता दी है और इस पर निष्कर्ष निकाला है कि आदमी की मुक्ति होजायेगी। होरखेमर आपत्ति करते हैं : क्या आर्थिक मुक्ति सम्पूर्ण मुक्ति है ? अगर हाँ, तो निश्चित रूप से यह मुक्ति बहुत सीमित मुक्ति है। होरखेमर का सिद्धान्त एक आलोचनात्मक सिद्धान्त है और इसलिये इस का उद्देश्य ज्ञान की खोज करना है और यह ज्ञान सामाजिक संरचना में छिपा हुआ है। दूसरे शब्दों में ज्ञान का आधार सामाजिक होता है। होरखेमर आनुभाविकता और प्रत्यक्षवाद के विरोधी थे। यह विरोध इसलिये कि ज्ञान आनुभविता में स्पष्ट नहीं होता। इसका तो विश्लेषण करना होता है।

होरखेमर का जीवन वृत्त (1895-1973)
(Biography of Horkheimer)

जर्मनी के स्टूटगर्ट में 1895 में मेक्स होरखेमर का जन्म हुआ था। उनके पिता टेक्सटाइल के धंधे में काम करते थे। यह परिवार यहूदी धर्मावलम्बी था। जब होरखेमर पढ़ाई कर रहेथे तब उन्होंने पक्का किया था कि वे अपने पिता की तरह ही जूट और कपड़े के व्यवसाय में लग जायेंगे। लेकिन होना कुछ और था। जब वे सौलह वर्ष के थे उनका परिचय फ्रेड्रिच पोलोक (Fradrich Pollock) से हो गया। पोलोक होरखेमर से कोई एक वर्ष बड़े थे। ये दोनों मित्र हो गये और यह मित्रता जीवन पर्यन्त चली। बाद में चलकर अपने इस प्रारम्भिक काल में इन दोनों ने जो कुछ लिखा है, उसे प्रकाशित भी किया गया। म्युनिच में जाकर होरखेमर ने दर्शनशास्त्र, मनोविज्ञान, और अर्थशास्त्र पढ़ा। पढ़ाई समाप्त करने के बाद उन्होंने अध्यापन को अपने व्यवसाय की तरह अपना लिया। ई. 1951 से 1953 तक होरखेमर फ्रेंकफर्ट विश्वविद्यालय के वाइस चान्सलर रहे। अमेरिका के शिकागो विश्वविद्यालय में होरखेमर अतिथि प्रोफेसर भी रहे। इनका देहान्त 1973 में हो गया।

कृतियाँ (Works)

होरखेमर अव्वल दर्जे के सिद्धान्तवेत्ता थे। लेकिन वे फ्रेंकफर्ट स्कूल द्वारा चलाये गये मार्क्सवाद के आन्दोलन के अग्रणी भी थे। वे सभी विचार एक प्रकार का साझा चिन्तन करते थे। समान विचारों वाले थे। उनकी लड़ाई नाजी दमन और शोषण के खिलाफ थी। वे मार्क्स की विचारधारा का पुनर्निवचन तत्कालीन समाज की चुनौतियों के सन्दर्भ में करना चाहते हैं और इसलिये उनकी कई छोटी-मोटी कृतियाँ एडोर्नो, और पोलोक के साथ थी। यहाँ उनकी कतिपय मुख्य कृतियों का उल्लेख करेंगे :

1. **डायलेक्टिव ऑफ इनलाईटमेंट** (एडोर्नो के साथ) (Dialectics of Enlightenment, 1949)

2. **क्रिटिकल थ्योरी** (Critical Theory, 1972)
3. **दि इक्लीप्स ऑफ रिजन** (The Eclipse of Reason, 1974)
4. **डाउन एण्ड डिक्लाइन : नोट्स** (Down and Decline : Notes, 1926-31, 1950-69) (1978)

होरखेमर की अनुसंधान रणनीति (Research Strategy of Horkheimer)

होरखेमर फ्रेंकफर्ट स्कूल के अध्यक्ष थे। उन्होंने इस पद को सम्भालने के बाद स्कूल की अनुसंधान नीति को बनाया। उनका आग्रह था कि सामाजिक अनुसंधान ऐसा होना चाहिये जो **इन्टरडिसीप्लनरी** (Interdisciplinary) हो और उसमें भौतिकवादी तथा सामाजिक कार्यक्रमों का समावेश हो। इस अनुसंधान रणनीति ने फ्रेंकफर्ट स्कूल को एक नई दिशा दी। होरखेमर का विचार था कि दर्शनशास्त्र को एक सिद्धान्त की तरह काम करना चाहिये। **अनुसंधान की दिशा को सिद्धान्त और आनुभाविकता दोनों को मिलकर निश्चित करना चाहिये।** सिद्धान्त को आनुभविकता और आनुभविकता को सिद्धान्त में जोड़ने की कोशिश करे तो अनुसंधान समाज के ज्ञान को प्राप्त करने में कामयाब होगा। सामाजिक अनुसंधान और समाजशास्त्र एक नहीं है। सामाजिक अनुसंधान के सामने कई समस्याएँ होती हैं, एक विशाल परिवेश होता है, जबकि समाजशास्त्र तो अपनी विधा की सीमाओं में बंधा रहता है।

देखा जाये तो होरखेमर फ्रेंकफर्ट स्कूल के एक **थिंकटेंक** (Think Tank) थे। एक सिद्धान्तवेत्ता के अतिरिक्त वे सक्रिय कार्यकर्ता भी थे। उन्होंने **क्रिटिकल थ्योरी** पर अपने विचार व्यक्त किये हैं। इस सिद्धान्त में वे अपने आपको आदर्शवाद और रूढिवादी मार्क्सवाद से पृथक् करते हैं। यही नहीं उन्होंने सांस्कृतिक एवं राजनीतिक उदारवादिता की सम्भावना का भी प्रतिकार किया। वे धर्म के समर्थक थे। पर उनका यह समर्थन मुक्ति के विकल्प को जीवित रखने के लिये था। होरखेमर ने **ओल्ड टेस्टा भेंट** का उदाहरण देते हुए कहा कि जिस प्रकार ईश्वर का चित्रण करना निषिद्ध है, उसी प्रकार यह स्वीकार करना आवश्यक है हम सत्य या शुभ को नहीं जान सकते। स्राव हमेशा अपूर्ण होता है।

फ्रेंकफर्ट स्कूल की गतिविधियाँ एक लम्बे समय तक होरखेमर ने एडोर्नों के सहयोग से 'समाजशास्त्र को फ्रेंकफर्ट का योगदान' नामक पत्रिका प्रकाशन 1955 में किया। इस पत्रिका में बराबर पूंजीवाद पर लिखा गया। होरखेमर का कहना था कि पूंजीवाद ने उदारवाद को छोड़ दिया था। अब बाजार की मुक्त प्रतियोगिता नहीं रही थी। उत्पादन के साधनों का स्वामित्व कुछ सीमित लोगों के हाथ में आगया था। **परिणामस्वरूप उदार पूंजीवाद अब एकाधिकार पूंजीवाद** (Monopoly Capitalism) बन गया था। होरखेमर बहुत निराश थे और इधर 1939 में द्वितीय विश्व युद्ध प्रारम्भ होगया था। उन्हें लगा कि पूंजीवाद और फासीवाद का गठबन्धन बहुत घनिष्ठ था। उनका कहना था : **वह जो**

पूंजीवाद के खिलाफ नहीं बोलना चाहता, उसे फासीवाद के बारे में मौन रहना चाहिये। दूसरे शब्दों में, अगर पूंजीवाद को बर्दाश्त करोगे तो फासीवाद को भी झेलना पड़ेगा। होरखेमर बड़ी फक्कड़ किस्म के विचारक थे। उन्होंने नाजी जर्मनी से आये सभी यहूदी शरणार्थियों को खूब लताड़ा ओर कहा कि वे शरणार्थी जो पूंजीवाद के समर्थक हैं, और इसे व्यवहार में लाते हैं, उन्हें नाजियों के फासीवाद पर बोलने का कोई अधिकार नहीं है। वास्तविकता यह है कि मार्क्स ने बहुत पहले कहा था कि पूंजीवाद के विकास में फासीवाद निहित है।

संदर्भ ग्रन्थ

A. Giddens, J. Turner (eds), **Social Theory Today**, 1987.

Rolf Wiggerans, **The Frankfurt School**, 1995.

The Authoritarian Personality, New York, 1950.

17

नव-मार्क्सवादी सिद्धान्त : हेबरमॉ और अल्थ्यूज़र

(Neo-Marxian Theories : Habermas and Althusser)

ई. 1970 के दशक के अन्तिम वर्षों में मार्क्सवादी लेखकों को यह स्पष्ट होने लगा कि रूढ़िवादी मार्क्स तत्कालीन समाज के विश्लेषण में अप्रसंगिक था। समाज एकदम बदल गया था। मार्क्स ने जिस पूंजीवाद का विश्लेषण किया था, उस पूंजीवाद का स्वरूप ही बदल गया था। अब कोरपोरेट पूंजीवाद आगया था। ऐसी अवस्था में रूढ़िवादी पूंजीवाद में संशोधन होना आवश्यक था। इधर जो फ्रेंकफर्ट स्कूल ई. 1950 तक सक्रिय था, वह शिथिल हो गया। इसके कई विचारक जर्मनी छोड़कर इधर-उधर हो गये थे। कोई अमेरिका में बस गया और कोई ब्रिटेन में। इस बिखराव के होते हुए भी निश्चित रूप से कई लेखकों ने अपने व्यक्तिगत स्तर पर मार्क्स की पुनर्व्याख्या करना नहीं छोड़ा। अब फ्रेंकफर्ट स्कूल की परिभाषा और तरह से दी जाने लगी। नये संदर्भ में फ्रेंकफर्ट स्कूल ने **नव-मार्क्सवाद** (Neo-Marxism) को जन्म दिया। **नव-मार्क्सवाद वह है जिस में कोई भी सामाजिक सिद्धान्त या समाजशास्त्रीय विश्लेषण में मार्क्स, फ्रेडरिच तथा एंजिल्स को अपना मूल संदर्भ बनाता है।** इन नये सिद्धान्तों में मार्क्सवादी विचारों को लिया जाता है लेकिन इसके अतिरिक्त अन्य सामाजिक सिद्धान्तों की परम्परा को भी खुलकर सम्मिलित किया जाता है। उदाहरण के लिये आलोचनात्मक सिद्धान्तों में मनोविश्लेषण को स्थान देना और इसी तरह वेबर के समाजशास्त्र को मार्क्स के साथ जोड़ना।

समाज में अब नव-मार्क्सवादियों ने मार्क्स की व्याख्या एक दम नये-सिरे से प्रारम्भ कर दी। हेबरमॉस, वास्तव में देखा जाये तो फ्रेंकफर्ट स्कूल की परम्पराओं को आगे बढ़ाने वाले हैं, वे इसके पदाधिकारी भी रहे हैं। यही हाल अल्थ्यूज़र और जेमेसन का रहा है। **देखा जाये तो फ्रेंकफर्ट स्कूल के विस्तृत स्वरूप ने ही नव-मार्क्सवादियों को आगे बढ़ने की प्रेरणा दी है।** जिस विचारधारा को फ्रेंकफर्ट ने पैदा किया था, उसे इन लेखकों ने आगे ब्रढ़ाया। इस पीढ़ी के विचारकों का यह दृढ़ विश्वास था कि यदि मार्क्सवाद को **एक बौद्धिक विधा और समाजवादी विचारधारा की तरह जीवित रहना** है तो इसमें संशोधन

करने की बहुत बड़ी आवश्यकता है। इस आवश्यकता ने ही नव-मार्क्सवाद को जन्म दिया और आगे बढ़ाया। **एक तरह से नव-मार्क्सवाद फ्रेंकफर्ट स्कूल का विस्तार ही है। इस तथ्य को, दूसरे शब्दों में, इस तरह रखा जा सकता है कि नव-मार्क्सवाद फ्रेंकफर्ट स्कूल तथा आलोचनात्मक सिद्धान्तों की ही परम्परा है। इसका मुहावरा मार्क्स, एंजिल्स और फ्रेडरिच हैं।** लेकिन केन्द्र तो मार्क्स ही हैं।

ई. 1970 के अन्त में और इसके बाद ई. 1989-90 में पूर्वी यूरोप में क्रांतिकारी परिवर्तन आये। द्वितीय विश्व युद्ध के बाद यह दुनिया दो भागों में बंट गई थी - प्रजातांत्रिक पूंजीवाद और समाजवाद। लेकिन 1989-90 में पोलेंड, हंगरी, पूर्वी जर्मनी, बुल्गारिया, चेकोस्लोवेकिया और रूमानिया में सरकारी समाजवाद समाप्त हो गया। इधर 1990 में सोवियत का पतन होगया।

ये सब घटनाएँ ऐतिहासिक थी। इन घटनाओं ने मार्क्स के परीक्षण की घड़ी उपस्थित कर दी। **एलेक्स केलिनिकोज़** (Alex Callinicos) ने मार्क्सवाद की इस संकटकालीन घड़ी में यह तर्क दिया कि जिसे हम उदार प्रजातंत्र कहते हैं, वह भी अपने वादों में खरा उतरा हो, ऐसी कोई बात नहीं है। आज आवश्यकता इस बात की है कि मार्क्सवाद की व्याख्या समाज के नये संदर्भ में करें। नव-मार्क्सवादी समाजशास्त्री इसी मुहिम को चला रहे हैं।

नव-मार्क्सवादी सिद्धान्त और इसके अध्ययन के उपागम
(Neo-Marxian Theories and Approaches to Study)

प्रजातंत्र आज अपने सभी वादों में असफल रहा है। इटली के राजनीतिशास्त्र के विद्वान **नोरबेर्टो बोबियो** (Norberto Bobbio) का कहना है कि प्रजातंत्र आम जनता की **भागीदारी** (Participation) समाज के **नीचे के स्तर द्वारा नियन्त्रण** (Central from below) और **विरोध तथा सुधार** (Protest and Reform) की बात करता है लेकिन वास्तविक रूप में ऐसा कुछ होता नहीं। प्रजातंत्र आज अपने निम्नतम भ्रष्ट रूप में है। नव-मार्क्सवादी आग्रहपूर्वक कहते हैं कि क्लासिकल मार्क्सवाद में आज भी ऐसे तत्व हैं जो समाजवाद को स्थापित करने में सक्षम हैं।

जेन्स पीटर प्रोलूण्ड थोम्सन और हेने एन्डरसेन
(Jens Peter Prolund Thomas and Heine Andersen)

प्रचलित नव-मार्क्सवादी सिद्धान्तों का आलोचनात्मक विश्लेषण किया है। वे कहते हैं कि नव-मार्क्सवादियों ने क्लासिकल मार्क्सवाद को मुख्य रूप से दो संदर्भों में देखा है। वे इसको मार्क्स के अध्ययन का उपागम मानते हैं। ये उपागम इस प्रकार हैं :

1. **नव-ग्रामशी सिद्धान्त या विमर्श विश्लेषण** (Neo-Gramscian Theory or Discource analysis)
2. **विश्लेषणात्मक मार्क्सवाद** (Analytical Marxism)

मार्क्सवादी अध्ययन में इन दोनों उपागमों का उद्गम एक ही समय में हुआ है। ये दोनों ही उपागम **इस बात से सहमत हैं कि मार्क्सवादी सिद्धान्त** का नवीनीकरण होना चाहिये। मार्क्स के समय में समाज और पूंजीवाद की जो संरचना थी, वह आज नहीं है और इसलिये अन्य सामाजिक सिद्धान्तों की परम्पराओं को उदारता से अपनाकर मार्क्स का नवीन विश्लेषण किया जाना चाहिये। यह विश्लेषण, बहुत स्पष्ट है, रूढ़िवादी नहीं होना चाहिए। इस एक समानता के अतिरिक्त इन दोनों उपागमों में और कोई मेल नहीं है। यह अवश्य है कि समाज विज्ञानों में **ज्ञान मीमांसा** (Epistemology) की परम्परा है, इसे ये दोनों उपागम अपना केन्द्रीय लक्ष्य मानते हैं। यहाँ हम यह अवश्य दोहरायेंगे कि सभी समाज विज्ञान और विशेषकर उत्तर-आधुनिकतावादी सिद्धान्त जो अपनी अराजकता के लिये बदनाम हैं, वे भी ज्ञान मीमांसा को अपना लक्ष्य मानते हैं।

विश्लेषणात्मक मार्क्सवादी उपागम अपनी एक विशेष पहचान रखता है। यह उपागम **प्रत्ययवाद** (Positivism) और इसके विभिन्न प्रकारों से प्रभावित है। इसके अनुसार मार्क्सवाद को अपनी कतिपय महत्त्वपूर्ण धारणाओं (Assumption) **के अनुसार कार्य-कारण, प्राक्कल्पनाओं का निर्माण करना चाहिये**। दूसरे शब्दों में मार्क्सवादी सिद्धान्त को **निगमनात्मक** (Deductive) – **विधिविज्ञान** (Nomology) व्यवस्था की तरह विकसित करना चाहिये। इसके विपरीत ग्रामशी सिद्धान्त या विमर्श विश्लेषण सिद्धान्त को व्याख्यात्मक (Hermeneutic) रूप में प्रस्तुत करता है। इसका कहना है कि समाज विज्ञानों में विश्लेषण और भविष्यवादी करने की कोई आवश्यकता नहीं है। विमर्श में सामाजिक सम्बन्धों का विश्लेषण होना चाहिये और मनुष्य को इतिहास की उपज मात्र मानना चाहिये। देखा जाये तो मार्क्सवाद के ये दोनों उपागम ज्ञान से जुड़े हुए मुद्दों का ही उठाते हैं। अपनी-अपनी तरह से ये दोनों उपागम सामाजिक सिद्धान्त को परिभाषित करते हैं।

नव-ग्राम्शी सिद्धान्त या विमर्श विश्लेषण
(Neo-Gramscian Theory or Discourse Analysis)

नव-मार्क्सवादी सिद्धान्तों में गहनता तब आई जब ई. 1970 के दशक में विचारकों ने **ग्राम्शी** (Antonio Gramsci, 1891-1937) के मार्क्सवादी सिद्धान्तों का विश्लेषण किया। ग्राम्शी इटली के मार्क्सवादी विचारक समझे जाते हैं। वे मार्क्स के आर्थिक निर्धारणवाद और द्वन्द्वात्मक भौतिकवाद के विरोधी थे। उनका प्रबन्ध था कि शासक और बुर्जुआ वर्ग शक्तिशाली होता है। इस वर्ग की **हेजेमनी** (Hagemony) अर्थात् इसका प्राधान्य सर्वहारा वर्ग पर होता है। ग्राम्शी के अनुसार आधुनिक बुर्जुआ समाज की सुदृढ़ता का मुख्य स्रोत यह शासकवर्गीय सांस्कृतिक नेतृत्व ही होता है जो जनसमुदाय पर अपने मूल्यों की छाप अंकित करता है। यह नेतृत्व परिवार, धार्मिक संस्थाओं, स्कूल आदि के माध्यम से काम करता है। ग्राम्शी यह मानते हैं कि जब तक मूल्यों और मान्यताओं के क्षेत्र

में बुर्जुआ तत्वों की **प्रधानता** (Hegemony) समाप्त नहीं की जाती, तब तक कामगार आन्दोलन सफल नहीं हो सकता। अतः आर्थिक तत्व के आधार पर समाजवाद की स्थापना सम्भव नहीं है। इसके लिये पूंजीवाद के विरुद्ध वैचारिक लड़ाई की आवश्यकता है। आज के नव-मार्क्सवाद पर ग्राम्शी का प्रभाव बहुत अधिक है। हम पहले नव-मार्क्सवाद के प्रमुख प्रणेता के रूप में ग्राम्शी का उल्लेख करेंगे।

ग्राम्शी (1891-1937)
(Gramsci)

नव-मार्क्सवाद में ग्राम्शी का नाम उल्लेखनीय इसलिये हैं कि इन्होंने मार्क्स के आर्थिक निर्धारणवाद (Economic determinism) का खण्डन किया। इटली के ग्राम्शी ने अपना जीवन गरीबी और त्रासदी में बिताया। वे शुरु से ही शारीरिक रूप से कमजोर था। कोई न कोई बीमारी उन्हें बराबर घेरे रहती थी। उनकी शिक्षा-दीक्षा तूरीन विश्वविद्यालय में हुई। उनकी गरीबी और साथ ही उनकी राजनीति में भागीदारी ने उन्हें अपनी शिक्षा बीच में ही छोड़ने को बाध्य किया। यह सब ठीक है लेकिन ग्राम्शी की भाषाविज्ञान में अत्यधिक रुचि थी। इसी कारण उन्होंने मार्क्सवाद को भाषाई दृष्टि से देखा। उनके सैद्धान्तीकरण में उत्तर-संरचनावाद का पुट आगया। ग्राम्शी मार्क्सवाद ने मूर्धन्य विचारक तो थे ही, इसके अतिरिक्त वे एक प्रतिभाशाली पत्रकार राजनीतिक आन्दोलनकारी, संसद सदस्य और इटली के साम्यवादी दल के सक्रिय नेता भी थे। ई. 1926 में मुसोलिनी ने शासन सत्ता में उन्हें उनकी राजनीतिक सक्रियता के कारण जेल के सींकचों में डाल दिया गया। जेल में ही उनकी मृत्यु हो गयी। अपने समय के एक महान विचारक की यही नियति थी। जब ग्राम्शी जेल में थे, उन्होंने वही तत्कालीन समाज के बारे में अपनी फुटकर टिप्पणियाँ लिखी। वास्तव में मार्क्सवादी समाज वैज्ञानिकों में ग्राम्शी की एक विचारक की जो प्रतिष्ठा है, वह इन टिप्पणियों के कारण ही है। इन जेल डायरियों में जिन विषयों का विश्लेषण किया गया है, वे हैं - बौद्धिक, शिक्षा, इटली का इतिहास, राजनीतिक दल, फासीवाद, हेजमनी (प्रधान्य) और फ्रायडवाद आदि। इन विचारों और अवधारणाओं ने ई. 1970 के दशक में मार्क्सवादी सामाजिक विज्ञान में उत्पन्न चर्चाओं का ग्राम्शी को एक केन्द्रीय व्यक्ति बना दिया।

ग्राम्शी की कृतियाँ
(Works of Gramsci)

ग्राम्शी एक मानवतावादी विचारक थे। उनका विरोध निरंकुश शासन के खिलाफ था। इटली में जब कभी दमन का चक्र तेज हुआ, ग्राम्शी उसके विरोध में तत्पर थे। उनका पक्का विश्वास प्रजातंत्र में था। यही कारण है कि उन्होंने कामगारों के लोकतंत्री आन्दोलन का हमेशा समर्थन किया। ग्राम्शी एक ऐसे समाज की कल्पना करते थे जो स्वचालित होगा तथा जिसमें शोषण, दमन और बल प्रयोग नहीं होगा।

उनकी प्रमुख कृतियाँ निम्न प्रकार हैं -

1. **दि मोडर्न प्रिंस एण्ड अदर राईटिंग** (The Modern Prince and Other Writings, 1959)
2. **सिलेक्शंस फ्रोम दि प्रिज़न नोट बुक्सस** (Selections from the Prison Notebooks, 1971)
3. **सिलेक्शंस फ्रोम पोलिटिकल राइटिंग** (Selections from Political Writings, 1977)

देखा जाये तो ग्राम्शी ने किसी क्लासिकल ग्रन्थ की रचना नहीं की है। फिर भी उनके लेखन ने आधुनिक मार्क्सवादी विचारधारा को बहुत अधिक प्रभावित किया है। **निकोज पोलेंटाज** (Nicos Poulantzas) ने ग्राम्शी के विचारों पर राजनीतिक समाजशास्त्र का विकास किया है। इनके बाद कई अन्य लेखकों ने ग्राम्शी के विचारों को **विमर्श विश्लेषण** (Discourse Analysis) के साथ जोड़ा है। हाल में ग्राम्शी के मार्क्सवाद को विमर्श विश्लेषण के साथ कारगर रूप से जोड़ने का काम **जेम्स जोल** (James Joll) ने किया है। यह कहना अनुचित नहीं होगा कि जिसे आज **विमर्श विश्लेषण** कहते हैं, इसका बीज या शुरुआत ग्राम्शी का मार्क्सवाद ही है। इसी कारण कई बार ग्राम्शी के मार्क्सवाद को विमर्श विश्लेषण भी कहते हैं। एक प्रकार से ये दोनों पर्यायवाची हैं।

विमर्श विश्लेषण
(Discourse Analysis)

ग्राम्शी के मार्क्सवादी विचारों पर बाद के सिद्धान्तवेत्ताओं ने विमर्श विश्लेषण के उपागम को विकसित किया है। आखिर यह विमर्श क्या है? अगर हम उत्तर-आधुनिकतावादी लेखकों की अवधारणाओं का विश्लेषण करें तो ज्ञात होगा कि इन लेखकों के लिये विमर्श का प्रयोग एक सामान्य बात है। आज तो विमर्श एक फेशनेबल अवधारणा बन गई है। बस कह दीजिये : **डिस्कोर्स** यानी विमर्श और आप उस क्षण उत्तर-आधुनिक बन जाते हैं। इस पुस्तक में हमने कई विमर्श की अवधारणा को परिभाषित किया है। अभी हम इसे फिर दोहरायेंगे। यह एक तकनीकी अवधारणा। इसके प्रयोग में पूरी सावधानी बरतने की आवश्यकता है। **शब्द कोश में विमर्श का मतलब भाषण, प्रबन्ध, प्रवचन, आदि से लिया जाता है।** यह इसका शाब्दिक अर्थ है, तकनीकी नहीं। इसका दूसरा अर्थ भाषाविज्ञान से लिया गया है। **इसके अनुसार भाषा की संरचना, उसके कार्य और उसके प्रतिमानों का** विमर्श में किया जाता है। इसको प्रयोग में लाकर फर्डीनेंड सोसोरे कहते हैं कि **भाषा का जो प्रचलित रूप होता है, वह पेरोल** (Parole) **कहलाता है। भाषाविद् इस पेरोल के अध्ययन में रुचि नहीं रखते। लेकिन भाषा के प्रचलित रूप के पीछे जो नियम होते हैं, अर्थात् जो लेंगू** (Langue) **या व्याकरण होती हैं, उसके अध्ययन में भाषाविद् दिलचस्पी लेते हैं। यह व्याकरण ही उनके अध्ययन की केन्द्र होती है। यही विमर्श है।**

लेकिन विमर्श यह तकनीकी परिभाषा भी कोई अधिक स्पष्ट नहीं है। गिडेन्स ने अपनी पाठ्य पुस्तक **सोश्योजी** (Sociology, 4th Edition) में विमर्श को और अधिक सरल भाषा में रखा है। **वे कहते हैं कि विमर्श सामाजिक जीवन के किसी विशेष क्षेत्र में सोचने की पद्धति है।** उदाहरण के लिये आदिवासी समाज के लोग अपराध के बारे में यह सोचते हैं कि इसे करने वाले जन्मजात अपराधी होते हैं। इस तरह का सोच जो एक खास समाज का है, विमर्श कहलाता है। भारतीय समाज में भ्रष्टाचार एक विमर्श है। इसके बारे में आम आदमी का सोच है कि सरकारी कर्मचारी, पुलिस और राजनीतिक भ्रष्टाचारी होते हैं। यह विमर्श है। भ्रष्टाचार का इस तरह का सोच गलत भी हो सकता है, और सही भी। लेकिन सामाजिक जीवन के बारे में लोगों के सोचने और समझने की यह पद्धति (फ्रेमवर्क) विमर्श है। अब हम यहाँ यह देखेंगे कि ग्राम्शी ने मार्क्स के बारे में जो विचार रखे हैं, उसके विमर्श का विश्लेषण किस भांति ग्राम्शी के बाद के लेखकों ने किया है।

(1) प्रजातांत्रिक व्यवस्था समाजवादी समाज के निर्माण में सहायक हो सकती है (Democratic system Can be helpful in the construction of a socialist society)

मार्क्स का प्रबन्ध था कि प्रजातंत्र कभी भी समाजवाद लाने में सहायक नहीं हो सकता। **प्रजातंत्र तो पूंजीवाद का जनक है। इसमें वर्ग संघर्ष अवश्य होता है। ग्राम्शी ने मार्क्स के इस प्रबन्ध को अस्वीकार किया।** उन्होंने प्रजातंत्र को एक ऐसे प्रोजेक्ट की तरह प्रस्तुत किया जो समाजवाद के लाने में सहायक हो सकता है। **प्रजातंत्र में वर्गों के बीच में आमने-सामने का संघर्ष नहीं होता।** वे कहते हैं कि यदि प्रजातंत्र उदार है इसको चलाने वाले बुर्जुआ उदार हैं तो यह मानवीय चेहरे वाला प्रजातंत्र एक समाजवादी समाज के निर्माण में सहायक हो सकता है। ग्राम्शी ने इस प्रबन्ध के बाद के कई मार्क्सवादी विचारकों ने स्वीकार किया है। इन लेखकों में उल्लेखनीय हैं : **लाक्लाऊ** (Laclaw), **मौफे** (Mouffe) और **जैसोप** (Jessop)। यहाँ ग्राम्शी जब इस प्रबन्ध को प्रस्तुत करते हैं तब स्पष्ट रूप से वे **लेनिन** (Lenin) का विरोध करते हैं। लेनिन ने कहा था कि हमें एक बारगी बुर्जुआ संस्थाओं को ध्वस्त कर देना चाहिये। ये पूंजीवादी संस्थाएँ हैं **और श्रमिक-वर्ग के लिये इन बुर्जुआ संस्थाओं की कोई प्रासंगिकता नहीं है।** ग्राम्शी ने लेनिन के इस विमर्श को पूरी तरह से अस्वीकार कर दिया और आशा व्यक्त की कि **प्रजातंत्र और बुर्जुआ संस्थाएं समाजवादी समाज की स्थापना में सहायक हो सकते हैं। यह उनका प्रजातंत्र, समाजवाद और वर्ग के विमर्श का विश्लेषण था।**

(2) ग्राम्शी का विश्लेषण आधुनिक समाज के विश्लेषण के लिये अधिक प्रासंगिक है (Gramscian analysis is more relevant for the analysis of modern societies)

ग्राम्शी ने सामाजिक विश्लेषण के जिस उपागम को विकसित किया है, वह आधुनिक

समाजों पर बड़ी खूबी के साथ लागू होता है। यह इंग्लैण्ड जैसे देश पर लागू किया भी गया है। वहाँ इसे सफलता मिली है। इस समाज पर मार्क्स के क्लासिकल मॉडेल को लागू करते हैं तो असफलता ही हाथ लगती है। यहाँ यह मॉडेल विशाल हो जाता है। ग्राम्शी के मॉडेल में समाज की जटिलताओं को समेटने की क्षमता है। यह सब बात रूढ़िवादी मार्क्सवाद में नहीं।

ग्राम्शी के विमर्श विश्लेषण को लाक्लाऊ और मौफे ने भाषाविज्ञान के संदर्भ में लागू किया था। ये दोनों विचारक राजनीतिशास्त्र के विद्वान हैं। इनका कहना है कि ग्राम्शी के इस उपागम ने राजनीतिशास्त्र को एक नया संदर्भ दिया है।

(3) विमर्श विश्लेषण में भाषाई दर्शनशास्त्र, संरचनावाद और उत्तर-आधुनिकतावादी होते हैं (Discourse analysis combines linguistic philosophy, structuralism and poststructuralism)

ज्ञान की मीमांसा सभी समाज विज्ञानों का लक्ष्य होता है। ग्राम्शी भी इसी ज्ञान की खोज में थे। इनकी दृष्टि में ज्ञान की नींव इस तथ्य में थी कि बुद्धिसंगतता, वस्तुनिष्ठा, और निर्धारणवाद की सभी धारणाओं को अस्वीकार किया जाये। रुढ़िवादी मार्क्सवाद यह मानकर चलता है कि सामाजिक विकास में निहित बुद्धिसंगतता को **युक्तियुक्त व्यवहार** (Rational Behaviour), **अधिकतम मुनाफाखोरी** (Profit Maximization) और **वर्ग व्यवहार** (Class Behaviour) में देखा जा सकता है। ग्राम्शी को मार्क्स का यह प्रबन्ध स्वीकार नहीं था। **उनका तर्क है कि आधुनिक समाज में परिवर्तन और प्रतियोगिता का व्यवहार देखने को मिलता है। ऐसी अवस्था में इस समाज में न तो स्थाईत्व होता है और न ही पारदर्शिता।** मार्क्स जिस समाज की कल्पना करते थे, उसमें परिवर्तन की गति न्यूनतम थी। यह समाज परम्पराओं से इस भांति ग्रस्त था कि इसमें पारदर्शित को खोजना बहुत कठिन था। ग्राम्शी का विमर्श विश्लेषण अपने परिवेश में बहुत वृहत् था। इस विमर्श के तीन मुख्य बिन्दु हैं :

1. विमर्श विश्लेषण इस तथ्य पर जोर देता है कि **विचारधारा, भाषा और प्रतीक उतने ही महत्त्वपूर्ण होते हैं जितने भौतिक संबंध** और इस तथ्य को अधिक स्पष्टतया ऐतिहासिक विकास में देखा जा सकता है।
2. विमर्श विश्लेषण इस बात पर भी जोर देता है कि किसी भी समाज में भौतिक सम्बन्धों को भाषाई और विचारधारा से पृथक् करके नहीं समझा जा सकता है।
3. विमर्श इस बात का भी वादा करता है कि समाज की जो भी यथार्थता है, उसका निर्माण भाषा और प्रतीकों के माध्यम से ही होता है।
4. विमर्श का एक और तर्क है। इसका कहना है कि समाज में संरचनात्मक परिवर्तन केवल आर्थिक कारकों से ही नहीं होता, राजनीतिक और **हेजमनी** अर्थात् प्रभुत्व के

कारक भी महत्त्वपूर्ण होते हैं। दूसरे शब्दों में परिवर्तन गैर-आर्थिक कारकों से भी होता है।

ग्राम्शी ने मार्क्सवाद की जो व्याख्या की थी, इसीके आधार पर बाद के विचारकों ने विमर्श विश्लेषणं का निर्माण किया है। वस्तुतः विमर्श विश्लेषण ग्राम्शी की ही देन है। कुल मिलाकर, विमर्श विश्लेषण **एक व्यक्तिनिष्ठ उपागम** (Subjectivist approach) है जो भाषा, प्रतीक और विचारधारा की चेतना के माध्यम से मानव क्रिया के उद्‌गम को खोजता है। यहाँ यह भी कहना चाहिये विमर्श विश्लेषण भाषा, प्रतीकों और विचारधारा पर जोर तो देता है लेकिन सामाजिक संगठन के भौतिक और संरचनात्मक पहलुओं को उपेक्षा की दृष्टि से नहीं देखता है।

4. विमर्श विश्लेषण उत्तर-मार्क्सवादी और ग्राम्शीवादी है (Discourse analysis is Post-Marxian and Post-Gramscian)

इस अध्याय के प्रारम्भ में हमने कहा है कि नव-मार्क्सवादी सिद्धान्त मार्क्स के सिद्धान्तों का विश्लेषण प्रमुखतया दो उपागमों द्वारा करते हें : नव-ग्राम्शी सिद्धान्त या विमर्श विश्लेषण और विश्लेषणात्मक मार्क्सवाद। इन दोनों उपागमों में हमने पिछले पृष्ठों में ग्राम्शी सिद्धान्त का विवरण दिया है। इस विवरण के निम्न बिन्दु महत्त्वपूर्ण हैं :

1. ग्राम्शी के निष्कर्षों पर ही विमर्श विश्लेषण का निर्माण हुआ है। विमर्श विश्लेषण मार्क्स के सिद्धान्तों से बहुत कुछ लेता है लेकिन इसका बड़ा भाग ग्राम्शी है। इसी कारण विमर्श विश्लेषण को ग्राम्शी सिद्धान्त भी कहते हैं।
2. **विमर्श विश्लेषण मार्क्स के वर्ग विश्लेषण को अस्वीकार करता है** और प्रबन्ध रखता है कि वे कारक जो गैर-वर्ग से सरोकार रखते हैं वर्गों के ऐतिहासिक विकास में उल्लेखनीय भूमिका अदा करते हैं। इस प्रबन्ध को मूल में ग्राम्शी ने रखा था।
3. मार्क्स और ग्राम्शी में सिद्धान्तों के स्तर पर अन्तर है। मार्क्स सामाजिक परिवर्तन की व्याख्या तो करते हैं लेकिन वे यह मानकर चलते हैं कि **समाज की जड़ें वर्ग सम्बन्धों में निहित हैं**। ग्राम्शी या विमर्श विश्लेषण मार्क्स के इस प्रबन्ध को स्वीकार नहीं करता। इसका आग्रह है कि आधुनिक समाज में प्रतीक भाषा, विचारधारा ओर राजनीति भी निर्णायक भूमिका अदा करते हैं। ग्राम्शी और मार्क्स में एक और महत्त्वपूर्ण अन्तर है। ग्राम्शी वर्ग और द्वन्द्वात्मक भौतकवाद की व्याख्या इटली के ऐतिहासिक संदर्भ में ही करते हैं। वे इटली से ही अधिक परिचित थे। मार्क्स ने अपने इतिहास का दायरा वैश्वीय रखा है।
4. मार्क्स संघर्ष का मुख्य कारण वर्ग मानते हैं। ग्राम्शी वर्ग संघर्ष को बुनियादी संघर्ष नहीं मानते। संघर्ष तो कई तरह के होते हैं, इनके कारण धार्मिक, सांस्कृतिक और वैचारिक हो सकते हैं।

5. ग्राम्शी का विमर्श विश्लेषण **उत्तर-मार्क्सवादी** (Post-Marxion) और **उत्तर-ग्राम्शी** दोनों ही हैं। यह उपागम **बहुलवादी** (Pluralistic) है, केवल आर्थिक निर्धारणवादी ही नहीं।

विश्लेषणात्मक मार्क्सवाद
(Analytical Marxism)

मार्क्सवादी लेखक इस बात से सहमत है कि रूढ़िवादी मार्क्सवाद आधुनिक समाज की समस्याओं के विश्लेषण में समर्थ नहीं है, वे इस खोज में है कि मार्क्सवाद का अध्ययन नई अध्ययन विधि द्वारा किया जाये। इस विधि के दो उपागमों का उल्लेख हमने इस अध्याय के प्रारम्भ में किया है। पहला उपागम नव-ग्राम्शी सिद्धान्त या विमर्श विश्लेषण का है। इसका विवरण हमने पिछले पृष्ठों में दिया है। अब हम दूसरे उपागम अर्थात् **विश्लेषणात्मक मार्क्सवाद** (Analytical Marxism) का विवरण देंगे।

विश्लेषणात्मक मार्क्सवाद एक प्रकार का प्रथक् **सम्प्रदाय** (School) है। इसका उद्‌गम ई. 1980 के लगभग हुआ है। इसके प्रतिपादकों में नोरवे के **जोन एल्स्टर** (Jan Elster), कनाडा-ब्रिटेन के दार्शनिक **गेराल्ड कोहेन** (Gerald A. Cohen) और अमेरिका के **आदम प्रेजवोस्की** (Adam Przeworski) तथा **जोन रोमेर** (Jon Roemer) सम्मिलित हैं। विश्लेषणात्मक मार्क्सवाद को कभी-कभी **तर्कमूलक-चुनाव मार्क्सवाद** (Rational Choice Marxism) या **नव क्लासिकल मार्क्सवाद** (Neo-classical Marxism) भी कहते हैं। यह बड़ी रुचिकर बात है कि विश्लेषणात्मक मार्क्सवाद की परिभाषा न तो किसी नव-क्लासिकल आर्थिक सिद्धान्त के सन्दर्भ में की जाती है और न ही किन्हीं निश्चित धारणाओं के सन्दर्भ में। इस सिद्धान्त का केन्द्र एक निश्चित विषय-वस्तु और अध्ययन विधियाँ होती हैं यह सिद्धान्त मार्क्स के कुछ बुनियादी प्रबन्धों पर सवाल खड़े करता है। मार्क्स ने अतिरिक्त मूल्य के सिद्धान्त को रखा है। इस सिद्धान्त पर विश्लेषणात्मक मार्क्सवाद ने प्रश्न खड़ा किया है। मार्क्स की इतिहास के विकास की अवधारणा और वर्ग संघर्ष को भी विश्लेषणात्मक मार्क्सवाद स्वीकार नहीं करता। यह सही है कि विश्लेषणात्मक मार्क्सवाद परम्परागत मार्क्सवाद के कई सिद्धान्तों को अस्वीकार करता है, लेकिन यह भी इतना ही सही है कि मार्क्सवादी विश्लेषण का केन्द्र हर हालत में मार्क्स ही होता है।

विश्लेषणात्मक मार्क्सवादी उपागम की यात्रा कोई लम्बी नहीं है, मुश्किल से बीस वर्ष। इस अवधि में इसके कई रूपान्तरण आ गये हैं और ये रूपान्तरण सिद्धान्त निर्माण से लेकर आनुभविकता और ऐतिहासिकता के हैं। एकाध रूपान्तरण नैतिक-दार्शनिक भी हैं। इन रूपान्तरणों की यदि तालिका बना भी ली जाये तो ज्ञात होगा कि इसमें मार्क्स के कई मुद्दों को सम्मिलित किया गया है। इन मुद्दों में इतिहास का सिद्धान्त, वर्ग और शोषण, राजनीति, क्रांति और नैतिक सिद्धान्त मुख्य हैं। यहाँ हम नव-मार्क्सवाद द्वारा उठाये गये कतिपय विश्लेषणों का उल्लेख करेंगे।

मार्क्सवादी विश्लेषण के कतिपय अवधारणात्मक मुद्दे
(Some Conceptual Issues of Analytical Marxism)

मार्क्सवादी उपागम के कई स्वरूप या **रूपान्तरण** (Varieties) हैं। इन रूपान्तरणों का केन्द्रीय मुद्दा मार्क्स के सिद्धान्त या उनकी अवधारणाएँ हैं। नव मार्क्सवादियों ने इन मुद्दों को उठाया है, और इस पर अपनी टिप्पणी या संशोधन रखा है।

1. कोहेन द्वारा ऐतिहासिक भौतिकवाद का बचाव
(Cohen's Defence of Historical Materialism)

गेराल्ड कोहेन (Gerald A Cohen) ने अपनी पुस्तक : **कार्ल मार्क्सस् थ्योरी ऑफ हिस्ट्री : ए डिफेन्स** (Karl Marxi's Theory of History : A Defence) में मार्क्स के ऐतिहासिक भौतिकवाद का समर्थन किया है। यद्यपि कोहेन की इस पुस्तक की कटु आलोचना हुई है, फिर भी उन्होंने मार्क्स के भौतिकवाद की सैद्धान्तिक पड़ताल की है और यही इसका ताकतवर पक्ष है। मार्क्स के भौतिकवादी सिद्धान्त को निम्नलिखित तीन बिन्दुओं में रखा जा सकता है :

1. मार्क्स ने इतिहास को भौतिकवाद संदर्श से देखा है। उनका इतिहास राजाओं महाराजाओं का इतिहास नहीं है। यह इतिहास **उत्पादन सम्बन्धों** (Production Relations) **का है। मार्क्स कहते हैं कि इतिहास में परिवर्तन उत्पादन शक्तियों की वृद्धि के कारण आते हैं और उत्पादन सम्बन्ध या तो उत्पादन को बढ़ाते हैं या उसकी वृद्धि में रूकावट लाते हैं। इस भाँति मार्क्स के अनुसार उत्पादन शक्ति में ऐसी प्रवृत्ति है जो हमेशा विकास की ओर ले जाती है।**
2. **उत्पादन शक्तियों का विकास उत्पादन सम्बन्धों के विश्लेषण में सहायक होता है।** इसका मतलब यह हुआ कि उत्पादन सम्बन्ध वर्ग-संरचना को बनाते हैं। जब उत्पादन सम्बन्ध उत्पादन शक्तियों को कमजोर करते हें तब इसका परिणाम क्रांति होती है।
3. मार्क्स का तीसरा महत्त्वपूर्ण बिन्दु यह है कि जब उत्पादन शक्तियों के कारण क्रांति होती है तब सम्पूर्ण आर्थिक ढांचा बदल जाता है और इस बदलाव के परिणामस्वरूप राजनीतिक अधिसंरचना (Political Superstructure) भी बदल जाता है। इसका अर्थ यह है कि बुनियादी आर्थिक संरचना हमें राजनीतिक-वैचारिक अधिसंरचना के समझने में सहायक होती है।

मार्क्स की ऐतिहासिक भौतिकवादी अवधारणा को कोहेन ने स्वीकार किया है। वे कहते हैं कि बुनियादी रूप से आदमी युक्तायुक्त होता है, उसमें विवेक होता है। मार्क्स की अवधारणा के पहले बिन्दु को वे आनुभविक स्तर पर सही मानते हैं और कहते हैं कि जब वस्तुएँ कम होंगी, उनका अभाव होगा तब आदमी संघर्ष करेगा। जिन्दा रहने के लिये वह क्रांति करेगा। अतः यहाँ मार्क्स आनुभाविक और युक्तायुक्त आधार पर सही उतरते

हैं। कोहेन ने मार्क्स का यह पहला बचाव रखा है।

कोहेन का दूसरा बचाव उत्पादन शक्तियों के विकास के साथ जुड़ा हुआ है। जब उत्पादन बढ़ता है तब अपने आप उत्पादन सम्बन्धों में सुधार आता है। होना यह है कि उत्पादन बढ़ने का लाभ कामगारों को भी मिलता है। इससे उनके पगार में वृद्धि होती है और काम की दशाओं में भी सुधार आता है। इसका बहुत अच्छा दृष्टान्त कोहेन सामंतवाद का देते हैं। वे कहते हैं कि जब सामंतवाद ने औद्योगिक विकास को रोक दिया तब सामंतवाद स्वयं अपनी मृत्यु मरगया। ऐसी अवस्था में उत्पादन शक्तियों की वृद्धि के साथ कामगारों की वृद्धि निश्चित होती है। कोहेन ने प्रकार्यात्मक विधि द्वारा मार्क्स के इस प्रबन्ध को भी सही बताया कि राजनीतिक संस्थाएँ, विधि व्यवस्था और वैचारिकी आदि आर्थिक संरचना के आधार पर अपने आपको बदल देते हैं। उनका अनुकूलन हो जाता है।

कोहेन जैसे नव-मार्क्सवादियों ने मार्क्स के सिद्धान्तों और अवधारणाओं को दूसरे सिद्धान्तों की परम्पराओं द्वारा उचित ठहराया है। ऐसा करके उन्होंने मार्क्स की प्रासंगिकता को स्थापित किया है।

2. वर्ग और शोषण (Classes and Exploitation)

मार्क्स की वर्ग और शोषण की अवधारणा पर नव-मार्क्सवादियों ने अपने-अपने तरीके से पड़ताल की है। उदाहरण के लिये **रोमेर** (Roemer) पूरी तरह से मार्क्स के **मूल्य के श्रम सिद्धान्त** (Labour Theory of Value) को अस्वीकार करते हैं। वे आधुनिक आर्थिक सिद्धान्त की धारणाओं और विधियों को लागू करते हैं और वर्ग तथा शोषण के मुद्दों की चर्चा करते हैं। वे कहते हैं कि शोषण का आधार आय के स्रोत और सम्पत्ति होते हैं। ये स्रोत और सम्पत्ति उत्पादन प्रक्रिया में निर्णायक भूमिका अदा करते हैं। इनमें पूंजी, श्रम या उत्पादन क्षमता ओर कुशलता सम्मिलित हैं। उत्पादन की इस सम्पूर्ण प्रक्रिया में जिस वर्ग का शोषण होता है, उसे भी उत्पादन वृद्धि के कारण लाभ मिलता है। मतलब हुआ, शोषण में कमी आजाती है।

3. काम करने की भौतिक दशाओं में सुधार (Improvement in the Material Conditions of Working)

नव-मार्क्सवादी रूढ़िवादी मार्क्स से हटकर एक और प्रबन्ध रखते हैं। उनका कहना है कि प्रजातांत्रिक व्यवस्था में राजनीतिक संस्थाएँ कुछ इस तरह काम करती हैं कि निम्न वर्गों को यह आशा बंधती है कि उनकी काम की भौतिक दशाओं में कुछ सुधार होगा। उन्हें कल्याणकारी कार्यों से सुविधा मिलेगी। उनके बच्चों को पालनाग्रह उपलब्ध होंगे, स्कूल मिलेंगे। खाने-पीने के लिये सस्ते रेस्टोरेंट प्राप्त होंगे तथा चिकित्सा सुविधाएँ मिलेंगी। कम से कम सिद्धान्त के स्तर पर मजदूरों के साथ हमदर्दी रखने वाली सरकार ऐसी कर

व्यवस्था बनायेगी जो मजदूरों के हित में इस सिलसिले में **प्रेजोस्की** का संदर्भ रुचिकर है। वे कहते हैं कि आर्थिक विकास के साथ निम्न वर्गों का भी विकास होता जाता है। आज यूरोप और अमेरिका में ऐसी स्थिति है कि निम्न वर्गों की संख्या कम होती जाती है। सम्भावना यह है कि आने वाले वर्षों में निम्न स्तर के लोग संख्या में थोड़े होजायेंगे। ऐसी स्थिति में प्रेजोस्की का प्रबन्ध है कि क्रांति कोई एक **युक्तायुक्त** (Rational) सम्भावना नहीं है। **आज के आधुनिक पूंजीवादी समाजों में क्रांति को कभी भी एक आकर्षक विकल्प नहीं समझा जा सकता। क्रांति कभी नहीं आयेगी यद्यपि समाज में शोषण चलता रहेगा।**

मार्क्सवादी अध्ययन के उपागमों पर टिप्पणी
(Comments on the Approaches of Marxian Study)

नव-मार्क्सवाद पर हम कोई भी टिप्पणी करें, इसमें यह स्पष्ट रूप से हमें स्वीकार करना पड़ेगा कि जिस तरह से आज के समाज में पूंजीवाद विकसित हो रहा है, उसका व्यवस्थित अध्ययन रूढ़िवादी मार्क्सवाद नहीं कर सकता। इस रूढ़िवादी मार्क्स में संशोधन हो रहा है। इसके कई प्रबन्धों को आधुनिक समाज के अध्ययनों पर लागू किया जारहा है। इस संदर्भ में हमने दो उपागमों — ग्राम्शी का विमर्श विश्लेषण और विश्लेषणात्मक मार्क्सवाद का उल्लेख किया है। इन दोनों उपागमों ने मार्क्स के कतिपय प्रबन्धों को जो आधुनिक समाज पर लागू नहीं होसकते, अस्वीकार किया। दूसरी ओर उन्होंने कतिपय नये प्रबन्धों को भी रखा है। कुल मिलाकर नव-मार्क्सवादी सिद्धान्तवेत्ता मार्क्स को अपना केन्द्र मानकर आधुनिक समाज को समझने का प्रयास करते हैं।

हेबरमॉ और अल्थ्यूजर : नव-मार्क्सवादी विचारक
(Habermas and Althusser : Neo-Marxist Thinkers)

नव-मार्क्सवादियों के विश्लेषण का केन्द्र बिन्दु कार्ल मार्क्स हैं। सैद्धान्तिक दृष्टि से मार्क्सवाद मुख्यतया आधुनिक पूंजीवादी समाजों का वर्ग विश्लेषण करता है। मार्क्सवादी यह मानकर चलते हैं कि पूंजीवाद का अस्तित्व और उसकी समृद्धि पूंजीपतियों द्वारा किये गये शोषण पर आधारित है। आज औद्योगिक समाज में तकनीकी का जो विकास हो रहा है उसके मूल में मुनाफाखोरी है। मार्क्सवादी सिद्धान्त मानव इतिहास को सामाजिक विरचन का एक उत्तरोत्तर सिलसिला मानकर चलता है और इस सिलसिले में प्रत्येक युग में कोई न कोई प्रभावी आर्थिक उत्पादन की विधि होती है। इस उत्पादन विधि में कभी मालिक ने गुलाम का शोषण किया है, कभी सामंत ने रैयत का और कभी पूंजीपतियों ने श्रमिकों का। इतिहास का यह सम्पूर्ण खेल, मार्क्स के अनुसार, उत्पादन विधि ने खेला है। **मार्क्स ने बड़ी दृढ़ता के साथ स्थापित किया है कि उत्पादन विधि ही सामाजिक, राजनीतिक, और सांस्कृतिक जीवन को निर्धारित करती है।** उत्पादन विधि में तकनीकी तथा सामाजिक परिवर्तन के परिणामस्वरूप द्वन्द्व आ जाते हैं और ये द्वन्द्व ही क्रांति को जन्म

देते हैं। क्रांति के बाद एक नई आर्थिक और सामाजिक संरचना उभर कर आती है। यह बहुत थोड़े में मार्क्स के सिद्धान्त का निचोड़ है।

मार्क्सवादी सिद्धान्त को हेबरमॉस और अल्थ्यूजर ने नये तरीके से रखा है। इन नव-मार्क्सवादियों के अतिरिक्त उत्तर-आधुनिकतावादियों और उत्तर-संरचनावादियों ने भी मार्क्सवाद का आधुनिक पूंजीवाद समाज के संदर्भ में विश्लेषण किया है। उत्तर-आधुनिकतावादी लेखक मार्क्सवाद को महान वृत्तान्त कहकर निरस्त करते हैं। सच में देखा जाये तो मार्क्सवाद आज दो राहें पर खड़ा है। एक ओर नव-मार्क्सवादी हैं जो मार्क्स की पुनर्खोज कर रहे हैं और दूसरी ओर उत्तर-आधुनिकता है जो इस सैद्धान्तिक परम्परा को अप्रासंगिक मानकर इसकी व्याख्या कर रहे हैं। हेबरमॉस और अल्थ्यूजर मार्क्स का **संशोधन** (Revision) कर रहे हैं। अब इन दो विचारकों के योगदान का विवरण इस अध्याय के शेष भाग में करेंगे।

युरगेन हेबरमॉ (1929)
(Jurgen Habermas, 1929)

हेबरमॉ एक विश्वकोशीय चिंतक हैं। इनका जन्म जर्मनी में एक मध्यम वर्गीय परिवार में हुआ है। उनके पिता चेम्बर आफ कोमर्स के निदेशक थे। जब वे किशोर अवस्था में थे, उन्होंने प्रथम विश्व युद्ध की विभीषिका को देखा था। नाजीवाद के खत्म होजाने के बाद जर्मनी के भविष्य के बारे में जब थोड़ी निश्चिंतता आई, तब हेबरमॉ ने शांति की सांस ली। अब वे लेखन में जुट गये। उन्होंने डटकर अध्ययन किया। इसी काल में उन्होंने 1949-54 में दर्शनशास्त्र, मनोविज्ञान, जर्मन साहित्य जैसे अनेक विषयों का अध्ययन किया। ई. 1954 में उन्होंने बोन विश्वविद्यालय से शोध उपाधि प्राप्त कर एक पत्रकार के रूप में अपने व्यावसायिक जीवन की शुरुआत की।

ई. 1956 में हेबरमॉ फ्रेंकफर्ट स्कूल के साथ जुड़ गये। वे एडोर्नो के विद्यार्थी थे और फ्रेंकफर्ट में उनके सहायक रूप से काम करने लगे। संयोग कुछ ऐसा हुआ कि हेबरमॉ की फ्रेंकफर्ट स्कूल के प्रमुख होरखेयर के साथ नाईत्फाकी हो गई और उन्होंने स्कूल को छोड़ दिया। यह होते हुए भी हेबरमॉ को फ्रेंकफर्ट स्कूल की दूसरी पीढ़ी के विचारक के रूप में पहचान है। ई. 1964 में हेबरमॉ फ्रेंकफर्ट विश्विद्यालय के दर्शनशास्त्र और समाजशास्त्र के प्रोफेसर बन गये। उन्हें कई विश्वविद्यालयों ने मानद् प्रोफेसर की उपाधि से विभूषित किया है।

हेबरमॉ की कृतियाँ
(Works of Habermas)

हेबरमॉ का सम्पूर्ण लेखन जर्मन भाषा में हुआ है। उनकी कतिपय पुस्तकों का अंग्रेजी भाषा में अनुवाद हो गया। उनकी अनुदित पुस्तकें इस प्रकार हैं :

1. **थ्योरी एण्ड प्रेक्टिस** (Theory and Practice, 1963)
2. **नॉलेज एण्ड ह्यूमन इंटरेस्ट्स** (Knowledge and Human Interests, 1968) .
3. **टुवर्ड ए राशनल सोसायटी** (Toward a Rational Society, 1970)
4. **लेजीटिमेशन क्राइसिस** (Legitimation Crisis, 1973)
5. **कोम्यूनिकेशन एण्ड इवोल्यूशन ऑफ सोसायटी** (Communication and Evolution of Society, 1979)
6. **दि थ्योरी ऑफ कोम्यूनिकेटिव एक्शन** (The Theory of Communicative Action, 1981)
7. **दि फिलोसोफिकल डिस्कोर्स ऑफ मोडरनिटी** (The Philosophical Discourse of Modernity, 1988)
8. **मोरल कोन्श्यसनेस एण्ड कोम्यूनिकेटिव एक्शन** (Moral Consciousness and Communicative Action, 1990)
9. **पोस्ट-मेटाफिजिकल थिंकिंग** (Post-Metaphysical Thinking, 1992)

हेबरमॉस का लेखन बहुत समृद्ध है लेकिन इनकी बहुत बड़ी खासियत यह है कि ये जन आन्दोलन में सक्रिय भागीदारी करते हैं। हमारे देश में सामान्यतया विचारक किसी राम झरोखे में बैठकर या अराम कुर्सी पर टिककर उपदेशात्मक और आलोचनात्मक लेखन करने के लिये तत्पर रहते हैं। किसी भी प्रकार की सक्रिय भागीदारी से वे दूर रहना पसन्द करते हैं। यह तथ्य अन्य विचारकों पर लागू हो या न हो, समाजशास्त्री तो ऐसा ही करते हैं। इधर मार्क्सवादियों की चाहे वे रूढ़िवादी हों या उत्तर-आधुनिकतावादी बराबर **प्रेक्सिस** (Praxis) करते हैं। जर्मनी में ई. 1960 में जो विद्यार्थी आन्दोलन हुआ, उसमें हेबरमॉ की भागीदारी अवश्य थी। यह तो बाद में था कि उन्होंने अपने-आपको इस आन्दोलन में पृथक् कर दिया। यह बहुत निश्चित है कि हेबरमॉ का किसी ऐसे आन्दोलन से कोई सरोकार नहीं होता जिसका आधार सार्वभौमिक मूल्य न हो।

यह ई. 1960 के दशक में था कि यूरोप में हेबरमॉ की प्रतिष्ठा एक जवान सिद्धान्तवेत्ता की तरह स्थापित हो गई। वे आलोचनात्मक सिद्धान्त के प्रणेता के रूप में समझे जाने लगे। आज इनकी गिनती प्रखर दार्शनिकों और समाज वैज्ञानिकों में है। **हेबरमॉ का कहना है कि आज के प्रजातांत्रिक, दफ्तरशाही और वैज्ञानिक संस्कृति प्रधान समाज में स्वतंत्र संवाद की बहुत बड़ी आवश्यकता है और वे आग्रह करते हैं कि इस संवाद का आधार विवेक यानी बुद्धिसंगत** (Rational) **होना चाहिये**। हेबरमॉ आधुनिक समाज की विसंगतियों से परेशान हैं। वे तो एक ऐसे सिद्धान्त को बनाना चाहते हैं या कहिये कि उनके जीवन का बहुत बड़ा प्रोजेक्ट यह है कि **आधुनिकता की व्याधिकी** (Pathology of Modernity) से मुक्ति किस तरह मिले। वे व्यवहार या आचरण (Practice) को सिद्धान्त से जोड़ना चाहते हैं और यह मार्क्सवाद की परम्परा है।

हेबरमॉ की अकादमिक पृष्ठभूमि
(Academic Background of Habermas)

हेबरमॉस जर्मन विचारधारा की उपज हैं। वे इसी से पैदा हुए थे और आज भी इसी के उत्पादक हैं। वे बराबर आधुनिक समाज की आलोचना करते हैं। थियोडोर एडोर्नो और होरखेयर के विचारों का उन पर बड़ा प्रभाव रहा है। वे इस समाज को **एक-आयामी** (One-dimensional) समाज मानते हैं जिसमें तकनीकी-वैज्ञानिक संस्कृति है तथा जहाँ पूंजीवाद ही सम्पूर्ण जीवन का निचोड़ है। हेबरमॉस इस समाज का पुनर्निर्माण करना चाहते हैं और इसके लिये वे विवेक या **बुद्धिसंगतता** (Rationality) को आधार बनाना चाहते हैं। होरखेमर और एडोर्नो के अतिरिक्त हेबरमॉ पर हिगेल, कॉत, हसरेल का भी पर्याप्त प्रभाव है। वे हर तरह से अपने आपको वामपंथी विचारधारा का समर्थक मानते हैं पर उन्होंने पारसंस से भी सैद्धान्तिक अवधारणाओं को उधार लेने में कोई कंजूसी नहीं की है। वे पूर्ण रूप से उत्तर-आधुनिकता के विरोधी रहे हैं और यह आग्रहपूर्वक कहते हैं कि आधुनिकता का हमारा प्रोजेक्ट अभी अधूरा (Modernity is incomplete Project) है।

हेबरमॉ का सिद्धान्त निर्माण का उपागम
(Habermas's Approach Towards Theory Building)

सिद्धान्तों की दुनिया में हेबरमॉ को **आलोचनात्मक सिद्धान्तवेत्ता (Critical Theorist)** समझा जाता है। उनकी बुनियादी परम्परा फ्रेंकफर्ट स्कूल की है। आलोचनात्मक सिद्धान्तवेत्ता मार्क्स को अपना केन्द्र मानकर उसे अस्वीकार करते हैं, स्वीकार भी करते हैं और उसमें संशोधन भी करते हैं। दूसरी ओर मार्क्सवादी सिद्धान्तवेत्ता अन्य सिद्धान्तों की परम्परा से भी बहुत कुछ उधार लेते हैं। इनके लिये ज्ञान की कोई भी विधा अछूत नहीं है। हेबरमॉस सिद्धान्त निर्माण में एकदम मुक्तहस्त हैं। वे उत्तर-आधुनिकता को जहाँ नकारते हैं वहीं आधुनिकता में भी संशोधन करते हैं। आधुनिकतावादी जब देखो, ज्ञानोदय के गीत गाते हैं। पर ये गीत हेमरमॉ को रास नहीं आते। वे ज्ञानोदय में द्वन्द्व यानी प्रतिकूलता देखते हैं। दूसरे शब्दों में ज्ञानोदय दोहरा (Double side) है। एक स्थान पर ज्ञानोदय यानी सोपान व्यवस्था को स्वीकार करता है और दूसरी ओर स्वतंत्र तथा समान समाज की वकालत करता है। मुक्त हस्त हेबरमॉ से सिद्धान्त निर्माण की एक अवस्था में पहुंचकर **भाषाई मुड़ा** (Linguistic Turn) को ले लिया। इससे प्रभावित होकर वे कहते हैं कि किसी भी **व्याकण** (Grammer) की तरह **सार्वभौमिक ज्ञान** (Universal Knowledge) और **सार्वभौमिक नैतिकता** (Universal Morality) के नियम बनाये जा सकते हैं।

यहाँ हमारा उद्देश्य हेबरमॉ को एक नव-मार्क्सवादी या आलोचक मानकर सिद्धान्तवेत्ता की तरह प्रस्तुत करना है। पर इससे पहले हम उनके सैद्धान्तिक उपागम

(Theoretical Approach) का संक्षिप्त विवरण देंगे। हेबरमॉ के सिद्धान्त की रणनीति का आधार ज्ञान है। मनुष्य के विकास के लिये ज्ञान की उपलब्धि सबसे पहली आवश्यकता है। इस दृष्टि से देखें तो समाज विज्ञानों में तीन प्रकार के सिद्धान्त हैं। ये तीनों प्रकार **संज्ञान के हेतुओं** (Cognitive interests) पर आधारित हैं। **वास्तव में संज्ञान एक ऐसी मानसिक प्रक्रिया है जिसके द्वारा हम अपनी इंद्रियों के माध्यम से अपने समाज के बारे में बोध ग्रहण करते हैं।** उदाहरण के लिये भारत में हम अपने असबाब पर ध्यान न रखें तो कोई उसे उठाकर चम्पत हो सकता है। यह हमारा इंद्रियों द्वारा किया गया बोध है। इसी बोध द्वारा हम अपना निर्णय लेते हैं। हेमरमॉ इसे संज्ञान हेतु कहते हैं। ज्ञान सिद्धान्त के इन तीनों प्रकारों में देखने मिलता है। यह ज्ञान तीन प्रकार का है :

1. उद्देश्य की पूर्ति के लिये हम ज्ञान का विकास करते हैं
(We Develop Knowledge for Certain Purpose)

हम अपने ज्ञान की वृद्धि किसी न किसी **उद्देश्य** (Purpose) की पूर्ति के लिये करते हैं। उदाहरण के लिये विद्यार्थी किसी खास प्रकार के ज्ञान के लिये कक्षा में प्रवेश लेता है। मान लीजिये वह कम्प्यूटर कक्षा में जाता है। इसमें इसका उद्देश्य कम्प्यूटर सीखकर किसी रोजगार में जाना है। यह उसका उद्देश्य है। हेबरमॉस की उद्देश्य जनित ज्ञान की यह व्याख्या मार्क्स के प्रारम्भिक लेखन से सरोकार रखती है। समाज के सदस्य होने के नाते हम विभिन्न प्रकार के ज्ञान को प्राप्त करना चाहते हैं। यह ज्ञान का हेतु ही मनुष्य को पशु समाज से भिन्न करता है। अब यहाँ हेबरमॉस भाषा की भूमिका का उल्लेख करते हैं। मनुष्य की काम करने की कुशलता और संचार की क्षमता विभिन्न प्रकार के ज्ञान को जन्म देती है। यह ठीक है कि **काम** (Work) या श्रम एक प्रकार के तकनीकी हेतु को पूरा करता है लेकिन ज्ञान और काम भी करता है। इसके द्वारा प्राकृतिक प्रक्रियाओं का नियन्त्रण भी अपने लाभ के लिये करता है। हम सब लोगों की रुचि बिजली की क्षमता को विकसित करने में होती है क्योंकि इसमें हम सबका भला है। इस प्रकार के ज्ञान पर आधारित सिद्धान्तों को हेमरमॉस **आनुभविक-विश्लेषणात्मक सिद्धान्त** (Empirico-analytic Theories) कहते हैं।

यहाँ पहुँचकर हेबरमॉस कहते हैं कि ज्ञान **प्रत्यक्षवादी** (Positivistic) बन जाता है। यह प्रत्यक्षवाद समाज विज्ञानों पर लागू होता है। प्रत्यक्षवादी ज्ञान संचार के माध्यम से सम्पूर्ण समाज में आजाता है। इस तरह का ज्ञान मनुष्य के विकास में बड़ा लाभदायक होता है।

2. ज्ञान व्यावहारिक हितों की पूर्ति करता है।
(Knowledge fulfils our Practical Interests)

हमारे दूसरे प्रकार के सिद्धान्त वे हैं जो व्याहारिक हेतुओं की पूर्ति करते हैं। ज्ञान का यह

दूसरा प्रकार दैनिक जीवन की आवश्यकताओं से जुड़ा हुआ है। तकनीकी भाषा में हेबरमॉस इसे **भाष्यविज्ञान** (Hermenutics) कहते हैं। यह ज्ञान जिस सिद्धान्त को जन्म देता है उसे **भाष्यविज्ञान सिद्धान्त** (Hermenutic Sciences) कहते हैं। इसे **व्यावहारिक** इसलिये कहते हैं कि यह हमारी अन्तःक्रियाओं में काम आता है। हम अन्तःक्रियाओं को भाषा के माध्यम से समझते हैं। देखा जाये तो भाष्य-विज्ञान **निर्वचन** (Interpretation) का विज्ञान है। प्रतीकात्मक अन्तःक्रियाएँ, एथनोमेथेडोलोजी, संस्कृति का संरचनात्मक विश्लेषण, उत्तर-संरचनावाद आदि भाष्यविज्ञान के दृष्टान्त हैं। हम अपने हाथ की दो अंगुलियों को खड़ा करके दिखाते हैं — इसका निर्वचन है, हम विजयी हैं। हम मुक्का तानकर बताते हैं, निर्वचन है हम दुश्मन के दाँत तोड़ देंगे। इस तरह की अन्तःक्रिया हमारे दिनप्रतिदिन के व्यावहारिक जीवन की अंग हैं। संचार, इस अर्थ में व्यावहारिक हेतुओं को पूरा करता है और इसलिये दूसरे प्रकार के सिद्धान्त भाष्यविज्ञान सिद्धान्त हैं।

3. ज्ञान उद्धारक होता है
(Knowledge is Emancipatory)

हेबरमॉस तीसरे प्रकार के सिद्धान्तों को उद्धारक ज्ञान की श्रेणी में रखते हैं। व्यावहारिक ज्ञान एक तीसरे हेतु को जन्म देता है जिसे वे **उद्धारक ज्ञान** (Emancipatory Knowledge) कहते हैं। इसका ताल्लुक भी अन्तः क्रिया और संचार होता है। यह ज्ञान आलोचनात्मक सिद्धान्तों को जन्म देता है। इस ज्ञान में व्यक्ति अन्तःक्रियाओं का लाभ लेकर समाज का अहित करता है। यह ज्ञान अपने स्वरूप में भ्रष्ट होता है। अहित का हेतु शक्ति के माध्यम से पूरा होता है। समाज में इसी कारण शक्ति की प्राप्ति के लिये संघर्ष होता है। यहाँ हेबरमॉस मनोविश्लेषण को सिद्धान्त की बुनियाद मानते हैं। इस सिलसिले में वे अपनी बाद की कृति **दि थ्योरी ऑफ कम्यूनिकेटिव एक्शन** (The Theory of Communicative Action, 1984) का विस्तृत उल्लेख करते हैं। यहाँ वे भाषाई दर्शन शास्त्र का संदर्भ देते हैं।

मार्क्सवाद की आलोचना
(Critique of Marxism)

हेबरमॉ वस्तुतः मार्क्सवादी हैं पर वे मार्क्स के सिद्धान्तों की आलोचना करते है। इस आलोचना में वे मार्क्स को अस्वीकार करते हैं और इसके स्थान पर अपना **आलोचनात्मक सिद्धान्त** (Critical Theory) रखते हैं। उनका कहना है कि मार्क्स और फ्रेंकफर्ट स्कूल के कई विचारक प्रत्यक्षवाद के मलबे में दबे रहे। स्वयं मार्क्स भी इसी प्रत्यक्षवाद के शिकार थे। उन्होंने आदमी की बहुत बड़ी विशेषता श्रम में ही देखी। उसके मूल्यों और विचारों पर कोई जोर नहीं दिया। यहाँ हम हेबरमॉ ने मार्क्स की जो आलोचना की है, उसका निम्न बिन्दुओं में उल्लेख करेंगे :

1. मार्क्स की श्रम और उत्पादन की अवधारणा सांस्कृतिक और राजनीतिक जीवन को समझने में असमर्थ है। (Marx's concept of labour and production is unable to understand clutural and political life)

स्वयं मार्क्सवादी होते हुए भी हेबरमॉस क्लासिकल मार्क्सवाद के कतिपय सिद्धान्तों से असहमत हैं। वे कहते हैं कि मार्क्स का उत्पादन विधियों और उत्पादन सम्बन्धों का सिद्धान्त आज के समाज पर लागू नहीं होता। हेबरमॉ इसकी विस्तृत व्याख्या करते हैं। पिछले समय के पूंजीवाद में राज्य और अर्थव्यवस्था एक दूसरे से पृथक थे। राज्य का अर्थ से कोई सरोकार नहीं था। राज्य की नीति **अहस्तक्षेप** (Laissez-Faire) की थी। **आज स्थिति बदल गई है। अब राज्य अर्थव्यवस्था में भागीदारी करता है, हस्तक्षेप करता है। ऐसी अवस्था में मार्क्स का यह सोचना कि अर्थव्यवस्था ही समाज का निर्धारण करती है, गलत है। आज राज्य स्वयं अर्थव्यवस्था की दिशा को निर्धारित करता है। हमारे देश में ही 1990 में जो आर्थिक उदारवाद और निजीकरण आया, उसका निर्णय राज्य ने ही किया। अतः आज के संदर्भ में आर्थिक निर्धारणवाद अप्रासंगिक है।**

2. विकसित समाजों के दमन के तरीके बदल गये हैं।
(In advanced societies the ways of oppression have changed)

मार्क्स ने पूंजीवादी समाज का बहुत बड़ा लक्षण शोषण और दमन को बतलाया था। हेबरमॉ को यह स्वीकार नहीं है। **वे कहते हैं कि विकसित देशों में श्रमिकों का भी जीवन स्तर ऊंचा उठ गया है।** उन्हें ऊंचा पगार मिलता है, यद्यपि कल्याणकारी सुविधाएँ मिलती हैं। **ऐसी अवस्था में दमन का प्रतीमान बदल गया है। इस समाज में श्रमिक आर्थिक अभाव के शिकार नहीं हैं - अच्छा खाते-पीते हैं। अब उनकी वंचितता** (Deprivation) **आर्थिक न होकर मनोवैज्ञानिक और एथनिक है।** इन बदली हुई परिस्थितियों में हमें श्रमिक वर्ग के जीवन के बारे में फिर से सोचना पड़ेगा। रुढ़िवादी मार्क्सवाद इसका कोई निदान नहीं देता। **हेबरमॉ का दृढ़ विश्वास है कि आज के श्रमिक आर्थिक दृष्टि से खस्ता हालत में नहीं हैं। अब उन्हें क्रांति करने की आवश्यकता नहीं है।** आज का श्रमिक राजनीतिक संदर्श में बात करता है और आर्थिक त्रासदी उसकी विषय-वस्तु नहीं।

3. सोवियत रूस ने मार्क्सवाद को पराजित कर दिया है
(Soviet Russia has failed Marxism)

शुरू से ही हेबरमॉ को मार्क्स के समाजवाद में संदेह रहा है। परिस्थितियों ने ई. 1990 में सोवियत रूस का विघटन कर दिया, पर इससे पहिले ही हेबरमॉ को मार्क्स के समाजवादी सिद्धान्त से संतोष नहीं था। मार्क्स का यह सोचना गलत था कि रूस एक कृषक समाज ही रहेगा और इसकी औद्योगिक अर्थव्यवस्था जैसी कि जैसी ही रहेगी। वे यह नहीं सोच पाते कि रूस का उद्योगवाद भी फोर्डवादी हो जायेगा और इसमें श्रमिकों की आर्थिक

अवस्था में सुधार आयेगा। हेबरमॉ के विचारों में मार्क्स का यह सिद्धान्त कि पूंजीवाद के विकास के साथ क्रांति आयेगी, गलत था। आज स्थिति तो यह है कि पूंजीवाद के विकास के साथ श्रमिकों की समृद्धि भी हुई है। राज्य भी अब दमनकारी न रहकर कल्याणकारी बन गया है।

4. मार्क्स ने अधिसंरचना की पूर्णतया उपेक्षा की है
(Marx has totally neglected superstructure)

हेबरमॉ तथा अन्य उत्तर-आधुनिकतावादियों ने मार्क्स की कटु आलोचना इस तथ्य पर बराबर की है कि वे अधिसंरचना पर कोई टिप्पणी नहीं करते। हेबरमॉ विस्तृत रूप से संस्कृति पर लिखते हैं। उनका कहना है कि सामाजिक उद्‌विकास केवल उत्पादन विधियों और सम्बन्धों का ही नहीं हुआ है, उद्‌विकास तो धर्म, विचारधारा, मूल्य आदि सांस्कृतिक तत्वों का भी हुआ है। वास्तव में उद्‌विकास एक वृहत् सामाजिक प्रक्रिया है और इसके परिवेश में उत्पादक श्रम के अतिरिक्त सम्पूर्ण अधिसंरचना आ जाती है। अगर मार्क्स वर्ग की संरचना पर जोर देते हैं तब उन्हें सवाल के अन्य क्षेत्रों को भी देखना चाहिये। यहाँ पर हेबरमॉ **अभिव्यक्तिशील तर्क** (Communicative Reason) की अवधारणा को रखते हैं। वे कहते हैं कि बुनियादी और अधिसंरचना के निर्माण में संचारों की भूमिका निर्णायक होती है। प्रतीक, अन्तःक्रिया, एथनिसिटी आदि संचार के माध्यम हैं और अधिसंरचना के निर्माण में इनका महत्त्वपूर्ण योगदान होता है। हेबरमॉस एक प्रकार से मार्क्स के मानव विकास के सिद्धान्त को आर्थिक निर्धारणवाद से निकाल कर अभिव्यक्ति के क्षेत्र में ले आते हैं।

मार्क्सवादी होते हुए भी हेबरमॉ ने कट्टर मार्क्सवाद को अस्वीकार किया है। उनका एक मात्र उद्देश्य मार्क्सवाद को आधुनिक समाज के लिए अधिक से अधिक प्रासंगिक बनाना है। इसमें मार्क्स के प्रति कोई दुराव नहीं है, उनके प्रति श्रद्धा में कोई कमी नहीं है। हुआ यह है कि **मार्क्स के युग में जिस प्रकार का पूंजीवाद था, उसमें सामाजिक विरचना** (Social Formation) के आर्थिक निर्धारणवाद ही कारगर था। और इसी कारण मार्क्स ने पूंजीवाद को उद्‌विकास की प्रक्रिया के माध्यम से देखा है। और यहाँ आकर वे सामाजिक विरचना को **वैचारिक** (Ideological) संदर्भ से देखते हैं। हेबरमॉ ने मार्क्स की केवल आलोचना ही नहीं की है, उसका पुनर्निर्माण भी किया है। उन्होंने वैकल्पिक रूप से **आलोचनात्मक सिद्धान्त** (Critical Theory) का नव-मार्क्सवादी सिद्धान्त रखा है। इसे हम यहां प्रस्तुत करेंगे।

हेबरमॉ का आलोचनात्मक नव-मार्क्सवादी सिद्धान्त
(Habermas's Critical or Neo-Marxian Theory)

अपने आलोचनात्मक सिद्धान्त में हेबरमॉ दो काम करते हैं। पहला काम तो मार्क्सवाद का

खण्डन करना है। इसके लिये उन्होंने मार्क्स के सिद्धान्त पर बड़ी कटु टिप्पणियों की हैं। इनका उल्लेख हमने ऊपर किया है। मार्क्स का दूसरा काम आज के आधुनिक समाज की आलोचना का है। वे इस आधुनिक समाज को एक **आहत समाज** (Wounded Society) मानते हैं। हेबरमॉ ने, मार्क्स के विपरीत, ज्ञानोदय का समर्थन किया है। वे कहते हैं कि आधुनिक समाज की आलोचना केवल **एक तर्क** (Single Reason) यानी आर्थिक निर्धारणवाद से नहीं की जा सकती। आधुनिक समाज के कई तर्क हैं और इन सबको हमें देखना पड़ेगा। सत्य कभी भी **निरपेक्ष** (Absolute) नहीं होता। इसमें कई अवयव होते हैं और एक समाज वैज्ञानिक इस **सापेक्षिक** (Relative) सत्य की पड़ताल करता है। **हेबरमॉ स्थापित करते हैं कि सत्य वह है जिसे लोग अपने दिन प्रतिदिन के अभिव्यक्तिशील विनिमय** (Communicative Exchange) में पाते हैं, उससे रूबरू होते हैं। उत्तर-आधुनिकतावादी न होकर भी यहाँ हेबरमॉ **सापेक्षिक सत्य** (Relative Truth) की पहचान करते हैं। इधर मार्क्सवाद पूर्ण रूप से **सापेक्षिक-विरोधी** (Anti-Relativist) है। सत्य वह है जिसे समाज कहता है, समाज स्वीकार करता है।

हेबरमॉ जब सत्य को सापेक्षिक कहते हैं तो निश्चित रूप से उनका संकेत समाज से है। समाज सभी समान नहीं होते : परम्परागत समाज, आधुनिक समाज, आदिवासी समाज, आदि। प्रत्येक समाज सत्य सापेक्षिक होता है। जो बात एक समाज के लिये सत्य है, वह दूसरे लिये नहीं। जिसे एक समाज पाप कहता है वह दूसरे समाज के लिये पुण्य है। मतलब हुआ — पाप और पुण्य सापेक्षिक हैं। सत्य पर भी यह बात लागू होती है। यहाँ हम हेबरमॉ के आलोचनात्मक सिद्धान्त के प्रमुख लक्षणों का उल्लेख करेंगे :

1. वेबर और उसकी बुद्धिसंगतता का हेबरमॉ पर प्रभाव (Effect of Weber's Rationality on Habermas)

अपने सिद्धान्त में मार्क्स की आलोचना करने के बाद हेबरमॉ प्रायः वेबर का उल्लेख करते हैं। हेबरमॉ का प्रयास यह था कि आधुनिक समाज के विश्लेषण के लिए वे एक ऐसा सिद्धान्त बनाना चाहते थे जो मार्क्स के प्रबन्ध का संशोधन भी करे तथा समाज के विश्लेषण का एक विकल्प भी प्रस्तुत करे। इसके लिये उन्होंने विभिन्न सिद्धान्तों की परम्पराओं को खुलकर काम में लिया। वेबर उनका प्रिय विचारक था। उनसे उन्होंने **बुद्धिसंगतता** (Rationality) को लिया। संस्कृति के उद्‌विकास के विश्लेषण में हेबरमॉस वेबर के उद्‌विकास को लेते हैं। **वेबर का प्रबन्ध था कि समाज विज्ञान जिस ज्ञान को पैदा करते है वह ऐतिहासिक दृष्टि से बहुत सीमित होता है। कोई भी ज्ञान सभी युगों के लिये सही नहीं होता। उसकी प्रासंगिकता इतिहास के एक विशेष काल तक ही होती है। देखा जाये तो मानव जीवन का एक व्यक्तिनिष्ठ** (Subjective) **पहलू होता है और समाज विज्ञानों को इस पहलू पर ध्यान देना चाहिये। यहाँ हेबरमॉ जहाँ मार्क्स की आलोचना करते हैं, वहीं वे क्रिया की युक्ति संगतता पर जोर देते हैं।** मार्क्स ने अपने सम्पूर्ण

द्वन्द्वात्मक भौतिकवाद में व्यक्ति को हाशिये पर खड़ा कर दिया है। यह अनुचित है। व्यक्ति की **युक्तायुक्त क्रिया** (Rational Action) का भी ज्ञान के उत्पादन में योगदान है। इस तथ्य को हेबरमॉ ने वेबर से लिया।

वेबर की तरह हेबरमॉ का कहना है कि मनुष्य की **समझ** (Verstehen) **अन्तर-व्यक्तिनिष्ठ** (Inter-subjective) होती है। इसका तात्पर्य यह है कि व्यक्ति अन्तःक्रियाओं द्वारा एक दूसरे को समझते हैं और इसमें तर्क होता है। व्यक्ति किसी भी क्रिया को बिना किसी उद्देश्य के नहीं करता। ज्ञान का उत्पादन इन पारस्परिक क्रियाओं द्वारा होता है। ऐसा ही कुछ निष्कर्ष हेबरमॉ ने अपने सिद्धान्त में रखा है।

2. फ्रायड और हेबरमॉ (Freud and Habermas)

फ्रायड के मनोविश्लेषण से भी हेबरमॉ प्रभावित हैं। उनके सिद्धान्त में मनोविश्लेषण को पर्याप्त स्थान है। फ्रायड का यह दावा था कि उन्होंने एक ऐसे सिद्धान्त के विकसित किया है जो **हर दृष्टि से आनुभाविक है और जो मनुष्य के व्यक्तिगत संसार को भली प्रकार से जानता है। यह फ्रायड का वैज्ञानिक सिद्धान्त है।** फ्रायड ने अपने इस सिद्धान्त निर्माण में मनोविश्लेषण को आधार बनाया है। यहाँ हमें बहुत स्पष्ट शब्दों में कहना चाहिये कि हेबरमॉ का आलोचनात्मक सिद्धान्त वस्तुतः एक **अभिव्यक्तिशील क्रिया** (Communicative Action) का सिद्धान्त है और इस सिद्धान्त में फ्रायड का मनोविश्लेषण एक निर्णायक स्तम्भ है।

3. भाषाविद् उपागम (Linguistic Approach)

हेबरमॉ जिस आलोचनात्मक सिद्धान्त को आधुनिक समाज के विश्लेषण के लिए रखते हैं, उसमें उन्होंने भाषा विज्ञान से भी बहुत कुछ ग्रहण किया है। इसमें वे **नोम चोम्स्की** (Noam Chomsky) से अत्यधिक प्रभावित हैं, **का तर्क है कि भाषा को प्रयोग में लाकर हम सार्वभौमिक नियमों को बना सकते हैं।** मनुष्य के मस्तिष्क में जिस तरह जैविकीय संरचनाएं होती हैं, वैसी ही संरचनाओं का निर्माण समाज में भी होता है। चोम्स्की ने जो कुछ कहा है उस पर विवाद हो सकता है, लेकिन हेबरमॉ ने भाषा के इस नियम को संस्कृति के उद्‌विकास के अध्ययन पर लागू किया है। उन्होंने संस्कृति तत्वों के **अर्थ** (Meaning) को भाषा के संदर्भ में समझने की कोशिश की है। हेबरमॉ ने भाषा के नियमों या व्याकरण के नियमों की तरह समाज को अभिव्यक्तिशील संदर्भ में प्रस्तुत किया है।

4. अभिव्यक्तिशीलता का युक्तायुक्त सिद्धान्त (Rational Theory of Communication)

जिसे हम हेबरमॉ का आलोचनात्मक या नव-मार्क्सवादी सिद्धान्त कहते हैं, वह वस्तुतः अभिव्यक्ति का युक्तायुक्त सिद्धान्त है। मनुष्य की अभिव्यक्ति किन्हीं सामाजिक दशाओं

में होती है। वे **युक्तायुक्त उद्देश्य-परक क्रिया** (Rational Purposive Action) और **अभिव्यक्तिशील क्रिया** (Communicative Action) में अन्तर करते हैं। युक्तायुक्त-उद्देश्य-परक क्रिया का रूझान भौतिक पर्यावरण के प्रति होता है। इस क्रिया का लक्ष्य पर्यावरण को अपने अनुकूल बनाने का होता है जबकि अभिव्यक्तिशील क्रिया को हम सामान्यतया **कार्य** (Work) और **श्रम** (Lobour) के अर्थ में लेते हैं। क्रिया को इस भांति अवधारणात्मक रूप में प्रस्तुत करके हेबरमॉ आधुनिक समाज की व्याख्या करते हैं और यही उनका सिद्धान्त है।

हेबरमॉ के सिद्धान्त पर उपसंहारात्मक टिप्पणी
(Conclusive Comments on Habermas's Theory)

हेबरमॉ फ्रेंकफर्ट स्कूल की परम्परा के एक मूर्धन्य नव-मार्क्सवादी सिद्धान्तवेत्ता हैं। उनके सिद्धान्त को आलोचनात्मक सिद्धान्त भी कहते हैं। मूलरूप से मार्क्सवादी होकर भी हेबरमॉ ने सिद्धान्तों की विभिन्न परम्पराओं को लेकर अपने आलोचनात्मक सिद्धान्त का निर्माण किया है। उनके इस सिद्धान्त का उद्देश्य अभिव्यक्तिशील क्रिया (Communicative Action) के माध्यम से सांस्कृतिक उद्‌विकास की उच्च अवस्था को समझना है। यद्यपि उनका यह सिद्धान्त एडोर्नो, होरखेमर तथा अन्य मार्क्सवादियों से जुड़ा हुआ है, फिर भी इसकी अपने एक पृथक् पहिचान है। वे लीक से हटकर एक व्यवस्थित सिद्धान्त को बनाते हैं जो अभिव्यक्तिशीलता को प्राथमिकता देता है। उनके इस सिद्धान्त की दूसरी विशेषता बुद्धिसंगतता या विवेक है। अभिव्यक्ति में हम विवेक को एक निश्चित स्थान देते हैं और इसे हेबरमॉ ने अपने सिद्धान्त में स्थान दिया है।

जब हेबरमॉ मार्क्स की आलोचना करते हैं तब वे निश्चित रूप से आधुनिक पूंजीवाद पर भी अपने विचार व्यक्त करते हैं। **उनकी दृष्टि में आज का पूंजीवाद पूरी तरह से विरोधाभास से भरा पड़ा है। इसमें निहित ज्ञान भ्रष्ट ज्ञान है। इसके कारण हैं। अब पूंजीवाद राज्य की गिरफ्त में है और यह कभी भी इस पकड़ से बाहर निकलने का प्रयास नहीं करता। मार्क्स और हेबरमॉ में पूंजीवाद की व्याख्या के अतिरिक्त एक और अन्तर है। जहाँ मार्क्स कार्य और श्रम पर अत्याधिक जोर देते हैं, वहाँ हेबरमॉ अभिव्यक्तिशीलता और भाषा को अपने विश्लेषण का केन्द्रीय आधार मानते हैं।** अभिव्यक्तिशीलता और भाषा उनकी पुस्तक **दि थ्योरी ऑफ कोम्यूनिकेशन एक्शन** (The Theory of Communication Action, 1981) उनके इस सिद्धान्त का मुख्य मुद्दा है। हेबरमॉ का तर्क है कि **हमें एक ऐसे समाज का निर्माण करना है जो स्वतंत्र और अभिव्यक्तिपरक हो तथा जहाँ व्यक्ति का सम्प्रेषण पूर्ण तथा सभी बन्धनों से मुक्त हो।** हेबरमॉ का आधुनिकता में पूरा विश्वास है। वे महान वृतान्तों (Mega Narratives) के हिमायती हैं और इसी कारण प्रकार्यवादी पारसंस और मार्क्सवादी फ्रेंकफर्ट स्कूल के समर्थक है।

लुई अल्थ्यूज़र नव-मार्क्सवादी सिद्धान्त (1918-1990)
(Louis Althusser's Neo-Marxist Theory, 1918-1990)

लुई अल्थ्यूज़र एक फ्रांसिसी नव मार्क्सवादी, ई. 1960 और 1970 के दशक में मार्क्सवादी संरचनात्मक सिद्धान्तवेत्ता की तरह यूरोप में बहुत चर्चित रहे। वे दार्शनिक थे, भाषाविद् थे, समाजशास्त्री थे और इन सब विशेषताओं के अतिरिक्त साम्यवादी पार्टी के सक्रिय कार्यकर्ता भी थे। इस पुस्तक में हम बराबर इस तथ्य पर जोर देते आ रहे हैं कि किसी भी विचारक का लेखन तब तक सशक्त नहीं हो सकता जब तक वह जमीनी हकीकत से जुड़ा नहीं होता। फ्रांस और जर्मनी के विचारक (मार्क्स, दरखाईम, मेक्सवेबर) बराबर तत्कालीन सामाजिक परिस्थितियों के साथ अपनी पहिचान करते थे। इसी कारण हम उन्हें विचारक का दर्जा देते हैं। हमारे देश में ऐसा नहीं होता। यहाँ का विचारक जितना अधिक अपने आपको जमीन से जुदा समझता है, उतना ही वह गरिमामय बन जाता है और शायद इसी कारण कोई उसे पढ़ता भी नहीं है और यदि पढ़ता है तो पाठ्यक्रम के दबाव में आकर। पाठ्यक्रम से बाहर तो हमारे विचारक की प्रसंगिकता ही लुप्त हो जाती है।

अल्थ्यूज़र को नव-मार्क्सवादी इसलिये समझा जाता है कि उन्होंने मार्क्स की भाषाविज्ञान के आधार पर नये सिरे से व्याख्या की। वे **मार्क्सवादी संरचनावाद** (Marxion structuralism) के जनक थे। उन्होंने स्टालिन जैसे फासीवादी के मानववाद का डटकर विरोध किया, उसके खिलाफ विशुद्ध मानववाद को स्थापित किया। अल्थ्यूज़र ने मार्क्स को अपने मसीहा की तरह स्वीकार नहीं किया। उन्होंने आर्थिक निर्धारणवाद को निरस्त कर दिया। दूसरी ओर उन्होंने इस तथ्य को स्थापित किया कि मार्क्स ने ऐतिहासिक भौतिकवाद के सिद्धान्त द्वारा समाज विज्ञान में तहलका मचा दिया। अध्याय के इस अभिन्न भाग में हम क्रमानुसार अल्थ्यूजर के कृतित्व, व्यक्तित्व, और योगदान की चर्चा करेंगे।

जीवन वृत्त (Biography)

अल्थ्यूज़र का जन्म अल्जीरिया में हुआ था। द्वितीय महायुद्ध में नाजी जर्मनी में बन्दी बनाकर उन्हें पीड़ा शिविर में रखा गया था। युद्ध के बाद उन्होंने फ्रांस में साम्यवादी दल की सदस्यता ग्रहण कर ली। उनकी शिक्षा-दीक्षा पैरिस के इकाल नोर्मेल में हुई। उनकी विशिष्टता दर्शनशास्त्र में थी। इन्हें **संरचनावादी मार्क्सवादी** (Structuralist Marxist) की तरह यूरोप में जाना जाता है। अल्थ्यूज़र के लेखन ने मार्क्सवादी सामाजिक सिद्धान्त को गहराई से प्रभावित किया है। जैसे अमेरिका में (और इस अर्थ में भारत में भी) पारसंस को समाजशास्त्र का धृतराष्ट्र समझा जाता है, वैसे ही मार्क्सवादियों में अल्थ्यूजर को।

अल्थ्यूजर की जीवन कथा वास्तव में एक करुण कथा है। उसमें कहीं समतल मैदान नहीं जहाँ सरपट चला जासके। यहाँ तो टीले हैं, झाड़-झरूड़ हैं और आये दिन रोना-धोना है। उनकी बाल्यावस्था दुर्भाग्यशाली थी। उनके पिता उनसे बड़ी दूर जगह पर रहते थे, माता लैंगिक ग्रन्थियों की शिकार थी। ऐसी माता का अल्थ्यूजर पर बड़ा खराब

प्रभाव पड़ा। मॉ के सामने उनकी घिघ्घी बंध जाती थी। इस सम्पूर्ण उतार-चढ़ाव ने अल्थ्यूजर को विक्षिप्त अवस्था में पहुँचा दिया। उन्हें पागलपन के दौरे पड़ने लगे। इन्हीं दौरों की अवस्था में उन्होंने अपनी पत्नी की हत्या कर दी। अन्तोगत्वा उन्हें पागलखाने में भर्ती होना पड़ा अपने जीवन के अंतिम दस वर्ष उन्होंने पागलखाने में गुजारे। इस भांति एक प्रखर विचारक का जीवन पागलपन के दौरों ने लील लिया।

कृतियाँ (Works)

अल्थ्यूजर ने जो कुछ लिखा, वह उनके पागलखाने में भर्ती होने के पहिले का है। उनके लेखन में **सम्बद्धता** (Coherance) नहीं है। शायद इसका कारण उनकी विक्षिप्त अवस्था है। उनकी कृतियों हम निम्न तालिका में प्रस्तुत करते हैं :

1. **फोर मार्क्स** (For Marx, 1966)
2. **रिडिंग केपिटल** (Reading Capital, 1970)
3. **लेनिन एण्ड फिलोसोफी एण्ड अदर एसेज़** (Lenin and Philosophy and other Essays, 1971)
4. **फिलोसोफी एण्ड दि स्पोन्टेनियस फिलोसोफी आफ दि साइन्टिस्टस एण्ड अदर एसेज़** (Philosophy and the Spontaneous Philosophy of the Scientists and other Essays, 1990)

अकादमिक पृष्ठभूमि

जिस ऐतिहासिक युग की अल्थ्यूज़र उपज हैं यानी द्वितीय विश्व युद्ध और उसके बाद, उसमें फ्रांसीसी संस्कृति अनुदार और संकीर्णमना थी। इस संस्कृति और इसी तरह अल्थ्यूजर के सहयोगियों पर ब्रिटिश तथा अन्य यूरोपवासियों की विचारधारा का कोई प्रभाव नहीं था। एक तरह से फ्रांस एक द्वीप था - यूरोप से कटा हुआ, दुनिया से छुटा हुआ। ऐसी अवस्था अल्थ्यूज़र का एक ही उद्देश्य था कि **मार्क्सवाद** को एक सामाजिक और ऐतिहासिक विज्ञान की तरह स्थापित किया जाये। उन्होंने सार्त्र को पढ़ा, और उसका विकल्प एक नये **मानववाद** (Humanism) में रखा। इस क्षेत्र में वे **मार्ले पोण्टी** (Merleau Ponty) और अन्य दार्शनिकों से भी प्रभावित थे। सार्त्र तथा पोण्टी ने उन्हें भाषाई संरचनावाद के विकास में सहायता दी। दरखाईम से उन्होंने **सामाजिक तथ्य** (Social fact) को उधार लिया। सोसोरे ने भाषा को सामाजिक तथ्य की तरह विश्लेषण करने में सहायता दी। अल्थ्यूजर के समकालीन विचारकों में **लेवी-स्ट्रास** और **ज़ाक लाकॉ** (Jacques Lacan) जैसे मानवशास्त्री भी थे जिन्होंने उन्हें बहुत प्रभावित किया। यह बड़ी विचित्र बात है कि फ्रांस में अल्थ्यूज़र की पहचान एक संरचनावादी मार्क्सवादी की तरह थी जबकि स्वयं अल्थ्यूज़र इसे स्वीकार नहीं करते। **इस विवाद के होते हुए भी यह निश्चित रूप से कहा जा सकता है और इसमें भ्रम की कोई गुंजाइश नहीं है कि अल्थ्यूज़र**

ने मार्क्स के जिस ऐतिहासिक भौतिकवाद (Historical materialism) **का पुनर्निर्माण किया है, उस पर संरचनावादी संदर्श का गहरा प्रभाव है।**

अल्थ्यूज़र के मार्क्सवाद की आलोचना
(Althusser's Critique of Marxism)

अल्थ्यूज़र ने मार्क्स के **दास केपिटल** के बारे में एक बड़ी दिलचस्प टिप्पणी की है। वे कहते हैं कि पुस्तक को बड़ी सहानुभूति के साथ पढ़ना चाहिये। **देखना चाहिए कि इसमें क्या है और क्या नहीं है?** एक बार इस तरह का प्रयास किया जाये तो ज्ञात होगा कि मार्क्स ने उत्पादन सम्बन्धों और उत्पादन शक्तियों के क्षेत्र में क्रांतिकारी परिवर्तन उपस्थित किया है। उन्होंने मार्क्स का पुनर्परीक्षण किया है। सिद्धान्त के क्षेत्र में मार्क्स का यह सिद्धान्त किसी नये महाद्वीप की खोज की तरह है या गेलिलियों के पृथ्वी को हिला देने वाली खोज की तरह है। कहना चाहिये अल्थ्यूजर मार्क्स के भक्त थे, उनके मुरीद थे। पर उन्होंने मार्क्स को काटा भी है, अस्वीकार भी किया है। यहाँ हम अल्थ्यूज़र द्वारा की गई मार्क्स की आलोचना का उल्लेख करेंगे :

1. मार्क्स का आर्थिक निर्धारणवाद अस्वीकार
(Rejection of Marx's Economic Determinism)

अल्थ्यूज़र ने मार्क्स के आर्थिक निर्धारणवाद को अस्वीकार किया है। उनका कहना है कि किसी भी समाज की संरचना के तीन **स्तर** (Levels) होते हैं : आर्थिक, राजनीतक और वैचारिक। इन सभी स्तर में **स्वायत्तता** (Autonomy) होती है। अपने क्षेत्र में अर्थव्यवस्था स्वतंत्र है और इसी तरह राजनीतिक और वैचारिक। **इन सब स्वायत्तताओं में अंतिम स्वायत्तता अर्थव्यवस्था की होती है।** इसका अर्थ यह हुआ कि जब राजनीतिक और वैचारिक क्षेत्र में संकट होता है, तब निर्णायक भूमिका अर्थ व्यवस्था की होती है। इस सन्दर्भ में देखें तो जिसे मार्क्स **अधिसंरचना** (Superstructure) कहते हैं वह राजनीति और वैचारिकी से भी प्रभावित होती है। दूसरे शब्दों में अल्थ्यूज़र वैचारिकी और राजनीति जैसे अधिसंरचनात्मक तत्वों को मात्र आर्थिक आधार का प्रतिबिम्ब मानने के स्थान पर एक ऐसी योजना प्रस्तुत करते हैं जिसमे विचारधारा और राजनीति को अर्थव्यवस्था के अस्तित्व की दशाओं के रूप में स्वीकार करते हैं। अल्थ्यूज़र आंशिक रूप से उत्पादन के तरीके की अवधारणा में भी रुचि प्रकट की है क्योंकि इसे वे अर्थव्यवस्था, वैचारिकी और राजनीति के जटिल सम्बन्ध की अभिव्यक्ति मानते हैं।

आर्थिक निर्धारणवाद के निष्कर्ष में अल्थ्यूज़र कहते हैं :

> समाज और कुछ न होकर आर्थिक व्यवस्था, राजनीति और वैचारिकी का एक सम्मिश्रण मात्र है। बुनियादी संरचना और अधिसंरचना आपस में एक दूसरे से जुड़े हुए हैं, उनमें पारस्परिकता है। समाज में परिवर्तन किसी एक कारण या चर द्वारा नहीं होता, कई कारण होते हैं, कई चर होते हैं।

2. मार्क्स का इतिहासवाद गलत है
(Marx's Historicism is wrong)

इतिहासवाद इतिहास के नियमों से जुड़ा हुआ है। इतिहास की एक निश्चित धड़कन होती है, इसका एक **प्रतिमान** (Pattern) होता है। **कार्ल पोपर** (Karl Popper) **का कहना है कि इतिहासवाद समाज विज्ञानों का एक उपागम है। इसके द्वारा समाज में होने वाली घटनाओं की भविष्यवाणी की जा सकती है।** ऐसा करने के लिये इतिहास में जो प्रतिमान हैं उनकी पहचान करनी पड़ती है, और इसके बाद सब सरल हो जाता है। मार्क्स का इतिहासवाद यह मानता है कि मानव जाति धीरे-धीरे कई स्तरों से गुजरती हुई साम्यवादी स्तर पर पहुँचेगी। मार्क्स के इस तरह के इतिहासवाद से अल्थ्यूज़र सहमत नहीं हैं। उनका कहना है कि इतिहास हमेशा **रेखीय** (Linear) नहीं होता। प्रत्येक युग में कई घटनाएँ होती हैं, कई संयोग और संकट होते हैं और ऐसी अवस्था में इतिहास एक ही रेखा पर चलेगा, यह मानकर चलना गलत है। **मार्क्स और साम्यवादी आन्दोलन की दुनिया भर में यह समझ है कि इतिहास हमारे पक्ष में है और किसी दिन क्रांति होगी तथा वर्ग हीन, राज्यहीन समाज बनेगा।** इतिहास की कुछ इसी तरह की समझ गैर-मार्क्सवादियों की भी है। वे भी रेखीय उद्‌विकास में विश्वास रखते हैं। उनका कहना है कि ज्ञानोदय ने परम्परागत समाज को समाप्त किया, पूंजीवाद ने सामंतवाद को ध्वस्त किया और आधुनिकतावाद को उत्तर-आधुनिकतावाद नष्ट करेगा। स्पष्ट रूप से इस तरह की इतिहासवाद की धारण रेखीय है। अल्थ्यूज़र मार्क्स के इस किस्म के इतिहासवाद से सहमत नहीं हैं। उनका तर्क तो बहुत सामान्य है : इतिहास की प्रक्रियाएँ वास्तव में **खुली** (Open-ended) प्रक्रियाएँ हैं। ऐतिहासिक परिवर्तन तो समाज के अनगणित प्रतिवादों और प्रतिरोधों के परिणामस्वरूप होता है और इसलिये इसके बारे में कोई भी भविष्यवाणी नहीं की जा सकती।

3. मार्क्स के मानववादी विरोधी सिद्धान्त का खण्डन
(Rejection of Marx's Anti-humanism)

मार्क्स ने जो कुछ लिखा उसका संदर्भ 19वीं शताब्दी के अंतिम भाग से है। ई. 1960 के दशक में मार्क्स की पुनर्खोज हुई। एक जगह पर मार्क्स ने लिखा है : **'मनुष्य इतिहास बनाते हैं लेकिन उन परिस्थितियों में जो उनकी बनाई हुई नहीं हैं।'** इसका निर्वचन यह है कि व्यक्ति स्वयं इतिहास को नहीं बना सकता। यह तो परिस्थितियाँ हैं जो इतिहास बनाती हैं। आदमी केवल निमित्त मात्र है। वह भौतिक तथा सांस्कृतिक दशाओं को (जिसे उसने नहीं बनाया है) काम में लेकर इतिहास बनाता है। **मार्क्स का यह प्रबन्ध बताता है कि वे व्यक्ति यानी मानव के विरोधी थे।**

मार्क्स का यह कथन मानववाद विरोधी (Anti-humanism) कहा जाता है। मानव विरोधी इसलिये कि इतिहास के निर्माण में व्यक्ति तो एक कठपुतली मात्र है, जो

कुछ है, वह भौतिक दशा है। अल्थ्यूज़र ने मार्क्स के इस प्रबन्ध को अस्वीकार किया है। वे कहते हैं कि **आदमी को इस तरह निरस्त करके मार्क्स उसके सम्पूर्ण जैविकीय अस्तित्व को ही नकारते हैं। मार्क्स का यह मानववाद विरोधी** (Anti-humanism) **सिद्धान्त मूल में मनुष्य के सार्वभौमिक अस्तित्व को अस्वीकार करता है।** अल्थ्यूजर को मार्क्स का यह सैद्धान्तिक निरूपण स्वीकार नहीं है। उनका तो आग्रह है कि हमें सामाजिक विश्लेषण में चाहे वर्ग हो, विवाह हो, समुदाय हो व्यक्ति को कभी भी पृथक् करके नहीं देखना चाहिये। देखा जाये तो व्यक्ति स्वयं सामाजिक सम्बन्धों का निर्माता है। उसके अस्तित्व को हमें स्वीकार करना ही पड़ेगा।

4. वैचारिकी मिथक नहीं, यथार्थता है।
(Ideology is not a myth, it is a reality)

मार्क्स के लिये उत्पादन विधि, उत्पादन शक्तियाँ और उत्पादन सम्बन्ध ही यथार्थता हैं। वे विचारधारा को एक **कल्पना** (Fiction) यानी मिथक मात्र मानते हैं। अल्थ्यूज़र को यह स्वीकार नहीं है। वे इसे पुनर्परिभाषित करते हैं। उनके अनुसार विचारधारा वस्तुतः एक सामाजिक यथार्थता है।

अल्थ्यूज़र का संरचनात्मक मार्क्सवाद
(Althusser's Structural Marxism)

ई. 1960 के दशक में संरचनात्मक मार्क्सवाद का उद्गम हुआ। इसके प्रणेता या जनक अल्थ्यूज़र थे। कोई एक दशक बाद मार्क्स का संरचनावाद परिचर्या विश्वविद्यालयों में एक लोकप्रिय विधा की तरह स्थापित हो गया। अल्थ्यूज़र ने मार्क्स के सिद्धान्तों को ऐतिहासिकवादी और प्रघटनावादी बताया और उसके वैकल्पिक रूप में संरचनावाद को रखा। इसका केन्द्र मार्क्स का सिद्धान्त था, इसी कारण इसे संरचनात्मक मार्क्सवाद कहते हैं। अल्थ्यूज़र संरचनावाद का उद्गम दरखाईम से करते हैं। इसके बाद इसे सोसोरे के **भाषावाद** (Linguistics) से जोड़ते हैं। अल्थ्यूज़र पर **रोमन जेकोब्सन** (Roman Jakobson), क्लाउड-स्ट्रास तथा **लाकॉ** (Jacques Lacan) का भी पर्याप्त प्रभाव था। **इन सब संरचनावादियों का तर्क है कि मनुष्य की चेतन गतिविधियाँ इतिहास के उद्गम और विकास के समझने में सहायक नहीं है। इन्हें समझने में भाषा की संरचनाएं अधिक सहायक होती हैं।** यदि हम मनुष्य को समझना चाहते हैं तब उसकी आनुभविक गतिविधियों को भाषा यानी व्याकरण के सन्दर्भ में समझना पड़ेगा। अल्थ्यूज़र ने इस भौतिक मार्क्स के सिद्धान्तों के विश्लेषण में व्याकरण के इन्हीं नियमों को लागू किया है। **अल्थ्यूज़र के सिद्धान्त निर्माण की रणनीति बहुत स्पष्ट है : वे मार्क्स की वैज्ञानिक उपलब्धियों को भाषा विज्ञान के सांचे में डालते हैं और इसे वे संरचनात्मक मार्क्सवाद कहते हैं। इस सिद्धान्त के महत्त्वपूर्ण लक्षण इस प्रकार हैं :**

1. विचारधारा और वैचारिक राज्य उपकरण
(Ideology and Ideological Apparatus)

अल्थ्यूज़र मार्क्स के आर्थिक निर्धारणवाद के मुद्दे को उठाते हैं। इसमें मार्क्स ने अधिसंरचना की उपेक्षा की है। एक तरह से इसे अप्रासंगिक बताया है। इसी को अल्थ्यूज़र उठाते हैं। पेरिस की ई. 1968 की क्रांति के बाद अल्थ्यूज़र ने 1971 में एक निबन्ध लिखा। इसमे उन्होंने राज्य ओर उसके उपकरणों की चर्चा सामाजिक परिवर्तन के सन्दर्भ में की है। वे एक बड़ा असुविधाजनक प्रश्न उठाते हैं : सामाजिक संरचना के लिये यह किस तरह सम्भव है कि वह युग-दर-युग, पीढ़ी-दर-पीढ़ी अपने आपको बनाये रखती है? इस प्रश्न का उत्तर मार्क्सवादी देते हैं वे कहते हैं कि समाज में **पुनः उत्पादन** (Re-production) की प्रक्रिया निरन्तर चलती रहती है। उत्पादन के साधन पुराने हो जाते हैं, सड़-गल जाते हैं ओर समाप्त हो जाते हैं। कुल्हाड़ी से बुवाई होती थी, उसका स्थान हल ने ले लिया और अब हल का स्थान ट्रेक्टर-ट्रोली लेते हैं। यह ठीक है कि उत्पादन के साधन बनते बिगड़ते हैं। लेकिन अल्थ्यूज़र कहते हैं कि संरचना का रख-रखाव (Maintenace of structure) भी होता है और इस कारण भी संरचना पीढ़ी-दर-पीढ़ी अपनी निरन्तरता बनाये रखती है। परिवार, स्कूल आदि ऐसे उपकरण हैं जो समाज के रख-रखाव में सहायक होते हैं। वर्ग की प्रभुता, अनुशासन, राज्य का नियन्त्रण आदि इस सामाजिक संरचना का पुनः उत्पादन करते रहते हैं। अतः अल्थ्यूज़र ने सामाजिक संरचना की निरन्तरता का जो प्रश्न उठाया था, इस का उत्तर मार्क्सवादी **पुनःउत्पादन** (Reproduction) की अवधारणा द्वारा देते हैं।

पुनः उत्पादन की पृष्ठभूमि प्रस्तुत करके अल्थ्यूज़र **अधिसंरचना** (Superstructure) के मुद्दे को उठाते हैं। वे कहते हैं कि अधिसंरचना दो प्रकार की होती है :

(1) दमनात्मक राज्य उपकरण (Repressive State Apparatus, RSA)
(2) वैचारिक राज्य उपकरण (Ideological State Apparatus, ISA)

पुनः उत्पादन की अवधारणा को मार्क्स ने रखा है। उनका कहना है कि इस प्रक्रिया द्वारा सामाजिक संरचना अपनी निरन्तरता बनाये रखती है। अल्थ्यूज़र इसमें संशोधन करते हैं। वे कहते हैं कि सामाजिक संरचना के पुनः उत्पादन में अधिसंरचना का बहुत बड़ा योगदान होता है। यह एक कारगर प्रक्रिया है। राज्य के पास दमन के कई तौर तरीके हैं। एक प्रकार के साधन या उपकरण हैं। इनका प्रयोग नागरिकों के दमन में किया जाता है। अतः इन्हें अल्थ्यूज़र दमनात्मक राज्य उपकरण कहते हैं। पुलिस, कानूनी अदालत, फौज आदि राज्य के दमनात्मक उपकरण हैं। इनके द्वारा लोगों को राज्य दबा देता है, चाहे जहाँ पुलिस खड़ी कर देता है, गोली चलवा देता है, जेल पहुंचा देता है। दमन के ये साधन राज्य के अतिरिक्त किसी और संस्था के पास नहीं होते और यह, अल्थ्यूज़र के हिसाब से अधिसंरचना है जो आर्थिक निर्धारणवाद से मुक्त है।

अधिसंरचना का दूसरा प्रकार वैचारिक होता है। विघटन से पहिले सोवियत रूस में बाल्यावस्था से ही लोगों को साम्यवादी विचारधारा का **अभिस्थापन** (Orientation) कर दिया जाता था। इस उपकरण के कई दृष्टान्त हैं : शिक्षण व्यवस्था, व्यापारिक संगठन, परिवार, धर्म, खेल-कूद संगठन तथा मीडिया जिसमें टेलीविजन, फिल्म और समाचार पत्र मुख्य हैं। यह दमन विचारों के क्षेत्र में होता है। इसी कारण अल्थ्यूज़र इसे राज्य का वैचारिक उपकरण कहते हैं। अधिसंरचना को आर्थिक निर्धारणवाद पर छोड़ना बहुत बड़ी भूल होगी। अल्थ्यूज़र इटली के मार्क्सवादी ग्राम्शी का उल्लेख करके कहते हैं कि आज के पश्चिमी आधुनिक समाजों में प्रभावशाली वर्ग या सत्ता में जो लोग हैं, उनकी वैचारिकी ही सम्पूर्ण समाज को प्रभावित करती हैं और बहुसंख्य लोग, अल्थ्यूज़र कहते हैं, राज्य की वैचारिकी को बिना किसी विरोध के स्वीकार कर लेते हैं। ग्राम्शी और अल्थ्यूज़र इस बात पर बराबर जोर देते हैं कि लोग स्वतः और सहज रूप से ही राज्य की सत्ता के लोगों की विचारधारा को स्वीकार नहीं करते। इसके लिये राज्य को बराबर पुनः उत्पादन करना पड़ता है। मीडिया पर नियन्त्रण रखना पड़ता है। धन के प्रलोभन देने पड़ते हैं। व्यक्ति जब परिवार, स्कूल, कॉलेज, राजनीति आदि के गुजरता है तब उसकी पहचान ही सत्ता के लोगों की विचारधारा हो जाती है। अधिसंरचना नहीं बनती, इसके लिये राज्य और संस्थाओं को काम करना पड़ता है।

सत्ता की विचारधारा को अपने स्वयं की पहिचान बनाने की प्रक्रिया को अल्थ्यूज़र **इन्टरपीलेशन** (Interpellation) अर्थात् 'हम क्या हैं' प्रश्न के साथ जोड़ते हैं। वे कहते हैं कि समाज का प्रत्येक व्यक्ति इस प्रश्न का उत्तर खोजता है कि समाज में उसका क्या स्थान है ? वह व्यापारी है, पिता है, दस्तकार, अध्यापक है, आदि। अल्थ्यूज़र कहते हैं कि प्रत्येक व्यक्ति इस प्रश्न के उत्तर में अपने को वैचारिकी के साथ जोड़ता है। बात यह है कि **व्यक्ति की जो कुछ पहचान है, वह उसकी स्वयं की नहीं है। वह इसे समाज से प्राप्त करता है और इस तरह उसकी पहचान संरचनात्मक सिद्धान्त का आधार बनती है।**

2. स्टालिन का भ्रष्ट मार्क्सवाद

अल्थ्यूज़र के समय में स्टालिन ने मार्क्सवाद को एक दम भ्रष्ट कर दिया था। इस संदर्भ में भी अल्थ्यूज़र का संरचनात्मक सिद्धान्त महत्त्वपूर्ण बन जाता है। अल्थ्यूज़र कहते हैं कि मार्क्स के नाम पर जिस तरह के फासीवाद को स्टालिन चला रहा था, उसका मुकाबला सैद्धान्तिक स्तर पर ही किया जा सकता था। उनका संरचनात्मक और मानववाद सिद्धान्त एक प्रकार से स्टालिन को जोरदार तमाचा था।

स्टालिन ने 1929 में रूस में कई आर्थिक, राजनीतिक और सामाजिक पाबन्दियाँ लगाई। इसे इतिहास में स्टालिनवाद कहते हैं। स्टालिन ने मार्क्स, एंजिल्स और लेनिन के नाम पर अपने व्यक्तित्व को अत्यधिक ऊंचा उठा दिया। वे स्वयं अपने नाम पर रूस को चलाने लगे। उन्होंने अपनी खप्त पर ही समाजवाद और मानववाद को परिभाषित किया।

अल्थ्यूज़र को यह सब स्वीकार नहीं था। **उन्होंने स्टालिन के तथाकथित मानववाद का विरोध करने के लिये अपने आपको मानववाद विरोधी** (Anti-humanist) घोषित किया। अपने इस मानववाद में अल्थ्यूज़र ने स्टालिन के सरकारी मानववाद पर करारा हमला किया। उन्होंने कहा कि मार्क्स मनुष्य मात्र को **मुक्ति** (Emancipation) देना चाहते थे लेकिन स्टालिन ने अपनी कारगुजारियों से मनुष्य मात्र को दमन का शिकार बना दिया। अपने सिद्धान्त में अल्थ्यूज़र ने एक ऐसे मानववाद को प्रस्तुत किया जिसकी जड़ें मनुष्य मात्र की गहराई से जुड़ी थीं। उन्होंने कहा कि मार्क्स का मानववाद ऐतिहासिक प्रक्रियाओं से जुड़ा था ओर स्टालिन ने इसे दमन के शिकंजे में कस दिया। अपने संरचनात्मक मार्क्सवाद में अल्थ्यूज़र ने स्टालिन के भ्रष्ट मानववाद की आलोचना की है। कुछ आलोचक अल्थ्यूज़र पर यह आरोप भी लगाते हैं कि उन्होंने स्टालिन के मानववाद का समर्थन किया है। लेकिन इस तरह का आरोप बेबुनियाद है।

3. भाषाविद् संरचना (Linguistic Structure)

संरचनात्मक मार्क्सवाद एक नया मोड़ है जिसे अल्थ्यूज़र ने अपने सिद्धान्त में काम में लिया है। हमने पिछले अध्यायों में संरचनावाद पर बहुत कुछ लिखा है। यहाँ हम यही कहना चाहते हैं कि अल्थ्यूज़र ने इस सामान्य संरचनावाद को मार्क्स के सिद्धान्तों पर लागू किया है। संरचनावाद का मूल आधार भाषाविज्ञान है और इसके जनक फर्डिनेन्ड सोसोरे हैं। **संरचनात्मक भाषावादी कहते हैं कि शब्दों का अर्थ वस्तुओं और घटनाओं के साथ क्रमवार जुड़ा हुआ नहीं है। शब्द का अर्थ शब्द के बाहर होता है। और बाहर का शब्द समान होता है या विभिन्न।** उदाहरण के लिये हम कहते हैं कि अभी 'रात' है तब रात का अर्थ इससे निकलता है कि अभी 'दिन' नहीं है क्योंकि दिन नहीं है, इसलिये यह रात है। रात और दिन का यह अर्थ विभिन्नता या विभेद से निकाला जाता है। अतः शब्द का अर्थ शब्द से बाहर होता है।

शब्द का अर्थ **समानता** (Similarity) के आधार पर भी निकाला जाता है। हमारे पास 'कुत्ता' है। कुत्ते की कई नस्लें होती हैं। हमारे पास जो कुत्ता है वह **अल्शेशियन** नस्ल का है। लेकिन इससे कुछ नहीं होता। कुत्ता तो कुत्ता होता है। अतः कुत्ते का अर्थ समान अर्थ वाले कुत्ते से ही होता है। **भाषावादियों का कहना है कि शब्द का अर्थ समानता** (Similarity) **और विभिन्नता** (Difference) **में निकलता है। इसी भाषाई संरचनावाद को अल्थ्यूज़र ने मार्क्सवाद पर लागू किया है।**

अल्थ्यूज़र पर उपसंहारात्मक टिप्पणी
(Conclusive comments on Althusser)

मार्क्सवादी सामाजिक दार्शनिकों में अल्थ्यूज़र को सबसे बड़ा मौलिक और प्रभावशाली विचारक समझा जाता है। 20वीं शताब्दी में उनकी टक्कर का कोई और मार्क्सवादी चिंतक

मिलना कठिन है। उनके व्यक्तिगत जीवन की त्रासदी और उनकी विचारक की ऊंचाई, वास्तव में देखने लायक है। आल्थ्यूज़र के सिद्धान्त की प्रशंसा हुई है, तो उनकी कटु आलोचना भी। वे अपने जीवन में इतिहास को वैज्ञानिक उपागम द्वारा समझना चाहते थे। इसके लिये उन्होंने दो रास्ते अपनाये—पहला तो यह कि उन्होंने मार्क्स की क्लासिकल कृतियों को ईमानदारी और सावधानीपूर्वक पढ़ा, और दूसरा उन्होंने विज्ञान की प्रकृति को दार्शनिक दृष्टि से समझा। उन्होंने इस बात को स्पष्ट किया कि विज्ञान को ज्ञान या विमर्श के अन्य प्रकारों से कैसे भिन्न किया जावे।

सिद्धान्त के क्षेत्र में अल्थ्यूज़र मनुष्य की मुक्ति चाहते थे। और इसके लिये उन्हें रूढ़िवादी मार्क्सवाद को चुनौती देना आवश्यक था। वे मार्क्स के इतिहास के भौतिकवादी उपागम को नये सिरे से स्थापित करना चाहते थे। और अपने इसी उद्देश्य की पूर्ति में उन्होंने मार्क्स के आर्थिक निर्धारणवाद का विरोध किया। उन्होंने कहा कि समान के निर्माण में गैर-आर्थिक कारकों की भागीदारी भी किसी अर्थ में कम नहीं है। यह पहली बार है कि इन्होंने अधिसंरचना पर विस्तारपूर्वक लिखा। अपने सिद्धान्त निरूपण में उन्होंने व्यक्ति को पुनः स्थापित किया। यह सब सिद्धान्त के स्तर पर हैं। सक्रियता के स्तर पर भी साम्यवादी दल को दिशा देने में अल्थ्यूज़र की उपलब्धि किसी अर्थ में कम नहीं है।

सन्दर्भ ग्रन्थ

Adam, Przeworski, **The State and the Economy under Capitalism,** 1990.

Miller Richard, **Analysing Marx, Moralits, Power and History,** 1984.

Nicos, Mouzelis, **Marxism and Post-Marxism,** 1988.